Fundamentos de Ingeniería de Datos: Técnicas Clave para el Análisis de Datos con Pandas, NumPy y Scikit-Learn

Primera Edición

Derechos de autor © 2024 Cuantum Technologies

Todos los derechos reservados. Ninguna parte de este libro puede ser reproducida, almacenada en un sistema de recuperación, o transmitida de alguna forma o por algún medio, sin el permiso previo por escrito del editor, excepto en el caso de citas breves incrustadas en artículos críticos o reseñas. Se ha hecho todo esfuerzo en la preparación de este libro para garantizar la precisión de la información presentada.

Sin embargo, la información contenida en este libro se vende sin garantía, ya sea expresa o implícita. Ni el autor, ni Cuantum Technologies ni sus distribuidores y distribuidores, serán responsables de los daños causados o supuestamente causados directa o indirectamente por este libro.

Cuantum Technologies ha tratado de proporcionar información de marcas comerciales sobre todas las compañías y productos mencionados en este libro mediante el uso apropiado de mayúsculas. Sin embargo, Cuantum Technologies no puede garantizar la precisión de esta información.

Primera edición:

Noviembre de 2024

Publicado por Cuantum Technologies LLC.

Plano, TX.

ISBN 979-8-89587-816-3

"Artificial intelligence is the new electricity."

- Andrew Ng, Co-founder of Coursera and Adjunct Professor at Stanford University

Quiénes somos

Bienvenido a este libro creado por Cuantum Technologies. Somos un equipo de desarrolladores apasionados comprometidos con la creación de software que ofrece experiencias creativas y resuelve problemas del mundo real. Nuestro enfoque se centra en construir aplicaciones web de alta calidad que proporcionen una experiencia de usuario fluida y satisfagan las necesidades de nuestros clientes.

En nuestra empresa, creemos que programar no se trata solo de escribir código. Se trata de resolver problemas y crear soluciones que marquen la diferencia en la vida de las personas. Constantemente exploramos nuevas tecnologías y técnicas para mantenernos a la vanguardia de la industria, y estamos emocionados de compartir nuestro conocimiento y experiencia contigo a través de este libro.

Nuestro enfoque del desarrollo de software se basa en la colaboración y la creatividad. Trabajamos en estrecha colaboración con nuestros clientes para comprender sus necesidades y crear soluciones adaptadas a sus requisitos específicos. Creemos que el software debe ser intuitivo, fácil de usar y visualmente atractivo, y nos esforzamos por crear aplicaciones que cumplan con estos criterios.

Este libro tiene como objetivo proporcionar un enfoque práctico y detallado para comenzar con "Natural Language Processing con Python Edición Actualizada: Desde lo Básico a Proyectos Avanzados". Ya seas un principiante sin experiencia en programación o un programador experimentado que busca expandir sus habilidades, este libro está diseñado para ayudarte a desarrollar tus habilidades y construir una base sólida en Procesamiento de Lenguaje Natural (PLN) con Python.

Nuestra Filosofía:

En el corazón de Cuantum, creemos que la mejor manera de crear software es a través de la colaboración y la creatividad. Valoramos la opinión de nuestros clientes y trabajamos estrechamente con ellos para crear soluciones que satisfagan sus necesidades. También creemos que el software debe ser intuitivo, fácil de usar y visualmente atractivo, y nos esforzamos por crear aplicaciones que cumplan con estos criterios.

También creemos que la programación es una habilidad que se puede aprender y desarrollar con el tiempo. Animamos a nuestros desarrolladores a explorar nuevas tecnologías y técnicas, y les proporcionamos las herramientas y recursos que necesitan para mantenerse a la vanguardia de la industria. También creemos que la programación debe ser divertida y gratificante, y nos esforzamos por crear un entorno de trabajo que fomente la creatividad y la innovación.

Nuestra Experiencia:

En nuestra empresa de software, nos especializamos en construir aplicaciones web que ofrecen experiencias creativas y resuelven problemas del mundo real. Nuestros desarrolladores tienen experiencia en una amplia gama de lenguajes de programación y marcos de trabajo, incluyendo Python, IA, ChatGPT, Django, React, Three.js y Vue.js, entre otros. Constantemente exploramos nuevas tecnologías y técnicas para mantenernos a la vanguardia de la industria, y nos enorgullecemos de nuestra capacidad para crear soluciones que satisfagan las necesidades de nuestros clientes.

También tenemos una amplia experiencia en análisis y visualización de datos, aprendizaje automático e inteligencia artificial. Creemos que estas tecnologías tienen el potencial de transformar la forma en que vivimos y trabajamos, y estamos emocionados de estar a la vanguardia de esta revolución.

En conclusión, nuestra empresa está dedicada a crear software web que fomente experiencias creativas y resuelva problemas del mundo real. Priorizamos la colaboración y la creatividad, y nos esforzamos por desarrollar soluciones que sean intuitivas, fáciles de usar y visualmente atractivas. Nos apasiona la programación y estamos ansiosos por compartir nuestro conocimiento y experiencia contigo a través de este libro. Ya seas un principiante o un programador experimentado, esperamos que encuentres este libro como un recurso valioso en tu camino hacia convertirte en un experto en Natural Language Processing con Python Edición Actualizada: Desde lo Básico a Proyectos Avanzados.

YOUR JOURNEY STARTS HERE...

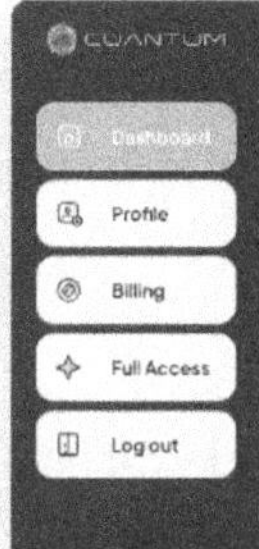

Here are your free repository codes :D

Get access to all the benefits of being one of our valuable readers through our new **eLearning Platform:**

1. Free code repository of this book
2. Access to a **free example chapter** of any of our books.
3. Access to the **free repository code** of any of our books.
4. Premium customer support by writing to **books@cuantum.tech**

And much more...

HERE IS YOUR
FREE ACCESS

www.cuantum.tech/books/data-engineering-foundations/code/

TABLA DE CONTENIDOS

Introducción

Los datos son uno de los activos más valiosos en nuestro mundo digital, impulsando desde decisiones empresariales hasta avances tecnológicos. Sin embargo, los datos en bruto suelen ser desordenados, incompletos y no estructurados. El verdadero valor de los datos radica en su transformación en información significativa, y esta transformación requiere más que algoritmos potentes: requiere comprender cómo preparar, manipular y refinar los datos de manera efectiva. Este libro se centra en dominar los **conceptos y técnicas fundamentales** del análisis de datos y la ingeniería de características, sentando las bases para aplicaciones avanzadas de aprendizaje automático.

El propósito de este libro es guiarte a través de lo esencial en la preparación, transformación y creación de características en los datos, equipándote con habilidades prácticas para preparar tus datos para el aprendizaje automático. Ya sea que trabajes con conjuntos de datos pequeños o manejes datos complejos de alta dimensión, este libro te proporcionará las herramientas y técnicas para navegar las complejidades del preprocesamiento y la transformación. Nos enfocaremos en bibliotecas de Python ampliamente utilizadas, como **Pandas**, **NumPy** y **Scikit-Learn**, para construir una base sólida en la manipulación de datos y la ingeniería de características.

¿Por qué enfocarse en la preparación de datos y la ingeniería de características?

En el aprendizaje automático, es común decir que **los datos son el rey**. Si bien la selección de modelos y el ajuste de algoritmos son importantes, la calidad de los datos de entrada tiene un impacto más profundo en el rendimiento final del modelo. La preparación de datos y la ingeniería de características suelen ser los pasos más largos de cualquier proyecto de ciencia de datos, pero también son los más gratificantes. Una preparación adecuada de los datos permite que los modelos capturen patrones relevantes, hagan predicciones precisas y se generalicen efectivamente a nuevos datos.

La ingeniería de características, el arte de crear nuevas características informativas a partir de los datos en bruto, es particularmente poderosa. Las características—transformadas, combinadas o creadas a partir de datos existentes—contienen las claves para desbloquear el potencial predictivo de los conjuntos de datos. Como verás a lo largo de este libro, las características cuidadosamente diseñadas pueden revelar relaciones y patrones que permanecen ocultos cuando se utilizan datos en bruto. Estas características refinadas son esenciales para construir modelos que destaquen en precisión, solidez e interpretabilidad.

Las herramientas que utilizarás: Pandas, NumPy y Scikit-Learn

Python se ha convertido en el lenguaje de elección para la ciencia de datos, y este libro aprovecha tres bibliotecas esenciales que forman la columna vertebral de la preparación de datos en Python: **Pandas**, **NumPy** y **Scikit-Learn**.

- **Pandas**: Una biblioteca poderosa para la manipulación y el análisis de datos, Pandas proporciona un marco intuitivo para manejar datos en filas y columnas. Es especialmente útil para tareas de manipulación de datos, como limpieza, filtrado, agregación y fusión de conjuntos de datos. Con Pandas, podrás simplificar tus procesos de preparación de datos, facilitando la obtención de información significativa de datos complejos.

- **NumPy**: Conocida por su velocidad y eficiencia, NumPy ofrece una gama de herramientas para trabajar con matrices y realizar operaciones matemáticas en grandes conjuntos de datos. Sus ventajas de rendimiento lo hacen ideal para la transformación de datos y tareas que requieren gran cantidad de cálculos, como la escalado, normalización y transformaciones matemáticas.

- **Scikit-Learn**: Como una de las bibliotecas de aprendizaje automático más populares, Scikit-Learn proporciona herramientas no solo para construir modelos, sino también para transformar datos. Sus módulos de preprocesamiento permiten realizar tareas como codificación de variables categóricas, escalado de datos numéricos e implementación de canalizaciones de datos. Scikit-Learn desempeñará un papel fundamental en la automatización de los pasos de preprocesamiento de datos, garantizando consistencia y reproducibilidad en tu análisis.

Juntas, estas bibliotecas ofrecen un conjunto completo de herramientas para gestionar todo el proceso de preparación de datos e ingeniería de características, desde la limpieza y transformación de datos hasta la selección y codificación de características.

Lo que aprenderás

Este libro está organizado en tres partes, cada una enfocada en etapas esenciales de la preparación de datos y la ingeniería de características:

1. **Preparando el escenario para un análisis avanzado**: La primera parte del libro presenta los conceptos fundamentales del análisis de datos intermedio y establece un marco para trabajar con datos en Python. Aquí, aprenderás a abordar el análisis de datos con un enfoque sistemático, asegurándote de que tus datos estén debidamente estructurados y limpios antes de sumergirte en transformaciones más complejas. Cubriremos la funcionalidad básica de Pandas y NumPy, enseñándote cómo realizar

operaciones en los datos de manera eficiente y efectiva. Esta sección sienta las bases para las técnicas más avanzadas que se cubrirán en los capítulos posteriores.

2. **Ingeniería de características para modelos potentes**: En la segunda parte, profundizamos en el núcleo de la ingeniería de características. Explorarás técnicas avanzadas para manejar datos faltantes, escalar y transformar características, codificar variables categóricas y crear nuevas características. La ingeniería de características requiere creatividad y una comprensión profunda del problema en cuestión, y esta sección te guiará a través de los procesos de pensamiento y técnicas necesarias para mejorar el poder predictivo de tu conjunto de datos. Hablaremos de métodos prácticos para generar características polinomiales, combinar variables para crear términos de interacción y manejar variables categóricas a través de estrategias de codificación. Al final de esta sección, tendrás una variedad de técnicas de ingeniería de características a tu disposición, todas personalizables a las necesidades específicas de tus proyectos.

3. **Limpieza y preprocesamiento de datos**: La parte final del Volumen 1 se centra en las tareas críticas de limpieza y preprocesamiento de datos. En esta sección, aprenderás técnicas avanzadas para manejar valores atípicos, corregir anomalías y preparar datos para el análisis de series temporales. También presentaremos técnicas de reducción de dimensionalidad, como el Análisis de Componentes Principales (PCA), que son esenciales para gestionar datos de alta dimensión. Aprenderás a reducir la complejidad del espacio de características sin sacrificar poder predictivo, haciendo que tus modelos sean más eficientes e interpretables. Al dominar estas técnicas de preprocesamiento, estarás preparado para construir conjuntos de datos más limpios y estructurados, preparando tus modelos para el éxito.

Cada capítulo incluye ejemplos prácticos, estudios de caso y ejercicios diseñados para reforzar tu comprensión y ayudarte a aplicar lo que has aprendido. Creemos que la práctica es la mejor manera de dominar nuevas habilidades, y este libro ofrece numerosas oportunidades para experimentar con conjuntos de datos del mundo real.

Aplicaciones prácticas y contexto en el mundo real

Si bien este libro es rico en teoría, también reconocemos la importancia del contexto. Cada capítulo incluye ejemplos y estudios de caso que ilustran cómo se aplican la ingeniería de características y la preparación de datos en diferentes campos, desde finanzas hasta salud y retail. Estas aplicaciones prácticas demuestran cómo las transformaciones específicas, codificaciones y técnicas de escalado pueden adaptarse para satisfacer las demandas únicas de diferentes industrias. Al trabajar con estos ejemplos, obtendrás una visión sobre cómo pensar críticamente acerca de la ingeniería de características y tomar decisiones informadas basadas en las necesidades específicas de tu conjunto de datos y objetivos de modelado.

También incluimos secciones de "¿Qué podría salir mal?" al final de cada capítulo, donde discutimos los problemas y desafíos comunes en la ingeniería de características. Estas secciones destacan la importancia de un manejo cuidadoso de los datos y te animan a anticipar posibles problemas, haciéndote un profesional de datos más proactivo y efectivo.

La importancia de la reproducibilidad

En la ciencia de datos, la reproducibilidad es clave para construir modelos confiables. A lo largo del Volumen 1, enfatizamos la importancia de crear flujos de trabajo reproducibles, especialmente mediante el uso de canalizaciones en Scikit-Learn. Al automatizar los pasos de transformación de datos dentro de una canalización, garantizarás que cada etapa de la preparación de datos se aplique de manera consistente tanto a los datos de entrenamiento como a los de prueba, minimizando el riesgo de fuga de datos y mejorando la fiabilidad de tus resultados.

Conclusión

Este libro sirve como una guía integral para dominar las habilidades fundamentales necesarias en la preparación de datos y la ingeniería de características. Estas técnicas fundamentales son la columna vertebral de cualquier proyecto exitoso de aprendizaje automático, y al final de este libro, estarás equipado para abordar desafíos complejos de datos con confianza.

Ya seas un aspirante a científico de datos o un profesional experimentado que busca mejorar sus habilidades, este libro ofrece ideas prácticas, herramientas y técnicas para elevar tu flujo de trabajo de análisis de datos. Con una sólida comprensión del preprocesamiento de datos y la ingeniería de características, estarás bien preparado para avanzar al Volumen 2 de esta serie, donde exploraremos aplicaciones avanzadas, estudios de caso del mundo real y automatización con AutoML.

Emprendamos juntos este viaje para desbloquear el potencial completo de los datos y construir la base para el éxito en el aprendizaje automático avanzado.

Parte 1: Preparando el terreno para el análisis avanzado

Capítulo 1: Introducción: Más Allá de los Fundamentos

¡Bienvenido a la siguiente etapa de tu viaje en el análisis de datos! Al embarcarte en esta nueva fase, te invitamos a profundizar en el complejo mundo del análisis de datos y la ingeniería de características. Basándonos en los sólidos fundamentos que has establecido en tus estudios iniciales, este libro te guiará a través de un panorama de conceptos y técnicas avanzadas. Nuestro primer capítulo prepara el terreno para la exploración a nivel intermedio, introduciéndote a flujos de trabajo de datos sofisticados, herramientas analíticas de vanguardia y aplicaciones del mundo real que elevarán tus habilidades a nuevos niveles.

Al avanzar más allá de los fundamentos, es crucial entender que el análisis de datos intermedio representa más que una expansión de tus herramientas técnicas. Se trata de desarrollar una comprensión matizada de cómo aprovechar las herramientas y estrategias adecuadas para extraer eficientemente conocimientos significativos de conjuntos de datos complejos. A lo largo de este recorrido, aprenderás a optimizar tu flujo de trabajo analítico, a diseñar características impactantes que puedan mejorar significativamente tus modelos, y, lo más importante, a aplicar estas técnicas avanzadas para construir modelos predictivos robustos capaces de abordar desafíos de datos reales con confianza y precisión.

Esta etapa intermedia marca un avance significativo en tus capacidades analíticas. Pasarás de la manipulación básica de datos al reconocimiento de patrones sofisticados, de visualizaciones simples a representaciones complejas y multidimensionales de datos, y de pruebas estadísticas rudimentarias a algoritmos avanzados de aprendizaje automático. A medida que progreses, descubrirás cómo revelar tendencias ocultas, hacer predicciones más precisas y derivar conocimientos accionables que pueden impulsar decisiones informadas en diversos dominios, desde negocios y finanzas hasta salud y más.

1.1 Visión General del Análisis de Datos Intermedio

El análisis de datos intermedio representa una fase crucial de transición en el camino analítico, que conecta las operaciones fundamentales con técnicas analíticas más sofisticadas. Esta etapa marca un salto significativo desde el análisis de nivel principiante, que se centra principalmente en tareas básicas de manipulación de datos como la carga de conjuntos de datos, la realización de transformaciones simples y la creación de visualizaciones rudimentarias.

En contraste, el análisis intermedio introduce un enfoque más matizado y completo para la exploración e interpretación de datos. Abarca una amplia gama de metodologías avanzadas que permiten a los analistas:

1. Profundizar en los Datos

Las técnicas intermedias permiten una exploración más exhaustiva de los conjuntos de datos, descubriendo patrones, relaciones y conocimientos ocultos que pueden no ser evidentes mediante un análisis básico. Esta profundización implica métodos estadísticos avanzados, algoritmos de aprendizaje automático y técnicas sofisticadas de visualización de datos.

Por ejemplo, los analistas pueden emplear algoritmos de agrupamiento para identificar agrupaciones naturales en los datos, utilizar técnicas de reducción de dimensionalidad como el Análisis de Componentes Principales (PCA) para revelar estructuras subyacentes o aplicar minería de reglas de asociación para descubrir relaciones interesantes entre variables. Estos métodos permiten extraer información más detallada de conjuntos de datos complejos, lo que lleva a conocimientos más completos y accionables.

Además, el análisis intermedio a menudo involucra el uso de técnicas de ingeniería de características para crear nuevas variables más informativas a partir de datos existentes, lo que mejora aún más la capacidad de descubrir patrones y relaciones ocultas.

2. Optimizar el Rendimiento

A medida que los conjuntos de datos crecen en tamaño y complejidad, el análisis intermedio enfatiza técnicas eficientes de manejo y procesamiento de datos para mejorar el rendimiento computacional y reducir el tiempo de procesamiento. Esto implica varias estrategias clave:

- Vectorización: Utilizar operaciones vectorizadas de NumPy y Pandas para realizar cálculos en matrices o columnas completas simultáneamente, en lugar de usar enfoques basados en bucles más lentos.
- Gestión de memoria: Emplear técnicas como el uso de tipos de datos apropiados, archivos mapeados en memoria o procesamiento fuera de núcleo para manejar conjuntos de datos que exceden la RAM disponible.
- Procesamiento en paralelo: Aprovechar procesadores de múltiples núcleos o marcos de computación distribuida para acelerar los cálculos en grandes conjuntos de datos.
- Algoritmos eficientes: Implementar algoritmos más sofisticados que escalen mejor con el aumento de tamaño de los datos, como el uso de métodos aproximados para ciertos cálculos estadísticos.

Al enfocarse en estas técnicas de optimización de rendimiento, los analistas pueden trabajar con conjuntos de datos más grandes de manera más efectiva, ejecutar análisis complejos en menos tiempo y iterar sobre sus modelos con mayor rapidez. Esto no solo mejora la productividad, sino que también permite la exploración de hipótesis más complejas y la capacidad de trabajar con flujos de datos en tiempo real o casi en tiempo real.

3. Manejar Conjuntos de Datos Complejos

Los analistas intermedios están equipados para trabajar con conjuntos de datos más grandes y complejos que pueden incluir múltiples variables, diversos tipos de datos y relaciones complejas entre los puntos de datos. Esta capacidad implica varios aspectos clave:

- Integración de Datos: Los analistas pueden combinar datos de diversas fuentes, como bases de datos, APIs y archivos planos, para crear conjuntos de datos integrales para el análisis.
- Manejo de Datos No Estructurados: Pueden procesar y analizar datos no estructurados como texto, imágenes o audio, utilizando a menudo técnicas de procesamiento de lenguaje natural o visión por computadora.
- Análisis de Series Temporales: Los analistas intermedios pueden trabajar con datos dependientes del tiempo, aplicando técnicas como descomposición estacional, análisis de tendencias y pronóstico.
- Análisis Multivariado: Pueden explorar relaciones entre múltiples variables simultáneamente, utilizando técnicas como análisis de correlación, análisis factorial o análisis de componentes principales.

Al dominar estas habilidades, los analistas intermedios pueden extraer conocimientos más significativos de conjuntos de datos complejos, lo que conduce a predicciones más precisas y a una toma de decisiones basada en datos.

4. Implementar Métodos Estadísticos Avanzados

Esta etapa introduce técnicas estadísticas más sofisticadas y algoritmos de aprendizaje automático, que permiten predicciones más precisas y conocimientos más profundos. A nivel intermedio, los analistas profundizan en métodos tales como:

- Análisis de regresión: Avanzando más allá de la regresión lineal simple para explorar regresión múltiple, regresión logística y regresión polinómica para relaciones más complejas.
- Análisis de series temporales: Implementando técnicas como modelos ARIMA (AutoRegresivo Integrado de Media Móvil), suavizado exponencial y descomposición estacional para pronosticar tendencias y patrones en datos dependientes del tiempo.
- Estadística bayesiana: Aplicando inferencia bayesiana para actualizar probabilidades a medida que se dispone de más información, particularmente útil en campos como pruebas A/B y análisis de riesgos.

- Algoritmos de aprendizaje automático: Explorando el aprendizaje supervisado (por ejemplo, árboles de decisión, bosques aleatorios, máquinas de vectores de soporte) y el aprendizaje no supervisado (por ejemplo, agrupamiento k-means, agrupamiento jerárquico) para descubrir patrones y hacer predicciones.

Estos métodos avanzados permiten a los analistas extraer información más detallada de los datos, manejar relaciones no lineales y hacer predicciones más robustas. Al dominar estas técnicas, los analistas intermedios pueden abordar problemas más complejos y proporcionar conocimientos más profundos y aplicables en diversos dominios.

5. Mejorar la Visualización de Datos

El análisis intermedio lleva la visualización de datos a un nuevo nivel, pasando de gráficos básicos a técnicas avanzadas que representan datos multidimensionales y relaciones complejas. Este nivel de análisis emplea herramientas y métodos sofisticados para crear representaciones visuales de datos más informativas y atractivas.

Algunas técnicas avanzadas de visualización en este nivel incluyen:

- Dashboards interactivos: Uso de herramientas como Plotly o Bokeh para crear visualizaciones dinámicas y receptivas al usuario que permiten la exploración de datos en tiempo real.

- Gráficos de redes: Visualización de interconexiones complejas entre puntos de datos, particularmente útil para análisis de redes sociales o mapeo de relaciones en grandes conjuntos de datos.

- Visualizaciones geoespaciales: Incorporación de datos geográficos para crear mapas informativos que revelan patrones y tendencias espaciales.

- Visualizaciones 3D: Representación de estructuras de datos tridimensionales o uso de técnicas 3D para agregar una capa adicional de información a gráficos 2D tradicionales.

Estas técnicas avanzadas de visualización no solo hacen que los datos sean más atractivos visualmente, sino que también mejoran la capacidad del analista para identificar patrones, valores atípicos y tendencias que podrían pasar desapercibidos en representaciones más simples. Al dominar estas técnicas, los analistas intermedios pueden comunicar hallazgos complejos de manera más efectiva a audiencias tanto técnicas como no técnicas, facilitando mejores procesos de toma de decisiones en diversos dominios.

Al dominar las técnicas de análisis de datos intermedio, los analistas pueden mejorar significativamente su capacidad para extraer conocimientos significativos, hacer predicciones más precisas y proporcionar recomendaciones más valiosas basadas en sus hallazgos. Este conjunto de habilidades expandido abre nuevas posibilidades para abordar desafíos de datos reales en diversos dominios, desde negocios y finanzas hasta salud y más allá.

1.1.1 Conceptos Clave en el Análisis de Datos Intermedio

A nivel intermedio, deberás sentirte cómodo con una gama de técnicas y conceptos avanzados que se basan en tu conocimiento fundamental. Estas habilidades son cruciales para enfrentar desafíos más complejos en el análisis de datos y extraer conocimientos más profundos de tus conjuntos de datos:

Manipulación de Datos con Pandas

Tu dominio de Pandas debe ir más allá de las operaciones básicas. Necesitarás dominar técnicas avanzadas como:

- Reestructuración compleja de datos usando tablas dinámicas y funciones de melt: Estas técnicas te permiten reorganizar tus datos para análisis o visualización. Las tablas dinámicas pueden agregar datos en múltiples dimensiones, mientras que las funciones de melt convierten datos de formato ancho a formato largo, lo que es más adecuado para ciertos tipos de análisis.
- Aplicación de funciones personalizadas a grupos de datos con objetos GroupBy: Las operaciones GroupBy te permiten dividir los datos en grupos basados en algún criterio, aplicar una función a cada grupo de forma independiente y luego combinar los resultados. Esto es especialmente útil para realizar cálculos complejos en subconjuntos de datos.
- Manejo de datos de series temporales con remuestreo y cálculos de ventana móvil: El análisis de series temporales a menudo requiere cambiar la frecuencia de tus datos (remuestreo) o realizar cálculos en una ventana de tiempo en movimiento. Estas técnicas son cruciales para identificar tendencias, estacionalidad y otros patrones temporales en tus datos.
- Fusión y unión de conjuntos de datos con varios métodos y parámetros: Dado que los datos a menudo provienen de múltiples fuentes, es fundamental saber cómo combinar conjuntos de datos de manera eficiente. Esto incluye comprender los diferentes tipos de uniones (interna, externa, izquierda, derecha) y cómo manejar problemas como claves duplicadas o nombres de columnas no coincidentes.

Además, deberías familiarizarte con características más avanzadas de Pandas, como:

- MultiIndex e indexación avanzada: Esto permite trabajar con datos de mayor dimensión de manera más eficiente.
- Tipos de datos categóricos: Pueden mejorar significativamente el uso de memoria y el rendimiento para columnas con un conjunto limitado de valores posibles.
- Métodos de cadenas y manipulación de datos de texto: Pandas ofrece herramientas poderosas para trabajar con datos de texto, incluyendo soporte para expresiones regulares.

Cálculos Numéricos con NumPy

Aprovechar el poder de NumPy es esencial para el procesamiento de datos eficiente. NumPy proporciona un conjunto robusto de herramientas para manejar matrices y matrices multidimensionales, junto con una colección completa de funciones matemáticas para operar en estas matrices.

Aquí tienes un vistazo más profundo a algunas capacidades clave de NumPy:

- Uso de broadcasting para realizar operaciones en matrices de diferentes formas: Broadcasting es un mecanismo poderoso que permite a NumPy realizar operaciones en matrices de diferentes tamaños y formas, lo que evita la duplicación innecesaria de datos. Es especialmente útil al trabajar con conjuntos de datos de dimensiones variables o al aplicar operaciones escalares a matrices completas.
- Implementación de técnicas avanzadas de indexación para una selección de datos compleja: NumPy ofrece métodos de indexación sofisticados que van más allá de la simple segmentación. La indexación booleana permite seleccionar elementos según condiciones, mientras que la indexación avanzada permite usar matrices de enteros para acceder a elementos específicos. Estas técnicas son esenciales para filtrar y manipular conjuntos de datos grandes de manera eficiente.
- Aplicación de ufuncs (funciones universales) para operaciones elemento a elemento: Las ufuncs son funciones vectorizadas que operan elemento a elemento en matrices. Están altamente optimizadas y pueden acelerar significativamente los cálculos en comparación con los bucles tradicionales de Python.
- Uso del módulo de álgebra lineal de NumPy para operaciones de matrices: El módulo linalg de NumPy proporciona una gama completa de operaciones de álgebra lineal, incluyendo productos de matrices y vectores, descomposiciones, problemas de valores propios y resolución de ecuaciones lineales. Estas funciones son esenciales para muchas aplicaciones científicas e ingenieriles, así como para implementar algoritmos avanzados de aprendizaje automático que dependen en gran medida de cálculos de álgebra lineal.

Además, la eficiencia de NumPy en el uso de memoria y la velocidad de cómputo lo convierten en una herramienta indispensable para científicos y analistas de datos que trabajan con grandes conjuntos de datos.

Ingeniería de Características

Esta habilidad crucial implica la creación de nuevas variables que pueden mejorar significativamente el rendimiento del modelo. La ingeniería de características es un pilar del análisis de datos intermedio, permitiendo a los analistas extraer información más significativa de los datos en bruto y mejorar el poder predictivo de sus modelos. Algunos aspectos clave de la ingeniería de características incluyen:

- Codificación de variables categóricas: Esto implica transformar datos no numéricos en un formato que los algoritmos de aprendizaje automático puedan entender. Técnicas como la codificación one-hot crean columnas binarias para cada categoría, mientras que la codificación de objetivos reemplaza las categorías con su promedio en la variable objetivo correspondiente.
- Creación de características de interacción: Al combinar variables existentes, los analistas pueden capturar relaciones complejas que pueden no ser evidentes en características individuales.
- Aplicación de transformaciones específicas del dominio: Aprovechar el conocimiento experto para crear características significativas es característico del análisis avanzado.
- Implementación de generación automática de características: A medida que los conjuntos de datos crecen en tamaño y complejidad, la ingeniería manual de características consume mucho tiempo. Las técnicas automatizadas pueden explorar y crear nuevas características de manera sistemática.

La ingeniería de características no se trata solo de crear nuevas variables; se trata de entender los patrones subyacentes en tus datos y representarlos de una manera que tus modelos puedan interpretar fácilmente.

Manejo Eficiente de Datos

A medida que los conjuntos de datos crecen en tamaño y complejidad, optimizar tu flujo de trabajo se vuelve esencial para mantener el rendimiento y la eficiencia.

Aquí hay algunas estrategias clave para manejar datos a gran escala:

- Usar tipos de datos y estructuras de datos eficientes en memoria: Escoger tipos de datos apropiados y estructuras como matrices dispersas puede reducir significativamente el uso de memoria y acelerar los cálculos.
- Implementación de procesamiento fuera de núcleo para conjuntos de datos más grandes que la RAM disponible: Cuando se trabaja con conjuntos de datos que exceden la memoria del sistema, utiliza técnicas como la segmentación o archivos mapeados en memoria para procesar los datos en piezas más manejables.
- Aprovechar técnicas de procesamiento en paralelo para cálculos más rápidos: Utilizar procesadores de múltiples núcleos o marcos de computación distribuida para acelerar el procesamiento de datos.
- Optimización de operaciones de E/S para una carga y guardado de datos más rápido: Implementar formatos de almacenamiento de datos eficientes como Parquet o HDF5, optimizados para el procesamiento analítico.

- Implementación de técnicas de compresión de datos: Usar algoritmos de compresión para reducir el tamaño de tus conjuntos de datos tanto en almacenamiento como durante el procesamiento.
- Uso de indexación y optimización de consultas: Para análisis respaldados por bases de datos, una indexación adecuada y la optimización de consultas pueden acelerar dramáticamente el tiempo de recuperación y procesamiento de datos.

Pipelines de Datos

Automatizar tu flujo de trabajo es clave para la reproducibilidad y la eficiencia. Los pipelines de datos son un componente crucial del análisis de datos intermedio, permitiendo un procesamiento de datos fluido y consistente.

- Diseño de pasos de procesamiento de datos modulares y reutilizables: Esto implica desglosar tu flujo de trabajo de procesamiento de datos en módulos discretos y autocontenidos.
- Implementación de validación de datos y controles de calidad en tu pipeline: La calidad de los datos es fundamental en cualquier análisis. La validación automática ayuda a mantener la integridad de tus datos a lo largo del proceso de análisis.
- Integración de selección de características y entrenamiento de modelos en tu pipeline: Incorporar la selección de características y el entrenamiento de modelos directamente en tu pipeline puede simplificar significativamente tu flujo de trabajo.
- Uso de objetos de pipeline para experimentación y validación cruzada: Muchos paquetes de aprendizaje automático, como scikit-learn, ofrecen objetos de pipeline que permiten encadenar múltiples pasos de procesamiento.

Al dominar estas áreas, mejorarás significativamente tu capacidad para trabajar con conjuntos de datos complejos. Estarás equipado para manejar mayores volúmenes de datos, descubrir patrones ocultos y desarrollar modelos más sofisticados, permitiéndote abordar desafíos de datos reales en diversos dominios. Además, podrás comunicar tus hallazgos de manera más efectiva, traduciendo análisis complejos en conocimientos accionables para las partes interesadas.

1.1.2 Ejemplo: Análisis de Datos Intermedio con Pandas y NumPy

Veamos un ejemplo completo de manipulación de datos intermedia utilizando Pandas y NumPy, dos bibliotecas poderosas para el análisis de datos en Python. Considera un escenario en el que estamos analizando un conjunto de datos complejo de ventas minoristas en múltiples tiendas y categorías de productos.

Mientras que un principiante podría centrarse en operaciones básicas como filtrar datos o calcular totales simples, el análisis intermedio requiere un enfoque más matizado.

A este nivel, nuestro objetivo es extraer conocimientos más profundos y abordar desafíos de datos del mundo real. Por ejemplo, podríamos necesitar:

1. Realizar análisis basado en el tiempo: Calcular promedios móviles de ventas en ventanas de tiempo variables para identificar tendencias y estacionalidad. Esto podría implicar el uso de la funcionalidad datetime de Pandas y funciones de ventana móvil.
2. Manejar datos faltantes o inconsistentes: Los conjuntos de datos reales a menudo tienen brechas o errores. Podríamos utilizar técnicas avanzadas de imputación, como interpolación basada en puntos de datos relacionados o modelos de aprendizaje automático, para estimar valores faltantes.
3. Optimizar el almacenamiento y procesamiento de datos: A medida que los conjuntos de datos crecen, la eficiencia se vuelve crucial. Esto podría implicar el uso de tipos de datos apropiados para reducir el uso de memoria o aprovechar las operaciones vectorizadas de NumPy para cálculos más rápidos.
4. Crear características complejas: Podríamos combinar múltiples columnas para crear nuevas características más informativas. Por ejemplo, calcular el margen de beneficio combinando datos de ventas y costos.
5. Realizar operaciones agrupadas: Utilizar la funcionalidad GroupBy de Pandas para analizar patrones de ventas en diferentes categorías de productos o ubicaciones de tiendas.
6. Aplicar pruebas estadísticas: Realizar pruebas de hipótesis o calcular intervalos de confianza para validar nuestros hallazgos y asegurarnos de que sean estadísticamente significativos.

Estas técnicas no solo proporcionan un análisis más preciso y revelador, sino que también preparan el terreno para aplicaciones avanzadas de modelado y aprendizaje automático. Al dominar estas habilidades intermedias, los analistas pueden transformar datos en bruto en inteligencia empresarial accionable, impulsando la toma de decisiones informada en toda la organización.

Ejemplo de Código: Cálculo de Promedios Móviles y Manejo de Datos Faltantes

Supongamos que tenemos el siguiente conjunto de datos que contiene datos de ventas:

```
import pandas as pd
import numpy as np
import matplotlib.pyplot as plt

# Sample data: Daily sales for a retail store
data = {
    'Date': pd.date_range(start='2023-01-01', periods=30, freq='D'),
    'Sales': [200, 220, np.nan, 250, 260, 240, np.nan, 300, 280, 290,
              310, 305, 315, np.nan, 330, 340, 335, 345, 350, 360,
              355, np.nan, 370, 375, 380, 385, 390, 395, 400, 410],
```

```
    'Category': ['A', 'B', 'A', 'C', 'B', 'A', 'C', 'B', 'A', 'C',
                 'A', 'B', 'C', 'A', 'B', 'C', 'A', 'B', 'C', 'A',
                 'B', 'C', 'A', 'B', 'C', 'A', 'B', 'C', 'A', 'B']
}

df = pd.DataFrame(data)

# Display the first few rows of the dataframe
print("Original DataFrame:")
print(df.head())

# Basic statistics of the Sales column
print("\\nBasic Statistics of Sales:")
print(df['Sales'].describe())

# Handle missing values
df['Sales_Filled'] = df['Sales'].fillna(method='ffill')

# Calculate rolling average
df['Rolling_Avg_7d'] = df['Sales_Filled'].rolling(window=7).mean()

# Group by Category and calculate mean sales
category_avg = df.groupby('Category')['Sales_Filled'].mean()
print("\\nAverage Sales by Category:")
print(category_avg)

# Optimize data types
df['Sales'] = pd.to_numeric(df['Sales'], downcast='float')
df['Sales_Filled'] = pd.to_numeric(df['Sales_Filled'], downcast='float')
df['Rolling_Avg_7d'] = pd.to_numeric(df['Rolling_Avg_7d'], downcast='float')

print("\\nMemory usage after optimization:")
print(df.memory_usage(deep=True))

# Visualize the data
plt.figure(figsize=(12, 6))
plt.plot(df['Date'], df['Sales_Filled'], label='Sales (Filled)')
plt.plot(df['Date'], df['Rolling_Avg_7d'], label='7-day Rolling Average')
plt.title('Daily Sales and 7-day Rolling Average')
plt.xlabel('Date')
plt.ylabel('Sales')
plt.legend()
plt.xticks(rotation=45)
plt.tight_layout()
plt.show()
```

Este ejemplo de código demuestra varias técnicas de análisis de datos de nivel intermedio utilizando Pandas y NumPy. Vamos a desglosarlo:

1. **Creación y Exploración Inicial de Datos**:

- Creamos un conjunto de datos más completo con 30 días de datos de ventas, incluyendo una columna 'Category'.
- La función head() se usa para mostrar las primeras filas del DataFrame, dándonos una visión rápida de la estructura de los datos.

2. **Estadísticas Básicas**:
   - La función describe() proporciona un resumen estadístico de la columna 'Sales', incluyendo conteo, media, desviación estándar y cuartiles.
3. **Manejo de Valores Faltantes**:
   - Usamos el método fillna() con 'ffill' (relleno hacia adelante) para imputar valores faltantes en la columna 'Sales', creando una nueva columna 'Sales_Filled'.
4. **Análisis de Series Temporales**:
   - Se calcula un promedio móvil de 7 días utilizando la función rolling(), lo que ayuda a suavizar fluctuaciones a corto plazo y resaltar tendencias a largo plazo.
5. **Agrupación y Agregación**:
   - Mostramos cómo agrupar por 'Category' y calcular la media de ventas para cada categoría usando la función groupby().
6. **Optimización de Tipos de Datos**:
   - La función to_numeric() con downcast='float' se utiliza para optimizar las columnas numéricas, lo que potencialmente reduce el uso de memoria.
7. **Análisis de Uso de Memoria**:
   - Imprimimos el uso de memoria del DataFrame después de la optimización para mostrar el impacto de los cambios en los tipos de datos.
8. **Visualización de Datos**:
   - Usando Matplotlib, creamos un gráfico de líneas que muestra tanto los datos de ventas rellenados como el promedio móvil de 7 días a lo largo del tiempo.
   - Esta visualización ayuda a identificar tendencias y patrones en los datos de ventas.

Este ejemplo completo muestra diversas técnicas de nivel intermedio en manipulación, análisis y visualización de datos, proporcionando una base sólida para tareas de análisis más avanzadas.

1.1.3 Manejo de Valores Faltantes

A nivel intermedio, el manejo de valores faltantes se convierte en un proceso más matizado. En lugar de simplemente eliminar filas incompletas o rellenar huecos arbitrariamente, los analistas emplean técnicas más sofisticadas. Estos métodos buscan preservar la integridad del conjunto de datos mientras se realizan estimaciones informadas sobre los puntos de datos faltantes.

Un enfoque común es el relleno hacia adelante (forward filling). Esta técnica propaga el último valor conocido hacia adelante para llenar los valores faltantes subsiguientes. Es particularmente útil para datos de series temporales donde los valores tienden a persistir. El relleno hacia atrás (backward filling) es similar, pero utiliza el siguiente valor conocido para llenar los valores faltantes anteriores.

La interpolación es otro método que estima valores faltantes en función del patrón de los puntos de datos circundantes. Dependiendo de la naturaleza de los datos, se puede utilizar interpolación lineal, polinómica o spline. Este enfoque puede ser especialmente efectivo cuando hay una tendencia o patrón claro en los datos.

Los métodos de imputación de media, mediana o moda reemplazan valores faltantes con el valor promedio, mediano o más frecuente en la columna. Estos métodos se pueden aplicar de forma global o dentro de grupos específicos de los datos, proporcionando una forma simple pero a menudo efectiva de manejar valores faltantes.

Para escenarios más complejos, la imputación múltiple es una técnica avanzada que crea varios conjuntos de datos imputados plausibles y combina los resultados para proporcionar una estimación más robusta de los valores faltantes. Este método puede ser particularmente útil cuando se trata de datos que faltan de forma no aleatoria.

La elección del método de imputación depende de la naturaleza de los datos, el patrón de falta de datos y los requisitos específicos del análisis. Al seleccionar y aplicar cuidadosamente estas técnicas, los analistas intermedios pueden minimizar el sesgo y mantener la potencia estadística de sus conjuntos de datos, lo que conduce a conocimientos y modelos más confiables.

Ejemplo

```
import pandas as pd
import numpy as np
import matplotlib.pyplot as plt

# Create a sample dataset
dates = pd.date_range(start='2023-01-01', periods=30, freq='D')
sales = [100, 120, np.nan, 140, 160, 150, np.nan, 200, 180, 190,
         210, 205, 215, np.nan, 230, 240, 235, 245, 250, 260,
         255, np.nan, 270, 275, 280, 285, 290, 295, 300, 310]
categories = ['A', 'B', 'A', 'C', 'B', 'A', 'C', 'B', 'A', 'C',
              'A', 'B', 'C', 'A', 'B', 'C', 'A', 'B', 'C', 'A',
              'B', 'C', 'A', 'B', 'C', 'A', 'B', 'C', 'A', 'B']
```

```
df = pd.DataFrame({'Date': dates, 'Sales': sales, 'Category': categories})

# Display initial information
print("Original DataFrame:")
print(df.head())
print("\\nDataFrame Info:")
print(df.info())

# Handle missing values using forward fill
df['Sales_Filled'] = df['Sales'].fillna(method='ffill')

# Calculate various rolling averages
df['Rolling_Avg_3d'] = df['Sales_Filled'].rolling(window=3).mean()
df['Rolling_Avg_7d'] = df['Sales_Filled'].rolling(window=7).mean()

# Group by Category and calculate statistics
category_stats = df.groupby('Category')['Sales_Filled'].agg(['mean', 'median',
'std'])
print("\\nCategory Statistics:")
print(category_stats)

# Optimize data types
df['Sales'] = pd.to_numeric(df['Sales'], downcast='float')
df['Sales_Filled'] = pd.to_numeric(df['Sales_Filled'], downcast='float')
df['Rolling_Avg_3d'] = pd.to_numeric(df['Rolling_Avg_3d'], downcast='float')
df['Rolling_Avg_7d'] = pd.to_numeric(df['Rolling_Avg_7d'], downcast='float')

print("\\nMemory usage after optimization:")
print(df.memory_usage(deep=True))

# Visualize the data
plt.figure(figsize=(12, 6))
plt.plot(df['Date'], df['Sales'], label='Original Sales', alpha=0.7)
plt.plot(df['Date'], df['Sales_Filled'], label='Filled Sales')
plt.plot(df['Date'], df['Rolling_Avg_3d'], label='3-day Rolling Average')
plt.plot(df['Date'], df['Rolling_Avg_7d'], label='7-day Rolling Average')
plt.title('Daily Sales with Rolling Averages')
plt.xlabel('Date')
plt.ylabel('Sales')
plt.legend()
plt.xticks(rotation=45)
plt.tight_layout()
plt.show()

# Print final DataFrame
print("\\nFinal DataFrame:")
print(df)
```

Ahora, desglosaremos este código:

1. **Creación de Datos:** Creamos un conjunto de datos más realista con 30 días de datos de ventas, incluyendo valores NaN intencionales y una columna 'Category'. Esto simula un escenario real donde podrías tener datos faltantes y variables categóricas.
2. **Exploración Inicial de Datos:** Imprimimos las primeras filas del DataFrame y su información para obtener una visión general de la estructura y tipos de datos.
3. **Manejo de Valores Faltantes:** Usamos el método de relleno hacia adelante (forward fill) para manejar los valores faltantes en la columna 'Sales', creando una nueva columna 'Sales_Filled'. Esto reemplaza los valores NaN con el último valor conocido, lo cual es a menudo adecuado para datos de series temporales.
4. **Cálculo de Promedios Móviles:** Calculamos promedios móviles de 3 y 7 días. Esto ayuda a suavizar las fluctuaciones a corto plazo y resaltar las tendencias a largo plazo.
5. **Agrupación y Agregación:** Agrupamos los datos por 'Category' y calculamos la media, mediana y desviación estándar de las ventas para cada categoría. Esto proporciona información sobre el rendimiento de ventas en diferentes categorías.
6. **Optimización de Tipos de Datos:** Utilizamos pd.to_numeric() con downcast='float' para optimizar las columnas numéricas, lo que puede reducir significativamente el uso de memoria, especialmente en conjuntos de datos grandes.
7. **Visualización:** Creamos un gráfico de líneas que muestra los datos originales de ventas, los datos de ventas completados y los promedios móviles de 3 y 7 días. Esta representación visual ayuda a identificar tendencias y patrones en los datos de ventas.
8. **Salida Final:** Imprimimos el DataFrame final para mostrar todas las transformaciones y nuevas columnas que hemos añadido.

Este ejemplo demuestra varias técnicas de análisis de datos de nivel intermedio:

- Manejo de datos faltantes con relleno hacia adelante
- Cálculo de múltiples promedios móviles
- Agrupación y agregación de datos
- Optimización de tipos de datos para un mejor rendimiento
- Creación de visualizaciones informativas

Estas técnicas proporcionan un enfoque completo para analizar datos de ventas en series temporales, permitiendo obtener conocimientos más profundos y realizar análisis más robustos.

1.1.4 Cálculo de Promedios Móviles

Un promedio móvil, también conocido como media móvil, es una técnica fundamental en el análisis de datos intermedio que sirve para múltiples propósitos. Este método consiste en calcular el promedio de un subconjunto de puntos de datos durante una ventana de tiempo específica, que luego se "mueve" a lo largo del conjunto de datos. Al hacerlo, suaviza efectivamente las fluctuaciones y el ruido a corto plazo en los datos, permitiendo que los analistas identifiquen y resalten las tendencias a largo plazo que de otro modo podrían quedar oscurecidas.

El poder de los promedios móviles radica en su capacidad para equilibrar entre preservar tendencias importantes y reducir el impacto de valores atípicos o picos temporales. Esto los hace particularmente útiles en diversos campos, como en finanzas para el análisis de precios de acciones, previsión de ventas e incluso en investigaciones científicas para el análisis de tendencias. La elección del tamaño de la ventana de promedio móvil (por ejemplo, de 3 días, 7 días o 30 días) puede tener un impacto significativo en el nivel de suavizado y las tendencias reveladas, lo que requiere una consideración cuidadosa en función de las características específicas de los datos y los objetivos del análisis.

Además, los promedios móviles se pueden combinar con otras medidas estadísticas, como la desviación estándar, para crear herramientas analíticas más sofisticadas, como las bandas de Bollinger en análisis financiero. A medida que avancemos en este capítulo, exploraremos cómo implementar promedios móviles de manera efectiva y cómo pueden integrarse en flujos de trabajo de análisis de datos más complejos.

Ejemplo:

```
import pandas as pd
import numpy as np
import matplotlib.pyplot as plt

# Create a sample dataset
dates = pd.date_range(start='2023-01-01', periods=30, freq='D')
sales = [100, 120, np.nan, 140, 160, 150, np.nan, 200, 180, 190,
         210, 205, 215, np.nan, 230, 240, 235, 245, 250, 260,
         255, np.nan, 270, 275, 280, 285, 290, 295, 300, 310]
df = pd.DataFrame({'Date': dates, 'Sales': sales})

# Handle missing values using forward fill
df['Sales_Filled'] = df['Sales'].fillna(method='ffill')

# Calculate various rolling averages
df['Rolling_Avg_3d'] = df['Sales_Filled'].rolling(window=3).mean()
df['Rolling_Avg_7d'] = df['Sales_Filled'].rolling(window=7).mean()
df['Rolling_Avg_14d'] = df['Sales_Filled'].rolling(window=14).mean()

# Calculate percentage change
df['Pct_Change'] = df['Sales_Filled'].pct_change()

# Calculate cumulative sum
df['Cumulative_Sum'] = df['Sales_Filled'].cumsum()

# Display the results
```

```
print(df)

# Visualize the data
plt.figure(figsize=(12, 6))
plt.plot(df['Date'], df['Sales_Filled'], label='Filled Sales')
plt.plot(df['Date'], df['Rolling_Avg_3d'], label='3-day Rolling Average')
plt.plot(df['Date'], df['Rolling_Avg_7d'], label='7-day Rolling Average')
plt.plot(df['Date'], df['Rolling_Avg_14d'], label='14-day Rolling Average')
plt.title('Daily Sales with Rolling Averages')
plt.xlabel('Date')
plt.ylabel('Sales')
plt.legend()
plt.xticks(rotation=45)
plt.tight_layout()
plt.show()
```

Desglosaremos este ejemplo:

1. **Creación de Datos**:
   - Creamos un DataFrame con 30 días de datos de ventas, incluyendo algunos valores NaN para simular datos faltantes.
2. **Manejo de Valores Faltantes**:
   - Utilizamos el método de relleno hacia adelante (fillna(method='ffill')) para manejar los valores faltantes en la columna 'Sales', creando una nueva columna 'Sales_Filled'.
   - Esto reemplaza los valores NaN con el último valor conocido, lo cual es a menudo adecuado para datos de series temporales.
3. **Cálculo de Promedios Móviles**:
   - Calculamos promedios móviles de 3, 7 y 14 días utilizando la función rolling().
   - Estos ayudan a suavizar las fluctuaciones a corto plazo y resaltar las tendencias a largo plazo.
   - Los diferentes tamaños de ventana (3, 7, 14) permiten comparar las tendencias en diversas escalas de tiempo.
4. **Cambio Porcentual**:
   - Calculamos el cambio porcentual día a día en las ventas usando la función pct_change().
   - Esto ayuda a identificar las tasas de crecimiento diarias y la volatilidad en las ventas.
5. **Suma Acumulativa**:

   - Calculamos la suma acumulativa de ventas usando la función cumsum().
   - Esto muestra las ventas totales hasta cada punto en el tiempo, útil para rastrear el rendimiento general.

6. **Visualización**:
   - Creamos un gráfico de líneas que muestra los datos de ventas rellenados y los tres promedios móviles.
   - Esta representación visual ayuda a identificar tendencias y patrones en los datos de ventas en diferentes escalas de tiempo.

Este ejemplo demuestra varias técnicas de análisis de datos de nivel intermedio:

- Manejo de datos faltantes
- Cálculo de múltiples promedios móviles con diferentes ventanas
- Cálculo de cambios porcentuales y sumas acumulativas
- Creación de visualizaciones informativas

Estas técnicas proporcionan un enfoque completo para analizar datos de ventas en series temporales, permitiendo obtener conocimientos más profundos sobre tendencias, tasas de crecimiento y rendimiento general a lo largo del tiempo.

1.1.5 Optimización de Tipos de Datos

Al trabajar con conjuntos de datos grandes, la optimización del rendimiento se vuelve crítica. Pandas y NumPy ofrecen poderosas formas de optimizar el uso de memoria y la velocidad de procesamiento ajustando los tipos de datos. Esto es particularmente importante al trabajar con grandes volúmenes de datos o al realizar análisis en máquinas con recursos limitados. Al elegir tipos de datos adecuados, puedes reducir significativamente el consumo de memoria y acelerar los cálculos.

Por ejemplo, usar tipos de enteros más pequeños (como int8 o int16) en lugar del int64 predeterminado puede reducir drásticamente el uso de memoria para columnas con un rango limitado de valores. De manera similar, para números de punto flotante, usar float32 en lugar de float64 puede reducir a la mitad los requisitos de memoria con una pérdida de precisión a menudo insignificante. Pandas proporciona herramientas como las opciones de 'downcast' en pd.to_numeric() y métodos astype(), que eligen automáticamente el tipo de datos más pequeño posible que puede representar los datos sin pérdida de información.

Además, los datos categóricos se pueden optimizar utilizando el tipo de datos Categorical de Pandas, que es especialmente eficiente en memoria para columnas con baja cardinalidad (es decir, pocos valores únicos). Para datos de texto, usar categorías o incluso técnicas más avanzadas como cadenas mapeadas en memoria puede generar importantes ahorros de memoria. Estas optimizaciones no solo ahorran memoria, sino que también pueden acelerar operaciones como agrupaciones, ordenamiento y agregaciones.

Ejemplo:

```
import pandas as pd
import numpy as np
import matplotlib.pyplot as plt

# Create a sample dataset
dates = pd.date_range(start='2023-01-01', periods=30, freq='D')
sales = [100, 120, np.nan, 140, 160, 150, np.nan, 200, 180, 190,
         210, 205, 215, np.nan, 230, 240, 235, 245, 250, 260,
         255, np.nan, 270, 275, 280, 285, 290, 295, 300, 310]
categories = ['A', 'B', 'C'] * 10
df = pd.DataFrame({'Date': dates, 'Sales': sales, 'Category': categories})

# Display initial information
print("Initial DataFrame Info:")
print(df.info())
print("\\nInitial Memory Usage:")
print(df.memory_usage(deep=True))

# Handle missing values using forward fill
df['Sales_Filled'] = df['Sales'].fillna(method='ffill')

# Optimize data types
df['Sales'] = pd.to_numeric(df['Sales'], downcast='float')
df['Sales_Filled'] = pd.to_numeric(df['Sales_Filled'], downcast='float')
df['Category'] = df['Category'].astype('category')

# Calculate various metrics
df['Rolling_Avg_3d'] = df['Sales_Filled'].rolling(window=3).mean()
df['Rolling_Avg_7d'] = df['Sales_Filled'].rolling(window=7).mean()
df['Pct_Change'] = df['Sales_Filled'].pct_change()
df['Cumulative_Sum'] = df['Sales_Filled'].cumsum()

# Display optimized information
print("\\nOptimized DataFrame Info:")
print(df.info())
print("\\nOptimized Memory Usage:")
print(df.memory_usage(deep=True))

# Calculate category-wise statistics
category_stats   =   df.groupby('Category')['Sales_Filled'].agg(['mean',   'median',
'std'])
print("\\nCategory Statistics:")
print(category_stats)

# Visualize the data
plt.figure(figsize=(12, 6))
plt.plot(df['Date'], df['Sales'], label='Original Sales', alpha=0.7)
```

```
plt.plot(df['Date'], df['Sales_Filled'], label='Filled Sales')
plt.plot(df['Date'], df['Rolling_Avg_3d'], label='3-day Rolling Average')
plt.plot(df['Date'], df['Rolling_Avg_7d'], label='7-day Rolling Average')
plt.title('Daily Sales with Rolling Averages')
plt.xlabel('Date')
plt.ylabel('Sales')
plt.legend()
plt.xticks(rotation=45)
plt.tight_layout()
plt.show()

# Print final DataFrame
print("\\nFinal DataFrame:")
print(df.head())
```

Desglosemos este ejemplo de código:

1. **Creación de Datos y Análisis Inicial**:
   - Creamos un DataFrame con 30 días de datos de ventas, incluyendo valores NaN y una columna 'Category'.
   - Imprimimos la información inicial del DataFrame y el uso de memoria para establecer una línea de base.
2. **Manejo de Valores Faltantes**:
   - Utilizamos el método de relleno hacia adelante para manejar los valores faltantes en la columna 'Sales', creando una nueva columna 'Sales_Filled'.
   - Esto reemplaza los valores NaN con el último valor conocido, lo cual es a menudo adecuado para datos de series temporales.
3. **Optimización de Tipos de Datos**:
   - Usamos pd.to_numeric() con downcast='float' para optimizar las columnas numéricas 'Sales' y 'Sales_Filled'.
   - La columna 'Category' se convierte al tipo de datos categórico, que es más eficiente en memoria para columnas con baja cardinalidad.
   - Imprimimos la información del DataFrame optimizado y el uso de memoria para mostrar las mejoras.
4. **Cálculo de Métricas Variadas**:
   - Calculamos promedios móviles de 3 y 7 días usando la función rolling().
   - El cambio porcentual se calcula usando pct_change() para mostrar las tasas de crecimiento diarias.

   - La suma acumulativa se calcula usando cumsum() para rastrear las ventas totales a lo largo del tiempo.
5. **Estadísticas por Categoría**:
   - Utilizamos las funciones groupby() y agg() para calcular la media, mediana y desviación estándar de ventas para cada categoría.
   - Esto proporciona información sobre el rendimiento de ventas en diferentes categorías.
6. **Visualización**:
   - Creamos un gráfico de líneas que muestra los datos originales de ventas, los datos de ventas completados y los promedios móviles de 3 y 7 días.
   - Esta representación visual ayuda a identificar tendencias y patrones en los datos de ventas.
7. **Salida Final**:
   - Imprimimos las primeras filas del DataFrame final para mostrar todas las transformaciones y las nuevas columnas añadidas.

1.1.6 Conclusiones Clave

El análisis de datos intermedio trasciende la mera aplicación de metodologías novedosas, demandando un cambio de paradigma en cómo conceptualizas y abordas tus datos. A medida que avanzas, te encontrarás no solo considerando el "qué" de tus cálculos, sino profundizando en el "cómo" y el "por qué". Esto implica un examen meticuloso de tus métodos computacionales, su eficiencia y su idoneidad para la tarea en cuestión. Frente a conjuntos de datos extensos y flujos de trabajo complejos, deberás desarrollar una mentalidad estratégica que abarque una gestión integral de datos, desde el manejo y almacenamiento inicial hasta transformaciones y análisis sofisticados.

Las técnicas que hemos explorado hasta ahora—como el manejo eficiente de datos faltantes, la implementación de promedios móviles y la optimización de memoria—solo arañan la superficie del análisis de datos intermedio. Estas habilidades fundamentales sirven como trampolín hacia conceptos más avanzados. A lo largo de este libro, cultivarás un enfoque analítico que equilibra artísticamente profundidad de conocimientos, complejidad del método y eficiencia computacional. Esta perspectiva holística será invaluable a medida que transitemos al ámbito de la ingeniería de características, donde la capacidad de extraer información significativa de los datos en bruto se vuelve primordial.

En las próximas secciones, nos embarcaremos en una exploración profunda de la optimización de flujos de trabajo. Descubrirás cómo aprovechar transformaciones de datos avanzadas e integrar sin problemas herramientas poderosas como Pandas y NumPy. Este enfoque sinérgico no solo mejorará la velocidad de tus análisis, sino que también brindará claridad a tu código y resultados. Al dominar estas técnicas, estarás bien preparado para enfrentar desafíos complejos de datos con confianza y precisión.

1.2 Cómo Este Libro se Basa en los Fundamentos

Al embarcarte en este viaje de nivel intermedio en el análisis de datos, es crucial reflexionar sobre los fundamentos que has construido y cómo tus habilidades existentes servirán como peldaños para los conceptos más avanzados que exploraremos en este libro. Tu recorrido de novato a analista intermedio está marcado por un cambio significativo en la perspectiva y el enfoque hacia la manipulación e interpretación de datos.

Durante tu incursión inicial en el análisis de datos, adquiriste habilidades esenciales como la manipulación básica de datos, técnicas fundamentales de visualización y análisis estadístico rudimentario. Probablemente te familiarizaste con bibliotecas poderosas como **Pandas** para la manipulación de datos, **NumPy** para cálculos numéricos y posiblemente **Matplotlib** para crear visualizaciones. Estas herramientas forman la base del análisis de datos y seguirán siendo indispensables a medida que avances en tu viaje analítico.

Sin embargo, a medida que pasas al nivel intermedio, tu enfoque evolucionará de simplemente entender estas herramientas a dominarlas con destreza. Te adentrarás en las complejidades de optimizar tus flujos de trabajo, mejorar la eficiencia de tus análisis y aplicar estas herramientas para enfrentar problemas complejos del mundo real. Este libro está diseñado para cerrar la brecha entre tus conocimientos fundamentales y las técnicas analíticas avanzadas, preparándote para enfrentar y resolver desafíos de datos más intrincados. En las siguientes secciones, describiremos cómo este recurso se basará en tu conjunto de habilidades existentes, elevando tus capacidades para navegar el multifacético panorama del análisis de datos intermedio.

1.2.1 De la Manipulación de Datos Básica a la Avanzada

A nivel principiante, probablemente aprendiste a cargar datos, filtrar filas, seleccionar columnas y realizar operaciones básicas de agrupamiento con Pandas. Estas habilidades fundamentales forman la piedra angular de la manipulación de datos, permitiéndote realizar tareas esenciales como limpieza de datos, análisis básico y transformaciones simples. Sin embargo, a medida que avanzas al nivel intermedio, descubrirás que estas habilidades, aunque cruciales, son solo el comienzo de tu viaje en la manipulación de datos.

La manipulación de datos a nivel intermedio requiere una comprensión más profunda de las características y funcionalidades avanzadas de Pandas. Deberás dominar técnicas para manejar estructuras de datos complejas, como DataFrames con múltiples índices y datos jerárquicos. Además, aprenderás a realizar operaciones complejas como el pivotado, el uso de melt y la reestructuración de datos para extraer conocimientos significativos de conjuntos de datos complejos.

Además, la eficiencia se vuelve primordial al trabajar con conjuntos de datos grandes. Deberás desarrollar estrategias para optimizar tu código y manejar millones de filas sin una degradación significativa del rendimiento. Esto podría implicar el uso de operaciones vectorizadas, aprovechando la potencia de NumPy en segundo plano o empleando técnicas como el procesamiento en fragmentos (chunking) para manejar datos en porciones manejables.

Por otra parte, la manipulación de datos intermedia a menudo implica transformaciones más sofisticadas. Aprenderás a aplicar funciones personalizadas a tus datos usando métodos como apply() y applymap(), lo que permite realizar transformaciones de datos más flexibles y potentes. También te adentrarás en técnicas avanzadas de agrupación y agregación, que te permitirán realizar cálculos complejos en múltiples dimensiones de tus datos.

A medida que avances, también tendrás que considerar aspectos de integridad y calidad de datos. Esto incluye implementar un manejo de errores más robusto, técnicas de validación de datos y estrategias para lidiar con casos extremos en tus datos. Aprenderás a escribir código que no solo manipula datos de manera efectiva, sino que también lo hace de una forma que mantiene la calidad y fiabilidad de los datos a lo largo de tu flujo de análisis.

Por ejemplo, considera el siguiente ejemplo en el que filtramos y agrupamos datos para calcular las ventas promedio en un conjunto de datos de ventas minoristas:

Ejemplo de Código: Manipulación de Datos a Nivel Principiante

```
import pandas as pd

# Sample data
data = {'Store': ['A', 'B', 'A', 'B', 'A', 'B'],
        'Sales': [200, 220, 210, 250, 215, 240]}

df = pd.DataFrame(data)

# Group by Store and calculate the average sales
avg_sales = df.groupby('Store')['Sales'].mean()
print(avg_sales)
```

Desglosemos esto:

- Primero, se importa la biblioteca pandas como 'pd'.
- Se crea un conjunto de datos de muestra como un diccionario con dos claves: 'Store' y 'Sales'. Cada clave corresponde a una lista de valores.
- El diccionario se convierte en un DataFrame de pandas usando pd.DataFrame(data).
- El código luego utiliza la función groupby() para agrupar los datos por la columna 'Store'.

- La función mean() se aplica a la columna 'Sales' para cada grupo, calculando las ventas promedio para cada tienda.
- Finalmente, los resultados se almacenan en la variable avg_sales y se imprimen.

Este código calcula las ventas promedio para cada tienda, una operación esencial pero básica. Sin embargo, ¿qué pasaría si estuvieras trabajando con un conjunto de datos mucho más grande, potencialmente de millones de filas, y necesitaras optimizar el rendimiento? ¿Y si quisieras realizar operaciones adicionales, como agregar múltiples columnas o filtrar en función de criterios más complejos?

1.2.2 Manipulación de Datos a Nivel Intermedio

Tomemos ese mismo concepto y hagámoslo más robusto, eficiente y flexible. Supongamos que ahora estás trabajando con un conjunto de datos que incluye información de ventas más detallada y deseas realizar múltiples agregaciones, como calcular tanto las ventas promedio como el total de ventas, además de filtrar para tiendas específicas.

Así es como podrías abordar ese problema a nivel intermedio:

```
# Sample data with more details
data = {'Store': ['A', 'B', 'A', 'B', 'A', 'B'],
        'Sales': [200, 220, 210, 250, 215, 240],
        'Category':    ['Electronics',    'Clothing',    'Electronics',    'Clothing',
'Electronics', 'Clothing']}

df = pd.DataFrame(data)

# Group by Store and Category, calculating multiple aggregations
agg_sales = df.groupby(['Store', 'Category']).agg(
    avg_sales=('Sales', 'mean'),
    total_sales=('Sales', 'sum')
).reset_index()

print(agg_sales)
```

Desglosemos esto:

- Primero, se crea un conjunto de datos de muestra con información más detallada, incluyendo columnas 'Store', 'Sales' y 'Category'.
- Los datos se convierten en un DataFrame de pandas.
- La clave de este ejemplo es el uso de la función groupby() con múltiples columnas ('Store' y 'Category') y el método agg() para realizar múltiples agregaciones simultáneamente.
- Se realizan dos agregaciones:

  - 'avg_sales': Calcula la media de 'Sales' para cada grupo.
  - 'total_sales': Calcula la suma de 'Sales' para cada grupo.
- El método reset_index() se usa para convertir el DataFrame de multi-índice resultante de vuelta a un DataFrame regular con 'Store' y 'Category' como columnas.
- Finalmente, se imprimen los resultados agregados.

Este código muestra un enfoque de nivel intermedio para la manipulación y análisis de datos usando pandas. Es más eficiente y flexible que ejecutar operaciones separadas para cada agregación, particularmente cuando se manejan conjuntos de datos grandes. El ejemplo ilustra cómo el análisis de datos de nivel intermedio a menudo implica combinar múltiples operaciones en un flujo de trabajo único y optimizado, mejorando tanto el rendimiento como la legibilidad.

1.2.3 Construcción de Flujos de Trabajo Eficientes

Otro aspecto crítico en el que este libro se basa en tus conocimientos fundamentales es en la optimización de flujos de trabajo. A medida que avanzas del nivel principiante al intermedio, aprenderás a cambiar tu enfoque de simplemente completar tareas a crear flujos de trabajo eficientes y escalables. Esta transición es crucial porque, a medida que los conjuntos de datos se expanden y los análisis se vuelven más complejos, la importancia de optimizar tus procesos aumenta exponencialmente.

Considera el proceso de preprocesamiento de un conjunto de datos grande. A nivel principiante, podrías abordar esta tarea limpiando y transformando los datos de manera manual, usando operaciones individuales. Aunque este método puede ser efectivo para conjuntos de datos pequeños, rápidamente se vuelve difícil de manejar y requiere mucho tiempo a medida que crece el volumen de datos. En contraste, a nivel intermedio, aprenderás a aprovechar técnicas más avanzadas para automatizar y optimizar estos procesos.

Un concepto clave que explorarás es el uso de **Pipelines**. Los pipelines te permiten encadenar múltiples pasos de procesamiento de datos en un flujo de trabajo cohesivo. Esto no solo hace que tu código sea más organizado y fácil de mantener, sino que también mejora significativamente la eficiencia. Al definir una serie de operaciones que se pueden aplicar a tus datos de manera optimizada, puedes procesar grandes volúmenes de información de manera más rápida y con menos intervención manual.

Además, profundizarás en técnicas de procesamiento paralelo, que te permiten distribuir tareas computacionales en múltiples núcleos o incluso en varias máquinas. Esto puede reducir drásticamente el tiempo de procesamiento para operaciones de datos a gran escala. También aprenderás técnicas de eficiencia en memoria para manejar conjuntos de datos que son demasiado grandes para caber en la RAM de tu computadora, como el procesamiento fuera de núcleo y la transmisión de datos (data streaming).

Otro aspecto de la optimización de flujos de trabajo que explorarás es la creación de módulos de código reutilizables. En lugar de escribir código personalizado para cada nuevo proyecto, aprenderás a desarrollar funciones y clases modulares y flexibles que se pueden adaptar fácilmente a diferentes conjuntos de datos y requisitos de análisis. Esto no solo ahorra tiempo, sino que también reduce la probabilidad de errores e inconsistencias en tu trabajo.

Al dominar estas técnicas avanzadas de optimización de flujos de trabajo, podrás abordar tareas de análisis de datos cada vez más complejas con mayor eficiencia y confianza. Este cambio de enfoque es un diferenciador clave entre analistas de datos principiantes y de nivel intermedio, permitiéndote manejar conjuntos de datos más grandes, realizar análisis más sofisticados y entregar conocimientos de manera más rápida y confiable.

Ejemplo de Código: Creación de un Pipeline de Preprocesamiento de Datos

Supongamos que estamos trabajando con un conjunto de datos que contiene valores faltantes y características que necesitan ser escaladas para modelado. A nivel principiante, podrías manejar esto escribiendo líneas individuales de código para imputar valores faltantes y luego escalar manualmente las características.

Aquí tienes cómo podrías manejar esto en un flujo de trabajo más estructurado y de nivel intermedio utilizando un **Pipeline de Scikit-learn**:

```
import pandas as pd
import numpy as np
from sklearn.pipeline import Pipeline
from sklearn.impute import SimpleImputer
from sklearn.preprocessing import StandardScaler, OneHotEncoder
from sklearn.compose import ColumnTransformer

# Sample data with missing values and categorical features
data = {
    'Feature1': [1, 2, np.nan, 4, 5],
    'Feature2': [10, np.nan, 12, 14, 15],
    'Category': ['A', 'B', 'A', 'C', 'B']
}

df = pd.DataFrame(data)

# Define preprocessing for numeric columns
numeric_features = ['Feature1', 'Feature2']
numeric_transformer = Pipeline(steps=[
    ('imputer', SimpleImputer(strategy='mean')),
    ('scaler', StandardScaler())
])

# Define preprocessing for categorical columns
categorical_features = ['Category']
categorical_transformer = Pipeline(steps=[
    ('imputer', SimpleImputer(strategy='constant', fill_value='missing')),
    ('onehot', OneHotEncoder(handle_unknown='ignore'))
```

```
])

# Combine preprocessing steps
preprocessor = ColumnTransformer(
    transformers=[
        ('num', numeric_transformer, numeric_features),
        ('cat', categorical_transformer, categorical_features)
    ])

# Create and fit the pipeline
pipeline = Pipeline(steps=[('preprocessor', preprocessor)])
transformed_data = pipeline.fit_transform(df)

# Convert to DataFrame for better visualization
feature_names = (numeric_features +
                 pipeline.named_steps['preprocessor']
                 .named_transformers_['cat']
                 .named_steps['onehot']
                 .get_feature_names(categorical_features).tolist())
transformed_df = pd.DataFrame(transformed_data, columns=feature_names)

print("Original Data:")
print(df)
print("\\nTransformed Data:")
print(transformed_df)
```

Desglose detallado:

1. **Importación de Bibliotecas**:
    - Importamos pandas para la manipulación de datos, numpy para operaciones numéricas y varios módulos de scikit-learn para preprocesamiento y creación de pipelines.
2. **Creación de Datos de Muestra**:
    - Creamos un conjunto de datos de muestra con dos características numéricas ('Feature1' y 'Feature2') que contienen valores faltantes, y una característica categórica ('Category').
3. **Definición del Preprocesamiento para Columnas Numéricas**:
    - Creamos un pipeline para características numéricas que incluye: a) SimpleImputer: Rellena los valores faltantes con la media de la columna. b) StandardScaler: Estandariza las características eliminando la media y escalando a varianza unitaria.
4. **Definición del Preprocesamiento para Columnas Categóricas**:

    - Creamos un pipeline para características categóricas que incluye: a) SimpleImputer: Rellena los valores faltantes con una constante ('missing'). b) OneHotEncoder: Convierte las variables categóricas en columnas codificadas en one-hot.

5. **Combinación de Pasos de Preprocesamiento**:
    - Usamos ColumnTransformer para aplicar diferentes pasos de preprocesamiento a distintos tipos de columnas:
        - El transformador 'num' se aplica a las características numéricas.
        - El transformador 'cat' se aplica a las características categóricas.
6. **Creación y Ajuste del Pipeline**:
    - Creamos un pipeline principal que incluye el preprocesador.
    - Ajustamos el pipeline a nuestros datos y los transformamos en un solo paso usando fit_transform().
7. **Conversión de Resultados a DataFrame**:
    - Extraemos los nombres de las características para los datos transformados, incluyendo las características categóricas codificadas en one-hot.
    - Creamos un nuevo DataFrame con los datos transformados y los nombres de columnas adecuados para una mejor visualización.
8. **Impresión de Resultados**:
    - Imprimimos tanto los datos originales como los transformados para mostrar los efectos de nuestro pipeline de preprocesamiento.

Este ejemplo demuestra un enfoque integral para el preprocesamiento de datos, manejando tanto datos numéricos como categóricos. Muestra cómo utilizar el Pipeline y ColumnTransformer de scikit-learn para crear un flujo de preprocesamiento robusto y reutilizable que pueda manejar valores faltantes, escalar características numéricas y codificar variables categóricas, todo en un proceso único y coherente.

1.2.4 Aprovechando NumPy para el Rendimiento

A medida que avanzas más allá de lo básico, también necesitarás volverte más competente en el uso de **NumPy** para optimizar el rendimiento, especialmente al manejar cálculos numéricos. Los principiantes suelen depender mucho de Pandas para cada tarea, pero NumPy puede manejar operaciones numéricas a gran escala mucho más rápido, gracias a sus estructuras de datos optimizadas.

La eficiencia de NumPy proviene de su uso de bloques de memoria contiguos y su capacidad para realizar operaciones vectorizadas. Esto significa que, en lugar de recorrer elementos individuales, NumPy puede aplicar operaciones a matrices enteras a la vez, acelerando significativamente los cálculos. Por ejemplo, al trabajar con grandes conjuntos de datos, el uso de operaciones de matriz de NumPy puede ser órdenes de magnitud más rápido que las operaciones equivalentes en Python puro o incluso en Pandas.

Además, NumPy proporciona una amplia gama de funciones matemáticas optimizadas para el rendimiento, que incluyen operaciones de álgebra lineal, transformadas de Fourier y generación de números aleatorios, entre otras. Al aprovechar estas funciones, puedes realizar operaciones matemáticas complejas de manera eficiente, lo cual es crucial al trabajar con grandes conjuntos de datos o al implementar algoritmos sofisticados.

Otra ventaja de NumPy es su eficiencia en el uso de memoria. Las matrices de NumPy utilizan un tipo de dato fijo para todos los elementos, lo que permite un almacenamiento más compacto en comparación con las listas de Python. Esto no solo ahorra memoria, sino que también permite cálculos más rápidos, ya que la CPU puede procesar datos de manera más eficiente cuando están almacenados en un formato consistente.

A medida que avances en tu viaje de análisis de datos, descubrirás que dominar NumPy es esencial para tareas como la ingeniería de características, la implementación de algoritmos personalizados y la optimización de código existente para un mejor rendimiento. Al combinar las fortalezas de Pandas para la manipulación de datos y NumPy para cálculos numéricos, podrás crear flujos de trabajo de análisis de datos más eficientes y escalables.

Por ejemplo, consideremos una operación de nivel principiante donde podrías calcular una suma a través de columnas en un DataFrame de Pandas:

```
# Beginner-level approach using Pandas
df['Total'] = df['Feature1'] + df['Feature2']
print(df)
```

Aquí tienes una explicación de lo que hace este código:

- Crea una nueva columna llamada 'Total' en el DataFrame 'df'.
- La columna 'Total' se calcula sumando los valores de las columnas 'Feature1' y 'Feature2'.
- Finalmente, imprime el DataFrame completo, que ahora incluye la nueva columna 'Total'.

Este enfoque es directo y fácil de entender, lo que lo hace adecuado para principiantes. Sin embargo, para conjuntos de datos más grandes o operaciones más complejas, existen métodos más eficientes usando NumPy, como se menciona en las partes posteriores del texto.

Ejemplo de Código: Cálculos Numéricos de Nivel Intermedio con NumPy

```
import numpy as np
```

```
# Convert DataFrame to NumPy array for faster operations
data_np = df.to_numpy()

# Perform element-wise sum across columns using NumPy
total = np.nansum(data_np, axis=1)  # Handling NaN values
print(total)
```

Este código demuestra un enfoque de nivel intermedio para cálculos numéricos usando NumPy, que es más eficiente para conjuntos de datos grandes en comparación con el enfoque de Pandas de nivel principiante.

Aquí tienes un desglose de lo que hace el código:

- Primero, importa la biblioteca NumPy, esencial para operaciones numéricas de alto rendimiento.
- El DataFrame 'df' se convierte a un array de NumPy usando df.to_numpy(). Esta conversión permite operaciones más rápidas en los datos.
- La función np.nansum() se utiliza para calcular la suma a lo largo de las columnas (axis=1) del array de NumPy. El 'nan' en 'nansum' indica que esta función puede manejar valores NaN (Not a Number), lo cual es útil para conjuntos de datos con valores faltantes.
- El resultado se almacena en la variable 'total', que contiene la suma de cada fila, creando efectivamente una nueva columna 'Total'.
- Finalmente, se imprime el array 'total', mostrando la suma para cada fila.

Este enfoque es más eficiente que el método de Pandas para conjuntos de datos grandes, ya que aprovecha las operaciones optimizadas de arrays de NumPy y maneja valores faltantes sin problemas.

1.3 Herramientas: Pandas, NumPy, Scikit-learn en Acción

En el ámbito del análisis de datos y la ingeniería de características, dominar un conjunto de herramientas completo es fundamental. Como practicante de nivel intermedio, ya has cultivado familiaridad con el trío esencial de **Pandas**, **NumPy** y **Scikit-learn**, los pilares fundamentales que sostienen la mayoría de los flujos de trabajo de ciencia de datos centrados en Python. Nuestro objetivo en esta sección es iluminar el potencial sinérgico de estas herramientas, demostrando cómo su aplicación combinada puede abordar de manera eficiente desafíos analíticos reales e intrincados.

Cada una de estas bibliotecas tiene fortalezas únicas: Pandas sobresale en manipulación y transformación de datos, NumPy reina en cálculos numéricos de alto rendimiento, y Scikit-learn se destaca como el recurso principal para construir y evaluar modelos de aprendizaje automático. Para elevar verdaderamente tus capacidades como científico de datos, es crucial no solo comprender sus funcionalidades individuales, sino también desarrollar una comprensión matizada de cómo integrarlas y aprovecharlas de manera conjunta en tus proyectos.

Para esclarecer la interacción dinámica entre estas herramientas, profundizaremos en una serie de ejemplos prácticos de la vida real. Estas demostraciones mostrarán cómo Pandas, NumPy y Scikit-learn pueden orquestarse para formar un ecosistema de análisis de datos cohesivo, eficiente y poderoso. Al explorar estas interacciones complejas, obtendrás conocimientos invaluables para diseñar flujos de trabajo de ciencia de datos más sofisticados, optimizados y efectivos.

1.3.1 Pandas: El Motor para la Manipulación de Datos

Pandas se erige como una piedra angular en el conjunto de herramientas del científico de datos, ofreciendo capacidades incomparables para la manipulación y el análisis de datos. Como practicante intermedio, probablemente has utilizado Pandas extensamente para tareas como cargar archivos CSV, limpiar conjuntos de datos desordenados y realizar transformaciones básicas. Sin embargo, a medida que avanzas a proyectos más complejos, encontrarás que el alcance y la complejidad de tus operaciones de datos se expanden significativamente.

En esta etapa, enfrentarás desafíos que requieren una comprensión más profunda de las funciones avanzadas de Pandas. Podrías necesitar manejar conjuntos de datos demasiado grandes para caber en memoria, lo que requiere técnicas como el procesamiento por fragmentos (chunking) o el procesamiento fuera de núcleo. Consultas complejas que involucran múltiples condiciones e indexación jerárquica serán más comunes, lo que te llevará a dominar las capacidades de consulta de Pandas y las características de indexación multinivel.

La optimización del rendimiento se vuelve crucial al tratar con análisis de datos a gran escala. Deberás familiarizarte con técnicas como la vectorización, el uso eficiente del método 'apply' y comprender cuándo aprovechar otras bibliotecas como NumPy para operaciones numéricas. Además, podrías explorar extensiones de Pandas como Dask para computación distribuida o Vaex para DataFrames fuera de núcleo cuando trabajes con conjuntos de datos realmente masivos.

Para ilustrar estos conceptos, consideremos un escenario práctico que involucra un gran conjunto de datos de transacciones de ventas. Nuestro objetivo es multifacético: necesitamos limpiar los datos para asegurar consistencia y precisión, aplicar filtros para enfocarnos en subconjuntos relevantes de los datos y realizar agregaciones para obtener conocimientos significativos. Este ejemplo demostrará cómo Pandas puede utilizarse para abordar de manera eficiente desafíos de datos del mundo real.

Ejemplo de Código: Filtrado y Agregación Avanzada de Datos con Pandas

```
import pandas as pd
```

```
import numpy as np
from sklearn.preprocessing import StandardScaler
from sklearn.impute import SimpleImputer

# Sample data: Sales transactions
data = {
    'TransactionID': [101, 102, 103, 104, 105, 106, 107, 108, 109, 110],
    'Store': ['A', 'B', 'A', 'C', 'B', 'A', 'C', 'B', 'A', 'C'],
    'SalesAmount': [250, 120, 340, 400, 200, np.nan, 180, 300, 220, 150],
    'Discount': [10, 15, 20, 25, 5, 12, np.nan, 18, 8, 22],
    'Date': pd.to_datetime(['2023-01-01', '2023-01-02', '2023-01-03', '2023-01-04',
'2023-01-05',
                            '2023-01-06', '2023-01-07', '2023-01-08', '2023-01-09',
'2023-01-10']),
    'Category': ['Electronics', 'Clothing', 'Electronics', 'Home', 'Clothing',
                 'Home', 'Electronics', 'Home', 'Clothing', 'Electronics']
}

df = pd.DataFrame(data)

# 1. Data Cleaning and Imputation
imputer = SimpleImputer(strategy='mean')
df[['SalesAmount',    'Discount']]    =    imputer.fit_transform(df[['SalesAmount',
'Discount']])

# 2. Feature Engineering
df['DayOfWeek'] = df['Date'].dt.dayofweek
df['NetSales'] = df['SalesAmount'] - df['Discount']
df['DiscountPercentage'] = (df['Discount'] / df['SalesAmount']) * 100

# 3. Advanced Filtering
high_value_sales = df[(df['SalesAmount'] > 200) & (df['Store'].isin(['A', 'B']))]

# 4. Aggregation and Grouping
agg_sales = df.groupby(['Store', 'Category']).agg(
    TotalSales=('NetSales', 'sum'),
    AvgSales=('NetSales', 'mean'),
    MaxDiscount=('Discount', 'max'),
    SalesCount=('TransactionID', 'count')
).reset_index()

# 5. Time-based Analysis
daily_sales = df.resample('D', on='Date')['NetSales'].sum().reset_index()

# 6. Normalization
scaler = StandardScaler()
df['NormalizedSales'] = scaler.fit_transform(df[['SalesAmount']])

# 7. Pivot Table
category_store_pivot = pd.pivot_table(df, values='NetSales',
                                      index='Category',
                                      columns='Store',
```

```
                                               aggfunc='sum',
                                               fill_value=0)

# Print results
print("Original Data:")
print(df)
print("\\nHigh Value Sales:")
print(high_value_sales)
print("\\nAggregated Sales:")
print(agg_sales)
print("\\nDaily Sales:")
print(daily_sales)
print("\\nCategory-Store Pivot:")
print(category_store_pivot)
```

Desglose detallado:

1. **Carga y Preprocesamiento de Datos**:
   - Creamos un conjunto de datos de muestra más extenso con filas adicionales y una nueva columna 'Category'.
   - Se utiliza SimpleImputer para manejar los valores faltantes en las columnas 'SalesAmount' y 'Discount'.
2. **Ingeniería de Características**:
   - Extraemos el día de la semana de la columna 'Date'.
   - Calculamos 'NetSales' restando el descuento del monto de ventas.
   - Calculamos 'DiscountPercentage' para entender el descuento relativo de cada transacción.
3. **Filtrado Avanzado**:
   - Filtramos las ventas de alto valor (más de $200) de las tiendas A y B usando indexación booleana y el método isin.
4. **Agregación y Agrupación**:
   - Agrupamos los datos por 'Store' y 'Category' para obtener una vista detallada del rendimiento de ventas.
   - Calculamos ventas totales, promedio de ventas, descuento máximo y cantidad de ventas para cada grupo.
5. **Análisis Basado en Tiempo**:
   - Utilizamos el método resample para calcular las ventas totales diarias, demostrando capacidades en series temporales.

6. **Normalización**:
   - Usamos StandardScaler para normalizar 'SalesAmount', mostrando cómo preparar los datos para ciertos algoritmos de aprendizaje automático.
7. **Tabla Dinámica (Pivot Table)**:
   - Creamos una tabla dinámica para mostrar las ventas netas totales para cada categoría en diferentes tiendas, proporcionando una vista resumida compacta.

1.3.2 NumPy: Computación Numérica de Alto Rendimiento

Cuando se trata de computación numérica, **NumPy** se destaca como la biblioteca principal por su eficiencia y velocidad. Si bien Pandas sobresale en el manejo de datos tabulares, NumPy realmente brilla en la realización de operaciones de matrices y en el trabajo con grandes arrays numéricos. Esta capacidad es crucial cuando se trabaja con características que requieren transformaciones matemáticas complejas u optimizaciones.

El poder de NumPy radica en su capacidad para realizar operaciones vectorizadas, que permiten cálculos simultáneos en arrays enteros. Este enfoque supera significativamente el procesamiento tradicional elemento por elemento, especialmente al trabajar con grandes conjuntos de datos. Por ejemplo, NumPy puede manejar sin esfuerzo operaciones como la multiplicación elemento por elemento, la multiplicación de matrices y cálculos avanzados de álgebra lineal, lo que lo convierte en una herramienta indispensable para aplicaciones de computación científica y aprendizaje automático.

Además, el uso eficiente de memoria de NumPy y sus implementaciones optimizadas en C contribuyen a su rendimiento superior. Esta eficiencia se vuelve particularmente evidente al trabajar con arrays multidimensionales, un requisito común en campos como el procesamiento de imágenes, el análisis de señales y la modelación financiera.

Consideremos un escenario práctico donde necesitamos realizar una transformación masiva de datos de ventas. Por ejemplo, calcular el logaritmo de las cifras de ventas es un paso común de preprocesamiento para modelos que requieren entradas normalizadas. Esta transformación puede ayudar a manejar distribuciones de datos sesgadas y se usa a menudo en análisis financieros y modelos de aprendizaje automático.

Ejemplo de Código: Aplicación de Transformaciones Matemáticas con NumPy

```
import numpy as np

# Convert SalesAmount column to NumPy array
sales_np = df['SalesAmount'].to_numpy()

# Apply logarithmic transformation (useful for skewed data)
log_sales = np.log(sales_np)
print(log_sales)
```

Este código demuestra cómo usar NumPy para cálculos numéricos eficientes y transformaciones de datos. Aquí tienes un desglose de lo que hace el código:

- Primero, importa la biblioteca NumPy, esencial para operaciones numéricas de alto rendimiento.
- El DataFrame 'df' se convierte en un array de NumPy usando df.to_numpy(). Esta conversión permite operaciones más rápidas en los datos.
- La función np.log() se usa para aplicar una transformación logarítmica a los datos de ventas. Esta transformación es particularmente útil para manejar distribuciones de datos sesgadas, que son comunes en cifras de ventas.
- Finalmente, se imprime el conjunto de datos transformado (log_sales), mostrando el resultado de la transformación logarítmica.

Este enfoque es eficiente porque las operaciones vectorizadas de NumPy permiten cálculos simultáneos en arrays completos, superando significativamente el procesamiento elemento por elemento, especialmente con grandes conjuntos de datos.

La transformación logarítmica es un paso común de preprocesamiento en el análisis financiero y en modelos de aprendizaje automático, ya que puede ayudar a normalizar datos sesgados y hacerlos más adecuados para ciertos tipos de análisis o modelado.

Exploremos un ejemplo más completo:

```
import numpy as np
import pandas as pd
import matplotlib.pyplot as plt
from scipy import stats

# Sample sales data
data = {
    'SalesAmount': [100, 150, 200, 250, 300, 350, 400, 450, 500, 1000],
    'ProductCategory': ['A', 'B', 'A', 'C', 'B', 'A', 'C', 'B', 'A', 'C']
}
df = pd.DataFrame(data)

# Convert SalesAmount column to NumPy array
sales_np = df['SalesAmount'].to_numpy()

# Apply logarithmic transformation (useful for skewed data)
log_sales = np.log(sales_np)

# Calculate basic statistics
mean_sales = np.mean(sales_np)
median_sales = np.median(sales_np)
std_sales = np.std(sales_np)
```

```
# Calculate z-scores
z_scores = stats.zscore(sales_np)

# Identify outliers (z-score > 3 or < -3)
outliers = np.abs(z_scores) > 3

# Print results
print("Original Sales:", sales_np)
print("Log-transformed Sales:", log_sales)
print("Mean Sales:", mean_sales)
print("Median Sales:", median_sales)
print("Standard Deviation:", std_sales)
print("Z-scores:", z_scores)
print("Outliers:", df[outliers])

# Visualize the data
plt.figure(figsize=(12, 6))

plt.subplot(121)
plt.hist(sales_np, bins=10, edgecolor='black')
plt.title('Original Sales Distribution')
plt.xlabel('Sales Amount')
plt.ylabel('Frequency')

plt.subplot(122)
plt.hist(log_sales, bins=10, edgecolor='black')
plt.title('Log-transformed Sales Distribution')
plt.xlabel('Log(Sales Amount)')
plt.ylabel('Frequency')

plt.tight_layout()
plt.show()
```

Desglose del código:

1. **Preparación de Datos**:
    - Comenzamos importando las bibliotecas necesarias: NumPy para operaciones numéricas, Pandas para manipulación de datos, Matplotlib para visualización y SciPy para funciones estadísticas.
    - Se crea un conjunto de datos de muestra usando un diccionario y se convierte en un DataFrame de Pandas, simulando datos de ventas del mundo real.
2. **Conversión de Datos**:
    - La columna 'SalesAmount' se convierte en un array de NumPy usando df['SalesAmount'].to_numpy(). Esta conversión permite operaciones numéricas más rápidas.

3. **Transformación Logarítmica**:
   - Aplicamos una transformación logarítmica a los datos de ventas usando np.log(). Esto es útil para manejar datos sesgados, lo cual es común en cifras de ventas donde podría haber algunos valores muy altos.
4. **Análisis Estadístico**:
   - Se calculan estadísticas básicas (media, mediana, desviación estándar) usando funciones de NumPy.
   - Los puntajes Z se calculan usando la función stats.zscore() de SciPy. Los puntajes Z indican cuántas desviaciones estándar está un elemento de la media.
   - Se identifican los valores atípicos usando el método del puntaje Z, donde los puntos de datos con puntajes Z absolutos mayores a 3 se consideran valores atípicos.
5. **Visualización**:
   - Se crean dos histogramas usando Matplotlib: a. El primero muestra la distribución de los datos de ventas originales. b. El segundo muestra la distribución de los datos de ventas transformados logarítmicamente.
   - Esta comparación visual ayuda a ilustrar cómo la transformación logarítmica puede normalizar datos sesgados.
6. **Salida**:
   - El script imprime varios resultados, incluyendo los datos originales y transformados, estadísticas básicas, puntajes Z y valores atípicos identificados.
   - Se muestran los histogramas, permitiendo un análisis visual de la distribución de los datos antes y después de la transformación.

Este ejemplo demuestra un enfoque integral para el análisis de datos, incorporando medidas estadísticas, detección de valores atípicos y visualización de datos. Muestra cómo NumPy puede usarse eficazmente junto con otras bibliotecas como Pandas, SciPy y Matplotlib para realizar un análisis exploratorio de datos exhaustivo en datos de ventas.

1.3.3 ¿Por Qué Usar NumPy para Transformaciones?

El poder de NumPy radica en su capacidad para manejar operaciones vectorizadas, que son la base de su eficiencia. Este enfoque transforma la manera en que procesamos los datos, pasando de operaciones tradicionales fila por fila a un método más holístico. La vectorización permite que NumPy aplique transformaciones a arrays enteros de manera simultánea, aprovechando las capacidades de procesamiento paralelo del hardware moderno.

Este procesamiento simultáneo no es solo una optimización menor; representa un cambio fundamental en la eficiencia computacional. Para conjuntos de datos grandes, las ganancias de rendimiento pueden ser órdenes de magnitud más rápidas que los enfoques iterativos. Esto es particularmente crucial en flujos de trabajo de ciencia de datos y aprendizaje automático, donde la velocidad de procesamiento puede ser un cuello de botella en el desarrollo y despliegue de modelos.

Además, las operaciones vectorizadas de NumPy van más allá de la aritmética simple. Abarcan una amplia gama de funciones matemáticas, desde operaciones básicas como suma y multiplicación hasta cálculos más complejos, como funciones trigonométricas, logaritmos y operaciones de matrices. Esta versatilidad convierte a NumPy en una herramienta indispensable para tareas que van desde la normalización de datos simples hasta análisis estadísticos complejos y la ingeniería de características en aprendizaje automático.

Al utilizar las operaciones vectorizadas de NumPy, los científicos y analistas de datos no solo pueden acelerar sus cálculos, sino también escribir código más limpio y fácil de mantener. La sintaxis de estas operaciones a menudo refleja de cerca la notación matemática, haciendo que el código sea más intuitivo y fácil de leer. Esta alineación entre el código y los conceptos matemáticos facilita una mejor comprensión y colaboración entre miembros del equipo con diversos antecedentes en ciencia de datos, estadística e ingeniería de software.

Extenderemos este ejemplo para realizar cálculos más avanzados, como calcular el puntaje Z (estandarización) de los datos de ventas:

```
# Calculate Z-score for SalesAmount
mean_sales = np.mean(sales_np)
std_sales = np.std(sales_np)

z_scores = (sales_np - mean_sales) / std_sales
print(z_scores)
```

Aquí tienes un desglose de lo que hace el código:

- Primero, calcula la media de los datos de ventas usando np.mean(sales_np). Esto nos da el monto promedio de ventas.
- Luego, calcula la desviación estándar de los datos de ventas con np.std(sales_np). La desviación estándar mide qué tan dispersos están los datos respecto a la media.
- A continuación, calcula los puntajes Z usando la fórmula: (sales_np - mean_sales) / std_sales. Esta operación se realiza elemento por elemento en todo el array gracias a las capacidades de vectorización de NumPy.
- Finalmente, imprime los puntajes Z resultantes.

El puntaje Z representa cuántas desviaciones estándar está un elemento de la media. Es una forma de estandarizar datos, lo cual es útil para comparar valores de diferentes conjuntos de datos o identificar valores atípicos. En este contexto, podría ayudar a identificar montos de ventas inusualmente altos o bajos en relación con la distribución general de los datos de ventas.

Exploremos un ejemplo más completo:

```
import numpy as np
import pandas as pd
import matplotlib.pyplot as plt
from scipy import stats

# Sample sales data
data = {
    'SalesAmount': [100, 150, 200, 250, 300, 350, 400, 450, 500, 1000],
    'ProductCategory': ['A', 'B', 'A', 'C', 'B', 'A', 'C', 'B', 'A', 'C']
}
df = pd.DataFrame(data)

# Convert SalesAmount column to NumPy array
sales_np = df['SalesAmount'].to_numpy()

# Calculate Z-score for SalesAmount
mean_sales = np.mean(sales_np)
std_sales = np.std(sales_np)

z_scores = (sales_np - mean_sales) / std_sales

# Identify outliers (Z-score > 3 or < -3)
outliers = np.abs(z_scores) > 3

# Print results
print("Original Sales:", sales_np)
print("Mean Sales:", mean_sales)
print("Standard Deviation:", std_sales)
print("Z-scores:", z_scores)
print("Outliers:", df[outliers])

# Visualize the data
plt.figure(figsize=(12, 6))

plt.subplot(121)
plt.hist(sales_np, bins=10, edgecolor='black')
plt.title('Original Sales Distribution')
plt.xlabel('Sales Amount')
plt.ylabel('Frequency')

plt.subplot(122)
plt.scatter(range(len(sales_np)), z_scores)
plt.axhline(y=3, color='r', linestyle='--')
plt.axhline(y=-3, color='r', linestyle='--')
plt.title('Z-scores of Sales')
plt.xlabel('Data Point')
plt.ylabel('Z-score')
```

```
plt.tight_layout()
plt.show()
```

Desglose del código:

1. **Preparación de Datos**:
    - Importamos las bibliotecas necesarias: NumPy para operaciones numéricas, Pandas para manipulación de datos, Matplotlib para visualización y SciPy para funciones estadísticas adicionales.
    - Se crea un conjunto de datos de muestra usando un diccionario y se convierte en un DataFrame de Pandas, simulando datos de ventas del mundo real con 10 transacciones.
2. **Conversión de Datos**:
    - La columna 'SalesAmount' se convierte en un array de NumPy usando df['SalesAmount'].to_numpy(). Esta conversión permite operaciones numéricas más rápidas.
3. **Cálculo del Puntaje Z**:
    - Calculamos la media y la desviación estándar de los datos de ventas usando las funciones np.mean() y np.std().
    - Luego, el puntaje Z se calcula para cada monto de venta utilizando la fórmula: (x - mean) / standard_deviation.
    - Los puntajes Z indican cuántas desviaciones estándar está un elemento de la media, lo que ayuda a identificar valores atípicos.
4. **Detección de Valores Atípicos**:
    - Los valores atípicos se identifican usando el método del puntaje Z. Los puntos de datos con puntajes Z absolutos mayores a 3 se consideran valores atípicos.
    - Este es un umbral común en estadística, ya que captura aproximadamente el 99,7% de los datos en una distribución normal.
5. **Visualización de Resultados**:
    - El script imprime los datos de ventas originales, la media, la desviación estándar, los puntajes Z calculados y los valores atípicos identificados.
    - Esta salida permite una inspección rápida de los datos y sus propiedades estadísticas.
6. **Visualización de Datos**:

- Se crean dos gráficos usando Matplotlib: a. Un histograma de los datos de ventas originales, mostrando la distribución de los montos de ventas. b. Un gráfico de dispersión de los puntajes Z para cada punto de datos, con líneas horizontales en +3 y -3 para identificar visualmente los valores atípicos.
- Estas visualizaciones ayudan a comprender la distribución de los datos y a identificar fácilmente posibles valores atípicos.

7. **Observaciones**:
   - Este enfoque integral permite una comprensión más profunda de los datos de ventas, incluyendo su tendencia central, dispersión y cualquier valor inusual.
   - El método del puntaje Z proporciona una forma estandarizada de detectar valores atípicos, lo cual es particularmente útil al trabajar con conjuntos de datos de diferentes escalas o unidades.
   - La representación visual complementa el análisis numérico, facilitando la comunicación de los hallazgos a partes interesadas no técnicas.

Este ejemplo demuestra un enfoque exhaustivo para el análisis de datos, incorporando medidas estadísticas, detección de valores atípicos y visualización de datos. Muestra cómo NumPy puede usarse eficazmente junto con otras bibliotecas como Pandas, SciPy y Matplotlib para realizar un análisis exploratorio completo de datos de ventas.

1.3.4 Scikit-learn: La Referencia en Aprendizaje Automático

Una vez que tus datos están limpios y preparados, es momento de sumergirse en el emocionante mundo de la construcción de modelos de aprendizaje automático. **Scikit-learn** se destaca como una biblioteca fundamental en este dominio, ofreciendo un extenso conjunto de herramientas para diversas tareas de aprendizaje automático. Su popularidad se debe a su cobertura integral de algoritmos para clasificación, regresión, agrupamiento y reducción de dimensionalidad, además de su robusto conjunto de utilidades para selección de modelos, evaluación y preprocesamiento.

Lo que realmente distingue a Scikit-learn es su interfaz amigable y su diseño de API consistente. Esta uniformidad a lo largo de diferentes algoritmos permite a los científicos de datos y practicantes de aprendizaje automático cambiar sin problemas entre modelos sin tener que aprender sintaxis completamente nuevas. Esta filosofía de diseño promueve la creación rápida de prototipos y la experimentación, lo que permite a los usuarios iterar rápidamente entre diferentes modelos e hiperparámetros para encontrar la solución óptima para su problema específico.

Para ilustrar el poder y la flexibilidad de Scikit-learn, apliquémoslo a nuestro escenario de datos de ventas. Construiremos un modelo predictivo para pronosticar si una transacción supera un umbral específico, aprovechando características como el monto de venta y el descuento. Este ejemplo práctico demostrará cómo Scikit-learn simplifica el proceso de transformar datos en bruto en ideas procesables, mostrando su capacidad para abordar problemas comerciales del mundo real de manera fácil y eficiente.

Ejemplo de Código: Construcción de un Modelo de Clasificación con Scikit-learn

```
from sklearn.model_selection import train_test_split
from sklearn.ensemble import RandomForestClassifier

# Create a target variable: 1 if SalesAmount > 250, else 0
df['HighSales'] = (df['SalesAmount'] > 250).astype(int)

# Define features and target
X = df[['SalesAmount', 'Discount']]
y = df['HighSales']

# Split the data into training and testing sets
X_train, X_test, y_train, y_test = train_test_split(X, y, test_size=0.3,
random_state=42)

# Build a Random Forest Classifier
clf = RandomForestClassifier(random_state=42)
clf.fit(X_train, y_train)

# Predict on the test set
y_pred = clf.predict(X_test)

# Display the predictions
print(y_pred)
```

Aquí tienes un desglose de lo que hace el código:

1. **Importar módulos necesarios**:
   - train_test_split para dividir los datos en conjuntos de entrenamiento y prueba.
   - RandomForestClassifier para crear un modelo de bosque aleatorio.
2. **Crear una variable objetivo**:
   - Se crea una nueva columna HighSales, donde 1 indica SalesAmount > 250 y 0 lo contrario.
3. **Definir características y objetivo**:
   - X contiene SalesAmount y Discount como características.
   - y es la variable objetivo HighSales.
4. **Dividir los datos**:
   - Los datos se dividen en conjuntos de entrenamiento (70%) y prueba (30%).

5. **Construir y entrenar el modelo**:
   - Se instancia un RandomForestClassifier y se entrena con los datos de entrenamiento.
6. **Hacer predicciones**:
   - El modelo entrenado se usa para hacer predicciones en el conjunto de prueba.
7. **Mostrar resultados**:
   - Se imprimen las predicciones.

Este ejemplo muestra cómo Scikit-learn simplifica el proceso de construir y usar un modelo de aprendizaje automático para tareas de clasificación.

1.3.5 ¿Por Qué Scikit-learn?

Scikit-learn ofrece una API limpia e intuitiva que facilita la experimentación con diferentes modelos y técnicas de evaluación. Ya sea que estés construyendo un clasificador, como en este ejemplo, o realizando una regresión, Scikit-learn simplifica el proceso de división de datos, entrenamiento de modelos y predicción. Esta simplificación es crucial para los científicos de datos y practicantes de aprendizaje automático, ya que les permite centrarse en los aspectos centrales de su análisis en lugar de atascarse en detalles de implementación.

Una de las fortalezas clave de Scikit-learn es su consistencia a través de diferentes algoritmos. Esto significa que una vez que aprendes a usar un modelo, puedes aplicar fácilmente ese conocimiento a otros modelos dentro de la biblioteca. Por ejemplo, cambiar de un clasificador de bosque aleatorio a una máquina de vectores de soporte o un clasificador de gradiente requiere cambios mínimos en tu código, principalmente reemplazando la clase del modelo.

Además, Scikit-learn proporciona una amplia gama de herramientas para la evaluación y selección de modelos. Estas incluyen técnicas de validación cruzada, búsqueda en cuadrícula para ajuste de hiperparámetros y varias métricas para evaluar el rendimiento del modelo. Este conjunto de herramientas completo permite a los científicos de datos validar rigurosamente sus modelos y asegurarse de seleccionar la mejor solución posible para su problema específico.

Otra ventaja significativa de Scikit-learn es su integración sin problemas con otras bibliotecas de ciencia de datos como Pandas y NumPy. Esta interoperabilidad permite transiciones fluidas entre la manipulación de datos, el preprocesamiento y las etapas de construcción de modelos en un proyecto de ciencia de datos, creando un flujo de trabajo cohesivo que mejora la productividad y reduce la probabilidad de errores.

1.3.6 Juntándolo Todo: Un Flujo de Trabajo Completo

Ahora que hemos explorado cómo funciona cada herramienta de manera independiente, unamos todo en un flujo de trabajo completo. Imagina que tienes la tarea de construir un modelo para predecir transacciones de ventas altas, pero también necesitas manejar datos faltantes, transformar características y evaluar el rendimiento del modelo. Este escenario refleja desafíos reales en ciencia de datos, donde a menudo necesitarás combinar múltiples herramientas y técnicas para lograr tus objetivos.

En la práctica, podrías comenzar usando Pandas para cargar y limpiar tus datos de ventas, abordando problemas como valores faltantes o formatos inconsistentes. Luego, podrías aprovechar NumPy para operaciones numéricas avanzadas, como calcular promedios móviles o crear términos de interacción entre características. Finalmente, recurrirías a Scikit-learn para preprocesar tus datos (por ejemplo, escalar características numéricas), dividirlos en conjuntos de entrenamiento y prueba, construir tu modelo predictivo y evaluar su rendimiento.

Este enfoque integrado permite aprovechar las fortalezas de cada biblioteca: Pandas para sus capacidades de manipulación de datos, NumPy para sus operaciones numéricas eficientes y Scikit-learn para su completo conjunto de herramientas de aprendizaje automático. Al combinar estas herramientas, puedes crear una solución robusta y completa que no solo predice transacciones de ventas altas, sino que también proporciona información sobre los factores que impulsan esas predicciones.

Aquí tienes un ejemplo completo que combina **Pandas**, **NumPy** y **Scikit-learn** en un solo flujo de trabajo:

Ejemplo de Código: Flujo de Trabajo Completo

```
import pandas as pd
import numpy as np
from sklearn.model_selection import train_test_split
from sklearn.ensemble import RandomForestClassifier
from sklearn.impute import SimpleImputer
from sklearn.preprocessing import StandardScaler

# Sample data: Sales transactions with missing values
data = {'TransactionID': [101, 102, 103, 104, 105],
        'SalesAmount': [250, np.nan, 340, 400, 200],
        'Discount': [10, 15, 20, np.nan, 5],
        'Store': ['A', 'B', 'A', 'C', 'B']}

df = pd.DataFrame(data)

# Step 1: Handle missing values using Pandas and Scikit-learn
imputer = SimpleImputer(strategy='mean')
df[['SalesAmount',     'Discount']]     =     imputer.fit_transform(df[['SalesAmount',
'Discount']])

# Step 2: Feature transformation with NumPy
df['LogSales'] = np.log(df['SalesAmount'])

# Step 3: Define the target variable
df['HighSales'] = (df['SalesAmount'] > 250).astype(int)
```

```
# Step 4: Split the data into training and testing sets
X = df[['SalesAmount', 'Discount', 'LogSales']]
y = df['HighSales']
X_train, X_test, y_train, y_test = train_test_split(X, y, test_size=0.3,
random_state=42)

# Step 5: Build and evaluate the model using Scikit-learn
clf = RandomForestClassifier(random_state=42)
clf.fit(X_train, y_train)
y_pred = clf.predict(X_test)

print("Predictions:", y_pred)
```

Aquí tienes un desglose de lo que hace el código:

1. **Preparación de Datos**:
    - Importa las bibliotecas necesarias: Pandas, NumPy y módulos de Scikit-learn.
    - Crea un conjunto de datos de muestra con transacciones de ventas, incluyendo algunos valores faltantes.
    - Convierte los datos en un DataFrame de Pandas.
2. **Manejo de Valores Faltantes**:
    - Utiliza el SimpleImputer de Scikit-learn para llenar los valores faltantes en las columnas SalesAmount y Discount con los valores medios.
3. **Transformación de Características**:
    - Aplica una transformación logarítmica a SalesAmount usando NumPy, creando una nueva columna LogSales.
4. **Creación de Variable Objetivo**:
    - Crea una variable objetivo binaria HighSales basada en si SalesAmount supera los 250.
5. **División de Datos**:
    - Divide los datos en características (X) y objetivo (y).
    - Usa train_test_split de Scikit-learn para crear conjuntos de entrenamiento y prueba.
6. **Construcción y Evaluación del Modelo**:
    - Inicializa un RandomForestClassifier.
    - Entrena el modelo con los datos de entrenamiento.

- Realiza predicciones en el conjunto de prueba.
- Imprime las predicciones.

Este código muestra cómo integrar estas bibliotecas para manejar tareas comunes en un flujo de trabajo de ciencia de datos, desde limpieza y preprocesamiento de datos hasta entrenamiento y predicción de modelos.

1.3.7 Puntos Clave

En esta sección, hemos explorado los roles fundamentales que desempeñan **Pandas**, **NumPy** y **Scikit-learn** en el complejo campo del análisis de datos y aprendizaje automático. Estas poderosas herramientas forman la columna vertebral de los flujos de trabajo modernos en ciencia de datos, cada una aportando fortalezas únicas. Aquí te dejamos los puntos clave de nuestra exploración:

1. **Pandas** se destaca como una herramienta indispensable para la **manipulación y limpieza de datos**. Sus capacidades robustas van mucho más allá del manejo simple de datos, ofreciendo una amplia gama de funciones para filtrar, agregar y transformar datos tabulares. A medida que progreses en flujos de trabajo de datos más sofisticados, encontrarás que Pandas se vuelve una parte cada vez más integral de tus herramientas. Desde la manipulación inicial de datos hasta la creación de características complejas, Pandas ofrece la flexibilidad y potencia necesarias para abordar una amplia variedad de tareas de preparación de datos. Su API intuitiva y su extensa documentación la hacen accesible para principiantes, al mismo tiempo que ofrece funcionalidades avanzadas para científicos de datos experimentados.
2. **NumPy** se convierte en un pilar para operaciones numéricas eficientes, especialmente al trabajar con conjuntos de datos a gran escala. La verdadera fortaleza de la biblioteca radica en sus **operaciones vectorizadas**, que permiten cálculos rápidos en matrices completas sin necesidad de bucles explícitos. Este enfoque no solo acelera los tiempos de procesamiento, sino que también produce un código más conciso y legible. A medida que tus proyectos aumenten en complejidad y escala, descubrirás que la eficiencia de NumPy se vuelve cada vez más crucial. Supera los bucles tradicionales de Python e incluso a Pandas en ciertos escenarios computacionales, convirtiéndolo en una herramienta esencial para optimizar tu flujo de análisis de datos.
3. **Scikit-learn** actúa como la herramienta clave para construir y evaluar modelos de aprendizaje automático. Su importancia en el ecosistema de ciencia de datos no puede ser subestimada. La fortaleza de Scikit-learn radica en su interfaz consistente y amigable, que integra sin problemas varios aspectos del flujo de trabajo de aprendizaje automático. Desde el entrenamiento y prueba de modelos hasta la validación y el ajuste de hiperparámetros, Scikit-learn proporciona un enfoque unificado que simplifica todo el proceso. Esta consistencia permite a los científicos de datos iterar rápidamente, experimentando con diferentes modelos y técnicas sin perder tiempo en

detalles de implementación. Además, su extensa documentación y su comunidad activa lo convierten en un recurso invaluable tanto para principiantes como para practicantes experimentados.

La verdadera magia de estas herramientas surge cuando se usan en conjunto. Pandas sobresale en la **preparación de datos**, transformando datos en bruto en un formato adecuado para el análisis. NumPy brilla en la **optimización de rendimiento**, manejando operaciones numéricas complejas con notable eficiencia. Scikit-learn se convierte en el protagonista en la **construcción y evaluación de modelos**, proporcionando un marco robusto para implementar y evaluar algoritmos de aprendizaje automático.

Al dominar el arte de combinar estas herramientas de manera efectiva, desbloquearás la capacidad de crear flujos de trabajo de ciencia de datos altamente eficientes de principio a fin. Este enfoque integrado te permitirá abordar incluso los desafíos de datos más complejos con confianza, aprovechando las fortalezas de cada herramienta para construir soluciones analíticas sofisticadas.

A medida que continúes desarrollando tus habilidades, descubrirás que la sinergia entre Pandas, NumPy y Scikit-learn forma la base de tu experiencia en ciencia de datos, permitiéndote extraer conocimientos significativos y tomar decisiones basadas en datos en una amplia gama de dominios.

1.4 Ejercicios Prácticos para el Capítulo 1: Introducción: Avanzando Más Allá de los Fundamentos

Ahora que has completado el Capítulo 1, es momento de aplicar lo que has aprendido. Estos ejercicios están diseñados para ayudarte a reforzar los conceptos discutidos y ponerlos en práctica. Cada ejercicio incluye un problema y un bloque de solución de código donde sea necesario. Intenta resolver los ejercicios por tu cuenta antes de revisar las soluciones.

Ejercicio 1: Filtrado y Agregación de Datos con Pandas

Se te proporciona un conjunto de datos de compras de clientes en diferentes tiendas. Tu tarea es:

1. Filtrar el conjunto de datos para mostrar solo las transacciones donde el monto de la compra supera los $200.
2. Agrupar las transacciones por tienda y calcular el monto total y promedio de compra por tienda.

```
# Sample data
data = {'TransactionID': [101, 102, 103, 104, 105],
        'Store': ['A', 'B', 'A', 'C', 'B'],
        'PurchaseAmount': [250, 120, 340, 400, 200],
        'Discount': [10, 15, 20, 25, 5]}
```

```
df = pd.DataFrame(data)

# Solution
# Step 1: Filter transactions where PurchaseAmount > 200
filtered_df = df[df['PurchaseAmount'] > 200]

# Step 2: Group by Store and calculate total and average purchase amounts
df['NetPurchase'] = df['PurchaseAmount'] - df['Discount']
agg_purchases = df.groupby('Store').agg(
    TotalPurchase=('NetPurchase', 'sum'),
    AvgPurchase=('NetPurchase', 'mean')
)

print(filtered_df)
print(agg_purchases)
```

Ejercicio 2: Aplicación de una Transformación Logarítmica con NumPy

Tienes un conjunto de datos de ventas de productos con los siguientes valores: [100, 200, 50, 400, 300].

1. Usa **NumPy** para calcular la transformación logarítmica de los valores de ventas.
2. Imprime los valores transformados.

```
import numpy as np

# Sales data
sales = [100, 200, 50, 400, 300]

# Solution
# Step 1: Apply logarithmic transformation
log_sales = np.log(sales)

print(log_sales)
```

Ejercicio 3: Estandarización de Datos de Ventas con NumPy

Dado el mismo conjunto de datos de ventas del Ejercicio 2, estandariza los valores calculando el puntaje Z para cada monto de venta.

1. Calcula la media y la desviación estándar de los datos de ventas.
2. Usa **NumPy** para calcular el puntaje Z para cada venta.

```
# Sales data
sales = [100, 200, 50, 400, 300]

# Solution
# Step 1: Calculate mean and standard deviation
mean_sales = np.mean(sales)
```

```
std_sales = np.std(sales)

# Step 2: Calculate Z-scores
z_scores = (sales - mean_sales) / std_sales

print(z_scores)
```

Ejercicio 4: Construcción de un Modelo de Clasificación con Scikit-learn

Tienes un conjunto de datos de transacciones, donde cada transacción tiene un monto de venta y un descuento. Tu objetivo es construir un modelo de clasificación simple para predecir si una transacción tiene un valor de venta alto (superior a $250) o no.

1. Crea una variable objetivo (HighSales) donde una venta se clasifique como 1 si el monto de la venta es superior a 250, y 0 en caso contrario.
2. Usa **Scikit-learn** para construir un modelo de bosque aleatorio que prediga HighSales en función de SalesAmount y Discount.
3. Divide el conjunto de datos en conjuntos de entrenamiento y prueba.
4. Entrena el modelo y muestra las predicciones para el conjunto de prueba.

```
from sklearn.model_selection import train_test_split
from sklearn.ensemble import RandomForestClassifier
import pandas as pd
import numpy as np

# Sample data
data = {'TransactionID': [101, 102, 103, 104, 105],
        'SalesAmount': [250, np.nan, 340, 400, 200],
        'Discount': [10, 15, 20, np.nan, 5],
        'Store': ['A', 'B', 'A', 'C', 'B']}

df = pd.DataFrame(data)

# Solution
# Step 1: Handle missing values
df['SalesAmount'].fillna(df['SalesAmount'].mean(), inplace=True)
df['Discount'].fillna(df['Discount'].mean(), inplace=True)

# Step 2: Create target variable 'HighSales'
df['HighSales'] = (df['SalesAmount'] > 250).astype(int)

# Step 3: Define features and target
X = df[['SalesAmount', 'Discount']]
y = df['HighSales']

# Step 4: Split data into training and testing sets
X_train,  X_test,  y_train,  y_test  =  train_test_split(X,  y,  test_size=0.3,
random_state=42)
```

```
# Step 5: Train a Random Forest model
clf = RandomForestClassifier(random_state=42)
clf.fit(X_train, y_train)

# Step 6: Predict on test set
y_pred = clf.predict(X_test)

print("Predictions:", y_pred)
```

Ejercicio 5: Combinación de Pandas, NumPy y Scikit-learn en un Flujo de Trabajo

Estás trabajando con un conjunto de datos de transacciones de clientes. Tu tarea es:

1. Manejar los valores faltantes en las columnas SalesAmount y Discount.
2. Aplicar una transformación logarítmica a SalesAmount usando **NumPy**.
3. Construir un modelo de clasificación con **Scikit-learn** para predecir si una transacción es de alto valor (HighSales).
4. Dividir el conjunto de datos en conjuntos de entrenamiento y prueba.
5. Entrenar el modelo y hacer predicciones en el conjunto de prueba.

```
# Sample data
data = {'TransactionID': [101, 102, 103, 104, 105],
        'SalesAmount': [250, np.nan, 340, 400, 200],
        'Discount': [10, 15, 20, np.nan, 5],
        'Store': ['A', 'B', 'A', 'C', 'B']}

df = pd.DataFrame(data)

# Solution
# Step 1: Handle missing values using Pandas
df['SalesAmount'].fillna(df['SalesAmount'].mean(), inplace=True)
df['Discount'].fillna(df['Discount'].mean(), inplace=True)

# Step 2: Apply logarithmic transformation to SalesAmount
df['LogSales'] = np.log(df['SalesAmount'])

# Step 3: Create target variable 'HighSales'
df['HighSales'] = (df['SalesAmount'] > 250).astype(int)

# Step 4: Define features and target
X = df[['SalesAmount', 'Discount', 'LogSales']]
y = df['HighSales']

# Step 5: Split data into training and testing sets
```

```
X_train, X_test, y_train, y_test = train_test_split(X, y, test_size=0.3,
random_state=42)

# Step 6: Train a Random Forest model
clf = RandomForestClassifier(random_state=42)
clf.fit(X_train, y_train)

# Step 7: Predict on test set
y_pred = clf.predict(X_test)

print("Predictions:", y_pred)
```

Estas prácticas abarcan los conceptos esenciales discutidos en el Capítulo 1, brindándote la oportunidad de practicar filtrado de datos, transformación de características y construcción de modelos de aprendizaje automático. Las soluciones proporcionadas ayudan a reforzar tu comprensión y aseguran que estás en el camino correcto. Sigue practicando y no dudes en explorar diferentes conjuntos de datos y variaciones de estas tareas.

1.5 Qué Podría Salir Mal

A medida que avanzas en las etapas intermedias de análisis de datos e ingeniería de características, pueden surgir muchos desafíos y errores comunes. Estos errores suelen ser sutiles y pueden no dar lugar a errores evidentes, lo que los hace particularmente difíciles de detectar. Esta sección destaca algunas áreas críticas en las que las cosas pueden salir mal y cómo evitarlas.

1.5.1 Manipulación Ineficiente de Datos en Pandas

Aunque Pandas es una herramienta increíblemente poderosa para la manipulación de datos, puede ser lenta cuando se trabaja con conjuntos de datos grandes si no se usa de forma óptima. Operaciones como filtrado, agrupación y combinación pueden convertirse en cuellos de botella si no se optimizan.

Qué podría salir mal

- Realizar operaciones fila por fila en lugar de aprovechar las operaciones vectorizadas de Pandas puede ralentizar el flujo de trabajo.
- Usar múltiples copias de DataFrame o conjuntos de datos innecesariamente grandes en memoria puede causar problemas de rendimiento y de memoria.

Solución

Siempre que sea posible, usa las operaciones vectorizadas de Pandas y evita los bucles sobre las filas del DataFrame. Si trabajas con conjuntos de datos grandes, considera usar herramientas como **Dask** para operaciones escalables en Pandas o técnicas de **perfilado de memoria** para monitorear el uso.

1.5.2 Manejo Incorrecto de Datos Faltantes

El manejo de datos faltantes es una tarea común, pero si se hace incorrectamente, puede distorsionar los resultados de tu análisis. Una imputación incorrecta puede conducir a resultados sesgados o engañosos.

Qué podría salir mal

- Rellenar arbitrariamente valores faltantes con cero o con valores medios puede introducir sesgo, especialmente si los datos faltantes representan una tendencia particular.
- No reconocer patrones en los datos faltantes (por ejemplo, faltantes al azar vs. no al azar) puede sesgar el análisis.

Solución

Considera siempre por qué podrían faltar los datos y usa técnicas de imputación adecuadas. Por ejemplo, el relleno hacia adelante o hacia atrás puede ser más adecuado para datos de series temporales, mientras que la imputación estadística (media, mediana) funciona bien en otros escenarios. También puedes explorar técnicas avanzadas como **imputación K-Nearest Neighbors (KNN)** para obtener resultados más precisos.

1.5.3 Mala Aplicación de la Escalado de Características y Transformaciones

El escalado de características es crucial para muchos algoritmos de aprendizaje automático. Sin embargo, usar el método de escalado incorrecto o aplicarlo en el momento equivocado puede conducir a predicciones incorrectas en el modelo.

Qué podría salir mal

- Escalar los datos de prueba utilizando estadísticas del conjunto de prueba en lugar del conjunto de entrenamiento puede causar **fuga de datos**, donde el modelo obtiene información del conjunto de prueba durante el entrenamiento.
- Aplicar transformaciones inapropiadas (por ejemplo, usar transformación logarítmica en valores negativos) puede introducir errores en el modelo.

Solución

Asegúrate siempre de que el escalado se aplique **solo a los datos de entrenamiento** y luego se use para transformar el conjunto de prueba. Elige la transformación correcta según las características de tus datos; si tus datos incluyen valores negativos, considera usar técnicas como el **escalado min-max** en lugar de transformaciones logarítmicas.

1.5.4 Uso Incorrecto de Pipelines en Scikit-learn

El uso de pipelines en Scikit-learn puede ayudar a automatizar y simplificar el procesamiento de datos y la construcción de modelos. Sin embargo, si no se implementan correctamente, los pipelines pueden introducir errores u omitir pasos clave de preprocesamiento.

Qué podría salir mal

- Olvidar incluir pasos esenciales de preprocesamiento (por ejemplo, imputación, escalado) en el pipeline puede llevar a entrenar modelos con datos incompletos o sin procesar.
- Ajustar el pipeline en todo el conjunto de datos antes de dividirlo en entrenamiento y prueba puede llevar a **sobreajuste** o **fuga de datos**.

Solución

Asegúrate de que todos los pasos necesarios de preprocesamiento estén incluidos en el pipeline y que este se ajuste **solo en los datos de entrenamiento**. Al encadenar pasos dentro de un pipeline, puedes evitar omisiones accidentales y asegurar consistencia a lo largo del flujo de trabajo.

1.5.5 Interpretación Incorrecta de Salidas de Modelos en Scikit-learn

Al entrenar modelos de aprendizaje automático, es fácil interpretar mal los resultados, especialmente si no estás familiarizado con las métricas de evaluación o cómo funciona el modelo.

Qué podría salir mal

- Evaluar el modelo solo en precisión puede ser engañoso, especialmente en conjuntos de datos desbalanceados. Un modelo con alta precisión puede seguir funcionando mal en clases minoritarias.
- Sobreajustar el modelo al ajustar hiperparámetros agresivamente o usar modelos complejos sin una validación adecuada.

Solución

Usa siempre una combinación de métricas de evaluación, como **precisión, recall, F1-score** y **AUC-ROC**, para evaluar el rendimiento del modelo, especialmente en tareas de clasificación. Usa **validación cruzada** para asegurar que el modelo se generaliza bien y no está sobreajustado a los datos de entrenamiento.

1.5.6 Cuellos de Botella de Rendimiento en Operaciones de NumPy

NumPy está diseñado para cálculos numéricos rápidos, pero un uso incorrecto de sus capacidades puede llevar a problemas de rendimiento, especialmente cuando se trabaja con conjuntos de datos muy grandes.

Qué podría salir mal

- Usar bucles en Python para aplicar transformaciones a arreglos de NumPy puede ser ineficiente y lento.
- No aprovechar las operaciones vectorizadas de NumPy puede resultar en un uso más alto de memoria y tiempo de procesamiento.

Solución

Siempre que sea posible, usa las funciones integradas de NumPy para aplicar transformaciones a todo el arreglo de manera vectorizada. Por ejemplo, en lugar de iterar sobre cada elemento en un arreglo para calcular el logaritmo, usa np.log(array) para aplicar la transformación a todos los elementos a la vez.

1.5.7 Sobre-Ingeniería de Características

La ingeniería de características puede mejorar significativamente el rendimiento del modelo, pero sobre-ingenierizar o crear demasiadas características puede llevar a **sobreajuste** o complejidad innecesaria en el modelo.

Qué podría salir mal

- Crear demasiados términos de interacción o características polinómicas puede hacer que el modelo sobreajuste los datos de entrenamiento, haciendo que funcione mal en datos no vistos.
- Agregar características irrelevantes puede aumentar la complejidad del modelo sin añadir capacidad predictiva, lo que lleva a tiempos de entrenamiento más largos y menor interpretabilidad.

Solución

Sé estratégico con tu ingeniería de características. Usa técnicas como **importancia de características** o **eliminación recursiva de características** para identificar las características más relevantes y reducir la complejidad innecesaria.

Al estar al tanto de estos errores comunes y adoptar buenas prácticas, estarás bien preparado para manejar los desafíos que surjan a medida que avanzas en tu camino de análisis de datos. Cada uno de estos problemas se puede resolver con cuidado y consideración, y al ser proactivo, puedes evitar muchos de los problemas que suelen aparecer en proyectos de análisis de datos de nivel intermedio.

Resumen del Capítulo 1: Más Allá de los Fundamentos

En este capítulo, establecimos las bases para tu camino hacia el análisis de datos intermedio y la ingeniería de características. Comenzamos discutiendo el cambio de la manipulación y el análisis de datos básicos hacia técnicas más avanzadas que requieren un pensamiento más profundo y flujos de trabajo más eficientes. A este nivel, no se trata solo de saber qué funciones usar, sino de entender cómo optimizar tus procesos, manejar conjuntos de datos más grandes y tomar decisiones más inteligentes con tus datos.

Exploramos las herramientas clave—**Pandas**, **NumPy** y **Scikit-learn**—que serán tus recursos principales a medida que trabajas en tareas de análisis y modelado más complejas. Pandas sigue siendo una herramienta esencial para la manipulación de datos, pero a medida que los conjuntos de datos crecen en tamaño y complejidad, se hace necesario mejorar cómo lo utilizas. Vimos cómo filtrar, agrupar y transformar datos de formas más sofisticadas, como agrupar por múltiples columnas y calcular varias estadísticas a la vez. También enfatizamos la importancia de flujos de trabajo de datos eficientes, incluido el uso de pipelines para automatizar tareas repetitivas.

A continuación, introdujimos **NumPy** como el pilar para cálculos numéricos. Aprendiste cómo la poderosa estructura de arreglos de NumPy permite realizar operaciones más rápidas y eficientes en memoria, especialmente al realizar transformaciones como escalado logarítmico o estandarización de datos. Aprovechando las operaciones vectorizadas de NumPy, puedes mejorar drásticamente la velocidad de tus cálculos en comparación con el uso de bucles o métodos menos optimizados.

También cubrimos los conceptos básicos de **Scikit-learn**, la biblioteca de referencia para aprendizaje automático en Python. Scikit-learn te permite integrar sin problemas tareas de preprocesamiento y modelado, permitiéndote construir modelos de aprendizaje automático con un mínimo de código. Aprendiste a dividir tus datos en conjuntos de entrenamiento y prueba, construir un modelo de bosque aleatorio y evaluar predicciones, todo dentro de un flujo de trabajo simple y coherente.

A lo largo del capítulo, enfatizamos la importancia de combinar estas herramientas de manera efectiva. El verdadero poder en el análisis de datos proviene de usar Pandas, NumPy y Scikit-learn juntos para optimizar tu flujo de trabajo y mejorar el rendimiento. Al optimizar la manipulación de datos, realizar operaciones numéricas eficientes y construir modelos usando pipelines de Scikit-learn, podrás abordar desafíos de datos más complejos con facilidad.

Finalmente, introdujimos la sección **"Qué Podría Salir Mal"** para resaltar errores comunes y problemas que pueden surgir al manejar datos faltantes, escalar características o construir modelos de aprendizaje automático. Esta visión te prepara para evitar esos desafíos a medida que avanzas en el libro.

Con estas habilidades en su lugar, ahora estás listo para pasar a temas más profundos y abordar análisis más avanzados en los capítulos que vienen.

Capítulo 2: Optimización de Flujos de Trabajo de Datos

A medida que profundizas en el análisis de datos intermedio, una de las habilidades más importantes que necesitas desarrollar es el arte de optimizar tus flujos de trabajo de datos. En el mundo actual impulsado por los datos, la eficiencia no es solo un lujo, es una necesidad. Cuando te enfrentas al manejo de conjuntos de datos cada vez más grandes, transformaciones complejas y desafíos reales que requieren procesos optimizados, la capacidad de optimizar se vuelve fundamental.

Este capítulo está dedicado a explorar diversas estrategias y técnicas para mejorar la eficiencia y escalabilidad de tus procesos de manipulación de datos. Profundizaremos en metodologías avanzadas para transformar, agregar y filtrar datos utilizando Pandas, una poderosa biblioteca que te permitirá trabajar de manera más rápida y efectiva. Además, exploraremos las mejores prácticas en la industria para la limpieza y estructuración de datos, lo que te permitirá reducir el tiempo dedicado a la preparación de datos mientras maximizas su calidad y utilidad.

Al dominar estas habilidades, estarás bien preparado para manejar flujos de trabajo de datos de creciente complejidad. Este conocimiento será una base sólida, preparándote para los desafíos intrincados que te esperan en los ámbitos de la ingeniería de características y el aprendizaje automático. A medida que avances en este capítulo, obtendrás conocimientos invaluables que elevarán tus capacidades de análisis de datos a nuevas alturas.

Sin más preámbulos, comencemos nuestra jornada explorando el primer tema: **Manipulación Avanzada de Datos con Pandas**. Esta poderosa biblioteca será nuestra herramienta principal mientras navegamos las complejidades del manejo y transformación eficiente de datos.

2.1 Manipulación Avanzada de Datos con Pandas

A medida que avanzas en tu viaje de análisis de datos con Pandas, te encontrarás con escenarios que demandan técnicas más sofisticadas. Aunque los fundamentos de carga, filtrado y agregaciones básicas son esenciales, a menudo resultan insuficientes al tratar con conjuntos de datos grandes y complejos. Aquí es donde entra en juego la manipulación avanzada de datos, permitiéndote manejar escenarios complejos con mayor eficiencia y precisión.

La manipulación avanzada de datos en Pandas abarca una serie de técnicas poderosas que van más allá de las operaciones básicas:

Filtrado y subsetting complejo

Esta técnica avanzada implica aplicar múltiples condiciones en varias columnas para extraer subconjuntos específicos de datos. Va más allá del filtrado simple al permitirte combinar operadores lógicos (AND, OR, NOT) para crear condiciones de consulta intrincadas. Por ejemplo, puedes filtrar datos de ventas para mostrar solo transacciones de una tienda en particular, dentro de un rango de fechas y por encima de un umbral específico de ventas.

Además, el filtrado complejo a menudo utiliza expresiones regulares para realizar coincidencias de patrones en cadenas de texto sofisticadas. Esto es particularmente útil al trabajar con datos de texto, permitiéndote buscar patrones específicos o combinaciones de caracteres. Por ejemplo, podrías usar regex para filtrar nombres de productos que siguen una convención específica o para identificar tipos específicos de comentarios de clientes.

Al trabajar con datos temporales, implementar filtros basados en tiempo es crucial. Este aspecto del filtrado complejo permite segmentar tus datos basándote en varios criterios temporales, como rangos de fechas específicos, días de la semana o incluso intervalos de tiempo personalizados. Por ejemplo, en análisis financiero, podrías filtrar datos de acciones para mostrar solo los días de negociación en que el volumen superó un cierto umbral durante el horario de mercado.

Dominar estas técnicas de filtrado complejo te permite profundizar en tus datos con precisión, revelando conocimientos que pueden estar ocultos al usar métodos de filtrado más simples. Es una habilidad esencial para cualquier analista de datos que maneje grandes conjuntos de datos multifacéticos, donde los filtros simples no capturan los patrones y relaciones matizados dentro de los datos.

Agrupación y agregación multinivel

Esta técnica avanzada te permite realizar operaciones de agrupación jerárquica, permitiendo un análisis detallado en múltiples dimensiones de tus datos simultáneamente. Al agrupar datos en varios niveles, puedes descubrir patrones y relaciones complejas que podrían pasar desapercibidos.

Por ejemplo, en un conjunto de datos de ventas al por menor, podrías agrupar datos de ventas por tienda, luego por categoría de producto y finalmente por fecha. Este enfoque multinivel te permite analizar el rendimiento en diversas granularidades, como identificar las categorías de productos de mejor rendimiento en cada tienda a lo largo del tiempo. Luego, puedes aplicar funciones de agregación como suma, media o cuenta a estos datos agrupados, proporcionando información integral sobre tus operaciones comerciales.

Además, la agrupación multinivel es particularmente útil cuando se trabaja con conjuntos de datos que tienen jerarquías naturales, como datos geográficos (país, estado, ciudad) o estructuras organizativas (departamento, equipo, empleado). Esto te permite expandir o reducir el análisis a través de estas jerarquías, brindando flexibilidad en el análisis y la elaboración de informes.

Pandas ofrece funciones poderosas como groupby() con múltiples columnas y agg() para realizar estas operaciones complejas de manera eficiente, incluso en grandes conjuntos de datos. Al dominar estas técnicas, podrás extraer conocimientos más profundos y crear análisis más sofisticados, elevando tus capacidades de manipulación de datos a un nivel profesional.

Pivotear y reformatear datos

Estas técnicas te permiten reestructurar tus datos de forma dinámica, transformándolos de formato largo a ancho (o viceversa) para facilitar tipos específicos de análisis o visualizaciones. El pivoting es particularmente útil cuando necesitas reorganizar tus datos para crear tablas de resumen o prepararlos para ciertos tipos de análisis estadísticos. Por ejemplo, podrías tener un conjunto de datos con cifras de ventas diarias para múltiples productos en diferentes tiendas. Al pivotar estos datos, podrías crear una tabla donde cada fila representa una tienda, cada columna representa un producto, y las celdas contienen las ventas totales de ese producto en esa tienda.

La función 'melt', por otro lado, se utiliza para transformar datos de formato ancho a formato largo. Esto puede ser beneficioso cuando necesitas realizar análisis que requieren datos en un formato "ordenado", donde cada variable forma una columna y cada observación forma una fila. Por ejemplo, si tienes un conjunto de datos donde cada columna representa las cifras de ventas de un año diferente, podrías usar 'melt' para crear un conjunto de datos en formato largo con columnas de 'Año' y 'Ventas', lo que facilita la realización de análisis de series de tiempo o la creación de ciertos tipos de visualizaciones.

Estas técnicas de reformateo son esenciales para la preparación de datos y pueden impactar significativamente la facilidad y eficiencia de tus análisis subsecuentes. Te permiten adaptar la estructura de tus datos a los requisitos específicos de diferentes métodos analíticos o herramientas de visualización, mejorando la flexibilidad y el poder de tus capacidades de manipulación de datos.

Manejo eficiente de datos de series temporales

Esta técnica avanzada se enfoca en métodos especializados para trabajar con datos temporales, lo cual es crucial en muchos campos como finanzas, economía y ciencias ambientales. Al trabajar con datos de series temporales, te enfrentarás a desafíos únicos que requieren enfoques específicos:

1. Remuestreo: Esto implica cambiar la frecuencia de tus datos de series temporales. Por ejemplo, podrías necesitar convertir datos diarios en resúmenes mensuales o agregar datos de trading de alta frecuencia en intervalos regulares. Pandas proporciona funciones de remuestreo poderosas que te permiten realizar fácilmente estas

transformaciones aplicando varios métodos de agregación (por ejemplo, suma, media, mediana) a tus datos.

2. Cálculos de ventana móvil: Son esenciales para analizar tendencias y patrones a lo largo del tiempo. Aprenderás a calcular promedios móviles, desviaciones estándar móviles y otras medidas estadísticas sobre ventanas de tiempo especificadas. Estas técnicas son particularmente útiles para suavizar fluctuaciones a corto plazo y resaltar tendencias a largo plazo en tus datos.

3. Manejo de diferentes zonas horarias y frecuencias: En nuestro mundo globalizado, trabajar con datos de diferentes zonas horarias es cada vez más común. Explorarás métodos para convertir entre zonas horarias, alinear datos de diferentes fuentes y manejar transiciones de horario de verano. Además, aprenderás cómo trabajar con datos de frecuencias variables, como combinar datos diarios y mensuales en un solo análisis.

4. Indexación y selección basada en tiempo: Pandas ofrece potentes capacidades para indexar y seleccionar datos basados en fechas y horas. Aprenderás cómo segmentar tus datos de manera eficiente por rangos de fechas, seleccionar períodos de tiempo específicos y realizar consultas complejas basadas en tiempo.

5. Manejo de datos faltantes en series temporales: Las series temporales a menudo tienen brechas o valores faltantes. Explorarás técnicas para identificar, completar o interpolar puntos de datos faltantes, asegurando la continuidad e integridad de tu análisis de series temporales.

Al dominar estos métodos especializados, estarás bien preparado para manejar datos complejos de series temporales de manera eficiente, habilitando análisis y conocimientos más sofisticados en campos donde los patrones temporales son cruciales.

Optimización de memoria y rendimiento

A medida que los conjuntos de datos crecen en tamaño y complejidad, el uso eficiente de la memoria y la optimización del rendimiento se vuelven cruciales. Esta sección profundiza en técnicas avanzadas para gestionar tareas de análisis de datos a gran escala de manera efectiva. Explorarás métodos para reducir el uso de memoria, como el uso de tipos de datos adecuados, el procesamiento en bloques de conjuntos de datos grandes y el aprovechamiento de iteradores para procesar datos en lotes más pequeños. Además, aprenderás sobre técnicas de vectorización para acelerar los cálculos y cómo utilizar las optimizaciones integradas de Pandas para mejorar el rendimiento.

La sección también cubre estrategias para el procesamiento paralelo, lo que te permite aprovechar el poder de los procesadores multinúcleo para acelerar tareas de manipulación de datos. Descubrirás cómo usar bibliotecas como Dask o Vaex para realizar cálculos fuera de memoria al trabajar con conjuntos de datos que superan la RAM disponible. Además, obtendrás conocimientos sobre cómo perfilar tu código para identificar cuellos de botella y optimizar secciones críticas para maximizar la eficiencia.

Al dominar estas técnicas avanzadas de optimización, estarás equipado para manejar conjuntos de datos masivos y análisis complejos con gracia y rapidez. Este conocimiento es invaluable para científicos de datos y analistas que trabajan en proyectos de big data o en entornos donde los recursos computacionales son limitados. A medida que avances en esta sección, desarrollarás las habilidades para crear flujos de datos escalables y eficientes capaces de procesar grandes cantidades de información en tiempos razonables.

Cada uno de estos temas avanzados abre nuevas posibilidades para el análisis y manipulación de datos. Al dominar estas técnicas, podrás enfrentar desafíos complejos de datos del mundo real con confianza y eficiencia. En las siguientes secciones, profundizaremos en ejemplos prácticos que demuestran cómo aplicar estos conceptos avanzados en varios escenarios, desde el análisis financiero hasta el procesamiento de datos a gran escala.

2.1.1 Filtrado Complejo y Subsetting

Al trabajar con datos, a menudo es necesario obtener subconjuntos de tu DataFrame basados en múltiples condiciones. Este proceso, conocido como filtrado complejo, es una habilidad crucial para analistas y científicos de datos que trabajan con conjuntos de datos intrincados. En escenarios más complejos, esto puede implicar el uso de condiciones lógicas en diferentes columnas, filtrar en múltiples valores o incluso realizar operaciones más avanzadas como subsetting basado en patrones de texto o fechas.

El filtrado complejo te permite extraer subconjuntos específicos de datos que cumplen con varios criterios simultáneamente. Por ejemplo, en un conjunto de datos de ventas, podrías querer filtrar las transacciones que ocurrieron en una tienda en particular, dentro de un rango de fechas específico y que superaron una cierta cantidad de ventas. Este nivel de granularidad en la selección de datos permite realizar análisis más enfocados y profundos.

Además, las técnicas avanzadas de subsetting pueden involucrar expresiones regulares para coincidencias de texto sofisticadas, filtros basados en tiempo para datos temporales e incluso funciones personalizadas para necesidades de filtrado más especializadas. Estos métodos ofrecen la flexibilidad necesaria para manejar una amplia variedad de escenarios de datos, desde análisis financieros hasta estudios de comportamiento del cliente.

Dominar el filtrado complejo y el subsetting es esencial por varias razones:

Limpieza de Datos y Aseguramiento de la Calidad

El filtrado complejo es una técnica poderosa que va más allá de la selección simple de datos, permitiendo a los analistas realizar verificaciones de calidad de datos detalladas e identificar patrones sutiles dentro de grandes conjuntos de datos. Este enfoque avanzado de filtrado permite la aplicación simultánea de múltiples condiciones a través de varias dimensiones de datos, obteniendo subconjuntos de datos altamente específicos para su análisis.

Una de las ventajas clave del filtrado complejo es su capacidad para descubrir problemas ocultos de calidad de datos. Al aplicar combinaciones sofisticadas de filtros, los analistas pueden identificar valores atípicos, inconsistencias y anomalías que podrían escapar de los métodos convencionales de limpieza de datos. Por ejemplo, en un conjunto de datos financiero, se podrían usar filtros complejos para identificar transacciones que se desvían de los patrones esperados basados en criterios múltiples como monto, frecuencia y tiempo.

Además, el filtrado complejo juega un papel crucial en los procesos de validación de datos. Permite a los analistas crear reglas de validación específicas que consideran múltiples atributos de datos simultáneamente. Esto es particularmente valioso cuando se trabaja con campos de datos interdependientes o cuando se validan datos en función de reglas de negocio complejas. Por ejemplo, en un conjunto de datos de salud, se podrían usar filtros complejos para verificar la consistencia de los registros de pacientes en varios parámetros médicos e historiales de tratamiento.

El poder del filtrado complejo también se extiende al análisis exploratorio de datos. Al aislar subconjuntos específicos de datos basados en criterios intrincados, los analistas pueden obtener una comprensión más profunda de las distribuciones, relaciones y tendencias de los datos que pueden no ser evidentes al examinar el conjunto de datos completo. Este enfoque dirigido a la exploración de datos puede llevar al descubrimiento de conocimientos valiosos e informar estrategias analíticas más focalizadas.

En el contexto de entornos de big data, donde los conjuntos de datos pueden ser masivos y diversos, el filtrado complejo se convierte en una herramienta indispensable para mantener la integridad de los datos. Permite a los analistas tamizar de manera eficiente grandes cantidades de información, enfocándose en los puntos de datos más relevantes y de alta calidad para sus análisis. Esto no solo mejora la precisión de los procesos analíticos subsiguientes, sino que también optimiza la eficiencia general de los flujos de trabajo de gestión de datos.

Ejemplo

Consideremos un escenario en el que tenemos un conjunto de datos de pedidos de clientes y queremos identificar y limpiar entradas potencialmente erróneas:

```
import pandas as pd
import numpy as np

# Sample data
data = {
    'OrderID': [1001, 1002, 1003, 1004, 1005],
    'CustomerID': ['C001', 'C002', 'C003', 'C004', 'C005'],
    'OrderDate': ['2023-01-15', '2023-01-16', '2023-01-17', '2023-01-18', '2023-01-
19'],
    'TotalAmount': [100.50, 200.75, -50.00, 1000000.00, 150.25],
    'Status': ['Completed', 'Pending', 'Completed', 'Shipped', 'Invalid']
}
```

```
df = pd.DataFrame(data)

# Convert OrderDate to datetime
df['OrderDate'] = pd.to_datetime(df['OrderDate'])

# Identify and filter out orders with negative or unusually high amounts
valid_orders = df[(df['TotalAmount'] > 0) & (df['TotalAmount'] < 10000)]

# Identify orders with invalid status
invalid_status = df[~df['Status'].isin(['Completed', 'Pending', 'Shipped'])]

print("Valid Orders:")
print(valid_orders)
print("\\nOrders with Invalid Status:")
print(invalid_status)

# Clean the data by removing invalid entries and resetting the index
cleaned_df = df[(df['TotalAmount'] > 0) & (df['TotalAmount'] < 10000) &
                (df['Status'].isin(['Completed',                         'Pending',
'Shipped']))].reset_index(drop=True)

print("\\nCleaned Dataset:")
print(cleaned_df)
```

Explicación del Código:

1. Comenzamos importando las bibliotecas necesarias y creando un DataFrame de muestra con datos de pedidos de clientes.
2. La columna 'OrderDate' se convierte al formato datetime para un manejo adecuado de fechas.
3. Identificamos y filtramos pedidos con montos negativos o inusualmente altos (suponiendo un máximo razonable de $10,000).
4. Los pedidos con un estado inválido se identifican al verificar contra una lista de estados válidos.
5. El conjunto de datos limpio se crea aplicando ambos filtros (monto y estado) y luego reiniciando el índice.

Este ejemplo demuestra cómo el filtrado complejo puede usarse para identificar y limpiar entradas de datos problemáticas, asegurando la calidad de los datos para análisis posteriores. Muestra cómo manejar diferentes tipos de problemas de datos (rangos numéricos y validaciones categóricas) en un solo proceso de limpieza.

Análisis Dirigido y Granular

Al extraer subconjuntos precisos de datos mediante filtrado complejo, los analistas pueden realizar análisis altamente enfocados en segmentos específicos del conjunto de datos. Este enfoque granular permite obtener conocimientos más profundos sobre aspectos particulares de los datos, como el comportamiento del cliente dentro de un grupo demográfico o el rendimiento de productos en condiciones de mercado específicas. Este análisis dirigido a menudo genera conocimientos más aplicables y relevantes para la toma de decisiones.

El poder del filtrado complejo va más allá de la simple selección de datos. Permite a los analistas descubrir patrones ocultos y relaciones que pueden no ser aparentes al examinar el conjunto de datos completo. Por ejemplo, al filtrar para clientes de alto valor en un rango de edad específico que han realizado compras en múltiples categorías de productos, los analistas pueden identificar oportunidades de venta cruzada o desarrollar estrategias de marketing personalizadas.

Además, el filtrado complejo facilita la creación de cohortes personalizadas para estudios longitudinales. Esto es particularmente valioso en campos como el análisis del valor de vida del cliente o la predicción de la pérdida de clientes, donde es crucial rastrear el comportamiento de grupos específicos a lo largo del tiempo. Al aplicar múltiples filtros simultáneamente, los analistas pueden aislar cohortes basadas en varios atributos, como la fecha de adquisición, la frecuencia de compra y las preferencias del cliente, lo que permite realizar predicciones más matizadas y precisas.

Asimismo, el filtrado complejo desempeña un papel vital en la detección de anomalías y el análisis de fraudes. Al configurar combinaciones de filtros detalladas, los analistas pueden señalar transacciones o comportamientos sospechosos que se desvían de las normas establecidas. Esta capacidad es especialmente importante en servicios financieros y comercio electrónico, donde la identificación rápida de posibles fraudes puede ahorrar recursos significativos y mantener la confianza del cliente.

Además, los conocimientos granulares obtenidos a través del filtrado complejo pueden impulsar el desarrollo de productos y la innovación. Al analizar las preferencias y comportamientos de segmentos de clientes altamente específicos, las empresas pueden identificar necesidades no satisfechas u oportunidades de mejora de productos que atiendan a mercados de nicho, lo que potencialmente genera ventajas competitivas en mercados saturados.

Ejemplo

Consideremos un escenario en el que tenemos un conjunto de datos de compras de clientes y queremos realizar un análisis dirigido en un segmento específico de clientes:

```
import pandas as pd
import numpy as np

# Sample data
data = {
    'CustomerID': ['C001', 'C002', 'C003', 'C004', 'C005', 'C001', 'C002', 'C003'],
    'Age': [25, 35, 45, 30, 50, 25, 35, 45],
    'Gender': ['M', 'F', 'M', 'F', 'M', 'M', 'F', 'M'],
```

```
    'ProductCategory':  ['Electronics',  'Clothing',  'Home',  'Beauty',  'Sports',
'Clothing', 'Electronics', 'Beauty'],
    'PurchaseAmount': [500, 150, 300, 200, 450, 200, 600, 100]
}

df = pd.DataFrame(data)

# Targeted analysis: Female customers aged 30-40 who made purchases in Electronics or
Clothing
target_segment = df[
    (df['Gender'] == 'F') &
    (df['Age'].between(30, 40)) &
    (df['ProductCategory'].isin(['Electronics', 'Clothing']))
]

# Calculate average purchase amount for the target segment
avg_purchase = target_segment['PurchaseAmount'].mean()

# Find the most popular product category in the target segment
popular_category = target_segment['ProductCategory'].mode().values[0]

print("Target Segment Analysis:")
print(f"Average Purchase Amount: ${avg_purchase:.2f}")
print(f"Most Popular Category: {popular_category}")

# Compare with overall average
overall_avg = df['PurchaseAmount'].mean()
print(f"\\nOverall Average Purchase Amount: ${overall_avg:.2f}")
print(f"Difference: ${avg_purchase - overall_avg:.2f}")
```

Explicación del Código:

1. Comenzamos importando las bibliotecas necesarias y creando un DataFrame de muestra con datos de compras de clientes.
2. El segmento objetivo se define usando un filtrado complejo: clientes femeninas de 30 a 40 años que compraron Electrónica o Ropa.
3. Calculamos el monto promedio de compra para este segmento específico utilizando la función mean().
4. La categoría de producto más popular dentro del segmento se determina usando la función mode().
5. Luego, comparamos el monto promedio de compra del segmento objetivo con el promedio general para identificar cualquier diferencia significativa.

Este ejemplo demuestra cómo el análisis dirigido mediante filtrado complejo puede proporcionar conocimientos específicos sobre un segmento particular de clientes, lo cual puede ser valioso para estrategias de marketing o recomendaciones de productos.

Pruebas de Hipótesis y Validación Estadística

El filtrado complejo desempeña un papel crucial en el establecimiento de grupos de prueba y control robustos para análisis estadísticos y pruebas de hipótesis. Esta técnica avanzada permite a los investigadores seleccionar minuciosamente subconjuntos de datos que cumplen con criterios específicos, garantizando así la validez y confiabilidad de sus comparaciones estadísticas. La potencia del filtrado complejo radica en su capacidad para crear grupos definidos con precisión, lo cual es esencial para obtener conclusiones precisas y significativas a partir de los datos.

En el ámbito de las pruebas A/B, por ejemplo, el filtrado complejo permite a los especialistas en marketing aislar segmentos de usuarios basándose en múltiples atributos como la demografía, patrones de comportamiento y niveles de compromiso. Este enfoque granular asegura que la comparación entre diferentes versiones de un producto o campaña de marketing se realice en grupos realmente comparables, lo que lleva a conocimientos más accionables.

En los ensayos clínicos, la aplicación del filtrado complejo es aún más crítica. Los investigadores pueden utilizar esta técnica para crear grupos de tratamiento y control bien emparejados, teniendo en cuenta numerosos factores como la edad, el historial médico, los marcadores genéticos y factores de estilo de vida. Este nivel de precisión en la selección de grupos es vital para minimizar variables de confusión y mejorar la confiabilidad de los resultados de los ensayos.

La investigación de mercado también se beneficia significativamente del filtrado complejo. Los analistas pueden crear segmentos de consumidores altamente específicos al combinar múltiples criterios como el comportamiento de compra, la lealtad a la marca y las características psicográficas. Esto permite a las empresas realizar estudios dirigidos que proporcionen profundos conocimientos sobre segmentos de mercado de nicho, informando el desarrollo de productos y estrategias de marketing.

Además, la aplicación del filtrado complejo se extiende más allá de estos campos. En las ciencias sociales, los economistas y los investigadores de políticas utilizan esta técnica para controlar múltiples variables al estudiar el impacto de intervenciones o cambios en políticas. Esto permite evaluaciones más precisas de las relaciones causa-efecto en sistemas sociales y económicos complejos.

Al aprovechar el filtrado complejo, los investigadores y analistas pueden mejorar significativamente la solidez de sus estudios, llevando a conocimientos más confiables y aplicables en una amplia gama de disciplinas. Esta técnica no solo mejora la calidad de los análisis estadísticos, sino que también contribuye a una toma de decisiones más informada en diversos contextos profesionales y académicos.

Ejemplo

Consideremos un ejemplo en el que queremos comparar la efectividad de dos estrategias de marketing analizando su impacto en el compromiso del cliente (medido por las tasas de clics).

```
import pandas as pd
import numpy as np
from scipy import stats

# Sample data
np.random.seed(42)
data = {
    'Strategy': ['A'] * 1000 + ['B'] * 1000,
    'ClickThrough': np.concatenate([
        np.random.normal(0.05, 0.02, 1000),  # Strategy A
        np.random.normal(0.06, 0.02, 1000)   # Strategy B
    ])
}

df = pd.DataFrame(data)

# Separate the data for each strategy
strategy_a = df[df['Strategy'] == 'A']['ClickThrough']
strategy_b = df[df['Strategy'] == 'B']['ClickThrough']

# Perform t-test
t_statistic, p_value = stats.ttest_ind(strategy_a, strategy_b)

print(f"T-statistic: {t_statistic}")
print(f"P-value: {p_value}")

# Interpret the results
alpha = 0.05
if p_value < alpha:
    print("Reject the null hypothesis. There is a significant difference between the
strategies.")
else:
    print("Fail to reject the null hypothesis. There is no significant difference
between the strategies.")
```

Explicación del Código:

1. Importamos las bibliotecas necesarias: pandas para la manipulación de datos, numpy para la generación de números aleatorios y scipy.stats para realizar pruebas estadísticas.
2. Creamos un conjunto de datos de muestra con 1000 muestras para cada estrategia de marketing (A y B), simulando tasas de clics con distribuciones normales.
3. Los datos se cargan en un DataFrame de pandas para facilitar su manipulación.
4. Separamos los datos para cada estrategia usando indexación booleana.
5. Realizamos una prueba t independiente usando scipy.stats.ttest_ind() para comparar las medias de los dos grupos.

6. Se calculan e imprimen el estadístico t y el valor p.
7. Interpretamos los resultados comparando el valor p con un nivel de significancia (alfa) de 0.05. Si el valor p es menor que alfa, rechazamos la hipótesis nula, lo que indica una diferencia significativa entre las estrategias.

Este ejemplo demuestra cómo el filtrado complejo (separación de datos por estrategia) puede usarse junto con pruebas estadísticas para validar hipótesis sobre diferentes grupos en tus datos. Este tipo de análisis es crucial para la toma de decisiones basada en datos en diversos campos, incluyendo marketing, desarrollo de productos e investigación científica.

Optimización de Rendimiento y Procesamiento Eficiente

Trabajar con subconjuntos de datos más pequeños y relevantes, obtenidos a través de filtrado complejo, puede mejorar significativamente el rendimiento de las tareas de procesamiento y análisis de datos. Esta técnica de optimización es particularmente beneficiosa al trabajar con conjuntos de datos a gran escala o al ejecutar análisis computacionalmente intensivos. Al reducir el volumen de datos procesados, el filtrado complejo puede llevar a tiempos de ejecución de consultas más rápidos, menor uso de memoria y una utilización más eficiente de los recursos computacionales.

El impacto del filtrado complejo en el rendimiento es multifacético. Primero, reduce la cantidad de datos que necesitan cargarse en la memoria, lo cual es especialmente crucial cuando se trabaja con conjuntos de datos que exceden la RAM disponible. Esta reducción en el uso de memoria no solo previene la ralentización del sistema, sino que también permite el análisis de conjuntos de datos más grandes en máquinas con recursos limitados.

En segundo lugar, el filtrado complejo puede acelerar significativamente los tiempos de ejecución de consultas. Al trabajar con bases de datos o archivos de datos grandes, filtrar los datos en el origen antes de cargarlos en el entorno de análisis puede reducir notablemente los tiempos de transferencia de datos y el costo de procesamiento. Esto es particularmente importante en entornos de computación distribuida, donde la latencia de la red puede ser un cuello de botella importante.

Además, al enfocarse en subconjuntos de datos relevantes, el filtrado complejo permite análisis más específicos y eficientes. Esto es especialmente valioso en el análisis exploratorio de datos, donde los analistas a menudo necesitan iterar rápidamente a través de diferentes hipótesis y subconjuntos de datos. La capacidad de filtrar y concentrarse rápidamente en segmentos específicos de datos permite flujos de trabajo de análisis más ágiles y receptivos.

En aplicaciones de aprendizaje automático, el filtrado complejo desempeña un papel crucial en la selección de características y la reducción de dimensionalidad. Al identificar y enfocarse en las características o puntos de datos más relevantes, puede llevar a modelos más precisos, tiempos de entrenamiento más rápidos y mejor rendimiento de generalización. Esto es especialmente importante en conjuntos de datos de alta dimensionalidad, donde la maldición de la dimensionalidad puede impactar severamente el rendimiento del modelo.

Por último, la utilización eficiente de los recursos computacionales a través del filtrado complejo tiene implicaciones más amplias para la escalabilidad y rentabilidad en industrias intensivas en datos. Al optimizar los procesos de procesamiento de datos, las organizaciones pueden reducir sus costos de infraestructura, mejorar la eficiencia energética y aumentar su capacidad para manejar volúmenes crecientes de datos sin aumentos proporcionales en recursos computacionales.

Aquí tienes un ejemplo que demuestra la optimización del rendimiento mediante el filtrado complejo:

```
import pandas as pd
import numpy as np
import time

# Create a large dataset
n_rows = 1000000
df = pd.DataFrame({
    'id': range(n_rows),
    'category': np.random.choice(['A', 'B', 'C'], n_rows),
    'value': np.random.randn(n_rows)
})

# Function to perform a complex operation
def complex_operation(x):
    return np.sin(x) * np.cos(x) * np.tan(x)

# Measure time without filtering
start_time = time.time()
result_without_filter = df['value'].apply(complex_operation).sum()
time_without_filter = time.time() - start_time

# Apply complex filter
filtered_df = df[(df['category'] == 'A') & (df['value'] > 0)]

# Measure time with filtering
start_time = time.time()
result_with_filter = filtered_df['value'].apply(complex_operation).sum()
time_with_filter = time.time() - start_time

print(f"Time without filtering: {time_without_filter:.2f} seconds")
print(f"Time with filtering: {time_with_filter:.2f} seconds")
print(f"Speed improvement: {time_without_filter / time_with_filter:.2f}x")
```

Explicación del Código:

1. Importamos las bibliotecas necesarias: pandas para la manipulación de datos, numpy para operaciones numéricas y time para medir el rendimiento.

2. Se crea un gran conjunto de datos con 1 millón de filas, que contiene una columna id, category y value.
3. Definimos una función complex_operation para simular una tarea computacionalmente intensiva.
4. La operación se realiza primero en todo el conjunto de datos y se mide el tiempo de ejecución.
5. Luego aplicamos un filtro complejo para crear un subconjunto de datos (categoría 'A' y valores positivos).
6. La misma operación se realiza en el conjunto de datos filtrado y se mide el tiempo de ejecución nuevamente.
7. Finalmente, comparamos los tiempos de ejecución para demostrar la mejora en el rendimiento.

Este ejemplo ilustra cómo el filtrado complejo puede reducir significativamente el tiempo de procesamiento al trabajar con un subconjunto de datos más pequeño y relevante. La ganancia en rendimiento puede ser considerable, especialmente cuando se trabaja con grandes conjuntos de datos y operaciones complejas.

A medida que profundizamos en este tema, exploraremos ejemplos prácticos y técnicas para implementar filtros complejos en Pandas, demostrando cómo estos métodos pueden aplicarse a desafíos de datos en el mundo real.

Ejemplo: Filtrado con Múltiples Condiciones

Supongamos que estás trabajando con un conjunto de datos de ventas minoristas y deseas filtrar transacciones que ocurrieron en la tienda 'A' y que tienen un monto de venta superior a $200. Además, deseas excluir cualquier transacción que haya recibido un descuento de más del 10 %.

```
import pandas as pd
import numpy as np

# Create a more comprehensive sample dataset
np.random.seed(42)
data = {
    'TransactionID': range(1001, 1021),
    'Store': np.random.choice(['A', 'B', 'C'], 20),
    'SalesAmount': np.random.randint(50, 500, 20),
    'Discount': np.random.randint(0, 30, 20),
    'Category': np.random.choice(['Electronics', 'Clothing', 'Home', 'Food'], 20),
    'Date': pd.date_range(start='2023-01-01', periods=20)
}

df = pd.DataFrame(data)
```

```
# Display the original dataset
print("Original Dataset:")
print(df)
print("\\n")

# Filtering with multiple conditions
filtered_df = df[
    (df['Store'] == 'A') &
    (df['SalesAmount'] > 200) &
    (df['Discount'] <= 10) &
    (df['Category'].isin(['Electronics', 'Clothing']))
]

print("Filtered Dataset:")
print(filtered_df)
print("\\n")

# Additional analysis on the filtered data
print("Summary Statistics of Filtered Data:")
print(filtered_df.describe())
print("\\n")

print("Average Sales Amount by Category:")
print(filtered_df.groupby('Category')['SalesAmount'].mean())
print("\\n")

print("Total Sales Amount by Date:")
print(filtered_df.groupby('Date')['SalesAmount'].sum())
```

Explicación del Código:

1. **Importación de Bibliotecas:**
    - Importamos pandas (pd) para la manipulación y análisis de datos.
    - Importamos numpy (np) para generar datos aleatorios.
2. **Creación de un Conjunto de Datos de Ejemplo:**
    - Utilizamos np.random.seed(42) para garantizar la reproducibilidad de los datos aleatorios.
    - Creamos un diccionario 'data' con más columnas y 20 filas de datos:
        - **TransactionID:** Identificadores únicos para cada transacción.
        - **Store:** Elegido aleatoriamente entre 'A', 'B', 'C'.
        - **SalesAmount:** Enteros aleatorios entre 50 y 500.
        - **Discount:** Enteros aleatorios entre 0 y 30.

- **Category:** Elegido aleatoriamente entre 'Electronics', 'Clothing', 'Home', 'Food'.
- **Date:** Un rango de fechas a partir de '2023-01-01' para 20 días.

- Convertimos este diccionario en un DataFrame de pandas.

3. **Mostrar el Conjunto de Datos Original:**
   - Imprimimos el conjunto de datos original completo para mostrar con qué estamos trabajando.
4. **Filtrado con Múltiples Condiciones:**
   - Creamos 'filtered_df' aplicando varias condiciones:
     - La tienda debe ser 'A'.
     - El monto de ventas debe ser mayor a 200.
     - El descuento debe ser del 10 % o menos.
     - La categoría debe ser 'Electronics' o 'Clothing'.
   - Esto demuestra cómo combinar múltiples condiciones usando operadores lógicos (&).
5. **Mostrar el Conjunto de Datos Filtrado:**
   - Imprimimos el conjunto de datos filtrado para mostrar los resultados de nuestro filtrado.
6. **Análisis Adicional:**
   - Realizamos un análisis básico en los datos filtrados: a. **Estadísticas Resumidas:** Usamos .describe() para obtener conteo, media, desviación estándar, mínimo, máximo, etc. b. **Promedio del Monto de Ventas por Categoría:** Usamos groupby() y mean() para calcular el promedio de ventas por cada categoría. c. **Total del Monto de Ventas por Fecha:** Usamos groupby() y sum() para calcular el total de ventas por cada fecha.

Este ejemplo no solo demuestra cómo filtrar datos con múltiples condiciones, sino también cómo realizar un análisis exploratorio básico en los resultados filtrados. Muestra el poder de pandas para manejar operaciones complejas de datos y generar resúmenes informativos.

2.1.2 Agrupación y Agregación en Múltiples Niveles

En muchos conjuntos de datos del mundo real, necesitarás agrupar datos por múltiples columnas y realizar agregaciones en esos grupos. Esto es particularmente importante cuando trabajas con datos jerárquicos, como ventas en múltiples tiendas y categorías de productos. La agrupación en múltiples niveles te permite analizar datos a diferentes niveles de granularidad, revelando ideas que podrían estar ocultas en un análisis de un solo nivel.

Por ejemplo, en un conjunto de datos de ventas al por menor, podrías agrupar los datos de ventas tanto por ubicación de la tienda como por categoría de producto. Esto te permitiría responder preguntas como "¿Cuál es el total de ventas de electrónica en cada tienda?" o "¿Qué categoría de producto tiene mejor desempeño en cada región?" Estos análisis son cruciales para tomar decisiones empresariales informadas, como la gestión de inventarios, estrategias de marketing o asignación de recursos.

Además, la agrupación en múltiples niveles no se limita a solo dos niveles. Puedes extender este concepto para incluir dimensiones adicionales como períodos de tiempo (e.g., datos mensuales o trimestrales), segmentos de clientes u otras variables categóricas relevantes en tu conjunto de datos. Esta flexibilidad permite realizar análisis complejos y multidimensionales que pueden descubrir patrones y relaciones intrincadas en tus datos.

Cuando trabajas con datos jerárquicos, es importante considerar el orden de tus agrupaciones, ya que esto puede afectar tanto la estructura de tus resultados como las ideas que puedes derivar. Pandas proporciona herramientas poderosas para manejar estas agrupaciones en múltiples niveles, permitiéndote agregar datos, calcular estadísticas y reorganizar tus resultados para análisis o visualización adicionales.

Ejemplo de Código: Agrupación por Múltiples Niveles

Extenderemos nuestro conjunto de datos de ejemplo para incluir una categoría de producto y mostrar cómo realizar agrupaciones y agregaciones en múltiples niveles.

```
import pandas as pd
import numpy as np

# Create a more comprehensive sample dataset
np.random.seed(42)
data = {
    'TransactionID': range(1001, 1021),
    'Store': np.random.choice(['A', 'B', 'C'], 20),
    'Category': np.random.choice(['Electronics', 'Clothing', 'Home', 'Food'], 20),
    'SalesAmount': np.random.randint(50, 500, 20),
    'Discount': np.random.randint(0, 30, 20),
    'Date': pd.date_range(start='2023-01-01', periods=20)
}

df = pd.DataFrame(data)

# Display the original dataset
print("Original Dataset:")
print(df.head())
print("\\n")

# Group by Store and Category, and calculate multiple aggregations
```

```
grouped_df = df.groupby(['Store', 'Category']).agg({
    'SalesAmount': ['sum', 'mean', 'count'],
    'Discount': ['mean', 'max']
}).reset_index()

# Flatten column names
grouped_df.columns = ['_'.join(col).strip() for col in grouped_df.columns.values]

print("Grouped Dataset:")
print(grouped_df)
print("\\n")

# Pivot table to show total sales by Store and Category
pivot_df = pd.pivot_table(df, values='SalesAmount', index='Store',
columns='Category', aggfunc='sum', fill_value=0)

print("Pivot Table - Total Sales by Store and Category:")
print(pivot_df)
print("\\n")

# Time-based analysis
df['Date'] = pd.to_datetime(df['Date'])
df.set_index('Date', inplace=True)

monthly_sales = df.resample('M')['SalesAmount'].sum()

print("Monthly Total Sales:")
print(monthly_sales)
print("\\n")

# Advanced filtering
high_value_transactions = df[(df['SalesAmount'] > df['SalesAmount'].mean()) &
(df['Discount'] < df['Discount'].mean())]

print("High Value Transactions (Above average sales, below average discount):")
print(high_value_transactions)
```

Explicación del Código:

1. **Importación de Bibliotecas y Creación del Conjunto de Datos:**
    - Importamos pandas (pd) para la manipulación de datos y numpy (np) para la generación de números aleatorios.
    - Creamos un conjunto de datos más completo con 20 transacciones, incluyendo TransactionID, Store, Category, SalesAmount, Discount y Date.
    - np.random.seed(42) asegura la reproducibilidad de los datos aleatorios.
2. **Visualización del Conjunto de Datos Original:**

- Usamos print(df.head()) para mostrar las primeras filas del conjunto de datos original.

3. **Agrupación y Agregación en Múltiples Niveles:**
   - Agrupamos los datos por 'Store' y 'Category' usando df.groupby(['Store', 'Category']).
   - Realizamos múltiples agregaciones: sum, mean y count para SalesAmount; mean y max para Discount.
   - reset_index() convierte los datos agrupados de vuelta a un DataFrame regular.
   - Aplanamos los nombres de las columnas para que sean más fáciles de leer.
4. **Creación de Tabla Dinámica:**
   - Usamos pd.pivot_table() para crear una tabla cruzada de las ventas totales por Store y Category.
   - fill_value=0 asegura que cualquier combinación faltante se llene con ceros.
5. **Análisis Basado en el Tiempo:**
   - La columna 'Date' se convierte a formato datetime y se establece como índice.
   - df.resample('M') agrupa los datos por mes, y luego calcula el total de ventas para cada mes.
6. **Filtrado Avanzado:**
   - Creamos un subconjunto de 'transacciones de alto valor' filtrando transacciones con montos de ventas por encima del promedio y descuentos por debajo del promedio.
   - Esto demuestra cómo combinar múltiples condiciones en un filtro.

Este ejemplo muestra varias operaciones avanzadas en Pandas:

- Agrupación en múltiples niveles con varias agregaciones
- Creación de tabla dinámica para análisis de tabulación cruzada
- Remuestreo de series de tiempo para análisis mensual
- Filtrado avanzado combinando múltiples condiciones

Estas técnicas son esenciales para manejar conjuntos de datos complejos y reales y extraer conocimientos significativos desde varias perspectivas.

2.1.3 Pivoteo y Reestructuración de Datos

A veces, tus datos pueden no estar en el formato ideal para el análisis y necesitas reestructurarlos, ya sea convirtiendo columnas en filas o viceversa. Pandas proporciona herramientas poderosas como pivot(), pivot_table() y melt() para reestructurar datos. Estas funciones son esenciales para transformar tu conjunto de datos y adaptarlo a diferentes necesidades analíticas.

La función pivot() es particularmente útil cuando deseas convertir valores únicos de una columna en múltiples columnas. Por ejemplo, si tienes un conjunto de datos con columnas para fecha, producto y ventas, puedes usar pivot para crear una nueva tabla donde cada producto se convierte en una columna, con las ventas como valores.

Por otro lado, pivot_table() es más versátil, permitiéndote especificar cómo agregar datos cuando hay múltiples valores para cada grupo. Esto es útil cuando trabajas con conjuntos de datos que tienen entradas duplicadas o cuando necesitas realizar cálculos como sum, mean o count en datos agrupados.

La función melt() hace lo contrario de pivot: transforma columnas en filas. Esto es particularmente útil cuando tienes un conjunto de datos con múltiples columnas que representan el mismo tipo de datos y deseas consolidarlas en una sola columna. Por ejemplo, si tienes columnas separadas para las ventas en diferentes años, puedes usar melt para crear una columna única de 'Year' y una columna correspondiente de 'Sales'.

Entender y utilizar eficazmente estas herramientas de reestructuración puede mejorar significativamente tus capacidades de manipulación de datos, permitiéndote preparar tus datos para varios tipos de análisis, visualizaciones o modelos de aprendizaje automático.

Ejemplo de Código: Pivoteo de Datos

Supongamos que tienes datos de ventas para diferentes tiendas a lo largo de varios meses, y deseas pivotar los datos para que las tiendas sean columnas y los meses sean filas, mostrando las ventas totales para cada tienda en cada mes.

```
import pandas as pd
import numpy as np
import matplotlib.pyplot as plt

# Sample data for sales across stores and months
np.random.seed(42)
stores = ['A', 'B', 'C']
months = ['Jan', 'Feb', 'Mar', 'Apr', 'May', 'Jun']
data = {
    'Store': np.random.choice(stores, size=100),
    'Month': np.random.choice(months, size=100),
    'SalesAmount': np.random.randint(100, 1000, size=100),
    'ItemsSold': np.random.randint(10, 100, size=100)
}
```

```
df = pd.DataFrame(data)

# Display the original dataset
print("Original Dataset:")
print(df.head())
print("\\n")

# Pivot the data to show total sales by month and store
pivot_sales = df.pivot_table(index='Month', columns='Store', values='SalesAmount',
aggfunc='sum')
print("Pivot Table - Total Sales by Month and Store:")
print(pivot_sales)
print("\\n")

# Pivot the data to show average items sold by month and store
pivot_items = df.pivot_table(index='Month', columns='Store', values='ItemsSold',
aggfunc='mean')
print("Pivot Table - Average Items Sold by Month and Store:")
print(pivot_items)
print("\\n")

# Calculate the total sales for each store
store_totals = df.groupby('Store')['SalesAmount'].sum().sort_values(ascending=False)
print("Total Sales by Store:")
print(store_totals)
print("\\n")

# Find the month with the highest sales for each store
best_months = df.groupby('Store').apply(lambda x: x.loc[x['SalesAmount'].idxmax()])
print("Best Performing Month for Each Store:")
print(best_months[['Store', 'Month', 'SalesAmount']])
print("\\n")

# Visualize the total sales by store
plt.figure(figsize=(10, 6))
store_totals.plot(kind='bar')
plt.title('Total Sales by Store')
plt.xlabel('Store')
plt.ylabel('Total Sales')
plt.tight_layout()
plt.show()

# Visualize the monthly sales trend for each store
pivot_sales.plot(kind='line', marker='o', figsize=(12, 6))
plt.title('Monthly Sales Trend by Store')
plt.xlabel('Month')
plt.ylabel('Total Sales')
plt.legend(title='Store')
plt.tight_layout()
plt.show()
```

Explicación del Desglose:

1. **Creación de Datos:**
   - Usamos las funciones aleatorias de numpy para crear un conjunto de datos más extenso con 100 entradas.
   - El conjunto de datos incluye las columnas Store (A, B, C), Month (enero a junio), SalesAmount e ItemsSold.
2. **Visualización del Conjunto de Datos Original:**
   - Imprimimos las primeras filas del conjunto de datos original usando df.head().
3. **Tablas Dinámicas:**
   - Creamos dos tablas dinámicas: a. Ventas totales por mes y tienda. b. Promedio de artículos vendidos por mes y tienda.
   - Esto nos permite comparar tanto las ventas totales como el tamaño promedio de la transacción entre tiendas y meses.
4. **Análisis de Desempeño de la Tienda:**
   - Calculamos las ventas totales de cada tienda usando groupby y sum.
   - Esto nos da una visión general de cuál tienda está rindiendo mejor.
5. **Mes de Mejor Desempeño:**
   - Para cada tienda, encontramos el mes con mayores ventas.
   - Esto ayuda a identificar si hay meses específicos que son especialmente buenos para ciertas tiendas.
6. **Visualizaciones:**
   - **Gráfico de barras:** Visualizamos las ventas totales por tienda usando un gráfico de barras.
   - **Gráfico de líneas:** Creamos un gráfico de líneas para mostrar la tendencia de ventas mensuales de cada tienda.
   - Estas visualizaciones facilitan la identificación de tendencias y la comparación de rendimiento visualmente.
7. **Información Adicional:**
   - Al incluir tanto SalesAmount como ItemsSold, podemos analizar no solo el ingreso total sino también el volumen de transacciones.

    - Las tablas dinámicas permiten una fácil comparación entre ambas dimensiones (Store y Month) de forma simultánea.

Este ejemplo demuestra un enfoque más integral para analizar los datos de ventas, incluyendo:

- Múltiples puntos de datos (monto de ventas y artículos vendidos).
- Diversos métodos de agregación (suma para ventas totales, promedio para artículos vendidos).
- Diferentes tipos de análisis (desempeño general, tendencias mensuales, períodos de mejor desempeño).
- Representaciones visuales de los datos.

Estas técnicas proporcionan una visión completa del rendimiento de ventas en diferentes tiendas y períodos, permitiendo una toma de decisiones más informada y el desarrollo de estrategias.

2.1.4 Manejo Eficiente de Datos de Series Temporales

Los datos de series temporales introducen una complejidad adicional, especialmente al trabajar con datos financieros, precios de acciones o datos de ventas a lo largo del tiempo. **Pandas** ofrece un conjunto robusto de métodos especializados para manejar fechas y tiempos de manera eficiente, permitiendo a los analistas realizar análisis temporales sofisticados. Estos métodos van más allá de la simple conversión de fechas e incluyen herramientas poderosas para:

- **Remuestrear datos en diferentes frecuencias de tiempo.**
- **Manejar zonas horarias.**
- **Realizar cálculos de ventana móvil.**

Por ejemplo, al trabajar con datos del mercado de valores, podrías necesitar remuestrear datos minuto a minuto a intervalos horarios o diarios, ajustar los horarios de apertura de mercado en distintos países o calcular promedios móviles sobre ventanas de tiempo específicas. La funcionalidad de series temporales de Pandas facilita estas tareas de manera sencilla y eficiente.

Además, Pandas se integra perfectamente con otras bibliotecas del ecosistema de Python, como statsmodels para modelado y pronóstico de series temporales, o matplotlib para visualizar tendencias temporales. Este enfoque ecosistémico permite realizar un análisis completo de series temporales, desde la preparación y limpieza de datos hasta el modelado estadístico avanzado y la visualización, todo dentro de un marco analítico coherente.

Ejemplo de Código: Remuestreo de Datos de Series Temporales

Supongamos que estás trabajando con datos de ventas diarias y quieres calcular las ventas totales mensuales. Esta es una tarea común al trabajar con datos de series temporales.

```
import pandas as pd
import numpy as np
import matplotlib.pyplot as plt

# Generate sample daily sales data
np.random.seed(42)
date_range = pd.date_range(start='2023-01-01', end='2023-12-31', freq='D')
sales_data = {
    'Date': date_range,
    'SalesAmount': np.random.randint(100, 1000, size=len(date_range)),
    'ProductCategory':    np.random.choice(['Electronics',    'Clothing',    'Food'],
size=len(date_range))
}

df = pd.DataFrame(sales_data)

# Set the Date column as the index
df.set_index('Date', inplace=True)

# Display the first few rows of the original dataset
print("Original Dataset:")
print(df.head())
print("\\n")

# Resample data to monthly frequency and calculate total sales per month
monthly_sales = df['SalesAmount'].resample('M').sum()
print("Monthly Sales:")
print(monthly_sales)
print("\\n")

# Calculate moving average
df['MovingAverage'] = df['SalesAmount'].rolling(window=7).mean()

# Resample data to weekly frequency and calculate average sales per week
weekly_sales = df['SalesAmount'].resample('W').mean()
print("Weekly Average Sales:")
print(weekly_sales)
print("\\n")

# Group by product category and resample to monthly frequency
category_monthly_sales                                                          =
df.groupby('ProductCategory')['SalesAmount'].resample('M').sum().unstack(level=0)
print("Monthly Sales by Product Category:")
print(category_monthly_sales)
print("\\n")

# Visualize the data
plt.figure(figsize=(12, 6))
```

```
monthly_sales.plot(label='Monthly Sales')
weekly_sales.plot(label='Weekly Average Sales')
plt.title('Sales Trends')
plt.xlabel('Date')
plt.ylabel('Sales Amount')
plt.legend()
plt.tight_layout()
plt.show()

# Visualize sales by product category
category_monthly_sales.plot(kind='bar', stacked=True, figsize=(12, 6))
plt.title('Monthly Sales by Product Category')
plt.xlabel('Date')
plt.ylabel('Sales Amount')
plt.legend(title='Product Category')
plt.tight_layout()
plt.show()
```

Explicación del Desglose:

1. **Generación de Datos:**
    - Usamos la función date_range de pandas para crear un año completo de fechas diarias desde el 1 de enero de 2023 hasta el 31 de diciembre de 2023.
    - Se generan montos de ventas aleatorios entre 100 y 1000 para cada día.
    - Se añade una columna ProductCategory con categorías aleatorias (Electronics, Clothing, Food) para cada venta.
2. **Preparación de Datos:**
    - Se crea el DataFrame con los datos generados.
    - La columna Date se establece como el índice del DataFrame para facilitar las operaciones basadas en tiempo.
3. **Análisis de Series Temporales:**
    - **Ventas Mensuales:** Se remuestra el DataFrame a frecuencia mensual, sumando las ventas de cada mes.
    - **Promedio Móvil:** Se calcula un promedio móvil de 7 días para suavizar las fluctuaciones diarias.
    - **Ventas Semanales:** Se remuestra a frecuencia semanal, calculando el promedio de ventas por semana.
4. **Análisis por Categoría:**

   - Se calculan las ventas mensuales para cada categoría de producto usando groupby y operaciones de resample.
   - El resultado es un DataFrame con los meses como filas y las categorías de producto como columnas.

5. **Visualización:**
   - Se crea un gráfico de líneas para mostrar tanto las tendencias de ventas mensuales como el promedio de ventas semanales a lo largo del tiempo.
   - Se utiliza un gráfico de barras apiladas para visualizar las ventas mensuales por categoría de producto.

Este ejemplo demuestra varios conceptos clave en el análisis de series temporales con pandas:

- Remuestreo de datos en diferentes frecuencias (mensual, semanal)
- Cálculo de promedios móviles
- Agrupación de datos por categorías y realización de operaciones basadas en el tiempo
- Visualización de datos de series temporales usando matplotlib

Estas técnicas brindan una visión completa de las tendencias de ventas a lo largo del tiempo, permitiendo el análisis del rendimiento general, patrones estacionales y comparaciones entre categorías de producto.

2.1.5 Optimización del Uso de Memoria y Rendimiento

A medida que los conjuntos de datos crecen, la gestión eficiente de la memoria y la optimización del rendimiento se vuelven consideraciones cruciales en el análisis de datos. Pandas ofrece una variedad de técnicas para abordar estos desafíos. Una estrategia clave es reducir los tipos de datos numéricos, lo que implica convertir los datos al tipo más pequeño posible que pueda representar los valores sin pérdida de información. Esto puede reducir significativamente el uso de memoria, especialmente para grandes conjuntos de datos con muchas columnas numéricas.

Otro enfoque es usar estructuras de datos más eficientes en memoria. Por ejemplo, el uso de datos categóricos para columnas con valores de cadena repetidos puede reducir dramáticamente el uso de memoria en comparación con almacenar cada cadena por separado. Asimismo, las estructuras de datos dispersas pueden emplearse en conjuntos de datos con muchos valores cero o nulos, almacenando solo los elementos no nulos y sus posiciones.

Además, Pandas proporciona opciones para el procesamiento por bloques, lo que permite trabajar con grandes conjuntos de datos que no caben en la memoria. Al procesar los datos en bloques más pequeños, puedes manejar conjuntos de datos mucho más grandes que la RAM disponible. Además, el uso de las funciones de optimización integradas de Pandas, como las operaciones vectorizadas y los métodos eval() y query() para cálculos eficientes en grandes conjuntos de datos, puede mejorar significativamente el rendimiento.

También es recomendable considerar bibliotecas alternativas como Dask o Vaex para conjuntos de datos extremadamente grandes que exceden las capacidades de Pandas. Estas bibliotecas ofrecen APIs similares a las de Pandas, pero están diseñadas para manejar cálculos fuera de memoria y procesamiento distribuido, lo que permite analizar conjuntos de datos mucho mayores de lo que Pandas puede manejar eficientemente.

Ejemplo de Código: Optimización del Uso de Memoria

A continuación, se muestra cómo puedes optimizar el uso de memoria al reducir el tipo de datos en columnas numéricas:

```
import pandas as pd
import numpy as np
import matplotlib.pyplot as plt

# Generate a larger sample dataset
np.random.seed(42)
n_rows = 1000000

data = {
    'TransactionID': range(1, n_rows + 1),
    'SalesAmount': np.random.uniform(100, 1000, n_rows),
    'Quantity': np.random.randint(1, 100, n_rows),
    'CustomerID': np.random.randint(1000, 10000, n_rows),
    'ProductCategory': np.random.choice(['Electronics', 'Clothing', 'Food', 'Books',
'Home'], n_rows)
}

df = pd.DataFrame(data)

# Print initial memory usage
print("Initial DataFrame Info:")
df.info(memory_usage='deep')
print("\\n")

# Optimize memory usage
def optimize_dataframe(df):
    for col in df.columns:
        if df[col].dtype == 'float64':
            df[col] = pd.to_numeric(df[col], downcast='float')
        elif df[col].dtype == 'int64':
            df[col] = pd.to_numeric(df[col], downcast='integer')
        elif df[col].dtype == 'object':
            if df[col].nunique() / len(df[col]) < 0.5:  # If less than 50% unique
values
                df[col] = df[col].astype('category')
    return df

df_optimized = optimize_dataframe(df)

# Print optimized memory usage
```

```
print("Optimized DataFrame Info:")
df_optimized.info(memory_usage='deep')
print("\\n")

# Calculate memory savings
original_memory = df.memory_usage(deep=True).sum()
optimized_memory = df_optimized.memory_usage(deep=True).sum()
memory_saved = original_memory - optimized_memory
print(f"Memory saved: {memory_saved / 1e6:.2f} MB")
print(f"Percentage reduction: {(memory_saved / original_memory) * 100:.2f}%")

# Demonstrate performance improvement
import time

def calculate_total_sales(dataframe):
    return dataframe.groupby('ProductCategory')['SalesAmount'].sum()

# Time the operation on the original dataframe
start_time = time.time()
original_result = calculate_total_sales(df)
original_time = time.time() - start_time

# Time the operation on the optimized dataframe
start_time = time.time()
optimized_result = calculate_total_sales(df_optimized)
optimized_time = time.time() - start_time

print(f"\\nTime taken (Original): {original_time:.4f} seconds")
print(f"Time taken (Optimized): {optimized_time:.4f} seconds")
print(f"Speed improvement: {(original_time - optimized_time) / original_time * 100:.2f}%")

# Visualize the results
plt.figure(figsize=(10, 6))
original_result.plot(kind='bar', alpha=0.8, label='Original')
optimized_result.plot(kind='bar', alpha=0.8, label='Optimized')
plt.title('Total Sales by Product Category')
plt.xlabel('Product Category')
plt.ylabel('Total Sales')
plt.legend()
plt.tight_layout()
plt.show()
```

Explicación del Desglose:

1. **Generación de Datos:**
    - Creamos un conjunto de datos grande con 1 millón de filas y múltiples columnas de diferentes tipos (int, float, object) para demostrar las técnicas de optimización de manera más efectiva.

   - El conjunto de datos incluye TransactionID, SalesAmount, Quantity, CustomerID y ProductCategory.

2. **Uso Inicial de Memoria:**
   - Usamos df.info(memory_usage='deep') para mostrar el uso inicial de memoria del DataFrame, incluyendo la memoria utilizada por cada columna.

3. **Optimización de Memoria:**
   - Definimos una función optimize_dataframe que aplica diferentes técnicas de optimización según el tipo de datos de cada columna:
   - Para columnas de tipo float64, usamos pd.to_numeric con downcast='float' para utilizar el tipo de punto flotante más pequeño posible.
   - Para columnas de tipo int64, usamos pd.to_numeric con downcast='integer' para usar el tipo de entero más pequeño posible.
   - Para columnas de tipo object (cadenas), convertimos a categoría si menos del 50% de los valores son únicos, lo cual puede reducir significativamente el uso de memoria para columnas con valores repetidos.

4. **Comparación de Uso de Memoria:**
   - Comparamos el uso de memoria antes y después de la optimización.
   - Calculamos el total de memoria ahorrada y el porcentaje de reducción en el uso de memoria.

5. **Comparación de Rendimiento:**
   - Definimos una operación de muestra (calculando las ventas totales por categoría de producto) y medimos el tiempo de ejecución tanto en el DataFrame original como en el optimizado.
   - Comparamos los tiempos de ejecución para demostrar la mejora en el rendimiento.

6. **Visualización:**
   - Creamos un gráfico de barras para visualizar las ventas totales por categoría de producto para los DataFrames original y optimizado.
   - Esto ayuda a verificar que la optimización no afectó la precisión de nuestros cálculos.

Este ejemplo demuestra varios conceptos clave en la optimización de operaciones con Pandas:

- Uso eficiente de la memoria mediante la reducción de tipos de datos y tipos de datos categóricos

- Medición y comparación del uso de memoria antes y después de la optimización
- Evaluación de las mejoras en rendimiento en operaciones de datos
- Verificación de la precisión de los resultados después de la optimización

Al aplicar estas técnicas, podemos reducir significativamente el uso de memoria y mejorar el rendimiento, especialmente al trabajar con grandes conjuntos de datos. Esto permite un análisis y procesamiento de datos más eficientes, permitiéndote manejar conjuntos de datos más grandes con recursos de hardware limitados.

2.2 Mejora del Rendimiento con Arrays de NumPy

A medida que profundizas en el análisis de datos y enfrentas operaciones numéricas cada vez más complejas, rápidamente te darás cuenta de que la eficiencia no es solo un lujo, sino una necesidad. Aquí es donde entra en juego NumPy, abreviatura de Numerical Python, un paquete fundamental en el mundo de la computación científica con Python. Esta poderosa biblioteca ofrece una alternativa robusta a las listas de Python tradicionales, especialmente cuando se trata de grandes arreglos de datos.

En su esencia, **NumPy** introduce el concepto de **arrays n-dimensionales** (comúnmente conocidos como ndarrays). Estos arrays sirven como la base para una amplia suite de funciones matemáticas, todas optimizadas meticulosamente para un rendimiento máximo. El verdadero poder de NumPy se manifiesta en su capacidad para realizar operaciones vectorizadas, una técnica que aplica funciones a arrays completos simultáneamente, eliminando la necesidad de iteraciones elemento por elemento que consumen mucho tiempo.

En las siguientes secciones, realizaremos una exploración detallada de los arrays de NumPy. Descubriremos los complejos mecanismos detrás de estas potentes estructuras de datos, demostraremos cómo pueden mejorar significativamente el rendimiento de tus cálculos y te proporcionaremos una serie de prácticas recomendadas para integrarlos sin problemas en tus flujos de trabajo de datos. Al dominar NumPy, estarás equipado para manejar conjuntos de datos más grandes y cálculos más complejos con una velocidad y eficiencia sin precedentes.

2.2.1 Entendiendo el Poder de los Arrays de NumPy

Los arrays de NumPy son un cambio radical en el mundo de la computación científica y el análisis de datos. Su superior rendimiento frente a las listas de Python se debe a dos factores clave: la eficiencia en el uso de memoria y las operaciones numéricas optimizadas. A diferencia de las listas de Python, que almacenan referencias a objetos dispersos en la memoria, los arrays de NumPy utilizan bloques de memoria contiguos. Este almacenamiento contiguo permite un acceso y manipulación de datos más rápidos, ya que la computadora puede recuperar y procesar los datos de manera más eficiente.

Además, NumPy aprovecha optimizaciones de bajo nivel diseñadas específicamente para cálculos numéricos. Estas optimizaciones incluyen operaciones vectorizadas, que permiten que las operaciones elemento por elemento se realicen en arrays completos simultáneamente, en lugar de iterar por cada elemento individualmente. Esta vectorización acelera significativamente los cálculos, especialmente al trabajar con grandes conjuntos de datos.

La combinación de almacenamiento de memoria contiguo y operaciones numéricas optimizadas hace que NumPy sea particularmente adecuado para manejar conjuntos de datos a gran escala y realizar operaciones matemáticas complejas. Ya sea que estés trabajando con millones de puntos de datos o aplicando algoritmos intrincados, la eficiencia de NumPy destaca, permitiendo tiempos de ejecución más rápidos y una menor sobrecarga de memoria.

Para ilustrar los beneficios prácticos de usar arrays de NumPy sobre listas de Python, examinemos un ejemplo comparativo:

Ejemplo de Código: Lista de Python vs Array de NumPy

```
import numpy as np
import time
import matplotlib.pyplot as plt

def compare_performance(size):
    # Create a list and a NumPy array with 'size' elements
    py_list = list(range(1, size + 1))
    np_array = np.arange(1, size + 1)

    # Python list operation: multiply each element by 2
    start = time.time()
    py_result = [x * 2 for x in py_list]
    py_time = time.time() - start

    # NumPy array operation: multiply each element by 2
    start = time.time()
    np_result = np_array * 2
    np_time = time.time() - start

    return py_time, np_time

# Compare performance for different sizes
sizes = [10**i for i in range(2, 8)]  # 100 to 10,000,000
py_times = []
np_times = []

for size in sizes:
    py_time, np_time = compare_performance(size)
    py_times.append(py_time)
    np_times.append(np_time)
    print(f"Size: {size}")
    print(f"Python list took: {py_time:.6f} seconds")
    print(f"NumPy array took: {np_time:.6f} seconds")
```

```
    print(f"Speed-up factor: {py_time / np_time:.2f}x\\n")

# Plotting the results
plt.figure(figsize=(10, 6))
plt.plot(sizes, py_times, 'b-', label='Python List')
plt.plot(sizes, np_times, 'r-', label='NumPy Array')
plt.xscale('log')
plt.yscale('log')
plt.xlabel('Array Size')
plt.ylabel('Time (seconds)')
plt.title('Performance Comparison: Python List vs NumPy Array')
plt.legend()
plt.grid(True)
plt.show()

# Memory usage comparison
import sys

size = 1000000
py_list = list(range(size))
np_array = np.arange(size)

py_memory = sys.getsizeof(py_list) + sum(sys.getsizeof(i) for i in py_list)
np_memory = np_array.nbytes

print(f"Memory usage for {size} elements:")
print(f"Python list: {py_memory / 1e6:.2f} MB")
print(f"NumPy array: {np_memory / 1e6:.2f} MB")
print(f"Memory reduction factor: {py_memory / np_memory:.2f}x")
```

Explicación del Desglose del Código:

1. **Función de Comparación de Rendimiento:** Definimos una función compare_performance(size) que crea tanto una lista de Python como un array de NumPy de un tamaño dado, y luego mide el tiempo necesario para multiplicar cada elemento por 2 usando ambos métodos.
2. **Prueba de Escalado:** Probamos el rendimiento en diferentes tamaños de arrays, desde 100 hasta 10 millones de elementos, para mostrar cómo la diferencia de rendimiento se escala con el tamaño de los datos.
3. **Medición de Tiempo:** Usamos la función time.time() de Python para medir el tiempo de ejecución tanto para las operaciones de lista de Python como para las de array de NumPy.
4. **Impresión de Resultados:** Para cada tamaño, imprimimos el tiempo tomado por ambos métodos y calculamos un factor de aceleración para cuantificar la mejora en el rendimiento.

5. **Visualización:** Usamos matplotlib para crear un gráfico log-log del tiempo de ejecución frente al tamaño del array para ambos métodos, proporcionando una representación visual de la diferencia de rendimiento.
6. **Comparación de Uso de Memoria:** Comparamos el uso de memoria de una lista de Python frente a un array de NumPy para 1 millón de elementos. Para la lista de Python, contabilizamos tanto el objeto de la lista en sí como los objetos enteros individuales que contiene.
7. **Observaciones Clave:**
   - Las operaciones de NumPy son significativamente más rápidas, especialmente para arrays más grandes.
   - La brecha de rendimiento se amplía a medida que aumenta el tamaño del array.
   - Los arrays de NumPy utilizan sustancialmente menos memoria en comparación con las listas de Python.
   - La eficiencia de memoria de NumPy se vuelve más pronunciada con conjuntos de datos más grandes.

Este ejemplo proporciona una comparación completa, demostrando el rendimiento superior y la eficiencia de memoria de NumPy en varios tamaños de array. También visualiza los resultados, facilitando la comprensión de la magnitud de la diferencia de rendimiento.

2.2.2 Operaciones Vectorizadas: Rapidez y Sencillez

Una de las principales ventajas de NumPy es la capacidad de realizar **operaciones vectorizadas**. Esta potente característica permite aplicar funciones a arrays completos de manera simultánea, en lugar de iterar individualmente a través de cada elemento. A diferencia de los bucles tradicionales, las operaciones vectorizadas permiten ejecutar cálculos complejos en grandes conjuntos de datos con una sola línea de código. Este enfoque ofrece varios beneficios:

- **Mejora de Rendimiento:** Las operaciones vectorizadas aprovechan implementaciones optimizadas a bajo nivel, resultando en tiempos de ejecución que son órdenes de magnitud más rápidos que las iteraciones tradicionales elemento por elemento. Esta mejora de velocidad es particularmente notable al trabajar con grandes conjuntos de datos o con operaciones matemáticas complejas.
- **Mejor Lectura del Código:** Al eliminar la necesidad de bucles explícitos, las operaciones vectorizadas transforman algoritmos complejos en fragmentos de código concisos y fáciles de entender. Esta claridad mejorada es invaluable al abordar operaciones matemáticas intrincadas o al colaborar con miembros del equipo que pueden no estar familiarizados con los detalles de tu código.

- **Uso Eficiente de la Memoria:** Las operaciones vectorizadas en NumPy están diseñadas para maximizar la eficiencia de memoria. Al aprovechar las optimizaciones a nivel de CPU y la coherencia de caché, estas operaciones minimizan las asignaciones y liberaciones de memoria innecesarias, resultando en una menor sobrecarga de memoria y un mejor rendimiento general, especialmente al manejar tareas intensivas en memoria.
- **Capacidades de Procesamiento Paralelo:** Muchas operaciones vectorizadas en NumPy son inherentemente paralelizables, lo que les permite aprovechar automáticamente los procesadores de múltiples núcleos. Este paralelismo incorporado permite que tu código se escale sin esfuerzo en varios núcleos de CPU, generando ganancias significativas de rendimiento en hardware moderno sin requerir código de multi-threading explícito.
- **Depuración y Mantenimiento Simplificados:** La naturaleza simplificada de las operaciones vectorizadas resulta en menos líneas de código y una estructura de programa más directa. Esta simplificación no solo facilita la identificación y solución de errores, sino que también mejora el mantenimiento del código a largo plazo. A medida que tus proyectos crecen en complejidad, esto se vuelve cada vez más importante para garantizar la confiabilidad del código y la facilidad de actualizaciones.

Al dominar las operaciones vectorizadas en NumPy, podrás escribir código más eficiente, escalable y fácil de mantener para tus tareas de análisis de datos y computación científica. Este enfoque es especialmente beneficioso al trabajar con grandes conjuntos de datos o realizar transformaciones matemáticas complejas en múltiples dimensiones.

Ejemplo de Código: Aplicación de Funciones Matemáticas a un Array de NumPy

Supongamos que tenemos un array de montos de ventas y queremos aplicar algunas transformaciones matemáticas para preparar los datos para el análisis. Calcularemos el logaritmo, la raíz cuadrada y el exponencial de los montos de ventas usando funciones vectorizadas de NumPy.

```
import numpy as np
import matplotlib.pyplot as plt

# Sales amounts in dollars
sales = np.array([100, 200, 300, 400, 500])

# Apply transformations using vectorized operations
log_sales = np.log(sales)
sqrt_sales = np.sqrt(sales)
exp_sales = np.exp(sales)

# Print results
print("Original sales:", sales)
print("Logarithm of sales:", log_sales)
```

```
print("Square root of sales:", sqrt_sales)
print("Exponential of sales:", exp_sales)

# Calculate some statistics
mean_sales = np.mean(sales)
median_sales = np.median(sales)
std_sales = np.std(sales)

print(f"\\nMean sales: {mean_sales:.2f}")
print(f"Median sales: {median_sales:.2f}")
print(f"Standard deviation of sales: {std_sales:.2f}")

# Perform element-wise operations
discounted_sales = sales * 0.9  # 10% discount
increased_sales = sales + 50  # $50 increase

print("\\nDiscounted sales (10% off):", discounted_sales)
print("Increased sales ($50 added):", increased_sales)

# Visualize the transformations
plt.figure(figsize=(12, 8))
plt.plot(sales, label='Original')
plt.plot(log_sales, label='Log')
plt.plot(sqrt_sales, label='Square Root')
plt.plot(exp_sales, label='Exponential')
plt.xlabel('Index')
plt.ylabel('Value')
plt.title('Comparison of Sales Transformations')
plt.legend()
plt.grid(True)
plt.show()
```

Explicación del Desglose del Código:

1. **Declaraciones de Importación:**
    - Importamos NumPy como np para operaciones numéricas.
    - Importamos matplotlib.pyplot para la visualización de datos.
2. **Creación de Datos:**
    - Creamos un array de NumPy llamado sales con datos de ventas de muestra.
3. **Operaciones Vectorizadas:**
    - Aplicamos funciones de logaritmo (np.log), raíz cuadrada (np.sqrt) y exponencial (np.exp) a todo el array sales en una operación para cada función.
    - Estas operaciones demuestran la capacidad de NumPy para realizar cálculos elementales de manera eficiente sin bucles explícitos.

4. **Impresión de Resultados:**
   - Imprimimos los datos de ventas originales y los resultados de cada transformación para mostrar cómo han cambiado los datos.
5. **Análisis Estadístico:**
   - Calculamos la media, la mediana y la desviación estándar de los datos de ventas usando las funciones integradas de NumPy.
   - Esto muestra las capacidades estadísticas de NumPy y cómo se pueden aplicar fácilmente a los arrays.
6. **Operaciones Elemento a Elemento:**
   - Realizamos multiplicación elemento a elemento (para un descuento del 10%) y adición (para un aumento de $50) en los datos de ventas.
   - Esto demuestra la facilidad con la que se puede aplicar lógica de negocio a arrays completos de datos.
7. **Visualización de Datos:**
   - Usamos matplotlib para crear un gráfico de líneas que compara los datos de ventas originales con sus diversas transformaciones.
   - Esta representación visual ayuda a entender cómo cada transformación afecta los datos.

Este ejemplo no solo demuestra las operaciones vectorizadas básicas, sino que también incluye análisis estadístico, operaciones elemento a elemento para lógica empresarial y visualización de datos. Muestra la versatilidad y potencia de NumPy en el manejo eficiente de varios aspectos del análisis y manipulación de datos.

2.2.3 Broadcasting: Operaciones Flexibles en Arrays

NumPy introduce una característica poderosa conocida como **broadcasting**, que permite combinar arrays de diferentes formas en operaciones aritméticas. Esta capacidad es especialmente útil cuando deseas aplicar una transformación a un array sin tener que ajustar su forma o tamaño manualmente. El broadcasting alinea automáticamente los arrays de diferentes dimensiones, permitiendo realizar operaciones elemento a elemento entre arrays que, de otro modo, serían incompatibles.

El concepto de broadcasting sigue un conjunto de reglas que determinan cómo pueden interactuar arrays de diferentes formas. Estas reglas permiten a NumPy realizar operaciones en arrays de diferentes tamaños sin tener que recorrer explícitamente los elementos. Esto no solo simplifica el código, sino que también mejora significativamente el rendimiento, especialmente cuando se trabaja con grandes conjuntos de datos.

Por ejemplo, si tienes un array de datos de ventas y deseas ajustar cada valor con un factor constante (como agregar un descuento o impuesto), puedes hacerlo directamente sin modificar la forma del array. Esto es especialmente útil en escenarios como:

- Aplicar un descuento global a un array multidimensional de precios de productos.
- Agregar un valor constante a cada elemento de un array (por ejemplo, añadir un salario base a las ganancias basadas en comisiones).
- Multiplicar cada fila o columna de un array 2D por un array 1D (por ejemplo, escalar cada característica en un conjunto de datos).

El broadcasting permite que estas operaciones se realicen de manera eficiente y con un mínimo de código, convirtiéndolo en una herramienta poderosa para la manipulación y el análisis de datos en NumPy.

Ejemplo de Código: Broadcasting en NumPy

Supongamos que tenemos un array de montos de ventas y queremos añadir una tasa de impuesto constante a cada venta.

```
import numpy as np
import matplotlib.pyplot as plt

# Sales amounts in dollars
sales = np.array([100, 200, 300, 400, 500])

# Apply a tax of 10% to each sale using broadcasting
taxed_sales = sales * 1.10

# Apply a flat fee of $25 to each sale
flat_fee_sales = sales + 25

# Calculate the difference between taxed and flat fee sales
difference = taxed_sales - flat_fee_sales

# Print results
print("Original sales:", sales)
print("Sales after 10% tax:", taxed_sales)
print("Sales with $25 flat fee:", flat_fee_sales)
print("Difference between taxed and flat fee:", difference)

# Calculate some statistics
total_sales = np.sum(sales)
average_sale = np.mean(sales)
max_sale = np.max(sales)
min_sale = np.min(sales)

print(f"\\nTotal sales: ${total_sales}")
print(f"Average sale: ${average_sale:.2f}")
print(f"Highest sale: ${max_sale}")
```

```
print(f"Lowest sale: ${min_sale}")

# Visualize the results
plt.figure(figsize=(10, 6))
x = np.arange(len(sales))
width = 0.25

plt.bar(x - width, sales, width, label='Original')
plt.bar(x, taxed_sales, width, label='10% Tax')
plt.bar(x + width, flat_fee_sales, width, label='$25 Flat Fee')

plt.xlabel('Sale Index')
plt.ylabel('Amount ($)')
plt.title('Comparison of Original Sales, Taxed Sales, and Flat Fee Sales')
plt.legend()
plt.xticks(x)
plt.grid(axis='y', linestyle='--', alpha=0.7)

plt.tight_layout()
plt.show()
```

Explicación del Desglose del Código:

1. **Importación de Librerías:**
   - Importamos NumPy para realizar operaciones numéricas y Matplotlib para la visualización de datos.
2. **Creación del Array de Ventas:**
   - Creamos un array de NumPy llamado sales con datos de ventas de ejemplo.
3. **Aplicación de Impuesto (Broadcasting):**
   - Usamos broadcasting para multiplicar cada venta por 1.10, aplicando efectivamente un impuesto del 10%.
   - Esto demuestra cómo podemos realizar fácilmente operaciones elemento a elemento en arrays.
4. **Aplicación de Tarifa Fija:**
   - Añadimos una tarifa fija de $25 a cada venta utilizando broadcasting.
   - Esto muestra cómo la suma también se puede aplicar a través de un array.
5. **Cálculo de Diferencias:**
   - Restamos las ventas con tarifa fija de las ventas con impuesto para ver la diferencia.
   - Esto demuestra la resta elemento a elemento entre arrays.

6. **Impresión de Resultados:**
   - Imprimimos las ventas originales, las ventas con impuesto, las ventas con tarifa fija y las diferencias.
   - Esto nos ayuda a comparar los efectos de diferentes estrategias de precios.
7. **Análisis Estadístico:**
   - Usamos funciones de NumPy como np.sum(), np.mean(), np.max(), y np.min() para calcular varias estadísticas.
   - Esto muestra las funciones estadísticas integradas en NumPy.
8. **Visualización de Datos:**
   - Usamos Matplotlib para crear un gráfico de barras que compara las ventas originales, ventas con impuesto y ventas con tarifa fija.
   - Esta representación visual ayuda a comprender el impacto de diferentes estrategias de precios.
9. **Personalización del Gráfico:**
   - Añadimos etiquetas, un título, una leyenda y líneas de cuadrícula para hacer el gráfico más informativo y atractivo visualmente.
   - Esto demuestra cómo crear una visualización profesional utilizando Matplotlib.

Este ejemplo no solo muestra el concepto básico de broadcasting, sino que también incorpora operaciones adicionales de NumPy, análisis estadístico y visualización de datos. Proporciona una visión más completa de cómo se puede usar NumPy en conjunto con otras bibliotecas para el análisis y presentación de datos.

2.2.4 Eficiencia de Memoria: Optimización de Bajo Nivel de NumPy

Una de las ventajas clave de NumPy sobre las listas tradicionales de Python es su uso de **memoria contigua**. Al crear un array de NumPy, los bloques de memoria se asignan de forma adyacente, lo que permite un acceso y manipulación de datos más rápidos. Esto contrasta con las listas de Python, que almacenan punteros a objetos individuales, lo que aumenta la sobrecarga y reduce el rendimiento.

La eficiencia de NumPy va más allá de la asignación de memoria. Su implementación subyacente en C permite una ejecución rápida de las operaciones, especialmente al trabajar con grandes conjuntos de datos. Esta optimización de bajo nivel significa que NumPy puede realizar operaciones matemáticas complejas en arrays enteros mucho más rápido que las operaciones equivalentes usando bucles en Python.

Otra técnica de optimización crucial en NumPy es la **especificación de tipo de datos** (dtype). Al especificar el tipo de datos al crear arrays, puedes ajustar el uso de memoria de tus estructuras de datos. Por ejemplo, usar float32 en lugar del valor predeterminado float64 puede reducir significativamente los requisitos de memoria para grandes arrays, lo cual es especialmente beneficioso al trabajar con big data o en sistemas con recursos de memoria limitados.

Además, el uso eficiente de la memoria en NumPy facilita las operaciones vectorizadas, permitiéndote realizar operaciones elemento a elemento en arrays completos sin bucles explícitos. Esto no solo simplifica el código, sino que también mejora significativamente el rendimiento, especialmente para cálculos a gran escala comunes en computación científica, análisis de datos y tareas de machine learning.

La combinación de asignación de memoria contigua, implementaciones optimizadas en C, especificación flexible de tipos de datos y operaciones vectorizadas hace que NumPy sea una herramienta indispensable para la computación numérica de alto rendimiento en Python. Estas características contribuyen a que NumPy pueda manejar tareas de procesamiento de datos a gran escala con velocidad y eficiencia notables.

Ejemplo de Código: Optimización de Uso de Memoria con Tipos de Datos

Veamos cómo podemos optimizar el uso de memoria especificando el tipo de datos de un array de NumPy.

```
import numpy as np
import matplotlib.pyplot as plt

# Create a large array with default data type (float64)
large_array = np.arange(1, 1000001, dtype='float64')
print(f"Default dtype (float64) memory usage: {large_array.nbytes} bytes")

# Create the same array with a smaller data type (float32)
optimized_array = np.arange(1, 1000001, dtype='float32')
print(f"Optimized dtype (float32) memory usage: {optimized_array.nbytes} bytes")

# Create the same array with an even smaller data type (int32)
int_array = np.arange(1, 1000001, dtype='int32')
print(f"Integer dtype (int32) memory usage: {int_array.nbytes} bytes")

# Compare computation time
import time

def compute_sum(arr):
    return np.sum(arr**2)

start_time = time.time()
result_large = compute_sum(large_array)
time_large = time.time() - start_time
```

```
start_time = time.time()
result_optimized = compute_sum(optimized_array)
time_optimized = time.time() - start_time

start_time = time.time()
result_int = compute_sum(int_array)
time_int = time.time() - start_time

print(f"\\nComputation time (float64): {time_large:.6f} seconds")
print(f"Computation time (float32): {time_optimized:.6f} seconds")
print(f"Computation time (int32): {time_int:.6f} seconds")

# Visualize memory usage
dtypes = ['float64', 'float32', 'int32']
memory_usage = [large_array.nbytes, optimized_array.nbytes, int_array.nbytes]

plt.figure(figsize=(10, 6))
plt.bar(dtypes, memory_usage)
plt.title('Memory Usage by Data Type')
plt.xlabel('Data Type')
plt.ylabel('Memory Usage (bytes)')
plt.show()

# Visualize computation time
computation_times = [time_large, time_optimized, time_int]

plt.figure(figsize=(10, 6))
plt.bar(dtypes, computation_times)
plt.title('Computation Time by Data Type')
plt.xlabel('Data Type')
plt.ylabel('Time (seconds)')
plt.show()
```

Explicación del Desglose del Código:

1. **Importación de Librerías:**
   - Importamos NumPy para operaciones numéricas y Matplotlib para visualización de datos.
2. **Creación de Arrays con Diferentes Tipos de Datos:**
   - Creamos tres arrays de 1 millón de elementos usando distintos tipos de datos: float64 (predeterminado), float32 e int32.
   - Esto demuestra cómo los diferentes tipos de datos afectan el uso de memoria.
3. **Impresión del Uso de Memoria:**
   - Usamos el atributo nbytes para mostrar el uso de memoria de cada array.

- Esto ilustra el ahorro significativo de memoria al usar tipos de datos más pequeños.

4. **Definición de una Función de Cálculo:**
    - Definimos una función compute_sum que eleva al cuadrado cada elemento y luego suma el resultado.
    - Esta función se usará para comparar los tiempos de cálculo entre diferentes tipos de datos.
5. **Medición del Tiempo de Cálculo:**
    - Utilizamos el módulo time para medir cuánto tiempo toma realizar el cálculo en cada array.
    - Esto demuestra el impacto en el rendimiento de los diferentes tipos de datos.
6. **Impresión de Tiempos de Cálculo:**
    - Imprimimos los tiempos de cálculo para cada tipo de dato para comparar el rendimiento.
7. **Visualización del Uso de Memoria:**
    - Creamos un gráfico de barras usando Matplotlib para comparar visualmente el uso de memoria de los diferentes tipos de datos.
    - Esto proporciona una representación visual clara de cómo los tipos de datos afectan el consumo de memoria.
8. **Visualización del Tiempo de Cálculo:**
    - Creamos otro gráfico de barras para comparar los tiempos de cálculo entre tipos de datos.
    - Esto demuestra visualmente las diferencias de rendimiento entre tipos de datos.

Puntos Clave:

- **Uso de Memoria:** El ejemplo muestra cómo el uso de tipos de datos más pequeños (float32 o int32 en lugar de float64) puede reducir significativamente el uso de memoria, algo crucial al trabajar con grandes conjuntos de datos.
- **Tiempo de Cálculo:** La comparación de tiempos de cálculo ilustra que el uso de tipos de datos más pequeños también puede acelerar los cálculos, aunque la diferencia puede variar según la operación específica y el hardware.

- **Compromisos:** Aunque usar tipos de datos más pequeños ahorra memoria y puede mejorar el rendimiento, es importante considerar la posible pérdida de precisión, especialmente al trabajar con números de punto flotante.
- **Visualización:** El uso de Matplotlib para crear gráficos de barras proporciona una forma intuitiva de comparar el uso de memoria y los tiempos de cálculo entre diferentes tipos de datos.

Este ejemplo no solo demuestra los aspectos de eficiencia de memoria en NumPy, sino que también incluye comparaciones de rendimiento y visualización de datos, proporcionando una visión más completa del impacto de la elección de tipos de datos en las operaciones de NumPy.

2.2.5 Arrays Multidimensionales: Manejo de Estructuras de Datos Complejas

La capacidad de NumPy para manejar **arrays multidimensionales** es una piedra angular de su potencia en aplicaciones de ciencia de datos y machine learning. Estos arrays, conocidos como ndarrays, proporcionan una base versátil para representar estructuras de datos complejas de manera eficiente.

Por ejemplo, en el procesamiento de imágenes, un array 3D puede representar una imagen RGB, donde cada dimensión corresponde a altura, ancho y canales de color. En análisis de series temporales, un array 2D puede representar múltiples variables evolucionando con el tiempo, con filas como puntos temporales y columnas como diferentes características.

La flexibilidad de los ndarrays va más allá de la simple representación de datos. NumPy ofrece una amplia variedad de funciones y métodos para manipular estas estructuras, permitiendo operaciones como reestructuración, segmentación y broadcasting. Esto permite manejar intuitivamente conjuntos de datos complejos, como extraer rebanadas temporales específicas de un conjunto de datos climáticos 3D o aplicar transformaciones en múltiples dimensiones de manera simultánea.

Además, la implementación eficiente de estas operaciones multidimensionales en NumPy aprovecha optimizaciones de bajo nivel, lo que resulta en cálculos significativamente más rápidos en comparación con implementaciones puras de Python. Esta eficiencia es particularmente crucial al trabajar con conjuntos de datos a gran escala, comunes en campos como la genómica, donde los investigadores pueden trabajar con matrices que representan la expresión genética a través de miles de muestras y condiciones.

Ejemplo de Código: Creación y Manipulación de un Array 2D de NumPy

Vamos a crear un array 2D de NumPy que represente datos de ventas en múltiples tiendas y meses.

```
import numpy as np
import matplotlib.pyplot as plt

# Sales data: rows represent stores, columns represent months
sales_data = np.array([[250, 300, 400, 280, 390],
```

```
                        [200, 220, 300, 240, 280],
                        [300, 340, 450, 380, 420],
                        [180, 250, 350, 310, 330]])

# Sum total sales across all months for each store
total_sales_per_store = sales_data.sum(axis=1)
print("Total sales per store:", total_sales_per_store)

# Calculate the average sales for each month across all stores
average_sales_per_month = sales_data.mean(axis=0)
print("Average sales per month:", average_sales_per_month)

# Find the store with the highest total sales
best_performing_store = np.argmax(total_sales_per_store)
print("Best performing store:", best_performing_store)

# Find the month with the highest average sales
best_performing_month = np.argmax(average_sales_per_month)
print("Best performing month:", best_performing_month)

# Calculate the percentage change in sales from the first to the last month
percentage_change = ((sales_data[:, -1] - sales_data[:, 0]) / sales_data[:, 0]) * 100
print("Percentage change in sales:", percentage_change)

# Visualize the sales data
plt.figure(figsize=(12, 6))
for i in range(sales_data.shape[0]):
    plt.plot(sales_data[i], label=f'Store {i+1}')

plt.title('Monthly Sales by Store')
plt.xlabel('Month')
plt.ylabel('Sales')
plt.legend()
plt.grid(True)
plt.show()

# Perform element-wise operations
tax_rate = 0.08
taxed_sales = sales_data * (1 + tax_rate)
print("Sales after applying 8% tax:\\n", taxed_sales)

# Use boolean indexing to find high-performing months
high_performing_months = sales_data > 300
print("Months with sales over 300:\\n", high_performing_months)

# Calculate the correlation between stores
correlation_matrix = np.corrcoef(sales_data)
print("Correlation matrix between stores:\\n", correlation_matrix)
```

Explicación del Desglose del Código:

1. **Importación de Librerías:**
    - Importamos NumPy para operaciones numéricas y Matplotlib para visualización de datos.
2. **Creación de Datos de Ventas:**
    - Creamos un array 2D de NumPy que representa datos de ventas para 4 tiendas en 5 meses.
    - Cada fila representa una tienda, y cada columna representa un mes.
3. **Cálculo de Ventas Totales por Tienda:**
    - Usamos la función sum() con axis=1 para sumar las columnas (meses) de cada fila (tienda).
    - Esto nos da las ventas totales de cada tienda en todos los meses.
4. **Cálculo de Promedio de Ventas por Mes:**
    - Usamos la función mean() con axis=0 para promediar las filas (tiendas) de cada columna (mes).
    - Esto nos da el promedio de ventas de cada mes entre todas las tiendas.
5. **Encontrar la Tienda de Mejor Desempeño:**
    - Utilizamos np.argmax() en las ventas totales por tienda para encontrar el índice de la tienda con mayores ventas totales.
6. **Encontrar el Mes de Mejor Desempeño:**
    - Usamos np.argmax() en el promedio de ventas por mes para hallar el índice del mes con el promedio de ventas más alto.
7. **Cálculo de Cambio Porcentual:**
    - Calculamos el cambio porcentual en ventas desde el primer hasta el último mes para cada tienda.
    - Esto utiliza indexación de arrays y operaciones elementales.
8. **Visualización de los Datos:**
    - Utilizamos Matplotlib para crear un gráfico de líneas de las ventas a lo largo del tiempo para cada tienda.
    - Esto proporciona una representación visual de las tendencias de ventas.
9. **Aplicación de Operaciones Elementales:**

- Demostramos la multiplicación elemento a elemento aplicando una tasa de impuesto a todas las cifras de ventas.

10. **Uso de Indexación Booleana:**
    - Creamos una máscara booleana para ventas superiores a 300, mostrando cómo filtrar datos basados en condiciones.

11. **Cálculo de Correlaciones:**
    - Usamos np.corrcoef() para calcular la matriz de correlación entre los patrones de ventas de las tiendas.

2.2.6 Conclusión: Aumentando la Eficiencia con NumPy

Incorporar NumPy en tus flujos de trabajo de datos puede mejorar dramáticamente tanto la velocidad como la eficiencia de tus operaciones. La poderosa variedad de herramientas de NumPy, incluyendo operaciones vectorizadas, capacidades de broadcasting y optimización de memoria, lo posicionan como un activo indispensable para gestionar grandes conjuntos de datos y ejecutar cálculos numéricos complejos. Estas características permiten procesar datos a velocidades que superan con creces los métodos tradicionales de Python, reduciendo a menudo los tiempos de ejecución de horas a meros minutos o segundos.

Cuando te enfrentes a operaciones lentas en conjuntos de datos extensos o recurra a bucles engorrosos, considera cómo NumPy podría revolucionar tu enfoque. Su capacidad para simplificar y acelerar tu trabajo se extiende a lo largo de una amplia gama de aplicaciones.

Ya sea que enfrentes transformaciones matemáticas intrincadas, ajustes de uso de memoria para un rendimiento óptimo o navegues por las complejidades de estructuras de datos multidimensionales, NumPy proporciona una solución integral y altamente eficiente. Aprovechar las capacidades de NumPy te permite optimizar tu código, aumentar la productividad y desbloquear nuevas posibilidades en el análisis de datos y la computación científica.

2.3 Combinando Herramientas para un Análisis Eficiente

En el ámbito del análisis de datos, la verdadera maestría va más allá del dominio de una sola herramienta. La marca de un analista experto reside en su habilidad para integrar múltiples herramientas de manera fluida, creando flujos de trabajo que no solo son escalables, sino también optimizados para un rendimiento máximo. A medida que avanzas en este curso, has adquirido habilidades valiosas en manipulación de datos con **Pandas**, cálculos numéricos de alto rendimiento usando **NumPy** y la construcción de modelos de machine learning con **Scikit-learn**. Ahora es momento de elevar tu experiencia sintetizando estas poderosas herramientas en un flujo de trabajo unificado y eficiente capaz de abordar incluso los desafíos de análisis de datos más complejos.

En esta sección integral, profundizaremos en el arte de combinar Pandas, NumPy y Scikit-learn para construir una tubería (pipeline) optimizada para análisis de datos del mundo real. Obtendrás conocimientos invaluables sobre cómo estas herramientas pueden complementarse sinérgicamente, mejorando tus capacidades analíticas en varios dominios:

- **Limpieza y Preprocesamiento de Datos:** Aprovecha las funciones robustas de Pandas para ordenar conjuntos de datos desordenados, manejar valores faltantes y transformar datos crudos en un formato listo para análisis.
- **Optimización del Rendimiento:** Usa las operaciones de arrays y funciones vectorizadas de NumPy para aumentar tu eficiencia computacional, especialmente al manejar grandes volúmenes de datos numéricos.
- **Modelado y Evaluación Avanzados:** Utiliza la extensa biblioteca de algoritmos de machine learning de Scikit-learn, junto con sus poderosas herramientas de evaluación de modelos, para construir, entrenar y evaluar modelos predictivos sofisticados.
- **Ingeniería de Características:** Combina las fortalezas de Pandas y NumPy para crear características innovadoras que pueden mejorar significativamente el poder predictivo de tu modelo.
- **Construcción de Pipeline:** Aprende a construir pipelines de ciencia de datos end-to-end que integran de manera fluida el preprocesamiento de datos, la ingeniería de características y el entrenamiento de modelos en un solo flujo de trabajo reproducible.

Al finalizar esta sección, habrás desarrollado una comprensión integral de cómo orquestar estas poderosas herramientas en perfecta armonía. Esta nueva experiencia te permitirá abordar desafíos de datos complejos con confianza, eficiencia y precisión, destacándote como un analista de datos verdaderamente capacitado para ofrecer soluciones sólidas y escalables en cualquier entorno impulsado por datos.

2.3.1 Paso 1: Preprocesamiento de Datos con Pandas y NumPy

El primer paso en cualquier pipeline de análisis de datos es el preprocesamiento, una fase crucial que sienta las bases para todo análisis posterior. Este paso implica varios procesos clave:

Limpieza de Datos

Este paso crítico implica identificar y rectificar meticulosamente errores, inconsistencias e inexactitudes en los datos sin procesar. Abarca una serie de tareas como:

- **Manejo de Entradas Duplicadas:** Identificar y eliminar o fusionar registros redundantes para garantizar la integridad de los datos.
- **Corrección de Problemas de Formato:** Estandarizar formatos de datos en campos (ej., formatos de fecha, notaciones de moneda) para mantener la consistencia.

- **Estandarización de Formatos de Datos:** Asegurar uniformidad en cómo se representan los datos, como convertir todo el texto a minúsculas o mayúsculas donde sea apropiado.
- **Abordaje de Outliers:** Identificar y manejar valores extremos que puedan distorsionar los resultados del análisis.
- **Resolución de Convenciones de Nomenclatura Inconsistentes:** Armonizar variaciones en cómo se nombran entidades o categorías en todo el conjunto de datos.

La limpieza efectiva de datos no solo mejora la calidad de los análisis posteriores, sino que también aumenta la confiabilidad de los conocimientos derivados de los datos. Es un paso fundamental que prepara el escenario para todas las manipulaciones de datos y esfuerzos de modelado.

Manejo de Valores Faltantes

Los datos faltantes pueden afectar significativamente los resultados del análisis, lo que lleva potencialmente a conclusiones sesgadas o inexactas. Abordar este problema es crucial para mantener la integridad de los datos y garantizar la confiabilidad de los análisis posteriores. Existen varias estrategias para tratar los valores faltantes, cada una con sus ventajas y consideraciones:

1. **Imputación:** Esto implica completar valores faltantes con estimaciones. Métodos comunes incluyen:
   - Imputación por media/mediana: Reemplazo con el promedio o la mediana de los datos disponibles.
   - Imputación por regresión: Uso de otras variables para predecir y completar los valores faltantes.
   - Imputación K-Nearest Neighbors (KNN): Estimación basada en puntos de datos similares.
2. **Eliminación:** Este enfoque implica eliminar registros con datos faltantes, lo que puede implementarse como:
   - Eliminación por lista: Eliminar registros completos con cualquier valor faltante.
   - Eliminación por pares: Eliminar registros solo para análisis que involucren las variables faltantes.
3. **Técnicas Avanzadas:**
   - Imputación Múltiple: Creación de múltiples conjuntos de datos imputados plausibles y combinación de resultados.

- Estimación de Máxima Verosimilitud: Uso de modelos estadísticos para estimar parámetros en presencia de datos faltantes.
- Métodos de Machine Learning: Uso de algoritmos como Random Forests o redes neuronales para predecir valores faltantes.

La elección del método depende de factores como la cantidad y el patrón de datos faltantes, la naturaleza de las variables y los requisitos específicos del análisis. Es crucial comprender las implicaciones de cada enfoque y documentar el método elegido para transparencia y reproducibilidad.

Transformación de Datos

Los datos en bruto a menudo requieren conversión a un formato más adecuado para el análisis. Este paso crucial implica varios procesos:

- **Normalización:** Ajustar valores medidos en diferentes escalas a una escala común, típicamente entre 0 y 1. Esto asegura que todas las características contribuyan por igual al análisis y evita que las características con magnitudes mayores dominen los resultados.
- **Escalado:** Similar a la normalización, el escalado ajusta el rango de las características. Métodos comunes incluyen estandarización (transformación para tener una media de 0 y una desviación estándar de 1) y escalado min-max.
- **Codificación de Variables Categóricas:** Conversión de datos no numéricos a un formato adecuado para operaciones matemáticas. Esto puede involucrar técnicas como codificación one-hot, donde cada categoría se convierte en una columna binaria, o codificación de etiquetas, donde a las categorías se les asignan valores numéricos.
- **Manejo de Datos Sesgados:** Aplicación de transformaciones matemáticas (ej., logarítmica, raíz cuadrada) para reducir la asimetría de las distribuciones de datos, lo cual puede mejorar el rendimiento de muchos algoritmos de machine learning.

Estas transformaciones no solo preparan los datos para el análisis, sino que también pueden mejorar significativamente el rendimiento y la precisión de los modelos de machine learning. La elección de la transformación depende de los requisitos específicos del análisis y de la naturaleza de los datos mismos.

Pandas, una poderosa biblioteca de Python, sobresale en el manejo de estas tareas de preprocesamiento para datos tabulares. Su estructura DataFrame proporciona métodos intuitivos para la manipulación de datos, facilitando la limpieza, transformación y reestructuración de datos de manera eficiente.

Mientras tanto, NumPy complementa a Pandas al ofrecer un rendimiento optimizado para operaciones numéricas. Al manejar conjuntos de datos grandes o transformaciones matemáticas complejas, las operaciones de array de NumPy pueden acelerar significativamente los cálculos.

La sinergia entre Pandas y NumPy permite un flujo de trabajo de preprocesamiento robusto. Pandas maneja la manipulación estructurada de datos, mientras que NumPy se encarga de la carga pesada de los cálculos numéricos. Esta combinación permite a los analistas preparar incluso conjuntos de datos grandes y complejos para el modelado con eficiencia y precisión.

Ejemplo de Código: Flujo de Trabajo de Preprocesamiento de Datos

Consideremos un conjunto de datos de transacciones de clientes que incluye valores faltantes y algunas características que necesitan ser transformadas. Nuestro objetivo es limpiar los datos, completar los valores faltantes y preparar los datos para el modelado.

```
import pandas as pd
import numpy as np
from sklearn.preprocessing import StandardScaler
from sklearn.impute import SimpleImputer

# Sample data: Customer transactions
data = {
    'CustomerID': [1, 2, 3, 4, 5, 6, 7, 8],
    'PurchaseAmount': [250, np.nan, 300, 400, np.nan, 150, 500, 350],
    'Discount': [10, 15, 20, np.nan, 5, 12, np.nan, 18],
    'Store': ['A', 'B', 'A', 'C', 'B', 'C', 'A', 'B'],
    'CustomerAge': [35, 42, np.nan, 28, 50, np.nan, 45, 33],
    'LoyaltyScore': [75, 90, 60, 85, np.nan, 70, 95, 80]
}

df = pd.DataFrame(data)

# Step 1: Handle missing values
imputer = SimpleImputer(strategy='mean')
numeric_columns = ['PurchaseAmount', 'Discount', 'CustomerAge', 'LoyaltyScore']
df[numeric_columns] = imputer.fit_transform(df[numeric_columns])

# Step 2: Apply transformations
df['LogPurchase'] = np.log(df['PurchaseAmount'])
df['DiscountRatio'] = df['Discount'] / df['PurchaseAmount']

# Step 3: Encode categorical variables
df['StoreEncoded'] = df['Store'].astype('category').cat.codes

# Step 4: Create interaction features
df['AgeLoyaltyInteraction'] = df['CustomerAge'] * df['LoyaltyScore']

# Step 5: Bin continuous variables
df['AgeBin'] = pd.cut(df['CustomerAge'], bins=[0, 30, 50, 100], labels=['Young',
'Middle', 'Senior'])

# Step 6: Scale numeric features
```

```
scaler = StandardScaler()
df[numeric_columns] = scaler.fit_transform(df[numeric_columns])

# Step 7: Create dummy variables for categorical columns
df = pd.get_dummies(df, columns=['Store', 'AgeBin'], prefix=['Store', 'Age'])

print(df)
print("\\nDataset Info:")
print(df.info())
print("\\nSummary Statistics:")
print(df.describe())
```

Explicación del Desglose del Código:

1. **Importación de Datos y Configuración Inicial:**
   - Importamos las bibliotecas necesarias: pandas para manipulación de datos, numpy para operaciones numéricas y sklearn para herramientas de preprocesamiento.
   - Se crea un conjunto de datos más completo con características adicionales como CustomerAge y LoyaltyScore, y más filas para mejor ilustración.
2. **Manejo de Valores Faltantes (Paso 1):**
   - En lugar de usar el método fillna(), utilizamos SimpleImputer de sklearn.
   - Este enfoque es más escalable y se puede integrar fácilmente en un pipeline de machine learning.
   - Aplicamos imputación por media a todas las columnas numéricas simultáneamente.
3. **Transformaciones de Datos (Paso 2):**
   - Mantenemos la transformación logarítmica de PurchaseAmount.
   - Se añade una nueva característica, DiscountRatio, para capturar la proporción de descuento respecto al monto de compra.
4. **Codificación Categórica (Paso 3):**
   - Mantenemos el método original de codificación de la variable Store.
5. **Interacción de Características (Paso 4):**
   - Introducimos una nueva característica de interacción que combina CustomerAge y LoyaltyScore.
   - Esto puede capturar relaciones complejas entre edad y lealtad que afectan el comportamiento de compra.

6. **Agrupación de Variables Continuas (Paso 5):**
   - Demostramos la agrupación categorizando CustomerAge en tres grupos.
   - Esto es útil para capturar relaciones no lineales y reducir el impacto de valores atípicos.
7. **Escalado de Características (Paso 6):**
   - Usamos StandardScaler para normalizar todas las características numéricas.
   - Esto es crucial para muchos algoritmos de machine learning que son sensibles a la escala de las características de entrada.
8. **Codificación One-Hot (Paso 7):**
   - Utilizamos la función get_dummies() de pandas para crear columnas binarias para las variables categóricas.
   - Esto incluye tanto la variable Store como nuestra nueva variable AgeBin.
9. **Salida y Análisis:**
   - Imprimimos el dataframe transformado para ver todos los cambios.
   - También incluimos df.info() para mostrar la estructura del dataframe resultante, incluyendo tipos de datos y recuentos no nulos.
   - Finalmente, imprimimos estadísticas resumidas usando df.describe() para obtener una visión rápida de las distribuciones de nuestras características numéricas.

Este ejemplo demuestra un enfoque integral para el preprocesamiento de datos, incorporando diversas técnicas comúnmente utilizadas en proyectos de ciencia de datos del mundo real. Muestra cómo manejar datos faltantes, crear nuevas características, codificar variables categóricas, escalar características numéricas y realizar un análisis exploratorio básico de datos.

2.3.2 Paso 2: Ingeniería de Características con NumPy y Pandas

La ingeniería de características es un componente crucial en el desarrollo de modelos predictivos, sirviendo como un puente entre los datos en bruto y algoritmos sofisticados. Este proceso implica la creación creativa y estratégica de nuevas características derivadas de los datos existentes, con el objetivo final de mejorar el poder predictivo de un modelo. Al transformar y combinar variables, la ingeniería de características puede descubrir patrones y relaciones ocultas dentro de los datos que podrían no ser evidentes de inmediato.

En el contexto de los flujos de trabajo de análisis de datos, dos herramientas poderosas se destacan: Pandas y NumPy. Pandas es excelente en el manejo de datos estructurados, ofreciendo métodos intuitivos para manipulación, agregación y transformación de datos. Su estructura DataFrame proporciona una forma flexible y eficiente de trabajar con datos tabulares, siendo ideal para tareas como la fusión de conjuntos de datos, el manejo de valores faltantes y la aplicación de transformaciones complejas en múltiples columnas.

Por otro lado, NumPy complementa a Pandas al proporcionar la base computacional para operaciones numéricas de alto rendimiento. Sus operaciones optimizadas de arrays y funciones matemáticas permiten a los analistas realizar cálculos complejos en grandes conjuntos de datos con notable rapidez. Esto se vuelve particularmente crucial cuando se abordan tareas de ingeniería de características que involucran transformaciones matemáticas, cálculos estadísticos o la creación de términos de interacción entre múltiples variables.

La sinergia entre Pandas y NumPy en la ingeniería de características permite a los científicos de datos explorar y extraer valiosos conocimientos de sus datos de manera eficiente. Por ejemplo, Pandas se puede utilizar para crear características basadas en el tiempo a partir de columnas de fecha, mientras que NumPy puede calcular rápidamente promedios móviles o realizar operaciones elemento por elemento en múltiples arrays. Esta combinación de herramientas permite a los analistas iterar rápidamente a través de diferentes ideas de características, experimentar con varias transformaciones y, en última instancia, construir un conjunto enriquecido de características que puede mejorar significativamente el rendimiento del modelo.

Ejemplo de Código: Creación de Nuevas Características

Vamos a mejorar nuestro conjunto de datos creando nuevas características basadas en los datos existentes.

```
import pandas as pd
import numpy as np
from sklearn.preprocessing import StandardScaler

# Sample data: Customer transactions
data = {
    'CustomerID': [1, 2, 3, 4, 5, 6, 7, 8],
    'PurchaseAmount': [250, 400, 300, 400, 150, 150, 500, 350],
    'Discount': [10, 15, 20, 30, 5, 12, 25, 18],
    'Store': ['A', 'B', 'A', 'C', 'B', 'C', 'A', 'B'],
    'CustomerAge': [35, 42, 28, 28, 50, 39, 45, 33],
    'LoyaltyScore': [75, 90, 60, 85, 65, 70, 95, 80]
}

df = pd.DataFrame(data)

# Create a new feature: Net purchase after applying discount
df['NetPurchase'] = df['PurchaseAmount'] - df['Discount']

# Create interaction terms using NumPy: Multiply PurchaseAmount and Discount
df['Interaction_Purchase_Discount'] = df['PurchaseAmount'] * df['Discount']

# Create a binary feature indicating high-value purchases
df['HighValue'] = (df['PurchaseAmount'] > 300).astype(int)
```

```
# Create a feature for discount percentage
df['DiscountPercentage'] = (df['Discount'] / df['PurchaseAmount']) * 100

# Create age groups
df['AgeGroup'] = pd.cut(df['CustomerAge'], bins=[0, 30, 50, 100], labels=['Young',
'Middle', 'Senior'])

# Create a feature for loyalty tier
df['LoyaltyTier'] = pd.cut(df['LoyaltyScore'], bins=[0, 60, 80, 100],
labels=['Bronze', 'Silver', 'Gold'])

# Create a feature for average purchase per loyalty point
df['PurchasePerLoyaltyPoint'] = df['PurchaseAmount'] / df['LoyaltyScore']

# Normalize numeric features
scaler = StandardScaler()
numeric_features = ['PurchaseAmount', 'Discount', 'NetPurchase', 'LoyaltyScore']
df[numeric_features] = scaler.fit_transform(df[numeric_features])

# One-hot encode categorical variables
df = pd.get_dummies(df, columns=['Store', 'AgeGroup', 'LoyaltyTier'])

print(df)
print("\\nDataset Info:")
print(df.info())
print("\\nSummary Statistics:")
print(df.describe())
```

Explicación del Desglose del Código:

1. **Importación de Datos y Configuración:**
   - Importamos las bibliotecas necesarias: pandas para manipulación de datos, numpy para operaciones numéricas, y StandardScaler de sklearn para escalado de características.
   - Se crea un conjunto de datos de muestra con información de transacciones de clientes, incluyendo CustomerID, PurchaseAmount, Discount, Store, CustomerAge, y LoyaltyScore.
2. **Ingeniería de Características Básica:**
   - NetPurchase: Calculado al restar el Discount del PurchaseAmount.
   - Interaction_Purchase_Discount: Un término de interacción creado al multiplicar PurchaseAmount y Discount.
   - HighValue: Una característica binaria que indica si el monto de compra supera los $300.

3. **Ingeniería de Características Avanzada:**
   - DiscountPercentage: Calcula el descuento como un porcentaje del monto de compra.
   - AgeGroup: Categoriza a los clientes en grupos de edad 'Young', 'Middle' y 'Senior'.
   - LoyaltyTier: Asigna niveles de lealtad ('Bronze', 'Silver', 'Gold') basados en el LoyaltyScore.
   - PurchasePerLoyaltyPoint: Calcula el monto de compra por punto de lealtad, lo cual puede indicar la eficiencia del programa de lealtad.
4. **Escalado de Características:**
   - StandardScaler se utiliza para normalizar características numéricas (PurchaseAmount, Discount, NetPurchase, LoyaltyScore).
   - Este paso asegura que todas las características estén en una escala similar, lo cual es importante para muchos algoritmos de machine learning.
5. **Codificación Categórica:**
   - Se aplica codificación one-hot a variables categóricas (Store, AgeGroup, LoyaltyTier) usando pd.get_dummies().
   - Esto crea columnas binarias para cada categoría, lo cual es necesario para la mayoría de los modelos de machine learning.
6. **Exploración de Datos:**
   - Se imprime el dataframe final para mostrar todas las nuevas características y transformaciones.
   - Se utiliza df.info() para mostrar la estructura del dataframe resultante, incluyendo tipos de datos y recuentos no nulos.
   - df.describe() proporciona estadísticas resumidas para todas las características numéricas, dando una visión de sus distribuciones.

Este ejemplo integral demuestra varias técnicas de ingeniería de características, desde cálculos básicos hasta transformaciones más avanzadas. Muestra cómo crear características significativas que capturan diferentes aspectos de los datos, como segmentos de clientes, comportamiento de compra y métricas de lealtad. La combinación de estas características proporciona un conjunto de datos enriquecido para tareas posteriores de análisis o modelado.

2.3.3 Paso 3: Construcción de un Modelo de Machine Learning con Scikit-learn

Una vez que los datos están limpios y enriquecidos con características significativas, el siguiente paso es construir un modelo predictivo. Scikit-learn, una poderosa biblioteca de machine learning en Python, ofrece una completa caja de herramientas para este propósito. Proporciona una amplia variedad de algoritmos adecuados para diferentes tipos de tareas de modelado predictivo, incluyendo clasificación, regresión, agrupamiento y reducción de dimensionalidad.

Una de las fortalezas de Scikit-learn radica en su API consistente a través de diferentes algoritmos, lo cual facilita experimentar con diversos modelos. Por ejemplo, puedes cambiar sin problemas entre un Clasificador de Bosque Aleatorio y una Máquina de Vectores de Soporte sin alterar significativamente la estructura de tu código.

Además de los algoritmos, Scikit-learn ofrece herramientas esenciales para todo el pipeline de machine learning. Su función train_test_split permite una fácil partición del conjunto de datos, asegurando que tienes conjuntos separados para entrenar tu modelo y evaluar su rendimiento. Esta separación es crucial para evaluar qué tan bien generaliza tu modelo a datos no vistos.

La biblioteca también proporciona un conjunto rico de métricas de evaluación y herramientas. Ya sea que estés trabajando en un problema de clasificación y necesites puntajes de precisión, o en una tarea de regresión que requiera cálculos de error cuadrático medio, Scikit-learn cubre tus necesidades. Estas métricas te ayudan a medir el rendimiento de tu modelo y a tomar decisiones informadas sobre posibles mejoras.

Además, Scikit-learn destaca en el ámbito de ajuste de hiperparámetros. Con herramientas como GridSearchCV y RandomizedSearchCV, puedes explorar sistemáticamente diferentes combinaciones de parámetros del modelo para optimizar su rendimiento. Esta capacidad es particularmente valiosa al trabajar con algoritmos complejos que tienen múltiples parámetros ajustables, ya que ayuda a encontrar la mejor configuración para tu conjunto de datos específico y problema.

Ejemplo de Código: Construcción de un Modelo de Bosque Aleatorio

Vamos a utilizar nuestro conjunto de datos preprocesado para construir un modelo de clasificación que predice si una compra es una **transacción de alto valor** (mayor a $300).

```
import pandas as pd
import numpy as np
from sklearn.model_selection import train_test_split, GridSearchCV
from sklearn.ensemble import RandomForestClassifier
from sklearn.metrics import accuracy_score, classification_report, confusion_matrix
from sklearn.preprocessing import StandardScaler
from sklearn.impute import SimpleImputer
from sklearn.pipeline import Pipeline

# Load the data (assuming df is already created)
# df = pd.read_csv('your_data.csv')
```

```
# Define features and target
X = df[['PurchaseAmount', 'Discount', 'NetPurchase', 'LoyaltyScore', 'CustomerAge']]
y = df['HighValue']

# Split the data into training and testing sets
X_train, X_test, y_train, y_test = train_test_split(X, y, test_size=0.3,
random_state=42)

# Create a pipeline
pipeline = Pipeline([
    ('imputer', SimpleImputer(strategy='median')),
    ('scaler', StandardScaler()),
    ('classifier', RandomForestClassifier(random_state=42))
])

# Define hyperparameters to tune
param_grid = {
    'classifier__n_estimators': [100, 200, 300],
    'classifier__max_depth': [None, 5, 10],
    'classifier__min_samples_split': [2, 5, 10]
}

# Perform grid search
grid_search = GridSearchCV(pipeline, param_grid, cv=5, scoring='accuracy', n_jobs=-1)
grid_search.fit(X_train, y_train)

# Get the best model
best_model = grid_search.best_estimator_

# Make predictions on the test set
y_pred = best_model.predict(X_test)

# Evaluate the model
accuracy = accuracy_score(y_test, y_pred)
conf_matrix = confusion_matrix(y_test, y_pred)
class_report = classification_report(y_test, y_pred)

# Print results
print(f"Best Parameters: {grid_search.best_params_}")
print(f"Model Accuracy: {accuracy:.2f}")
print("\\nConfusion Matrix:")
print(conf_matrix)
print("\\nClassification Report:")
print(class_report)

# Feature importance
feature_importance = best_model.named_steps['classifier'].feature_importances_
feature_names = X.columns
for name, importance in zip(feature_names, feature_importance):
    print(f"{name}: {importance:.4f}")
```

Explicación del Desglose del Código:

1. **Importación y Preparación de Datos:**
   - Importamos las bibliotecas necesarias, incluyendo pandas, numpy y varios módulos de scikit-learn.
   - Suponemos que el conjunto de datos (df) ya está cargado.
   - Definimos las características (X) y la variable objetivo (y), expandiendo el conjunto de características para incluir 'LoyaltyScore' y 'CustomerAge'.
2. **División de Datos:**
   - El conjunto de datos se divide en conjuntos de entrenamiento y prueba usando train_test_split, con un 70% para entrenamiento y un 30% para prueba.
3. **Creación de Pipeline:**
   - Se crea un Pipeline de scikit-learn para simplificar los pasos de preprocesamiento y modelado.
   - Incluye SimpleImputer para manejar valores faltantes, StandardScaler para escalado de características y RandomForestClassifier para el modelo.
4. **Ajuste de Hiperparámetros:**
   - Definimos una cuadrícula de parámetros para el RandomForestClassifier, incluyendo el número de estimadores, profundidad máxima y el mínimo de muestras para dividir.
   - Se utiliza GridSearchCV para realizar una búsqueda exhaustiva sobre los valores de parámetros especificados, utilizando validación cruzada de 5 pliegues.
5. **Entrenamiento del Modelo y Predicción:**
   - Se utiliza el mejor modelo de la búsqueda en cuadrícula para realizar predicciones en el conjunto de prueba.
6. **Evaluación del Modelo:**
   - Calculamos e imprimimos varias métricas de evaluación:
     - Puntaje de precisión
     - Matriz de confusión
     - Informe de clasificación detallado (precisión, recall, puntaje f1)
7. **Importancia de las Características:**

- Extraemos e imprimimos la importancia de cada característica en el proceso de decisión del modelo.

Este ejemplo demuestra un enfoque integral para construir y evaluar un modelo de machine learning. Incorpora prácticas recomendadas como el uso de un pipeline para preprocesamiento y modelado, la realización de ajuste de hiperparámetros y una evaluación detallada del rendimiento del modelo. La adición del análisis de importancia de las características también brinda información sobre qué factores son más influyentes en la predicción de transacciones de alto valor.

2.3.4 Paso 4: Optimización del Flujo de Trabajo con Pipelines de Scikit-learn

A medida que tus flujos de trabajo de análisis se vuelven más complejos, es crucial optimizar y automatizar tareas repetitivas. Los **Pipelines** de Scikit-learn ofrecen una solución poderosa para este desafío. Al permitirte encadenar múltiples pasos, como el preprocesamiento de datos, la ingeniería de características y la construcción del modelo, en un solo proceso cohesivo, los Pipelines mejoran significativamente la eficiencia y reproducibilidad de tus flujos de trabajo.

La ventaja de los Pipelines radica en su capacidad para encapsular todo un flujo de trabajo de machine learning. Esta encapsulación no solo simplifica tu código, sino que también asegura que todas las transformaciones de datos se apliquen de manera consistente tanto en las fases de entrenamiento como de predicción. Por ejemplo, puedes combinar pasos como la imputación de valores faltantes, el escalado de características y el entrenamiento del modelo en un solo objeto unificado. Este enfoque reduce el riesgo de fuga de datos y hace que tu código sea más fácil de mantener.

Además, los Pipelines se integran perfectamente con las herramientas de validación cruzada y ajuste de hiperparámetros de Scikit-learn. Esta integración te permite optimizar no solo los parámetros de tu modelo, sino también tus pasos de preprocesamiento, lo que resulta en modelos más robustos y precisos. Al aprovechar los Pipelines, puedes concentrarte más en los aspectos estratégicos de tu análisis, como la selección de características y la interpretación del modelo, en lugar de perder tiempo en la gestión de datos.

Ejemplo de Código: Creación de un Pipeline

Vamos a crear un pipeline que incluya preprocesamiento de datos, ingeniería de características y entrenamiento del modelo, todo en un flujo de trabajo continuo.

```
import pandas as pd
import numpy as np
from sklearn.model_selection import train_test_split, GridSearchCV
from sklearn.ensemble import RandomForestClassifier
from sklearn.preprocessing import StandardScaler, OneHotEncoder
from sklearn.impute import SimpleImputer
from sklearn.compose import ColumnTransformer
from sklearn.pipeline import Pipeline
from sklearn.metrics import accuracy_score, classification_report, confusion_matrix
```

```
# Assuming df is already loaded
# Create sample data for demonstration
np.random.seed(42)
df = pd.DataFrame({
    'PurchaseAmount': np.random.uniform(50, 500, 1000),
    'Discount': np.random.uniform(0, 50, 1000),
    'LoyaltyScore': np.random.randint(0, 100, 1000),
    'CustomerAge': np.random.randint(18, 80, 1000),
    'Store': np.random.choice(['A', 'B', 'C'], 1000)
})
df['HighValue'] = (df['PurchaseAmount'] > 300).astype(int)

# Define features and target
X = df.drop('HighValue', axis=1)
y = df['HighValue']

# Split the data
X_train, X_test, y_train, y_test = train_test_split(X, y, test_size=0.3,
random_state=42)

# Define preprocessing for numeric columns (scale them)
numeric_features = ['PurchaseAmount', 'Discount', 'LoyaltyScore', 'CustomerAge']
numeric_transformer = Pipeline(steps=[
    ('imputer', SimpleImputer(strategy='median')),
    ('scaler', StandardScaler())
])

# Define preprocessing for categorical columns (encode them)
categorical_features = ['Store']
categorical_transformer = Pipeline(steps=[
    ('imputer', SimpleImputer(strategy='constant', fill_value='missing')),
    ('onehot', OneHotEncoder(handle_unknown='ignore'))
])

# Combine preprocessing steps
preprocessor = ColumnTransformer(
    transformers=[
        ('num', numeric_transformer, numeric_features),
        ('cat', categorical_transformer, categorical_features)
    ])

# Create a preprocessing and training pipeline
pipeline = Pipeline(steps=[
    ('preprocessor', preprocessor),
    ('classifier', RandomForestClassifier(random_state=42))
])

# Define hyperparameter space
param_grid = {
    'classifier__n_estimators': [100, 200, 300],
    'classifier__max_depth': [None, 5, 10],
    'classifier__min_samples_split': [2, 5, 10]
```

```
}

# Set up GridSearchCV
grid_search = GridSearchCV(pipeline, param_grid, cv=5, scoring='accuracy', n_jobs=-1)

# Fit the grid search
grid_search.fit(X_train, y_train)

# Get the best model
best_model = grid_search.best_estimator_

# Make predictions on the test set
y_pred = best_model.predict(X_test)

# Evaluate the model
accuracy = accuracy_score(y_test, y_pred)
conf_matrix = confusion_matrix(y_test, y_pred)
class_report = classification_report(y_test, y_pred)

# Print results
print(f"Best Parameters: {grid_search.best_params_}")
print(f"Model Accuracy: {accuracy:.2f}")
print("\\nConfusion Matrix:")
print(conf_matrix)
print("\\nClassification Report:")
print(class_report)

# Feature importance
feature_importance = best_model.named_steps['classifier'].feature_importances_
feature_names = numeric_features + list(best_model.named_steps['preprocessor']
                                        .named_transformers_['cat']
                                        .named_steps['onehot']
                                        .get_feature_names(categorical_features))
for name, importance in zip(feature_names, feature_importance):
    print(f"{name}: {importance:.4f}")
```

Explicación del Desglose del Código:

- **Preparación de Datos:**
  - Creamos un conjunto de datos de muestra con características como PurchaseAmount, Discount, LoyaltyScore, CustomerAge y Store.
  - Se crea una variable binaria objetivo HighValue basada en si PurchaseAmount excede los $300.
- **División de Datos:**
  - El conjunto de datos se divide en conjuntos de entrenamiento (70%) y prueba (30%) usando train_test_split.

- **Pipeline de Preprocesamiento:**
  - Creamos pipelines separados para características numéricas y categóricas.
  - Las características numéricas se imputan con valores medianos y luego se escalan.
  - Las características categóricas se imputan con el valor constante 'missing' y luego se codifican con one-hot encoding.
  - Estos pipelines se combinan usando ColumnTransformer.
- **Pipeline del Modelo:**
  - Los pasos de preprocesamiento se combinan con RandomForestClassifier en un solo pipeline.
- **Ajuste de Hiperparámetros:**
  - Se define una cuadrícula de parámetros para RandomForestClassifier.
  - GridSearchCV se utiliza para realizar una búsqueda exhaustiva sobre los parámetros especificados.
- **Entrenamiento y Evaluación del Modelo:**
  - Se usa el mejor modelo de GridSearchCV para hacer predicciones en el conjunto de prueba.
  - Se calculan varias métricas de evaluación: precisión, matriz de confusión e informe de clasificación detallado.
- **Importancia de las Características:**
  - Se extrae e imprime la importancia de cada característica en el proceso de decisión del modelo.
  - Los nombres de las características se reconstruyen cuidadosamente para incluir las características categóricas codificadas con one-hot encoding.

Este ejemplo integral demuestra cómo crear un pipeline de machine learning de extremo a extremo usando scikit-learn. Cubre el preprocesamiento de datos, el entrenamiento del modelo, el ajuste de hiperparámetros y la evaluación, todo integrado en un flujo de trabajo reproducible. El uso de ColumnTransformer y Pipeline asegura que todos los pasos de preprocesamiento se apliquen de manera consistente tanto en los datos de entrenamiento como en los de prueba, reduciendo el riesgo de fuga de datos y haciendo que el código sea más fácil de mantener.

2.3.5 Conclusión: Combinación de Herramientas para un Análisis Eficiente

En esta sección, hemos explorado el potencial sinérgico de combinar **Pandas**, **NumPy** y **Scikit-learn** para mejorar drásticamente la eficiencia y el rendimiento de tus flujos de trabajo de análisis de datos. Estas herramientas trabajan en conjunto para optimizar cada aspecto de tu proceso analítico, desde las etapas iniciales de limpieza y transformación de datos hasta las tareas avanzadas de ingeniería de características y modelado predictivo. Al aprovechar sus capacidades colectivas, puedes crear un flujo de trabajo continuo que aborda incluso los desafíos de datos más complejos con precisión y facilidad.

Pandas es tu herramienta principal para la manipulación de datos, ofreciendo métodos intuitivos para manejar conjuntos de datos complejos. NumPy complementa esto proporcionando operaciones numéricas optimizadas que pueden acelerar significativamente los cálculos, especialmente cuando se trata de datos a gran escala.

Scikit-learn completa este trío al ofrecer una completa suite de algoritmos de machine learning y herramientas que te permiten construir modelos predictivos sofisticados con relativa facilidad. El verdadero poder de esta combinación reside en su capacidad para abordar desafíos de datos complejos de manera eficiente, permitiéndote concentrarte más en obtener conocimientos y menos en los aspectos técnicos del procesamiento de datos.

Uno de los aspectos más valiosos de integrar estas herramientas es la capacidad de aprovechar los Pipelines de Scikit-learn. Esta función actúa como el pegamento que une todo tu flujo de trabajo, asegurando que cada paso, desde el preprocesamiento de datos hasta el entrenamiento del modelo, se ejecute de manera consistente y reproducible.

Al encapsular todo tu flujo de trabajo en un Pipeline, no solo mejoras la eficiencia de tu análisis, sino que también mejoras significativamente su escalabilidad y reproducibilidad. Este enfoque es particularmente beneficioso en proyectos de gran escala o en entornos colaborativos donde la consistencia y la replicabilidad son fundamentales.

2.4 Ejercicios Prácticos para el Capítulo 2: Optimización de Flujos de Trabajo de Datos

Ahora que has completado el Capítulo 2, es hora de practicar lo que has aprendido con estos ejercicios. Los siguientes ejercicios están diseñados para ayudarte a aplicar técnicas avanzadas de manipulación de datos con Pandas, mejorar el rendimiento con NumPy y combinar herramientas para un análisis eficiente. Cada ejercicio incluye un bloque de código de solución para ayudarte a verificar tu trabajo.

Ejercicio 1: Manipulación Avanzada de Datos con Pandas

Tienes un conjunto de datos de pedidos en línea de una tienda de comercio electrónico. Tu tarea es:

1. Filtrar el conjunto de datos para incluir solo pedidos donde el monto del pedido es mayor a $200.
2. Agrupar el conjunto de datos por **Categoría** y **CustomerID** para calcular los montos totales y promedios de pedido para cada grupo.
3. Crear una tabla dinámica de modo que cada **Categoría** sea una columna y las filas representen cada **CustomerID**.

```
import pandas as pd

# Sample data: Online orders
data = {'OrderID': [1, 2, 3, 4, 5],
        'CustomerID': [101, 102, 103, 101, 104],
        'Category':    ['Electronics',    'Clothing',    'Electronics',    'Furniture',
'Furniture'],
        'OrderAmount': [250, 120, 300, 400, 500]}

df = pd.DataFrame(data)

# Solution
# Step 1: Filter orders where OrderAmount > 200
filtered_df = df[df['OrderAmount'] > 200]

# Step 2: Group by Category and CustomerID, and calculate total and average order
amounts
grouped_df = filtered_df.groupby(['Category', 'CustomerID']).agg(
    TotalAmount=('OrderAmount', 'sum'),
    AvgAmount=('OrderAmount', 'mean')
).reset_index()

# Step 3: Pivot the dataset so that Category is a column
pivot_df        =        grouped_df.pivot(index='CustomerID',        columns='Category',
values='TotalAmount').fillna(0)

print(pivot_df)
```

Ejercicio 2: Mejorando el Rendimiento con NumPy

Dado un arreglo de precios de productos, tu tarea es:

1. Aplicar una **transformación logarítmica** para normalizar los precios.
2. Usar **broadcasting** para aplicar un **descuento del 20%** a cada precio.
3. Calcular el **precio promedio con descuento** usando las funciones vectorizadas de NumPy.

```
import numpy as np

# Sample data: Product prices
```

```
prices = np.array([100, 150, 200, 250, 300])

# Solution
# Step 1: Apply a logarithmic transformation
log_prices = np.log(prices)

# Step 2: Apply a 20% discount using broadcasting
discounted_prices = prices * 0.80

# Step 3: Calculate the average discounted price
average_discounted_price = np.mean(discounted_prices)

print("Logarithmic Prices:", log_prices)
print("Discounted Prices:", discounted_prices)
print("Average Discounted Price:", average_discounted_price)
```

Ejercicio 3: Combinando Pandas y NumPy para Ingeniería de Características

Tienes un conjunto de datos de transacciones de clientes, que incluye el monto de compra y el descuento recibido. Tu tarea es:

1. Llenar los valores faltantes en las columnas **PurchaseAmount** y **Discount** con la media de cada columna.
2. Crear una nueva característica, **NetPurchase**, que sea el monto de la compra después de aplicar el descuento.
3. Usar **NumPy** para crear una característica de interacción multiplicando las columnas **PurchaseAmount** y **Discount**.

```
import pandas as pd
import numpy as np

# Sample data: Customer transactions
data = {'CustomerID': [1, 2, 3, 4, 5],
        'PurchaseAmount': [250, np.nan, 300, 400, np.nan],
        'Discount': [10, 15, 20, np.nan, 5]}

df = pd.DataFrame(data)

# Solution
# Step 1: Fill missing values
df['PurchaseAmount'].fillna(df['PurchaseAmount'].mean(), inplace=True)
df['Discount'].fillna(df['Discount'].mean(), inplace=True)

# Step 2: Create NetPurchase feature
df['NetPurchase'] = df['PurchaseAmount'] - df['Discount']

# Step 3: Create an interaction feature using NumPy
df['Interaction_Purchase_Discount'] = df['PurchaseAmount'] * df['Discount']

print(df)
```

Ejercicio 4: Construcción de un Modelo de Clasificación con Scikit-learn

Tienes un conjunto de datos de transacciones de clientes. Tu tarea es:

1. Crear una variable objetivo que marque las compras mayores a $300 como **alto valor**.
2. Usar **Scikit-learn** para dividir los datos en conjuntos de entrenamiento y prueba.
3. Construir un modelo de clasificación con **Random Forest** para predecir compras de **alto valor**.
4. Evaluar el modelo calculando la **precisión** en el conjunto de prueba.

```
from sklearn.model_selection import train_test_split
from sklearn.ensemble import RandomForestClassifier
from sklearn.metrics import accuracy_score
import pandas as pd
import numpy as np

# Sample data: Customer transactions
data = {'CustomerID': [1, 2, 3, 4, 5],
        'PurchaseAmount': [250, 350, 300, 400, 150],
        'Discount': [10, 15, 20, 5, 5]}

df = pd.DataFrame(data)

# Solution
# Step 1: Create target variable (high value if PurchaseAmount > 300)
df['HighValue'] = (df['PurchaseAmount'] > 300).astype(int)

# Step 2: Define features and target
X = df[['PurchaseAmount', 'Discount']]
y = df['HighValue']

# Step 3: Split data into training and testing sets
X_train,  X_test,  y_train,  y_test  =  train_test_split(X,  y,  test_size=0.3,
random_state=42)

# Step 4: Build and train a Random Forest model
clf = RandomForestClassifier(random_state=42)
clf.fit(X_train, y_train)

# Step 5: Predict and evaluate accuracy on the test set
y_pred = clf.predict(X_test)
accuracy = accuracy_score(y_test, y_pred)

print(f"Model Accuracy: {accuracy:.2f}")
```

Ejercicio 5: Uso de Pipelines de Scikit-learn para Flujos de Trabajo Eficientes

Tu tarea es crear un flujo de trabajo eficiente para los datos de transacciones de clientes. Tus tareas son:

1. Crear un **pipeline de Scikit-learn** que impute los valores faltantes, escale las características y entrene un modelo de Random Forest.
2. Entrenar el pipeline con el conjunto de datos y evaluar el desempeño del modelo.

```
from sklearn.pipeline import Pipeline
from sklearn.impute import SimpleImputer
from sklearn.preprocessing import StandardScaler
from sklearn.ensemble import RandomForestClassifier
from sklearn.model_selection import train_test_split
from sklearn.metrics import accuracy_score
import pandas as pd
import numpy as np

# Sample data: Customer transactions
data = {'CustomerID': [1, 2, 3, 4, 5],
        'PurchaseAmount': [250, np.nan, 300, 400, np.nan],
        'Discount': [10, 15, 20, np.nan, 5]}

df = pd.DataFrame(data)

# Solution
# Step 1: Define features and target
df['HighValue'] = (df['PurchaseAmount'] > 300).astype(int)
X = df[['PurchaseAmount', 'Discount']]
y = df['HighValue']

# Split data into training and testing sets
X_train, X_test, y_train, y_test = train_test_split(X, y, test_size=0.3,
random_state=42)

# Step 2: Create the pipeline
pipeline = Pipeline(steps=[
    ('imputer', SimpleImputer(strategy='mean')),  # Impute missing values
    ('scaler', StandardScaler()),  # Scale features
    ('classifier', RandomForestClassifier(random_state=42))  # Train Random Forest
model
])

# Step 3: Train the pipeline
pipeline.fit(X_train, y_train)

# Step 4: Make predictions and evaluate the model
y_pred = pipeline.predict(X_test)
accuracy = accuracy_score(y_test, y_pred)
```

```
print(f"Pipeline Model Accuracy: {accuracy:.2f}")
```

Estas prácticas te permitirán aplicar los conceptos cubiertos en el Capítulo 2, brindándote experiencia práctica en la manipulación avanzada de datos, mejoras de rendimiento con NumPy y creación de flujos de trabajo eficientes usando Scikit-learn. ¡Sigue practicando para profundizar tu comprensión!

2.5 Qué Podría Salir Mal

Al optimizar flujos de trabajo de datos con Pandas, NumPy y Scikit-learn, existen varios desafíos y errores comunes que pueden surgir. Esta sección destaca posibles problemas y ofrece consejos para evitarlos y asegurar que tus flujos de trabajo sean eficientes, precisos y escalables.

2.5.1 Manejo Incorrecto de Datos Faltantes

Llenar o imputar valores faltantes es una parte crítica del preprocesamiento de datos, pero si se hace de forma incorrecta, puede distorsionar los resultados o introducir sesgo en los modelos.

Problemas Potenciales:

- Usar una estrategia de imputación inapropiada (por ejemplo, rellenar con la media en datos que no son normalmente distribuidos) puede llevar a una representación inexacta.
- Imputar valores faltantes usando estadísticas de los conjuntos de entrenamiento y prueba puede causar **fuga de datos**, resultando en un rendimiento del modelo demasiado optimista.

Solución: Utiliza estrategias de imputación apropiadas basadas en la distribución de tus datos. Para datos sesgados, considera usar la mediana o técnicas de imputación avanzadas como el K-Nearest Neighbors (KNN). Asegúrate de aplicar la imputación solo a los datos de entrenamiento durante la validación cruzada para evitar fugas.

2.5.2 Sobrecarga de Memoria con DataFrames Grandes de Pandas

Si bien Pandas es muy eficiente para manejar conjuntos de datos de tamaño moderado, trabajar con DataFrames muy grandes (por ejemplo, millones de filas) puede causar problemas de rendimiento y de memoria.

Problemas Potenciales:

- Realizar múltiples operaciones en grandes conjuntos de datos sin considerar el uso de memoria puede causar rendimiento lento e incluso desbordamiento de memoria.

- Usar tipos de datos predeterminados (por ejemplo, float64 o int64) para datos numéricos puede consumir más memoria de la necesaria.

Solución: Optimiza el uso de memoria de tu DataFrame reduciendo el tipo de datos numéricos a float32 o int32 cuando sea apropiado. Usa **chunking** (procesamiento por partes) para grandes conjuntos de datos, cargándolos y procesándolos en partes más pequeñas. Considera usar **Dask** o **Vaex**, bibliotecas que manejan conjuntos de datos mayores a la memoria de forma más eficiente.

2.5.3 Operaciones Vectorizadas Ineficientes con NumPy

Las operaciones vectorizadas de NumPy están diseñadas para el rendimiento, pero su uso incorrecto aún puede llevar a ineficiencias.

Problemas Potenciales:

- Usar bucles de Python para operaciones elementales en lugar de funciones vectorizadas de NumPy puede causar una desaceleración significativa.
- Olvidar gestionar correctamente la **difusión** (broadcasting) puede llevar a operaciones en matrices con formas no coincidentes, lo que provoca errores inesperados.

Solución: Siempre usa las funciones vectorizadas integradas de NumPy siempre que sea posible. Asegúrate de estar al tanto de las reglas de difusión de NumPy para evitar incompatibilidades de forma y confirma que todas las matrices involucradas en las operaciones tengan dimensiones compatibles.

2.5.4 La Ingeniería de Características que Conduce al Sobreajuste

La ingeniería de características es clave para mejorar el rendimiento del modelo, pero también puede llevar al sobreajuste si se crean demasiadas características sin una validación adecuada.

Problemas Potenciales:

- Crear demasiados términos de interacción o características polinómicas puede hacer que el modelo funcione bien en los datos de entrenamiento pero mal en datos no vistos.
- No evaluar la importancia o relevancia de las nuevas características puede aumentar la complejidad del modelo sin agregar valor predictivo.

Solución: Usa técnicas de selección de características como **Eliminación Recursiva de Características (RFE)** o **importancia de características** de modelos basados en árboles para identificar cuáles características contribuyen más al rendimiento del modelo. Siempre valida tu modelo utilizando técnicas de validación cruzada para asegurarte de que las nuevas características mejoran la generalización.

2.5.5 Fuga de Datos en Pipelines de Scikit-learn

Los pipelines son herramientas poderosas para simplificar los flujos de trabajo, pero un uso incorrecto puede introducir **fuga de datos**, donde la información del conjunto de prueba influye inadvertidamente en el proceso de entrenamiento.

Problemas Potenciales:

- Aplicar pasos de preprocesamiento como escalado, imputación o transformaciones de características al conjunto de datos completo antes de dividir en entrenamiento y prueba puede resultar en fuga de datos.
- No ajustar correctamente las transformaciones solo a los datos de entrenamiento durante la validación cruzada puede llevar a una evaluación del modelo demasiado optimista.

Solución: Asegúrate de que los pasos de preprocesamiento como imputación, escalado y codificación se realicen dentro de un pipeline de Scikit-learn. El pipeline garantiza que las transformaciones se apliquen solo a los datos de entrenamiento y luego se utilicen para transformar los datos de prueba de una manera que evite la fuga.

2.5.6 Dependencia Excesiva en Parámetros Predeterminados en Modelos de Scikit-learn

Muchos modelos de Scikit-learn funcionan bien con parámetros predeterminados, pero depender únicamente de ellos puede limitar la capacidad del modelo para generalizar bien a nuevos datos.

Problemas Potenciales:

- Usar hiperparámetros predeterminados sin ajustarlos puede resultar en un rendimiento subóptimo del modelo.
- El sobreajuste o el infraajuste pueden ocurrir si los hiperparámetros no se ajustan para adaptarse a las características específicas de tus datos.

Solución: Realiza **ajuste de hiperparámetros** utilizando técnicas como **búsqueda en cuadrícula** o **búsqueda aleatoria**. GridSearchCV y RandomizedSearchCV de Scikit-learn te permiten probar sistemáticamente diferentes combinaciones de hiperparámetros y encontrar la configuración óptima para tu modelo.

2.5.7 Complejidad Innecesaria en Pipelines

Aunque los pipelines son útiles para organizar flujos de trabajo complejos, agregar demasiados pasos puede introducir complejidad innecesaria.

Problemas Potenciales:

- Los pipelines con demasiadas transformaciones o modelos pueden volverse difíciles de depurar y mantener.
- Sobrecargar el pipeline con pasos excesivos que no agregan valor puede ralentizar el rendimiento y aumentar el riesgo de errores.

Solución: Mantén tus pipelines limpios y enfocados en los pasos esenciales. Incluye solo las transformaciones que realmente mejoran el rendimiento del modelo o la eficiencia del preprocesamiento. Prueba cada paso de forma aislada para asegurarte de que es necesario y aporta valor al flujo de trabajo.

Al comprender estos posibles problemas e implementar buenas prácticas, puedes asegurarte de que tus flujos de trabajo de datos sean robustos y eficientes. Evitar estos errores te ayudará a crear pipelines escalables, precisos y listos para enfrentar desafíos de datos del mundo real.

Resumen del Capítulo 2: Optimización de Flujos de Trabajo de Datos

En este capítulo, exploramos conceptos y técnicas esenciales para optimizar los flujos de trabajo de datos, asegurando eficiencia, escalabilidad y rendimiento a medida que trabajas con conjuntos de datos más complejos. El capítulo se dividió en tres secciones principales, cada una enfocada en cómo usar y combinar herramientas poderosas como **Pandas**, **NumPy** y **Scikit-learn** para simplificar tareas de análisis de datos.

Comenzamos profundizando en la **manipulación avanzada de datos con Pandas**. Basándonos en operaciones básicas, aprendiste cómo filtrar datos utilizando múltiples condiciones, realizar agrupaciones y agregaciones multinivel, y reorganizar los datos con técnicas de pivoteo. Estos métodos son esenciales para manejar conjuntos de datos complejos y jerárquicos y transformar los datos en un formato que sea más fácil de analizar o visualizar. También exploraste el trabajo con datos de series temporales, utilizando técnicas como el remuestreo y cálculos de ventana móvil para manejar datos temporales de manera más eficiente. Además, discutimos estrategias de optimización de memoria para garantizar que tus flujos de trabajo con Pandas se mantengan rápidos y eficientes, especialmente al tratar con grandes volúmenes de datos.

Luego, nos enfocamos en **mejorar el rendimiento con NumPy**. Viste cómo las operaciones vectorizadas de NumPy superan significativamente a los bucles de Python tradicionales, especialmente al trabajar con grandes arreglos numéricos. NumPy te permite realizar operaciones matemáticas en conjuntos de datos completos de manera simultánea, lo que conduce a cálculos más rápidos y escalables. También aprendiste sobre **broadcasting**, una característica que permite aplicar operaciones entre matrices de diferentes formas sin problemas. Esta sección enfatizó la importancia de utilizar **tipos de datos optimizados** y almacenamiento en memoria contigua para reducir el uso de memoria manteniendo un alto rendimiento, especialmente para tareas de procesamiento de datos a gran escala.

Finalmente, cubrimos **la combinación de herramientas para un análisis eficiente**. Aquí, integramos Pandas, NumPy y Scikit-learn en un solo flujo de trabajo para mostrar cómo estas herramientas se complementan entre sí. Aprendiste a preprocesar datos con Pandas y NumPy, a crear características, y a construir modelos de aprendizaje automático usando Scikit-learn. También introdujimos los **pipelines de Scikit-learn**, que automatizan los procesos de preprocesamiento, transformación y modelado de datos en un flujo de trabajo unificado y simplificado. Esto permite un código más limpio y fácil de mantener y reduce la probabilidad de errores, como la fuga de datos.

A lo largo del capítulo, encontraste varios ejemplos prácticos de cómo aplicar estos conceptos en escenarios del mundo real. Al combinar las fortalezas de estas potentes bibliotecas, puedes optimizar tus flujos de trabajo de datos para un mejor rendimiento, precisión y escalabilidad. Estas habilidades serán cruciales a medida que sigas abordando tareas más complejas en ingeniería de características y aprendizaje automático en los próximos capítulos.

En la siguiente parte, profundizaremos en técnicas avanzadas de ingeniería de características, ampliando las bases que has desarrollado aquí para crear características que mejoren el rendimiento del modelo y ofrezcan perspectivas significativas a partir de tus datos.

Quiz Parte 1: Preparando el Terreno para un Análisis Avanzado

Este quiz te ayudará a reforzar los conceptos clave que has aprendido en **Capítulo 1: Introducción: Más allá de los Fundamentos** y **Capítulo 2: Optimización de Flujos de Trabajo de Datos**. Responde las siguientes preguntas para evaluar tu comprensión del material.

Pregunta 1: Manipulación Avanzada de Datos con Pandas

¿Cuál es la principal ventaja de usar Pandas para manipulación de datos en comparación con listas y diccionarios nativos de Python?

- a) Pandas ofrece capacidades de visualización integradas.
- b) Pandas puede manejar conjuntos de datos más grandes de manera eficiente con datos tabulares.
- c) Pandas escala automáticamente los modelos de aprendizaje automático.
- d) Pandas se integra mejor con bucles de Python para la manipulación de datos.

Pregunta 2: Filtrado Eficiente con Pandas

¿Cómo filtrarías un DataFrame de Pandas para incluir solo filas donde SalesAmount sea mayor que 200 y la columna Store sea igual a 'A'?

a)

```
df[(df['SalesAmount'] > 200) & (df['Store'] == 'A')]
```

b)

```
df.filter(SalesAmount > 200 & Store == 'A')
```

c)

```
df.query('SalesAmount > 200' & 'Store == "A"')
```

d)

```
df.where('SalesAmount' > 200 and df['Store'] == 'A')
```

Pregunta 3: Rendimiento con NumPy

¿Cuál de las siguientes operaciones **no** está optimizada por el enfoque vectorizado de NumPy?

- a) Suma elemento a elemento entre arreglos.
- b) Multiplicación de matrices.
- c) Iterar sobre elementos individuales con un bucle en Python.
- d) Aplicar transformaciones matemáticas (por ejemplo, np.log).

Pregunta 4: Broadcasting en NumPy

¿Qué significa el término **broadcasting** en NumPy?

- a) La capacidad de NumPy para paralelizar operaciones automáticamente en múltiples procesadores.
- b) El proceso por el cual NumPy aplica operaciones a arreglos de diferentes formas.
- c) La técnica de optimización que usa NumPy para almacenar arreglos en memoria.
- d) Un método para manejar valores faltantes en arreglos de NumPy.

Pregunta 5: Agrupación y Agregación en Pandas

Dado el siguiente DataFrame, ¿cómo calcularías el total y el promedio de PurchaseAmount agrupado por Category?

```
import pandas as pd

df = pd.DataFrame({
    'CustomerID': [1, 2, 3, 4],
    'Category': ['Electronics', 'Clothing', 'Electronics', 'Furniture'],
    'PurchaseAmount': [200, 100, 300, 400]
})
```

a)

```
df.groupby('Category').agg({'PurchaseAmount': ['sum', 'mean']})
```

b)

```
df.filter('Category').groupby('PurchaseAmount').sum().mean()
```

c)

```
df.pivot('Category').sum().mean('PurchaseAmount')
```

d)

```
df.sum().groupby('PurchaseAmount').mean('Category')
```

Pregunta 6: Pipelines de Scikit-learn

¿Cuál es uno de los beneficios clave de usar un **Pipeline de Scikit-learn**?

- a) Permite visualizar automáticamente tus datos después de cada paso.
- b) Permite encadenar múltiples pasos de preprocesamiento y entrenamiento de modelos en un solo flujo de trabajo.
- c) Reduce el uso de memoria de grandes conjuntos de datos al comprimirlos.
- d) Ajusta automáticamente los hiperparámetros para modelos de aprendizaje automático.

Pregunta 7: Fuga de Datos en Pipelines de Aprendizaje Automático

¿Qué es la **fuga de datos** y por qué es un problema al construir modelos de aprendizaje automático?

- a) Se refiere a la duplicación innecesaria de datos durante el entrenamiento del modelo, causando un uso alto de memoria.
- b) Ocurre cuando el modelo puede ver o aprender de los datos de prueba durante el entrenamiento, lo que lleva a resultados excesivamente optimistas.
- c) Sucede cuando faltan características en el conjunto de datos, lo que reduce la precisión del modelo.
- d) Se refiere a la corrupción de datos que ocurre cuando los conjuntos de datos se cargan incorrectamente en memoria.

Pregunta 8: Optimización de Memoria en Pandas

¿Cuál es el beneficio de **downcasting** de tipos de datos numéricos en Pandas?

- a) Aumenta la precisión de los cálculos.
- b) Reduce el uso de memoria de grandes conjuntos de datos.
- c) Permite a Pandas almacenar tipos de datos de cadena de forma más eficiente.
- d) Convierte automáticamente las columnas numéricas en columnas categóricas.

Pregunta 9: Creación de Características de Interacción

En la ingeniería de características, ¿cómo crearías una característica de interacción entre PurchaseAmount y Discount usando Pandas y NumPy?

a)

```
df['Interaction'] = df['PurchaseAmount'] + df['Discount']
```

b)

```
df['Interaction'] = df['PurchaseAmount'] * df['Discount']
```

c)

```
df['Interaction'] = df['PurchaseAmount'] / df['Discount']
```

d)

```
df['Interaction'] = np.add(df['PurchaseAmount'], df['Discount'])
```

Pregunta 10: Remuestreo de Datos de Series Temporales

Al trabajar con datos de series temporales en Pandas, ¿cómo remuestrearías datos diarios a datos mensuales y calcularías las ventas totales para cada mes?

a)

```
df.resample('M').sum()
```

b)

```
df.resample('D').sum('M')
```

c)

```
df.resample('W').groupby('M').sum()
```

d)

```
df.groupby('M').resample('D').sum()
```

Estas preguntas cubren los temas clave de **Parte 1: Preparando el Terreno para un Análisis Avanzado**. Al responderlas, puedes evaluar tu comprensión de la manipulación avanzada de datos con Pandas, la optimización de rendimiento con NumPy y la creación de flujos de trabajo eficientes con Scikit-learn. ¡Sigue practicando y no dudes en repasar los capítulos si es necesario!

Respuestas

Pregunta 1: Manipulación Avanzada de Datos con Pandas

Respuesta:

b) Pandas puede manejar conjuntos de datos más grandes de manera eficiente con datos tabulares.

Pregunta 2: Filtrado Eficiente con Pandas

Respuesta:

```
a) df[(df['SalesAmount'] > 200) & (df['Store'] == 'A')]
```

Pregunta 3: Rendimiento con NumPy

Respuesta:

c) Iterar sobre elementos individuales con un bucle en Python.

Pregunta 4: Broadcasting en NumPy

Respuesta:

b) El proceso por el cual NumPy aplica operaciones a arreglos de diferentes formas.

Pregunta 5: Agrupación y Agregación en Pandas

Respuesta:

a)

```
df.groupby('Category').agg({'PurchaseAmount': ['sum', 'mean']})
```

Pregunta 6: Pipelines de Scikit-learn

Respuesta:

b) Permite encadenar múltiples pasos de preprocesamiento y entrenamiento de modelos en un solo flujo de trabajo.

Pregunta 7: Fuga de Datos en Pipelines de Aprendizaje Automático

Respuesta:

b) Ocurre cuando el modelo puede ver o aprender de los datos de prueba durante el entrenamiento, lo que lleva a resultados excesivamente optimistas.

Pregunta 8: Optimización de Memoria en Pandas

Respuesta:

b) Reduce el uso de memoria de grandes conjuntos de datos.

Pregunta 9: Creación de Características de Interacción

Respuesta:

b)

```
df['Interaction'] = df['PurchaseAmount'] * df['Discount']
```

Pregunta 10: Remuestreo de Datos de Series Temporales

Respuesta:

a)

```
df.resample('M').sum()
```

Parte 2: Ingeniería de Características para Modelos Potentes

Proyecto 1: Predicción de Precios de Viviendas con Ingeniería de Características

Bienvenido al primer proyecto de esta sección, en el cual nos enfocaremos en aplicar técnicas de ingeniería de características para construir un modelo predictivo de precios de viviendas. En este proyecto, trabajarás con un conjunto de datos que contiene varias características de las viviendas, como ubicación, tamaño, número de habitaciones y otras características, y utilizarás esta información para predecir el precio de venta de cada propiedad.

Aunque construir modelos de machine learning es fundamental, la ingeniería de características es lo que a menudo marca la diferencia entre un buen modelo y un excelente modelo. Se trata de crear nuevas características significativas a partir de datos en bruto y transformar las características existentes para capturar patrones importantes. En este proyecto, explorarás una variedad de técnicas de ingeniería de características que te ayudarán a descubrir información oculta en los datos y a mejorar la precisión de tu modelo.

Comencemos explorando el conjunto de datos e identificando las características clave, seguidas de análisis detallados de las diversas técnicas de ingeniería de características que aumentarán el poder predictivo de tu modelo.

Descripción del Conjunto de Datos: Precios de Viviendas

El conjunto de datos con el que trabajaremos contiene varias columnas que representan características de las viviendas, tales como:

- **Metros cuadrados de la casa**
- **Número de dormitorios**
- **Número de baños**
- **Tamaño del terreno**
- **Año de construcción**
- **Ubicación (código postal)**

Nuestro objetivo es predecir la variable objetivo, **SalePrice** (precio de venta), en función de estas características. Sin embargo, antes de construir un modelo, necesitamos asegurarnos de que los datos estén en las mejores condiciones posibles mediante la limpieza, transformación y creación de características.

1. Exploración y Limpieza de Características

El primer paso en cualquier tarea de análisis de datos es comprender a fondo el conjunto de datos y prepararlo para el modelado. Esta fase crucial involucra varios componentes clave:

1. Exploración de Datos: Examinar la estructura, el contenido y las características del conjunto de datos. Esto incluye observar el número y tipo de características, el rango de valores y cualquier patrón o anomalía en los datos.
2. Identificación de Valores Faltantes: Evaluar la extensión y naturaleza de los datos faltantes. Este paso es crítico, ya que los valores faltantes pueden afectar significativamente el rendimiento del modelo y llevar a resultados sesgados si no se manejan adecuadamente.
3. Manejo de Valores Atípicos: Detectar y abordar valores extremos que podrían sesgar el análisis. Los valores atípicos pueden representar anomalías genuinas en los datos o errores que necesitan corrección.
4. Evaluación de la Calidad de los Datos: Evaluar la calidad y confiabilidad general de los datos, incluyendo la verificación de inconsistencias, duplicados o problemas de formato.
5. Análisis Inicial de Características: Comenzar a identificar características potencialmente importantes y sus relaciones con la variable objetivo (en este caso, los precios de las viviendas).

Al realizar estos pasos meticulosamente, establecemos una base sólida para las etapas posteriores de ingeniería de características y desarrollo del modelo, asegurando que nuestro análisis se base en datos limpios, confiables y bien comprendidos.

Paso 1: Cargar y Explorar los Datos

Comencemos cargando el conjunto de datos y observando las primeras filas para familiarizarnos con los datos.

Ejemplo de Código: Carga del Conjunto de Datos

```
import pandas as pd

# Load the house price dataset
df = pd.read_csv('house_prices.csv')

# View the first few rows of the dataset
print(df.head())
```

Después de cargar el conjunto de datos, verás varias columnas que representan diferentes características de las viviendas, incluida la variable objetivo, **SalePrice**. Este es un paso crucial para familiarizarte con la estructura de los datos, ya que ayuda a identificar cualquier problema que deba abordarse.

Paso 2: Manejo de Valores Faltantes

Los conjuntos de datos del mundo real a menudo contienen valores faltantes, los cuales pueden distorsionar significativamente los resultados de tu modelo si no se manejan adecuadamente. En el contexto de la predicción de precios de viviendas, los valores faltantes en columnas críticas como **LotSize** o **YearBuilt** pueden tener un impacto sustancial en la precisión de tus predicciones.

Por ejemplo, un valor faltante en **LotSize** podría llevar a subestimar o sobrestimar el valor de una propiedad, ya que el tamaño del terreno es a menudo un factor crucial en la determinación de los precios de las viviendas. De manera similar, un valor faltante en **YearBuilt** podría ocultar información importante sobre la antigüedad de la vivienda, que típicamente se correlaciona con su condición y valor de mercado.

Además, la forma en que manejas estos valores faltantes puede introducir sesgo en tu modelo. Por ejemplo, simplemente eliminar todas las filas con valores faltantes podría llevar a la pérdida de datos valiosos y potencialmente sesgar tu conjunto de datos hacia ciertos tipos de propiedades.

Por otro lado, imputar valores faltantes con promedios o medianas podría no representar con precisión la verdadera distribución de los datos. Por lo tanto, es crucial considerar cuidadosamente la naturaleza de cada característica y elegir estrategias apropiadas para manejar los valores faltantes, como el uso de técnicas de imputación más sofisticadas o la creación de variables indicadoras para señalar dónde faltaban datos.

Ejemplo de Código: Manejo de Valores Faltantes

```
# Check for missing values in the dataset
missing_values = df.isnull().sum()
print(missing_values[missing_values > 0])

# Example: Fill missing LotSize values with the median
df['LotSize'].fillna(df['LotSize'].median(), inplace=True)

# Example: Drop rows with missing values in critical columns like SalePrice
df.dropna(subset=['SalePrice'], inplace=True)
```

En este ejemplo:

- Primero verificamos los valores faltantes en el conjunto de datos y decidimos cómo manejarlos.
- Para columnas numéricas como **LotSize**, llenar los valores faltantes con la mediana es una buena estrategia, ya que la mediana es menos sensible a los valores atípicos en comparación con la media.
- Para columnas críticas como **SalePrice** (nuestra variable objetivo), a menudo es mejor eliminar las filas con valores faltantes, ya que imputar valores para la variable objetivo podría introducir sesgo.

Paso 3: Manejo de Valores Atípicos

Los valores atípicos son puntos de datos que se desvían significativamente de otras observaciones y pueden tener un impacto sustancial en el rendimiento de tu modelo si no se manejan adecuadamente. En el contexto de la predicción de precios de viviendas, los valores atípicos pueden surgir de varias fuentes y manifestarse de diferentes maneras:

- Valores Extremos: Un **SalePrice** excepcionalmente alto o un **LotSize** inusualmente grande podría sesgar la distribución general y llevar a predicciones sesgadas.
- Errores de Entrada de Datos: A veces, los valores atípicos resultan de simples errores de entrada de datos, como un cero extra agregado al precio o al metraje cuadrado.
- Propiedades Únicas: Casas de lujo o propiedades con características especiales podrían tener valores que aparezcan como atípicos en comparación con el mercado general de viviendas.
- Factores Temporales: Las viviendas vendidas durante épocas de auge o crisis económica podrían tener precios que parezcan atípicos cuando se observan en un marco temporal más amplio.

Identificar y manejar los valores atípicos requiere una consideración cuidadosa. Si bien eliminarlos puede mejorar el rendimiento del modelo, es crucial comprender la naturaleza de estos valores atípicos antes de decidir qué acción tomar. En algunos casos, los valores atípicos pueden contener información valiosa sobre las tendencias del mercado o características únicas de las propiedades que podrían ser beneficiosas para que tu modelo las aprenda.

Ejemplo de Código: Identificación y Manejo de Valores Atípicos

```
import numpy as np

# Identify outliers using the interquartile range (IQR) method
Q1 = df['SalePrice'].quantile(0.25)
Q3 = df['SalePrice'].quantile(0.75)
IQR = Q3 - Q1

# Define a threshold to identify outliers
```

```
outliers = df[(df['SalePrice'] < (Q1 - 1.5 * IQR)) | (df['SalePrice'] > (Q3 + 1.5 *
IQR))]

print(f"Number of outliers in SalePrice: {len(outliers)}")

# Remove the outliers
df = df[~((df['SalePrice'] < (Q1 - 1.5 * IQR)) | (df['SalePrice'] > (Q3 + 1.5 * IQR)))]
```

Aquí utilizamos el **método del Rango Intercuartílico (IQR)** para detectar valores atípicos en la columna SalePrice. El IQR es el rango entre el primer cuartil (Q1) y el tercer cuartil (Q3) de los datos. Los puntos de datos que se encuentran fuera de 1.5 veces el IQR desde Q1 o Q3 se consideran valores atípicos. Luego, eliminamos estos valores atípicos para evitar que distorsionen las predicciones del modelo.

Paso 4: Correlación de Características

Antes de sumergirnos en la ingeniería de características, es fundamental entender las relaciones complejas entre las características y la variable objetivo, **SalePrice**. El análisis de correlación es una herramienta poderosa en este proceso, ya que nos permite descubrir patrones y asociaciones ocultas en los datos. Al examinar estas correlaciones, podemos identificar qué características tienen el mayor impacto en los precios de las viviendas, proporcionando información valiosa que guiará nuestros esfuerzos de ingeniería de características.

Este análisis va más allá de las relaciones lineales simples. Nos ayuda a detectar interacciones complejas entre variables, revelando cómo diferentes características pueden trabajar juntas para influir en el valor de la propiedad. Por ejemplo, podríamos descubrir que la combinación de ubicación y tamaño de la casa tiene un impacto más significativo en el precio que cualquiera de estas características por sí sola. Estos conocimientos son invaluables al decidir qué características transformar o combinar en nuestro proceso de ingeniería.

Además, el análisis de correlación puede resaltar características redundantes o menos importantes, permitiéndonos simplificar nuestro conjunto de datos y concentrarnos en las variables más impactantes. Esto no solo mejora la eficiencia de nuestro modelo, sino que también ayuda a prevenir el sobreajuste al reducir el ruido en los datos. Al aprovechar estas correlaciones, podemos tomar decisiones informadas sobre la selección, transformación y creación de características, mejorando en última instancia el poder predictivo de nuestro modelo de precios de viviendas.

Ejemplo de Código: Análisis de Correlación

```
import seaborn as sns
import matplotlib.pyplot as plt

# Calculate the correlation matrix
correlation_matrix = df.corr()
```

```
# Visualize the correlation matrix using a heatmap
plt.figure(figsize=(10, 8))
sns.heatmap(correlation_matrix, annot=True, cmap='coolwarm')
plt.show()

# Focus on the correlation of each feature with SalePrice
print(correlation_matrix['SalePrice'].sort_values(ascending=False))
```

En este ejemplo:

- Se importan las bibliotecas necesarias: seaborn para visualización y matplotlib para gráficos.
- Se calcula la matriz de correlación usando df.corr(), que computa las correlaciones por pares entre todas las columnas numéricas del DataFrame.
- Se crea un mapa de calor de la matriz de correlación usando la función heatmap de seaborn. Esto proporciona una representación visual de cómo se correlacionan diferentes características entre sí.
- El mapa de calor se personaliza con anotaciones (annot=True) para mostrar los valores de correlación y usa un esquema de colores (cmap='coolwarm') para representar la intensidad de la correlación.
- Finalmente, se imprime la correlación de cada característica con la columna 'SalePrice', ordenada en orden descendente. Esto ayuda a identificar qué características tienen las correlaciones más fuertes, positivas o negativas, con los precios de las viviendas.

Este análisis es crucial para entender las relaciones entre características y puede guiar los esfuerzos de ingeniería de características en el modelo de predicción de precios de viviendas.

Conclusiones Clave

- La **limpieza y preparación de datos** forman la base de cualquier proyecto exitoso de machine learning. El manejo meticuloso de valores faltantes, el tratamiento de valores atípicos y la garantía de calidad de los datos no solo mejoran la confiabilidad de tu conjunto de datos, sino que también establecen una base sólida para un modelado preciso. Este paso crucial puede impactar significativamente en el rendimiento y la capacidad de generalización de tus modelos predictivos.
- El **análisis de correlación** sirve como una herramienta poderosa para obtener una comprensión más profunda de las relaciones intrincadas entre las características y la variable objetivo. Al examinar estas correlaciones, puedes descubrir patrones y asociaciones ocultas en los datos, orientando tus decisiones sobre qué características transformar, combinar o crear. Este análisis ayuda a priorizar las variables más influyentes e identificar problemas de multicolinealidad potenciales.

- Esta etapa inicial de exploración y preparación de datos sienta las bases para técnicas de ingeniería de características más sofisticadas. Proporciona el contexto y la comprensión necesarios para implementar eficazmente métodos avanzados como la creación de términos de interacción para capturar relaciones complejas, la codificación de variables categóricas para hacerlas adecuadas para algoritmos de machine learning, y la aplicación de transformaciones matemáticas a las características numéricas para captar mejor sus distribuciones subyacentes y sus relaciones con la variable objetivo.

2. Ingeniería de Características para la Predicción de Precios de Viviendas

Ahora que hemos limpiado el conjunto de datos y realizado una exploración inicial, es momento de sumergirnos en el proceso crucial de **ingeniería de características**. Este paso es donde el arte y la ciencia de la ciencia de datos realmente brillan, ya que transformamos datos crudos en características que representan de manera más precisa los patrones y relaciones subyacentes en nuestro problema de predicción de precios de viviendas.

La ingeniería de características no se trata solo de manipular datos; se trata de descubrir conocimientos ocultos y crear un conjunto de datos más rico y informativo para que nuestro modelo aprenda. Al elaborar cuidadosamente nuevas características y refinar las existentes, podemos mejorar significativamente la capacidad de nuestro modelo para captar relaciones complejas y matices en el mercado de viviendas que de otro modo pasarían desapercibidos.

En el ámbito de la predicción de precios de viviendas, la ingeniería de características puede involucrar una amplia gama de técnicas. Por ejemplo, podríamos crear características compuestas que combinen múltiples atributos, como un "índice de lujo" que considere acabados de alta calidad, singularidad arquitectónica y electrodomésticos de primera categoría. También podríamos desarrollar características que capturen tendencias del mercado incorporando datos históricos de precios e indicadores económicos locales, permitiendo a nuestro modelo comprender mejor la naturaleza dinámica de la valoración de bienes raíces.

En esta sección, exploraremos varias técnicas clave de ingeniería de características que son particularmente relevantes para nuestra tarea de predicción de precios de viviendas:

- Creación de nuevas características: Derivaremos información significativa a partir de puntos de datos existentes, como calcular la edad de una casa a partir de su año de construcción o determinar el precio por pie cuadrado.
- Codificación de variables categóricas: Transformaremos datos no numéricos, como nombres de vecindarios o tipos de propiedades, en un formato que nuestros algoritmos de machine learning puedan procesar eficazmente.
- Transformación de características numéricas: Aplicaremos operaciones matemáticas a nuestros datos numéricos para captar mejor sus relaciones con los precios de las

viviendas, como usar escalado logarítmico para características muy sesgadas como el tamaño del lote o el precio de venta.

Al dominar estas técnicas, podremos crear un conjunto de características que no solo represente las características obvias de una propiedad, sino que también capture dinámicas de mercado sutiles, tendencias de vecindario y otros factores que influyen en los precios de las viviendas. Este conjunto de características mejorado servirá como la base para construir un modelo predictivo altamente preciso y robusto.

2.1 Creación de Nuevas Características

La creación de nuevas características es un aspecto crucial de la ingeniería de características que implica derivar información significativa a partir de puntos de datos existentes. En el contexto de bienes raíces, este proceso es particularmente valioso, ya que nos permite captar factores complejos que influyen en los precios de las viviendas, más allá de las características evidentes como el metraje cuadrado y el número de habitaciones. Al sintetizar nuevas características, podemos proporcionar a nuestros modelos predictivos entradas más matizadas e informativas, permitiéndoles comprender mejor las complejidades de la valoración de propiedades.

Por ejemplo, podríamos crear características que reflejen la calidad de la ubicación de la propiedad combinando datos sobre comodidades cercanas, tasas de criminalidad y calificaciones de distritos escolares. Otro ejemplo podría ser un "índice de lujo" que considere acabados de alta gama, singularidad arquitectónica y electrodomésticos premium. También podríamos desarrollar características que capturen tendencias de mercado incorporando datos históricos de precios e indicadores económicos locales. Estas características elaboradas nos permiten encapsular conocimientos del dominio y dinámicas de mercado sutiles que pueden no ser evidentes en los datos crudos.

Además, la creación de características puede ayudar a abordar relaciones no lineales entre variables. Por ejemplo, el impacto de la edad de una propiedad en su precio podría no ser lineal: las casas muy antiguas podrían ser valiosas debido a su importancia histórica, mientras que las casas moderadamente antiguas podrían ser menos deseables. Al crear características que capturen estas relaciones matizadas, permitimos que nuestros modelos aprendan patrones de precios más precisos y sofisticados.

Ejemplo: Edad de la Casa

Una característica útil a crear es la **edad de la casa**, que se puede derivar de la columna **YearBuilt**. Generalmente, las casas más nuevas tienden a tener precios más altos debido a materiales mejores y diseños modernos.

Ejemplo de Código: Creación de la Característica Edad de la Casa

```
import pandas as pd

# Assuming the dataset has a YearBuilt column and the current year is 2024
```

```
df['HouseAge'] = 2024 - df['YearBuilt']

# View the first few rows to see the new feature
print(df[['YearBuilt', 'HouseAge']].head())
```

Este código crea una nueva característica llamada 'HouseAge' calculando la diferencia entre el año actual (asumido como 2024) y el año en que se construyó la casa. A continuación, se desglosa lo que hace el código:

- Primero, importa la biblioteca pandas, que se utiliza comúnmente para la manipulación de datos en Python.
- Asume que el conjunto de datos (representado por 'df') ya tiene una columna llamada 'YearBuilt' que contiene el año en que se construyó cada casa.
- El código crea una nueva columna 'HouseAge' restando el valor de 'YearBuilt' de 2024 (el año actual asumido). Este cálculo da la edad de cada casa en años.
- Finalmente, imprime las primeras filas del dataframe, mostrando tanto la columna 'YearBuilt' como la nueva columna 'HouseAge'. Esto permite verificar que la nueva característica se creó correctamente.

Este paso de ingeniería de características es valioso porque la edad de una casa puede ser un factor significativo en la determinación de su precio. Las casas más nuevas suelen tener precios más altos debido a diseños y materiales modernos, mientras que las casas muy antiguas podrían ser valiosas por razones históricas.

Al calcular la edad de la casa, añadimos una característica que puede ayudar al modelo a comprender cómo el paso del tiempo afecta los precios de las viviendas.

Ejemplo: Tamaño del Lote por Dormitorio

Otra característica que podemos crear es el **Tamaño del Lote por Dormitorio**, que representa la cantidad de terreno asociada con cada dormitorio. Esta característica puede ofrecer información sobre cómo la distribución del espacio en una propiedad afecta su valor.

Ejemplo de Código: Creación de la Característica Tamaño del Lote por Dormitorio

```
# Assuming the dataset has LotSize and Bedrooms columns
df['LotSizePerBedroom'] = df['LotSize'] / df['Bedrooms']

# View the first few rows to see the new feature
print(df[['LotSize', 'Bedrooms', 'LotSizePerBedroom']].head())
```

En este ejemplo, calculamos el tamaño del lote por dormitorio, lo cual puede proporcionar al modelo información más detallada sobre la distribución del espacio en la casa.

Este código crea una nueva característica llamada 'LotSizePerBedroom' dividiendo el 'LotSize' por el número de 'Bedrooms' para cada casa en el conjunto de datos. A continuación, se desglosa lo que hace el código:

- Asume que el conjunto de datos (representado por 'df') ya tiene columnas llamadas 'LotSize' y 'Bedrooms'.
- Crea una nueva columna 'LotSizePerBedroom' dividiendo el valor de 'LotSize' entre el valor de 'Bedrooms' para cada fila en el dataframe.
- Finalmente, imprime las primeras filas del dataframe, mostrando las columnas 'LotSize', 'Bedrooms' y la recién creada 'LotSizePerBedroom'. Esto permite verificar que la nueva característica se creó correctamente.

Este paso de ingeniería de características es valioso porque proporciona información sobre cómo la distribución del espacio en una propiedad afecta su valor. El tamaño del lote por dormitorio puede ser un factor importante en la determinación del precio de una casa, ya que representa la cantidad de terreno asociada a cada dormitorio. Esta nueva característica proporciona al modelo información más detallada sobre la distribución del espacio en la casa, lo que puede ayudar a mejorar la precisión predictiva en los precios de las viviendas.

2.2 Codificación de Variables Categóricas

En el ámbito del aprendizaje automático para la predicción de precios de viviendas, a menudo nos encontramos con variables categóricas, es decir, características que tienen un conjunto finito de valores posibles. Ejemplos incluyen **Ubicación (Código Postal)**, **Tipo de Edificio** o **Estilo Arquitectónico**. Estas variables presentan un desafío particular, ya que la mayoría de los algoritmos de aprendizaje automático están diseñados para trabajar con datos numéricos. Por lo tanto, necesitamos transformar estas características categóricas en un formato numérico que nuestros modelos puedan procesar eficazmente.

Este proceso de transformación se conoce como codificación y es un paso crucial en la preparación de nuestros datos para el análisis. Existen varios métodos de codificación disponibles, cada uno con sus propias ventajas y casos de uso ideales. Dos de las técnicas más comúnmente utilizadas son **one-hot encoding** y **label encoding**.

One-Hot Encoding es un método particularmente adecuado para variables categóricas sin un orden o jerarquía inherente. Esta técnica crea nuevas columnas binarias para cada categoría única dentro de una característica. Por ejemplo, si estamos trabajando con la característica **Barrio**, el one-hot encoding crearía columnas separadas para cada barrio en nuestro conjunto de datos. Una casa ubicada en un barrio específico tendría un '1' en la columna correspondiente y '0' en todas las demás columnas de barrios.

Este enfoque es especialmente valioso al trabajar con características como **Código Postal** o **Estilo Arquitectónico**, donde no existe un orden jerárquico entre categorías. El one-hot encoding permite que nuestro modelo trate cada categoría de manera independiente, lo cual puede ser crucial para capturar los efectos particulares de diferentes barrios o estilos en los precios de las viviendas.

Sin embargo, es importante tener en cuenta que el one-hot encoding puede aumentar significativamente la dimensionalidad de nuestro conjunto de datos, especialmente cuando se trata de categorías con muchos valores únicos. Esto puede llevar al "problema de la dimensionalidad" y puede requerir técnicas adicionales de selección de características para gestionar eficazmente el número aumentado de características.

Ejemplo de Código: One-Hot Encoding

```
# One-hot encode the 'Neighborhood' column
df_encoded = pd.get_dummies(df, columns=['Neighborhood'])

# View the first few rows of the encoded dataframe
print(df_encoded.head())
```

En este ejemplo:

La función get_dummies() crea nuevas columnas binarias para cada vecindario en el conjunto de datos. El modelo ahora puede usar esta información para diferenciar entre casas en distintos vecindarios.

Este código muestra cómo realizar one-hot encoding en una variable categórica, específicamente en la columna 'Neighborhood' de un conjunto de datos. A continuación, se explica lo que hace el código:

1. df_encoded = pd.get_dummies(df, columns=['Neighborhood']) Esta línea utiliza la función get_dummies() de pandas para crear columnas binarias para cada valor único en la columna 'Neighborhood'. Cada nueva columna representa un vecindario específico, y contendrá un 1 si una casa está en ese vecindario, y un 0 en caso contrario.
2. print(df_encoded.head()) Esta línea imprime las primeras filas del dataframe recién codificado, permitiéndote ver el resultado del one-hot encoding.

El one-hot encoding es particularmente útil para variables categóricas como 'Neighborhood', donde no hay un orden o jerarquía inherente entre las categorías. Esto permite que el modelo trate cada vecindario como una característica independiente, lo cual es crucial para capturar los efectos específicos de diferentes vecindarios en los precios de las viviendas.

Sin embargo, es importante notar que este método puede aumentar significativamente el número de columnas en tu conjunto de datos, especialmente si la variable categórica tiene muchos valores únicos. Esto podría llevar al "problema de la dimensionalidad" y requerir técnicas adicionales de selección de características para manejar el incremento en el número de características de manera efectiva.

Label Encoding

Otra opción es el **label encoding**, que convierte cada categoría en un entero único. Este método es particularmente útil cuando las categorías tienen un orden o jerarquía inherente. Por ejemplo, al trabajar con una característica como **Condition** (por ejemplo, pobre, promedio, buena, excelente), el label encoding puede capturar la naturaleza ordinal de los datos.

El label encoding asigna un entero único a cada categoría, preservando el orden relativo. Por ejemplo, 'pobre' podría codificarse como 1, 'promedio' como 2, 'buena' como 3 y 'excelente' como 4. Esta representación numérica permite que el modelo comprenda la progresión o jerarquía dentro de la característica.

Sin embargo, es importante notar que el label encoding debe usarse con cautela. Aunque funciona bien para datos ordinales, aplicarlo a categorías nominales (aquellas sin un orden natural) puede introducir relaciones no deseadas en los datos. Por ejemplo, codificar 'rojo', 'azul' y 'verde' como 1, 2 y 3 respectivamente podría llevar al modelo a suponer incorrectamente que 'verde' es más similar a 'azul' que a 'rojo'.

Al usar label encoding, es fundamental documentar el esquema de codificación y considerar su impacto en la interpretación del modelo. En algunos casos, una combinación de label encoding para características ordinales y one-hot encoding para características nominales puede proporcionar los mejores resultados.

Ejemplo de Código: Label Encoding

```
from sklearn.preprocessing import LabelEncoder

# Label encode the 'Condition' column
label_encoder = LabelEncoder()
df['ConditionEncoded'] = label_encoder.fit_transform(df['Condition'])

# View the first few rows to see the encoded column
print(df[['Condition', 'ConditionEncoded']].head())
```

En este ejemplo:

Usamos LabelEncoder para convertir la columna **Condition** en valores numéricos. Este enfoque es adecuado porque las condiciones de las casas pueden ordenarse en términos de calidad, de pobre a excelente.

Desglose del código:

- from sklearn.preprocessing import LabelEncoderEsta línea importa la clase LabelEncoder de scikit-learn, que se utiliza para convertir etiquetas categóricas en forma numérica.
- label_encoder = LabelEncoder()Esto crea una instancia de la clase LabelEncoder.
- df['ConditionEncoded'] = label_encoder.fit_transform(df['Condition'])Esta línea aplica la codificación de etiquetas a la columna 'Condition'. El método fit_transform() aprende

el esquema de codificación a partir de los datos y luego lo aplica, creando una nueva columna 'ConditionEncoded' con las etiquetas numéricas.

- print(df[['Condition', 'ConditionEncoded']].head())Esto imprime las primeras filas tanto de la columna original 'Condition' como de la nueva columna 'ConditionEncoded', permitiéndote ver el resultado de la codificación.

Este enfoque es particularmente útil para variables categóricas ordinales como las condiciones de las casas, donde existe un orden natural (por ejemplo, pobre, promedio, bueno, excelente). La codificación preserva este orden en la representación numérica.

2.3 Transformación de Características Numéricas

La transformación de características numéricas es un paso crucial para preparar los datos para los modelos de machine learning, especialmente cuando se trata de distribuciones sesgadas. Este proceso puede mejorar significativamente la capacidad del modelo para detectar patrones y relaciones dentro de los datos. Dos técnicas de transformación ampliamente utilizadas son el escalado logarítmico y la normalización.

Transformación Logarítmica

La transformación logarítmica es particularmente efectiva para características que presentan un amplio rango de valores o están fuertemente sesgadas. En el contexto de la predicción de precios de casas, características como **SalePrice** y **LotSize** suelen mostrar esta característica. Al aplicar una función logarítmica a estas variables, podemos comprimir la escala de valores grandes mientras ampliamos la escala de valores más pequeños. Esto tiene varios beneficios:

- Reducción del sesgo: Acerca la distribución a una distribución normal, lo cual es un supuesto de muchas técnicas estadísticas.
- Mitigación del impacto de los valores atípicos: Los valores extremos se acercan al resto de los datos, reduciendo su influencia desproporcionada en el modelo.
- Mejora de la linealidad: En algunos casos, puede ayudar a linearizar las relaciones entre variables, facilitando su captura por modelos lineales.

Por ejemplo, una casa con un precio de $1,000,000 y otra con un precio de $100,000 tendrían valores transformados logarítmicamente de aproximadamente 13.82 y 11.51 respectivamente, reduciendo la diferencia absoluta y manteniendo la relación relativa.

Sin embargo, es importante tener en cuenta que las transformaciones logarítmicas deben aplicarse con prudencia. Son más efectivas cuando los datos tienen un sesgo positivo y todos los valores son positivos. Además, interpretar los resultados de un modelo que usa características transformadas logarítmicamente requiere una consideración cuidadosa, ya que los efectos ya no están en la escala original.

Ejemplo de Código: Transformación Logarítmica

```
import numpy as np

# Apply a logarithmic transformation to SalePrice and LotSize
df['LogSalePrice'] = np.log(df['SalePrice'])
df['LogLotSize'] = np.log(df['LotSize'])

# View the first few rows to see the transformed features
print(df[['SalePrice', 'LogSalePrice', 'LotSize', 'LogLotSize']].head())
```

En este ejemplo:

Aplicamos np.log() a las columnas **SalePrice** y **LotSize**, transformándolas en un formato más cercano a una distribución normal. Esto puede ayudar al modelo a desempeñarse mejor al reducir la asimetría.

Este código muestra cómo aplicar una transformación logarítmica a características numéricas en un conjunto de datos, específicamente en las columnas 'SalePrice' y 'LotSize'. Aquí tienes un desglose de lo que hace el código:

- Primero, importa la biblioteca numpy como 'np', la cual proporciona funciones matemáticas, incluida la función de logaritmo.
- Luego, crea dos nuevas columnas en el dataframe:
  - 'LogSalePrice': Se crea aplicando el logaritmo natural (np.log()) a la columna 'SalePrice'.
  - 'LogLotSize': De manera similar, se crea aplicando el logaritmo natural a la columna 'LotSize'.
- Finalmente, imprime las primeras filas del dataframe, mostrando tanto las versiones originales como las transformadas con logaritmo de 'SalePrice' y 'LotSize'.

El propósito de esta transformación es reducir la asimetría en la distribución de los datos y potencialmente mejorar el rendimiento de los modelos de machine learning. La transformación logarítmica puede ser particularmente útil para características como precios de venta y tamaños de lote, que a menudo tienen rangos amplios y pueden estar sesgados positivamente.

Normalización

La normalización es una técnica crucial en la ingeniería de características que reescala los valores de las características numéricas a un rango estándar, típicamente entre 0 y 1. Este proceso es especialmente importante cuando se trabaja con características que tienen escalas o unidades de medida significativamente diferentes. Por ejemplo, en nuestro modelo de predicción de precios de casas, características como **LotSize** (que podría estar en miles de pies cuadrados) y **Bedrooms** (generalmente un número entero pequeño) existen en escalas muy diferentes.

La importancia de la normalización se hace evidente cuando consideramos cómo los algoritmos de machine learning procesan los datos. Muchos algoritmos, como los métodos basados en descenso de gradiente, son sensibles a la escala de las características de entrada. Cuando las características están en diferentes escalas, aquellas con magnitudes mayores pueden dominar el proceso de aprendizaje, lo que podría llevar a un rendimiento del modelo sesgado o subóptimo. Al normalizar todas las características a una escala común, aseguramos que cada característica contribuya proporcionalmente al proceso de aprendizaje del modelo.

Además, la normalización puede mejorar la velocidad de convergencia de los algoritmos de optimización utilizados en el entrenamiento de modelos de machine learning. Ayuda a crear un espacio de características más uniforme, lo que puede conducir a un entrenamiento del modelo más rápido y estable. Esto es particularmente beneficioso cuando se utilizan algoritmos como redes neuronales o máquinas de soporte vectorial.

En el contexto de nuestro modelo de predicción de precios de casas, normalizar características como **LotSize** y **Bedrooms** permite que el modelo las trate de manera equitativa, a pesar de sus diferencias inherentes en escala. Esto puede llevar a predicciones más precisas y a una mejor comprensión del impacto real de cada característica en los precios de las casas.

Ejemplo de Código: Normalización de Características Numéricas

```
from sklearn.preprocessing import MinMaxScaler

# Define the numerical columns to normalize
numerical_columns = ['LotSize', 'HouseAge', 'SalePrice']

# Initialize the MinMaxScaler
scaler = MinMaxScaler()

# Apply normalization
df[numerical_columns] = scaler.fit_transform(df[numerical_columns])

# View the first few rows of the normalized dataframe
print(df[numerical_columns].head())
```

En este ejemplo:

Usamos MinMaxScaler de Scikit-learn para normalizar las columnas numéricas seleccionadas. Esto asegura que todas las características numéricas estén en la misma escala, lo que puede mejorar el rendimiento de los algoritmos de machine learning.

Este código demuestra cómo normalizar características numéricas en un conjunto de datos usando MinMaxScaler de scikit-learn. Aquí tienes un desglose de lo que hace el código:

1. Importa MinMaxScaler desde sklearn.preprocessing.
2. Define una lista de columnas numéricas para normalizar: 'LotSize', 'HouseAge' y 'SalePrice'.

3. Inicializa el MinMaxScaler.
4. Aplica la normalización a las columnas seleccionadas usando fit_transform(). Esto escala los valores a un rango entre 0 y 1.
5. Imprime las primeras filas del dataframe normalizado para ver los resultados.

El propósito de esta normalización es llevar todas las características numéricas a la misma escala, lo que puede mejorar el rendimiento de los algoritmos de machine learning, especialmente aquellos sensibles a la escala de las características de entrada. Esto es particularmente útil al trabajar con características que tienen escalas o unidades de medida significativamente diferentes, como el tamaño del lote y la antigüedad de la casa.

Características de Interacción

Las características de interacción se crean combinando dos o más características existentes para capturar relaciones complejas entre ellas que puedan influir significativamente en la variable objetivo. En el contexto de la predicción de precios de casas, estas interacciones pueden revelar patrones matizados que las características individuales podrían pasar por alto. Por ejemplo, la interacción entre **Bedrooms** y **Bathrooms** puede ser un importante predictor de los precios de las casas, ya que captura la utilidad del espacio habitable en general.

Esta interacción va más allá de considerar simplemente el número de habitaciones o baños por separado. Una casa con 3 dormitorios y 2 baños podría valorarse de manera diferente a una casa con 2 dormitorios y 3 baños, aunque el número total de habitaciones sea el mismo. La característica de interacción puede capturar esta diferencia sutil, proporcionando potencialmente al modelo información más precisa para la predicción del precio.

Además, las interacciones también pueden ser valiosas entre otras características. Por ejemplo, la interacción entre **LotSize** y **Neighborhood** podría revelar que los tamaños de lotes más grandes son más valiosos en ciertos vecindarios que en otros. De manera similar, una interacción entre **HouseAge** y **Condition** podría ayudar al modelo a comprender cómo varía el impacto de la antigüedad de una casa en su precio dependiendo de su condición general.

Ejemplo de Código: Creación de una Característica de Interacción

```
# Create an interaction feature between Bedrooms and Bathrooms
df['BedroomBathroomInteraction'] = df['Bedrooms'] * df['Bathrooms']

# View the first few rows to see the new feature
print(df[['Bedrooms', 'Bathrooms', 'BedroomBathroomInteraction']].head())
```

En este ejemplo:

Creamos una característica de interacción que multiplica el número de dormitorios y baños. Esta característica captura la idea de que la combinación de estas dos variables puede influir en el precio de la casa más que cualquiera de ellas por separado.

Esto es lo que hace cada línea:

1. df['BedroomBathroomInteraction'] = df['Bedrooms'] * df['Bathrooms']Esta línea crea una nueva columna llamada 'BedroomBathroomInteraction' en el dataframe (df). Se calcula multiplicando los valores en la columna 'Bedrooms' con los valores correspondientes en la columna 'Bathrooms'.
2. print(df[['Bedrooms', 'Bathrooms', 'BedroomBathroomInteraction']].head())Esta línea imprime las primeras filas del dataframe, mostrando solo las columnas 'Bedrooms', 'Bathrooms' y la nueva columna 'BedroomBathroomInteraction'. Esto te permite ver el resultado de la creación de la característica de interacción.

El propósito de esta característica de interacción es capturar el efecto combinado de dormitorios y baños en los precios de las casas. Esto puede ser más informativo que considerar estas características por separado, ya que refleja la utilidad del espacio habitable en general de la casa.

El Poder de la Ingeniería de Características

La ingeniería de características es uno de los aspectos más críticos para construir modelos de machine learning potentes. Al crear nuevas características, transformar las existentes y codificar variables categóricas de manera efectiva, puedes mejorar significativamente el rendimiento de tus modelos. Las características que hemos discutido aquí—como **Edad de la Casa**, **Tamaño del Lote por Dormitorio**, **Transformaciones Logarítmicas** y **Características de Interacción**—son solo algunos ejemplos de cómo puedes transformar datos brutos en entradas significativas para tu modelo.

3. Construcción y Evaluación del Modelo Predictivo

Ahora que hemos creado y transformado nuestras características, estamos listos para pasar a la fase emocionante de construir un modelo predictivo para los precios de las casas. Este paso crucial implica aprovechar el poder de los algoritmos de machine learning para descubrir patrones en nuestros datos y hacer predicciones precisas de precios. Seguiremos un proceso completo que incluye la construcción del modelo, el entrenamiento y la evaluación.

Nuestra herramienta de elección para esta tarea es Scikit-learn, una poderosa y ampliamente utilizada biblioteca de machine learning en Python. Scikit-learn proporciona una gran variedad de algoritmos y utilidades que simplificarán nuestro proceso de modelado. Aquí tienes una visión general de los pasos clave que seguiremos:

- División de Datos: Comenzaremos dividiendo nuestro conjunto de datos en conjuntos de entrenamiento y prueba. Esta separación es crucial para evaluar cómo de bien se generaliza nuestro modelo a datos no vistos, simulando escenarios del mundo real en los que usaríamos el modelo para predecir precios de casas nuevas.

- Entrenamiento del Modelo: Hemos elegido el algoritmo Random Forest para nuestra tarea de regresión. Random Forest es un método de aprendizaje en conjunto que combina múltiples árboles de decisión, ofreciendo un rendimiento robusto y la capacidad de manejar relaciones complejas en los datos. Entrenaremos este modelo utilizando nuestras características elaboradas, permitiéndole aprender los patrones intrincados que influyen en los precios de las casas.
- Evaluación del Rendimiento: Una vez entrenado nuestro modelo, lo pondremos a prueba. Utilizaremos métricas de regresión comunes para cuantificar cómo de bien se alinean nuestras predicciones con los precios reales de las casas. Este paso es vital para entender las fortalezas del modelo y las posibles áreas de mejora.
- Ajuste de Hiperparámetros: Para exprimir un mejor rendimiento, exploraremos diferentes configuraciones de nuestro modelo Random Forest. Este proceso, conocido como ajuste de hiperparámetros, nos ayuda a encontrar las configuraciones óptimas para nuestro conjunto de datos específico.

Siguiendo este enfoque estructurado, no solo construiremos un modelo predictivo, sino que también obtendremos información sobre los factores que más influyen en los precios de las casas. Este conocimiento puede ser invaluable para profesionales del sector inmobiliario, propietarios de viviendas y posibles compradores.

3.1 División de Datos

Antes de sumergirnos en el entrenamiento de nuestro modelo, es fundamental preparar adecuadamente nuestros datos. Esta preparación implica dividir nuestro conjunto de datos en dos conjuntos distintos, cada uno con un propósito específico en el proceso de desarrollo del modelo:

1. **Conjunto de entrenamiento**: Esta parte más grande de los datos sirve como base para el aprendizaje de nuestro modelo. Es el conjunto de datos en el que entrenaremos nuestro modelo, permitiéndole identificar patrones y relaciones entre las características y los precios de las casas.
2. **Conjunto de prueba**: Esta parte más pequeña y separada de los datos actúa como una simulación de casas nuevas, no vistas. Usamos este conjunto para evaluar cómo de bien funciona nuestro modelo entrenado en datos que no ha encontrado durante la fase de entrenamiento, brindándonos una evaluación realista de sus capacidades predictivas.

Para lograr esta crucial división de datos, utilizaremos la potente función **train_test_split** de la biblioteca Scikit-learn. Esta función proporciona una forma directa y eficiente de dividir nuestro conjunto de datos de forma aleatoria, asegurando que tanto nuestro conjunto de entrenamiento como el de prueba sean representativos de la distribución general de los datos.

Ejemplo de Código: División de los Datos

```
from sklearn.model_selection import train_test_split

# Define the features (X) and the target variable (y)
X = df[['HouseAge', 'LotSizePerBedroom', 'LogLotSize', 'Bedrooms', 'Bathrooms', 'ConditionEncoded', 'BedroomBathroomInteraction']]
y = df['SalePrice']

# Split the data into training and testing sets (80% train, 20% test)
X_train, X_test, y_train, y_test = train_test_split(X, y, test_size=0.2, random_state=42)

# View the shape of the training and test sets
print(f"Training set shape: {X_train.shape}, Test set shape: {X_test.shape}")
```

En este ejemplo:

- Definimos las características que hemos diseñado en la sección anterior como X y la variable objetivo (SalePrice) como y.
- Dividimos el conjunto de datos en entrenamiento (80%) y prueba (20%) para asegurarnos de que nuestro modelo pueda generalizar a datos no vistos.

Aquí tienes un desglose de lo que hace el código:

- Importa la función train_test_split del módulo model_selection de scikit-learn.
- Define las características (X) y la variable objetivo (y). Las características incluyen las diseñadas, como 'HouseAge', 'LotSizePerBedroom', 'LogLotSize', entre otras.
- Utiliza la función train_test_split para dividir los datos en conjuntos de entrenamiento y prueba. El conjunto de prueba se establece como el 20% de los datos totales (test_size=0.2), mientras que el conjunto de entrenamiento será el 80% restante.
- random_state=42 asegura la reproducibilidad de la división.
- Finalmente, imprime las dimensiones de los conjuntos de entrenamiento y prueba para confirmar la división.

Esta división de datos es crucial para evaluar el rendimiento del modelo en datos no vistos, ayudando a determinar cómo de bien se generaliza.

3.2 Entrenamiento del Modelo de Random Forest

Una vez que los datos están divididos, podemos entrenar el modelo utilizando el algoritmo **Random Forest**. Random Forest es un popular algoritmo de machine learning para tareas de clasificación y regresión, y funciona creando un conjunto de árboles de decisión. Esta técnica poderosa combina múltiples árboles de decisión para producir una predicción más robusta y precisa.

El algoritmo Random Forest ofrece varias ventajas para nuestra tarea de predicción de precios de casas:

- Manejo de relaciones no lineales: Puede capturar interacciones complejas entre las características, lo cual es crucial en bienes raíces, donde factores como la ubicación, el tamaño y las comodidades pueden interactuar de maneras intrincadas.
- Importancia de las características: Random Forest proporciona una medida de la importancia de las características, ayudándonos a entender cuáles factores influyen más significativamente en los precios de las casas.
- Resistencia al sobreajuste: Al agregar predicciones de múltiples árboles, Random Forest es menos propenso al sobreajuste en comparación con un solo árbol de decisión.
- Manejo de valores faltantes: Puede manejar valores faltantes en los datos, algo común en los conjuntos de datos del mundo real.

En nuestra implementación, utilizaremos RandomForestRegressor de Scikit-learn, que nos permite entrenar y hacer predicciones fácilmente con este sofisticado algoritmo.

Ejemplo de Código: Entrenamiento del Modelo de Random Forest

```
from sklearn.ensemble import RandomForestRegressor

# Initialize the Random Forest Regressor
rf_model = RandomForestRegressor(random_state=42)

# Train the model on the training data
rf_model.fit(X_train, y_train)

# Make predictions on the test data
y_pred = rf_model.predict(X_test)

print("Model training complete.")
```

En este ejemplo:

- Inicializamos un **RandomForestRegressor** y ajustamos el modelo en los datos de entrenamiento.
- Después de entrenar, usamos el modelo entrenado para hacer predicciones en los datos de prueba.

Desglosemos este ejemplo de código:

- **Importación del módulo necesario:**from sklearn.ensemble import RandomForestRegressor Esta línea importa la clase RandomForestRegressor del módulo ensemble de scikit-learn.

- **Inicialización del modelo:**rf_model = RandomForestRegressor(random_state=42) Aquí, creamos una instancia de RandomForestRegressor. El parámetro random_state se establece para asegurar la reproducibilidad de los resultados.
- **Entrenamiento del modelo:**rf_model.fit(X_train, y_train) Esta línea entrena el modelo utilizando los datos de entrenamiento. X_train contiene los valores de las características, y y_train contiene los valores objetivo correspondientes (precios de las casas).
- **Realización de predicciones:**y_pred = rf_model.predict(X_test) Después del entrenamiento, usamos el modelo para hacer predicciones en los datos de prueba (X_test). Estas predicciones se almacenan en y_pred.
- **Mensaje de confirmación:**print("Model training complete.") Esto simplemente imprime un mensaje para confirmar que el proceso de entrenamiento del modelo ha finalizado.

Este fragmento de código demuestra el flujo básico de entrenamiento de un modelo Random Forest para la predicción de precios de casas: importación de la clase necesaria, inicialización del modelo, entrenamiento en los datos y uso del modelo para hacer predicciones.

3.3 Evaluación del Rendimiento del Modelo

Para evaluar el rendimiento de nuestro modelo de predicción de precios de casas, emplearemos dos métricas clave comúnmente usadas en tareas de regresión: el **Error Absoluto Medio (MAE)** y el **R-cuadrado (R^2)**. Estas métricas proporcionan información valiosa sobre diferentes aspectos de las capacidades predictivas de nuestro modelo:

- **Error Absoluto Medio (MAE)**: Esta métrica calcula la diferencia absoluta promedio entre los precios de las casas predichos y los precios reales. Proporciona una medida directa de precisión de la predicción en las mismas unidades que la variable objetivo (por ejemplo, dólares). Un MAE más bajo indica un mejor rendimiento del modelo, ya que sugiere errores de predicción menores en promedio.
- **R-cuadrado (R^2)**: También conocido como el coeficiente de determinación, R^2 mide la proporción de varianza en la variable objetivo (precios de casas) que puede explicarse mediante las características del modelo. Varía de 0 a 1, siendo 1 una predicción perfecta. Un R^2 de 0.7, por ejemplo, sugeriría que el 70 % de la variabilidad en los precios de las casas puede explicarse por las características del modelo.

Estas métricas se complementan entre sí, ofreciendo una visión completa del rendimiento del modelo. Mientras que el MAE proporciona una medida fácilmente interpretable del error de predicción, el R^2 nos ayuda a entender qué tan bien nuestro modelo captura los patrones subyacentes en los datos. Al analizar ambas métricas, podemos obtener una comprensión detallada de los puntos fuertes de nuestro modelo y de las posibles áreas de mejora en la predicción de los precios de las casas.

Ejemplo de Código: Evaluación del Modelo

```
from sklearn.metrics import mean_absolute_error, r2_score

# Calculate Mean Absolute Error
mae = mean_absolute_error(y_test, y_pred)

# Calculate R-squared
r2 = r2_score(y_test, y_pred)

print(f"Mean Absolute Error (MAE): {mae:.2f}")
print(f"R-squared (R²): {r2:.2f}")
```

En este ejemplo:

- **Error Absoluto Medio (MAE)** proporciona una medida directa de qué tan lejos están las predicciones en promedio. Un MAE más bajo indica un mejor rendimiento.
- **R-cuadrado (R^2)** es una medida de qué tan bien el modelo explica la varianza en la variable objetivo. Un R^2 cercano a 1 indica un buen ajuste.

Desglose del código:

- Primero, importa las funciones necesarias del módulo metrics de scikit-learn.
- Calcula el Error Absoluto Medio (MAE) usando la función mean_absolute_error. MAE mide la diferencia absoluta promedio entre los precios de casas predichos y reales.
- Luego calcula el R-cuadrado usando la función r2_score. R^2 indica qué tan bien el modelo explica la varianza en los precios de las casas.
- Finalmente, imprime ambas métricas, formateadas a dos decimales.

Estas métricas ayudan a evaluar el rendimiento del modelo:

- Un MAE más bajo indica un mejor rendimiento, ya que significa que las predicciones están más cerca de los precios reales en promedio.
- Un R^2 cercano a 1 indica un mejor ajuste, mostrando que el modelo explica más de la variabilidad en los precios de las casas.

Al usar ambas métricas, se obtiene una visión completa de las capacidades predictivas del modelo para los precios de las casas.

3.4 Ajuste de Hiperparámetros para Mejorar el Rendimiento

Los modelos Random Forest ofrecen una variedad de hiperparámetros que se pueden ajustar para mejorar el rendimiento. Estos hiperparámetros nos permiten controlar diversos aspectos del comportamiento y la estructura del modelo. Algunos hiperparámetros clave incluyen:

- **n_estimators**: Este parámetro determina la cantidad de árboles en el bosque. Aumentar el número de árboles puede mejorar el rendimiento, pero también incrementa el costo computacional.
- **max_depth**: Establece la profundidad máxima de cada árbol. Los árboles más profundos pueden capturar patrones más complejos, pero también pueden llevar a sobreajuste si no se controlan adecuadamente.
- **min_samples_split**: Este parámetro especifica el número mínimo de muestras necesarias para dividir un nodo interno. Ayuda a controlar el crecimiento del árbol y puede prevenir el sobreajuste.
- **min_samples_leaf**: Establece el número mínimo de muestras requeridas para estar en un nodo hoja. Al igual que min_samples_split, ayuda a controlar la complejidad del modelo.

Para encontrar la combinación óptima de estos hiperparámetros, podemos utilizar **GridSearchCV** de Scikit-learn. Esta herramienta realiza una búsqueda exhaustiva sobre una cuadrícula de parámetros especificada, utilizando validación cruzada para evaluar el rendimiento de cada combinación. Al explorar sistemáticamente el espacio de hiperparámetros, GridSearchCV nos ayuda a identificar la configuración que brinda el mejor rendimiento del modelo, típicamente medida mediante una métrica elegida, como el error absoluto medio o el R-cuadrado.

El proceso de ajuste de hiperparámetros es crucial porque nos permite adaptar el modelo Random Forest a nuestro conjunto de datos y problema específicos. Al ajustar estos parámetros, podemos lograr mejoras significativas en la precisión predictiva y la capacidad de generalización de nuestro modelo para la predicción de precios de casas.

Ejemplo de Código: Ajuste de Hiperparámetros con GridSearchCV

```
from sklearn.model_selection import GridSearchCV

# Define the hyperparameters to tune
param_grid = {
    'n_estimators': [100, 200, 300],
    'max_depth': [10, 20, 30, None]
}

# Initialize the GridSearchCV with RandomForestRegressor
grid_search = GridSearchCV(estimator=rf_model, param_grid=param_grid, cv=5,
scoring='neg_mean_absolute_error')

# Fit the grid search to the training data
grid_search.fit(X_train, y_train)

# Best hyperparameters
print(f"Best hyperparameters: {grid_search.best_params_}")
```

```
# Train the model with the best hyperparameters
best_rf_model = grid_search.best_estimator_

# Make predictions on the test data
best_y_pred = best_rf_model.predict(X_test)

# Evaluate the tuned model
best_mae = mean_absolute_error(y_test, best_y_pred)
best_r2 = r2_score(y_test, best_y_pred)

print(f"Tuned Model MAE: {best_mae:.2f}")
print(f"Tuned Model R²: {best_r2:.2f}")
```

En este ejemplo:

- **GridSearchCV** nos ayuda a buscar la mejor combinación de hiperparámetros (como el número de árboles y la profundidad del árbol) mediante validación cruzada.
- Luego, reentrenamos el modelo usando los mejores hiperparámetros encontrados y evaluamos nuevamente su rendimiento.

Desglose del código:

1. Importa GridSearchCV del módulo model_selection de scikit-learn.
2. Define una cuadrícula de parámetros con diferentes valores para n_estimators (número de árboles) y max_depth (profundidad máxima de los árboles).
3. Inicializa GridSearchCV con el modelo Random Forest (rf_model), la cuadrícula de parámetros, validación cruzada de 5 particiones, y mean_absolute_error como métrica de evaluación.
4. Ajusta la búsqueda en cuadrícula a los datos de entrenamiento (X_train, y_train).
5. Imprime los mejores hiperparámetros encontrados por la búsqueda en cuadrícula.
6. Crea un nuevo modelo (best_rf_model) utilizando los mejores hiperparámetros.
7. Realiza predicciones en los datos de prueba usando el modelo ajustado.
8. Evalúa el rendimiento del modelo ajustado utilizando las métricas de Error Absoluto Medio (MAE) y R-cuadrado (R^2).

Este proceso ayuda a encontrar los hiperparámetros óptimos para el modelo Random Forest, mejorando potencialmente su rendimiento en la predicción de precios de casas.

Construcción y Evaluación del Modelo

En esta sección, hemos explorado meticulosamente el proceso complejo de construir y evaluar un modelo predictivo para precios de casas. Nuestra jornada comenzó con el paso crucial de la partición de datos, donde dividimos cuidadosamente nuestro conjunto de datos en subconjuntos de entrenamiento y prueba. Esta división estratégica nos permitió construir nuestro modelo en una parte de los datos mientras reservábamos otra para una evaluación imparcial.

Luego, procedimos a aprovechar el poder del **algoritmo Random Forest**, un método sofisticado de aprendizaje en conjunto conocido por su robustez y versatilidad para manejar conjuntos de datos complejos. Esta elección de modelo fue particularmente acertada para nuestra tarea de predicción de precios de casas, dada su capacidad para capturar relaciones no lineales y manejar una combinación de características numéricas y categóricas.

Para medir la eficacia de nuestro modelo, empleamos dos métricas de rendimiento clave: el **Error Absoluto Medio (MAE)** y el **R-cuadrado (R^2)**. El MAE nos proporcionó una medida tangible de precisión en las predicciones, cuantificando la desviación promedio de nuestras predicciones respecto a los precios reales. Complementariamente, el R^2 nos ofreció información sobre qué tan bien nuestro modelo explicó la varianza en los precios de las casas, dándonos una visión holística de su poder predictivo.

Reconociendo que el modelo inicial podría no ser óptimo, nos adentramos en el ámbito de la **optimización de hiperparámetros**. Este paso crucial involucró aprovechar el poder de **GridSearchCV**, un enfoque sistemático para explorar varias combinaciones de parámetros del modelo. Al explorar metódicamente el espacio de hiperparámetros predefinido, pudimos identificar la configuración que brindaba el mejor rendimiento, ajustando así nuestro modelo Random Forest para adecuarse mejor a las particularidades de nuestro conjunto de datos específico.

Es importante destacar que el éxito de nuestro modelo no se debió únicamente a la elección del algoritmo o al proceso de ajuste. Las técnicas de ingeniería de características que aplicamos anteriormente en nuestro flujo de trabajo jugaron un papel fundamental en la mejora del rendimiento del modelo. Al crear características nuevas e informativas y codificar adecuadamente las variables categóricas, proporcionamos a nuestro modelo una representación más rica y matizada de los datos. Este proceso de creación y transformación de características fue instrumental para capturar patrones sutiles y relaciones dentro del conjunto de datos.

Gracias a nuestra comprensión profunda de la interacción entre varias características y la variable objetivo (precios de casas), pudimos construir un modelo que no solo capturó tendencias evidentes, sino que también detectó influencias más sutiles en los valores de las propiedades. Este enfoque integral hacia la ingeniería de características y el desarrollo del modelo resultó en una herramienta predictiva capaz de generar estimaciones de precios de casas más precisas y confiables.

En esencia, esta sección ha demostrado la sinergia entre una preparación de datos cuidadosa, técnicas de modelado sofisticadas, y procesos de evaluación y ajuste meticulosos. El resultado es un modelo robusto y bien calibrado que está listo para proporcionar valiosas ideas sobre la dinámica compleja de los precios de las viviendas.

4. Finalización del Proyecto de Predicción de Precios de Casas

Ahora que hemos completado los pasos principales en la construcción y evaluación de un modelo predictivo, es momento de cerrar el proyecto con un resumen y consideraciones finales. Esto incluye reflexionar sobre lo que hemos logrado, áreas para futuras mejoras, y los aprendizajes clave de todo el proceso. La ingeniería de características, la construcción de modelos, y la evaluación son tareas iterativas, y siempre hay margen para refinar el rendimiento del modelo.

4.1 Resumen del Proyecto

En este proyecto, tomamos un conjunto de datos de precios de casas y diseñamos características que podrían ayudar a predecir la variable objetivo, **SalePrice**. Aquí hay un resumen de lo que hicimos:

1. **Exploración y Limpieza de Datos**:
    - Cargamos el conjunto de datos y manejamos valores faltantes llenándolos con estadísticas apropiadas o eliminando filas cuando fue necesario.
    - Se identificaron y eliminaron valores atípicos utilizando el método **Rango Intercuartílico (IQR)** para asegurarnos de que no distorsionaran las predicciones del modelo.
    - Realizamos un análisis de correlación para comprender las relaciones entre las características y la variable objetivo, dándonos una idea de qué características serían más valiosas para nuestro modelo.
2. **Ingeniería de Características**:
    - Creamos nuevas características, como **HouseAge**, **LotSize por Bedroom**, y **BedroomBathroomInteraction**, para capturar relaciones significativas en los datos que podrían influir en los precios de las casas.
    - Aplicamos transformaciones como el **escalado logarítmico** para manejar características sesgadas y mejorar la capacidad del modelo para generalizar.
    - Las variables categóricas fueron codificadas usando tanto **one-hot encoding** como **label encoding** para convertir características no numéricas en un formato que nuestro modelo pudiera usar.
3. **Construcción y Evaluación del Modelo**:

- Usando un **Random Forest Regressor**, entrenamos un modelo predictivo y evaluamos su rendimiento utilizando las métricas **Mean Absolute Error (MAE)** y **R-squared (R^2)**.
- Ajustamos los hiperparámetros del modelo usando **GridSearchCV**, lo que mejoró aún más el rendimiento al encontrar el número óptimo de árboles y la profundidad de los árboles.

4. **Evaluación del Modelo**:
   - Nuestro modelo inicial proporcionó buenas predicciones, y después de ajustar los hiperparámetros, pudimos reducir el **Error Absoluto Medio (MAE)** y lograr un modelo más preciso.

4.2 Áreas de Mejora

Si bien nuestro modelo tuvo un buen desempeño, existen varios pasos adicionales que podríamos tomar para mejorar aún más el rendimiento:

- **Selección de Características**: Hemos diseñado varias características, pero no todas pueden contribuir de igual manera al rendimiento del modelo. Usando técnicas como **feature importance** de Random Forest o **Recursive Feature Elimination (RFE)**, podríamos identificar y conservar las características más impactantes mientras eliminamos las que añaden ruido.
- **Ingeniería de Características Avanzada**: Existen técnicas de ingeniería de características más avanzadas que podríamos aplicar, como **características polinómicas** o la creación de **términos de interacción** entre múltiples variables. Esto podría ayudar al modelo a capturar relaciones no lineales entre características y la variable objetivo.
- **Regularización y Modelos en Conjunto**: Más allá de Random Forest, podríamos experimentar con otros algoritmos como **Gradient Boosting Machines (GBM)**, **XGBoost**, o **LightGBM**, que podrían arrojar mejores resultados. Las técnicas de regularización como **Lasso** o **Ridge Regression** también podrían ayudar a prevenir el sobreajuste y mejorar la generalización del modelo.
- **Validación Cruzada**: Si bien usamos una división de entrenamiento y prueba para evaluar el modelo, la validación cruzada proporcionaría una medida más robusta del rendimiento del modelo. Usando k-fold cross-validation, podemos asegurar que el modelo generalice bien a diferentes subconjuntos de los datos.

4.3 Puntos Clave

- **La ingeniería de características es clave**: El proceso de crear y transformar características a partir de datos sin procesar es crucial para el éxito de cualquier modelo de Machine Learning. Las características que diseñamos en este proyecto, como **HouseAge** y **LotSize por Bedroom**, mejoraron significativamente el poder predictivo del modelo.

- **Evaluación y ajuste del modelo importan**: Construir un modelo de Machine Learning no es un proceso de un solo paso. Requiere una evaluación y ajuste continuos para lograr un rendimiento óptimo. El ajuste de hiperparámetros nos permitió ajustar el modelo Random Forest para obtener mejores resultados.
- **Entender los datos es fundamental**: A lo largo del proyecto, dedicamos tiempo significativo a explorar y limpiar los datos. Manejar valores faltantes, detectar valores atípicos, y realizar un análisis de correlación nos dio una visión más profunda del conjunto de datos y guió nuestros esfuerzos de ingeniería de características.

4.4 Próximos Pasos

Si se continuara con este proyecto, algunos próximos pasos podrían incluir:

- Explorar **conjuntos de datos adicionales** para expandir los datos de entrenamiento del modelo.
- Implementar **validación cruzada** para obtener métricas de rendimiento más confiables.
- Experimentar con **diferentes algoritmos de aprendizaje automático**, como **XGBoost** o **Gradient Boosting**.
- Aplicar **técnicas de regularización** para evitar el sobreajuste y asegurar que el modelo funcione bien con nuevos datos.

Conclusión

Este proyecto sirve como una demostración convincente del inmenso potencial que posee la ingeniería de características en el ámbito de la modelización predictiva. El viaje desde la limpieza y exploración inicial de datos hasta el intrincado proceso de creación de características y construcción de modelos no es simplemente una secuencia de pasos, sino un enfoque holístico que mejora nuestra comprensión de los datos al tiempo que aumenta el rendimiento del modelo. Cada fase de este proceso, desde manejar valores faltantes y valores atípicos hasta crear características novedosas y ajustar los parámetros del modelo, contribuye significativamente al desarrollo de una herramienta predictiva robusta y precisa.

Al adherirnos a un enfoque estructurado y metódico a lo largo de este proyecto, hemos logrado construir un modelo capaz de generar predicciones precisas de precios de casas basado en un rico conjunto de características diseñadas. Este logro subraya el papel fundamental que desempeña la ingeniería de características en cerrar la brecha entre datos sin procesar y conocimientos significativos. El proceso de transformar y combinar variables existentes para crear características nuevas y más informativas ha demostrado ser instrumental en la captura de las relaciones matizadas dentro del conjunto de datos, lo que permite que nuestro modelo discierna patrones que de otro modo podrían permanecer ocultos.

A medida que miramos hacia futuros proyectos, las técnicas y conocimientos adquiridos en este proyecto serán sin duda invaluables. Los principios de ingeniería de características demostrados aquí pueden aplicarse fácilmente a una amplia variedad de conjuntos de datos y desafíos, que van desde la predicción financiera hasta la analítica en salud. Con el conocimiento de que las características bien diseñadas son la base de modelos excepcionales, los científicos de datos y analistas pueden abordar incluso los conjuntos de datos más complejos con confianza. La capacidad de diseñar características relevantes no solo mejora el rendimiento del modelo, sino que también profundiza nuestra comprensión de los fenómenos subyacentes que buscamos predecir o explicar.

En esencia, este proyecto sirve como testimonio del poder transformador de la ingeniería de características en el flujo de trabajo de ciencia de datos. Resalta cómo una combinación de conocimientos del dominio, pensamiento creativo y rigor analítico puede desbloquear todo el potencial de nuestros datos, abriendo el camino hacia predicciones más precisas y conocimientos más profundos. A medida que continuamos expandiendo los límites de lo que es posible en la modelización predictiva, las lecciones aprendidas de este proyecto de predicción de precios de casas sin duda servirán como una base valiosa para enfrentar desafíos cada vez más sofisticados en el cambiante panorama de la ciencia de datos y Machine Learning.

Capítulo 3: El Papel de la Ingeniería de Características en Machine Learning

La ingeniería de características es a menudo considerada el "ingrediente secreto" que eleva los modelos de machine learning de buenos a excepcionales. Este proceso crucial implica el arte y la ciencia de transformar datos en bruto y sin procesar en un conjunto de características significativas que pueden mejorar significativamente las capacidades de aprendizaje de los algoritmos de machine learning.

Al crear cuidadosamente estas características, los científicos de datos permiten que sus modelos descubran patrones, relaciones e ideas ocultas que, de otro modo, podrían permanecer oscurecidos en los datos en bruto. Si bien los algoritmos avanzados son indudablemente importantes, su efectividad está fundamentalmente limitada por la calidad y relevancia de los datos que se les proporcionan.

Es precisamente por esto que la **ingeniería de características** es ampliamente considerada como uno de los pasos más fundamentales e impactantes en toda la pipeline de machine learning, a menudo marcando la diferencia entre un modelo que simplemente funciona de forma adecuada y uno que realmente sobresale.

A lo largo de este capítulo, profundizaremos en la importancia multifacética de la ingeniería de características, explorando su profundo impacto en el rendimiento de los modelos en varios dominios y aplicaciones. Examinaremos cómo las características bien diseñadas pueden mejorar dramáticamente la precisión, interpretabilidad y capacidad de generalización de un modelo.

Además, te presentaremos una diversa gama de técnicas y estrategias que los científicos de datos emplean para transformar datos en bruto en características predictivas poderosas. Estos métodos van desde transformaciones matemáticas simples hasta conocimientos complejos específicos del dominio, todos destinados a liberar el potencial completo de tus datos.

Al comenzar este viaje, empezaremos examinando a fondo por qué la ingeniería de características es un componente tan crítico en el mundo de machine learning, y cómo dominar esta habilidad puede distinguirte como científico de datos.

3.1 Por Qué la Ingeniería de Características Importa

En su esencia, la ingeniería de características trata de transformar datos en bruto en un formato que los algoritmos de machine learning puedan procesar y aprender efectivamente. Este paso crucial cierra la brecha entre los datos complejos y desordenados del mundo real y la entrada estructurada que requieren los algoritmos. Si bien algoritmos como los árboles de decisión, Random Forest y redes neuronales son increíblemente poderosos, su rendimiento depende en gran medida de la calidad y relevancia de los datos de entrada.

La ingeniería de características implica una variedad de técnicas, desde transformaciones simples hasta conocimientos específicos del dominio. Por ejemplo, puede involucrar escalar características numéricas, codificar variables categóricas o crear características completamente nuevas que capturen relaciones importantes en los datos. El objetivo es resaltar la información y los patrones más relevantes, facilitando al algoritmo su identificación y aprendizaje.

La importancia de la ingeniería de características no puede ser subestimada. Incluso los algoritmos más avanzados lucharán por rendir bien si las características no capturan adecuadamente los aspectos relevantes de los datos. Esto se debe a que los modelos de machine learning, en su núcleo, son sistemas de reconocimiento de patrones. Solo pueden reconocer patrones en los datos que se les dan. Si los patrones importantes están oscurecidos o no están representados en las características, el modelo fallará en aprenderlos, independientemente de su sofisticación.

Además, una buena ingeniería de características puede a menudo compensar modelos más simples. En muchos casos, un modelo simple con características bien diseñadas puede superar a un modelo complejo trabajando con datos en bruto y sin procesar. Esto subraya el papel crítico que juega la ingeniería de características en el éxito general de un proyecto de machine learning.

3.1.1 El Impacto de las Características en el Rendimiento del Modelo

Considera un escenario en el que se te asigna la tarea de predecir los precios de casas. Sin información crucial como la superficie, el número de habitaciones o la ubicación, incluso el modelo más sofisticado fallaría. Aquí es donde entra en juego la ingeniería de características. Es el proceso de transformar datos en bruto en un formato que resalta la información más relevante para tu modelo.

La ingeniería de características te permite crear nuevas características que capturen relaciones importantes en los datos. Por ejemplo, podrías crear una característica de "precio por pie cuadrado" dividiendo el precio de la casa por su superficie. Esta nueva característica podría proporcionar ideas valiosas que los datos en bruto por sí solos no revelan.

El impacto de la ingeniería de características en el rendimiento del modelo puede ser dramático. Las características bien diseñadas pueden aumentar significativamente la precisión y el poder predictivo de un modelo. Pueden ayudar al modelo a identificar patrones y relaciones sutiles que, de otro modo, pasarían desapercibidos. Por otro lado, las características mal diseñadas pueden conducir a una serie de problemas:

- Subajuste: Si las características no capturan adecuadamente la complejidad de las relaciones subyacentes, el modelo puede ser demasiado simplista y no capturar patrones importantes en los datos.
- Sobreajuste: Por el contrario, si las características son demasiado específicas para los datos de entrenamiento, el modelo puede funcionar bien en esos datos, pero no generalizar bien a nuevos datos no vistos.
- Predicciones engañosas: Las características que introducen ruido o información irrelevante pueden desviar al modelo, resultando en predicciones que no reflejan con precisión las verdaderas relaciones en los datos.

En esencia, la ingeniería de características trata de transformar tus datos para hacerlos más informativos y más fáciles para que tu modelo aprenda de ellos. Es un paso crítico en la pipeline de machine learning que a menudo marca la diferencia entre un modelo que simplemente funciona y uno que realmente sobresale.

Desglosemos por qué la ingeniería de características es tan crítica:

1. La Calidad de los Datos Afecta Directamente la Calidad del Modelo

Los modelos de machine learning dependen fundamentalmente de la calidad y relevancia de los datos en los que se entrenan. Este principio subraya la importancia crítica de la ingeniería de características en la pipeline de machine learning. Incluso los algoritmos más avanzados y sofisticados pueden fallar en producir resultados significativos si los datos de entrada carecen de patrones informativos o contienen ruido irrelevante. La ingeniería de características aborda este desafío transformando los datos en bruto en un conjunto de características significativas que capturan efectivamente las relaciones y patrones subyacentes en el conjunto de datos.

Este proceso involucra una variedad de técnicas, desde transformaciones matemáticas simples hasta conocimientos específicos del dominio. Por ejemplo, la ingeniería de características podría incluir:

- Escalar características numéricas para asegurar que estén en rangos comparables
- Codificar variables categóricas para hacerlas adecuadas para los algoritmos de machine learning
- Crear términos de interacción para capturar relaciones entre múltiples características
- Aplicar conocimientos del dominio para derivar características nuevas y más informativas a partir de las existentes

Al crear cuidadosamente estas características, los científicos de datos pueden mejorar significativamente las capacidades de aprendizaje de sus modelos. Las características bien diseñadas pueden revelar patrones ocultos, enfatizar relaciones importantes y, en última instancia, conducir a predicciones más precisas y robustas. Este proceso no solo mejora el rendimiento del modelo, sino que a menudo resulta en modelos que son más interpretables y generalizables a nuevos datos no vistos.

2. Mejorando la Interpretabilidad del Modelo

Las características bien diseñadas no solo mejoran la precisión del modelo, sino que también lo hacen más interpretable. Esta interpretabilidad mejorada es crucial por varias razones:

1. Transparencia: Cuando las características son significativas y bien estructuradas, es más fácil entender cómo el modelo llega a sus predicciones. Esta transparencia es vital para generar confianza en el proceso de toma de decisiones del modelo.
2. Explicabilidad: Las características bien diseñadas permiten explicaciones más claras de por qué se están produciendo ciertos resultados. Esto es especialmente importante en industrias como la salud y las finanzas, donde entender la razón detrás de una predicción puede tener consecuencias importantes.
3. Cumplimiento Regulatorio: En muchas industrias reguladas, hay una demanda creciente de "IA explicable". Las características bien diseñadas contribuyen a cumplir con estos requisitos regulatorios al facilitar la auditoría y validación de las decisiones del modelo.
4. Depuración y Mejora: Cuando las características son interpretables, es más fácil identificar posibles sesgos o errores en el modelo. Esto facilita una depuración más efectiva y una mejora continua del modelo.
5. Comunicación con las Partes Interesadas: Las características interpretables facilitan la comunicación de ideas del modelo a las partes interesadas no técnicas, cerrando la brecha entre los científicos de datos y los responsables de la toma de decisiones.
6. Consideraciones Éticas: En aplicaciones sensibles, como la justicia penal o la aprobación de préstamos, las características interpretables ayudan a asegurar que las decisiones del modelo sean justas y no sesgadas.

Al enfocarse en crear características significativas y bien estructuradas, los científicos de datos pueden desarrollar modelos que no solo funcionan bien, sino que también proporcionan valiosas ideas sobre los patrones y relaciones subyacentes en los datos. Este enfoque conduce a soluciones de machine learning más robustas, confiables y accionables.

3. Mejorando la Generalización

La ingeniería de características juega un papel crucial en mejorar la capacidad de un modelo para generalizar a datos no vistos. Al transformar datos en bruto en características que representan con precisión relaciones del mundo real, creamos una base más robusta para el aprendizaje. Este proceso implica identificar y enfatizar la estructura subyacente de los datos, lo cual va más allá de patrones superficiales o ruido.

Por ejemplo, en nuestro caso de predicción de precios de casas, crear una característica de "precio por pie cuadrado" captura una relación fundamental que existe en varios tipos de propiedades. Esta característica es probable que siga siendo relevante incluso cuando el modelo encuentre nuevas casas que no haya visto antes.

Además, la ingeniería de características a menudo involucra conocimientos del dominio, lo que permite incorporar conocimientos valiosos que podrían no ser inmediatamente evidentes en los datos en bruto. Por ejemplo, sabiendo que la antigüedad de una casa impacta significativamente en su valor, podemos crear una característica de "Edad de la Casa". Este tipo de característica es probable que sea relevante en diferentes conjuntos de datos y áreas geográficas, mejorando la capacidad del modelo para hacer predicciones precisas en nuevos datos.

Al enfocarse en estas características significativas y generalizables, reducimos el riesgo de sobreajuste a ruido o peculiaridades específicas de los datos de entrenamiento. Como resultado, los modelos entrenados en características bien diseñadas están mejor equipados para capturar las verdaderas relaciones subyacentes en los datos, conduciendo a un mejor rendimiento en ejemplos nuevos y no vistos en varios escenarios y aplicaciones.

Ejemplo: Predicción de Precios de Casas con y sin Ingeniería de Características

Veamos un ejemplo concreto de cómo la ingeniería de características impacta en el rendimiento del modelo. Usaremos un conjunto de datos de precios de casas y compararemos el rendimiento de dos modelos:

- Modelo 1: Entrenado sin ingeniería de características.
- Modelo 2: Entrenado con ingeniería de características.

Ejemplo de Código: Modelo sin Ingeniería de Características

```
import pandas as pd
import numpy as np
from sklearn.model_selection import train_test_split
from sklearn.ensemble import RandomForestRegressor
from sklearn.metrics import mean_absolute_error, mean_squared_error, r2_score
from sklearn.preprocessing import StandardScaler
import matplotlib.pyplot as plt

# Load the dataset
df = pd.read_csv('house_prices.csv')

# Display basic information about the dataset
print(df.info())
print("\\nSample data:")
print(df.head())

# Define the features and target variable without any transformations
X = df[['SquareFootage', 'Bedrooms', 'Bathrooms', 'LotSize', 'YearBuilt']]
```

```
y = df['SalePrice']

# Split the data into training and testing sets
X_train, X_test, y_train, y_test = train_test_split(X, y, test_size=0.2,
random_state=42)

# Scale the features
scaler = StandardScaler()
X_train_scaled = scaler.fit_transform(X_train)
X_test_scaled = scaler.transform(X_test)

# Train a Random Forest model
rf_model = RandomForestRegressor(n_estimators=100, random_state=42)
rf_model.fit(X_train_scaled, y_train)

# Make predictions
y_pred = rf_model.predict(X_test_scaled)

# Evaluate the model
mae = mean_absolute_error(y_test, y_pred)
mse = mean_squared_error(y_test, y_pred)
rmse = np.sqrt(mse)
r2 = r2_score(y_test, y_pred)

print(f"\\nModel Performance:")
print(f"Mean Absolute Error: ${mae:.2f}")
print(f"Root Mean Squared Error: ${rmse:.2f}")
print(f"R-squared Score: {r2:.4f}")

# Feature importance
feature_importance = pd.DataFrame({
    'feature': X.columns,
    'importance': rf_model.feature_importances_
}).sort_values('importance', ascending=False)

print("\\nFeature Importance:")
print(feature_importance)

# Visualize predictions vs actual
plt.figure(figsize=(10, 6))
plt.scatter(y_test, y_pred, alpha=0.5)
plt.plot([y_test.min(), y_test.max()], [y_test.min(), y_test.max()], 'r--', lw=2)
plt.xlabel("Actual Price")
plt.ylabel("Predicted Price")
plt.title("Actual vs Predicted House Prices")
plt.tight_layout()
plt.show()
```

Este ejemplo de código proporciona un enfoque integral para construir y evaluar un modelo de machine learning para la predicción de precios de casas.

Desglosemos los componentes clave y las adiciones:

1. Carga y Exploración de Datos:
   - Cargamos el conjunto de datos usando pandas y mostramos información básica sobre él usando df.info() y df.head(). Esto nos ayuda a entender la estructura y el contenido de nuestros datos.
2. Selección de Características:
   - Hemos añadido 'YearBuilt' a nuestro conjunto de características, lo cual podría ser un factor importante para determinar los precios de las casas.
3. División de Datos:
   - Los datos se dividen en conjuntos de entrenamiento y prueba usando train_test_split(), con un 80% para el entrenamiento y un 20% para la prueba.
4. Escalado de Características:
   - Introducimos StandardScaler() para normalizar nuestras características. Esto es importante porque los modelos de Random Forest pueden ser sensibles a la escala de las características de entrada.
5. Entrenamiento del Modelo:
   - Creamos un RandomForestRegressor con 100 árboles (n_estimators=100) y lo ajustamos a nuestros datos de entrenamiento escalados.
6. Predicción y Evaluación:
   - El modelo realiza predicciones sobre los datos de prueba escalados.
   - Calculamos múltiples métricas de evaluación:
     - Error Absoluto Medio (MAE): Diferencia absoluta promedio entre los precios predichos y los reales.
     - Raíz del Error Cuadrático Medio (RMSE): Raíz cuadrada de las diferencias cuadradas promedio, que penaliza más los errores grandes.
     - Coeficiente de Determinación (R2): Proporción de la varianza en la variable dependiente que es predecible a partir de la(s) variable(s) independiente(s).
7. Importancia de las Características:
   - Extraemos y mostramos la importancia de cada característica en el modelo de Random Forest, lo cual nos ayuda a entender qué características son más influyentes en la predicción de los precios de las casas.

8. Visualización:
    - Se crea un gráfico de dispersión para visualizar la relación entre los precios reales y los predichos de las casas. La línea roja discontinua representa predicciones perfectas.

Este enfoque integral no solo construye un modelo, sino que también proporciona información sobre su rendimiento y la importancia de diferentes características. Esto permite una comprensión más profunda de las fortalezas y debilidades del modelo en la predicción de precios de casas.

Ahora, apliquemos algo de ingeniería de características y veamos cómo afecta el rendimiento del modelo.

Ejemplo de Código: Modelo con Ingeniería de Características

```
import pandas as pd
import numpy as np
from sklearn.model_selection import train_test_split
from sklearn.ensemble import RandomForestRegressor
from sklearn.metrics import mean_absolute_error, mean_squared_error, r2_score
from sklearn.preprocessing import StandardScaler, LabelEncoder
import matplotlib.pyplot as plt
import seaborn as sns

# Load the dataset
df = pd.read_csv('house_prices.csv')

# Display basic information about the dataset
print(df.info())
print("\\nSample data:")
print(df.head())

# Create new features based on existing ones
df['HouseAge'] = 2024 - df['YearBuilt']  # Calculate house age
df['LotSizePerBedroom'] = df['LotSize'] / df['Bedrooms']  # Lot size per bedroom
df['TotalRooms'] = df['Bedrooms'] + df['Bathrooms']  # Total number of rooms

# Log transform to reduce skewness
df['LogSalePrice'] = np.log(df['SalePrice'])
df['LogSquareFootage'] = np.log(df['SquareFootage'])

# Label encoding for categorical data
label_encoder = LabelEncoder()
df['NeighborhoodEncoded'] = label_encoder.fit_transform(df['Neighborhood'])

# Define the features and target variable with feature engineering
X = df[['HouseAge', 'LotSizePerBedroom', 'LogSquareFootage', 'Bedrooms', 'Bathrooms',
'TotalRooms', 'NeighborhoodEncoded']]
y = df['LogSalePrice']
```

```
# Split the data into training and testing sets
X_train, X_test, y_train, y_test = train_test_split(X, y, test_size=0.2, random_state=42)

# Scale the features
scaler = StandardScaler()
X_train_scaled = scaler.fit_transform(X_train)
X_test_scaled = scaler.transform(X_test)

# Train the Random Forest model
rf_model = RandomForestRegressor(n_estimators=100, random_state=42)
rf_model.fit(X_train_scaled, y_train)

# Make predictions
y_pred = rf_model.predict(X_test_scaled)

# Evaluate the model
mae = mean_absolute_error(y_test, y_pred)
mse = mean_squared_error(y_test, y_pred)
rmse = np.sqrt(mse)
r2 = r2_score(y_test, y_pred)

print(f"\\nModel Performance:")
print(f"Mean Absolute Error: ${np.exp(mae):.2f}")
print(f"Root Mean Squared Error: ${np.exp(rmse):.2f}")
print(f"R-squared Score: {r2:.4f}")

# Feature importance
feature_importance = pd.DataFrame({
    'feature': X.columns,
    'importance': rf_model.feature_importances_
}).sort_values('importance', ascending=False)

print("\\nFeature Importance:")
print(feature_importance)

# Visualize predictions vs actual
plt.figure(figsize=(10, 6))
plt.scatter(np.exp(y_test), np.exp(y_pred), alpha=0.5)
plt.plot([np.exp(y_test).min(), np.exp(y_test).max()], [np.exp(y_test).min(), np.exp(y_test).max()], 'r--', lw=2)
plt.xlabel("Actual Price")
plt.ylabel("Predicted Price")
plt.title("Actual vs Predicted House Prices")
plt.tight_layout()
plt.show()

# Visualize feature importance
plt.figure(figsize=(10, 6))
sns.barplot(x='importance', y='feature', data=feature_importance)
plt.title('Feature Importance')
plt.tight_layout()
```

```
plt.show()

# Correlation heatmap
plt.figure(figsize=(12, 10))
sns.heatmap(X.corr(), annot=True, cmap='coolwarm', linewidths=0.5)
plt.title('Feature Correlation Heatmap')
plt.tight_layout()
plt.show()
```

Este ejemplo de código demuestra un enfoque integral de ingeniería de características y evaluación de modelos para la predicción de precios de casas.

Desglosemos los componentes clave y las adiciones:

1. Carga y Exploración de Datos

Comenzamos cargando el conjunto de datos usando pandas y mostrando información básica al respecto. Este paso nos ayuda a entender la estructura y contenido de nuestros datos, lo cual es crucial para realizar una ingeniería de características efectiva.

2. Ingeniería de Características

Se crean varias características nuevas para capturar relaciones más complejas en los datos:

- 'HouseAge': Calculada restando el año de construcción al año actual (2024).
- 'LotSizePerBedroom': Representa el tamaño del lote en relación con el número de habitaciones.
- 'TotalRooms': Suma de habitaciones y baños, capturando el tamaño general del espacio habitable.
- Transformaciones logarítmicas: Aplicadas a 'SalePrice' y 'SquareFootage' para reducir la asimetría en estas variables, que suelen tener una distribución sesgada a la derecha.

3. Manejo de Datos Categóricos

La característica 'Neighborhood' se codifica usando LabelEncoder, convirtiendo los datos categóricos en un formato numérico que puede ser utilizado por el modelo.

4. Selección de Características y Variable Objetivo

Seleccionamos una combinación de características originales y creadas para la entrada de nuestro modelo. La variable objetivo ahora es el precio de venta transformado logarítmicamente.

5. División y Escalado de Datos

Los datos se dividen en conjuntos de entrenamiento y prueba, y luego se escalan usando StandardScaler para asegurar que todas las características estén en una escala similar.

6. Entrenamiento y Predicción del Modelo

Se entrena un Random Forest Regressor con los datos escalados y se utiliza para hacer predicciones en el conjunto de prueba.

7. Evaluación del Modelo

Calculamos varias métricas para evaluar el rendimiento del modelo:

- Error Absoluto Medio (MAE)
- Raíz del Error Cuadrático Medio (RMSE)
- Coeficiente de Determinación (R^2)

Cabe destacar que aplicamos la inversa de la transformación logarítmica (np.exp()) para obtener estas métricas en términos de precios reales.

8. Análisis de Importancia de Características

Extraemos y mostramos la importancia de cada característica en el modelo de Random Forest, proporcionando información sobre qué características son más influyentes en la predicción de los precios de las casas.

9. Visualizaciones

Se añaden tres visualizaciones para mejorar la comprensión:

- Precios Reales vs. Predichos: Un gráfico de dispersión que muestra qué tan bien se alinean las predicciones del modelo con los precios reales.
- Importancia de las Características: Un gráfico de barras que visualiza la importancia de cada característica.
- Mapa de Calor de Correlación: Un mapa de calor que muestra las correlaciones entre diferentes características.

Este enfoque integral no solo construye un modelo con características diseñadas, sino que también proporciona profundos conocimientos sobre su rendimiento y las relaciones dentro de los datos. Al combinar la ingeniería de características con una evaluación y visualización exhaustiva, podemos comprender mejor los factores que influyen en los precios de las casas y la efectividad de nuestro modelo predictivo.

Al aplicar estas técnicas de ingeniería de características, el modelo está mejor equipado para capturar las relaciones entre las características de entrada y la variable objetivo. A menudo, se observa que el modelo con ingeniería de características produce errores significativamente menores y un mejor rendimiento general.

3.1.2 Conclusiones Clave

- **La ingeniería de características es esencial para el rendimiento del modelo**: El proceso de transformar datos en bruto en características significativas es crucial para que los algoritmos de machine learning logren resultados óptimos. Sin este paso, incluso los algoritmos más sofisticados pueden tener dificultades para extraer información y patrones valiosos de los datos, lo que podría llevar a un rendimiento subóptimo y a capacidades predictivas limitadas.
- **Características mejoradas conducen a mayor precisión y generalización del modelo**: La calidad y relevancia de las características diseñadas tienen un impacto directo y significativo en el rendimiento del modelo. Las características bien elaboradas permiten que el modelo capture relaciones complejas dentro de los datos de manera más efectiva, resultando en una mayor precisión tanto en el conjunto de datos de entrenamiento como, lo más importante, en los datos no vistos. Esta capacidad mejorada de generalización es un indicador clave de un modelo robusto y confiable de machine learning.
- **Las transformaciones de datos revelan información y patrones ocultos**: Varias técnicas de transformación, como el escalado logarítmico, la codificación de variables categóricas y la creación de características de interacción, desempeñan un papel vital en ayudar a los modelos a descubrir relaciones intrincadas en los datos. Estas transformaciones pueden revelar patrones que, de otro modo, permanecerían ocultos en los datos en bruto, permitiendo que el modelo gane una comprensión más profunda de la estructura y dinámica subyacente del problema en cuestión. Al aplicar estas técnicas de manera juiciosa, los científicos de datos pueden mejorar significativamente la capacidad del modelo para extraer información significativa y realizar predicciones más precisas.

3.2 Ejemplos de Ingeniería de Características Impactantes

La ingeniería de características es un proceso crítico en machine learning que transforma los datos en bruto en características más significativas e informativas. Esta transformación puede mejorar significativamente la capacidad de un modelo para aprender de los datos y realizar predicciones precisas. Al crear características de alta calidad que representen mejor el problema subyacente, la ingeniería de características puede mejorar dramáticamente el rendimiento del modelo, marcando a menudo la diferencia entre un modelo mediocre y uno con un poder predictivo excepcional.

En esta sección integral, exploraremos varias técnicas poderosas de ingeniería de características que han demostrado tener un impacto sustancial en el rendimiento del modelo. Examinaremos la razón detrás de cada técnica, discutiremos su importancia en el contexto de machine learning y proporcionaremos orientación detallada sobre cómo implementar estos métodos de manera efectiva. Nuestra exploración cubrirá las siguientes áreas clave:

- **Creación de características de interacción**: Examinaremos cómo la combinación de características existentes puede capturar relaciones complejas e interacciones que las características individuales podrían pasar por alto, lo que lleva a predicciones más matizadas y precisas.
- **Manejo de características basadas en el tiempo**: El tiempo suele ser un factor crucial en muchos modelos predictivos. Exploraremos varios métodos para extraer y representar información temporal de manera efectiva, lo que permite que nuestros modelos capturen tendencias, estacionalidad y otros patrones dependientes del tiempo.
- **Agrupación de variables numéricas**: Discutiremos la técnica de transformar variables continuas en categorías discretas, lo cual puede ayudar a revelar relaciones no lineales y mejorar la interpretabilidad del modelo.
- **Codificación dirigida para variables categóricas**: Para conjuntos de datos con características categóricas de alta cardinalidad, exploraremos cómo la codificación dirigida puede proporcionar una alternativa poderosa a la codificación tradicional de una sola categoría, potenciando el rendimiento del modelo al tiempo que se reduce la dimensionalidad.

3.2.1 Creación de Características de Interacción

Las características de interacción se crean combinando dos o más características existentes de maneras que capturen las relaciones entre ellas. Esta técnica es particularmente poderosa cuando hay evidencia o conocimiento del dominio que sugiere que la interacción entre las características proporciona más poder predictivo que las características individuales por sí solas. Por ejemplo, en un modelo de predicción de precios de casas, la interacción entre el metraje cuadrado y el vecindario podría ser más informativa que cualquiera de las dos características de forma independiente.

El proceso de creación de características de interacción implica operaciones matemáticas como multiplicación, división o funciones más complejas que combinan los valores de múltiples características. Estas nuevas características pueden ayudar a los modelos de machine learning a capturar relaciones no lineales y patrones complejos en los datos que, de otro modo, podrían pasarse por alto. Por ejemplo, en un análisis de campaña de marketing, la interacción entre la edad e ingresos del cliente podría revelar información importante sobre el comportamiento de compra que ni la edad ni los ingresos podrían explicar por sí solos.

Las características de interacción son especialmente valiosas en escenarios donde el efecto de una variable depende del valor de otra. Pueden descubrir patrones ocultos, mejorar la precisión del modelo y proporcionar una comprensión más profunda de las relaciones subyacentes dentro de los datos. Sin embargo, es importante usar conocimiento del dominio y un análisis cuidadoso al crear estas características para evitar introducir complejidad innecesaria o sobreajuste en el modelo.

Ejemplo: Característica de Interacción de Dormitorios y Baños

En un modelo de predicción de precios de casas, la relación entre el número de dormitorios y baños puede tener un impacto significativo en el valor general de una propiedad. En lugar de tratar estas características como variables independientes, podemos crear una **característica de interacción** que las multiplique, capturando su efecto combinado en los precios de las casas. Este enfoque reconoce que el valor añadido de un baño adicional, por ejemplo, puede variar dependiendo de la cantidad de dormitorios en la casa.

Por ejemplo, en una casa de un dormitorio, la diferencia entre tener uno o dos baños podría ser relativamente pequeña. Sin embargo, en una casa de cuatro dormitorios, la presencia de múltiples baños podría aumentar sustancialmente el valor de la propiedad. Al multiplicar el número de dormitorios y baños, creamos una nueva característica que representa mejor esta relación matizada.

Además, esta característica de interacción puede ayudar a capturar otros aspectos sutiles del diseño y la funcionalidad de la casa. Una relación alta entre dormitorios y baños podría indicar una propiedad de lujo con baños en suite, mientras que una relación baja podría sugerir una casa más modesta con instalaciones compartidas. Estas distinciones pueden ser cruciales para predecir con precisión los precios de las casas en diferentes segmentos del mercado.

Ejemplo de Código: Creación de una Característica de Interacción

```
import pandas as pd
import numpy as np
import matplotlib.pyplot as plt
import seaborn as sns

# Load the dataset (assuming we have a CSV file with house data)
df = pd.read_csv('house_data.csv')

# Create an interaction feature between Bedrooms and Bathrooms
df['BedroomBathroomInteraction'] = df['Bedrooms'] * df['Bathrooms']

# Create a more complex interaction feature
df['BedroomBathroomSquareFootageInteraction'] = df['Bedrooms'] * df['Bathrooms'] *
np.log1p(df['SquareFootage'])

# View the first few rows to see the new features
print(df[['Bedrooms', 'Bathrooms', 'SquareFootage', 'BedroomBathroomInteraction',
'BedroomBathroomSquareFootageInteraction']].head())

# Visualize the relationship between the new interaction feature and the target
variable (e.g., SalePrice)
plt.figure(figsize=(10, 6))
plt.scatter(df['BedroomBathroomInteraction'], df['SalePrice'], alpha=0.5)
```

```
plt.xlabel('Bedroom-Bathroom Interaction')
plt.ylabel('Sale Price')
plt.title('Bedroom-Bathroom Interaction vs Sale Price')
plt.show()

# Calculate correlation between features
correlation_matrix = df[['Bedrooms', 'Bathrooms', 'SquareFootage',
'BedroomBathroomInteraction', 'BedroomBathroomSquareFootageInteraction',
'SalePrice']].corr()

# Visualize correlation matrix
plt.figure(figsize=(10, 8))
sns.heatmap(correlation_matrix, annot=True, cmap='coolwarm', vmin=-1, vmax=1,
center=0)
plt.title('Correlation Matrix of Features')
plt.show()
```

Este ejemplo de código demuestra un enfoque integral para crear y analizar características de interacción en el contexto de un modelo de predicción de precios de casas.

Desglosemos los componentes clave:

1. Carga de Datos y Creación Inicial de Características:
    - Comenzamos importando las bibliotecas necesarias y cargando el conjunto de datos.
    - Creamos la característica básica de interacción 'BedroomBathroomInteraction' multiplicando el número de dormitorios y baños.
2. Característica Compleja de Interacción:
    - Introducimos una característica de interacción más sofisticada llamada 'BedroomBathroomSquareFootageInteraction'.
    - Esta característica combina dormitorios, baños y el logaritmo del metraje cuadrado.
    - Usar np.log1p() (log(1+x)) ayuda a manejar posibles valores cero y reduce el impacto de valores extremos en el metraje cuadrado.
3. Exploración de Datos:
    - Imprimimos las primeras filas del dataframe para inspeccionar las nuevas características junto a las originales.
    - Este paso nos ayuda a verificar que las características de interacción se hayan creado correctamente y a comprender su escala en relación con las características originales.

4. Visualización de la Característica de Interacción:
    - Creamos un gráfico de dispersión para visualizar la relación entre la característica 'BedroomBathroomInteraction' y la variable objetivo 'SalePrice'.
    - Este gráfico puede ayudar a identificar relaciones no lineales o agrupaciones que la característica de interacción podría revelar.
5. Análisis de Correlación:
    - Calculamos la matriz de correlación para las características originales, las características de interacción y la variable objetivo.
    - El mapa de calor resultante visualiza las correlaciones, ayudándonos a entender cómo las nuevas características de interacción se relacionan con otras variables y con la variable objetivo.
    - Este paso es crucial para evaluar si las nuevas características proporcionan información adicional o si están altamente correlacionadas con las características existentes.

Al expandir el código de esta manera, no solo creamos las características de interacción, sino que también proporcionamos herramientas para analizar su efectividad. Este enfoque integral permite a los científicos de datos tomar decisiones informadas sobre si incluir estas características diseñadas en su modelo final, basándose en sus relaciones con otras variables y la variable objetivo.

3.2.2 Manejo de Características Basadas en el Tiempo

Las características basadas en el tiempo, como fechas y marcas de tiempo, son comunes en conjuntos de datos del mundo real y juegan un rol crucial en muchas aplicaciones de machine learning. Sin embargo, estas características a menudo requieren transformaciones sofisticadas para desbloquear su potencial completo para el modelado. Los datos de fecha y hora en bruto, aunque informativos, pueden no capturar directamente los patrones subyacentes y la naturaleza cíclica de los fenómenos dependientes del tiempo.

Extraer información significativa de los datos basados en el tiempo implica una variedad de técnicas, desde la simple extracción de componentes hasta codificaciones periódicas más complejas. Por ejemplo, desglosar una fecha en sus partes constituyentes (año, mes, día, hora) puede revelar patrones estacionales o efectos del día de la semana. Métodos más avanzados pueden incluir la creación de características cíclicas usando transformaciones de seno y coseno, que pueden capturar eficazmente la naturaleza circular del tiempo (por ejemplo, el 31 de diciembre está cerca del 1 de enero en términos de ciclos anuales).

Además, derivar características que representen diferencias de tiempo, como los días desde un evento particular o el tiempo transcurrido entre dos fechas, puede proporcionar información valiosa sobre procesos dependientes del tiempo. Estas características diseñadas permiten a los modelos capturar tendencias, estacionalidad y otros patrones temporales que a menudo son críticos para realizar predicciones precisas en el análisis de series de tiempo, la previsión de demanda y muchos otros dominios donde el tiempo juega un papel importante.

Ejemplo: Extracción de Componentes de Fecha

Al trabajar con datos de series de tiempo, es crucial extraer características significativas de la información de fecha y hora. Un conjunto de datos que contiene una columna de **Fecha** ofrece ricas oportunidades para la ingeniería de características. En lugar de usar la fecha en bruto como entrada, podemos derivar varios componentes informativos:

- **Año**: Captura tendencias a largo plazo y patrones cíclicos que ocurren anualmente.
- **Mes**: Revela patrones estacionales, como picos de ventas en vacaciones o fluctuaciones en el consumo de energía dependientes del clima.
- **Día de la semana**: Ayuda a identificar patrones semanales, como el aumento de visitas a restaurantes los fines de semana o mayor actividad en el mercado de valores los días laborables.
- **Hora**: Descubre patrones diarios, como el tráfico en horas pico o los horarios de mayor uso de electricidad.

Estas características extraídas permiten a los modelos de machine learning discernir patrones temporales complejos, incluyendo:

- Estacionalidad: Patrones recurrentes vinculados a épocas específicas del año.
- Tendencias: Incrementos o decrementos a largo plazo en la variable objetivo.
- Patrones cíclicos: Patrones repetitivos que no están vinculados a un calendario (por ejemplo, ciclos económicos).

Al transformar fechas en estas características más detalladas, proporcionamos al modelo una representación más rica de los patrones basados en el tiempo, lo que puede llevar a predicciones e insights más precisos.

Ejemplo de Código: Extracción de Año, Mes y Día de la Semana

```
import pandas as pd
import numpy as np
import matplotlib.pyplot as plt
import seaborn as sns

# Load sample data (replace with your actual data loading method)
df = pd.read_csv('sample_data.csv')

# Ensure the Date column is in datetime format
df['Date'] = pd.to_datetime(df['Date'])
```

```
# Extract various time-based features
df['Year'] = df['Date'].dt.year
df['Month'] = df['Date'].dt.month
df['DayOfWeek'] = df['Date'].dt.dayofweek
df['Quarter'] = df['Date'].dt.quarter
df['DayOfYear'] = df['Date'].dt.dayofyear
df['WeekOfYear'] = df['Date'].dt.isocalendar().week
df['IsWeekend'] = df['Date'].dt.dayofweek.isin([5, 6]).astype(int)

# Create cyclical features for Month and DayOfWeek
df['MonthSin'] = np.sin(2 * np.pi * df['Month']/12)
df['MonthCos'] = np.cos(2 * np.pi * df['Month']/12)
df['DayOfWeekSin'] = np.sin(2 * np.pi * df['DayOfWeek']/7)
df['DayOfWeekCos'] = np.cos(2 * np.pi * df['DayOfWeek']/7)

# Calculate time-based differences (assuming we have a 'EventDate' column)
df['DaysSinceEvent'] = (df['Date'] - df['EventDate']).dt.days

# View the first few rows to see the new time-based features
print(df[['Date', 'Year', 'Month', 'DayOfWeek', 'Quarter', 'DayOfYear', 'WeekOfYear',
'IsWeekend', 'MonthSin', 'MonthCos', 'DayOfWeekSin', 'DayOfWeekCos',
'DaysSinceEvent']].head())

# Visualize the distribution of a numeric target variable across months
plt.figure(figsize=(12, 6))
sns.boxplot(x='Month', y='TargetVariable', data=df)
plt.title('Distribution of Target Variable Across Months')
plt.show()

# Analyze correlation between time-based features and the target variable
correlation_matrix = df[['Year', 'Month', 'DayOfWeek', 'Quarter', 'DayOfYear',
'WeekOfYear', 'IsWeekend', 'MonthSin', 'MonthCos', 'DayOfWeekSin', 'DayOfWeekCos',
'DaysSinceEvent', 'TargetVariable']].corr()

plt.figure(figsize=(12, 10))
sns.heatmap(correlation_matrix, annot=True, cmap='coolwarm', vmin=-1, vmax=1,
center=0)
plt.title('Correlation Matrix of Time-Based Features and Target Variable')
plt.show()
```

Este ejemplo de código demuestra un enfoque integral para manejar características basadas en el tiempo en un contexto de machine learning.

Desglosemos los componentes clave:

- Carga de Datos y Conversión Inicial de Fechas:
    - Comenzamos importando las bibliotecas necesarias y cargando un conjunto de datos de muestra.

  - La columna 'Date' se convierte al formato datetime para facilitar la extracción de varios componentes de tiempo.

- Extracción Básica de Características Temporales:
  - Extraemos componentes de tiempo comunes, como Año, Mes, DíaDeLaSemana, Trimestre, DíaDelAño y SemanaDelAño.
  - Se crea una característica 'IsWeekend' para distinguir entre días laborables y fines de semana.

- Creación de Características Cíclicas:
  - Para capturar la naturaleza cíclica de los meses y los días de la semana, creamos transformaciones de seno y coseno.
  - Este enfoque garantiza que, por ejemplo, diciembre (12) y enero (1) se reconozcan como cercanos en el ciclo anual.

- Diferencias Basadas en el Tiempo:
  - Calculamos el número de días entre cada fecha y una 'EventDate' de referencia.
  - Esto puede ser útil para capturar efectos dependientes del tiempo o estacionalidad en relación con eventos específicos.

- Visualización de Datos:
  - Se crea un gráfico de caja para visualizar cómo se distribuye una variable objetivo a través de los diferentes meses.
  - Esto puede ayudar a identificar patrones estacionales o tendencias en los datos.

- Análisis de Correlación:
  - Generamos una matriz de correlación para analizar las relaciones entre las características basadas en el tiempo y la variable objetivo.
  - Esta visualización en forma de mapa de calor puede ayudar a identificar qué características temporales están más fuertemente asociadas con la variable objetivo.

Al implementar estas diversas técnicas de ingeniería de características basadas en el tiempo, proporcionamos a los modelos de machine learning un conjunto enriquecido de información temporal. Esto puede mejorar significativamente la capacidad del modelo para capturar patrones dependientes del tiempo, estacionalidad y tendencias en los datos, lo que potencialmente lleva a predicciones e insights más precisos.

Manejo de Diferencias Temporales

Otra técnica poderosa en la ingeniería de características basadas en el tiempo es calcular diferencias de tiempo. Este método consiste en computar la duración entre dos puntos temporales, como el número de días entre una fecha de listado y una fecha de venta en bienes raíces, o el tiempo transcurrido desde la última interacción de un usuario en una campaña de marketing. Estas características derivadas pueden capturar dinámicas temporales cruciales en tus datos.

Por ejemplo, en el análisis de bienes raíces, la característica "Días en el Mercado" (calculada como la diferencia entre las fechas de listado y venta) puede ser un fuerte predictor de la deseabilidad de una propiedad o las condiciones del mercado. En el análisis de registros de eventos, el tiempo entre eventos consecutivos puede revelar patrones de uso o problemas de rendimiento del sistema. Para las campañas de marketing, la reciente interacción de un cliente puede influir significativamente en su probabilidad de responder a nuevas ofertas.

Además, estas características de diferencia de tiempo se pueden transformar para capturar efectos no lineales. Por ejemplo, podrías aplicar una transformación logarítmica a "Días en el Mercado" para reflejar que la diferencia entre 5 y 10 días podría ser más significativa que la diferencia entre 95 y 100 días. De manera similar, en marketing, podrías crear características categóricas basadas en diferencias de tiempo, como segmentos de clientes "Recientes", "Moderados" y "Inactivos".

Al incorporar estas características de diferencia de tiempo, proporcionas a tus modelos de machine learning un contexto temporal más rico, permitiéndoles discernir patrones complejos y realizar predicciones más precisas en dominios sensibles al tiempo.

Ejemplo de Código: Cálculo de Días en el Mercado

```
import pandas as pd
import matplotlib.pyplot as plt
import seaborn as sns

# Load sample data (replace with your actual data loading method)
df = pd.read_csv('real_estate_data.csv')

# Ensure the date columns are in datetime format
df['ListingDate'] = pd.to_datetime(df['ListingDate'])
df['SaleDate'] = pd.to_datetime(df['SaleDate'])

# Create a DaysOnMarket feature by subtracting the listing date from the sale date
df['DaysOnMarket'] = (df['SaleDate'] - df['ListingDate']).dt.days

# Create a logarithmic transformation of DaysOnMarket
df['LogDaysOnMarket'] = np.log1p(df['DaysOnMarket'])

# Create categorical bins for DaysOnMarket
bins = [0, 30, 90, 180, np.inf]
```

```
labels = ['Quick', 'Normal', 'Slow', 'Very Slow']
df['MarketSpeedCategory'] = pd.cut(df['DaysOnMarket'], bins=bins, labels=labels)

# View the new features
print(df[['ListingDate',      'SaleDate',      'DaysOnMarket',      'LogDaysOnMarket',
'MarketSpeedCategory']].head())

# Visualize the distribution of DaysOnMarket
plt.figure(figsize=(12, 6))
sns.histplot(data=df, x='DaysOnMarket', kde=True)
plt.title('Distribution of Days on Market')
plt.xlabel('Days on Market')
plt.show()

# Analyze the relationship between DaysOnMarket and SalePrice
plt.figure(figsize=(12, 6))
sns.scatterplot(data=df, x='DaysOnMarket', y='SalePrice')
plt.title('Relationship between Days on Market and Sale Price')
plt.xlabel('Days on Market')
plt.ylabel('Sale Price')
plt.show()

# Compare average sale prices across MarketSpeedCategories
avg_prices                                                                    =
df.groupby('MarketSpeedCategory')['SalePrice'].mean().sort_values(ascending=False)
plt.figure(figsize=(10, 6))
sns.barplot(x=avg_prices.index, y=avg_prices.values)
plt.title('Average Sale Price by Market Speed Category')
plt.xlabel('Market Speed Category')
plt.ylabel('Average Sale Price')
plt.show()
```

Este ejemplo de código muestra un método para manejar la característica "Días en el Mercado" en un conjunto de datos de bienes raíces. Examinemos sus componentes clave:

1. Preparación de Datos:
    - Cargamos el conjunto de datos y nos aseguramos de que las columnas 'ListingDate' y 'SaleDate' estén en formato datetime.
    - Esto permite el cálculo sencillo de diferencias de tiempo.
2. Creación de Características:
    - Creamos la característica 'DaysOnMarket' restando la fecha de listado de la fecha de venta.
    - Se aplica una transformación logarítmica ('LogDaysOnMarket') para manejar la posible asimetría en la distribución.

   - Creamos una característica categórica 'MarketSpeedCategory' agrupando 'DaysOnMarket' en categorías significativas.
3. Visualización de Datos:
   - Graficamos la distribución de 'DaysOnMarket' usando un histograma con una superposición de KDE.
   - Creamos un gráfico de dispersión para visualizar la relación entre 'DaysOnMarket' y 'SalePrice'.
   - Comparamos los precios de venta promedio entre diferentes categorías de 'MarketSpeedCategory' usando un gráfico de barras.

Este enfoque integral no solo crea nuevas características, sino que también proporciona herramientas para analizar su efectividad y relación con la variable objetivo (SalePrice). Las visualizaciones ayudan a entender la distribución de la nueva característica y su impacto en los precios de las casas, lo cual puede informar decisiones adicionales de modelado.

3.2.3 Agrupación en Categorías de Variables Numéricas

La agrupación en categorías (binning) es una técnica poderosa de ingeniería de características que transforma características numéricas continuas en categorías discretas o grupos. Este método es especialmente valioso cuando se trabaja con variables que muestran relaciones no lineales con la variable objetivo o cuando se cree que ciertos rangos de valores tienen efectos similares en el resultado.

El proceso de agrupación en categorías implica dividir el rango de una variable continua en intervalos y asignar cada punto de datos a su intervalo correspondiente. Esta transformación puede ayudar a capturar relaciones complejas que podrían no ser evidentes en los datos continuos en bruto. Por ejemplo, en el modelado de bienes raíces, el efecto del tamaño de la casa sobre los precios podría no ser estrictamente lineal, ya que podrían existir saltos de precios significativos entre ciertos rangos de tamaño.

La agrupación en categorías ofrece varias ventajas:

- **Manejo de Relaciones No Lineales**: La agrupación permite capturar relaciones complejas y no lineales entre variables sin necesidad de transformaciones matemáticas complicadas. Esta técnica puede revelar patrones que, de otro modo, podrían permanecer ocultos en los datos continuos, proporcionando una comprensión más matizada de las relaciones subyacentes.
- **Mitigación de la Influencia de Valores Atípicos**: Al agrupar valores extremos en categorías discretas, este método reduce efectivamente el impacto de los valores atípicos en el modelo. Este mecanismo de agrupación asegura que los puntos de datos anómalos no distorsionen de manera desproporcionada el análisis, conduciendo a un rendimiento del modelo más estable y confiable.

- **Mejora de la Interpretabilidad del Modelo**: El uso de características agrupadas a menudo resulta en modelos más fáciles de interpretar y explicar. La naturaleza discreta de los datos agrupados permite articular de manera más clara cómo los cambios en las categorías de características afectan a la variable objetivo, facilitando la comunicación de los insights a los interesados que pueden no tener un fondo técnico.
- **Solución a la Escasez de Datos**: En escenarios donde los datos son escasos o están distribuidos de manera desigual a lo largo del rango de la característica, la agrupación en categorías puede ser particularmente beneficiosa. Al consolidar valores similares en grupos, ayuda a superar problemas relacionados con la escasez de datos, lo que potencialmente lleva a predicciones más robustas en áreas donde los datos individuales pueden ser limitados o poco confiables.

Sin embargo, es crucial abordar la agrupación de manera cuidadosa. La elección de los límites de los grupos puede impactar significativamente el rendimiento del modelo y debe basarse en conocimiento del dominio, la distribución de los datos o métodos estadísticos en lugar de divisiones arbitrarias.

Ejemplo: Agrupación de Tamaños de Casas en Categorías

Exploremos el concepto de agrupar tamaños de casas en categorías. En este enfoque, dividimos la variable continua de tamaño de la casa en grupos discretos: **pequeña**, **mediana** y **grande**. Esta categorización cumple múltiples propósitos en nuestro análisis:

- **Simplificación de Datos**: Al agrupar las casas en categorías de tamaño, reducimos la complejidad de los datos mientras retenemos información significativa.
- **Captura de Relaciones No Lineales**: Los precios de las casas pueden no aumentar linealmente con el tamaño. Por ejemplo, la diferencia de precio entre casas pequeñas y medianas podría ser más significativa que entre casas medianas y grandes.
- **Mejora de la Interpretabilidad**: Los grupos de tamaño categóricos pueden hacer que sea más fácil comunicar los hallazgos a los interesados, quienes pueden encontrar categorías discretas más intuitivas que medidas continuas.
- **Mitigación de Efectos de Valores Atípicos**: Los tamaños de casa extremos se agrupan con otras casas grandes, reduciendo su impacto individual en el modelo.

Esta técnica de agrupación nos permite capturar tendencias matizadas en los precios de las casas basadas en categorías de tamaño, lo que potencialmente revela insights que podrían quedar oscurecidos al tratar el tamaño de la casa como una variable continua. Es especialmente útil cuando existen segmentos de mercado distintos para diferentes tamaños de casas, cada uno con su propia dinámica de precios.

Ejemplo de Código: Agrupación de Tamaños de Casas en Categorías

```
import pandas as pd
```

```
import numpy as np
import matplotlib.pyplot as plt
import seaborn as sns

# Load sample data (replace with your actual data loading method)
df = pd.read_csv('house_data.csv')

# Define bins for house sizes
bins = [0, 1000, 1500, 2000, 2500, 3000, np.inf]
labels = ['Very Small', 'Small', 'Medium', 'Large', 'Very Large', 'Mansion']

# Create a new feature for binned house sizes
df['HouseSizeCategory'] = pd.cut(df['SquareFootage'], bins=bins, labels=labels)

# View the first few rows to see the binned feature
print(df[['SquareFootage', 'HouseSizeCategory']].head())

# Calculate average price per square foot for each category
df['PricePerSqFt'] = df['SalePrice'] / df['SquareFootage']
avg_price_per_sqft                                                              =
df.groupby('HouseSizeCategory')['PricePerSqFt'].mean().sort_values(ascending=False)

# Visualize the distribution of house sizes
plt.figure(figsize=(12, 6))
sns.histplot(data=df, x='SquareFootage', bins=20, kde=True)
plt.title('Distribution of House Sizes')
plt.xlabel('Square Footage')
plt.show()

# Visualize average price per square foot by house size category
plt.figure(figsize=(10, 6))
sns.barplot(x=avg_price_per_sqft.index, y=avg_price_per_sqft.values)
plt.title('Average Price per Square Foot by House Size Category')
plt.xlabel('House Size Category')
plt.ylabel('Average Price per Square Foot')
plt.xticks(rotation=45)
plt.show()

# Analyze the relationship between house size and sale price
plt.figure(figsize=(12, 6))
sns.scatterplot(data=df, x='SquareFootage', y='SalePrice', hue='HouseSizeCategory')
plt.title('Relationship between House Size and Sale Price')
plt.xlabel('Square Footage')
plt.ylabel('Sale Price')
plt.show()
```

Este ejemplo de código muestra un método para agrupar los tamaños de casas y analizar los resultados. Veámoslo paso a paso:

- Preparación de Datos:

  - Comenzamos importando las bibliotecas necesarias y cargando nuestro conjunto de datos.
  - Se asume que la columna 'SquareFootage' contiene datos numéricos continuos que representan los tamaños de las casas.
- Proceso de Agrupación:
  - Definimos categorías más detalladas para los tamaños de las casas, creando seis categorías en lugar de tres.
  - La función pd.cut() se usa para crear una nueva característica categórica 'HouseSizeCategory' basada en estos grupos.
- Exploración Inicial de Datos:
  - Imprimimos las primeras filas del dataframe para verificar el proceso de agrupación.
- Análisis de Precio por Pie Cuadrado:
  - Calculamos el precio por pie cuadrado para cada casa.
  - Luego, calculamos el precio promedio por pie cuadrado para cada categoría de tamaño de casa.
- Visualización de Datos:
  - Distribución de Tamaños de Casas: Un histograma con KDE muestra la distribución de los tamaños de las casas en el conjunto de datos.
  - Precio Promedio por Pie Cuadrado: Un gráfico de barras visualiza cómo varía el precio promedio por pie cuadrado entre las categorías de tamaño de casa.
  - Relación entre Tamaño y Precio: Un gráfico de dispersión ilustra la relación entre el tamaño de la casa y el precio de venta, con puntos coloreados según la categoría de tamaño.

Este enfoque no solo agrupa los datos, sino que también proporciona información valiosa sobre cómo los tamaños de las casas se relacionan con los precios. Las visualizaciones ayudan a comprender la distribución de los tamaños de las casas, las tendencias de precios entre categorías y la relación general entre tamaño y precio. Esta información puede ser crucial para la selección de características y la interpretación del modelo en un modelo de precios de bienes raíces.

3.2.4 Codificación por Objetivo para Variables Categóricas

La codificación por objetivo es una técnica sofisticada para manejar variables categóricas, especialmente aquellas con alta cardinalidad. A diferencia de la codificación one-hot, que puede llevar a la "maldición de la dimensionalidad" al crear numerosas columnas binarias, la codificación por objetivo reemplaza cada categoría con un único valor numérico derivado de la variable objetivo. Este enfoque es particularmente efectivo para variables como códigos postales, identificadores de productos u otras características categóricas con muchos valores únicos.

El proceso implica calcular el promedio (u otra estadística relevante) de la variable objetivo para cada categoría y usar este valor como la nueva característica. Por ejemplo, en un modelo de predicción de precios de casas, podríamos reemplazar cada categoría de vecindario con el precio promedio de las casas en ese vecindario. Este método no solo reduce la dimensionalidad del conjunto de datos, sino que también incorpora información valiosa sobre la relación entre la variable categórica y la variable objetivo.

La codificación por objetivo ofrece varias ventajas:

1. **Reducción de Dimensionalidad**: La codificación por objetivo reduce significativamente el número de características, lo cual es especialmente beneficioso cuando se manejan variables categóricas con alta cardinalidad. Esta reducción facilita el manejo del conjunto de datos, mejorando potencialmente el rendimiento del modelo al mitigar la maldición de la dimensionalidad y reducir la complejidad computacional. Por ejemplo, en un conjunto de datos con miles de identificadores de productos únicos, la codificación por objetivo puede condensar esta información en una sola característica informativa.

2. **Manejo de Categorías Raras**: Esta técnica proporciona una solución elegante para tratar con categorías que aparecen infrecuentemente en el conjunto de datos. Las categorías raras pueden ser problemáticas para otros métodos de codificación, como la codificación one-hot, donde pueden llevar a matrices dispersas o sobreajuste. La codificación por objetivo asigna valores significativos a estas categorías raras en función de su relación con la variable objetivo, permitiendo que el modelo extraiga información útil incluso de ocurrencias infrecuentes.

3. **Captura de Relaciones Complejas**: Al aprovechar la variable objetivo en el proceso de codificación, este método puede capturar relaciones no lineales entre la característica categórica y la variable objetivo. Esto es particularmente valioso en escenarios donde el impacto de una categoría en la variable objetivo no es sencillo. Por ejemplo, en un modelo de predicción de deserción de clientes, la relación entre la ubicación de un cliente y su probabilidad de desertar podría ser compleja y no lineal. La codificación por objetivo puede capturar efectivamente estos matices.

4. **Mejora de la Interpretabilidad del Modelo**: Los valores codificados tienen una interpretación clara en relación con la variable objetivo, mejorando la explicabilidad del modelo. Esto es crucial en dominios donde comprender el proceso de toma de decisiones del modelo es tan importante como su precisión predictiva. Por ejemplo, en un modelo de puntuación crediticia, poder explicar cómo las diferentes categorías

ocupacionales influyen en la puntuación de crédito puede proporcionar información valiosa y cumplir con los requisitos regulatorios.

5. **Manejo Suave de Nuevas Categorías**: Al encontrar nuevas categorías durante el despliegue del modelo que no estuvieron presentes en los datos de entrenamiento, la codificación por objetivo puede ofrecer un enfoque sensato. Al usar la media global de la variable objetivo o un promedio bayesiano, proporciona una forma robusta de manejar categorías desconocidas sin causar errores o una degradación significativa del rendimiento.

Sin embargo, es importante implementar la codificación por objetivo con cuidado para evitar la fuga de datos. Se deben usar técnicas de validación cruzada o codificación fuera de muestra para asegurar que la codificación se base únicamente en la información del conjunto de entrenamiento, evitando el sobreajuste y manteniendo la integridad del proceso de evaluación del modelo.

Ejemplo: Codificación por Objetivo para Vecindarios

Apliquemos la codificación por objetivo a la característica **Neighborhood** en un conjunto de datos de precios de casas. Esta técnica poderosa transforma datos categóricos en valores numéricos basados en la variable objetivo, en este caso, los precios de las casas. En lugar de crear numerosas columnas binarias para cada vecindario mediante la codificación one-hot, reemplazaremos cada vecindario con un solo valor: el precio promedio de las casas en ese vecindario. Este enfoque ofrece varias ventajas:

- **Reducción de Dimensionalidad**: Al condensar cada vecindario en un solo valor numérico, reducimos significativamente el número de características en nuestro conjunto de datos, especialmente beneficioso cuando se manejan muchos vecindarios únicos.
- **Preservación de Información**: El valor codificado refleja directamente la relación entre el vecindario y los precios de las casas, reteniendo información crucial para nuestro modelo.
- **Manejo de Categorías Raras**: Incluso los vecindarios con pocas muestras obtienen representaciones significativas basadas en sus precios promedio, abordando el desafío de datos escasos que se encuentra a menudo con la codificación one-hot.
- **Mejora del Rendimiento del Modelo**: Al proporcionar al modelo estadísticas precomputadas sobre el impacto de cada vecindario en el precio, potencialmente mejoramos sus capacidades predictivas.

Este método de codificación por objetivo captura efectivamente la esencia de cómo diferentes vecindarios influyen en los precios de las casas, permitiendo que nuestro modelo aproveche esta información sin la complejidad introducida por los métodos tradicionales de codificación categórica.

Ejemplo de Código: Codificación por Objetivo para Vecindarios

```
import pandas as pd
import numpy as np
import matplotlib.pyplot as plt
import seaborn as sns
from sklearn.model_selection import train_test_split
from sklearn.metrics import mean_squared_error
from sklearn.linear_model import LinearRegression

# Load the dataset (assuming you have a CSV file named 'house_data.csv')
df = pd.read_csv('house_data.csv')

# Display basic information about the dataset
print(df[['Neighborhood', 'SalePrice']].describe())

# Calculate the average SalePrice for each neighborhood
neighborhood_avg_price = df.groupby('Neighborhood')['SalePrice'].mean()

# Create a new column with target-encoded values
df['NeighborhoodEncoded'] = df['Neighborhood'].map(neighborhood_avg_price)

# View the first few rows to see the target-encoded feature
print(df[['Neighborhood', 'NeighborhoodEncoded', 'SalePrice']].head(10))

# Visualize the relationship between encoded neighborhood values and sale prices
plt.figure(figsize=(12, 6))
plt.scatter(df['NeighborhoodEncoded'], df['SalePrice'], alpha=0.5)
plt.title('Relationship between Encoded Neighborhood Values and Sale Prices')
plt.xlabel('Encoded Neighborhood Value')
plt.ylabel('Sale Price')
plt.show()

# Split the data into training and testing sets
X = df[['NeighborhoodEncoded']]
y = df['SalePrice']
X_train, X_test, y_train, y_test = train_test_split(X, y, test_size=0.2,
random_state=42)

# Train a simple linear regression model
model = LinearRegression()
model.fit(X_train, y_train)

# Make predictions on the test set
y_pred = model.predict(X_test)

# Calculate and print the mean squared error
mse = mean_squared_error(y_test, y_pred)
print(f"Mean Squared Error: {mse}")

# Print the coefficient to see the impact of the encoded neighborhood feature
print(f"Coefficient for NeighborhoodEncoded: {model.coef_[0]}")
```

```
# Function to handle new, unseen neighborhoods
def encode_new_neighborhood(neighborhood, neighborhood_avg_price, global_avg_price):
    return neighborhood_avg_price.get(neighborhood, global_avg_price)

# Example of handling a new neighborhood
global_avg_price = df['SalePrice'].mean()
new_neighborhood = "New Development"
encoded_value = encode_new_neighborhood(new_neighborhood, neighborhood_avg_price,
global_avg_price)
print(f"Encoded value for '{new_neighborhood}': {encoded_value}")
```

Este ejemplo de código muestra un enfoque detallado de la codificación por objetivo para vecindarios en un modelo de predicción de precios de casas. Analicémoslo paso a paso:

1. Carga y Exploración de Datos:
    - Comenzamos importando las bibliotecas necesarias y cargando el conjunto de datos.
    - Se muestra información estadística básica sobre las columnas 'Neighborhood' y 'SalePrice' para comprender la distribución de los datos.
2. Proceso de Codificación por Objetivo:
    - Calculamos el precio de venta promedio para cada vecindario usando groupby y mean.
    - Creamos una nueva columna 'NeighborhoodEncoded' mapeando estos precios promedio de regreso a la columna original 'Neighborhood'.
    - Se muestran las primeras filas del resultado para verificar la codificación.
3. Visualización de Datos:
    - Se crea un gráfico de dispersión para visualizar la relación entre los valores codificados de vecindario y los precios de venta.
    - Esto ayuda a entender qué tan bien la codificación captura las variaciones de precio entre vecindarios.
4. Entrenamiento y Evaluación del Modelo:
    - Los datos se dividen en conjuntos de entrenamiento y prueba.
    - Se entrena un modelo de regresión lineal simple usando la característica de vecindario codificada.
    - Se hacen predicciones en el conjunto de prueba y se calcula el error cuadrático medio para evaluar el rendimiento del modelo.

   - Se imprime el coeficiente de la característica codificada para comprender su impacto en las predicciones.

5. Manejo de Nuevos Vecindarios:
   - Se define una función para manejar vecindarios nuevos y no vistos durante el despliegue del modelo.
   - Utiliza el precio promedio global como un valor de respaldo para vecindarios que no están presentes en los datos de entrenamiento.
   - Un ejemplo demuestra cómo codificar un nuevo vecindario.

Este ejemplo exhaustivo muestra no solo la implementación básica de la codificación por objetivo, sino que también incluye exploración de datos, visualización, entrenamiento del modelo y estrategias para manejar nuevas categorías. Proporciona un marco robusto para aplicar la codificación por objetivo en escenarios del mundo real, demostrando su efectividad en capturar los efectos del vecindario sobre los precios de las casas y abordando desafíos comunes en la ingeniería de características.

3.2.5 El Poder de la Ingeniería de Características

La ingeniería de características es un proceso sofisticado y transformador que implica la elaboración meticulosa de datos sin procesar en características que no solo sean más significativas, sino también más informativas para los modelos de machine learning. Esta forma de arte intrincada requiere una comprensión profunda tanto de los datos como de los patrones subyacentes que impulsan el fenómeno que se está modelando. Al emplear una variedad de técnicas, los científicos de datos pueden desbloquear conocimientos ocultos y mejorar significativamente el poder predictivo de sus modelos.

El arsenal de técnicas de ingeniería de características es vasto y variado, cada una ofreciendo formas únicas de representar y destilar información. La creación de términos de interacción permite que los modelos capturen relaciones complejas entre variables que de otro modo podrían pasar desapercibidas. La extracción de características basadas en el tiempo puede revelar patrones temporales y tendencias cíclicas que son cruciales en muchas aplicaciones del mundo real. La agrupación de variables numéricas puede ayudar a los modelos a identificar relaciones no lineales y efectos de umbral. Técnicas avanzadas como la codificación por objetivo ofrecen poderosas maneras de manejar variables categóricas, especialmente aquellas con alta cardinalidad, incorporando información de la variable objetivo en sí.

Estas metodologías, cuando se aplican de manera juiciosa, pueden llevar a mejoras notables en el rendimiento del modelo. Lo que puede parecer transformaciones menores a menudo resulta en mejoras sustanciales en la precisión, interpretabilidad y capacidad de generalización de un modelo. El objetivo final de la ingeniería de características es representar los datos en un formato que se alinee más estrechamente con los patrones y relaciones subyacentes dentro del conjunto de datos. Al hacerlo, facilitamos a los algoritmos de machine learning la tarea de discernir y aprovechar estos patrones, dando como resultado modelos que no solo son más precisos, sino también más robustos e interpretables.

3.3 Ejercicios Prácticos para el Capítulo 3

Ahora que has completado el Capítulo 3, es momento de practicar las técnicas de ingeniería de características que has aprendido. Los siguientes ejercicios están diseñados para ayudarte a aplicar estas técnicas, con soluciones provistas para cada uno. Estos ejercicios cubren conceptos clave como la creación de características de interacción, el manejo de datos basados en el tiempo, la agrupación de características numéricas y la codificación por objetivo.

Ejercicio 1: Creación de una Característica de Interacción

Estás trabajando con un conjunto de datos de ventas de autos. El conjunto de datos contiene columnas para **EngineSize** (en litros) y **HorsePower**. Tu tarea es:

Crear una nueva característica llamada **PowerToEngineRatio** que represente la relación de caballos de fuerza respecto al tamaño del motor.

Solución:

```
import pandas as pd

# Sample data: Car sales
data = {'CarID': [1, 2, 3, 4, 5],
        'EngineSize': [2.0, 3.0, 4.0, 2.5, 3.5],
        'HorsePower': [150, 200, 250, 180, 220]}

df = pd.DataFrame(data)

# Create an interaction feature: PowerToEngineRatio
df['PowerToEngineRatio'] = df['HorsePower'] / df['EngineSize']

# View the result
print(df[['EngineSize', 'HorsePower', 'PowerToEngineRatio']])
```

Ejercicio 2: Manejo de Características Basadas en el Tiempo

Se te proporciona un conjunto de datos que contiene información de transacciones de ventas. El conjunto de datos incluye una columna llamada **TransactionDate**. Tu tarea es:

1. Convertir la columna **TransactionDate** a formato de fecha y hora.
2. Extraer el año, el mes y el día de la semana de la columna **TransactionDate**.

Solución:

```
# Sample data: Sales transactions
data = {'TransactionID': [101, 102, 103, 104, 105],
```

```
        'TransactionDate': ['2022-05-15', '2023-03-10', '2023-07-22', '2022-12-01',
'2023-01-14']}

df = pd.DataFrame(data)

# Convert the TransactionDate column to datetime format
df['TransactionDate'] = pd.to_datetime(df['TransactionDate'])

# Extract year, month, and day of the week
df['Year'] = df['TransactionDate'].dt.year
df['Month'] = df['TransactionDate'].dt.month
df['DayOfWeek'] = df['TransactionDate'].dt.dayofweek

# View the result
print(df[['TransactionDate', 'Year', 'Month', 'DayOfWeek']])
```

Ejercicio 3: Agrupación de Características Numéricas

Estás trabajando con un conjunto de datos de compras de clientes, que incluye una columna llamada **PurchaseAmount**. Tu tarea es:

Agrupar **PurchaseAmount** en tres categorías: **Bajo**, **Medio** y **Alto**. Usa los siguientes rangos para las categorías:

- Bajo: Menos de $100
- Medio: Entre $100 y $500
- Alto: Más de $500

Solución:

```
# Sample data: Customer purchases
data = {'CustomerID': [1, 2, 3, 4, 5],
        'PurchaseAmount': [50, 150, 700, 300, 600]}

df = pd.DataFrame(data)

# Define the bins and labels
bins = [0, 100, 500, float('inf')]
labels = ['Low', 'Medium', 'High']

# Bin the PurchaseAmount into categories
df['PurchaseCategory'] = pd.cut(df['PurchaseAmount'], bins=bins, labels=labels)

# View the result
print(df[['PurchaseAmount', 'PurchaseCategory']])
```

Ejercicio 4: Codificación de Objetivo para Variables Categóricas

Estás trabajando con un conjunto de datos de precios de casas. El conjunto de datos incluye una columna **Neighborhood** y una columna **SalePrice**. Tu tarea es:

Realizar codificación de objetivo en la columna **Neighborhood** reemplazando cada vecindario con el **SalePrice** promedio para ese vecindario.

Solución:

```
# Sample data: House prices
data = {'HouseID': [1, 2, 3, 4, 5],
        'Neighborhood': ['A', 'B', 'A', 'C', 'B'],
        'SalePrice': [300000, 450000, 350000, 500000, 470000]}

df = pd.DataFrame(data)

# Calculate the average SalePrice for each neighborhood
neighborhood_avg_price = df.groupby('Neighborhood')['SalePrice'].mean()

# Perform target encoding by mapping the average prices back to the Neighborhood column
df['NeighborhoodEncoded'] = df['Neighborhood'].map(neighborhood_avg_price)

# View the result
print(df[['Neighborhood', 'SalePrice', 'NeighborhoodEncoded']])
```

Ejercicio 5: Calcular Diferencias de Tiempo

Tienes un conjunto de datos de propiedades en venta, con las columnas **ListingDate** y **SaleDate**. Tu tarea es:

Calcular el número de días que una propiedad ha estado en el mercado (es decir, la diferencia entre **SaleDate** y **ListingDate**).

Solución:

```
# Sample data: Property listings
data = {'PropertyID': [1, 2, 3, 4, 5],
        'ListingDate':  ['2023-01-01',  '2023-02-15',  '2023-03-01',  '2023-04-01',
'2023-05-01'],
        'SaleDate': ['2023-03-15', '2023-04-01', '2023-03-20', '2023-05-15', '2023-
06-01']}

df = pd.DataFrame(data)

# Convert ListingDate and SaleDate to datetime format
df['ListingDate'] = pd.to_datetime(df['ListingDate'])
df['SaleDate'] = pd.to_datetime(df['SaleDate'])

# Calculate the number of days on market
df['DaysOnMarket'] = (df['SaleDate'] - df['ListingDate']).dt.days
```

```
# View the result
print(df[['ListingDate', 'SaleDate', 'DaysOnMarket']])
```

Estos ejercicios prácticos ayudan a reforzar las técnicas de ingeniería de características cubiertas en el **Capítulo 3**. Al crear características de interacción, manejar características basadas en el tiempo, agrupar variables numéricas y aplicar codificación basada en el objetivo, has ganado experiencia práctica en transformar datos en bruto en características significativas que mejoran el rendimiento del modelo. Sigue practicando estas técnicas para mejorar continuamente tus flujos de trabajo en Machine Learning!

3.4 ¿Qué Podría Salir Mal?

Si bien la ingeniería de características puede mejorar significativamente el rendimiento de tu modelo de Machine Learning, existen algunos posibles inconvenientes que debes tener en cuenta. Esta sección resalta algunos problemas comunes que podrían surgir durante la ingeniería de características y cómo evitarlos.

3.4.1 Sobreajuste con Demasiadas Características

Crear muchas características, especialmente características de interacción y transformaciones, puede conducir al sobreajuste. El sobreajuste ocurre cuando un modelo funciona excepcionalmente bien en los datos de entrenamiento pero no generaliza bien a datos no vistos.

¿Qué podría salir mal?

- Agregar demasiadas características de interacción, características polinómicas o características excesivamente específicas puede hacer que el modelo sea demasiado complejo, capturando ruido en lugar de los patrones reales en los datos.
- El modelo puede tener alta precisión en el conjunto de entrenamiento, pero un rendimiento pobre en el conjunto de prueba debido al sobreajuste.

Solución:

- Utiliza técnicas como la **validación cruzada** para evaluar el rendimiento del modelo en múltiples divisiones de datos.
- Regulariza tu modelo (por ejemplo, usando **Lasso** o **Regresión Ridge**) para penalizar la complejidad excesiva de las características.
- Aplica métodos de **selección de características**, como **Eliminación Recursiva de Características (RFE)**, para identificar y eliminar características innecesarias.

3.4.2 Multicolinealidad

La multicolinealidad ocurre cuando dos o más características están altamente correlacionadas entre sí. Esto puede confundir al modelo y llevar a predicciones inestables, ya que el modelo lucha por determinar qué característica es más importante.

¿Qué podría salir mal?

- Si varias características están correlacionadas, el modelo puede dar importancia excesiva a ciertas variables, distorsionando los resultados.
- La multicolinealidad puede inflar la varianza de los coeficientes del modelo, haciendo que el modelo sea sensible a pequeños cambios en los datos.

Solución:

- Usa **análisis de correlación** o el **Factor de Inflación de Varianza (VIF)** para detectar multicolinealidad en tu conjunto de datos.
- Elimina o combina características altamente correlacionadas para reducir la redundancia.
- Considera el uso de **Análisis de Componentes Principales (PCA)** para transformar características correlacionadas en componentes no correlacionados.

3.4.3 Fugas de Datos

La fuga de datos ocurre cuando la información del conjunto de prueba influye accidentalmente en el proceso de entrenamiento, lo que lleva a estimaciones de rendimiento excesivamente optimistas.

¿Qué podría salir mal?

- Si la ingeniería de características se realiza en todo el conjunto de datos (tanto en el de entrenamiento como en el de prueba) antes de dividirlos, el modelo puede aprender información que no debería tener, lo que lleva a evaluaciones sesgadas.
- Usar codificación basada en el objetivo sin una validación cruzada adecuada puede conducir a una fuga de datos, ya que la variable objetivo influye directamente en las características durante el entrenamiento.

Solución:

- Siempre divide tus datos en conjuntos de entrenamiento y prueba **antes** de aplicar la ingeniería de características para evitar fugas.
- Cuando uses técnicas como la **codificación basada en el objetivo**, asegúrate de que la codificación se realice dentro de los pliegues de la validación cruzada para evitar que la información del objetivo se filtre en el proceso de entrenamiento.

3.4.4 Interpretación Incorrecta de Características Basadas en el Tiempo

Cuando trabajas con características basadas en el tiempo, es fácil introducir errores al ignorar la naturaleza temporal de los datos. Por ejemplo, usar información futura (como ventas futuras) en una característica puede llevar a un rendimiento irreal del modelo.

¿Qué podría salir mal?

- Si tu ingeniería de características utiliza información del futuro (por ejemplo, usando datos de ventas de meses futuros para predecir el mes actual), el modelo parecerá muy preciso durante el entrenamiento, pero fallará en datos del mundo real.
- Extraer características basadas en el tiempo sin considerar la estacionalidad o los patrones temporales puede llevar a características incompletas o engañosas.

Solución:

- Ten precaución al manejar datos basados en el tiempo. Asegúrate de que tus características solo utilicen información disponible hasta el momento de la predicción.
- Usa técnicas de **validación cruzada de series de tiempo**, como la **validación de ventana móvil**, para garantizar que tu modelo se evalúe correctamente en datos basados en el tiempo.

3.4.5 Escalado Incorrecto de Características

Algunos algoritmos de Machine Learning, especialmente aquellos que dependen de métricas de distancia (como KNN o SVM), son sensibles a la escala de las características de entrada. Si las características tienen diferentes escalas, esto puede impactar negativamente en el rendimiento del modelo.

¿Qué podría salir mal?

- Las características con rangos más grandes (por ejemplo, **superficie en pies cuadrados** en bienes raíces) pueden dominar características con rangos más pequeños (por ejemplo, **número de baños**), lo que lleva a predicciones sesgadas del modelo.
- El modelo podría tener dificultades para converger durante el entrenamiento si ciertas características dominan a otras debido a las diferencias de escala.

Solución:

- Normaliza o estandariza tus características, especialmente al usar algoritmos como **KNN**, **SVM** o **redes neuronales**. Usa **MinMaxScaler** o **StandardScaler** de Scikit-learn para asegurar que las características estén en la misma escala.
- Para modelos basados en árboles como **Random Forest** o **XGBoost**, generalmente no se requiere escalado, ya que son menos sensibles al escalado de características.

3.4.6 Ignorar el Conocimiento del Dominio

Si bien las técnicas automáticas de ingeniería de características pueden ser poderosas, es esencial no pasar por alto la importancia de la experiencia en el dominio. Confiar únicamente en algoritmos para generar características sin incorporar conocimiento del dominio puede llevar a un rendimiento subóptimo.

¿Qué podría salir mal?

- No incorporar ideas específicas del dominio puede hacer que se pasen por alto características cruciales que los algoritmos podrían no identificar automáticamente.
- Las características generadas automáticamente podrían no capturar patrones significativos específicos de tu conjunto de datos, lo que llevaría a un modelo que funcione mal en aplicaciones del mundo real.

Solución:

- Aprovecha el conocimiento del dominio para guiar tu proceso de ingeniería de características. Consulta con expertos en el tema para identificar posibles características que podrían no ser obvias solo a través de los datos.
- Usa técnicas de selección de características automáticas en conjunto con la experiencia en el dominio para asegurar que se incluyan las características más relevantes.

Resumen del Capítulo 3

La ingeniería de características es uno de los pasos más importantes en el pipeline de Machine Learning, y a menudo marca la diferencia entre un modelo promedio y uno que sobresale en capacidad predictiva. En este capítulo, exploramos cómo la ingeniería de características transforma datos en bruto en características significativas y de alta calidad que representan mejor el problema subyacente para los algoritmos de Machine Learning. Las características bien diseñadas permiten que los algoritmos aprendan de manera más efectiva, lo que lleva a un mejor rendimiento y a una generalización en datos no vistos.

Comenzamos discutiendo **por qué la ingeniería de características importa**. Los modelos de Machine Learning dependen en gran medida de la calidad de las características de entrada que reciben. Incluso los algoritmos más avanzados no pueden funcionar bien si los datos están mal representados. La ingeniería de características mejora la calidad de los datos, mejora la interpretabilidad del modelo y ayuda a que los modelos generalicen a datos no vistos. Por ejemplo, crear características significativas como **Edad de la Casa** en un problema de predicción de precios de viviendas permite que el modelo comprenda mejor cómo la edad de una casa afecta su valor.

Luego, examinamos **ejemplos de ingeniería de características impactante** que pueden mejorar significativamente el rendimiento del modelo. Cubrimos varias estrategias prácticas, incluyendo:

- **Creación de características de interacción**, como la interacción entre el número de dormitorios y baños en una casa, que puede capturar relaciones más complejas entre las características.
- **Manejo de características basadas en el tiempo**, donde extraer componentes como año, mes y día de la semana a partir de una fecha puede revelar estacionalidad o tendencias temporales.
- **Agrupación de características numéricas** en categorías, como transformar los tamaños de las casas en categorías pequeñas, medianas y grandes para simplificar la interpretación del tamaño por parte del modelo.
- **Codificación basada en el objetivo para variables categóricas**, que reemplaza las variables categóricas con el promedio de la variable objetivo para cada categoría, reduciendo la dimensionalidad y preservando información valiosa.

A lo largo del capítulo, también destacamos los riesgos asociados con la ingeniería de características. En la sección **"¿Qué podría salir mal?"**, discutimos posibles trampas como el sobreajuste debido a la creación de demasiadas características, la multicolinealidad de características altamente correlacionadas y la fuga de datos al manejar incorrectamente la codificación basada en el objetivo. Estos problemas pueden distorsionar el rendimiento de un modelo y llevar a una mala generalización. Ofrecimos soluciones prácticas como validación cruzada, selección de características y escalado para mitigar estos riesgos.

La conclusión clave de este capítulo es que la ingeniería de características no se trata solo de agregar nuevas características, sino de transformar los datos de maneras que ayuden a los algoritmos de Machine Learning a aprender de manera efectiva. Al combinar el conocimiento del dominio con estas técnicas, puedes construir modelos que sean tanto precisos como interpretables. La ingeniería de características también asegura que tus modelos generalicen bien a datos nuevos, haciendo que sean más confiables y robustos en aplicaciones del mundo real.

En el próximo capítulo, profundizaremos en técnicas avanzadas de ingeniería de características que pueden mejorar aún más tus modelos y exploraremos cómo manejar conjuntos de datos más complejos.

Capítulo 4: Técnicas para Manejar Datos Faltantes

Manejar datos faltantes es un desafío crítico en Machine Learning y análisis de datos que requiere atención cuidadosa. Los conjuntos de datos del mundo real frecuentemente contienen valores faltantes, que pueden surgir de diversas fuentes, como registros incompletos, errores de entrada de datos o inconsistencias en los procesos de recopilación de datos. La mala gestión de los datos faltantes puede distorsionar los resultados analíticos, comprometer la efectividad de los modelos de Machine Learning y llevar a conclusiones erróneas. Por lo tanto, abordar los datos faltantes con técnicas apropiadas es esencial para garantizar la fiabilidad y precisión de tus análisis basados en datos.

Este capítulo profundiza en una exploración completa de las estrategias para gestionar datos faltantes, desde métodos básicos de imputación hasta enfoques sofisticados diseñados para mantener la integridad de los datos y mejorar el rendimiento del modelo. Comenzaremos nuestro recorrido con un análisis detallado de **técnicas avanzadas de imputación**. Estos métodos de vanguardia nos permiten completar inteligentemente los valores faltantes aprovechando patrones y relaciones complejas dentro del conjunto de datos, preservando así la estructura y las propiedades estadísticas subyacentes de los datos.

Al emplear estas técnicas avanzadas, los científicos y analistas de datos pueden mitigar los efectos adversos de los datos faltantes, mejorar la solidez de sus modelos y extraer insights más significativos de sus conjuntos de datos. A medida que avancemos en este capítulo, obtendrás una comprensión completa de cómo seleccionar y aplicar los métodos más adecuados para tus desafíos específicos de datos, lo que te permitirá tomar decisiones más informadas basadas en información completa y precisa.

4.1 Técnicas Avanzadas de Imputación

La imputación es un proceso crucial en el análisis de datos que consiste en llenar los valores faltantes con datos estimados. Aunque los métodos de imputación simples como usar la media, la mediana o la moda son rápidos y fáciles de implementar, a menudo no logran captar las relaciones sutiles dentro de conjuntos de datos complejos. Las técnicas avanzadas de imputación, sin embargo, ofrecen un enfoque más sofisticado al considerar las conexiones intrincadas entre diferentes características en los datos.

Estos métodos avanzados utilizan algoritmos estadísticos y de Machine Learning para realizar predicciones más informadas sobre los valores faltantes. Al hacerlo, pueden mejorar significativamente la precisión y fiabilidad de los análisis y modelos subsiguientes. Las técnicas avanzadas de imputación son especialmente valiosas cuando se trabaja con conjuntos de datos que tienen estructuras complejas, relaciones no lineales o múltiples variables correlacionadas.

En esta sección, exploraremos tres potentes métodos avanzados de imputación:

1. **Imputación con Vecinos más Cercanos (KNN)**: Este método utiliza la similitud entre los puntos de datos para estimar valores faltantes. Es particularmente efectivo cuando existen patrones locales fuertes en los datos.
2. **Imputación Multivariante por Ecuaciones Encadenadas (MICE)**: MICE es una técnica sofisticada que crea múltiples imputaciones para cada valor faltante, considerando las relaciones entre todas las variables en el conjunto de datos. Este método es especialmente útil para manejar patrones de datos faltantes complejos.
3. **Uso de Modelos de Machine Learning para Imputación**: Este enfoque implica entrenar modelos predictivos en los datos disponibles para estimar valores faltantes. Puede captar relaciones complejas y no lineales, y es altamente adaptable a diferentes tipos de conjuntos de datos.

Cada uno de estos métodos tiene sus fortalezas y está adaptado a diferentes escenarios. Al comprender y aplicar estas técnicas avanzadas, los científicos de datos pueden mejorar significativamente la calidad de sus datos imputados, lo que lleva a análisis y predicciones más robustos y fiables.

4.1.1 Imputación con Vecinos más Cercanos (KNN)

K-Nearest Neighbors (KNN) es un algoritmo versátil que va más allá de sus aplicaciones tradicionales en tareas de clasificación y regresión. En el contexto de la imputación de datos faltantes, KNN ofrece una solución poderosa al aprovechar la estructura inherente y las relaciones dentro del conjunto de datos. El principio central detrás de la imputación KNN es la suposición de que los puntos de datos cercanos en el espacio de características probablemente tengan valores similares.

Así es como funciona la imputación KNN en la práctica: al encontrarse con un valor faltante en una característica particular para una observación dada, el algoritmo identifica los k puntos más similares (vecinos) en función de las otras características disponibles. El valor faltante se imputa usando una estadística resumen (como la media o la mediana) de los valores correspondientes de esta característica de estos vecinos más cercanos. Este enfoque es particularmente efectivo cuando los valores faltantes no están distribuidos aleatoriamente, sino que están relacionados con la estructura subyacente o patrones en los datos.

La efectividad de la imputación KNN se debe a varios factores:

- **Contexto local**: La imputación KNN sobresale en la captura de patrones y relaciones localizadas dentro de los datos. Al enfocarse en los vecinos más cercanos, puede identificar tendencias sutiles que podrían pasarse por alto con métodos estadísticos globales. Este enfoque local es especialmente valioso en conjuntos de datos con variaciones regionales o características específicas de un grupo.
- **Naturaleza no paramétrica**: A diferencia de muchos métodos estadísticos, KNN no depende de suposiciones sobre la distribución subyacente de los datos. Esta flexibilidad lo hace robusto en una amplia variedad de conjuntos de datos, desde aquellos con distribuciones normales hasta aquellos con estructuras multimodales más complejas. Es particularmente útil cuando se trabaja con datos del mundo real que a menudo se desvían de las distribuciones teóricas.
- **Consideración multivariante**: La capacidad de KNN para considerar múltiples características simultáneamente es una ventaja significativa. Este enfoque multidimensional le permite captar relaciones intrincadas entre variables, haciéndolo efectivo para conjuntos de datos con interdependencias complejas. Por ejemplo, en un conjunto de datos de salud, KNN podría imputar un valor faltante de presión arterial considerando no solo la edad, sino también el peso, factores de estilo de vida y otros indicadores de salud relevantes.
- **Adaptabilidad a la complejidad de los datos**: El método KNN puede adaptarse a varios niveles de complejidad de los datos. En conjuntos de datos simples, podría comportarse de manera similar a los métodos de imputación básicos. Sin embargo, en escenarios más complejos, puede revelar y utilizar patrones sutiles que los métodos más simples pasarían por alto. Esta adaptabilidad hace de KNN una opción versátil en diferentes tipos de conjuntos de datos y desafíos de imputación.

Sin embargo, es importante tener en cuenta que el rendimiento de la imputación KNN puede estar influenciado por factores como la elección de k (número de vecinos), la métrica de distancia utilizada para determinar la similitud y la presencia de valores atípicos en el conjunto de datos. Por lo tanto, es esencial una afinación cuidadosa y validación al aplicar esta técnica para garantizar resultados óptimos.

Ejemplo de Código: Imputación KNN

Veamos cómo implementar la imputación KNN utilizando **KNNImputer** de Scikit-learn.

```
import numpy as np
import pandas as pd
from sklearn.impute import KNNImputer
from sklearn.model_selection import train_test_split
from sklearn.metrics import mean_squared_error
import matplotlib.pyplot as plt

# Sample data with missing values
data = {
```

```
    'Age': [25, np.nan, 22, 35, np.nan, 28, 40, 32, np.nan, 45],
    'Salary': [50000, 60000, 52000, np.nan, 58000, 55000, 70000, np.nan, 62000, 75000],
    'Experience': [2, 4, 1, np.nan, 3, 5, 8, 6, 4, np.nan]
}

df = pd.DataFrame(data)

# Display original dataframe
print("Original DataFrame:")
print(df)
print("\\n")

# Function to calculate percentage of missing values
def missing_percentage(df):
    return df.isnull().mean() * 100

print("Percentage of missing values:")
print(missing_percentage(df))
print("\\n")

# Split data into train and test sets
df_train, df_test = train_test_split(df, test_size=0.2, random_state=42)

# Create a copy of test set with artificially introduced missing values
df_test_missing = df_test.copy()
np.random.seed(42)
for column in df_test_missing.columns:
    mask = np.random.rand(len(df_test_missing)) < 0.2
    df_test_missing.loc[mask, column] = np.nan

# Initialize the KNN Imputer with k=2 (considering 2 nearest neighbors)
knn_imputer = KNNImputer(n_neighbors=2)

# Fit the imputer on the training data
knn_imputer.fit(df_train)

# Apply KNN imputation on the test data with missing values
df_imputed = pd.DataFrame(knn_imputer.transform(df_test_missing), columns=df.columns,
index=df_test.index)

# Calculate imputation error
mse = mean_squared_error(df_test, df_imputed)
print(f"Mean Squared Error of imputation: {mse:.2f}")

# Visualize the imputation results
fig, axes = plt.subplots(1, 3, figsize=(15, 5))
for i, column in enumerate(df.columns):
    axes[i].scatter(df_test[column], df_imputed[column], alpha=0.5)
    axes[i].plot([df_test[column].min(),                    df_test[column].max()],
[df_test[column].min(), df_test[column].max()], 'r--', lw=2)
    axes[i].set_xlabel(f'Original {column}')
    axes[i].set_ylabel(f'Imputed {column}')
```

```
    axes[i].set_title(f'{column} Imputation')
plt.tight_layout()
plt.show()

# View the imputed dataframe
print("\\nImputed DataFrame:")
print(df_imputed)
```

Este ejemplo de código ofrece una demostración integral de la imputación con KNN. Vamos a desglosar los elementos clave y sus propósitos:

1. **Preparación de los Datos**:
    - Ampliamos el conjunto de datos de ejemplo para incluir más filas, proporcionando una mejor representación de datos del mundo real.
    - La función missing_percentage se introduce para calcular y mostrar el porcentaje de valores faltantes en cada columna.
2. **División en Entrenamiento y Prueba**:
    - Los datos se dividen en conjuntos de entrenamiento y prueba utilizando train_test_split. Esto nos permite evaluar el rendimiento de la imputación en datos no vistos.
    - Creamos una copia del conjunto de prueba (df_test_missing) e introducimos valores faltantes artificialmente para simular escenarios del mundo real.
3. **Imputación con KNN**:
    - El imputador KNN se ajusta en los datos de entrenamiento y luego se utiliza para imputar valores faltantes en el conjunto de prueba.
    - Este enfoque muestra cómo el imputador funcionaría en datos nuevos, no vistos.
4. **Evaluación**:
    - Calculamos el Error Cuadrático Medio (MSE) entre el conjunto de prueba original y el conjunto de prueba imputado. Esto proporciona una medida cuantitativa de la precisión de la imputación.
5. **Visualización**:
    - Se crea un diagrama de dispersión para cada característica, comparando los valores originales con los imputados.
    - La línea punteada roja representa una imputación perfecta (donde los valores imputados coinciden exactamente con los valores originales).

- Estos gráficos ayudan a visualizar qué tan bien se desempeñó la imputación KNN en diferentes características y rangos de valores.

6. **Salida**:
   - El código imprime el DataFrame original, el porcentaje de valores faltantes, el error de imputación y el DataFrame imputado final.
   - Esta salida completa permite una comprensión detallada del proceso de imputación y sus resultados.

Este ejemplo no solo demuestra cómo usar la imputación con KNN, sino que también incluye buenas prácticas para evaluar y visualizar los resultados. Proporciona un escenario más realista de cómo manejar datos faltantes en una cadena de Machine Learning.

La imputación KNN es especialmente valiosa cuando existen correlaciones significativas o patrones entre las características de un conjunto de datos. Este método aprovecha las relaciones inherentes dentro de los datos para hacer estimaciones informadas de los valores faltantes. Por ejemplo, considera un escenario en el que falta la edad de una persona en un conjunto de datos, pero se conocen su salario y años de experiencia. En este caso, KNN puede imputar eficazmente la edad faltante al identificar individuos con perfiles de salario y experiencia similares.

La potencia de la imputación KNN radica en su capacidad para capturar relaciones multidimensionales. No solo analiza una característica en aislamiento, sino que considera la interacción entre múltiples características simultáneamente. Esto lo hace especialmente útil en conjuntos de datos complejos donde las variables son interdependientes. Por ejemplo, en un conjunto de datos de salud, KNN podría imputar un valor de presión arterial faltante considerando no solo la edad, sino también el peso, los factores de estilo de vida y otros indicadores de salud relevantes.

Además, la imputación KNN es particularmente eficaz en escenarios donde los patrones locales son más informativos que las tendencias globales. A diferencia de los métodos que se basan en promedios o distribuciones generales, KNN se centra en los puntos de datos más similares, o "vecinos". Este enfoque local puede capturar patrones matizados que podrían perderse en métodos de imputación más generalizados. Por ejemplo, en un conjunto de datos geográficos, KNN podría imputar con precisión datos de temperatura faltantes para una ubicación específica considerando las temperaturas de áreas cercanas con elevación y condiciones climáticas similares.

4.1.2 Imputación Multivariante por Ecuaciones Encadenadas (MICE)

MICE, o **Imputación Multivariante por Ecuaciones Encadenadas**, es una técnica avanzada de imputación que aborda los datos faltantes al crear un modelo integral del conjunto de datos. Este método trata cada característica con valores faltantes como una variable dependiente, utilizando las otras características como predictores.

El algoritmo MICE opera mediante un proceso iterativo:

1. Imputación Inicial:

El algoritmo MICE comienza llenando los valores faltantes con estimaciones simples, como la media, la mediana o la moda de la característica respectiva. Este paso proporciona un punto de partida para el proceso iterativo. Por ejemplo, si un conjunto de datos contiene valores de edad faltantes, el algoritmo podría inicialmente llenar estos vacíos con la edad media de la población.

Este enfoque, aunque básico, permite al algoritmo trabajar con un conjunto de datos completo en sus pasos posteriores. Es importante señalar que estas imputaciones iniciales son temporales y se refinarán a lo largo del proceso iterativo. La elección del método de imputación inicial puede variar según la naturaleza de los datos y la implementación específica de MICE. Algunas variaciones pueden usar métodos más sofisticados para este paso inicial, como el uso de la categoría más frecuente para variables categóricas o emplear un modelo de regresión simple.

El objetivo de esta imputación inicial no es proporcionar estimaciones finales y precisas, sino crear un conjunto de datos completo que pueda usarse como punto de partida para el proceso de imputación iterativo y más complejo que sigue.

2. Refinamiento Iterativo:

El núcleo del algoritmo MICE radica en su enfoque iterativo para refinar los valores imputados. Para cada característica que contiene datos faltantes, MICE construye un modelo de regresión específico. Este modelo utiliza todas las demás características del conjunto de datos como predictores, permitiéndole capturar relaciones complejas y dependencias entre variables.

El proceso funciona de la siguiente manera:

- MICE selecciona una característica con valores faltantes como la variable objetivo.
- Luego construye un modelo de regresión usando todas las demás características como predictores.
- Este modelo se aplica para predecir los valores faltantes en la característica objetivo.
- Los nuevos valores imputados reemplazan las estimaciones anteriores para esa característica.

Este proceso se repite para cada característica con datos faltantes, recorriendo todo el conjunto de datos. A medida que el algoritmo avanza, los valores imputados se vuelven cada vez más refinados y consistentes con los datos observados y las relaciones entre variables.

La fuerza de este enfoque radica en su capacidad para aprovechar todo el contenido de información del conjunto de datos. Al usar todas las características disponibles como predictores, MICE puede capturar tanto relaciones directas como indirectas entre variables, lo que lleva a imputaciones más precisas y contextualmente apropiadas.

3. Ciclos Repetidos y Convergencia:

Este proceso se repite durante varios ciclos, y cada ciclo puede mejorar la precisión de las imputaciones. El algoritmo continúa hasta que alcanza un número predeterminado de iteraciones o hasta que los valores imputados convergen, es decir, cuando ya no cambian significativamente entre ciclos. Este refinamiento iterativo permite que MICE capture relaciones complejas entre variables y produzca imputaciones cada vez más precisas.

El número de ciclos necesarios para la convergencia puede variar según la complejidad del conjunto de datos y la cantidad de datos faltantes. En la práctica, los investigadores a menudo ejecutan el algoritmo durante un número fijo de ciclos (por ejemplo, 10 o 20) y luego verifican la convergencia. Si los valores imputados no se han estabilizado, pueden ser necesarios ciclos adicionales.

Es importante señalar que la convergencia de MICE no garantiza imputaciones óptimas, sino un conjunto estable de estimaciones. La calidad de estas imputaciones puede evaluarse mediante diversas técnicas de diagnóstico, como comparar las distribuciones de los valores observados e imputados o examinar la plausibilidad de los datos imputados en el contexto del conocimiento del dominio.

La fortaleza de MICE radica en su capacidad para captar relaciones complejas entre variables. Al considerar todo el conjunto de datos, puede tener en cuenta correlaciones e interacciones que los métodos más simples podrían pasar por alto. Esto hace que MICE sea particularmente valioso para conjuntos de datos con estructuras intrincadas o donde el mecanismo de datos faltantes no es completamente aleatorio.

Además, MICE puede manejar diferentes tipos de variables simultáneamente, como variables continuas, binarias y categóricas, utilizando modelos de regresión apropiados para cada tipo. Esta flexibilidad permite un enfoque más matizado de la imputación, preservando las propiedades estadísticas del conjunto de datos original.

Aunque es computacionalmente más intensivo que los métodos más simples, MICE a menudo proporciona imputaciones más precisas y fiables, especialmente en conjuntos de datos complejos con múltiples variables faltantes. Su capacidad para generar múltiples conjuntos de datos imputados también permite la cuantificación de la incertidumbre en análisis posteriores.

Ejemplo de Código: Imputación con MICE usando IterativeImputer

Scikit-learn proporciona una clase **IterativeImputer**, que implementa el algoritmo MICE.

```
import numpy as np
import pandas as pd
import matplotlib.pyplot as plt
from sklearn.experimental import enable_iterative_imputer
from sklearn.impute import IterativeImputer
from sklearn.model_selection import train_test_split
from sklearn.metrics import mean_squared_error
```

```
# Create a larger sample dataset with missing values
np.random.seed(42)
n_samples = 1000
age = np.random.randint(18, 65, n_samples)
salary = 30000 + 1000 * age + np.random.normal(0, 5000, n_samples)
experience = np.clip(age - 18, 0, None) + np.random.normal(0, 2, n_samples)

data = {
    'Age': age,
    'Salary': salary,
    'Experience': experience
}

df = pd.DataFrame(data)

# Introduce missing values
for col in df.columns:
    mask = np.random.rand(len(df)) < 0.2
    df.loc[mask, col] = np.nan

# Function to calculate percentage of missing values
def missing_percentage(df):
    return df.isnull().mean() * 100

print("Original DataFrame:")
print(df.head())
print("\\nPercentage of missing values:")
print(missing_percentage(df))

# Split data into train and test sets
df_train, df_test = train_test_split(df, test_size=0.2, random_state=42)

# Create a copy of test set with artificially introduced missing values
df_test_missing = df_test.copy()
np.random.seed(42)
for column in df_test_missing.columns:
    mask = np.random.rand(len(df_test_missing)) < 0.2
    df_test_missing.loc[mask, column] = np.nan

# Initialize the MICE imputer (IterativeImputer)
mice_imputer = IterativeImputer(random_state=42, max_iter=10)

# Fit the imputer on the training data
mice_imputer.fit(df_train)

# Apply MICE imputation on the test data with missing values
df_imputed          =          pd.DataFrame(mice_imputer.transform(df_test_missing),
columns=df.columns, index=df_test.index)

# Calculate imputation error
mse = mean_squared_error(df_test, df_imputed)
print(f"\\nMean Squared Error of imputation: {mse:.2f}")
```

```
# Visualize the imputation results
fig, axes = plt.subplots(1, 3, figsize=(15, 5))
for i, column in enumerate(df.columns):
    axes[i].scatter(df_test[column], df_imputed[column], alpha=0.5)
    axes[i].plot([df_test[column].min(),                    df_test[column].max()],
[df_test[column].min(), df_test[column].max()], 'r--', lw=2)
    axes[i].set_xlabel(f'Original {column}')
    axes[i].set_ylabel(f'Imputed {column}')
    axes[i].set_title(f'{column} Imputation')
plt.tight_layout()
plt.show()

# View the imputed dataframe
print("\\nImputed DataFrame:")
print(df_imputed.head())
```

Este ejemplo de código ofrece una demostración detallada de la imputación MICE utilizando la clase IterativeImputer de scikit-learn. Examinemos los componentes clave y sus funciones:

- **Generación de Datos**:
  - Creamos un conjunto de datos más grande (1000 muestras) con relaciones realistas entre Edad, Salario y Experiencia.
  - Los valores faltantes se introducen aleatoriamente para simular escenarios del mundo real.
- **Preparación de Datos**:
  - La función missing_percentage calcula y muestra el porcentaje de valores faltantes en cada columna.
  - Dividimos los datos en conjuntos de entrenamiento y prueba usando train_test_split.
  - Se crea una copia del conjunto de prueba con valores faltantes adicionales para evaluar el rendimiento de la imputación.
- **Imputación MICE**:
  - El IterativeImputer (MICE) se inicializa con un estado aleatorio fijo para la reproducibilidad y un máximo de 10 iteraciones.
  - El imputador se ajusta en los datos de entrenamiento y luego se usa para imputar valores faltantes en el conjunto de prueba.
- **Evaluación**:

  - Calculamos el Error Cuadrático Medio (MSE) entre el conjunto de prueba original y el conjunto de prueba imputado para cuantificar la precisión de la imputación.
- **Visualización**:
  - Se crean diagramas de dispersión para cada característica, comparando los valores originales con los imputados.
  - La línea punteada roja representa una imputación perfecta (donde los valores imputados coinciden exactamente con los valores originales).
  - Estos gráficos ayudan a visualizar qué tan bien funcionó la imputación MICE en diferentes características y rangos de valores.
- **Salida**:
  - El código imprime el DataFrame original, el porcentaje de valores faltantes, el error de imputación y el DataFrame imputado final.
  - Esta salida completa permite una comprensión detallada del proceso de imputación y sus resultados.

Este ejemplo demuestra cómo usar la imputación MICE e incluye buenas prácticas para evaluar y visualizar los resultados. Proporciona un escenario realista para manejar datos faltantes en una cadena de machine learning, mostrando el poder y la flexibilidad del algoritmo MICE para manejar conjuntos de datos complejos.

MICE es particularmente efectivo cuando múltiples características tienen valores faltantes, ya que considera todo el conjunto de datos al hacer predicciones. Este enfoque holístico permite a MICE capturar relaciones y dependencias complejas entre variables, lo que conduce a imputaciones más precisas. Por ejemplo, en un conjunto de datos que contiene información demográfica y financiera, MICE puede aprovechar las correlaciones entre edad, nivel educativo e ingresos para proporcionar estimaciones más realistas de valores faltantes en cualquiera de estas características.

Además, la naturaleza iterativa de MICE le permite refinar sus imputaciones a lo largo de múltiples ciclos, revelando potencialmente patrones sutiles que métodos de imputación más simples podrían pasar por alto. Esto hace que MICE sea especialmente valioso en escenarios donde el mecanismo de datos faltantes no es completamente aleatorio, o cuando el conjunto de datos presenta estructuras complejas que las técnicas de imputación más simples podrían tener dificultades para capturar con precisión.

4.1.3 Uso de Modelos de Machine Learning para Imputación

Otra técnica avanzada consiste en entrenar modelos de machine learning para predecir valores faltantes. Este enfoque trata la imputación de valores faltantes como un problema de aprendizaje supervisado, donde el valor faltante en una característica se predice en función de las otras características. Este método aprovecha el poder de los algoritmos de machine learning para capturar relaciones complejas dentro de los datos, lo que potencialmente lleva a imputaciones más precisas.

A diferencia de los métodos de imputación más simples que se basan en medidas estadísticas como la media o la mediana, la imputación mediante machine learning puede identificar patrones intrincados y dependencias entre variables. Por ejemplo, un modelo de bosque aleatorio podría aprender que la edad, el nivel educativo y el título de trabajo son predictores sólidos del salario, permitiéndole hacer estimaciones más informadas para datos de salario faltantes.

Este enfoque es particularmente útil cuando se trata de conjuntos de datos que tienen relaciones no lineales o cuando el mecanismo de datos faltantes no es completamente aleatorio. Al entrenarse con los datos observados, estos modelos pueden generalizar a instancias no vistas, proporcionando imputaciones que son consistentes con la estructura y patrones generales del conjunto de datos.

Sin embargo, es importante tener en cuenta que los métodos de imputación basados en machine learning requieren una consideración cuidadosa de la selección del modelo, la ingeniería de características y el potencial de sobreajuste. Las técnicas de validación cruzada y una evaluación cuidadosa de la calidad de la imputación son cruciales para garantizar la fiabilidad de los valores imputados.

Ejemplo de Código: Uso de un Random Forest Regressor para Imputación

Podemos aprovechar un **RandomForestRegressor** para predecir valores faltantes entrenando un modelo con los datos no faltantes y usándolo para predecir los valores faltantes. Este enfoque es particularmente poderoso para manejar conjuntos de datos complejos con relaciones no lineales entre características. El algoritmo Random Forest, un método de aprendizaje por ensamblaje, construye múltiples árboles de decisión y combina sus salidas para hacer predicciones. Esto lo hace muy adecuado para capturar patrones intrincados en los datos que métodos de imputación más simples podrían pasar por alto.

Al utilizar un Random Forest para la imputación, el proceso generalmente implica:

- Dividir el conjunto de datos en subconjuntos con y sin valores faltantes para la característica objetivo.
- Entrenar el modelo Random Forest en el subconjunto completo, utilizando otras características como predictores.
- Aplicar el modelo entrenado para predecir valores faltantes en el subconjunto incompleto.
- Integrar los valores predichos nuevamente en el conjunto de datos original.

Este método puede ser particularmente efectivo al tratar conjuntos de datos con interacciones complejas entre características o cuando el mecanismo de datos faltantes no es completamente aleatorio. Sin embargo, es importante tener en cuenta la necesidad de evaluar y controlar el posible sobreajuste y aplicar validación cruzada para garantizar resultados de imputación robustos.

```
import numpy as np
import pandas as pd
import matplotlib.pyplot as plt
from sklearn.ensemble import RandomForestRegressor
from sklearn.model_selection import train_test_split
from sklearn.metrics import mean_squared_error
from sklearn.impute import SimpleImputer

# Create a larger sample dataset with missing values
np.random.seed(42)
n_samples = 1000
age = np.random.randint(18, 65, n_samples)
salary = 30000 + 1000 * age + np.random.normal(0, 5000, n_samples)
experience = np.clip(age - 18, 0, None) + np.random.normal(0, 2, n_samples)

data = {
    'Age': age,
    'Salary': salary,
    'Experience': experience
}

df = pd.DataFrame(data)

# Introduce missing values
for col in df.columns:
    mask = np.random.rand(len(df)) < 0.2
    df.loc[mask, col] = np.nan

print("Original DataFrame:")
print(df.head())
print("\\nPercentage of missing values:")
print(df.isnull().mean() * 100)

# Split data into train and test sets
df_train, df_test = train_test_split(df, test_size=0.2, random_state=42)

# Create a copy of test set with artificially introduced missing values
df_test_missing = df_test.copy()
np.random.seed(42)
for column in df_test_missing.columns:
    mask = np.random.rand(len(df_test_missing)) < 0.2
    df_test_missing.loc[mask, column] = np.nan

# Function to perform Random Forest imputation
def rf_impute(df, target_column):
```

```
    # Separate data into rows with missing and non-missing values for the target column
    train_df = df[df[target_column].notna()]
    test_df = df[df[target_column].isna()]

    # Prepare features and target
    X_train = train_df.drop(target_column, axis=1)
    y_train = train_df[target_column]
    X_test = test_df.drop(target_column, axis=1)

    # Simple imputation for other features (required for RandomForest)
    imp = SimpleImputer(strategy='mean')
    X_train_imputed                =              pd.DataFrame(imp.fit_transform(X_train),
columns=X_train.columns)
    X_test_imputed = pd.DataFrame(imp.transform(X_test), columns=X_test.columns)

    # Train Random Forest model
    rf_model = RandomForestRegressor(n_estimators=100, random_state=42)
    rf_model.fit(X_train_imputed, y_train)

    # Predict missing values
    predicted_values = rf_model.predict(X_test_imputed)

    # Fill missing values in the original dataframe
    df.loc[df[target_column].isna(), target_column] = predicted_values

    return df

# Perform Random Forest imputation for each column
for column in df_test_missing.columns:
    df_test_missing = rf_impute(df_test_missing, column)

# Calculate imputation error
mse = mean_squared_error(df_test, df_test_missing)
print(f"\\nMean Squared Error of imputation: {mse:.2f}")

# Visualize the imputation results
fig, axes = plt.subplots(1, 3, figsize=(15, 5))
for i, column in enumerate(df.columns):
    axes[i].scatter(df_test[column], df_test_missing[column], alpha=0.5)
    axes[i].plot([df_test[column].min(),                         df_test[column].max()],
[df_test[column].min(), df_test[column].max()], 'r--', lw=2)
    axes[i].set_xlabel(f'Original {column}')
    axes[i].set_ylabel(f'Imputed {column}')
    axes[i].set_title(f'{column} Imputation')
plt.tight_layout()
plt.show()

# View the imputed dataframe
print("\\nImputed DataFrame:")
print(df_test_missing.head())
```

Este ejemplo de código ofrece una demostración completa de la imputación con Random Forest. Analicemos sus componentes clave y sus funciones:

- **Generación y Preparación de Datos**:
    - Creamos un conjunto de datos más grande (1000 muestras) con relaciones realistas entre Edad, Salario y Experiencia.
    - Introducimos valores faltantes aleatoriamente para simular escenarios del mundo real.
    - Dividimos los datos en conjuntos de entrenamiento y prueba, y añadimos valores faltantes adicionales en el conjunto de prueba para evaluar el rendimiento de la imputación.
- **Función de Imputación con Random Forest**:
    - Definimos la función rf_impute para realizar la imputación con Random Forest en una columna dada.
    - Separa los datos en subconjuntos con y sin valores faltantes para la columna objetivo.
    - SimpleImputer se utiliza para manejar valores faltantes en otras características, ya que RandomForest no puede manejar datos faltantes directamente.
    - Un RandomForestRegressor se entrena en el subconjunto completo y se usa para predecir valores faltantes.
- **Proceso de Imputación**:
    - La imputación se realiza para cada columna en el conjunto de datos, lo que permite manejar múltiples columnas con valores faltantes.
    - Este enfoque es más robusto que imputar una sola columna, ya que considera posibles interacciones entre características.
- **Evaluación**:
    - Se calcula el Error Cuadrático Medio (MSE) entre el conjunto de prueba original y el conjunto de prueba imputado para cuantificar la precisión de la imputación.
    - Se crean diagramas de dispersión para cada característica, comparando valores originales con valores imputados.
    - Estas visualizaciones ayudan a evaluar la calidad de la imputación en diferentes características y rangos de valores.

- **Salida**:
  - El código imprime el DataFrame original, el porcentaje de valores faltantes, el error de imputación y el DataFrame imputado final.
  - Esta salida completa permite una comprensión detallada del proceso de imputación y sus resultados.

Este ejemplo demuestra un escenario realista para manejar datos faltantes usando imputación con Random Forest. Muestra la capacidad del método para manejar múltiples características con valores faltantes y proporciona herramientas para evaluar la calidad de la imputación. El uso de SimpleImputer para manejar valores faltantes en las variables predictoras también destaca un enfoque práctico para superar las limitaciones del algoritmo RandomForest.

El uso de modelos de machine learning para la imputación puede ser muy poderoso, especialmente cuando existen relaciones complejas y no lineales entre características. Este enfoque es ideal en escenarios donde los métodos estadísticos tradicionales pueden fallar, como en conjuntos de datos con interdependencias complejas o cuando el mecanismo de datos faltantes no es completamente aleatorio. Por ejemplo, en un conjunto de datos médicos, un modelo de machine learning podría capturar interacciones sutiles entre edad, factores de estilo de vida e indicadores de salud para proporcionar imputaciones más precisas para resultados de laboratorio faltantes.

Sin embargo, este enfoque sofisticado tiene sus desventajas. Requiere más recursos computacionales, lo cual es una consideración significativa para conjuntos de datos grandes o cuando se trabaja con hardware limitado. La implementación también es más compleja, a menudo implicando ingeniería de características, selección de modelos y ajuste de hiperparámetros. Esta complejidad se extiende a la interpretación de los resultados, ya que el proceso de imputación se vuelve menos transparente en comparación con métodos más simples.

Además, existe el riesgo de sobreajuste, particularmente con conjuntos de datos pequeños. Para mitigar esto, las técnicas como la validación cruzada y una evaluación cuidadosa del modelo se vuelven cruciales. A pesar de estos desafíos, para conjuntos de datos donde mantener las relaciones intrincadas entre características es fundamental, el esfuerzo y los recursos adicionales necesarios para la imputación basada en machine learning pueden conducir a una mejora sustancial en la calidad de los datos y, en consecuencia, a resultados analíticos más fiables.

4.1.4 Puntos Clave

- **Imputación con KNN** llena valores faltantes en función de los puntos de datos más cercanos, lo que la convierte en una buena opción cuando las características están altamente correlacionadas. Este método es particularmente efectivo en conjuntos de datos donde observaciones similares tienden a tener valores similares. Por ejemplo, en un conjunto de datos de viviendas, las propiedades cercanas pueden tener precios similares, lo que hace que la imputación con KNN sea adecuada para datos de precios faltantes.

- **Imputación con MICE** modela iterativamente los valores faltantes como una función de otras características en el conjunto de datos, proporcionando un enfoque más robusto para conjuntos de datos con múltiples características faltantes. MICE es especialmente útil para manejar conjuntos de datos complejos donde múltiples variables tienen valores faltantes. Puede capturar relaciones intrincadas entre variables, lo que lo convierte en una herramienta poderosa para mantener la estructura general de los datos.
- **Imputación con Machine Learning** utiliza modelos predictivos para imputar valores faltantes, ofreciendo flexibilidad para manejar relaciones complejas pero requiriendo más esfuerzo computacional. Este enfoque puede ser particularmente beneficioso al manejar conjuntos de datos grandes o cuando existen relaciones no lineales entre variables. Por ejemplo, en un conjunto de datos médicos, un modelo de machine learning podría capturar interacciones sutiles entre edad, factores de estilo de vida y varios indicadores de salud para proporcionar imputaciones más precisas para resultados de laboratorio faltantes.

Estas técnicas avanzadas de imputación proporcionan más precisión y flexibilidad que los métodos de imputación básicos, lo que permite manejar datos faltantes de manera que se mantenga la integridad del conjunto de datos. Cada método tiene sus fortalezas y es adecuado para diferentes tipos de datos y patrones de datos faltantes. KNN funciona bien con datos localmente correlacionados, MICE destaca al manejar múltiples variables faltantes, y la imputación con machine learning puede capturar relaciones complejas y no lineales.

Al elegir el método apropiado para tu conjunto de datos específico y tus objetivos de análisis, puedes mejorar significativamente la calidad de tus datos imputados y, en consecuencia, la fiabilidad de tus resultados analíticos. En la siguiente sección, exploraremos cómo manejar datos categóricos faltantes utilizando técnicas avanzadas, lo cual presenta desafíos únicos y requiere enfoques especializados.

4.2 Manejo de Datos Faltantes en Conjuntos de Datos Grandes

Manejar datos faltantes en conjuntos de datos grandes presenta un conjunto único de desafíos que va más allá de los que se encuentran en conjuntos de datos más pequeños. A medida que el volumen de datos aumenta, tanto en términos de observaciones como de variables, el impacto de los valores faltantes se vuelve cada vez más pronunciado. Los conjuntos de datos a gran escala suelen abarcar una multitud de características, cada una de las cuales puede exhibir diversos grados de faltantes. Esta complejidad puede hacer que las técnicas de imputación tradicionales sean no solo computacionalmente costosas sino a veces totalmente impracticables.

La escala de los grandes datos introduce varias consideraciones clave:

- **Restricciones Computacionales**: A medida que los conjuntos de datos crecen, la potencia de procesamiento necesaria para métodos de imputación sofisticados puede volverse prohibitiva. Técnicas que funcionan bien a menor escala pueden volverse inviables cuando se aplican a millones o miles de millones de puntos de datos.
- **Relaciones Complejas**: Los conjuntos de datos grandes a menudo capturan interdependencias intrincadas entre variables. Estas relaciones complejas pueden hacer que sea difícil aplicar soluciones de imputación directas sin arriesgar la introducción de sesgo o la pérdida de patrones importantes.
- **Heterogeneidad**: Los grandes datos con frecuencia combinan información de diversas fuentes, lo que da lugar a estructuras de datos heterogéneas. Esta diversidad puede complicar la aplicación de estrategias de imputación uniformes en todo el conjunto de datos.
- **Sensibilidad al Tiempo**: En muchos escenarios de grandes datos, como datos en streaming o análisis en tiempo real, la velocidad de imputación se vuelve crucial. Las técnicas que requieren un procesamiento extenso pueden no ser adecuadas en estos contextos.

Para abordar estos desafíos, exploraremos estrategias diseñadas específicamente para manejar eficientemente datos faltantes en conjuntos de datos a gran escala. Estos enfoques están diseñados para escalar de manera fluida con tus datos, garantizando que se mantenga la precisión mientras se optimiza la eficiencia computacional. Nuestra discusión se centrará en tres áreas clave:

1. **Optimización de Técnicas de Imputación para Escala**: Examinaremos cómo adaptar y optimizar métodos de imputación existentes para manejar grandes volúmenes de datos de manera eficiente. Esto puede incluir técnicas como dividir los datos en partes, utilizar métodos aproximados o aprovechar las capacidades de hardware moderno.
2. **Manejo de Columnas con Alta Proporción de Faltantes**: Discutiremos estrategias para tratar con características que tienen una proporción significativa de valores faltantes. Esto incluye métodos para determinar cuándo retener o descartar dichas columnas y técnicas para imputar datos altamente dispersos.
3. **Uso de Computación Distribuida para Datos Faltantes**: Exploraremos cómo los frameworks de computación distribuida pueden aprovecharse para paralelizar tareas de imputación en múltiples máquinas o núcleos. Este enfoque puede reducir drásticamente el tiempo de procesamiento en tareas de imputación a gran escala.

Dominando estas estrategias, los científicos y analistas de datos pueden navegar efectivamente los desafíos de los datos faltantes en entornos de big data, asegurando análisis sólidos y fiables, incluso al trabajar con conjuntos de datos masivos y complejos.

4.2.1 Optimización de Técnicas de Imputación para Escalabilidad

Al trabajar con grandes conjuntos de datos, las técnicas avanzadas de imputación como la **imputación con KNN** o **MICE** pueden volverse prohibitivamente costosas a nivel computacional. La complejidad de estos métodos aumenta considerablemente con el volumen de datos, ya que implican cálculos de distancias entre numerosos puntos de datos o múltiples iteraciones para predecir valores faltantes. Este problema de escalabilidad exige optimizar las técnicas de imputación para conjuntos de datos a gran escala.

Para abordar estos desafíos, se pueden emplear varias estrategias:

1. Fragmentación (Chunking)

Esta técnica implica dividir el conjunto de datos en fragmentos más pequeños y manejables, aplicando técnicas de imputación a cada fragmento por separado. Al procesar los datos en partes más pequeñas, la fragmentación reduce significativamente el uso de memoria y el tiempo de procesamiento. Este enfoque es especialmente eficaz para grandes conjuntos de datos que superan la memoria disponible o cuando se trabaja con sistemas de computación distribuida.

La fragmentación permite el procesamiento paralelo de diferentes segmentos de datos, mejorando aún más la eficiencia computacional. Además, proporciona flexibilidad para manejar conjuntos de datos con características variables en diferentes segmentos, permitiendo adaptar los métodos de imputación a los patrones o requisitos específicos de cada fragmento.

Por ejemplo, en una base de datos grande de clientes, podrías fragmentar los datos por regiones geográficas, permitiendo estrategias de imputación específicas para cada región que consideren las tendencias o patrones locales en los datos faltantes.

2. Métodos Aproximados

Utilizar algoritmos de aproximación que sacrifican algo de precisión para mejorar la eficiencia computacional, como el uso de búsqueda aproximada de vecinos en lugar de KNN exacto para la imputación. Este enfoque es especialmente útil con datos de alta dimensión o conjuntos de datos muy grandes donde los métodos exactos se vuelven prohibitivos.

Un método aproximado popular es el Hashing Sensible a la Localidad (LSH, por sus siglas en inglés), que puede acelerar significativamente las búsquedas de vecinos cercanos. LSH funciona agrupando ítems similares en los mismos "contenedores" con alta probabilidad, permitiendo la recuperación rápida de vecinos aproximados. En el contexto de imputación con KNN, esto significa que se pueden encontrar rápidamente puntos de datos similares para imputar valores faltantes, incluso en conjuntos de datos masivos.

Otra técnica es el uso de proyecciones aleatorias, que puede reducir la dimensionalidad de los datos preservando aproximadamente las distancias entre puntos. Esto es particularmente efectivo en conjuntos de datos de alta dimensión, ya que aborda la "maldición de la dimensionalidad" que frecuentemente afecta a los métodos exactos de KNN.

Aunque estos métodos aproximados pueden introducir algún error en comparación con las técnicas exactas, a menudo proporcionan un buen equilibrio entre precisión y eficiencia computacional. En muchos escenarios del mundo real, la pequeña disminución en precisión es insignificante comparada con las enormes ganancias en velocidad y escalabilidad, lo que hace que estos métodos sean invaluables para manejar datos faltantes en conjuntos de datos a gran escala.

3. Selección de Características

Identificar y centrarse en las características más relevantes para la imputación es crucial cuando se trabaja con grandes conjuntos de datos. Este enfoque implica analizar las relaciones entre variables y seleccionar aquellas que son más informativas para predecir valores faltantes. Al reducir la dimensionalidad del problema, la selección de características no solo mejora la eficiencia computacional, sino que también mejora la calidad de la imputación.

Existen varios métodos para la selección de características en el contexto de la imputación de datos faltantes:

- **Análisis de Correlación**: Identificar características altamente correlacionadas puede ayudar a seleccionar un subconjunto de variables que capturen la mayor cantidad de información.
- **Información Mutua**: Esta técnica mide la dependencia mutua entre variables, ayudando a identificar las características más relevantes para la imputación.
- **Eliminación Recursiva de Características (RFE)**: Este método iterativo elimina progresivamente las características menos importantes según su poder predictivo.

Al enfocarse en las características más relevantes, se puede reducir considerablemente la carga computacional de los algoritmos de imputación, especialmente en técnicas como KNN o MICE que son intensivas en recursos. Este enfoque es particularmente beneficioso en conjuntos de datos de alta dimensión, donde la maldición de la dimensionalidad puede afectar gravemente el rendimiento de los métodos de imputación.

Además, la selección de características puede conducir a imputaciones más precisas al reducir el ruido y el sobreajuste, permitiendo que el modelo de imputación se concentre en las relaciones más informativas en los datos, lo que potencialmente resulta en estimaciones de valores faltantes más confiables.

4. Procesamiento en Paralelo

Aprovechar procesadores de múltiples núcleos o frameworks de computación distribuida para paralelizar tareas de imputación es una estrategia poderosa para manejar datos faltantes en grandes conjuntos de datos. Este enfoque reduce significativamente el tiempo de procesamiento al distribuir la carga de trabajo entre múltiples núcleos o máquinas. Por ejemplo, en un conjunto de datos con millones de registros, las tareas de imputación pueden dividirse en fragmentos más pequeños y procesarse simultáneamente en diferentes núcleos o nodos en un clúster.

El procesamiento en paralelo se puede implementar utilizando varias herramientas y frameworks:

- **Multi-threading**: Utilización de múltiples hilos en una sola máquina para procesar diferentes partes del conjunto de datos de forma concurrente.
- **Multiprocesamiento**: Uso de múltiples núcleos de CPU para realizar tareas de imputación en paralelo, lo cual es particularmente efectivo para métodos computacionalmente intensivos como la imputación con KNN.
- **Frameworks de Computación Distribuida**: Plataformas como Apache Spark o Dask pueden distribuir tareas de imputación en un clúster de máquinas, permitiendo el procesamiento de conjuntos de datos extremadamente grandes que superan la capacidad de una sola máquina.

Los beneficios del procesamiento en paralelo para la imputación van más allá de la velocidad; también permiten que se apliquen técnicas de imputación más sofisticadas a conjuntos de datos grandes, que de otro modo serían impracticables debido a restricciones de tiempo. Por ejemplo, métodos complejos como la Imputación Múltiple por Ecuaciones Encadenadas (MICE) se vuelven factibles para big data cuando se paralelizan en un clúster.

Sin embargo, es importante tener en cuenta que no todos los métodos de imputación son fácilmente paralelizables. Algunas técnicas requieren acceso a todo el conjunto de datos o dependen de un procesamiento secuencial. En tales casos, puede ser necesario un diseño cuidadoso del algoritmo o enfoques híbridos para aprovechar los beneficios del procesamiento en paralelo manteniendo la integridad del método de imputación.

Implementando estas estrategias de optimización, los científicos de datos pueden mantener los beneficios de las técnicas de imputación avanzadas mientras mitigan los desafíos computacionales asociados con conjuntos de datos a gran escala. Este equilibrio garantiza que los datos faltantes se manejen de manera efectiva sin comprometer la eficiencia general de la canalización de procesamiento de datos.

Ejemplo: Uso de Imputación Simple con Columnas Parciales

Para conjuntos de datos grandes, puede ser más práctico usar técnicas de imputación más simples para ciertas columnas, especialmente aquellas con menos valores faltantes. Este enfoque puede reducir significativamente el tiempo de cálculo al tiempo que proporciona una precisión razonable. Los métodos de imputación simples, como la imputación de media, mediana o moda, son eficientes en términos computacionales y pueden aplicarse rápidamente a grandes volúmenes de datos.

Estos métodos funcionan particularmente bien para columnas con un bajo porcentaje de valores faltantes, donde el impacto de la imputación en la distribución general de los datos es mínimo. Por ejemplo, si una columna tiene solo un 5% de valores faltantes, usar la media o mediana para llenar estos vacíos probablemente preservará las propiedades estadísticas de la columna sin introducir un sesgo significativo.

Además, las técnicas de imputación simples son a menudo más escalables y pueden paralelizarse fácilmente en entornos de computación distribuida. Esta escalabilidad es crucial cuando se trata de big data, donde los métodos de imputación más complejos podrían volverse prohibitivos a nivel computacional. Al aplicar estratégicamente imputación simple a columnas con menos valores faltantes, los científicos de datos pueden lograr un equilibrio entre mantener la integridad de los datos y garantizar un procesamiento eficiente de grandes volúmenes de datos.

Ejemplo de Código: Uso de Imputación Simple para Grandes Conjuntos de Datos

```
import pandas as pd
import numpy as np
from sklearn.impute import SimpleImputer
from sklearn.experimental import enable_iterative_imputer
from sklearn.impute import IterativeImputer
from sklearn.ensemble import RandomForestRegressor

# Generate a large dataset with some missing values
np.random.seed(42)
n_samples = 1000000
data = {
    'Age': np.random.randint(18, 80, n_samples),
    'Salary': np.random.randint(30000, 150000, n_samples),
    'Experience': np.random.randint(0, 40, n_samples),
    'Education':  np.random.choice(['High  School',  'Bachelor',  'Master',  'PhD'],
n_samples)
}

# Introduce missing values
for col in data:
    mask = np.random.random(n_samples) < 0.2  # 20% missing values
    data[col] = np.where(mask, None, data[col])

df_large = pd.DataFrame(data)

# 1. Simple Imputation
simple_imputer = SimpleImputer(strategy='mean')
numeric_cols = ['Age', 'Salary', 'Experience']
df_simple_imputed = df_large.copy()
```

```
df_simple_imputed[numeric_cols]                                              =
simple_imputer.fit_transform(df_large[numeric_cols])
df_simple_imputed['Education']                                               =
df_simple_imputed['Education'].fillna(df_simple_imputed['Education'].mode()[0])

# 2. Multiple Imputation by Chained Equations (MICE)
mice_imputer   =   IterativeImputer(estimator=RandomForestRegressor(),   max_iter=10,
random_state=42)
df_mice_imputed = df_large.copy()
df_mice_imputed[numeric_cols] = mice_imputer.fit_transform(df_large[numeric_cols])
df_mice_imputed['Education']                                                 =
df_mice_imputed['Education'].fillna(df_mice_imputed['Education'].mode()[0])

# 3. Custom imputation based on business rules
def custom_impute(df):
    df = df.copy()
    df['Age'] = df['Age'].fillna(df.groupby('Education')['Age'].transform('median'))
    df['Salary']            =            df['Salary'].fillna(df.groupby(['Education',
'Experience'])['Salary'].transform('median'))
    df['Experience'] = df['Experience'].fillna(df['Age'] - 22)  # Assuming started
working at 22
    df['Education'] = df['Education'].fillna('High School')  # Default to High School
    return df

df_custom_imputed = custom_impute(df_large)

# Compare results
print("Original Data (first 5 rows):")
print(df_large.head())
print("\\nSimple Imputation (first 5 rows):")
print(df_simple_imputed.head())
print("\\nMICE Imputation (first 5 rows):")
print(df_mice_imputed.head())
print("\\nCustom Imputation (first 5 rows):")
print(df_custom_imputed.head())

# Calculate and print missing value percentages
def missing_percentage(df):
    return (df.isnull().sum() / len(df)) * 100

print("\\nMissing Value Percentages:")
print("Original:", missing_percentage(df_large))
print("Simple Imputation:", missing_percentage(df_simple_imputed))
print("MICE Imputation:", missing_percentage(df_mice_imputed))
print("Custom Imputation:", missing_percentage(df_custom_imputed))
```

Desglose Completo de la Explicación:

1. **Generación de Datos:**

- Creamos un gran conjunto de datos con 1 millón de muestras y 4 características: Edad, Salario, Experiencia y Educación.
- Introducimos un 20% de valores faltantes aleatoriamente en todas las características para simular escenarios del mundo real.

2. **Imputación Simple:**
   - Utilizamos el SimpleImputer de sklearn con estrategia de media para columnas numéricas.
   - Para la columna categórica 'Educación', rellenamos con la moda (valor más frecuente).
   - Este método es rápido pero no considera relaciones entre las características.
3. **Imputación Múltiple por Ecuaciones Encadenadas (MICE):**
   - Usamos el IterativeImputer de sklearn, que implementa el algoritmo MICE.
   - Empleamos RandomForestRegressor como estimador para un mejor manejo de relaciones no lineales.
   - Este método es más sofisticado y considera relaciones entre características, aunque es computacionalmente intensivo.
4. **Imputación Personalizada:**
   - Implementamos una estrategia de imputación personalizada basada en el conocimiento del dominio y reglas de negocio.
   - Edad se imputa usando la edad mediana por nivel de educación.
   - Salario se imputa usando el salario mediano para cada combinación de educación y experiencia.
   - Experiencia se imputa asumiendo que las personas empiezan a trabajar a los 22 años.
   - La educación por defecto es 'Secundaria' si está ausente.
   - Este método permite más control e incorpora conocimiento específico del dominio.
5. **Comparación:**
   - Imprimimos las primeras 5 filas de cada conjunto de datos para comparar visualmente los resultados de imputación.
   - Calculamos e imprimimos el porcentaje de valores faltantes en cada conjunto de datos para verificar que todos los valores faltantes hayan sido imputados.

Este ejemplo completo demuestra tres técnicas de imputación diferentes, cada una con sus fortalezas y debilidades. Permite comparar los métodos y muestra cómo manejar datos numéricos y categóricos en grandes conjuntos de datos. El método de imputación personalizada también ilustra cómo se puede incorporar el conocimiento del dominio en el proceso de imputación.

4.2.2 Manejo de Columnas con Alta Ausencia de Datos

Al trabajar con grandes conjuntos de datos, es común encontrar columnas con un alto porcentaje de valores faltantes. Las columnas con más del 50% de datos faltantes representan un desafío significativo en tareas de análisis de datos y aprendizaje automático.

Estas columnas son problemáticas por varias razones:

1. **Información Limitada:** Las columnas con alta ausencia de datos proporcionan pocos puntos de datos confiables, lo que puede distorsionar los análisis o las predicciones del modelo. Esta escasez de información puede llevar a evaluaciones poco fiables de la importancia de las características y puede hacer que los modelos pasen por alto patrones o relaciones potencialmente significativas en los datos.
2. **Reducción de Poder Estadístico:** La falta de datos en estas columnas puede llevar a inferencias estadísticas menos precisas y a modelos predictivos más débiles. Esta reducción en el poder estadístico puede resultar en errores de tipo II, donde se pasan por alto efectos o relaciones verdaderas en los datos. Además, puede ampliar los intervalos de confianza, dificultando la obtención de conclusiones definitivas del análisis.
3. **Potencial de Sesgo:** Si la ausencia de datos no es completamente al azar (MCAR), la imputación de estos valores podría introducir sesgo en el conjunto de datos. Esto es especialmente problemático cuando la ausencia de datos está relacionada con factores no observados (Missing Not At Random, MNAR), ya que puede conducir a errores sistemáticos en análisis posteriores. Por ejemplo, si los datos de ingresos faltan más a menudo en individuos de altos ingresos, la imputación basada en los datos disponibles podría subestimar los niveles generales de ingresos.
4. **Ineficiencia Computacional:** Intentar imputar o analizar estas columnas puede ser costoso a nivel computacional con poco beneficio. Esto es especialmente cierto para grandes conjuntos de datos, donde métodos de imputación complejos como la Imputación Múltiple por Ecuaciones Encadenadas (MICE) o la imputación con K-Nearest Neighbors (KNN) pueden aumentar significativamente el tiempo de procesamiento y el uso de recursos. El costo computacional podría superar la mejora marginal en el rendimiento del modelo, particularmente si los valores imputados no son muy fiables debido a la alta ausencia de datos.
5. **Preocupaciones de Calidad de Datos:** Una alta ausencia de datos en una columna puede indicar problemas subyacentes con los procesos de recopilación de datos o con

la calidad de los datos. Podría señalar problemas con los métodos de adquisición de datos, mal funcionamiento de sensores o inconsistencias en las prácticas de registro de datos. Abordar estas causas raíz podría ser más beneficioso que intentar recuperar los datos a través de la imputación.

Para tales columnas, los científicos de datos enfrentan una decisión crítica: eliminarlas por completo o aplicar técnicas de imputación sofisticadas. Esta decisión debe basarse en varios factores:

- La importancia de la variable para el análisis o el modelo
- El mecanismo de ausencia de datos (MCAR, MAR o MNAR)
- Los recursos computacionales disponibles
- El posible impacto en los análisis posteriores

Si la columna se considera crucial, podrían considerarse métodos avanzados de imputación como la Imputación Múltiple por Ecuaciones Encadenadas (MICE) o la imputación basada en aprendizaje automático. Sin embargo, estos métodos pueden ser intensivos en recursos computacionales para conjuntos de datos grandes.

Alternativamente, si la columna no es crítica o si la imputación podría introducir más sesgo que información, la eliminación de la columna podría ser la opción más prudente. Este enfoque simplifica el conjunto de datos y puede mejorar la eficiencia y confiabilidad de análisis posteriores.

En algunos casos, un enfoque híbrido podría ser adecuado, donde se eliminan las columnas con ausencia extrema de datos y se imputan aquellas con una ausencia moderada mediante técnicas apropiadas.

Cuándo Eliminar Columnas

Si una columna contiene más del 50% de valores faltantes, es posible que no contribuya con mucha información útil al modelo. En tales casos, eliminar la columna puede ser la solución más eficiente, especialmente cuando la ausencia de datos es al azar. Este enfoque, conocido como 'eliminación de columnas' o 'eliminación de características', puede simplificar significativamente el conjunto de datos y reducir la complejidad computacional.

Sin embargo, antes de decidir eliminar una columna, es fundamental considerar su importancia potencial para el análisis. Algunos factores a evaluar incluyen:

- La naturaleza de los datos faltantes: ¿Están completamente al azar (MCAR), al azar (MAR) o no al azar (MNAR)?
- La relevancia de la columna para la pregunta de investigación o problema de negocio en cuestión
- El potencial de introducir sesgo al eliminar la columna

- La posibilidad de usar conocimiento del dominio para imputar los valores faltantes

En algunos casos, incluso con una alta ausencia de datos, una columna puede contener información valiosa. Por ejemplo, el hecho de que los datos estén ausentes podría ser informativo. En tales escenarios, en lugar de eliminar la columna, podrías considerar crear una variable binaria para capturar la presencia o ausencia de datos.

En última instancia, la decisión de eliminar o retener una columna con alta ausencia de datos debe tomarse caso por caso, teniendo en cuenta el contexto específico del análisis y el posible impacto en los modelos o procesos de toma de decisiones posteriores.

Ejemplo de Código: Eliminación de Columnas con Alta Ausencia de Datos

```
import pandas as pd
import numpy as np

# Create a large sample dataset with missing values
np.random.seed(42)
n_samples = 1000000
data = {
    'Age': np.random.randint(18, 80, n_samples),
    'Salary': np.random.randint(30000, 150000, n_samples),
    'Experience': np.random.randint(0, 40, n_samples),
    'Education':  np.random.choice(['High  School',  'Bachelor',  'Master',  'PhD'],
n_samples),
    'Department':  np.random.choice(['Sales',  'Marketing',  'IT',  'HR',  'Finance'],
n_samples)
}

# Introduce missing values
for col in data:
    mask = np.random.random(n_samples) < np.random.uniform(0.1, 0.7)  # 10% to 70%
missing values
    data[col] = np.where(mask, None, data[col])

df_large = pd.DataFrame(data)

# Define a threshold for dropping columns with missing values
threshold = 0.5

# Calculate the proportion of missing values in each column
missing_proportion = df_large.isnull().mean()

print("Missing value proportions:")
print(missing_proportion)

# Drop columns with more than 50% missing values
df_large_cleaned   =   df_large.drop(columns=missing_proportion[missing_proportion   >
threshold].index)

print("\\nColumns dropped:")
```

```
print(set(df_large.columns) - set(df_large_cleaned.columns))

# View the cleaned dataframe
print("\\nCleaned dataframe:")
print(df_large_cleaned.head())

# Calculate the number of rows with at least one missing value
rows_with_missing = df_large_cleaned.isnull().any(axis=1).sum()
print(f"\\nRows    with    at    least    one    missing    value:    {rows_with_missing}
({rows_with_missing/len(df_large_cleaned):.2%})")

# Optional: Impute remaining missing values
from sklearn.impute import SimpleImputer

# Separate numeric and categorical columns
numeric_cols = df_large_cleaned.select_dtypes(include=[np.number]).columns
categorical_cols = df_large_cleaned.select_dtypes(exclude=[np.number]).columns

# Impute numeric columns with median
num_imputer = SimpleImputer(strategy='median')
df_large_cleaned[numeric_cols]                                              =
num_imputer.fit_transform(df_large_cleaned[numeric_cols])

# Impute categorical columns with most frequent value
cat_imputer = SimpleImputer(strategy='most_frequent')
df_large_cleaned[categorical_cols]                                          =
cat_imputer.fit_transform(df_large_cleaned[categorical_cols])

print("\\nFinal dataframe after imputation:")
print(df_large_cleaned.head())
print("\\nMissing values after imputation:")
print(df_large_cleaned.isnull().sum())
```

Explicación Detallada

1. **Generación de Datos:**
    - Creamos un conjunto de datos grande con 1 millón de muestras y 5 características: Edad, Salario, Experiencia, Educación y Departamento.
    - Introducimos niveles variados de valores faltantes (del 10% al 70%) aleatoriamente en todas las características para simular escenarios del mundo real con diferentes niveles de ausencia de datos.
2. **Análisis de Valores Faltantes:**
    - Calculamos e imprimimos la proporción de valores faltantes en cada columna usando df_large.isnull().mean().

- Este paso nos ayuda a entender el nivel de ausencia de datos en cada característica.

3. **Eliminación de Columnas:**
   - Definimos un umbral del 0,5 (50%) para eliminar columnas.
   - Las columnas con más del 50% de valores faltantes se eliminan usando df_large.drop().
   - Imprimimos los nombres de las columnas eliminadas para llevar un registro de la información que estamos eliminando.
4. **Resumen del Conjunto de Datos Limpio:**
   - Imprimimos las primeras filas del conjunto de datos limpio usando df_large_cleaned.head().
   - Esto nos da una vista rápida de la estructura de los datos después de eliminar las columnas con alta ausencia de datos.
5. **Análisis de Valores Faltantes por Filas:**
   - Calculamos e imprimimos el número y porcentaje de filas que aún tienen al menos un valor faltante.
   - Esta información nos ayuda a entender cuánto de nuestro conjunto de datos sigue afectado por la ausencia de datos después de la eliminación de columnas.
6. **Imputación Opcional:**
   - Demostramos cómo manejar los valores faltantes restantes usando técnicas de imputación simples.
   - Las columnas numéricas se imputan con el valor mediano.
   - Las columnas categóricas se imputan con el valor más frecuente.
   - Este paso muestra cómo preparar los datos para análisis o modelado adicionales si se requieren casos completos.
7. **Resumen del Conjunto de Datos Final:**
   - Imprimimos las primeras filas del conjunto de datos final imputado.
   - También imprimimos un resumen de los valores faltantes después de la imputación para confirmar que todos los valores faltantes han sido manejados.

Este ejemplo demuestra un enfoque completo para manejar datos faltantes en conjuntos de datos grandes. Describe los pasos para analizar la ausencia de datos, tomar decisiones informadas sobre la eliminación de columnas y, opcionalmente, imputar valores faltantes restantes. El código está optimizado para eficiencia en conjuntos de datos grandes y proporciona una salida clara e informativa en cada etapa del proceso.

Imputación para Columnas con Alta Ausencia de Datos

Si una columna con alta ausencia de datos es crítica para el análisis, pueden ser necesarias técnicas más sofisticadas como **MICE** (Imputación Múltiple por Ecuaciones Encadenadas) o **imputaciones múltiples**. Estas técnicas pueden proporcionar estimaciones más precisas al considerar la incertidumbre en los datos faltantes. MICE, por ejemplo, crea múltiples conjuntos de datos imputados y combina los resultados para proporcionar estimaciones más robustas.

Sin embargo, para conjuntos de datos grandes, es importante equilibrar la precisión con la eficiencia computacional. Estos métodos avanzados pueden ser intensivos en recursos computacionales y pueden no escalar bien con conjuntos de datos muy grandes. En tales casos, podrías considerar:

- Usar métodos de imputación más simples en un subconjunto de los datos para estimar el impacto en tu análisis.
- Implementar técnicas de procesamiento en paralelo para acelerar el proceso de imputación.
- Explorar alternativas como métodos de factorización de matrices que pueden manejar datos faltantes directamente.

La elección del método debe guiarse por las características específicas de tu conjunto de datos, el mecanismo de ausencia de datos y los recursos computacionales disponibles. También es crucial validar los resultados de imputación y evaluar su impacto en tus análisis o modelos posteriores.

4.2.3 Aprovechamiento de la Computación Distribuida para Datos Faltantes

Para conjuntos de datos extremadamente grandes, la imputación puede convertirse en un desafío computacional significativo, particularmente cuando se emplean técnicas sofisticadas como K-Nearest Neighbors (KNN) o Imputación Múltiple por Ecuaciones Encadenadas (MICE). Estos métodos a menudo requieren procesos iterativos o cálculos complejos en grandes volúmenes de datos, lo que puede resultar en un consumo sustancial de tiempo y recursos de procesamiento. Para abordar este problema de escalabilidad, los científicos y los ingenieros de datos recurren a marcos de computación distribuida como **Dask** y **Apache Spark**.

Estas herramientas permiten la paralelización del proceso de imputación, distribuyendo efectivamente la carga computacional entre múltiples nodos o máquinas. Al aprovechar la computación distribuida, puedes:

- Dividir grandes conjuntos de datos en fragmentos más pequeños y manejables (particiones).

- Procesar estas particiones concurrentemente en un clúster de computadoras.
- Agregar los resultados para producir un conjunto de datos imputado completo.

Este enfoque no solo acelera significativamente el proceso de imputación, sino que también permite el manejo de conjuntos de datos que de otra manera serían demasiado grandes para procesarse en una sola máquina. Además, los marcos distribuidos a menudo vienen con características de tolerancia a fallos y balanceo de carga, garantizando robustez y eficiencia en tareas de procesamiento de datos a gran escala.

Al implementar imputación distribuida, es crucial considerar los compromisos entre la eficiencia computacional y la precisión de la imputación. Si bien los métodos más simples como la imputación de media o mediana se pueden paralelizar fácilmente, las técnicas más complejas pueden requerir un diseño algorítmico cuidadoso para mantener sus propiedades estadísticas en un entorno distribuido. Por lo tanto, la elección del método de imputación debe hacerse teniendo en cuenta tanto los requisitos estadísticos de tu análisis como las limitaciones computacionales de tu infraestructura.

Uso de Dask para Imputación Escalable

Dask es una poderosa biblioteca de computación paralela que extiende la funcionalidad de herramientas populares de ciencia de datos como Pandas y Scikit-learn. Permite escalar eficientemente los cálculos en múltiples núcleos o incluso en clústeres distribuidos, lo que la convierte en una excelente opción para manejar grandes conjuntos de datos con valores faltantes. La arquitectura de Dask permite distribuir datos y cálculos sin problemas, lo que facilita a los científicos de datos trabajar con conjuntos de datos que son más grandes que la memoria de una sola máquina.

Una de las características clave de Dask es su capacidad para proporcionar una API familiar que se asemeja mucho a la de Pandas y NumPy, permitiendo una transición fluida del código de una sola máquina a la computación distribuida. Esto lo hace particularmente útil para tareas de imputación de datos en conjuntos de datos grandes, ya que puede aprovechar algoritmos de imputación existentes mientras distribuye la carga de trabajo entre múltiples nodos.

Por ejemplo, al trabajar con datos faltantes, Dask puede realizar operaciones como la imputación de media o mediana de manera eficiente en conjuntos de datos particionados. También puede integrarse con métodos de imputación más complejos, como K-Nearest Neighbors o imputación basada en regresión, aplicando estos algoritmos a cada partición y luego agregando los resultados.

Además, la flexibilidad de Dask le permite adaptarse a diversos entornos de computación, desde laptops con múltiples núcleos hasta grandes implementaciones en clústeres, lo que lo convierte en una herramienta versátil para escalar tareas de procesamiento e imputación de datos a medida que los conjuntos de datos crecen en tamaño y complejidad.

Ejemplo de Código: Imputación Escalable con Dask

```
import dask.dataframe as dd
import pandas as pd
import numpy as np
from sklearn.impute import SimpleImputer
from sklearn.experimental import enable_iterative_imputer
from sklearn.impute import IterativeImputer
from sklearn.ensemble import RandomForestRegressor

# Create a sample large dataset with missing values
def create_sample_data(n_samples=1000000):
    np.random.seed(42)
    data = {
        'Age': np.random.randint(18, 80, n_samples),
        'Salary': np.random.randint(30000, 150000, n_samples),
        'Experience': np.random.randint(0, 40, n_samples),
        'Education': np.random.choice(['High School', 'Bachelor', 'Master', 'PhD'],
n_samples),
        'Department': np.random.choice(['Sales', 'Marketing', 'IT', 'HR', 'Finance'],
n_samples)
    }
    df = pd.DataFrame(data)

    # Introduce missing values
    for col in df.columns:
        mask = np.random.random(n_samples) < 0.2  # 20% missing values
        df.loc[mask, col] = np.nan

    return df

# Create the sample dataset
df_large = create_sample_data()

# Convert the large Pandas dataframe to a Dask dataframe
df_dask = dd.from_pandas(df_large, npartitions=10)

# 1. Simple Mean Imputation
simple_imputer = SimpleImputer(strategy='mean')

def apply_simple_imputer(df):
    # Separate numeric and categorical columns
    numeric_cols = df.select_dtypes(include=[np.number]).columns
    categorical_cols = df.select_dtypes(exclude=[np.number]).columns

    # Impute numeric columns
    df[numeric_cols] = simple_imputer.fit_transform(df[numeric_cols])

    # Impute categorical columns with mode
    for col in categorical_cols:
        df[col].fillna(df[col].mode().iloc[0], inplace=True)

    return df
```

```
df_dask_simple_imputed = df_dask.map_partitions(apply_simple_imputer)

# 2. Iterative Imputation (MICE)
def apply_iterative_imputer(df):
    numeric_cols = df.select_dtypes(include=[np.number]).columns
    categorical_cols = df.select_dtypes(exclude=[np.number]).columns

    # Impute numeric columns using IterativeImputer
    iterative_imputer         =        IterativeImputer(estimator=RandomForestRegressor(),
max_iter=10, random_state=0)
    df[numeric_cols] = iterative_imputer.fit_transform(df[numeric_cols])

    # Impute categorical columns with mode
    for col in categorical_cols:
        df[col].fillna(df[col].mode().iloc[0], inplace=True)

    return df

df_dask_iterative_imputed = df_dask.map_partitions(apply_iterative_imputer)

# Compute the results (triggering the computation across partitions)
df_simple_imputed = df_dask_simple_imputed.compute()
df_iterative_imputed = df_dask_iterative_imputed.compute()

# View the imputed dataframes
print("Simple Imputation Results:")
print(df_simple_imputed.head())
print("\\nIterative Imputation Results:")
print(df_iterative_imputed.head())

# Compare imputation results
print("\\nMissing values after Simple Imputation:")
print(df_simple_imputed.isnull().sum())
print("\\nMissing values after Iterative Imputation:")
print(df_iterative_imputed.isnull().sum())

# Optional: Analyze imputation impact
print("\\nOriginal Data Statistics:")
print(df_large.describe())
print("\\nSimple Imputation Statistics:")
print(df_simple_imputed.describe())
print("\\nIterative Imputation Statistics:")
print(df_iterative_imputed.describe())
```

Explicación Desglosada del Código:

1. **Generación de Datos:**

- Creamos una función llamada create_sample_data() para generar un conjunto de datos grande (1 millón de filas) con tipos de datos mixtos (numéricos y categóricos).
- Se introducen valores faltantes aleatoriamente (20% en cada columna) para simular escenarios del mundo real.

2. **Creación de DataFrame de Dask:**
   - El DataFrame grande de Pandas se convierte en un DataFrame de Dask utilizando dd.from_pandas().
   - Especificamos 10 particiones, lo que permite que Dask procese los datos en paralelo en múltiples núcleos o máquinas.
3. **Imputación Simple de la Media:**
   - Definimos una función apply_simple_imputer() que usa SimpleImputer para columnas numéricas y la imputación de la moda para columnas categóricas.
   - Esta función se aplica a cada partición del DataFrame de Dask utilizando map_partitions().
4. **Imputación Iterativa (MICE):**
   - Implementamos un método de imputación más sofisticado usando IterativeImputer (también conocido como MICE - Imputación Múltiple por Ecuaciones Encadenadas).
   - La función apply_iterative_imputer() utiliza RandomForestRegressor como estimador para columnas numéricas y la imputación de la moda para columnas categóricas.
   - Este método es computacionalmente más costoso, pero puede proporcionar imputaciones más precisas al considerar las relaciones entre características.
5. **Cálculo y Resultados:**
   - Usamos .compute() para iniciar el cálculo real en los DataFrames de Dask, ejecutando la imputación en todas las particiones.
   - Los resultados de ambos métodos de imputación se almacenan en DataFrames de Pandas para facilitar la comparación y el análisis.
6. **Análisis y Comparación:**
   - Imprimimos las primeras filas de ambos conjuntos de datos imputados para inspeccionar visualmente los resultados.
   - Verificamos si quedan valores faltantes después de la imputación para asegurar la completitud.

- Comparamos las estadísticas descriptivas de los conjuntos de datos originales e imputados para evaluar el impacto de los diferentes métodos de imputación en la distribución de los datos.

Este ejemplo demuestra un enfoque completo para manejar datos faltantes en grandes conjuntos de datos usando Dask. Presenta tanto técnicas de imputación simples como avanzadas, incluye verificación de errores y pasos de análisis para evaluar el impacto de la imputación en los datos. Este enfoque permite el procesamiento eficiente de grandes conjuntos de datos mientras brinda flexibilidad al elegir y comparar diferentes estrategias de imputación.

Uso de Apache Spark para Imputación a Gran Escala

Apache Spark es otro marco potente para el procesamiento distribuido de datos que puede manejar grandes volúmenes de datos. La biblioteca **MLlib** de Spark proporciona herramientas de imputación diseñadas para trabajar en sistemas distribuidos a gran escala. Este marco es particularmente útil para organizaciones que manejan cantidades masivas de datos que superan las capacidades de procesamiento de una sola máquina.

El modelo de computación distribuida de Spark le permite procesar datos eficientemente en un clúster de computadoras, lo que lo hace ideal para aplicaciones de big data. Sus capacidades de procesamiento en memoria aceleran significativamente los algoritmos iterativos, que son comunes en tareas de aprendizaje automático como la imputación.

MLlib, la biblioteca de aprendizaje automático de Spark, ofrece varias estrategias de imputación. Estas incluyen métodos simples como imputación de media, mediana o moda, así como técnicas más sofisticadas como imputación basada en vecinos más cercanos (k-nearest neighbors). Las funciones de imputación de la biblioteca están optimizadas para entornos distribuidos, asegurando que el proceso de imputación se escale bien con el aumento del volumen de datos.

Además, la capacidad de Spark para manejar datos tanto en lotes como en flujo continuo lo hace versátil para diferentes tipos de escenarios de imputación. Ya sea que estés trabajando con datos históricos o con flujos en tiempo real, Spark puede adaptarse a tus necesidades, proporcionando estrategias de imputación consistentes en diversas fuentes y formatos de datos.

Ejemplo de Código: Imputación con PySpark

```
from pyspark.sql import SparkSession
from pyspark.ml.feature import Imputer
from pyspark.sql.functions import col, when
from pyspark.ml.feature import StringIndexer, OneHotEncoder
from pyspark.ml import Pipeline

# Initialize a Spark session
spark = SparkSession.builder.appName("MissingDataImputation").getOrCreate()

# Create a Spark dataframe with missing values
```

```
data = [
    (25, None, 2, "Sales", "Bachelor"),
    (None, 60000, 4, "Marketing", None),
    (22, 52000, 1, "IT", "Master"),
    (35, None, None, "HR", "PhD"),
    (None, 58000, 3, "Finance", "Bachelor"),
    (28, 55000, 2, None, "Master")
]
columns = ['Age', 'Salary', 'Experience', 'Department', 'Education']
df_spark = spark.createDataFrame(data, columns)

# Display original dataframe
print("Original Dataframe:")
df_spark.show()

# Define the imputer for numeric missing values
numeric_cols = ['Age', 'Salary', 'Experience']
imputer = Imputer(
    inputCols=numeric_cols,
    outputCols=["{}_imputed".format(c) for c in numeric_cols]
)

# Handle categorical columns
categorical_cols = ['Department', 'Education']

# Function to impute categorical columns with mode
def categorical_imputer(df, col_name):
    mode                    =                    df.groupBy(col_name).count().orderBy('count',
ascending=False).first()[col_name]
    return when(col(col_name).isNull(), mode).otherwise(col(col_name))

# Apply categorical imputation
for cat_col in categorical_cols:
    df_spark                =                    df_spark.withColumn(f"{cat_col}_imputed",
categorical_imputer(df_spark, cat_col))

# Create StringIndexer and OneHotEncoder for categorical columns
indexers = [StringIndexer(inputCol=f"{c}_imputed", outputCol=f"{c}_index") for c in
categorical_cols]
encoders  =  [OneHotEncoder(inputCol=f"{c}_index",  outputCol=f"{c}_vec")  for  c  in
categorical_cols]

# Create a pipeline
pipeline = Pipeline(stages=[imputer] + indexers + encoders)

# Fit and transform the dataframe
df_imputed = pipeline.fit(df_spark).transform(df_spark)

# Select relevant columns
columns_to_select = [f"{c}_imputed" for c in numeric_cols] + [f"{c}_vec" for c in
categorical_cols]
df_final = df_imputed.select(columns_to_select)
```

```
# Show the imputed dataframe
print("\\nImputed Dataframe:")
df_final.show()

# Display summary statistics
print("\\nSummary Statistics:")
df_final.describe().show()

# Clean up
spark.stop()
```

Explicación del Código Desglosado:

1. **Importación de Librerías:**
   - Importamos las librerías necesarias de PySpark para manipulación de datos, imputación y creación de características.
2. **Creación de la Sesión de Spark:**
   - Inicializamos una SparkSession, que es el punto de entrada para las funcionalidades de Spark.
3. **Creación de Datos:**
   - Creamos un conjunto de datos de muestra con tipos de datos mixtos (numéricos y categóricos) e introducimos valores faltantes.
4. **Visualización de los Datos Originales:**
   - Mostramos el dataframe original para visualizar los valores faltantes.
5. **Imputación Numérica:**
   - Utilizamos la clase Imputer para manejar valores faltantes en columnas numéricas.
   - Configuramos el imputador para crear nuevas columnas con el sufijo "_imputed".
6. **Imputación Categórica:**
   - Definimos una función personalizada categorical_imputer para imputar valores faltantes en variables categóricas con la moda (valor más frecuente).
   - Esta función se aplica a cada columna categórica usando withColumn.
7. **Ingeniería de Características para Datos Categóricos:**
   - Usamos StringIndexer para convertir columnas de texto en índices numéricos.

   - Luego aplicamos OneHotEncoder para crear representaciones vectoriales de las variables categóricas.

8. **Creación del Pipeline:**
   - Creamos un Pipeline que combina el imputador numérico, los indexadores de cadenas y los codificadores one-hot.
   - Esto asegura que todos los pasos de preprocesamiento se apliquen de manera consistente tanto a los datos de entrenamiento como a los de prueba.

9. **Aplicación del Pipeline:**
   - Ajustamos el pipeline a nuestros datos y lo transformamos, lo que aplica todos los pasos de preprocesamiento.

10. **Selección de Columnas Relevantes:**
    - Seleccionamos las columnas numéricas imputadas y las categóricas vectorizadas para nuestro conjunto de datos final.

11. **Visualización de Resultados:**
    - Mostramos el dataframe imputado para visualizar los resultados del proceso de imputación y codificación.

12. **Estadísticas Resumidas:**
    - Mostramos estadísticas resumidas del dataframe final para entender el impacto de la imputación en la distribución de los datos.

13. **Limpieza:**
    - Detenemos la sesión de Spark para liberar recursos.

Este ejemplo muestra un enfoque completo para manejar datos faltantes en Spark. Cubre tanto la imputación numérica como la categórica, junto con pasos esenciales de ingeniería de características comunes en escenarios del mundo real. El código demuestra la capacidad de Spark para gestionar tareas complejas de preprocesamiento de datos en sistemas distribuidos, resaltando su idoneidad para la imputación y preparación de datos a gran escala.

4.2.4 Puntos Clave

- **Optimización para Escalabilidad**: Al trabajar con grandes conjuntos de datos, los métodos de imputación simples como el relleno con media o mediana suelen lograr un equilibrio ideal entre eficiencia computacional y precisión. Estos métodos son rápidos de implementar y pueden manejar grandes cantidades de datos sin un gasto computacional excesivo. Sin embargo, es importante notar que, aunque estos métodos son eficientes, pueden no capturar relaciones complejas dentro de los datos.

- **Alta Ausencia de Datos**: Las columnas con una alta proporción de datos faltantes (por ejemplo, más del 50%) presentan un desafío significativo. La decisión de eliminar o imputar estas columnas debe tomarse con cuidado, considerando su importancia en el análisis. Si una columna es crucial para la pregunta de investigación, técnicas avanzadas de imputación como la imputación múltiple o métodos basados en aprendizaje automático pueden estar justificadas. Por otro lado, si la columna es menos importante, eliminarla puede ser la opción más prudente para evitar introducir sesgos o ruido en el análisis.
- **Computación Distribuida**: Aprovechar herramientas como **Dask** y **Apache Spark** permite una imputación escalable, permitiéndote manejar eficientemente grandes conjuntos de datos. Estos marcos distribuyen la carga computacional entre múltiples máquinas o núcleos, reduciendo significativamente el tiempo de procesamiento. Dask, por ejemplo, puede escalar tu código de Python existente para trabajar con conjuntos de datos que superan la memoria, mientras que MLlib de Spark proporciona implementaciones robustas y distribuidas de varios algoritmos de imputación.

Manejar datos faltantes en grandes conjuntos de datos requiere un delicado equilibrio entre precisión y eficiencia. Al seleccionar y optimizar cuidadosamente las técnicas de imputación y aprovechar el poder de la computación distribuida, puedes abordar efectivamente los datos faltantes sin sobrecargar los recursos del sistema. Este enfoque no solo garantiza la integridad de tu análisis, sino que también permite trabajar con conjuntos de datos que de otro modo serían inmanejables en una sola máquina.

Además, al trabajar con big data, es crucial considerar todo el pipeline de datos. La imputación debe integrarse sin problemas en tu flujo de procesamiento de datos, asegurando que se pueda aplicar de manera consistente tanto a los conjuntos de datos de entrenamiento como a los de prueba. Esta integración ayuda a mantener la validez de tus modelos y análisis en diferentes subconjuntos de datos y períodos de tiempo.

Por último, es importante documentar y validar minuciosamente tu estrategia de imputación. Esto incluye llevar un registro de los valores imputados, los métodos utilizados y cualquier suposición realizada durante el proceso. Evaluar regularmente el impacto de tus decisiones de imputación en los análisis posteriores puede ayudar a garantizar la robustez y confiabilidad de tus resultados, incluso al trabajar con grandes conjuntos de datos que contienen una cantidad significativa de datos faltantes.

4.3 Ejercicios Prácticos para el Capítulo 4

Ahora que has completado el Capítulo 4, es momento de aplicar lo aprendido mediante ejercicios prácticos. Estos ejercicios se centran en el manejo de datos faltantes en diferentes contextos, utilizando tanto técnicas simples como avanzadas. Los ejercicios te ayudarán a reforzar los conceptos de imputación KNN, MICE, manejo de datos faltantes en grandes conjuntos de datos y técnicas de imputación distribuida.

Ejercicio 1: Imputación KNN

Tienes un conjunto de datos que contiene información sobre empleados, incluyendo su **Edad**, **Salario** y **Experiencia**. El conjunto de datos tiene algunos valores faltantes. Tu tarea es:

Usar **imputación KNN** para completar los valores faltantes en el conjunto de datos.

Solución:

```
import numpy as np
import pandas as pd
from sklearn.impute import KNNImputer

# Sample data with missing values
data = {'Age': [25, np.nan, 22, 35, np.nan],
        'Salary': [50000, 60000, 52000, np.nan, 58000],
        'Experience': [2, 4, 1, np.nan, 3]}

df = pd.DataFrame(data)

# Initialize the KNN Imputer with k=2
knn_imputer = KNNImputer(n_neighbors=2)

# Apply KNN imputation
df_imputed = pd.DataFrame(knn_imputer.fit_transform(df), columns=df.columns)

# View the imputed dataframe
print(df_imputed)
```

Ejercicio 2: Imputación MICE

Estás trabajando con un conjunto de datos que contiene valores faltantes en múltiples columnas. El conjunto de datos incluye **Edad**, **Salario** y **Experiencia**. Tu tarea es:

Usar **MICE (Imputación Multivariante mediante Ecuaciones Encadenadas)** para imputar los valores faltantes.

Solución:

```
from sklearn.experimental import enable_iterative_imputer  # To enable IterativeImputer
from sklearn.impute import IterativeImputer
import pandas as pd

# Sample data with missing values
data = {'Age': [25, np.nan, 22, 35, np.nan],
        'Salary': [50000, 60000, 52000, np.nan, 58000],
        'Experience': [2, 4, 1, np.nan, 3]}
```

```
df = pd.DataFrame(data)

# Initialize the MICE imputer
mice_imputer = IterativeImputer()

# Apply MICE imputation
df_mice_imputed = pd.DataFrame(mice_imputer.fit_transform(df), columns=df.columns)

# View the imputed dataframe
print(df_mice_imputed)
```

Ejercicio 3: Eliminar Columnas con Alta Ausencia de Datos

Estás trabajando con un conjunto de datos grande que contiene varias columnas con diferentes niveles de valores faltantes. Tu tarea es:

Eliminar cualquier columna donde más del 50% de los valores estén ausentes.

Solución:

```
import pandas as pd
import numpy as np

# Sample large dataset with missing values
data = {'Age': [25, np.nan, 22, 35, np.nan],
        'Salary': [50000, np.nan, 52000, np.nan, 58000],
        'Experience': [2, 4, 1, np.nan, 3],
        'JobTitle': [np.nan, np.nan, 'Engineer', 'Analyst', 'Manager']}

df = pd.DataFrame(data)

# Calculate the proportion of missing values in each column
missing_proportion = df.isnull().mean()

# Drop columns with more than 50% missing values
df_cleaned = df.drop(columns=missing_proportion[missing_proportion > 0.5].index)

# View the cleaned dataframe
print(df_cleaned)
```

Ejercicio 4: Imputación Simple para Conjuntos de Datos Grandes

Se te proporciona un conjunto de datos grande con características numéricas, incluyendo **Edad**, **Salario** y **Experiencia**. El conjunto de datos contiene algunos valores faltantes, pero deseas utilizar una imputación simple para llenar los valores faltantes de manera eficiente. Tu tarea es:

Aplicar **SimpleImputer** para llenar los valores faltantes con la media de cada columna.

Solución:

```
import pandas as pd
from sklearn.impute import SimpleImputer

# Sample large dataset with missing values
data = {'Age': [25, None, 22, 35, None] * 200000,
        'Salary': [50000, 60000, None, 80000, 58000] * 200000,
        'Experience': [2, 4, 1, None, 3] * 200000}

df_large = pd.DataFrame(data)

# Use SimpleImputer to impute missing values for numeric columns
simple_imputer = SimpleImputer(strategy='mean')
df_large_imputed        =        pd.DataFrame(simple_imputer.fit_transform(df_large),
columns=df_large.columns)

# View the first few rows of the imputed dataframe
print(df_large_imputed.head())
```

Ejercicio 5: Imputación Distribuida con Dask

Estás trabajando con un conjunto de datos extremadamente grande que contiene valores faltantes en varias columnas. Para manejar los datos faltantes de manera eficiente, decides utilizar **Dask** para distribuir la computación. Tu tarea es:

Convertir el conjunto de datos en un dataframe de Dask y utilizar **SimpleImputer** para imputar los valores faltantes.

Solución:

```
import dask.dataframe as dd
from sklearn.impute import SimpleImputer
import pandas as pd

# Sample large dataset with missing values
data = {'Age': [25, None, 22, 35, None] * 200000,
        'Salary': [50000, 60000, None, 80000, 58000] * 200000,
        'Experience': [2, 4, 1, None, 3] * 200000}

df_large = pd.DataFrame(data)

# Convert the Pandas dataframe to a Dask dataframe
df_dask = dd.from_pandas(df_large, npartitions=10)

# Define a SimpleImputer
simple_imputer = SimpleImputer(strategy='mean')

# Apply the imputer on the Dask dataframe
df_dask_imputed        =        df_dask.map_partitions(lambda        df:
pd.DataFrame(simple_imputer.fit_transform(df), columns=df.columns))

# Compute the result
```

```
df_dask_imputed = df_dask_imputed.compute()

# View the first few rows of the imputed dataframe
print(df_dask_imputed.head())
```

Estos ejercicios prácticos te brindan experiencia práctica con diversas técnicas para manejar datos faltantes, desde métodos básicos de imputación hasta técnicas avanzadas de computación distribuida. Practicar estos métodos te permitirá gestionar datos faltantes de manera efectiva en conjuntos de datos pequeños y grandes, asegurando que tus modelos se mantengan precisos y robustos. ¡Sigue practicando y explorando estos métodos a medida que trabajes con diferentes conjuntos de datos!

4.4 Qué Podría Salir Mal

Manejar datos faltantes es un paso crítico en el proceso de preprocesamiento de datos, pero existen varios errores potenciales que podrían afectar la efectividad de tus modelos si no se abordan adecuadamente. En esta sección, discutiremos problemas comunes que pueden surgir durante el proceso de imputación y ofreceremos estrategias para mitigar estos riesgos.

4.4.1 Introducción de Sesgo con Imputación Inadecuada

Cuando imputas valores faltantes, siempre existe el riesgo de introducir sesgo, especialmente si utilizas métodos de imputación inapropiados. Por ejemplo, rellenar valores faltantes con la media o la mediana podría sesgar la distribución de los datos, especialmente cuando los valores faltantes no están distribuidos aleatoriamente.

¿Qué podría salir mal?

- Imputar con la media o la mediana puede aplanar la distribución, ocultando varianzas importantes y llevando a un rendimiento subóptimo del modelo.
- Imputar variables categóricas sin considerar su relación con otras características puede distorsionar el conjunto de datos, llevando a predicciones sesgadas.

Solución:

- Usa técnicas de imputación avanzadas como **KNN** o **MICE** que consideren las relaciones entre características y puedan proporcionar imputaciones más precisas.
- Analiza el patrón de los valores faltantes antes de decidir una estrategia de imputación para asegurar que el método elegido sea adecuado para la distribución de datos.

4.4.2 Sobreajuste por Imputación en el Conjunto de Prueba

Un error común es aplicar la imputación en el conjunto de entrenamiento y prueba simultáneamente. Si usas todo el conjunto de datos para la imputación antes de dividir los datos en conjuntos de entrenamiento y prueba, tu modelo podría "aprender" del conjunto de prueba, lo que lleva a un sobreajuste.

¿Qué podría salir mal?

- Imputar valores faltantes usando todo el conjunto de datos puede introducir filtración de información, donde el modelo aprende del conjunto de prueba durante el entrenamiento. Esto resulta en una evaluación excesivamente optimista del rendimiento del modelo.
- Tu modelo podría funcionar bien en el conjunto de prueba, pero fallar al generalizar con datos nuevos y no vistos.

Solución:

- Siempre divide el conjunto de datos en conjuntos de entrenamiento y prueba **antes** de aplicar la imputación. Aplica la estrategia de imputación solo en el conjunto de entrenamiento y luego utiliza los patrones aprendidos para imputar valores faltantes en el conjunto de prueba.

4.4.3 Eliminación Excesiva de Datos

Al enfrentarse a un conjunto de datos con una gran proporción de valores faltantes, podría ser tentador eliminar todas las filas o columnas con datos faltantes. Sin embargo, esto puede llevar a la pérdida de información valiosa, especialmente si los valores faltantes no están distribuidos aleatoriamente.

¿Qué podría salir mal?

- Eliminar filas o columnas con datos faltantes puede llevar a modelos sesgados si la falta de datos es sistemática (por ejemplo, si los valores faltantes son más comunes en ciertos grupos o bajo ciertas condiciones).
- Si se eliminan demasiadas filas o columnas, el conjunto de datos podría volverse demasiado pequeño para construir un modelo confiable.

Solución:

- Antes de eliminar datos, analiza cuidadosamente el patrón de valores faltantes. Si los valores faltantes son aleatorios (Missing Completely at Random, MCAR), eliminar algunos datos podría ser aceptable.
- Para columnas con alta proporción de faltantes pero información esencial, considera técnicas de imputación avanzadas (por ejemplo, **MICE**) o el uso de conocimientos específicos del dominio para recuperar la información faltante.

4.4.4 Mala Interpretación de Datos Basados en el Tiempo

Al trabajar con grandes conjuntos de datos que incluyen características basadas en el tiempo, imputar incorrectamente los valores faltantes puede llevar a inconsistencias temporales. Por ejemplo, imputar valores futuros en función de datos pasados (o viceversa) puede introducir errores que distorsionen las predicciones del modelo.

¿Qué podría salir mal?

- Imputar valores faltantes en una serie temporal sin respetar la secuencia temporal puede resultar en modelos que utilizan información futura para predecir eventos pasados, llevando a resultados inexactos.
- Usar imputación de la media o la técnica de relleno hacia adelante en características basadas en el tiempo puede generar patrones poco realistas que no reflejan la progresión natural del tiempo.

Solución:

- Para datos de series temporales, utiliza métodos como **interpolación de series temporales** o **promedios móviles** para asegurar que la secuencia temporal se mantenga durante la imputación.
- Para valores faltantes en datos futuros, considera usar solo puntos de datos pasados para la imputación para evitar filtración de información.

4.4.5 Complejidad Computacional en Conjuntos de Datos Grandes

Cuando se trabaja con conjuntos de datos muy grandes, algunas técnicas de imputación avanzada (como **KNN** o **MICE**) pueden volverse computacionalmente costosas y lentas. Esto puede dificultar el manejo efectivo de grandes conjuntos de datos, especialmente cuando se necesita iterar sobre varios modelos.

¿Qué podría salir mal?

- La imputación **KNN** se adapta mal a conjuntos de datos grandes ya que requiere calcular distancias entre cada par de puntos de datos. Esto puede hacerla impráctica para conjuntos de datos con millones de filas.
- La imputación **MICE** puede ser lenta cuando existen muchas características con valores faltantes, ya que requiere modelar iterativamente cada característica.

Solución:

- Para conjuntos de datos grandes, considera utilizar técnicas más eficientes como **SimpleImputer** para la mayoría de las características y reservar técnicas más avanzadas para un subconjunto de variables clave.

- Utiliza frameworks de computación distribuida como **Dask** o **Apache Spark** para paralelizar el proceso de imputación y manejar grandes conjuntos de datos de manera más eficiente.

4.4.6 No Abordar los Patrones de Ausencia de Datos

No todos los datos faltantes son aleatorios. Si existe un patrón en los valores faltantes (por ejemplo, los datos faltan más frecuentemente en ciertos grupos o bajo condiciones específicas), simplemente imputar los datos sin investigar la causa raíz puede llevar a un bajo rendimiento del modelo o resultados sesgados.

¿Qué podría salir mal?

- Ignorar patrones en los datos faltantes puede resultar en modelos que no capturen la estructura subyacente de los datos. Por ejemplo, si los individuos de altos ingresos son menos propensos a revelar sus ingresos, imputar el ingreso promedio podría distorsionar tu modelo.
- Si la ausencia de datos está relacionada con la variable objetivo, no abordarla adecuadamente puede introducir sesgo en tu modelo.

Solución:

- Antes de aplicar la imputación, realiza un análisis para comprender si los datos son **MAR** (Missing at Random), **MNAR** (Missing Not at Random) o **MCAR**.
- Para MAR y MNAR, considera usar **imputación múltiple** o aprovechar el conocimiento del dominio para tomar decisiones informadas sobre cómo manejar los datos faltantes.

Manejar datos faltantes es un proceso delicado y pueden surgir varios problemas si no se aplican las estrategias adecuadas. Ya sea introduciendo sesgo mediante una imputación incorrecta, sobreajustando al realizar la imputación en todo el conjunto de datos, o eliminando demasiados datos, cada paso requiere una cuidadosa consideración.

Comprendiendo estos posibles obstáculos y aplicando las soluciones adecuadas, puedes asegurarte de que tu modelo se construya sobre una base sólida y que los datos faltantes se manejen de manera que se preserve la integridad de tu análisis.

Resumen del Capítulo 4

En machine learning y análisis de datos, manejar datos faltantes es uno de los pasos más críticos en el proceso de preprocesamiento. Los conjuntos de datos del mundo real a menudo contienen valores faltantes debido a varios factores, como entrada de datos incompleta, errores en la recolección de datos o limitaciones del sistema. Cómo manejas los datos faltantes puede tener un impacto profundo en la precisión, la generalización y el rendimiento general de tu modelo. En este capítulo, exploramos varias técnicas para gestionar datos faltantes, desde métodos simples hasta técnicas avanzadas de imputación, con un enfoque en escalar estos métodos para grandes conjuntos de datos.

Comenzamos discutiendo **técnicas avanzadas de imputación**, que ofrecen un enfoque más sofisticado para llenar valores faltantes que los métodos básicos como la imputación por media o mediana. La **imputación K-Nearest Neighbors (KNN)** es particularmente efectiva para conjuntos de datos donde las relaciones entre características son fuertes, ya que imputa valores faltantes en función de filas similares. **MICE (Imputación Múltiple por Ecuaciones Encadenadas)** es una técnica iterativa poderosa que modela cada característica faltante como una función de las otras características en el conjunto de datos, permitiendo que se capturen interacciones complejas en el proceso de imputación. También examinamos cómo los modelos de machine learning, como **Random Forests**, pueden usarse para predecir e imputar valores faltantes, agregando flexibilidad para relaciones no lineales.

Luego, nos enfocamos en cómo manejar datos faltantes en **grandes conjuntos de datos**, lo cual introduce desafíos adicionales debido al tamaño y la complejidad de los datos. Métodos de imputación como KNN y MICE pueden volverse computacionalmente costosos al trabajar con millones de filas o cientos de características. Para estos casos, exploramos alternativas más eficientes, como la **imputación simple**, que tiene mejor escalabilidad pero ofrece un equilibrio entre simplicidad y precisión. También discutimos cómo manejar columnas con alta proporción de faltantes, que pueden necesitar ser eliminadas o requerir estrategias más avanzadas, como imputaciones dirigidas. Además, introdujimos frameworks de computación distribuida como **Dask** y **Apache Spark**, que permiten la imputación a escala, paralelizando el proceso para manejar grandes conjuntos de datos de manera más eficiente.

En la sección de **"Qué podría salir mal?"**, resaltamos errores comunes en el manejo de datos faltantes, como la introducción de sesgo mediante una imputación incorrecta o el sobreajuste al realizar la imputación en todo el conjunto de datos antes de dividirlo en conjuntos de entrenamiento y prueba. También discutimos los riesgos de ineficiencia computacional al usar métodos complejos en conjuntos de datos grandes y la importancia de comprender el patrón de datos faltantes antes de aplicar técnicas de imputación.

La conclusión clave de este capítulo es que el manejo de datos faltantes requiere un enfoque reflexivo, equilibrando la necesidad de una imputación precisa con las limitaciones computacionales de grandes conjuntos de datos. Al elegir cuidadosamente las técnicas de imputación y aplicarlas de manera adecuada, puedes asegurar que tus modelos funcionen bien y sean robustos a las imperfecciones de los datos del mundo real. En el próximo capítulo, exploraremos técnicas avanzadas de ingeniería de características que mejorarán aún más tus modelos.

Capítulo 5: Transformación y Escalado de Características

La transformación y el escalado de características son pasos preparatorios cruciales en el flujo de trabajo de aprendizaje automático, desempeñando un papel vital en la optimización del rendimiento del modelo. Estos procesos son esenciales para asegurar que los datos de entrada estén en un formato ideal para que los algoritmos puedan operar eficazmente. La importancia de estos pasos no puede subestimarse, ya que influyen directamente en cómo los modelos de aprendizaje automático interpretan y procesan la información presentada.

Para una amplia gama de algoritmos de aprendizaje automático, la escala y la distribución de los datos de entrada pueden impactar significativamente su rendimiento y precisión. Sin una transformación y escalado adecuados, algunas características podrían dominar inadvertidamente el proceso de aprendizaje del modelo debido a su rango numérico más grande, y no por su verdadera importancia para el problema en cuestión. Esto puede llevar a un rendimiento subóptimo del modelo y a resultados potencialmente engañosos.

Para abordar estos desafíos, los científicos de datos emplean una variedad de transformaciones como el escalado, la normalización y la estandarización. Estas técnicas sirven para nivelar el campo de juego entre las características, asegurando que cada atributo reciba una consideración adecuada por parte del modelo. Al aplicar estas transformaciones, prevenimos situaciones en las que las características con valores numéricos más grandes opacan a otras características igualmente importantes con escalas más pequeñas. Este capítulo profundizará en la razón detrás de la transformación y el escalado de características, explorando su importancia en el flujo de trabajo de aprendizaje automático. También proporcionaremos una guía exhaustiva sobre las mejores prácticas para implementar estas técnicas de manera efectiva, permitiéndote mejorar el rendimiento y la fiabilidad de tus modelos.

5.1 Escalado y Normalización: Mejores Prácticas

El **escalado** y la **normalización** son dos técnicas fundamentales en el preprocesamiento de datos que aseguran que las características estén en una escala comparable, permitiendo que los modelos de aprendizaje automático las interpreten con precisión. Estos métodos son cruciales para optimizar el rendimiento del modelo y prevenir sesgos hacia características con rangos numéricos más grandes.

El escalado ajusta el rango de los valores de las características, generalmente a un intervalo fijo como de 0 a 1. Este proceso es particularmente beneficioso para algoritmos sensibles a la magnitud de las características, como los vecinos más cercanos (KNN) y las máquinas de vectores de soporte (SVM). Al escalar, aseguramos que todas las características contribuyan de manera proporcional al proceso de toma de decisiones del modelo.

La normalización, por otro lado, transforma los datos para tener una media de 0 y una desviación estándar de 1. Esta técnica es especialmente útil para algoritmos que asumen una distribución normal de los datos, como la regresión lineal y el análisis de componentes principales (PCA). La normalización ayuda a estabilizar la convergencia de los parámetros de peso en redes neuronales y puede mejorar la precisión de modelos que dependen de las propiedades estadísticas de los datos.

La necesidad de estas técnicas proviene de la naturaleza diversa de los conjuntos de datos del mundo real, donde las características a menudo tienen escalas y distribuciones variables. Sin un escalado o normalización adecuados, los modelos pueden interpretar incorrectamente la importancia de las características basándose únicamente en su magnitud numérica, y no en su verdadero significado para el problema en cuestión.

Implementar estas técnicas de manera efectiva requiere un entendimiento profundo del conjunto de datos y del algoritmo de aprendizaje automático elegido. Esta sección profundizará en los matices de cuándo y cómo aplicar el escalado y la normalización, proporcionando orientación práctica para seleccionar el método más adecuado en diferentes escenarios y demostrando su implementación con bibliotecas populares como scikit-learn.

5.1.1 Por Qué Importan el Escalado y la Normalización

Muchos algoritmos de aprendizaje automático son altamente sensibles a la escala de las características de entrada, en particular aquellos que dependen de métricas de distancia. Esto incluye algoritmos populares como **K-Nearest Neighbors (KNN)**, **Support Vector Machines (SVM)** y **Redes Neuronales**. La sensibilidad a la escala puede llevar a un rendimiento sesgado del modelo si no se aborda adecuadamente.

Para ilustrar esto, considera un conjunto de datos con dos características: ingresos y edad. Si los ingresos varían de 10,000 a 100,000, mientras que la edad varía de 20 a 80, el algoritmo podría otorgar inadvertidamente más importancia a los ingresos debido a su rango numérico mayor. Esto puede resultar en predicciones sesgadas que no reflejan con precisión la verdadera relación entre estas características y la variable objetivo.

El impacto del escalado de características va más allá de los algoritmos basados en distancia. Los algoritmos de optimización, como **Descenso de Gradiente**, fundamentales para el entrenamiento de redes neuronales y modelos de regresión lineal, también se benefician significativamente de características escaladas adecuadamente. Cuando las características están en una escala similar, estos algoritmos convergen más rápido y de manera más eficiente.

5.1.2 Escalado vs. Normalización: ¿Cuál es la Diferencia?

El **escalado** y la **normalización** son dos técnicas fundamentales utilizadas en el preprocesamiento de datos para preparar las características para los modelos de aprendizaje automático. Aunque a menudo se usan indistintamente, sirven para propósitos distintos:

Escalado

El escalado es una técnica de preprocesamiento que ajusta el rango de los valores de las características, típicamente a un intervalo específico como de 0 a 1. Este proceso cumple múltiples propósitos importantes en el aprendizaje automático:

1. **Contribución Proporcional de Características**: Al escalar las características a un rango común, aseguramos que todas contribuyan proporcionalmente al modelo. Esto es crucial, ya que las características con rangos numéricos más grandes podrían dominar aquellas con rangos más pequeños, lo que lleva a un rendimiento sesgado del modelo.
2. **Compatibilidad con Algoritmos**: El escalado es particularmente beneficioso para algoritmos que son sensibles a la magnitud de las características. Por ejemplo, los vecinos más cercanos (KNN) y las máquinas de vectores de soporte (SVM) dependen en gran medida de los cálculos de distancia entre los puntos de datos. Sin el escalado, las características con rangos más grandes tendrían un impacto desproporcionado en estas distancias.
3. **Velocidad de Convergencia**: Para algoritmos basados en gradientes, como los que se usan en redes neuronales, el escalado puede mejorar significativamente la velocidad de convergencia durante el entrenamiento. Cuando las características están en escalas similares, el paisaje de optimización se vuelve más uniforme, permitiendo una convergencia más rápida y estable.
4. **Interpretabilidad**: Las características escaladas se pueden interpretar y comparar más fácilmente, ya que todas están dentro del mismo rango. Esto puede ser particularmente útil al analizar la importancia de las características o al visualizar datos.

Es importante notar que, aunque el escalado es crucial para muchos algoritmos, algunos, como los árboles de decisión, son inherentemente invariables al escalado de características. Sin embargo, incluso en estos casos, el escalado puede seguir siendo beneficioso para la interpretación y la consistencia a través de diferentes modelos en un ensamble.

Normalización

La normalización es una técnica de preprocesamiento de características que transforma los datos para tener una media de 0 y una desviación estándar de 1. También conocida como estandarización o normalización de puntuación z, esta técnica es particularmente valiosa para algoritmos que asumen una distribución normal de los datos.

5.1.3 Escalado Min-Max (Normalización)

El escalado min-max, también conocido como **normalización**, es una técnica de preprocesamiento crucial que reescala los valores de las características a un rango fijo, generalmente entre 0 y 1. Este método es particularmente valioso al trabajar con algoritmos que son sensibles a la escala y la distribución de las características de entrada, como redes neuronales, vecinos más cercanos (KNN) y máquinas de vectores de soporte (SVM).

La principal ventaja del escalado min-max radica en su capacidad para crear una escala uniforme en todas las características, eliminando efectivamente la dominancia de aquellas con magnitudes mayores. Esto es especialmente importante en conjuntos de datos donde las características tienen rangos significativamente diferentes, ya que asegura que cada característica contribuya proporcionalmente al proceso de toma de decisiones del modelo.

Por ejemplo, considera un conjunto de datos que contiene tanto la edad (que varía de 0 a 100) como los ingresos (que varían de 0 a millones). Sin el escalado, la característica de ingresos probablemente eclipsaría la característica de edad debido a su rango numérico mayor. El escalado min-max aborda este problema al llevar ambas características al mismo rango de 0 a 1, permitiendo que el modelo las trate equitativamente.

Sin embargo, es importante notar que el escalado min-max es sensible a valores atípicos. Los valores extremos en el conjunto de datos pueden comprimir los valores escalados de otras instancias, reduciendo potencialmente la efectividad del escalado. En tales casos, métodos alternativos como el escalado robusto o la winsorización podrían ser más apropiados.

Fórmula:

La fórmula para el escalado min-max es:

$$X_{scaled} = \frac{X - X_{min}}{X_{max} - X_{min}}$$

Donde X es la característica original, X_{min} es el valor mínimo de la característica y X_{max} es el valor máximo de la característica.

Ejemplo de Código: Escalado Min-Max

```
import pandas as pd
import numpy as np
from sklearn.preprocessing import MinMaxScaler
import matplotlib.pyplot as plt

# Sample data
np.random.seed(42)
data = {
    'Age': np.random.randint(18, 80, 100),
```

```
    'Income': np.random.randint(20000, 150000, 100),
    'Years_Experience': np.random.randint(0, 40, 100)
}

# Create DataFrame
df = pd.DataFrame(data)

# Display first few rows and statistics of original data
print("Original Data:")
print(df.head())
print("\\nOriginal Data Statistics:")
print(df.describe())

# Initialize the Min-Max Scaler
scaler = MinMaxScaler()

# Apply the scaler to the dataframe
df_scaled = pd.DataFrame(scaler.fit_transform(df), columns=df.columns)

# Display first few rows and statistics of scaled data
print("\\nScaled Data:")
print(df_scaled.head())
print("\\nScaled Data Statistics:")
print(df_scaled.describe())

# Visualize the distribution before and after scaling
fig, (ax1, ax2) = plt.subplots(1, 2, figsize=(15, 5))

# Before scaling
df.boxplot(ax=ax1)
ax1.set_title('Before Min-Max Scaling')
ax1.set_ylim([0, 160000])

# After scaling
df_scaled.boxplot(ax=ax2)
ax2.set_title('After Min-Max Scaling')
ax2.set_ylim([0, 1])

plt.tight_layout()
plt.show()
```

Este ejemplo de código muestra una aplicación completa de escalado Min-Max. Desglosemos sus componentes clave y sus funciones:

1. **Generación de Datos**: Usamos numpy para generar un conjunto de datos más grande y diverso con 100 muestras y tres características: Edad, Ingresos y Años de Experiencia. Esto proporciona un escenario más realista para el escalado.

2. **Análisis de Datos Originales**: Mostramos las primeras filas de los datos originales usando df.head() y mostramos estadísticas descriptivas con df.describe(). Esto nos da una visión clara de los datos antes del escalado.
3. **Proceso de Escalado**: Se aplica MinMaxScaler a todo el DataFrame, transformando todas las características simultáneamente, lo que es más eficiente que escalar cada característica de manera individual.
4. **Análisis de Datos Escalados**: Similar a los datos originales, mostramos las primeras filas y estadísticas descriptivas de los datos escalados. Esto permite una comparación directa de los datos antes y después del escalado.
5. **Visualización**: Usamos matplotlib para crear diagramas de caja (box plots) de los datos antes y después del escalado. Esta representación visual muestra claramente cómo el escalado Min-Max afecta la distribución de los datos:
   - **Antes del escalado**: El diagrama de caja muestra las escalas originales de las características, que pueden ser muy diferentes (por ejemplo, Edad vs. Ingresos).
   - **Después del escalado**: Todas las características están escaladas en el rango [0, 1], haciendo que sus distribuciones sean directamente comparables.

Este ejemplo completo no solo demuestra cómo aplicar el escalado Min-Max, sino que también muestra cómo analizar y visualizar sus efectos en los datos. Proporciona una comprensión más clara de por qué el escalado es importante y cómo transforma los datos, convirtiéndolo en una excelente herramienta de aprendizaje para el preprocesamiento de datos en el aprendizaje automático.

5.1.4 Estandarización (Normalización Z-Score)

La estandarización, también conocida como normalización Z-score, es una técnica de escalado ampliamente utilizada en el aprendizaje automático, particularmente beneficiosa para modelos que asumen normalidad en la distribución de los datos. Este método es crucial para algoritmos como **regresión lineal**, **regresión logística** y **análisis de componentes principales (PCA)**, donde las propiedades estadísticas de los datos juegan un papel importante en el rendimiento del modelo.

El proceso de estandarización transforma los datos para que tengan una media de 0 y una desviación estándar de 1, creando efectivamente una distribución normal estándar. Esta transformación es especialmente valiosa cuando se trabaja con características que tienen diferentes unidades o escalas, ya que pone todas las características en un rango comparable sin distorsionar las diferencias en los rangos de valores.

Una de las principales ventajas de la estandarización es su capacidad para manejar valores atípicos de manera más efectiva que el escalado Min-Max. Si bien los valores extremos aún pueden influir en la media y la desviación estándar, su impacto suele ser menos severo que en el escalado Min-Max, donde los valores atípicos pueden comprimir significativamente los valores escalados de otras instancias.

Además, la estandarización es esencial para muchos algoritmos de aprendizaje automático que dependen de las distancias euclidianas entre puntos de datos, como **agrupamiento K-means** y **máquinas de vectores de soporte (SVM)**. Al asegurar que todas las características contribuyan equitativamente a los cálculos de distancia, la estandarización ayuda a evitar que las características con escalas más grandes dominen el proceso de toma de decisiones del modelo.

Cabe señalar que, aunque la estandarización es poderosa, no siempre es la mejor opción para todos los conjuntos de datos o algoritmos. Por ejemplo, al trabajar con redes neuronales que utilizan funciones de activación sigmoide, el escalado Min-Max a un rango de [0,1] podría ser más adecuado. Por lo tanto, la elección entre estandarización y otras técnicas de escalado debe basarse en una comprensión profunda de los datos y los requisitos del algoritmo elegido.

Fórmula:

La fórmula para la estandarización (normalización Z-score) es:

$$X_{standardized} = \frac{X - \mu}{\sigma}$$

Donde X es la característica original, μ es la media de la característica y σ es la desviación estándar de la característica.

Ejemplo de Código: Estandarización

```
import pandas as pd
import numpy as np
from sklearn.preprocessing import StandardScaler
import matplotlib.pyplot as plt

# Sample data
np.random.seed(42)
data = {
    'Age': np.random.randint(18, 80, 100),
    'Income': np.random.randint(20000, 150000, 100),
    'Years_Experience': np.random.randint(0, 40, 100)
}

# Create DataFrame
df = pd.DataFrame(data)

# Display first few rows and statistics of original data
print("Original Data:")
print(df.head())
print("\\nOriginal Data Statistics:")
print(df.describe())
```

```
# Initialize the Standard Scaler
scaler = StandardScaler()

# Apply the scaler to the dataframe
df_standardized = pd.DataFrame(scaler.fit_transform(df), columns=df.columns)

# Display first few rows and statistics of standardized data
print("\\nStandardized Data:")
print(df_standardized.head())
print("\\nStandardized Data Statistics:")
print(df_standardized.describe())

# Visualize the distribution before and after standardization
fig, (ax1, ax2) = plt.subplots(1, 2, figsize=(15, 5))

# Before standardization
df.boxplot(ax=ax1)
ax1.set_title('Before Standardization')

# After standardization
df_standardized.boxplot(ax=ax2)
ax2.set_title('After Standardization')

plt.tight_layout()
plt.show()
```

Este ejemplo de código demuestra una aplicación integral de la estandarización. Vamos a desglosar sus componentes clave y sus funciones:

1. **Generación de Datos**: Usamos numpy para generar un conjunto de datos más amplio y diverso con 100 muestras y tres características: Edad, Ingreso y Años de Experiencia. Esto proporciona un escenario más realista para la estandarización.
2. **Análisis de Datos Originales**: Mostramos las primeras filas de los datos originales usando df.head() y mostramos estadísticas descriptivas usando df.describe(). Esto nos da una visión clara de los datos antes de la estandarización.
3. **Proceso de Estandarización**: Aplicamos StandardScaler a todo el DataFrame, transformando todas las características simultáneamente. Esto es más eficiente que estandarizar las características de forma individual.
4. **Análisis de Datos Estandarizados**: Similar a los datos originales, mostramos las primeras filas y estadísticas descriptivas de los datos estandarizados. Esto permite una comparación directa de los datos antes y después de la estandarización.
5. **Visualización**: Utilizamos matplotlib para crear diagramas de caja de los datos antes y después de la estandarización. Esta representación visual muestra claramente cómo la estandarización afecta la distribución de los datos:

  - **Antes de la estandarización**: El diagrama de caja muestra las escalas originales de las características, que pueden ser muy diferentes (por ejemplo, Edad vs. Ingreso).
  - **Después de la estandarización**: Todas las características están centradas alrededor de 0 con una desviación estándar de 1, lo que hace que sus distribuciones sean directamente comparables.

Este ejemplo integral no solo demuestra cómo aplicar la estandarización, sino también cómo analizar y visualizar sus efectos en los datos. Proporciona una comprensión más clara de por qué la estandarización es importante y cómo transforma los datos, siendo una excelente herramienta de aprendizaje para el preprocesamiento de datos en el aprendizaje automático.

5.1.5 Cuándo Usar Escalado Min-Max vs. Estandarización

Elegir entre el escalado min-max y la estandarización es una decisión crucial que depende de varios factores, incluidos el algoritmo de aprendizaje automático específico que estás utilizando y las características de tu conjunto de datos. Veamos cuándo utilizar cada método:

Escalado Min-Max es particularmente efectivo en varios escenarios:

- **Limitar valores**: Cuando necesitas restringir tus datos dentro de un rango específico, típicamente [0, 1]. Esto es útil para algoritmos que requieren que las características de entrada estén dentro de un cierto rango, como redes neuronales con funciones de activación sigmoide.
- **Modelos dependientes de magnitud**: Para algoritmos que dependen en gran medida de la magnitud de las características, como **K-Nearest Neighbors** y **redes neuronales**. En estos casos, tener características en la misma escala evita que ciertas características dominen a otras debido a su rango numérico más grande.
- **Distribuciones no gaussianas**: Cuando tus datos no siguen una distribución normal o cuando la distribución es desconocida. A diferencia de la estandarización, el escalado min-max no asume ninguna distribución particular, haciéndolo más versátil para varios tipos de datos.
- **Procesamiento de imágenes y audio**: Es particularmente útil cuando se trabaja con intensidades de píxeles de imágenes o amplitudes de señales de audio. En estos dominios, escalar a un rango fijo (por ejemplo, [0, 1] para valores de píxeles normalizados) suele ser necesario para un procesamiento e interpretación consistentes.
- **Preservar valores cero**: El escalado min-max mantiene las entradas cero en datos dispersos, lo cual puede ser crucial en ciertas aplicaciones como sistemas de recomendación o análisis de texto, donde cero a menudo representa la ausencia de una característica.

- **Mantener relaciones**: Preserva las relaciones entre los valores de datos originales, lo que puede ser importante en escenarios donde las diferencias relativas entre valores importan más que su escala absoluta.

Sin embargo, es importante notar que el escalado min-max es sensible a los valores atípicos. Los valores extremos en el conjunto de datos pueden comprimir los valores escalados de otras instancias, reduciendo potencialmente la efectividad del escalado. En tales casos, métodos alternativos como el escalado robusto pueden ser más apropiados.

Estandarización suele preferirse cuando:

- Tu algoritmo asume o se beneficia de datos distribuidos normalmente, común en **modelos lineales**, **Support Vector Machines (SVM)** y **Análisis de Componentes Principales (PCA)**. Esto se debe a que la estandarización transforma los datos para que tengan una media de 0 y una desviación estándar de 1, lo que se alinea bien con las suposiciones de estos algoritmos.
- Tus características tienen escalas o unidades significativamente diferentes. La estandarización lleva todas las características a una escala comparable, asegurando que las características con magnitudes más grandes no dominen el proceso de aprendizaje del modelo.
- Deseas retener información sobre los valores atípicos. A diferencia del escalado min-max, la estandarización no comprime el rango de los datos, permitiendo que los valores atípicos mantengan su relativa "atipicidad" en el espacio transformado.
- Estás tratando con características donde la escala transmite información importante. La estandarización preserva la forma de la distribución original, manteniendo las diferencias relativas entre puntos de datos.
- Tu modelo utiliza métricas basadas en distancia. Muchos algoritmos, como el **K-means clustering** o **K-Nearest Neighbors**, dependen del cálculo de distancias entre puntos de datos. La estandarización asegura que todas las características contribuyan igualmente a estos cálculos de distancia.
- Estás trabajando con algoritmos basados en descenso de gradiente. La estandarización puede ayudar a estos algoritmos a converger más rápido al crear una distribución más esférica de los datos.

Es importante notar que algunos algoritmos, como los árboles de decisión y los bosques aleatorios, son invariables a la escala y pueden no requerir escalado de características. Sin embargo, el escalado aún puede ser beneficioso para estos algoritmos en ciertos escenarios, como cuando se utilizan en métodos de ensamblaje con otros algoritmos sensibles a la escala.

En la práctica, a menudo es valioso experimentar con ambos métodos de escalado y comparar su impacto en el rendimiento de tu modelo. Este enfoque empírico puede ayudarte a determinar la técnica de escalado más adecuada para tu caso de uso específico.

5.1.6 Escalado Robusto para Valores Atípicos

Mientras que el escalado min-max y la estandarización son útiles para muchos modelos, pueden ser sensibles a los valores atípicos. Si tu conjunto de datos contiene valores extremos, el **Escalador Robusto** puede ser una mejor opción. Escala los datos basándose en el **rango intercuartil (IQR)**, haciéndolo menos sensible a los valores atípicos.

El Escalador Robusto funciona restando la mediana y luego dividiendo por el IQR. Este enfoque es particularmente efectivo porque la mediana y el IQR se ven menos afectados por los valores extremos en comparación con la media y la desviación estándar utilizadas en la estandarización. Como resultado, el Escalador Robusto puede mantener la importancia relativa de las características mientras minimiza el impacto de los valores atípicos.

Al trabajar con conjuntos de datos del mundo real, que a menudo contienen ruido y anomalías, el Escalador Robusto puede ser invaluable. Es especialmente útil en campos como finanzas, donde los eventos extremos pueden sesgar significativamente las distribuciones de datos, o en el análisis de datos de sensores, donde los errores de medición pueden introducir valores atípicos. Al usar el Escalador Robusto, puedes asegurarte de que el rendimiento de tu modelo no esté indebidamente influenciado por estos valores extremos, lo que lleva a resultados más confiables y generalizables.

Sin embargo, es importante notar que, si bien el Escalador Robusto es excelente para manejar valores atípicos, puede no ser la mejor opción para todos los escenarios. Por ejemplo, si los valores atípicos en tu conjunto de datos son significativos y deseas preservar su impacto, o si tus datos siguen una distribución normal sin valores atípicos significativos, otros métodos de escalado podrían ser más apropiados. Como con todas las técnicas de preprocesamiento, la elección del escalador debe basarse en una comprensión profunda de tus datos y los requisitos de tu algoritmo de aprendizaje automático.

Ejemplo de Código: Escalador Robusto

```
import pandas as pd
import numpy as np
from sklearn.preprocessing import RobustScaler
import matplotlib.pyplot as plt

# Sample data with outliers
np.random.seed(42)
data = {
    'Age': np.concatenate([np.random.normal(40, 10, 50), [200]]),  # Outlier in age
    'Income': np.concatenate([np.random.normal(60000, 15000, 50), [500000]])  #
Outlier in income
}

# Create DataFrame
df = pd.DataFrame(data)

# Display original data statistics
```

```
print("Original Data Statistics:")
print(df.describe())

# Initialize the Robust Scaler
scaler = RobustScaler()

# Apply the scaler to the dataframe
df_robust_scaled = pd.DataFrame(scaler.fit_transform(df), columns=df.columns)

# Display robust scaled data statistics
print("\\nRobust Scaled Data Statistics:")
print(df_robust_scaled.describe())

# Visualize the distribution before and after robust scaling
fig, (ax1, ax2) = plt.subplots(1, 2, figsize=(15, 5))

# Before robust scaling
df.boxplot(ax=ax1)
ax1.set_title('Before Robust Scaling')

# After robust scaling
df_robust_scaled.boxplot(ax=ax2)
ax2.set_title('After Robust Scaling')

plt.tight_layout()
plt.show()

# Compare the effect of outliers on different scalers
from sklearn.preprocessing import StandardScaler, MinMaxScaler

# Apply different scalers
standard_scaler = StandardScaler()
minmax_scaler = MinMaxScaler()

df_standard = pd.DataFrame(standard_scaler.fit_transform(df), columns=df.columns)
df_minmax = pd.DataFrame(minmax_scaler.fit_transform(df), columns=df.columns)

# Plot comparisons
fig, axes = plt.subplots(2, 2, figsize=(15, 10))
fig.suptitle('Comparison of Scaling Methods with Outliers')

df.boxplot(ax=axes[0, 0])
axes[0, 0].set_title('Original Data')

df_standard.boxplot(ax=axes[0, 1])
axes[0, 1].set_title('Standard Scaling')

df_minmax.boxplot(ax=axes[1, 0])
axes[1, 0].set_title('Min-Max Scaling')

df_robust_scaled.boxplot(ax=axes[1, 1])
axes[1, 1].set_title('Robust Scaling')
```

```
plt.tight_layout()
plt.show()
```

Este ejemplo de código muestra la aplicación del Escalador Robusto y lo contrasta con otras técnicas de escalado. Examinemos sus elementos clave y sus roles:

1. **Generación de Datos**:
   - Usamos numpy para generar un conjunto de datos más grande con 50 muestras para cada característica (Edad e Ingreso).
   - Se añaden intencionalmente valores atípicos a ambas características para demostrar el efecto en diferentes métodos de escalado.
2. **Análisis de Datos Originales**:
   - Mostramos estadísticas descriptivas de los datos originales usando df.describe().
   - Esto nos da una visión clara de la distribución de los datos antes del escalado, incluyendo la presencia de valores atípicos.
3. **Proceso de Escalado Robusto**:
   - Aplicamos RobustScaler a todo el DataFrame, transformando todas las características simultáneamente.
   - Luego mostramos las estadísticas descriptivas de los datos escalados de manera robusta para la comparación.
4. **Visualización del Escalado Robusto**:
   - Se crean diagramas de caja para visualizar la distribución de los datos antes y después del escalado robusto.
   - Esta representación visual muestra claramente cómo el escalado robusto afecta la distribución de los datos, especialmente en presencia de valores atípicos.
5. **Comparación con Otros Escaladores**:
   - Introducimos StandardScaler y MinMaxScaler para comparar su rendimiento con RobustScaler en presencia de valores atípicos.
   - Los datos se escalan usando los tres métodos: escalado estándar, escalado min-max y escalado robusto.
6. **Visualización Comparativa**:

- Se crea una cuadrícula de 2x2 de diagramas de caja para comparar los datos originales con los resultados de cada método de escalado.
- Esto permite una comparación visual directa de cómo cada método de escalado maneja los valores atípicos.

Este ejemplo integral no solo muestra cómo aplicar el escalado robusto, sino también lo compara con otros métodos comunes de escalado. Resalta la efectividad del escalado robusto en el manejo de valores atípicos, convirtiéndolo en una herramienta valiosa para comprender el preprocesamiento de datos en el aprendizaje automático, especialmente cuando se trabaja con conjuntos de datos que contienen valores extremos.

5.1.7 Conclusiones Clave

- **Escalado y normalización** son pasos de preprocesamiento esenciales en el aprendizaje automático, asegurando que todas las características contribuyan de manera equitativa al proceso de aprendizaje del modelo. Esto es particularmente importante para algoritmos sensibles a la escala de las características de entrada, como los métodos basados en descenso de gradiente o algoritmos basados en distancia, como **K-Nearest Neighbors**.
- **Escalado Min-Max** transforma las características a un rango fijo, típicamente [0, 1]. Este método es particularmente efectivo para:
    - Algoritmos que requieren que las características de entrada estén dentro de un rango específico, como redes neuronales con funciones de activación sigmoide.
    - Preservar valores cero en datos dispersos, lo cual es crucial en sistemas de recomendación o análisis de texto.
    - Mantener la forma de distribución de los datos originales, lo que puede ser importante cuando las diferencias relativas entre valores son significativas.
- **Estandarización** transforma las características para que tengan una media de 0 y una desviación estándar de 1. Este método es particularmente útil para:
    - Algoritmos que asumen o se benefician de datos distribuidos normalmente, como regresión lineal, regresión logística y **Support Vector Machines (SVM)**.
    - Características con escalas o unidades significativamente diferentes, ya que lleva todas las características a una escala comparable.
    - Preservar información sobre valores atípicos, ya que no comprime el rango de los datos.

- Para conjuntos de datos con **valores atípicos**, el **Escalador Robusto** es una excelente elección. Escala las características utilizando estadísticas robustas a los valores atípicos:
  - Usa la mediana y el rango intercuartil (IQR) en lugar de la media y la desviación estándar.
  - Este enfoque es particularmente útil en campos como finanzas o análisis de datos de sensores, donde los valores extremos o errores de medición son comunes.
  - El Escalador Robusto asegura que el rendimiento de tu modelo no se vea indebidamente influenciado por estos valores extremos, lo que lleva a resultados más confiables y generalizables.

Al elegir un método de escalado, considera las características de tus datos, las suposiciones de tu algoritmo elegido y los requisitos específicos de tu tarea de aprendizaje automático. Experimentar con diferentes técnicas de escalado puede llevar a mejoras en el rendimiento del modelo y a resultados más robustos.

5.2 Transformaciones no lineales: logaritmo, raíz cuadrada y otras

Si bien escalar y estandarizar características son pasos esenciales en el preprocesamiento de datos, las transformaciones no lineales pueden proporcionar mejoras aún más significativas en el rendimiento del modelo. Estas transformaciones son particularmente efectivas para manejar distribuciones complejas o relaciones intrincadas entre variables.

Las transformaciones no lineales, como **logarítmica**, **raíz cuadrada** y varios métodos basados en potencias, ofrecen una variedad de beneficios:

- Estabilizan la varianza en datos de diferentes escalas, evitando que los valores grandes influyan desproporcionadamente en el modelo.
- Ayudan a reducir la asimetría, lo cual es especialmente útil en conjuntos de datos con distribuciones de larga cola, como los ingresos o las estadísticas de población.
- Mejoran la interpretabilidad de las relaciones entre características, revelando patrones que pueden estar ocultos en los datos originales.
- Pueden linearizar ciertos tipos de relaciones, facilitando que los modelos lineales capturen patrones complejos en los datos.

Estas transformaciones son esenciales cuando:

- Los datos muestran una alta asimetría, que puede distorsionar los resultados de muchos análisis estadísticos y algoritmos de machine learning.
- Existe una relación no lineal entre las características y la variable objetivo que no se capturaría adecuadamente sin transformación.
- La varianza de los datos cambia significativamente a lo largo de su rango, una condición conocida como heterocedasticidad, que puede mitigarse con transformaciones adecuadas.

En las siguientes secciones, profundizaremos en transformaciones no lineales específicas, incluyendo **logarítmica**, **raíz cuadrada** y otros métodos basados en potencias. Exploraremos sus fundamentos matemáticos, discutiremos sus efectos en diferentes tipos de distribuciones de datos y proporcionaremos pautas prácticas para aplicarlas efectivamente. Al dominar estas técnicas, podrás manejar una variedad de desafíos de preprocesamiento de datos y optimizar tus modelos para mejorar su rendimiento e interpretabilidad.

5.2.1 ¿Por qué utilizar transformaciones no lineales?

Las transformaciones no lineales son herramientas poderosas en el preprocesamiento de datos para abordar diversos desafíos en machine learning y análisis estadístico. Estas transformaciones cumplen múltiples funciones:

1. Reducir la asimetría en los datos

Muchos conjuntos de datos reales, especialmente los que involucran métricas financieras (por ejemplo, ingresos, precios de viviendas) o información demográfica (como el tamaño de la población), presentan distribuciones altamente sesgadas. La asimetría puede afectar significativamente el rendimiento de los modelos de machine learning y los análisis estadísticos. Aplicando transformaciones no lineales, podemos remodelar estas distribuciones para que se asemejen más a una distribución normal. Esta normalización es crucial por varias razones:

- **Mejora del rendimiento del modelo**: Algoritmos como **regresión lineal** o **regresión logística** generalmente asumen datos distribuidos normalmente. Al reducir la asimetría, podemos cumplir con esta suposición y mejorar potencialmente la precisión y confiabilidad de estos modelos.
- **Interpretabilidad mejorada**: Los datos sesgados pueden dificultar la interpretación de las relaciones entre variables. Normalizar la distribución facilita estas relaciones y hace que sean más comprensibles.
- **Manejo de valores atípicos**: Los datos altamente sesgados a menudo contienen valores atípicos extremos que pueden influir desproporcionadamente en los resultados del modelo. Las transformaciones no lineales ayudan a mitigar el impacto de estos valores sin eliminar datos valiosos.

- **Mejora de visualización**: Los datos normalizados son más fáciles de visualizar y analizar gráficamente, lo que puede conducir a mejores conocimientos en la fase de análisis exploratorio de datos.

2. Estabilizar la varianza

Las transformaciones no lineales desempeñan un papel crucial en la equalización de la dispersión de puntos de datos en diferentes rangos, proceso conocido como estabilización de la varianza. Este proceso es particularmente valioso en conjuntos de datos que exhiben heterocedasticidad, una condición en la que la variabilidad de una variable es desigual a lo largo del rango de valores de otra variable predictora.

3. Manejar relaciones no lineales

Muchos fenómenos del mundo real muestran relaciones no lineales entre características y variables objetivo. Estas interacciones complejas suelen representar desafíos para modelos lineales tradicionales, que asumen una relación directa y proporcional entre las variables. Las transformaciones no lineales son herramientas poderosas para abordar este problema al remodelar los datos para revelar patrones y relaciones ocultas.

4. Mejorar la interpretabilidad de las características

Las transformaciones no lineales pueden mejorar significativamente nuestra capacidad para interpretar las relaciones entre características. Esta mejora en la interpretabilidad es crucial en muchos campos, particularmente en economía y ciencias sociales, donde comprender la naturaleza y dinámica de estas relaciones es tan importante como hacer predicciones precisas.

5. Mejorar la generalización del modelo

Las transformaciones no lineales desempeñan un papel crucial en la mejora de la capacidad de un modelo para generalizar a datos no vistos. Este aspecto es especialmente importante en machine learning, donde el objetivo final es crear modelos que funcionen bien no solo con datos de entrenamiento, sino también con nuevas instancias no vistas.

Entre las diversas transformaciones no lineales disponibles, la **transformación logarítmica** es una de las más utilizadas y versátiles. Es especialmente efectiva para datos sesgados hacia la derecha y relaciones multiplicativas. Vamos a explorar esta transformación en más detalle.

5.2.2 Transformación Logarítmica

La transformación logarítmica es una técnica poderosa ampliamente empleada para abordar distribuciones de datos sesgadas. Al comprimir el rango de valores grandes y expandir el rango de los valores más pequeños, reduce efectivamente la asimetría y estabiliza la varianza en los conjuntos de datos. Esta transformación es particularmente útil en campos como finanzas, biología y ciencias sociales, donde los datos a menudo presentan distribuciones sesgadas hacia la derecha.

Las propiedades únicas de la función logarítmica la hacen especialmente efectiva para manejar patrones de crecimiento exponencial y relaciones multiplicativas. Por ejemplo, en datos económicos, las transformaciones logarítmicas pueden convertir tendencias de crecimiento exponencial en relaciones lineales, lo que facilita su análisis y modelado.

Cuándo usar la Transformación Logarítmica

- Cuando los datos están altamente sesgados hacia la derecha (sesgo positivo). Esto es común en distribuciones de ingresos, datos de población o ciertas mediciones biológicas.
- Cuando existen grandes valores atípicos que distorsionan el rango de la característica. La transformación logarítmica puede acercar estos valores atípicos al grueso de los datos sin eliminarlos por completo.
- Para características donde la relación entre el predictor y la variable objetivo es multiplicativa en lugar de aditiva.
- Al trabajar con datos que abarcan varios órdenes de magnitud, lo que hace que dichos datos sean más manejables e interpretables.
- En escenarios donde las diferencias relativas son más importantes que las diferencias absolutas.

Es importante señalar que, aunque la transformación logarítmica es poderosa, tiene limitaciones. No puede aplicarse a valores cero o negativos sin modificaciones y, a veces, puede corregir en exceso, llevando a distribuciones sesgadas hacia la izquierda. Por lo tanto, es crucial considerar la naturaleza de tus datos y los requisitos específicos de tu análisis antes de aplicar esta transformación.

Ejemplo de Código: Transformación Logarítmica

```
import numpy as np
import pandas as pd
import matplotlib.pyplot as plt
from scipy import stats

# Sample data with a right-skewed distribution
data = {'HousePrices': [50000, 120000, 250000, 500000, 1200000, 2500000]}

df = pd.DataFrame(data)

# Apply logarithmic transformation
df['LogHousePrices'] = np.log(df['HousePrices'])

# Apply square root transformation
df['SqrtHousePrices'] = np.sqrt(df['HousePrices'])

# Apply cube root transformation
```

```
df['CbrtHousePrices'] = np.cbrt(df['HousePrices'])

# Apply Box-Cox transformation
df['BoxCoxHousePrices'], _ = stats.boxcox(df['HousePrices'])

# Visualize the transformations
fig, axs = plt.subplots(3, 2, figsize=(15, 15))
fig.suptitle('House Prices: Original vs Transformed')

axs[0, 0].hist(df['HousePrices'], bins=20)
axs[0, 0].set_title('Original')
axs[0, 1].hist(df['LogHousePrices'], bins=20)
axs[0, 1].set_title('Log Transformed')
axs[1, 0].hist(df['SqrtHousePrices'], bins=20)
axs[1, 0].set_title('Square Root Transformed')
axs[1, 1].hist(df['CbrtHousePrices'], bins=20)
axs[1, 1].set_title('Cube Root Transformed')
axs[2, 0].hist(df['BoxCoxHousePrices'], bins=20)
axs[2, 0].set_title('Box-Cox Transformed')

plt.tight_layout()
plt.show()

# View the transformed data
print(df)

# Calculate skewness for each column
for column in df.columns:
    print(f"Skewness of {column}: {df[column].skew()}")
```

Desglose del Código

1. **Importación de Bibliotecas:**
    - **numpy (np)**: Para operaciones numéricas.
    - **pandas (pd)**: Para manipulación y análisis de datos.
    - **matplotlib.pyplot (plt)**: Para visualización de datos.
    - **scipy.stats**: Para funciones estadísticas avanzadas como la transformación de Box-Cox.
2. **Creación de Datos de Ejemplo:**
    - Se crea un diccionario con precios de casas que muestra una distribución sesgada a la derecha (con algunos valores muy altos).
3. **Transformaciones de Datos:**
    - **Logarítmica**: df['LogHousePrices'] = np.log(df['HousePrices'])

        - Comprime el rango de valores grandes, útil para datos altamente sesgados.
    - **Raíz Cuadrada**: df['SqrtHousePrices'] = np.sqrt(df['HousePrices'])
        - Menos agresiva que la logarítmica, adecuada para datos moderadamente sesgados.
    - **Raíz Cúbica**: df['CbrtHousePrices'] = np.cbrt(df['HousePrices'])
        - Puede manejar valores negativos, útil para sesgos leves.
    - **Box-Cox**: stats.boxcox(df['HousePrices'])
        - Encuentra automáticamente la mejor transformación de potencia para normalizar los datos.

4. **Visualización:**
    - Crea una cuadrícula de 3x2 de histogramas usando matplotlib.
    - Cada histograma muestra la distribución de precios de casas después de diferentes transformaciones.
    - Permite una comparación fácil de cómo cada transformación afecta la distribución de datos.
5. **Análisis de Datos:**
    - Imprime el dataframe transformado para mostrar todas las versiones de los datos.
    - Calcula e imprime la asimetría de cada columna.
        - La asimetría cercana a 0 indica una distribución más simétrica.

Este ejemplo proporciona una visión completa de las diferentes transformaciones no lineales y sus efectos en la distribución de datos. Permite una comparación visual y estadística, ayudando a elegir la transformación más adecuada para el conjunto de datos dado.

5.2.3 Transformación de Raíz Cuadrada

La **transformación de raíz cuadrada** es otro método poderoso para abordar la asimetría de los datos y estabilizar la varianza. Aunque es menos dramática que la transformación logarítmica, sigue siendo efectiva para normalizar distribuciones de datos. Esta transformación es especialmente valiosa cuando se trata de datos moderadamente sesgados a la derecha, ofreciendo un enfoque equilibrado para la normalización de datos.

La función de raíz cuadrada tiene varias propiedades ventajosas que la hacen útil en el análisis de datos:

- Comprime más el extremo superior de la distribución que el inferior, ayudando a reducir la asimetría a la derecha.
- Mantiene mejor la escala original de los datos en comparación con la transformación logarítmica, lo cual puede ser beneficioso para la interpretación.
- Puede manejar valores cero, a diferencia de la transformación logarítmica.

Cuándo Usar la Transformación de Raíz Cuadrada

- Cuando los datos están moderadamente sesgados, pero no tan severamente como para requerir una transformación logarítmica.
- Cuando se desea una transformación más suave y menos drástica en comparación con el escalado logarítmico.
- Para datos de conteo u otros datos discretos positivos que siguen una distribución tipo Poisson.
- En transformaciones que estabilizan la varianza para ciertos tipos de datos, como datos distribuidos según Poisson.

Es importante tener en cuenta que, aunque la transformación de raíz cuadrada es menos agresiva que la transformación logarítmica, puede no ser suficiente para datos extremadamente sesgados. En tales casos, podrían ser necesarias transformaciones logarítmicas o más avanzadas. Siempre visualiza tus datos antes y después de la transformación para asegurarte de que el método elegido sea adecuado para tu conjunto de datos específico.

Ejemplo de Código: Transformación de Raíz Cuadrada

```
import numpy as np
import pandas as pd
import matplotlib.pyplot as plt
from scipy import stats

# Sample data with a right-skewed distribution
data = {'HousePrices': [50000, 120000, 250000, 500000, 1200000, 2500000]}

df = pd.DataFrame(data)

# Apply square root transformation
df['SqrtHousePrices'] = np.sqrt(df['HousePrices'])

# Visualize the original and transformed data
fig, (ax1, ax2) = plt.subplots(1, 2, figsize=(12, 5))

ax1.hist(df['HousePrices'], bins=20)
ax1.set_title('Original House Prices')
ax1.set_xlabel('Price')
ax1.set_ylabel('Frequency')
```

```
ax2.hist(df['SqrtHousePrices'], bins=20)
ax2.set_title('Square Root Transformed House Prices')
ax2.set_xlabel('Sqrt(Price)')
ax2.set_ylabel('Frequency')

plt.tight_layout()
plt.show()

# Calculate and print statistics
print("Original Data Statistics:")
print(df['HousePrices'].describe())
print(f"Skewness: {df['HousePrices'].skew()}")

print("\\nTransformed Data Statistics:")
print(df['SqrtHousePrices'].describe())
print(f"Skewness: {df['SqrtHousePrices'].skew()}")

# View the transformed data
print("\\nTransformed DataFrame:")
print(df)
```

Desglose del Código

- **Importar las bibliotecas necesarias**:
  - **numpy (np)**: Para operaciones numéricas.
  - **pandas (pd)**: Para manipulación y análisis de datos.
  - **matplotlib.pyplot (plt)**: Para visualización de datos.
  - **scipy.stats**: Para funciones estadísticas (usado para calcular la asimetría).
- **Crear datos de ejemplo**:
  - Se crea un diccionario con precios de casas que muestra una distribución sesgada a la derecha (con algunos valores muy altos).
  - Convierte el diccionario en un DataFrame de pandas.
- **Aplicar transformación de raíz cuadrada**:
  - Usa la función sqrt de numpy para transformar la columna 'HousePrices'.
  - Almacena el resultado en una nueva columna 'SqrtHousePrices'.
- **Visualizar los datos**:
  - Crea una figura con dos subgráficos uno al lado del otro.
  - Grafica histogramas tanto de los datos originales como de los transformados.

    - Establece títulos, etiquetas y ajusta el diseño para mejorar la legibilidad.

- **Calcular e imprimir estadísticas**:
    - Usa el método describe() de pandas para obtener estadísticas resumidas tanto para los datos originales como para los transformados.
    - Calcula la asimetría utilizando el método skew() para ambos conjuntos de datos.
- **Mostrar el DataFrame transformado**:
    - Imprime el DataFrame completo para mostrar tanto los valores originales como los transformados.

Este ejemplo de código ofrece un examen exhaustivo de la transformación de raíz cuadrada. Incorpora la visualización de datos, ayudando a comprender cómo la transformación afecta la distribución. Al incluir estadísticas resumidas y cálculos de asimetría, permite una comparación cuantitativa entre los datos originales y los transformados. Este enfoque completo proporciona una imagen más clara del impacto de la transformación de raíz cuadrada en la distribución de datos, facilitando una evaluación de su eficacia en la reducción de la asimetría y la normalización de los datos.

5.2.4 Transformación de Raíz Cúbica

La **transformación de raíz cúbica** es una técnica versátil que puede aplicarse a conjuntos de datos con una asimetría moderada o que contienen valores positivos y negativos. Esta transformación ofrece varias ventajas sobre las transformaciones logarítmica y de raíz cuadrada, particularmente en su capacidad para manejar un rango más amplio de tipos de datos.

Uno de los beneficios clave de la transformación de raíz cúbica es su simetría. A diferencia de las transformaciones logarítmicas, que solo pueden aplicarse a valores positivos, la función de raíz cúbica mantiene el signo de los datos originales. Esta propiedad la hace especialmente útil para datos financieros, como estados de ganancias y pérdidas, o mediciones científicas que pueden tener tanto valores positivos como negativos.

Cuándo Usar la Transformación de Raíz Cúbica

- Cuando los datos contienen tanto valores positivos como negativos, lo que los hace inadecuados para transformaciones logarítmicas o de raíz cuadrada.
- Cuando necesitas una transformación más sutil para abordar una ligera asimetría, ya que la función de raíz cúbica proporciona un cambio menos dramático en comparación con las transformaciones logarítmicas.
- En conjuntos de datos donde preservar la dirección (positiva o negativa) de los valores originales es importante para la interpretación.

- Para variables que tienen una relación cúbica natural, como las mediciones de volumen en ciencias físicas.

La transformación de raíz cúbica puede ser particularmente efectiva para normalizar conjuntos de datos que muestran una cola moderada o asimetría. Comprime los valores grandes de manera menos agresiva que una transformación logarítmica, lo cual puede ser beneficioso cuando se desea conservar más de la estructura de datos original y, al mismo tiempo, mejorar la simetría de la distribución.

Sin embargo, es importante recordar que, como todas las transformaciones, la raíz cúbica debe usarse con precaución. Siempre visualiza tus datos antes y después de la transformación para asegurarte de que esté logrando el efecto deseado sin introducir nuevas distorsiones o complicaciones en tu análisis.

Ejemplo de Código: Transformación de Raíz Cúbica

```
import numpy as np
import pandas as pd
import matplotlib.pyplot as plt
from scipy import stats

# Sample data with a right-skewed distribution
data = {'HousePrices': [50000, 120000, 250000, 500000, 1200000, 2500000]}
df = pd.DataFrame(data)

# Apply cube root transformation
df['CubeRootHousePrices'] = np.cbrt(df['HousePrices'])

# Visualize the original and transformed data
fig, (ax1, ax2) = plt.subplots(1, 2, figsize=(12, 5))

ax1.hist(df['HousePrices'], bins=20)
ax1.set_title('Original House Prices')
ax1.set_xlabel('Price')
ax1.set_ylabel('Frequency')

ax2.hist(df['CubeRootHousePrices'], bins=20)
ax2.set_title('Cube Root Transformed House Prices')
ax2.set_xlabel('Cube Root(Price)')
ax2.set_ylabel('Frequency')

plt.tight_layout()
plt.show()

# Calculate and print statistics
print("Original Data Statistics:")
print(df['HousePrices'].describe())
print(f"Skewness: {df['HousePrices'].skew()}")

print("\\nTransformed Data Statistics:")
```

```
print(df['CubeRootHousePrices'].describe())
print(f"Skewness: {df['CubeRootHousePrices'].skew()}")

# View the transformed data
print("\\nTransformed DataFrame:")
print(df)
```

Desglose del Código

1. **Importar las bibliotecas necesarias**:
   - **numpy (np)**: Para operaciones numéricas.
   - **pandas (pd)**: Para manipulación y análisis de datos.
   - **matplotlib.pyplot (plt)**: Para visualización de datos.
   - **scipy.stats**: Para funciones estadísticas (usado para el cálculo de asimetría).
2. **Crear datos de ejemplo**:
   - Se crea un diccionario con precios de casas que muestra una distribución sesgada a la derecha (con algunos valores muy altos).
   - Convierte el diccionario en un DataFrame de pandas.
3. **Aplicar transformación de raíz cúbica**:
   - Usa la función cbrt de numpy para transformar la columna 'HousePrices'.
   - Almacena el resultado en una nueva columna 'CubeRootHousePrices'.
4. **Visualizar los datos**:
   - Crea una figura con dos subgráficos uno al lado del otro.
   - Grafica histogramas tanto de los datos originales como de los transformados.
   - Establece títulos, etiquetas y ajusta el diseño para mejorar la legibilidad.
5. **Calcular e imprimir estadísticas**:
   - Usa el método describe() de pandas para obtener estadísticas resumidas tanto para los datos originales como para los transformados.
   - Calcula la asimetría utilizando el método skew() para ambos conjuntos de datos.
6. **Mostrar el DataFrame transformado**:
   - Imprime el DataFrame completo para mostrar tanto los valores originales como los transformados.

Este ejemplo completo muestra la aplicación de la transformación de raíz cúbica, su impacto en la distribución de los datos y ofrece comparaciones visuales y estadísticas entre los datos originales y transformados. Las visualizaciones en histogramas ilustran cómo la transformación moldea los datos, mientras que los resúmenes estadísticos y los cálculos de asimetría proporcionan medidas cuantitativas de su efecto.

5.2.5 Transformaciones de Potencia (Box-Cox y Yeo-Johnson)

La **transformación de Box-Cox** y la **transformación de Yeo-Johnson** son técnicas sofisticadas que ajustan dinámicamente el grado de transformación aplicado a los datos. Estos métodos emplean transformaciones basadas en potencia que pueden afinarse para abordar la asimetría o estabilizar la varianza en los conjuntos de datos.

La transformación de Box-Cox, introducida por los estadísticos George Box y David Cox en 1964, es particularmente efectiva para datos positivos. Aplica una transformación de potencia a cada punto de datos, con el parámetro de potencia (lambda) optimizado para que los datos transformados se acerquen lo más posible a una distribución normal. Este método es ampliamente utilizado en campos como la economía, la biología y la ingeniería debido a su capacidad para normalizar datos y mejorar el rendimiento de los modelos estadísticos.

Por otro lado, la transformación de Yeo-Johnson, desarrollada por In-Kwon Yeo y Richard Johnson en el año 2000, extiende la aplicabilidad del método de Box-Cox a conjuntos de datos que incluyen tanto valores positivos como negativos. Esto lo hace particularmente útil para datos financieros, donde son comunes las ganancias y pérdidas, o en aplicaciones científicas donde las mediciones pueden ubicarse en ambos lados del cero. La transformación de Yeo-Johnson utiliza un enfoque similar basado en potencia pero incorpora parámetros adicionales para manejar el signo de los puntos de datos.

- La **transformación de Box-Cox** es adecuada solo para datos positivos, siendo ideal para variables como ingresos, precios o mediciones físicas que son inherentemente positivas.
- La **transformación de Yeo-Johnson** puede manejar tanto valores positivos como negativos, ofreciendo una mayor flexibilidad para una variedad más amplia de conjuntos de datos, incluidos aquellos con variables de signo mixto o valores cero.

Ambas transformaciones son especialmente valiosas en el aprendizaje automático y la modelización estadística, ya que pueden mejorar significativamente el rendimiento de los algoritmos que asumen datos distribuidos normalmente. Al encontrar automáticamente el parámetro de transformación óptimo, estos métodos reducen la necesidad de ensayo y error manual en la preprocesamiento de datos, lo cual ahorra tiempo y mejora la robustez de los resultados analíticos.

Cuándo Usar las Transformaciones de Box-Cox y Yeo-Johnson

- Al trabajar con datos muy sesgados que requieren normalización para análisis estadísticos o modelos de aprendizaje automático.
- En casos donde la relación entre variables es no lineal y necesita ser linealizada.
- Cuando se necesita un método adaptable que encuentre automáticamente la mejor transformación para hacer que los datos sean más normalmente distribuidos, ahorrando tiempo en la experimentación manual.
- Para conjuntos de datos con heterocedasticidad (varianza no constante), ya que estas transformaciones pueden ayudar a estabilizar la varianza.
- Cuando los datos incluyen tanto valores positivos como negativos (específicamente para Yeo-Johnson), lo que lo hace versátil para datos financieros o científicos que pueden cruzar el cero.
- En análisis de regresión, cuando se desea mejorar el ajuste del modelo y asegurar que se cumplan los supuestos de normalidad y homocedasticidad.

Es importante señalar que, aunque estas transformaciones son poderosas, deben usarse con cautela. Siempre visualiza tus datos antes y después de la transformación para asegurarte de que los cambios sean adecuados para tus objetivos de análisis. Además, considera la interpretabilidad de los resultados después de la transformación, ya que la escala transformada puede no tener siempre una interpretación directa en el mundo real.

Ejemplo de Código: Transformación de Box-Cox

```
import numpy as np
import pandas as pd
import matplotlib.pyplot as plt
from sklearn.preprocessing import PowerTransformer
from scipy import stats

# Sample data (positive values only for Box-Cox)
data = {'Income': [30000, 50000, 100000, 200000, 500000, 1000000, 2000000]}
df = pd.DataFrame(data)

# Apply the Box-Cox transformation using PowerTransformer
boxcox_transformer = PowerTransformer(method='box-cox')
df['BoxCoxIncome'] = boxcox_transformer.fit_transform(df[['Income']])

# Visualize the original and transformed data
fig, (ax1, ax2) = plt.subplots(1, 2, figsize=(12, 5))

ax1.hist(df['Income'], bins=20)
ax1.set_title('Original Income Distribution')
ax1.set_xlabel('Income')
ax1.set_ylabel('Frequency')

ax2.hist(df['BoxCoxIncome'], bins=20)
```

```
ax2.set_title('Box-Cox Transformed Income Distribution')
ax2.set_xlabel('Transformed Income')
ax2.set_ylabel('Frequency')

plt.tight_layout()
plt.show()

# Calculate and print statistics
print("Original Data Statistics:")
print(df['Income'].describe())
print(f"Skewness: {df['Income'].skew()}")

print("\\nTransformed Data Statistics:")
print(df['BoxCoxIncome'].describe())
print(f"Skewness: {df['BoxCoxIncome'].skew()}")

# View the transformed data
print("\\nTransformed DataFrame:")
print(df)

# Print the optimal lambda value
print(f"\\nOptimal lambda value: {boxcox_transformer.lambdas_[0]}")
```

Desglose del Código:

- **Importar las bibliotecas necesarias**:
  - **numpy (np)**: Para operaciones numéricas.
  - **pandas (pd)**: Para manipulación y análisis de datos.
  - **matplotlib.pyplot (plt)**: Para visualización de datos.
  - **PowerTransformer de sklearn.preprocessing**: Para aplicar la transformación de Box-Cox.
  - **scipy.stats**: Para funciones estadísticas (usado para el cálculo de asimetría).
- **Crear datos de ejemplo**:
  - Se crea un diccionario con valores de ingresos que muestra una distribución sesgada a la derecha (con algunos valores muy altos).
  - Convierte el diccionario en un DataFrame de pandas.
- **Aplicar la transformación de Box-Cox**:
  - Inicializa un objeto PowerTransformer con method='box-cox'.
  - Usa fit_transform para aplicar la transformación a la columna 'Income'.
  - Almacena el resultado en una nueva columna 'BoxCoxIncome'.

- **Visualizar los datos**:
    - Crea una figura con dos subgráficos uno al lado del otro.
    - Grafica histogramas tanto de los datos originales como de los transformados.
    - Establece títulos, etiquetas y ajusta el diseño para mejorar la legibilidad.
- **Calcular e imprimir estadísticas**:
    - Usa el método describe() de pandas para obtener estadísticas resumidas tanto para los datos originales como para los transformados.
    - Calcula la asimetría utilizando el método skew() para ambos conjuntos de datos.
- **Mostrar el DataFrame transformado**:
    - Imprime el DataFrame completo para mostrar tanto los valores originales como los transformados.
- **Imprimir el valor óptimo de lambda**:
    - Accede al atributo lambdas_ del transformador para obtener el valor óptimo de lambda usado en la transformación de Box-Cox.

Este ejemplo demuestra la aplicación de la transformación de Box-Cox, su impacto en la distribución de los datos y ofrece comparaciones visuales y estadísticas entre los datos originales y transformados.

Las visualizaciones en histogramas ilustran cómo la transformación moldea los datos, mientras que los resúmenes estadísticos y los cálculos de asimetría ofrecen medidas cuantitativas de su efecto. También se proporciona el valor óptimo de lambda, dando una idea de la transformación de potencia específica aplicada a los datos.

Ejemplo de Código: Transformación de Yeo-Johnson

```
import numpy as np
import pandas as pd
import matplotlib.pyplot as plt
from sklearn.preprocessing import PowerTransformer
from scipy import stats

# Sample data (includes negative values)
data = {'Profit': [-5000, -2000, 0, 3000, 15000, 50000, 100000]}
df = pd.DataFrame(data)

# Apply the Yeo-Johnson transformation using PowerTransformer
yeojohnson_transformer = PowerTransformer(method='yeo-johnson')
df['YeoJohnsonProfit'] = yeojohnson_transformer.fit_transform(df[['Profit']])
```

```
# Visualize the original and transformed data
fig, (ax1, ax2) = plt.subplots(1, 2, figsize=(12, 5))

ax1.hist(df['Profit'], bins=20)
ax1.set_title('Original Profit Distribution')
ax1.set_xlabel('Profit')
ax1.set_ylabel('Frequency')

ax2.hist(df['YeoJohnsonProfit'], bins=20)
ax2.set_title('Yeo-Johnson Transformed Profit Distribution')
ax2.set_xlabel('Transformed Profit')
ax2.set_ylabel('Frequency')

plt.tight_layout()
plt.show()

# Calculate and print statistics
print("Original Data Statistics:")
print(df['Profit'].describe())
print(f"Skewness: {df['Profit'].skew()}")

print("\\nTransformed Data Statistics:")
print(df['YeoJohnsonProfit'].describe())
print(f"Skewness: {df['YeoJohnsonProfit'].skew()}")

# View the transformed data
print("\\nTransformed DataFrame:")
print(df)

# Print the optimal lambda value
print(f"\\nOptimal lambda value: {yeojohnson_transformer.lambdas_[0]}")
```

Desglose Completo:

1. **Importar las bibliotecas necesarias**:
   - **numpy (np)**: Para operaciones numéricas.
   - **pandas (pd)**: Para manipulación y análisis de datos.
   - **matplotlib.pyplot (plt)**: Para visualización de datos.
   - **PowerTransformer de sklearn.preprocessing**: Para aplicar la transformación de Yeo-Johnson.
   - **scipy.stats**: Para funciones estadísticas (usado para el cálculo de asimetría).
2. **Crear datos de ejemplo**:
   - Se crea un diccionario con valores de ganancias, incluyendo valores negativos, cero y positivos.

    - Convierte el diccionario en un DataFrame de pandas.

3. **Aplicar la transformación de Yeo-Johnson**:
    - Inicializa un objeto PowerTransformer con method='yeo-johnson'.
    - Usa fit_transform para aplicar la transformación a la columna 'Profit'.
    - Almacena el resultado en una nueva columna 'YeoJohnsonProfit'.
4. **Visualizar los datos**:
    - Crea una figura con dos subgráficos uno al lado del otro.
    - Grafica histogramas tanto de los datos originales como de los transformados.
    - Establece títulos, etiquetas y ajusta el diseño para mejorar la legibilidad.
5. **Calcular e imprimir estadísticas**:
    - Usa el método describe() de pandas para obtener estadísticas resumidas tanto para los datos originales como para los transformados.
    - Calcula la asimetría utilizando el método skew() para ambos conjuntos de datos.
6. **Mostrar el DataFrame transformado**:
    - Imprime el DataFrame completo para mostrar tanto los valores originales como los transformados.
7. **Imprimir el valor óptimo de lambda**:
    - Accede al atributo lambdas_ del transformador para obtener el valor óptimo de lambda usado en la transformación de Yeo-Johnson.

Este ejemplo demuestra la aplicación de la transformación de Yeo-Johnson, particularmente útil para conjuntos de datos que incluyen valores tanto positivos como negativos. El código visualiza las distribuciones originales y transformadas, calcula estadísticas clave y proporciona el valor óptimo de lambda usado en la transformación. Este enfoque integral permite una comprensión clara de cómo la transformación de Yeo-Johnson afecta la distribución de los datos y sus propiedades estadísticas.

5.2.6 Puntos Clave

- La **transformación logarítmica** es ideal para datos altamente sesgados y es especialmente útil para reducir la influencia de valores grandes. Comprime la escala en el extremo superior, siendo particularmente efectiva para distribuciones sesgadas a la derecha. Es comúnmente usada en el análisis de datos financieros, como en precios de acciones o capitalizaciones de mercado.

- La **transformación de raíz cuadrada** ofrece un ajuste más suave, siendo adecuada para datos moderadamente sesgados. Es menos drástica que la transformación logarítmica y puede ser útil al trabajar con datos de conteo o cuando se desea preservar parte de la escala original. Por ejemplo, se aplica en estudios ecológicos para datos de abundancia de especies.
- La **transformación de raíz cúbica** se puede utilizar para conjuntos de datos con valores tanto positivos como negativos, ofreciendo una transformación más equilibrada. Es particularmente útil en escenarios donde la simetría de los datos es importante, como en ciertas mediciones físicas o químicas. La función de raíz cúbica tiene la propiedad única de preservar el signo de los datos originales.
- Las transformaciones de **Box-Cox** y **Yeo-Johnson** son métodos flexibles basados en potencias que se adaptan automáticamente a los datos, siendo ideales para conjuntos de datos más complejos. Estas transformaciones usan un parámetro (lambda) para encontrar la transformación de potencia óptima. Box-Cox está limitado a datos positivos, mientras que Yeo-Johnson puede manejar valores tanto positivos como negativos, haciéndolo más versátil para conjuntos de datos del mundo real.

Las transformaciones no lineales son herramientas poderosas para mejorar el rendimiento del modelo, especialmente al tratar con datos sesgados o distribuciones irregulares. Elegir la transformación correcta depende de la naturaleza de los datos y de las necesidades específicas del modelo.

Por ejemplo, si trabajas con datos de series temporales, podrías optar por una transformación logarítmica para estabilizar la varianza. En cambio, para datos con una mezcla de valores positivos y negativos, como cambios de temperatura, una transformación de raíz cúbica o Yeo-Johnson podría ser más apropiada. Es crucial entender las implicaciones de cada transformación en la interpretación de los datos y los resultados del modelo.

5.3 Ejercicios Prácticos para el Capítulo 5

Ahora que has completado el Capítulo 5, es momento de aplicar lo aprendido a través de ejercicios prácticos. Estos ejercicios se enfocan en la escalación y las transformaciones no lineales, cubriendo transformaciones logarítmicas, de raíz cuadrada, de raíz cúbica y de potencia. Cada ejercicio incluye soluciones para ayudarte a solidificar tu comprensión de estos conceptos clave.

Ejercicio 1: Escalado Min-Max

Estás trabajando con un conjunto de datos que contiene las siguientes columnas: **Edad** e **Ingresos**. Tu tarea es:

Aplicar **escalado Min-Max** a las columnas de **Edad** e **Ingresos**, transformando los valores a un rango entre 0 y 1.

Solución:

```
import pandas as pd
from sklearn.preprocessing import MinMaxScaler

# Sample data
data = {'Age': [25, 40, 35, 50, 60],
        'Income': [40000, 50000, 60000, 80000, 100000]}

df = pd.DataFrame(data)

# Initialize the Min-Max Scaler
scaler = MinMaxScaler()

# Apply the scaler to the dataframe
df_scaled = pd.DataFrame(scaler.fit_transform(df), columns=df.columns)

# View the scaled dataframe
print(df_scaled)
```

Ejercicio 2: Estandarización (Normalización de Z-Score)

Estás trabajando con el mismo conjunto de datos que en el **Ejercicio 1**. En esta ocasión, tu tarea es:

Aplicar **Estandarización** (normalización de Z-score) a las columnas de **Edad** e **Ingresos**.

Solución:

```
from sklearn.preprocessing import StandardScaler

# Sample data
data = {'Age': [25, 40, 35, 50, 60],
        'Income': [40000, 50000, 60000, 80000, 100000]}

df = pd.DataFrame(data)

# Initialize the Standard Scaler
scaler = StandardScaler()

# Apply the scaler to the dataframe
df_standardized = pd.DataFrame(scaler.fit_transform(df), columns=df.columns)

# View the standardized dataframe
print(df_standardized)
```

Ejercicio 3: Transformación Logarítmica

Estás trabajando con un conjunto de datos que contiene la columna **PreciosCasas**, cuyos valores presentan una fuerte asimetría hacia la derecha. Tu tarea es:

Aplicar una **transformación logarítmica** a la columna **PreciosCasas**.

Solución:

```
import numpy as np
import pandas as pd

# Sample data with a right-skewed distribution
data = {'HousePrices': [50000, 120000, 250000, 500000, 1200000, 2500000]}

df = pd.DataFrame(data)

# Apply a logarithmic transformation
df['LogHousePrices'] = np.log(df['HousePrices'])

# View the transformed data
print(df)
```

Ejercicio 4: Transformación de Raíz Cuadrada

Estás trabajando con los mismos datos de **PreciosCasas**. Tu tarea es:

Aplicar una **transformación de raíz cuadrada** a la columna **PreciosCasas**.

Solución:

```
# Apply a square root transformation
df['SqrtHousePrices'] = np.sqrt(df['HousePrices'])

# View the transformed data
print(df)
```

Ejercicio 5: Transformación de Raíz Cúbica

Te han dado un conjunto de datos con la columna **ValoresPropiedad**, que contiene tanto valores positivos como negativos. Tu tarea es:

Aplicar una **transformación de raíz cúbica** a la columna **ValoresPropiedad**.

Solución:

```
# Sample data with both positive and negative values
data = {'PropertyValues': [-8000, -5000, 0, 5000, 10000, 20000]}

df = pd.DataFrame(data)

# Apply a cube root transformation
df['CubeRootPropertyValues'] = np.cbrt(df['PropertyValues'])

# View the transformed data
print(df)
```

Ejercicio 6: Transformación Box-Cox

Estás trabajando con un conjunto de datos que contiene valores de **Ingresos**, los cuales son positivos pero están moderadamente sesgados. Tu tarea es:

Aplicar la **transformación Box-Cox** a la columna **Ingresos** usando el **PowerTransformer** de Scikit-learn.

Solución:

```
from sklearn.preprocessing import PowerTransformer
import pandas as pd

# Sample data (positive values only for Box-Cox)
data = {'Income': [30000, 50000, 100000, 200000, 500000]}

df = pd.DataFrame(data)

# Apply the Box-Cox transformation
boxcox_transformer = PowerTransformer(method='box-cox')
df['BoxCoxIncome'] = boxcox_transformer.fit_transform(df[['Income']])

# View the transformed data
print(df)
```

Ejercicio 7: Transformación Yeo-Johnson

Estás trabajando con un conjunto de datos que contiene la columna **Ganancia**, la cual incluye tanto valores positivos como negativos. Tu tarea es:

Aplicar la **transformación Yeo-Johnson** a la columna **Ganancia** usando el **PowerTransformer** de Scikit-learn.

Solución:

```
from sklearn.preprocessing import PowerTransformer
import pandas as pd

# Sample data with positive and negative values
data = {'Profit': [-5000, -2000, 0, 3000, 15000]}

df = pd.DataFrame(data)

# Apply the Yeo-Johnson transformation
yeojohnson_transformer = PowerTransformer(method='yeo-johnson')
df['YeoJohnsonProfit'] = yeojohnson_transformer.fit_transform(df[['Profit']])

# View the transformed data
print(df)
```

Estas prácticas proporcionan experiencia práctica con la escalación, normalización y transformaciones no lineales, incluidas las transformaciones logarítmica, raíz cuadrada, raíz cúbica, Box-Cox y Yeo-Johnson. Al practicar estas técnicas, puedes preparar datos con confianza para modelos de machine learning, asegurándote de que las características estén bien escaladas, equilibradas y optimizadas para el rendimiento. Sigue practicando y explorando estos métodos para manejar una variedad de distribuciones de datos.

5.4 Qué Podría Salir Mal

Transformar y escalar características son técnicas poderosas que ayudan a los modelos de machine learning a procesar datos de manera efectiva, pero deben aplicarse con cuidado para evitar posibles errores. En esta sección, discutiremos problemas comunes que pueden surgir durante el proceso de transformación y escalado, y cómo evitarlos.

5.4.1 Aplicar la Transformación Incorrecta a los Datos

Uno de los errores más comunes al transformar datos es usar una transformación inadecuada para el tipo de datos. No todas las características deben escalarse o transformarse de la misma manera, y aplicar la transformación incorrecta puede distorsionar las relaciones entre las características y la variable objetivo.

Qué puede salir mal:

- Usar **transformación logarítmica** en datos con valores negativos o cero resultará en errores, ya que el logaritmo de un número negativo no está definido.
- Aplicar **transformación de raíz cuadrada** a datos con valores negativos conduce a valores NaN (no es un número).
- Usar **escalado min-max** en datos con valores atípicos extremos puede comprimir el rango de valores, haciendo que el modelo sea muy sensible a los valores atípicos.

Solución:

- Inspecciona siempre tus datos antes de aplicar transformaciones. Si tus datos contienen ceros o valores negativos, usa una transformación como **raíz cúbica** o **Yeo-Johnson**, que pueden manejar valores positivos y negativos.
- Para características con valores atípicos extremos, considera usar **RobustScaler** o aplicar transformaciones menos sensibles a valores atípicos, como transformaciones logarítmica o de raíz cúbica.

5.4.2 Escalar Incorrectamente los Datos de Prueba

Al trabajar con modelos de machine learning, escalar o transformar datos incorrectamente, especialmente después de dividirlos en conjuntos de entrenamiento y prueba, puede llevar a sobreajuste o evaluaciones incorrectas del modelo.

Qué puede salir mal:

- Si se aplica el escalado a ambos conjuntos (entrenamiento y prueba) al mismo tiempo, el conjunto de prueba revelará información del conjunto de entrenamiento, lo que lleva a resultados sesgados y un rendimiento del modelo sobreestimado.
- Aplicar transformaciones por separado a los conjuntos de entrenamiento y prueba podría resultar en escalas inconsistentes, causando discrepancias entre los conjuntos.

Solución:

- Aplica siempre el escalado y las transformaciones **después** de dividir los datos en conjuntos de entrenamiento y prueba.
- Ajusta el escalador o la transformación en los **datos de entrenamiento** y luego aplica la misma transformación a los **datos de prueba**.

5.4.3 Sobre-transformar los Datos

Si bien transformar datos puede mejorar el rendimiento del modelo, es posible sobre-transformar los datos, especialmente con transformaciones no lineales como la logarítmica o Box-Cox, lo que puede resultar en pérdida de interpretabilidad o distorsionar las relaciones naturales en los datos.

Qué puede salir mal:

- Aplicar múltiples transformaciones para "forzar" la normalidad en los datos puede hacer que las relaciones entre las características sean más difíciles de interpretar para el modelo.
- Transformaciones demasiado agresivas pueden aplanar la distribución de los datos, haciéndolos menos informativos.

Solución:

- Usa transformaciones solo cuando sea necesario. Si tus datos ya tienen una distribución normal, no hay necesidad de aplicar transformaciones adicionales.
- Visualiza siempre tus datos antes y después de la transformación para asegurarte de que la transformación es adecuada.

5.4.4 Interpretar Incorrectamente las Transformaciones Logarítmicas

Las transformaciones logarítmicas comprimen el rango de valores grandes y pueden hacer que la interpretación de las características transformadas sea desafiante.

Qué puede salir mal:

- Después de aplicar una transformación logarítmica, la escala de la característica cambia. Interpretar la salida del modelo sin considerar la transformación inversa puede llevar a conclusiones incorrectas sobre el impacto de la característica.
- Los datos transformados ya no están en las unidades originales, lo que puede hacer que la comunicación e interpretación sean más difíciles.

Solución:

- Cuando uses transformaciones logarítmicas, aplica siempre la transformación inversa (exponenciación) para devolver los resultados a su escala original.
- Sé cauteloso al interpretar características transformadas con logaritmos y explica el resultado en función de la transformación aplicada.

5.5.5 Ignorar la Naturaleza de las Relaciones No Lineales

No todas las relaciones entre características y la variable objetivo son lineales. Aplicar solo transformaciones lineales, como el escalado o la normalización, puede omitir importantes relaciones no lineales.

Qué puede salir mal:

- Al asumir una relación lineal y aplicar solo escalado o normalización, el modelo puede perder patrones complejos en los datos.
- Si la verdadera relación entre una característica y la variable objetivo es no lineal, solo aplicar transformaciones lineales puede debilitar el poder predictivo del modelo.

Solución:

- Explora **transformaciones no lineales** como logarítmica, raíz cuadrada, raíz cúbica y características polinomiales si sospechas relaciones no lineales entre las características y el objetivo.
- Visualiza las relaciones entre las características y la variable objetivo para comprender mejor los patrones subyacentes.

5.5.6 Manejar Inadecuadamente los Valores Atípicos

Transformaciones como el escalado min-max y la estandarización son sensibles a los valores atípicos. Si tu conjunto de datos contiene valores extremos, estas transformaciones pueden distorsionarse por ellos, resultando en escalas inadecuadas.

Qué puede salir mal:

- Los valores atípicos pueden dominar el proceso de escalado, causando que la mayor parte de los datos se comprima en un rango estrecho.
- Métodos de escalado como min-max pueden hacer que pequeños cambios en los datos parezcan más grandes de lo que son en presencia de valores atípicos extremos.

Solución:

- Antes de aplicar transformaciones, detecta y maneja los valores atípicos usando técnicas como **capping** (limitar valores extremos a un umbral) o **RobustScaler**, que escala los datos basándose en el rango intercuartílico.
- Usa **transformaciones logarítmica** o **de raíz cuadrada** para minimizar el impacto de los valores atípicos mientras preservas la estructura general de los datos.

Aunque transformar y escalar características son esenciales para mejorar el rendimiento del modelo, hay varios errores potenciales que deben evitarse. Aplicar la transformación incorrecta, escalar los datos incorrectamente o interpretar mal los datos transformados puede llevar a resultados inexactos o engañosos. Al comprender estos riesgos y aplicar transformaciones cuidadosamente, puedes asegurarte de que tus modelos estén optimizados para el éxito, preservando la integridad de los datos.

Resumen del Capítulo 5

En este capítulo, exploramos el papel crítico de transformar y escalar características en la preparación de datos para modelos de machine learning. Los datos bien escalados y transformados permiten que los algoritmos interpreten las relaciones entre características con precisión, lo que mejora el rendimiento y la estabilidad del modelo. Cuando las características no se escalan o transforman adecuadamente, puede llevar a un mal comportamiento del modelo, especialmente en algoritmos que dependen de métricas de distancia, como K-Nearest Neighbors (KNN), o algoritmos de optimización, como Gradient Descent.

Comenzamos discutiendo la importancia de **escalado** y **normalización**. Técnicas de escalado como **Min-Max Scaling** y **Estandarización** aseguran que las características estén dentro de un rango específico o tengan una media de 0 y una desviación estándar de 1. Esto es especialmente crucial para algoritmos sensibles a la magnitud de los valores de las características. **Min-Max Scaling** es ideal cuando el rango de las características debe estar restringido, como al trabajar con modelos basados en distancia o redes neuronales. Por otro lado, la **Estandarización** (normalización Z-score) es más adecuada para modelos que suponen normalidad en los datos.

Luego, introdujimos **transformaciones no lineales**, como **logarítmica**, **raíz cuadrada**, **raíz cúbica** y transformaciones basadas en potencias como **Box-Cox** y **Yeo-Johnson**. Estas transformaciones ayudan a reducir la asimetría, estabilizar la varianza y hacer que las relaciones entre características sean más lineales. Por ejemplo, la **transformación logarítmica** es particularmente útil para datos sesgados hacia la derecha, mientras que las transformaciones de **raíz cuadrada** y **raíz cúbica** ofrecen transformaciones más moderadas para datos menos sesgados.

En la sección **"Qué Podría Salir Mal"**, resaltamos varios errores potenciales que pueden ocurrir durante la transformación y el escalado de características. Aplicar transformaciones de manera incorrecta, como usar una logaritmo en datos con valores negativos, puede llevar a errores. Sobrecargar los datos puede dificultar que los modelos interpreten las relaciones entre características, mientras que el manejo inadecuado de los datos de prueba durante el escalado puede llevar a evaluaciones de modelo sesgadas. Manejar mal los valores atípicos al escalar también puede distorsionar los resultados.

La conclusión clave de este capítulo es que escalar y transformar características no es solo una cuestión de "ajustar" los datos a un modelo, sino de asegurarse de que el modelo pueda interpretarlos efectivamente.

Capítulo 6: Codificación de Variables Categóricas

Al trabajar con modelos de machine learning, uno de los mayores desafíos es el manejo de variables categóricas. A diferencia de las características numéricas, las variables categóricas a menudo requieren técnicas de codificación específicas para convertirlas en un formato que los algoritmos de machine learning puedan procesar de manera efectiva. Codificar adecuadamente las variables categóricas garantiza que los modelos puedan entender las relaciones entre categorías y usarlas eficazmente para hacer predicciones. En este capítulo, exploraremos varias técnicas para codificar datos categóricos, comenzando con un análisis detallado de **One-Hot Encoding**, uno de los métodos más utilizados. También cubriremos técnicas de codificación más avanzadas en secciones posteriores.

6.1 One-Hot Encoding Revisitado: Consejos y Trucos

One-Hot Encoding es una técnica fundamental para transformar variables categóricas en un formato adecuado para los algoritmos de machine learning. Este método crea una nueva columna binaria para cada categoría única dentro de una variable, utilizando 1 para representar la presencia de una categoría y 0 para su ausencia. Aunque One-Hot Encoding es sencillo de implementar, presenta varios matices que requieren una consideración cuidadosa.

Una de las principales ventajas de One-Hot Encoding es su capacidad para preservar la naturaleza no ordinal de las variables categóricas. A diferencia de los métodos de codificación numérica que podrían introducir inadvertidamente un orden en las categorías, One-Hot Encoding trata cada categoría como independiente. Esto es particularmente útil para variables como el color, donde no existe un orden inherente entre las categorías.

Sin embargo, la simplicidad de One-Hot Encoding puede generar desafíos al trabajar con conjuntos de datos complejos. Por ejemplo, conjuntos de datos con un gran número de categorías únicas en una sola variable (alta cardinalidad) pueden resultar en una explosión de características. Esto no solo aumenta la dimensionalidad del conjunto de datos, sino que también puede llevar a matrices dispersas, afectando potencialmente el rendimiento y la interpretabilidad del modelo.

Además, One-Hot Encoding puede presentar problemas al manejar nuevas categorías durante la implementación del modelo. Si el modelo encuentra una categoría con la que no fue entrenado, no tendrá una columna binaria correspondiente, lo que podría llevar a errores o clasificaciones incorrectas. Esto hace necesaria la implementación de estrategias para manejar categorías desconocidas, como crear una categoría general "Otra" durante la codificación.

En esta sección, profundizaremos en estas consideraciones, explorando las mejores prácticas para implementar One-Hot Encoding de manera efectiva. Discutiremos estrategias para mitigar la "maldición de la dimensionalidad", manejar categorías desconocidas y optimizar la eficiencia computacional. Al comprender estos matices, los científicos de datos pueden aprovechar One-Hot Encoding al máximo, asegurando un manejo robusto y efectivo de las variables categóricas en sus flujos de trabajo de machine learning.

¿Qué es One-Hot Encoding?

One-Hot Encoding es una técnica crucial en el preprocesamiento de datos que transforma variables categóricas en un formato adecuado para algoritmos de machine learning. Este método crea múltiples columnas binarias a partir de una sola característica categórica, con cada nueva columna representando una categoría única.

Por ejemplo, considera una característica categórica **Color** con valores **Rojo**, **Azul** y **Verde**. One-Hot Encoding generaría tres nuevas columnas: **Color_Rojo**, **Color_Azul** y **Color_Verde**. En el conjunto de datos resultante, cada fila tendrá un '1' en la columna correspondiente a su valor de color original, mientras que las otras columnas se establecerán en '0'.

Este método de codificación es particularmente valioso porque preserva la naturaleza no ordinal de las variables categóricas. A diferencia de los métodos de codificación numérica que podrían introducir inadvertidamente un orden en las categorías, One-Hot Encoding trata cada categoría como independiente. Esto es especialmente útil para variables como el color, donde no existe una jerarquía inherente entre las categorías.

Sin embargo, es importante señalar que One-Hot Encoding puede presentar desafíos al trabajar con variables de alta cardinalidad (aquellas con muchas categorías únicas). En tales casos, el proceso de codificación puede resultar en una gran cantidad de nuevas columnas, lo que podría llevar a la "maldición de la dimensionalidad" y afectar el rendimiento del modelo.

Además, One-Hot Encoding requiere un manejo cuidadoso de las categorías nuevas y desconocidas durante la implementación del modelo, ya que estas no tendrían columnas correspondientes en el conjunto de datos codificado.

Ejemplo: Codificación Básica con One-Hot Encoding

```
import pandas as pd
import numpy as np
from sklearn.preprocessing import OneHotEncoder

# Sample data with multiple categorical features
```

```
data = {
    'Color': ['Red', 'Blue', 'Green', 'Blue', 'Red', 'Yellow'],
    'Size': ['Small', 'Medium', 'Large', 'Medium', 'Small', 'Large'],
    'Brand': ['A', 'B', 'C', 'A', 'B', 'C']
}

df = pd.DataFrame(data)

print("Original DataFrame:")
print(df)
print("\\n")

# Method 1: Using pandas get_dummies
df_one_hot_pd    =    pd.get_dummies(df,    columns=['Color',    'Size',    'Brand'],
prefix=['Color', 'Size', 'Brand'])

print("One-Hot Encoded DataFrame using pandas:")
print(df_one_hot_pd)
print("\\n")

# Method 2: Using sklearn OneHotEncoder
encoder = OneHotEncoder(sparse=False, handle_unknown='ignore')
encoded_features = encoder.fit_transform(df)

# Create DataFrame with encoded feature names
feature_names = encoder.get_feature_names_out(['Color', 'Size', 'Brand'])
df_one_hot_sk = pd.DataFrame(encoded_features, columns=feature_names)

print("One-Hot Encoded DataFrame using sklearn:")
print(df_one_hot_sk)
print("\\n")

# Demonstrating handling of unknown categories
new_data  =  pd.DataFrame({'Color':  ['Purple'],  'Size':  ['Extra  Large'],  'Brand':
['D']})
encoded_new_data = encoder.transform(new_data)
df_new_encoded = pd.DataFrame(encoded_new_data, columns=feature_names)

print("Handling unknown categories:")
print(df_new_encoded)
```

Explicación Completa del Desglose

1. Importación de Librerías:
    - Importamos pandas para la manipulación de datos, numpy para operaciones numéricas y OneHotEncoder de sklearn como método alternativo de codificación.
2. Creación de Datos de Ejemplo:

- Creamos un conjunto de datos más complejo con múltiples características categóricas: 'Color', 'Size' y 'Brand'.

3. Método 1: Usando get_dummies de pandas:
   - Usamos pd.get_dummies() para realizar la codificación One-Hot en todas las columnas categóricas.
   - El parámetro 'prefix' se utiliza para agregar un prefijo a los nombres de las nuevas columnas, haciéndolos más descriptivos.
4. Método 2: Usando OneHotEncoder de sklearn:
   - Inicializamos el OneHotEncoder con sparse=False para obtener una salida en forma de matriz densa, y handle_unknown='ignore' para manejar cualquier categoría desconocida durante la transformación.
   - Ajustamos y transformamos los datos usando el codificador.
   - Utilizamos get_feature_names_out() para obtener los nombres de las características codificadas y creamos un DataFrame con estos nombres.
5. Manejo de Categorías Desconocidas:
   - Mostramos cómo OneHotEncoder de sklearn maneja categorías desconocidas creando un nuevo DataFrame con categorías no vistas anteriormente.
   - El codificador creará columnas de ceros para estas categorías desconocidas, evitando errores durante la predicción del modelo.

Este ejemplo expandido demuestra:

- Múltiples características categóricas.
- Dos métodos de codificación One-Hot (pandas y sklearn).
- Nombrado adecuado de las características codificadas.
- Manejo de categorías desconocidas.
- Una salida paso a paso para visualizar el proceso de codificación.

Este enfoque completo proporciona una comprensión más robusta de la codificación One-Hot y su implementación en diferentes escenarios, haciéndolo más adecuado para aplicaciones del mundo real.

6.1.1 Consejo 1: Evitar la Trampa de la Variable Dummy

Una de las principales preocupaciones al usar la codificación One-Hot es la **trampa de la variable dummy**. Esto ocurre cuando se incluyen todas las columnas binarias creadas a partir de una variable categórica, lo que resulta en multicolinealidad perfecta. En esencia, cuando tienes n categorías, solo necesitas n-1 columnas binarias para representar toda la información, ya que la n-ésima columna siempre se puede inferir de las otras.

Por ejemplo, si tienes una variable 'Color' con categorías 'Red', 'Blue' y 'Green', solo necesitas dos columnas binarias (por ejemplo, 'Is_Red' y 'Is_Blue') para capturar toda la información. La tercera categoría ('Green') se representa implícitamente cuando tanto 'Is_Red' como 'Is_Blue' son 0.

Esta redundancia puede causar varios problemas en modelos estadísticos y de machine learning:

- **Multicolinealidad en modelos lineales**: Esto puede hacer que el modelo sea inestable y difícil de interpretar, ya que los coeficientes de las variables redundantes se vuelven poco confiables.
- **Sobreajuste**: La columna adicional no proporciona nueva información pero aumenta la complejidad del modelo, lo que podría llevar al sobreajuste.
- **Ineficiencia computacional**: Incluir columnas innecesarias aumenta la dimensionalidad del conjunto de datos, resultando en tiempos de entrenamiento más largos y un mayor uso de memoria.

Solución: Eliminar una Columna

Para evitar la trampa de la variable dummy, es una buena práctica siempre eliminar una de las columnas binarias al realizar la codificación One-Hot. Esta técnica, conocida como codificación de "drop first" o "leave one out", asegura que el modelo no encuentre información redundante, mientras captura todos los datos categóricos necesarios.

La mayoría de las bibliotecas modernas de machine learning, como pandas y scikit-learn, proporcionan opciones integradas para eliminar automáticamente la primera (o cualquier otra) columna durante la codificación One-Hot. Este enfoque no solo previene problemas de multicolinealidad, sino que también reduce ligeramente la dimensionalidad de tu conjunto de datos, lo cual puede ser beneficioso para el rendimiento e interpretabilidad del modelo.

Ejemplo de Código: Eliminando una Columna

```
import pandas as pd
from sklearn.preprocessing import OneHotEncoder

# Sample data
data = {
    'Color': ['Red', 'Blue', 'Green', 'Blue', 'Red', 'Yellow'],
    'Size': ['Small', 'Medium', 'Large', 'Medium', 'Small', 'Large']
}

df = pd.DataFrame(data)

print("Original DataFrame:")
```

```
print(df)
print("\\n")

# Method 1: Using pandas get_dummies
df_one_hot_pd = pd.get_dummies(df, columns=['Color'], drop_first=True,
prefix='Color')

print("One-Hot Encoded DataFrame using pandas (drop_first=True):")
print(df_one_hot_pd)
print("\\n")

# Method 2: Using sklearn OneHotEncoder
encoder = OneHotEncoder(drop='first', sparse=False)
encoded_features = encoder.fit_transform(df[['Color']])

# Create DataFrame with encoded feature names
feature_names = encoder.get_feature_names_out(['Color'])
df_one_hot_sk = pd.DataFrame(encoded_features, columns=feature_names)

# Combine with original 'Size' column
df_one_hot_sk = pd.concat([df['Size'], df_one_hot_sk], axis=1)

print("One-Hot Encoded DataFrame using sklearn (drop='first'):")
print(df_one_hot_sk)
```

Explicación detallada y completa:

1. Importación de bibliotecas:
   - Importamos pandas para la manipulación de datos y OneHotEncoder de sklearn como método alternativo de codificación.
2. Creación de datos de muestra:
   - Creamos un conjunto de datos de muestra con dos características categóricas: "Color" y "Tamaño".
3. Método 1: Uso de pandas get_dummies:
   - Utilizamos pd.get_dummies() para realizar la codificación One-Hot en la columna "Color".
   - El parámetro "drop_first=True" se usa para evitar la trampa de variables ficticias al eliminar la primera categoría.
   - El parámetro "prefix" añade un prefijo a los nombres de las nuevas columnas, haciéndolos más descriptivos.
4. Método 2: Uso de sklearn OneHotEncoder:

   - Inicializamos OneHotEncoder con drop='first' para eliminar la primera categoría y sparse=False para obtener una salida en forma de matriz densa.
   - Ajustamos y transformamos la columna "Color" utilizando el codificador.
   - Usamos get_feature_names_out() para obtener los nombres de las características codificadas y creamos un DataFrame con estos nombres.
   - Concatenamos las características codificadas de "Color" con la columna original "Tamaño" para mantener toda la información.

5. Impresión de resultados:
   - Imprimimos el DataFrame original y los DataFrames codificados de ambos métodos para comparar los resultados.

Este ejemplo ampliado muestra:

- Un conjunto de datos más realista con múltiples características categóricas.
- Dos métodos de codificación One-Hot (pandas y sklearn).
- Eliminación adecuada de la primera categoría para evitar la trampa de variables ficticias.
- Manejo de múltiples columnas, incluidas las no codificadas.
- Salida paso a paso para visualizar el proceso de codificación.

Este enfoque completo proporciona una comprensión robusta de la codificación One-Hot y su implementación en diferentes escenarios, haciéndolo más adecuado para aplicaciones en el mundo real.

6.1.2 Consejo 2: Manejo de Variables Categóricas de Alta Cardinalidad

Cuando se trabaja con variables categóricas que tienen muchas categorías únicas (conocidas como **alta cardinalidad**), la codificación One-Hot puede crear un gran número de columnas, lo que puede ralentizar el entrenamiento y hacer que el modelo sea innecesariamente complejo. Por ejemplo, si tienes una columna para **Ciudad** con cientos de nombres de ciudades únicos, la codificación One-Hot generará cientos de columnas binarias. Esto puede llevar a varios problemas:

- Aumento de dimensionalidad: El espacio de entrada del modelo se vuelve mucho más grande, lo que puede llevar a la "maldición de la dimensionalidad".
- Tiempos de entrenamiento más largos: Más características implican más cálculos, lo que ralentiza el proceso de entrenamiento del modelo.
- Sobreajuste: Con demasiadas características, el modelo puede aprender ruido en los datos en lugar de patrones reales.

- Problemas de memoria: Las matrices dispersas grandes pueden consumir una cantidad significativa de memoria.

Para abordar estos desafíos, podemos emplear varias estrategias:

Solución 1: Agrupación de Características

En casos de alta cardinalidad, se puede reducir el número de categorías agrupándolas en categorías más amplias. Por ejemplo, si el conjunto de datos incluye ciudades, puedes agruparlas por región o tamaño de población. Este enfoque tiene varios beneficios:

- Reduce la dimensionalidad mientras conserva información significativa.
- Puede introducir conocimiento del dominio en el proceso de ingeniería de características.
- Hace que el modelo sea más robusto frente a categorías raras o no vistas.

Por ejemplo, en lugar de ciudades individuales, podrías agruparlas en categorías como "Áreas Metropolitanas Grandes", "Ciudades de Tamaño Medio" y "Pequeñas Localidades".

Ejemplo de código: Agrupación de Características

```
import pandas as pd
import numpy as np

# Sample data with high-cardinality categorical feature
data = {
    'City': ['New York', 'Los Angeles', 'Chicago', 'Houston', 'Phoenix', 'Philadelphia',
             'San Antonio', 'San Diego', 'Dallas', 'San Jose', 'Austin', 'Jacksonville'],
    'Population': [8336817, 3898747, 2746388, 2304580, 1608139, 1603797,
                   1434625, 1386932, 1304379, 1013240, 961855, 911507]
}

df = pd.DataFrame(data)

# Define a function to group cities based on population
def group_cities(population):
    if population > 5000000:
        return 'Mega City'
    elif population > 2000000:
        return 'Large City'
    elif population > 1000000:
        return 'Medium City'
    else:
        return 'Small City'

# Apply the grouping function
df['City_Group'] = df['Population'].apply(group_cities)
```

```
# Perform One-Hot Encoding on the grouped feature
df_encoded = pd.get_dummies(df, columns=['City_Group'], prefix='CityGroup')

print(df_encoded)
```

Explicación detallada del código:

1. Importación de bibliotecas:
   - Importamos pandas para la manipulación de datos y numpy para operaciones numéricas.
2. Creación de datos de muestra:
   - Creamos un conjunto de datos de muestra con dos características: "Ciudad" y "Población".
   - Este conjunto de datos representa un escenario de alta cardinalidad con 12 ciudades diferentes.
3. Definición de la función de agrupación:
   - Creamos una función llamada group_cities que toma un valor de población como entrada.
   - La función categoriza las ciudades en cuatro grupos basados en umbrales de población.
   - Este paso introduce conocimiento del dominio en el proceso de ingeniería de características.
4. Aplicación de la función de agrupación:
   - Usamos df['Population'].apply(group_cities) para aplicar nuestra función de agrupación a cada ciudad.
   - El resultado se almacena en una nueva columna llamada "City_Group".
5. Codificación One-Hot de la característica agrupada:
   - Usamos pd.get_dummies() para realizar la codificación One-Hot en la columna "City_Group".
   - El parámetro prefix='CityGroup' añade un prefijo a los nombres de las nuevas columnas para mayor claridad.
6. Impresión de resultados:
   - Imprimimos el DataFrame final codificado para ver el resultado de nuestra agrupación y codificación de características.

Este enfoque reduce significativamente el número de columnas creadas por la codificación One-Hot (de 12 a 4) al mismo tiempo que captura información significativa sobre las ciudades. La agrupación se basa en el tamaño de la población, pero se podrían utilizar otros criterios según el caso de uso específico y el conocimiento del dominio.

Solución 2: Codificación por Frecuencia

Otra opción para variables de alta cardinalidad es la **Codificación por Frecuencia**, en la cual cada categoría es reemplazada por su frecuencia (es decir, el número de ocurrencias en el conjunto de datos). Este método ofrece varias ventajas:

- Preserva información sobre la importancia relativa de cada categoría.
- Reduce la dimensionalidad a una sola columna.
- Puede capturar parte del poder predictivo de categorías raras.

Sin embargo, es importante notar que la codificación por frecuencia asume que la frecuencia de una categoría está relacionada con su importancia para predecir la variable objetivo, lo cual no siempre es el caso.

Ejemplo de código: Codificación por Frecuencia

```
import pandas as pd

# Sample data with high-cardinality categorical feature
data = {
    'City': ['New York', 'Los Angeles', 'Chicago', 'New York', 'Houston', 'Los Angeles',
             'Chicago', 'Phoenix', 'Philadelphia', 'San Antonio', 'San Diego', 'Dallas']
}

df = pd.DataFrame(data)

# Calculate frequency of each category
frequency = df['City'].value_counts(normalize=True)

# Perform frequency encoding
df['City_Frequency'] = df['City'].map(frequency)

# View the encoded dataframe
print(df)
```

Explicación detallada del código:

1. Importación de bibliotecas:
    - Importamos pandas para la manipulación y análisis de datos.

2. Creación de datos de muestra:
   - Creamos un conjunto de datos de muestra con una característica de alta cardinalidad: "Ciudad".
   - El conjunto de datos contiene 12 entradas con algunas ciudades repetidas para demostrar diferencias en frecuencia.
3. Cálculo de la frecuencia:
   - Usamos df['City'].value_counts(normalize=True) para calcular la frecuencia relativa de cada ciudad.
   - El parámetro normalize=True asegura que obtengamos proporciones en lugar de conteos.
4. Aplicación de la codificación por frecuencia:
   - Usamos df['City'].map(frequency) para reemplazar cada nombre de ciudad con su frecuencia calculada.
   - La función map() aplica el diccionario de frecuencias a cada valor en la columna "Ciudad".
5. Creación de nueva columna:
   - El resultado se almacena en una nueva columna llamada "City_Frequency".
   - Esto preserva la columna original "Ciudad" mientras se añade la versión codificada.
6. Impresión de resultados:
   - Imprimimos el DataFrame final para ver tanto los nombres originales de las ciudades como sus valores codificados por frecuencia.

Este enfoque reemplaza cada categoría (nombre de ciudad) con su frecuencia en el conjunto de datos. Las ciudades que aparecen más a menudo tendrán valores más altos, mientras que las ciudades raras tendrán valores más bajos. Este método reduce la característica de alta cardinalidad "Ciudad" a una sola columna numérica, que puede ser procesada más fácilmente por muchos algoritmos de machine learning.

Las principales ventajas de este método incluyen:

- Reducción de dimensionalidad: Hemos convertido un número potencialmente grande de columnas codificadas One-Hot en una sola columna.
- Preservación de la información: Los valores de frecuencia retienen información sobre la ocurrencia relativa de cada categoría.

- Manejo de nuevas categorías: Para categorías no vistas en datos de prueba, se podría asignar una frecuencia por defecto (por ejemplo, 0 o la frecuencia media).

Sin embargo, es importante señalar que este método asume que la frecuencia de una categoría está relacionada con su importancia para predecir la variable objetivo, lo cual no siempre es el caso. Siempre valida la efectividad de la codificación por frecuencia para tu problema y conjunto de datos específicos.

Solución 3: Codificación por Objetivo (Target Encoding)

La codificación por objetivo, también conocida como codificación de media o codificación por probabilidad, es una técnica avanzada que reemplaza cada categoría con la media de la variable objetivo para esa categoría. Este método puede ser particularmente poderoso para variables categóricas que tienen una fuerte relación con la variable objetivo. Aquí te explicamos cómo funciona:

1. Para cada categoría en una característica, calcula la media de la variable objetivo para todas las instancias de esa categoría.
2. Reemplaza la categoría con este valor medio calculado.

Por ejemplo, si estás prediciendo precios de viviendas y tienes una característica "Vecindario", reemplazarías cada nombre de vecindario con el precio promedio de las casas en ese vecindario.

Las ventajas clave de la codificación por objetivo incluyen:

- Captura de relaciones complejas entre categorías y la variable objetivo.
- Manejo eficiente de características de alta cardinalidad.
- Potencial para mejorar el rendimiento del modelo, especialmente para modelos basados en árboles.

Sin embargo, la codificación por objetivo conlleva riesgos significativos:

- Sobreajuste: Puede llevar a fugas de datos si no se implementa cuidadosamente.
- Sensibilidad a valores atípicos en la variable objetivo.
- Potencial de introducir sesgos si los valores codificados no están debidamente regularizados.

Para mitigar estos riesgos, se pueden emplear varias técnicas:

- Validación cruzada K-fold: Codificar los datos utilizando predicciones fuera de la muestra.
- Suavizado: Añadir un término de regularización para equilibrar la media de la categoría con la media general.

- Codificación leave-one-out: Calcular la media de la variable objetivo para cada instancia excluyendo esa instancia.

Aunque la codificación por objetivo puede ser muy efectiva, requiere una implementación cuidadosa y validación para asegurar que mejore el rendimiento del modelo sin introducir sesgos o sobreajuste.

Ejemplo de código: Codificación por Objetivo

```
import pandas as pd
import numpy as np
from sklearn.model_selection import KFold

# Sample data
data = {
    'Neighborhood': ['A', 'B', 'C', 'A', 'B', 'C', 'A', 'B', 'C', 'A'],
    'Price': [100, 150, 200, 120, 160, 220, 110, 140, 190, 130]
}
df = pd.DataFrame(data)

# Function to perform target encoding
def target_encode(df, target_col, encode_col, n_splits=5):
    # Create a new column for the encoded values
    df[f'{encode_col}_encoded'] = np.nan

    # Prepare KFold cross-validator
    kf = KFold(n_splits=n_splits, shuffle=True, random_state=42)

    # Perform out-of-fold target encoding
    for train_idx, val_idx in kf.split(df):
        # Calculate target mean for each category in the training fold
        target_means = df.iloc[train_idx].groupby(encode_col)[target_col].mean()

        # Encode the validation fold
        df.loc[val_idx,         f'{encode_col}_encoded']         =         df.loc[val_idx,
encode_col].map(target_means)

    # Handle any NaN values (for categories not seen in training)
    overall_mean = df[target_col].mean()
    df[f'{encode_col}_encoded'].fillna(overall_mean, inplace=True)

    return df

# Apply target encoding
encoded_df = target_encode(df, 'Price', 'Neighborhood')

print(encoded_df)
```

Explicación del desglose del código:

1. Importación de bibliotecas:
   - Importamos pandas para la manipulación de datos, numpy para operaciones numéricas y KFold de sklearn para la validación cruzada.
2. Creación de datos de muestra:
   - Creamos un conjunto de datos de muestra con "Vecindario" como característica categórica y "Precio" como variable objetivo.
3. Definición de la función de codificación por objetivo:
   - Definimos una función llamada target_encode que toma el DataFrame, el nombre de la columna objetivo, la columna a codificar y el número de divisiones de validación cruzada como parámetros.
4. Preparación para la codificación:
   - Creamos una nueva columna en el DataFrame para almacenar los valores codificados.
   - Inicializamos un validador cruzado KFold para realizar la codificación fuera de la muestra, lo que ayuda a prevenir fugas de datos.
5. Realización de la codificación por objetivo fuera de la muestra:
   - Iteramos a través de las divisiones creadas por KFold.
   - Para cada división, calculamos la media de la variable objetivo para cada categoría utilizando los datos de entrenamiento.
   - Luego, asignamos estas medias a las categorías correspondientes en la división de validación.
6. Manejo de categorías no vistas:
   - Rellenamos cualquier valor NaN (que podría ocurrir para categorías no vistas en una división de entrenamiento en particular) con la media general de la variable objetivo.
7. Aplicación de la codificación:
   - Llamamos a la función target_encode en nuestro DataFrame de muestra.
8. Impresión de resultados:
   - Imprimimos el DataFrame final codificado para ver tanto los nombres originales de los vecindarios como sus valores codificados por objetivo.

Esta implementación usa validación cruzada K-fold para realizar codificación fuera de la muestra, lo que ayuda a mitigar el riesgo de sobreajuste. Los valores codificados para cada instancia se calculan utilizando solo los datos de otras divisiones, asegurando que la información de la variable objetivo para esa instancia no se utilice en su propia codificación.

Las principales ventajas de este método incluyen:

- Captura de la relación entre la variable categórica y el objetivo.
- Manejo eficiente de características de alta cardinalidad.
- Reducción del riesgo de sobreajuste mediante validación cruzada.

Sin embargo, es importante señalar que la codificación por objetivo debe usarse con precaución, especialmente en conjuntos de datos pequeños o cuando existe el riesgo de fuga de datos. Siempre valida la efectividad de la codificación por objetivo para tu problema y conjunto de datos específicos.

Solución 4: Técnicas de reducción de dimensionalidad

Después de la codificación One-Hot, puedes aplicar técnicas de reducción de dimensionalidad como Análisis de Componentes Principales (PCA) o t-Distributed Stochastic Neighbor Embedding (t-SNE) para reducir el número de características mientras preservas la mayor parte de la información. Estas técnicas son particularmente útiles cuando se trabaja con datos de alta dimensión resultantes de la codificación One-Hot de variables categóricas con muchas categorías.

PCA es una técnica de reducción de dimensionalidad lineal que identifica los componentes principales de los datos, que son las direcciones de máxima varianza. Al seleccionar un subconjunto de estos componentes, puedes reducir significativamente el número de características mientras retienes la mayor parte de la varianza en los datos. Esto puede ayudar a mitigar la maldición de la dimensionalidad y mejorar el rendimiento del modelo.

Por otro lado, t-SNE es una técnica no lineal que es particularmente efectiva para visualizar datos de alta dimensión en dos o tres dimensiones. Funciona preservando la estructura local de los datos, lo que la hace útil para identificar agrupaciones o patrones que podrían no ser aparentes en el espacio de alta dimensión original.

Al aplicar estas técnicas después de la codificación One-Hot:

- Asegúrate de escalar tus datos adecuadamente antes de aplicar PCA o t-SNE, ya que estos métodos son sensibles a la escala de las características de entrada.
- Para PCA, considera la proporción acumulada de varianza explicada para determinar cuántos componentes retener. Un enfoque común es mantener suficientes componentes para explicar el 95% o el 99% de la varianza.
- Para t-SNE, ten en cuenta que se usa principalmente para visualización y exploración, no para generar características para tareas de modelado posteriores.

- Recuerda que, aunque estas técnicas pueden ser poderosas, también pueden hacer que las características resultantes sean menos interpretables en comparación con las características originales codificadas con One-Hot.

Al combinar la codificación One-Hot con la reducción de dimensionalidad, puedes lograr un equilibrio entre capturar la información categórica y mantener un espacio de características manejable para tus modelos de machine learning.

Ejemplo de código: Reducción de dimensionalidad con PCA después de la codificación One-Hot

```
import pandas as pd
import numpy as np
from sklearn.preprocessing import OneHotEncoder
from sklearn.decomposition import PCA
from sklearn.compose import ColumnTransformer

# Sample data
data = {
    'Color': ['Red', 'Blue', 'Green', 'Blue', 'Red', 'Green', 'Blue', 'Red'],
    'Size':  ['Small',  'Medium',  'Large',  'Medium',  'Small',  'Large',  'Small',
'Medium'],
    'Price': [10, 15, 20, 14, 11, 22, 13, 16]
}
df = pd.DataFrame(data)

# Step 1: One-Hot Encoding
ct = ColumnTransformer([
    ('encoder', OneHotEncoder(drop='first', sparse_output=False), ['Color', 'Size'])
], remainder='passthrough')

X = ct.fit_transform(df)

# Step 2: Apply PCA
pca = PCA(n_components=0.95)  # Keep 95% of variance
X_pca = pca.fit_transform(X)

# Print results
print("Original shape:", X.shape)
print("Shape after PCA:", X_pca.shape)
print("Explained variance ratio:", pca.explained_variance_ratio_)
```

Explicación del desglose del código:

1. Importación de bibliotecas:
   - Importamos pandas para la manipulación de datos, numpy para operaciones numéricas y clases necesarias de scikit-learn para preprocesamiento y PCA.
2. Creación de datos de muestra:

   - Creamos un conjunto de datos de muestra con dos características categóricas ("Color" y "Tamaño") y una característica numérica ("Precio").

3. Codificación One-Hot:
   - Usamos ColumnTransformer para aplicar la codificación One-Hot a las características categóricas.
   - OneHotEncoder está configurado con drop='first' para evitar la trampa de variables ficticias y sparse_output=False para devolver una matriz densa.
   - La columna "Precio" se mantiene como está usando la opción 'passthrough'.

4. Aplicación de PCA:
   - Inicializamos PCA con n_components=0.95, lo que significa que mantendrá suficientes componentes para explicar el 95% de la varianza en los datos.
   - El método fit_transform se utiliza para aplicar PCA a los datos codificados con One-Hot.

5. Impresión de resultados:
   - Imprimimos la forma original de los datos después de la codificación One-Hot y la nueva forma después de aplicar PCA.
   - También se imprime la proporción de varianza explicada para cada componente principal.

Puntos clave a tener en cuenta:

- Este enfoque primero expande el espacio de características mediante la codificación One-Hot y luego lo reduce usando PCA, capturando potencialmente relaciones más complejas entre categorías.
- El parámetro n_components en PCA está configurado a 0.95, lo que significa que mantendrá suficientes componentes para explicar el 95% de la varianza. Este es un umbral común, pero puedes ajustarlo según tus necesidades específicas.
- Las características resultantes (componentes principales) son combinaciones lineales de las características originales codificadas con One-Hot, lo que puede hacerlas menos interpretables, pero potencialmente más informativas para los modelos de machine learning.
- Este método es particularmente útil cuando se trabaja con conjuntos de datos que tienen muchas variables categóricas o categorías, ya que puede reducir significativamente la dimensionalidad mientras conserva la mayor parte de la información.

Recuerda escalar tus características numéricas antes de aplicar PCA si están en diferentes escalas. En este ejemplo, solo teníamos una característica numérica ("Precio"), por lo que no fue necesario escalar, pero en escenarios del mundo real con múltiples características numéricas, normalmente incluirías un paso de escalado antes de PCA.

La elección entre estas soluciones depende del conjunto de datos específico, la naturaleza de las variables categóricas y el algoritmo de machine learning que se esté utilizando. A menudo, una combinación de estas técnicas puede dar los mejores resultados.

6.1.3 Consejo 3: Matrices Dispersas para Eficiencia

Cuando se trabaja con grandes conjuntos de datos o variables categóricas con muchos valores únicos (alta cardinalidad), la codificación One-Hot puede llevar a la creación de matrices muy dispersas. Estas son matrices donde la mayoría de los valores son 0, con solo unos pocos 1 dispersos. Aunque esto representa los datos con precisión, puede ser muy ineficiente en términos de uso de memoria y tiempo de cómputo.

La ineficiencia surge porque las representaciones tradicionales de matrices densas almacenan todos los valores, incluidos los numerosos ceros. Esto puede consumir grandes cantidades de memoria rápidamente, especialmente a medida que aumenta el tamaño del conjunto de datos o el número de categorías. Además, realizar cálculos en estas matrices grandes y mayormente vacías puede llevar más tiempo del necesario.

Solución: Aprovechar las matrices dispersas

Para abordar estos desafíos, puedes optimizar la codificación One-Hot utilizando **matrices dispersas**. Las matrices dispersas son una estructura de datos especializada diseñada para manejar de manera eficiente matrices con una alta proporción de valores cero. Logran esto al almacenar solo los elementos no nulos junto con sus posiciones en la matriz.

Las ventajas de usar matrices dispersas incluyen:

- Ahorro significativo de memoria: Al almacenar solo los valores no nulos, las matrices dispersas pueden reducir drásticamente el uso de memoria, especialmente en conjuntos de datos grandes y dispersos.
- Eficiencia computacional mejorada: Muchas operaciones de álgebra lineal pueden realizarse más rápidamente en matrices dispersas, ya que solo necesitan considerar los elementos no nulos.
- Escalabilidad: Las matrices dispersas te permiten trabajar con conjuntos de datos mucho más grandes y espacios de características de alta dimensión que podrían ser impracticables con representaciones densas.

Al implementar matrices dispersas en tu proceso de codificación One-Hot, puedes mantener los beneficios de esta técnica de codificación y, al mismo tiempo, mitigar sus posibles inconvenientes cuando se trabaja con datos a gran escala o de alta cardinalidad.

Ejemplo de código: Codificación One-Hot Dispersa

```
import pandas as pd
import numpy as np
from sklearn.preprocessing import OneHotEncoder
from scipy import sparse

# Sample data
data = {
    'Color': ['Red', 'Blue', 'Green', 'Blue', 'Red', 'Yellow', 'Green', 'Blue'],
    'Size':  ['Small',  'Medium',  'Large',  'Medium',  'Small',  'Large',  'Medium',
'Small']
}
df = pd.DataFrame(data)

# Initialize OneHotEncoder with sparse matrix output
encoder = OneHotEncoder(sparse_output=True, drop='first')

# Apply One-Hot Encoding and transform the data into a sparse matrix
sparse_matrix = encoder.fit_transform(df)

# View the sparse matrix
print("Sparse Matrix:")
print(sparse_matrix)

# Get feature names
feature_names = encoder.get_feature_names_out(['Color', 'Size'])
print("\\nFeature Names:")
print(feature_names)

# Convert sparse matrix to dense array
dense_array = sparse_matrix.toarray()
print("\\nDense Array:")
print(dense_array)

# Create a DataFrame from the dense array
encoded_df = pd.DataFrame(dense_array, columns=feature_names)
print("\\nEncoded DataFrame:")
print(encoded_df)

# Demonstrate memory efficiency
print("\\nMemory Usage:")
print(f"Sparse  Matrix:  {sparse_matrix.data.nbytes  +  sparse_matrix.indptr.nbytes  +
sparse_matrix.indices.nbytes} bytes")
print(f"Dense Array: {dense_array.nbytes} bytes")

# Perform operations on sparse matrix
print("\\nSum of each feature:")
print(np.asarray(sparse_matrix.sum(axis=0)).flatten())

# Inverse transform
original_data = encoder.inverse_transform(sparse_matrix)
```

```
print("\\nInverse Transformed Data:")
print(pd.DataFrame(original_data, columns=['Color', 'Size']))
```

Explicación del desglose del código:

1. Importación de bibliotecas:
   - Importamos pandas para la manipulación de datos, numpy para operaciones numéricas, OneHotEncoder de sklearn para la codificación y sparse de scipy para operaciones con matrices dispersas.
2. Creación de datos de muestra:
   - Creamos un conjunto de datos de muestra con dos características categóricas: "Color" y "Tamaño".
   - Esto demuestra cómo manejar múltiples columnas categóricas simultáneamente.
3. Inicialización de OneHotEncoder:
   - Configuramos sparse_output=True para obtener una salida en forma de matriz dispersa.
   - drop='first' se utiliza para evitar la trampa de variables ficticias eliminando la primera categoría de cada característica.
4. Aplicación de la codificación One-Hot:
   - Usamos fit_transform para ajustar el codificador a nuestros datos y transformarlos en un solo paso.
   - El resultado es una representación en matriz dispersa de nuestros datos codificados.
5. Visualización de la matriz dispersa:
   - Imprimimos la matriz dispersa para ver su estructura.
6. Obtención de nombres de características:
   - Usamos get_feature_names_out para ver los nombres de nuestras características codificadas.
   - Esto es útil para entender qué columna representa cada categoría.
7. Conversión a matriz densa:
   - Convertimos la matriz dispersa a una matriz densa de numpy usando toarray().

  - Este paso es a menudo necesario para la compatibilidad con ciertos algoritmos de machine learning.

8. Creación de un DataFrame:
   - Creamos un DataFrame de pandas a partir de la matriz densa, usando los nombres de las características como etiquetas de columna.
   - Esto proporciona una vista más legible de los datos codificados.
9. Demostración de la eficiencia de memoria:
   - Comparamos el uso de memoria de la matriz dispersa y la matriz densa.
   - Esto ilustra el ahorro de memoria logrado mediante el uso de matrices dispersas, especialmente importante para grandes conjuntos de datos.
10. Realización de operaciones:

- Mostramos cómo realizar operaciones directamente en la matriz dispersa (sumando cada característica).
- Esto demuestra que podemos trabajar con la matriz dispersa sin convertirla a un formato denso.

1. Transformación inversa:

- Usamos inverse_transform para convertir nuestros datos codificados nuevamente al formato categórico original.
- Esto es útil para interpretar resultados o validar el proceso de codificación.

6.1.4 Puntos clave y consideraciones avanzadas

- La **codificación One-Hot** sigue siendo una técnica fundamental para manejar variables categóricas en machine learning. Su efectividad radica en su capacidad para transformar datos categóricos en un formato que los algoritmos pueden procesar. Sin embargo, su aplicación requiere una consideración cuidadosa para mantener la integridad del modelo y la eficiencia computacional.
- La **trampa de variables ficticias** es una trampa crítica a evitar, especialmente en modelos lineales. Al eliminar una columna binaria por cada característica codificada, evitamos problemas de multicolinealidad que pueden desestabilizar los coeficientes e interpretaciones del modelo. Esta práctica asegura que las columnas restantes representen completamente la información categórica sin redundancia.
- Las variables de alta cardinalidad presentan un desafío único en la codificación One-Hot. La proliferación de columnas puede llevar a la maldición de la dimensionalidad, abrumando potencialmente al modelo con características dispersas y propensas al ruido. En tales casos, la **codificación por frecuencia** ofrece una alternativa elegante al

reemplazar las categorías con su frecuencia de ocurrencia, lo cual no solo reduce la dimensionalidad sino que también añade información sobre la prevalencia de la categoría en la representación de características.

- Otra estrategia para características de alta cardinalidad es la agrupación de categorías, combinando categorías menos frecuentes en una sola categoría "Otros", reduciendo así el número de columnas resultantes mientras se preserva la información categórica más significativa. El umbral de agrupación puede ajustarse en función de los requisitos específicos del conjunto de datos y del modelo.
- El uso de **matrices dispersas** representa una optimización significativa en el manejo de datos codificados con One-Hot, especialmente para grandes conjuntos de datos. Al almacenar solo los elementos no nulos, las matrices dispersas reducen drásticamente el uso de memoria y aceleran los cálculos. Esta ganancia de eficiencia es particularmente crucial en escenarios de big data o cuando se trabaja con recursos computacionales limitados.
- Es importante notar que la elección del método de codificación puede impactar significativamente el rendimiento del modelo. Experimentar con diferentes técnicas de codificación y sus combinaciones a menudo lleva a resultados óptimos. Por ejemplo, podrías usar codificación One-Hot para variables de baja cardinalidad y codificación por frecuencia para las de alta cardinalidad dentro del mismo conjunto de datos.
- Por último, siempre considera la interpretabilidad de tu modelo al elegir métodos de codificación. Si bien la codificación One-Hot mantiene la interpretabilidad de las características, las técnicas de codificación más complejas podrían oscurecer la relación directa entre las categorías originales y las salidas del modelo. Encuentra un equilibrio entre el rendimiento del modelo y la interpretabilidad según tu caso de uso específico y los requisitos de los interesados.

6.2 Métodos de codificación avanzada: Codificación por objetivo, frecuencia y ordinal

Si bien la codificación One-Hot es una técnica fundamental para manejar variables categóricas, no siempre es la opción óptima, especialmente cuando se trata de conjuntos de datos complejos o características de alta cardinalidad. En tales escenarios, métodos de codificación alternativos pueden ofrecer mayor eficiencia y rendimiento del modelo. Esta sección explora tres técnicas avanzadas de codificación: Codificación por Objetivo, Codificación por Frecuencia y Codificación Ordinal.

La codificación por objetivo reemplaza las categorías con la media de la variable objetivo para esa categoría. Este método es particularmente efectivo cuando hay una fuerte relación entre la variable categórica y la variable objetivo, y ayuda a mitigar los problemas de dimensionalidad asociados con la codificación One-Hot en características de alta cardinalidad.

La codificación por frecuencia sustituye cada categoría con su frecuencia de ocurrencia en el conjunto de datos. Esta técnica es especialmente útil cuando la prevalencia de una categoría aporta información significativa. Es eficiente en términos de memoria y no sufre del problema de explosión de columnas de la codificación One-Hot.

La codificación ordinal se aplica cuando las categorías tienen una relación natural y ordenada. A diferencia de la codificación One-Hot, que trata todas las categorías por igual, la codificación ordinal asigna valores numéricos que reflejan el rango o el orden de las categorías. Este método es particularmente valioso para características como niveles educativos o calificaciones de productos donde el orden es significativo.

Cada uno de estos métodos de codificación avanzada tiene sus propias fortalezas y es adecuado para diferentes tipos de datos categóricos y escenarios de modelado. Al comprender y aplicar estas técnicas, los científicos de datos pueden mejorar significativamente su conjunto de herramientas de ingeniería de características y potencialmente mejorar el rendimiento del modelo en una amplia gama de tareas de machine learning.

6.2.1 Codificación por Objetivo

La **codificación por objetivo** es una técnica avanzada de codificación que reemplaza cada categoría en una variable categórica con la media de la variable objetivo para esa categoría. Este método es particularmente efectivo cuando hay una fuerte correlación entre la variable categórica y la variable objetivo. Ofrece varias ventajas sobre métodos de codificación tradicionales como la codificación One-Hot:

1. **Reducción de Dimensionalidad**: A diferencia de la codificación One-Hot, que crea una nueva columna binaria para cada categoría, la codificación por objetivo mantiene una sola columna, reduciendo significativamente el espacio de características. Esto es especialmente beneficioso para conjuntos de datos de alta dimensión o cuando se trabaja con recursos computacionales limitados.
2. **Captura de Relaciones Complejas**: La codificación por objetivo puede capturar relaciones no lineales entre categorías y la variable objetivo, lo que potencialmente mejora el rendimiento del modelo en ciertos algoritmos como modelos lineales o redes neuronales.
3. **Manejo de Categorías Raras**: Proporciona una forma sensata de manejar categorías raras, ya que su codificación estará influenciada por la media global de la variable objetivo, reduciendo el riesgo de sobreajuste a eventos raros.

Cuándo usar la codificación por objetivo

- Características de alta cardinalidad: La codificación por objetivo es particularmente útil cuando se trabaja con variables categóricas que tienen un gran número de categorías únicas. En tales casos, la codificación One-Hot llevaría a una explosión de características, lo que podría causar problemas de memoria y aumentar la complejidad del modelo.

- Relación significativa entre categoría y objetivo: Este método es especialmente efectivo cuando existe una relación clara y significativa entre la variable categórica y la variable objetivo, aprovechando esta relación para crear características informativas.
- Datos limitados para ciertas categorías: En situaciones donde algunas categorías tienen pocos puntos de datos, la codificación por objetivo puede proporcionar estimaciones más estables al incorporar información de todo el conjunto de datos.
- Problemas de series temporales: La codificación por objetivo puede ser especialmente útil en tareas de pronóstico de series temporales, donde la relación histórica entre categorías y la variable objetivo puede informar predicciones futuras.

Ejemplo de código: Codificación por Objetivo

Supongamos que estamos trabajando con un conjunto de datos que incluye una columna de **Vecindario** y la variable objetivo es **Precios de Vivienda**.

```
import pandas as pd
import numpy as np
from sklearn.model_selection import train_test_split
from sklearn.metrics import mean_squared_error

# Sample data
data = {
    'Neighborhood': ['A', 'B', 'A', 'C', 'B', 'A', 'C', 'B', 'D', 'D'],
    'SalePrice': [300000, 450000, 350000, 500000, 470000, 320000, 480000, 460000,
400000, 420000]
}

df = pd.DataFrame(data)

# Split the data into train and test sets
train, test = train_test_split(df, test_size=0.2, random_state=42)

# Function to perform target encoding
def target_encode(train, test, column, target, alpha=5):
    # Calculate global mean
    global_mean = train[target].mean()

    # Calculate the mean of the target for each category
    category_means = train.groupby(column)[target].agg(['mean', 'count'])

    # Apply smoothing
    smoothed_means = (category_means['mean'] * category_means['count'] + global_mean
* alpha) / (category_means['count'] + alpha)
```

```
    # Apply encoding to train set
    train_encoded = train[column].map(smoothed_means)

    # Apply encoding to test set
    test_encoded = test[column].map(smoothed_means)

    # Handle unknown categories in test set
    test_encoded.fillna(global_mean, inplace=True)

    return train_encoded, test_encoded

# Apply Target Encoding
train['NeighborhoodEncoded'],  test['NeighborhoodEncoded']  =  target_encode(train,
test, 'Neighborhood', 'SalePrice')

# View the encoded dataframes
print("Train Data:")
print(train)
print("\\nTest Data:")
print(test)

# Demonstrate the impact on a simple model
from sklearn.linear_model import LinearRegression

# Model with original categorical data
model_orig = LinearRegression()
model_orig.fit(pd.get_dummies(train['Neighborhood']), train['SalePrice'])
pred_orig = model_orig.predict(pd.get_dummies(test['Neighborhood']))
mse_orig = mean_squared_error(test['SalePrice'], pred_orig)

# Model with target encoded data
model_encoded = LinearRegression()
model_encoded.fit(train[['NeighborhoodEncoded']], train['SalePrice'])
pred_encoded = model_encoded.predict(test[['NeighborhoodEncoded']])
mse_encoded = mean_squared_error(test['SalePrice'], pred_encoded)

print(f"\\nMSE with original data: {mse_orig}")
print(f"MSE with target encoded data: {mse_encoded}")
```

Explicación del desglose del código:

1. Preparación de datos:
    - Importamos las bibliotecas necesarias: pandas para la manipulación de datos, numpy para operaciones numéricas y scikit-learn para la selección y evaluación de modelos.
    - Se crea un conjunto de datos de muestra con "Vecindario" como característica categórica y "PrecioVenta" como la variable objetivo.

   - Los datos se dividen en conjuntos de entrenamiento y prueba usando train_test_split para simular un escenario real y evitar la fuga de datos.
2. Función de codificación por objetivo:
   - Definimos una función personalizada target_encode que realiza la codificación por objetivo con suavizado.
   - La función calcula la media global de la variable objetivo y la media para cada categoría.
   - Se aplica el suavizado usando la fórmula: (media_categoria * cantidad_categoria + media_global * alpha) / (cantidad_categoria + alpha).
   - La función maneja categorías desconocidas en el conjunto de prueba rellenándolas con la media global.
3. Aplicación de la codificación por objetivo:
   - Aplicamos la función target_encode tanto al conjunto de entrenamiento como al de prueba.
   - Los valores codificados se almacenan en una nueva columna "VecindarioCodificado".
4. Visualización de resultados:
   - Imprimimos ambos dataframes de entrenamiento y prueba para mostrar los valores originales y codificados uno al lado del otro.
5. Comparación de modelos:
   - Para demostrar el impacto de la codificación por objetivo, comparamos dos modelos de regresión lineal simples.
   - El primer modelo usa codificación One-Hot (pd.get_dummies) en la columna original "Vecindario".
   - El segundo modelo usa la columna codificada "VecindarioCodificado".
   - Ajustamos ambos modelos en los datos de entrenamiento y hacemos predicciones en los datos de prueba.
   - Se calcula el Error Cuadrático Medio (MSE) para ambos modelos para comparar su rendimiento.

Este ejemplo proporciona una visión integral de la codificación por objetivo, incluyendo:

- División de datos para prevenir fuga de datos
- Una función de codificación por objetivo reutilizable con suavizado

- Manejo de categorías desconocidas en el conjunto de prueba
- Una comparación práctica del rendimiento del modelo con y sin codificación por objetivo

Este enfoque proporciona una comprensión realista y detallada de cómo funciona la codificación por objetivo en la práctica y sus posibles beneficios en una canalización de machine learning.

Consideraciones para la codificación por objetivo

- **Fuga de datos**: Uno de los principales riesgos con la codificación por objetivo es la fuga de datos, donde la información del conjunto de prueba "se filtra" en el conjunto de entrenamiento. Esto puede llevar a estimaciones de rendimiento del modelo demasiado optimistas y una generalización deficiente. Para mitigar este riesgo, es crucial realizar la codificación por objetivo dentro de los pliegues de validación cruzada. Este enfoque asegura que la codificación se base solo en los datos de entrenamiento dentro de cada pliegue, manteniendo la integridad del proceso de validación.
- **Sobreajuste**: Dado que la codificación por objetivo incorpora directamente la variable objetivo, existe un riesgo significativo de sobreajuste, especialmente para categorías con pocas muestras. Esto puede hacer que el modelo aprenda ruido en lugar de patrones reales en los datos. Para abordar este problema, se pueden emplear varias técnicas:
    - Suavizado: Aplica regularización añadiendo un factor de suavizado al cálculo de la codificación. Esto ayuda a equilibrar entre la media global y la media específica de la categoría, reduciendo el impacto de los valores atípicos o categorías raras.
    - Validación cruzada: Usa validación cruzada k-fold al realizar la codificación por objetivo para asegurar codificaciones más estables y generalizables.
    - Agregar ruido: Introduce pequeñas cantidades de ruido aleatorio a los valores codificados, lo que puede ayudar a evitar que el modelo se ajuste en exceso a valores codificados específicos.
    - Codificación leave-one-out: Para cada muestra, calcula la media de la variable objetivo excluyendo esa muestra, reduciendo el riesgo de sobreajuste a puntos de datos individuales.

Al abordar cuidadosamente estos desafíos, los científicos de datos pueden aprovechar el poder de la codificación por objetivo minimizando sus posibles desventajas, lo que lleva a modelos más robustos y precisos.

Ejemplo de código: Codificación por objetivo con suavizado

```
import pandas as pd
```

```
import numpy as np
from sklearn.model_selection import train_test_split
from sklearn.metrics import mean_squared_error
from sklearn.linear_model import LinearRegression

# Sample data
data = {
    'Neighborhood': ['A', 'B', 'A', 'C', 'B', 'A', 'C', 'B', 'D', 'D'] * 10,
    'SalePrice': np.random.randint(200000, 600000, 100)
}

df = pd.DataFrame(data)

# Split the data into train and test sets
train, test = train_test_split(df, test_size=0.2, random_state=42)

# Function to perform target encoding with smoothing
def target_encode_smooth(train, test, column, target, alpha=5):
    # Calculate global mean
    global_mean = train[target].mean()

    # Calculate the mean of the target for each category
    category_means = train.groupby(column)[target].agg(['mean', 'count'])

    # Apply smoothing
    smoothed_means = (category_means['mean'] * category_means['count'] + global_mean
* alpha) / (category_means['count'] + alpha)

    # Apply encoding to train set
    train_encoded = train[column].map(smoothed_means)

    # Apply encoding to test set
    test_encoded = test[column].map(smoothed_means)

    # Handle unknown categories in test set
    test_encoded.fillna(global_mean, inplace=True)

    return train_encoded, test_encoded

# Apply Target Encoding with smoothing
train['NeighborhoodEncoded'],              test['NeighborhoodEncoded']          =
target_encode_smooth(train, test, 'Neighborhood', 'SalePrice', alpha=5)

# View the encoded dataframes
print("Train Data:")
print(train[['Neighborhood', 'NeighborhoodEncoded', 'SalePrice']].head())
print("\\nTest Data:")
print(test[['Neighborhood', 'NeighborhoodEncoded', 'SalePrice']].head())

# Demonstrate the impact on a simple model
# Model with original categorical data (One-Hot Encoding)
model_orig = LinearRegression()
```

```
model_orig.fit(pd.get_dummies(train['Neighborhood']), train['SalePrice'])
pred_orig = model_orig.predict(pd.get_dummies(test['Neighborhood']))
mse_orig = mean_squared_error(test['SalePrice'], pred_orig)

# Model with target encoded data
model_encoded = LinearRegression()
model_encoded.fit(train[['NeighborhoodEncoded']], train['SalePrice'])
pred_encoded = model_encoded.predict(test[['NeighborhoodEncoded']])
mse_encoded = mean_squared_error(test['SalePrice'], pred_encoded)

print(f"\\nMSE with One-Hot Encoding: {mse_orig:.2f}")
print(f"MSE with Target Encoding: {mse_encoded:.2f}")

# Visualize the distribution of encoded values
import matplotlib.pyplot as plt

plt.figure(figsize=(10, 6))
train.groupby('Neighborhood')['NeighborhoodEncoded'].mean().plot(kind='bar')
plt.title('Average Encoded Value by Neighborhood')
plt.xlabel('Neighborhood')
plt.ylabel('Encoded Value')
plt.show()
```

Explicación del desglose del código:

1. Preparación de datos:
    - Importamos las bibliotecas necesarias: pandas para la manipulación de datos, numpy para operaciones numéricas y scikit-learn para selección de modelos, evaluación y regresión lineal.
    - Se crea un conjunto de datos de muestra más grande con "Vecindario" como característica categórica y "PrecioVenta" como variable objetivo. Usamos 100 muestras para demostrar mejor los efectos de la codificación.
    - Los datos se dividen en conjuntos de entrenamiento y prueba usando train_test_split para simular un escenario real y evitar la fuga de datos.
2. Función de codificación por objetivo:
    - Definimos una función personalizada target_encode_smooth que realiza la codificación por objetivo con suavizado.
    - La función calcula la media global de la variable objetivo y la media para cada categoría.
    - Se aplica el suavizado usando la fórmula: (media_categoria * cantidad_categoria + media_global * alpha) / (cantidad_categoria + alpha).

    - La función maneja categorías desconocidas en el conjunto de prueba rellenándolas con la media global.

3. Aplicación de la codificación por objetivo:
    - Aplicamos la función target_encode_smooth tanto al conjunto de entrenamiento como al de prueba.
    - Los valores codificados se almacenan en una nueva columna "VecindarioCodificado".

4. Visualización de resultados:
    - Imprimimos ambos dataframes de entrenamiento y prueba para mostrar los valores originales y codificados uno al lado del otro.

5. Comparación de modelos:
    - Para demostrar el impacto de la codificación por objetivo, comparamos dos modelos de regresión lineal simples.
    - El primer modelo usa la codificación One-Hot (pd.get_dummies) en la columna original "Vecindario".
    - El segundo modelo usa la columna codificada "VecindarioCodificado".
    - Ajustamos ambos modelos en los datos de entrenamiento y hacemos predicciones en los datos de prueba.
    - Se calcula el Error Cuadrático Medio (MSE) para ambos modelos para comparar su rendimiento.

6. Visualización:
    - Añadimos un gráfico de barras para visualizar el valor codificado promedio para cada vecindario, proporcionando información sobre cómo la codificación captura la relación entre los vecindarios y los precios de venta.

6.2.2 Codificación por frecuencia

La **codificación por frecuencia** es una técnica poderosa que reemplaza cada categoría con su frecuencia de ocurrencia en el conjunto de datos. Este método es particularmente efectivo cuando la prevalencia de una categoría aporta información significativa para el modelo. Por ejemplo, en un modelo de predicción de abandono de clientes, la frecuencia de uso del producto de un cliente podría ser un indicador fuerte de su probabilidad de permanecer leal.

A diferencia de la codificación One-Hot, la codificación por frecuencia es notablemente eficiente en términos de memoria. Condensa la información categórica en una sola columna, independientemente del número de categorías únicas. Esta propiedad la hace especialmente valiosa cuando se trabaja con conjuntos de datos que contienen un gran número de variables categóricas o categorías con alta cardinalidad.

Cuándo usar la codificación por frecuencia

- Características categóricas de alta cardinalidad: Cuando trabajas con variables que tienen numerosas categorías únicas, como códigos postales o IDs de productos, la codificación por frecuencia puede capturar la información sin la explosión de dimensionalidad asociada a la codificación One-Hot.
- Importancia de la frecuencia de la categoría: En escenarios donde la frecuencia o rareza de una categoría es significativa para el modelo, la codificación por frecuencia incorpora directamente esta información. Por ejemplo, en la detección de fraudes, la frecuencia de un tipo de transacción podría ser una característica crucial.
- Restricciones de memoria: Si tu modelo enfrenta limitaciones de memoria debido a la alta dimensionalidad de las características codificadas con One-Hot, la codificación por frecuencia puede ser una excelente alternativa para reducir el espacio de características manteniendo la información importante.
- Preprocesamiento para modelos basados en árboles: Los modelos basados en árboles como Bosques Aleatorios o Máquinas de Gradiente de Impulso pueden beneficiarse de la codificación por frecuencia, ya que les proporciona una representación numérica de los datos categóricos que puede dividirse fácilmente.

Sin embargo, es importante notar que la codificación por frecuencia asume que existe una relación monótona entre la frecuencia de una categoría y la variable objetivo. Si esta suposición no se cumple para tus datos, otras técnicas de codificación podrían ser más apropiadas. Además, para nuevas o desconocidas categorías en el conjunto de prueba, deberás implementar una estrategia para manejarlas, como asignarles una frecuencia por defecto o usar la frecuencia media del conjunto de entrenamiento.

Ejemplo de código: Codificación por frecuencia

```
import pandas as pd
import numpy as np
import matplotlib.pyplot as plt
from sklearn.model_selection import train_test_split
from sklearn.linear_model import LogisticRegression
from sklearn.metrics import accuracy_score

# Sample data
np.random.seed(42)
data = {
    'City': np.random.choice(['New York', 'Los Angeles', 'Chicago', 'Houston',
'Phoenix'], 1000),
    'Customer_Churn': np.random.choice([0, 1], 1000)
}
```

```
df = pd.DataFrame(data)

# Split the data into train and test sets
train, test = train_test_split(df, test_size=0.2, random_state=42)

# Perform frequency encoding on the training set
train['City_Frequency'] = train.groupby('City')['City'].transform('count')

# Normalize the frequency
train['City_Frequency_Normalized'] = train['City_Frequency'] / len(train)

# Apply the encoding to the test set
city_freq = train.groupby('City')['City_Frequency'].first()
test['City_Frequency'] = test['City'].map(city_freq).fillna(0)
test['City_Frequency_Normalized'] = test['City_Frequency'] / len(train)

# View the encoded dataframes
print("Train Data:")
print(train.head())
print("\\nTest Data:")
print(test.head())

# Visualize the frequency distribution
plt.figure(figsize=(10, 6))
train['City'].value_counts().plot(kind='bar')
plt.title('Frequency of Cities in Training Data')
plt.xlabel('City')
plt.ylabel('Frequency')
plt.show()

# Train a simple model
model = LogisticRegression()
model.fit(train[['City_Frequency_Normalized']], train['Customer_Churn'])

# Make predictions
train_pred = model.predict(train[['City_Frequency_Normalized']])
test_pred = model.predict(test[['City_Frequency_Normalized']])

# Evaluate the model
print(f"\\nTrain          Accuracy:          {accuracy_score(train['Customer_Churn'],
train_pred):.4f}")
print(f"Test Accuracy: {accuracy_score(test['Customer_Churn'], test_pred):.4f}")

# Compare with one-hot encoding
train_onehot = pd.get_dummies(train['City'], prefix='City')
test_onehot = pd.get_dummies(test['City'], prefix='City')

# Ensure test set has all columns from train set
for col in train_onehot.columns:
    if col not in test_onehot.columns:
        test_onehot[col] = 0
```

```
test_onehot = test_onehot[train_onehot.columns]

# Train and evaluate one-hot encoded model
model_onehot = LogisticRegression()
model_onehot.fit(train_onehot, train['Customer_Churn'])

train_pred_onehot = model_onehot.predict(train_onehot)
test_pred_onehot = model_onehot.predict(test_onehot)

print(f"\\nOne-Hot Encoding - Train Accuracy: {accuracy_score(train['Customer_Churn'], train_pred_onehot):.4f}")
print(f"One-Hot Encoding - Test Accuracy: {accuracy_score(test['Customer_Churn'], test_pred_onehot):.4f}")
```

Explicación del desglose del código:

1. Preparación de datos:
    - Importamos las bibliotecas necesarias: pandas para manipulación de datos, numpy para generación de números aleatorios, matplotlib para visualización y scikit-learn para entrenamiento y evaluación de modelos.
    - Se crea un conjunto de datos de muestra más grande con "Ciudad" como característica categórica y "Abandono_Cliente" como variable objetivo. Usamos 1000 muestras para demostrar mejor los efectos de la codificación.
    - Los datos se dividen en conjuntos de entrenamiento y prueba usando train_test_split para simular un escenario real y evitar la fuga de datos.
2. Codificación por frecuencia:
    - Realizamos la codificación por frecuencia en el conjunto de entrenamiento usando las funciones groupby y transform de pandas.
    - La frecuencia bruta se normaliza dividiendo por el número total de muestras en el conjunto de entrenamiento.
    - Para el conjunto de prueba, mapeamos las frecuencias del conjunto de entrenamiento para asegurar la consistencia y manejar categorías desconocidas.
3. Visualización de datos:
    - Usamos matplotlib para crear un gráfico de barras que muestra la distribución de frecuencia de las ciudades en los datos de entrenamiento.
4. Entrenamiento y evaluación del modelo:
    - Se entrena un modelo de regresión logística usando la característica codificada por frecuencia.

- Se hacen predicciones en ambos conjuntos (entrenamiento y prueba) y se calculan las puntuaciones de precisión.

5. Comparación con codificación One-Hot:
   - Creamos versiones codificadas con One-Hot de los datos usando la función get_dummies de pandas.
   - Nos aseguramos de que el conjunto de prueba tenga todas las columnas presentes en el conjunto de entrenamiento, agregando columnas faltantes con valores cero si es necesario.
   - Se entrena y evalúa otro modelo de regresión logística usando los datos codificados con One-Hot.

Este ejemplo ofrece una demostración completa de la codificación por frecuencia, que incluye:

- División de datos para prevenir fuga de datos
- Normalización de los valores de frecuencia
- Manejo de categorías desconocidas en el conjunto de prueba
- Visualización de las frecuencias de las categorías
- Una comparación práctica con la codificación One-Hot

Este enfoque proporciona una comprensión práctica y detallada de la aplicación de la codificación por frecuencia en el mundo real y cómo se compara con otras técnicas de codificación en un flujo de trabajo típico de machine learning.

Ventajas de la codificación por frecuencia

- **Eficiencia**: La codificación por frecuencia crea solo una columna, independientemente de la cantidad de categorías, lo que la hace eficiente en términos de memoria y cómputo. Esto es particularmente beneficioso cuando se trabaja con grandes conjuntos de datos o variables de alta cardinalidad, donde otros métodos de codificación podrían llevar a un aumento significativo de la dimensionalidad.
- **Fácil de implementar**: Este método es sencillo de aplicar y funciona bien con variables de alta cardinalidad. Su simplicidad facilita su integración en los flujos de preprocesamiento de datos existentes y es menos propenso a errores de implementación.
- **Preservación de la información**: La codificación por frecuencia retiene información sobre la importancia relativa o la prevalencia de cada categoría. Esto puede ser valioso en escenarios donde la frecuencia de una categoría es en sí misma una característica significativa para el modelo.

- **Manejo de nuevas categorías**: Al encontrar nuevas categorías en los datos de prueba, la codificación por frecuencia puede manejarlas fácilmente asignándoles una frecuencia por defecto (por ejemplo, 0 o la frecuencia media del conjunto de entrenamiento), haciéndola robusta ante datos no vistos.
- **Compatibilidad con varios modelos**: La naturaleza numérica de las características codificadas por frecuencia las hace compatibles con una amplia gama de algoritmos de machine learning, incluyendo tanto modelos basados en árboles como modelos lineales.

6.2.3 Codificación Ordinal

La **codificación ordinal** es una técnica sofisticada que se utiliza cuando las categorías en una variable poseen una relación ordenada inherente. Este método contrasta con la codificación One-Hot, que trata todas las categorías como nominalmente distintas. En su lugar, la codificación ordinal asigna a cada categoría un valor numérico que corresponde a su posición o rango dentro del conjunto ordenado.

Este enfoque de codificación es particularmente valioso para características que exhiben una estructura jerárquica clara. Por ejemplo:

- **Nivel educativo**: Las categorías podrían codificarse como Secundaria (1), Licenciatura (2), Maestría (3) y Doctorado (4), reflejando niveles crecientes de logro académico.
- **Satisfacción del cliente**: Las calificaciones podrían codificarse como Muy insatisfecho (1), Insatisfecho (2), Neutral (3), Satisfecho (4) y Muy satisfecho (5), capturando el espectro de la opinión del cliente.
- **Calificaciones de productos**: Un sistema de calificación de cinco estrellas podría codificarse directamente como 1, 2, 3, 4 y 5, preservando la escala de calidad inherente.

Cuándo usar la codificación ordinal

- Cuando la variable categórica tiene un orden natural (por ejemplo, bajo, medio, alto). Este orden debe ser significativo y consistente en todas las categorías.
- Cuando el modelo debe tener en cuenta el rango o el orden de las categorías. Esto es particularmente importante para algoritmos que pueden aprovechar las relaciones numéricas entre los valores codificados.
- En el análisis de series temporales donde la progresión de categorías a lo largo del tiempo es significativa (por ejemplo, etapas de un proyecto: planificación, desarrollo, pruebas, implementación).
- Para características donde la distancia entre categorías es relativamente uniforme o puede aproximarse como tal.

Es crucial notar que la codificación ordinal introduce la suposición de equidistancia entre categorías, lo cual no siempre es cierto en la realidad. Por ejemplo, la diferencia en el logro académico entre un diploma de secundaria y una licenciatura podría no ser equivalente a la diferencia entre una maestría y un doctorado. Por lo tanto, es esencial considerar cuidadosamente el dominio y los requisitos específicos de la tarea de machine learning al aplicar este método de codificación.

Ejemplo de código: Codificación Ordinal

```
import pandas as pd
import matplotlib.pyplot as plt
from sklearn.preprocessing import OrdinalEncoder
from sklearn.model_selection import train_test_split
from sklearn.tree import DecisionTreeClassifier
from sklearn.metrics import accuracy_score

# Sample data
data = {
    'EducationLevel': ['High School', 'Bachelor', 'Master', 'PhD', 'Bachelor', 'High School', 'Master', 'PhD', 'Bachelor', 'Master'],
    'Salary': [30000, 50000, 70000, 90000, 55000, 35000, 75000, 95000, 52000, 72000]
}

df = pd.DataFrame(data)

# Define the ordinal mapping
education_order = {'High School': 1, 'Bachelor': 2, 'Master': 3, 'PhD': 4}

# Apply Manual Ordinal Encoding
df['EducationLevelEncoded'] = df['EducationLevel'].map(education_order)

# Apply Scikit-learn's OrdinalEncoder
ordinal_encoder = OrdinalEncoder(categories=[['High School', 'Bachelor', 'Master', 'PhD']])
df['EducationLevelEncodedSK'] = ordinal_encoder.fit_transform(df[['EducationLevel']])

# View the encoded dataframe
print("Encoded DataFrame:")
print(df)

# Visualize the encoding
plt.figure(figsize=(10, 6))
plt.scatter(df['EducationLevelEncoded'], df['Salary'], alpha=0.6)
plt.xlabel('Education Level (Encoded)')
plt.ylabel('Salary')
plt.title('Salary vs Education Level (Ordinal Encoding)')
plt.show()

# Prepare data for modeling
X = df[['EducationLevelEncoded']]
```

```
y = (df['Salary'] > df['Salary'].median()).astype(int)  # Binary classification: 1 if
salary > median, else 0

# Split the data
X_train,  X_test,  y_train,  y_test  =  train_test_split(X,  y,  test_size=0.2,
random_state=42)

# Train a simple decision tree
clf = DecisionTreeClassifier(random_state=42)
clf.fit(X_train, y_train)

# Make predictions
y_pred = clf.predict(X_test)

# Evaluate the model
accuracy = accuracy_score(y_test, y_pred)
print(f"\\nModel Accuracy: {accuracy:.2f}")

# Demonstrate handling of unseen categories
new_data = pd.DataFrame({'EducationLevel': ['Associate', 'Bachelor', 'PhD']})
new_data['EducationLevelEncoded']                                              =
new_data['EducationLevel'].map(education_order).fillna(0)
print("\\nHandling Unseen Categories:")
print(new_data)
```

Explicación del desglose del código:

- Preparación de datos:
    - Creamos un conjunto de datos de muestra más grande con "NivelEducativo" y "Salario" para demostrar el efecto de la codificación en una variable relacionada.
    - Los datos se almacenan en un DataFrame de pandas para facilitar su manipulación.
- Codificación ordinal manual:
    - Definimos un diccionario 'orden_educativo' que asigna a cada nivel educativo un valor numérico.
    - Se utiliza la función 'map' de pandas para aplicar esta codificación a la columna "NivelEducativo".
- Codificación ordinal con scikit-learn:
    - Demostramos un método alternativo usando el OrdinalEncoder de scikit-learn.

   - Este método es particularmente útil cuando se trabaja con múltiples columnas categóricas o al integrarse con los pipelines de scikit-learn.
- Visualización:
   - Se crea un gráfico de dispersión para visualizar la relación entre los niveles educativos codificados y el salario.
   - Esto ayuda a entender cómo la codificación ordinal preserva el orden de las categorías.
- Entrenamiento del modelo:
   - Creamos un problema de clasificación binaria: predecir si un salario está por encima de la mediana en función del nivel educativo.
   - Los datos se dividen en conjuntos de entrenamiento y prueba para evaluar el rendimiento del modelo con datos no vistos.
   - Se entrena un clasificador de árbol de decisión con los datos codificados.
- Evaluación del modelo:
   - Se realizan predicciones sobre el conjunto de prueba y se calcula la precisión del modelo.
   - Esto demuestra cómo la codificación ordinal puede ser utilizada eficazmente en una canalización de machine learning.
- Manejo de categorías no vistas:
   - Creamos un nuevo DataFrame con una categoría no vista ("Asociado") para demostrar cómo manejar estos casos.
   - Se utiliza el método 'fillna(0)' para asignar un valor por defecto (0) a las categorías no vistas.

Este ejemplo integral muestra la aplicación práctica de la codificación ordinal, su visualización, uso en un modelo simple de machine learning y manejo de categorías no vistas. Proporciona una visión completa de cómo encaja la codificación ordinal en un flujo de trabajo de ciencia de datos.

Consideraciones para la codificación ordinal

- La **codificación ordinal** solo debe utilizarse cuando las categorías tienen un orden claro. Aplicarla a categorías no ordenadas puede llevar a resultados erróneos, ya que el modelo puede asumir una relación entre categorías que no existe. Por ejemplo, codificar 'Rojo', 'Azul' y 'Verde' como 1, 2 y 3 respectivamente implicaría que 'Verde' es más similar a 'Azul' que a 'Rojo', lo cual no es necesariamente cierto.

- Para modelos como los árboles de decisión y las máquinas de gradiente, el orden en la codificación ordinal puede proporcionar información útil. Estos modelos pueden aprovechar las relaciones numéricas entre los valores codificados para hacer divisiones y decisiones. Sin embargo, para modelos lineales, la codificación ordinal podría introducir relaciones no deseadas entre categorías. Los modelos lineales podrían interpretar las diferencias numéricas entre los valores codificados como significativas, lo que podría llevar a suposiciones incorrectas sobre los datos.
- La elección de los valores de codificación puede afectar el rendimiento del modelo. Aunque es común usar enteros consecutivos (1, 2, 3,...), podría haber casos donde valores personalizados representen mejor la relación entre las categorías. Por ejemplo, codificar niveles educativos como 1, 2, 4, 8 en lugar de 1, 2, 3, 4 podría capturar mejor la creciente complejidad o la inversión de tiempo de los niveles educativos más altos.
- Cuando se trabaja con nuevas categorías no vistas en el conjunto de prueba, es necesario tener una estrategia para manejarlas. Esto podría implicar asignar un valor por defecto, usar la media de los valores codificados existentes o crear una categoría separada para los valores 'desconocidos'.

Comprender estas consideraciones es crucial para implementar eficazmente la codificación ordinal e interpretar los resultados de los modelos entrenados con datos codificados ordinalmente. A menudo, es beneficioso comparar el rendimiento del modelo con diferentes técnicas de codificación para determinar el enfoque más adecuado para tu conjunto de datos y problema específicos.

6.2.4 Puntos clave: Explorando técnicas avanzadas de codificación

A medida que hemos explorado varios métodos de codificación para variables categóricas, es crucial entender sus fortalezas y casos de uso apropiados. Analicemos más a fondo estas técnicas y sus implicaciones:

- **Codificación por Objetivo**: Este método aprovecha la relación entre las características categóricas y la variable objetivo, mejorando potencialmente el rendimiento del modelo. Sin embargo, requiere una implementación cuidadosa:
    - Usa validación cruzada o codificación fuera de pliegue para mitigar el sobreajuste.
    - Considera técnicas de suavizado para manejar categorías raras.
    - Ten cuidado con la posible fuga de datos, especialmente en problemas de series temporales.
- **Codificación por Frecuencia**: Una solución eficiente para variables de alta cardinalidad, ofreciendo varias ventajas:
    - Reduce la dimensionalidad en comparación con la codificación One-Hot.

  - Captura un nivel de importancia basado en la ocurrencia de la categoría.
  - Funciona bien con modelos basados en árboles y modelos lineales.
- **Codificación Ordinal**: Ideal para variables categóricas con un orden inherente:
  - Preserva el rango relativo de las categorías.
  - Especialmente efectiva para modelos basados en árboles.
  - Requiere conocimiento del dominio para determinar el orden adecuado.

La elección del método de codificación puede impactar significativamente el rendimiento y la interpretabilidad del modelo. Considera estos factores al seleccionar una técnica de codificación:

- La naturaleza de la variable categórica (ordenada vs. no ordenada)
- La cardinalidad de la variable
- El algoritmo de machine learning elegido
- El tamaño de tu conjunto de datos
- La necesidad de interpretabilidad en tu modelo

En la próxima sección, exploraremos **Codificación Hash** y otras técnicas avanzadas diseñadas para manejar conjuntos de datos extremadamente grandes y variables categóricas complejas. Estos métodos ofrecen soluciones para escenarios donde los enfoques tradicionales de codificación pueden no ser suficientes, tales como:

- Manejar millones de categorías únicas
- Escenarios de aprendizaje en línea con datos en streaming
- Entornos con limitaciones de memoria

Al dominar estas técnicas de codificación, los científicos de datos pueden preparar eficazmente datos categóricos para una amplia gama de tareas de machine learning, lo que lleva a modelos más robustos y precisos.

6.3 Ejercicios prácticos para el Capítulo 6

En esta sección práctica, reforzaremos lo que has aprendido en el Capítulo 6 implementando varias técnicas de codificación, incluyendo Codificación por Objetivo, Codificación por Frecuencia y Codificación Ordinal. Estos ejercicios te ayudarán a obtener experiencia práctica y aplicar los conceptos a escenarios del mundo real.

Ejercicio 1: Codificación por Objetivo

Estás trabajando con un conjunto de datos que contiene una columna de **Vecindario** y la variable objetivo son **Precios de Vivienda**. Tu tarea es:

Aplicar **Codificación por Objetivo** a la columna **Vecindario** calculando la media de **Precios de Vivienda** para cada vecindario.

Solución:

```
import pandas as pd

# Sample data
data = {'Neighborhood': ['A', 'B', 'A', 'C', 'B'],
        'SalePrice': [300000, 450000, 350000, 500000, 470000]}

df = pd.DataFrame(data)

# Calculate the mean SalePrice for each neighborhood
neighborhood_mean = df.groupby('Neighborhood')['SalePrice'].mean()

# Apply Target Encoding by mapping the mean SalePrice to the Neighborhood column
df['NeighborhoodEncoded'] = df['Neighborhood'].map(neighborhood_mean)

# View the encoded dataframe
print(df[['Neighborhood', 'SalePrice', 'NeighborhoodEncoded']])
```

Ejercicio 2: Codificación por Objetivo con Suavizado

Estás trabajando con el mismo conjunto de datos del **Ejercicio 1**, pero quieres aplicar **Codificación por Objetivo con Suavizado** para reducir el riesgo de sobreajuste. Usa los siguientes parámetros para el suavizado: alpha = 5.

Solución:

```
# Smoothing parameter
alpha = 5

# Global mean SalePrice
global_mean = df['SalePrice'].mean()

# Calculate smoothed mean SalePrice for each neighborhood
df['NeighborhoodEncoded'] = df['Neighborhood'].map(lambda x:
    (neighborhood_mean[x]  *  df['Neighborhood'].value_counts()[x]  +  global_mean  *
alpha) /
    (df['Neighborhood'].value_counts()[x] + alpha))

# View the smoothed encoded dataframe
print(df[['Neighborhood', 'NeighborhoodEncoded']])
```

Ejercicio 3: Codificación por Frecuencia

Estás trabajando con un conjunto de datos que incluye la columna **Ciudad**. Tu tarea es:

Aplicar **Codificación por Frecuencia** a la columna **Ciudad** reemplazando cada ciudad con su frecuencia en el conjunto de datos.

Solución:

```
# Sample data
data = {'City': ['New York', 'Los Angeles', 'Chicago', 'New York', 'Houston', 'Los Angeles']}

df = pd.DataFrame(data)

# Perform frequency encoding
df['City_Frequency'] = df.groupby('City')['City'].transform('count')

# View the encoded dataframe
print(df)
```

Ejercicio 4: Codificación Ordinal

Estás trabajando con un conjunto de datos que contiene una columna **NivelEducativo**, con categorías como **Secundaria**, **Licenciatura**, **Maestría** y **Doctorado**. Tu tarea es:

Aplicar **Codificación Ordinal** a la columna **NivelEducativo**, asignando niveles educativos a enteros según su orden de importancia.

Solución:

```
# Sample data
data = {'EducationLevel': ['High School', 'Bachelor', 'Master', 'PhD', 'Bachelor']}

df = pd.DataFrame(data)

# Define the ordinal mapping
education_order = {'High School': 1, 'Bachelor': 2, 'Master': 3, 'PhD': 4}

# Apply Ordinal Encoding
df['EducationLevelEncoded'] = df['EducationLevel'].map(education_order)

# View the encoded dataframe
print(df)
```

Ejercicio 5: Manejo de Alta Cardinalidad con Codificación por Frecuencia

Estás trabajando con un conjunto de datos que incluye una columna **Categoría de Producto**, con cientos de categorías de productos únicas. Tu tarea es:

Aplicar **Codificación por Frecuencia** a la columna **Categoría de Producto** para manejar la alta cardinalidad y simplificar el conjunto de datos.

Solución:

```
# Sample data with high cardinality
data = {'ProductCategory': ['Electronics', 'Furniture', 'Electronics', 'Clothing',
'Furniture', 'Clothing', 'Electronics']}

df = pd.DataFrame(data)

# Perform frequency encoding
df['ProductCategory_Frequency']                                                   =
df.groupby('ProductCategory')['ProductCategory'].transform('count')

# View the encoded dataframe
print(df)
```

Estos ejercicios prácticos te brindan experiencia práctica con varias técnicas de codificación, incluyendo la codificación objetivo, la codificación de frecuencia y la codificación ordinal. Al practicar estos métodos, estarás bien preparado para manejar variables categóricas en modelos de Machine Learning de manera eficiente, especialmente al tratar con características de alta cardinalidad o cuando existen relaciones significativas entre las variables categóricas y la variable objetivo. ¡Sigue practicando y experimentando con diferentes conjuntos de datos para fortalecer tu comprensión de estas técnicas!

6.4 ¿Qué podría salir mal?

Codificar variables categóricas es una parte crucial del preprocesamiento de datos para Machine Learning, pero existen varios posibles inconvenientes que pueden surgir durante este proceso. En esta sección, exploraremos algunos de los problemas comunes que pueden ocurrir al utilizar diferentes métodos de codificación y cómo mitigar estos riesgos.

6.4.1 Sobreajuste con la Codificación Objetivo

La **codificación objetivo** puede ser un método poderoso, pero conlleva un riesgo significativo de sobreajuste. Dado que la codificación objetivo incorpora directamente la variable objetivo en el proceso de codificación, existe la posibilidad de que el modelo "aprenda" patrones específicos de los datos de entrenamiento que no se generalizan bien a nuevos datos no vistos.

¿Qué podría salir mal?

- Se produce sobreajuste cuando el modelo depende demasiado de los valores específicos de la variable objetivo en el conjunto de entrenamiento, lo que lleva a un bajo rendimiento en el conjunto de prueba.

- Sin las precauciones adecuadas, la codificación objetivo puede conducir a **fuga de datos**, donde la información del conjunto de prueba influye inadvertidamente en el proceso de entrenamiento, resultando en evaluaciones sesgadas.

Solución:

- Realiza siempre la codificación objetivo dentro de **validación cruzada** para asegurar que el modelo no tenga acceso a los valores objetivo del conjunto de prueba durante el entrenamiento.
- Aplica **suavizado** para reducir el sobreajuste, especialmente al tratar con categorías que tienen pocas ocurrencias. Agregar ruido aleatorio a los valores codificados también puede ayudar a prevenir el sobreajuste.

6.4.2 Uso inadecuado de la Codificación Ordinal

La **codificación ordinal** es útil cuando las variables categóricas tienen un orden natural, pero puede ser problemática cuando se aplica a categorías no ordenadas. Si no existe un orden inherente entre las categorías, usar codificación ordinal puede llevar a que el modelo piense que existe una relación entre las categorías cuando en realidad no la hay.

¿Qué podría salir mal?

- Aplicar incorrectamente la codificación ordinal a categorías no ordenadas puede hacer que el modelo asuma una relación artificial entre las categorías, lo que lleva a conclusiones incorrectas o bajo rendimiento del modelo.
- El modelo puede tratar los valores ordinales como distancias numéricas entre categorías, lo cual puede distorsionar los resultados cuando no existe una verdadera relación ordinal.

Solución:

- Utiliza la codificación ordinal solo cuando la variable categórica tenga un orden claro y significativo. Por ejemplo, los niveles de educación (Secundaria, Licenciatura, Maestría, Doctorado) se pueden codificar ordinalmente, pero los colores (Rojo, Azul, Verde) no.
- Para categorías no ordenadas, usa otras técnicas de codificación como **One-Hot Encoding** o **Codificación Objetivo**.

6.4.3 Problemas de alta cardinalidad con One-Hot Encoding

Uno de los principales desafíos con **One-Hot Encoding** es manejar variables con un gran número de categorías únicas (alta cardinalidad). Cuando se aplica a variables categóricas de alta cardinalidad, One-Hot Encoding puede llevar a una explosión de nuevas columnas, lo que puede ralentizar el proceso de entrenamiento y hacer que el modelo sea innecesariamente complejo.

¿Qué podría salir mal?

- **Ineficiencia de memoria y computacional**: One-Hot Encoding puede crear una gran cantidad de columnas para características de alta cardinalidad, consumiendo considerablemente recursos de memoria y computación.
- **Maldición de la dimensionalidad**: La mayor dimensionalidad puede hacer que el modelo tenga dificultades para generalizar y puede llevar al sobreajuste.

Solución:

- Usa **Codificación de Frecuencia** o **Codificación Objetivo** como alternativas a One-Hot Encoding para variables de alta cardinalidad. Estos métodos reducen la dimensionalidad mientras preservan información útil.
- Si One-Hot Encoding es necesario, considera agrupar categorías raras en una sola categoría "Otras" para reducir el número de nuevas columnas.

6.4.4 Ignorar la dispersión con One-Hot Encoding

Al trabajar con conjuntos de datos grandes, One-Hot Encoding a menudo da como resultado matrices muy dispersas, donde la mayoría de los valores son 0. Almacenar y procesar dichas matrices dispersas de forma ineficiente puede ralentizar el entrenamiento e incrementar el uso de memoria.

¿Qué podría salir mal?

- Trabajar con matrices densas cuando los datos son dispersos puede llevar a un consumo excesivo de memoria y velocidades de procesamiento lentas.
- Las operaciones en datos dispersos pueden ser computacionalmente costosas si no se optimizan adecuadamente.

Solución:

- Usa **matrices dispersas** cuando apliques One-Hot Encoding a conjuntos de datos grandes con muchas categorías. Librerías como **Scipy** o la opción de matrices dispersas en el **OneHotEncoder** de Scikit-learn pueden ayudar a almacenar y procesar datos dispersos de manera eficiente.
- Asegúrate de que tu pipeline de Machine Learning esté optimizado para manejar datos dispersos si se usa ampliamente One-Hot Encoding.

6.4.5 Fuga de datos con Codificación Objetivo

Uno de los inconvenientes más serios con la **Codificación Objetivo** es la **fuga de datos**, donde la información del conjunto de prueba se filtra en el proceso de entrenamiento. Esto puede llevar a resultados demasiado optimistas y a una pobre generalización del modelo. Los valores codificados para una categoría pueden incluir información de la variable objetivo de todo el conjunto de datos, incluido el conjunto de prueba, lo que sesga el rendimiento del modelo.

¿Qué podría salir mal?

- La fuga de datos resultará en un buen rendimiento del modelo durante el entrenamiento y la validación, pero fallará en generalizar a nuevos datos porque ya ha visto la información objetivo del conjunto de prueba.

Solución:

- Aplica siempre la Codificación Objetivo dentro de **folds de validación cruzada**. Esto asegura que la codificación para cada fold esté basada solo en los datos de entrenamiento de ese fold, evitando que la información del conjunto de prueba se filtre en el proceso de entrenamiento.
- Ten precaución con **conjuntos de datos pequeños**, donde ciertas categorías pueden aparecer solo en uno o dos folds. Aplica regularización o suavizado para reducir los riesgos de sobreajuste.

6.4.6 Interpretación errónea de la Codificación de Frecuencia

La **Codificación de Frecuencia** es una forma eficiente de manejar variables categóricas de alta cardinalidad, pero a veces puede llevar a consecuencias no deseadas si la frecuencia de la categoría no está relacionada con la variable objetivo. La frecuencia de aparición en el conjunto de datos puede no tener siempre una relación significativa con la variable objetivo, lo que lleva a una posible interpretación errónea.

¿Qué podría salir mal?

- Si la frecuencia de una categoría no se relaciona con la variable objetivo, la Codificación de Frecuencia podría dar resultados engañosos, ya que el modelo podría dar importancia indebida a categorías que simplemente aparecen con más frecuencia en el conjunto de datos pero no tienen poder predictivo.
- En conjuntos de datos altamente desequilibrados, las categorías con frecuencias más altas pueden dominar el proceso de aprendizaje del modelo, lo que lleva a resultados sesgados.

Solución:

- Antes de aplicar la Codificación de Frecuencia, analiza si la frecuencia de una categoría es relevante para el problema en cuestión. Si no lo es, considera usar otras técnicas de codificación, como **Codificación Objetivo** o **Codificación Ordinal**.
- Si se usa la Codificación de Frecuencia, prueba su efectividad mediante validación para asegurar que las características codificadas contribuyen de manera significativa al rendimiento del modelo.

Si bien la codificación de variables categóricas es un paso esencial en la preparación de datos para modelos de Machine Learning, hay varios posibles inconvenientes que se deben tener en cuenta. El sobreajuste con la codificación objetivo, el uso indebido de la codificación ordinal o el uso ineficiente de One-Hot Encoding pueden llevar a un bajo rendimiento del modelo.

Al comprender los riesgos y aplicar las mejores prácticas, como usar validación cruzada para la codificación objetivo, optimizar para características de alta cardinalidad y manejar matrices dispersas de manera eficiente, puedes asegurar que tus variables categóricas estén codificadas de una manera que mejore el rendimiento de tu modelo y evite errores comunes.

Resumen del Capítulo 6

En este capítulo, exploramos varios métodos para codificar variables categóricas, un paso crucial en la preparación de datos para modelos de Machine Learning. A diferencia de las características numéricas, las variables categóricas deben convertirse en un formato numérico que los algoritmos de Machine Learning puedan entender. Sin embargo, elegir el método de codificación correcto depende de la naturaleza de la variable categórica, el número de categorías únicas y el modelo que se esté utilizando. Comenzamos con un análisis profundo de **One-Hot Encoding** y procedimos a métodos más avanzados, como la **Codificación Objetivo**, **Codificación de Frecuencia** y **Codificación Ordinal**.

One-Hot Encoding es el método más utilizado para manejar variables categóricas. Crea columnas binarias para cada categoría, permitiendo que los modelos traten los datos categóricos como numéricos. Sin embargo, discutimos algunos desafíos asociados con One-Hot Encoding, particularmente el **dummy variable trap**, que puede llevar a multicolinealidad en modelos lineales. Mostramos cómo evitar esto eliminando una de las columnas codificadas. Otro problema con One-Hot Encoding es tratar con características categóricas de alta cardinalidad, donde se generan demasiadas nuevas columnas. Para manejar esto, exploramos agrupar categorías, codificación de frecuencia y matrices dispersas como formas de reducir la dimensionalidad y mejorar la eficiencia computacional.

Luego introdujimos la **Codificación Objetivo**, que reemplaza cada categoría con la media de la variable objetivo para esa categoría. Este método puede ser poderoso cuando hay una relación fuerte entre la variable categórica y la variable objetivo, pero también conlleva riesgos como el **sobreajuste** y la **fuga de datos**. Para abordarlos, recomendamos realizar la Codificación Objetivo dentro de folds de validación cruzada y usar técnicas de suavizado para evitar que el modelo dependa demasiado de categorías pequeñas.

La **Codificación de Frecuencia** es una alternativa más simple que reemplaza cada categoría con su frecuencia en el conjunto de datos. Este método es especialmente útil para variables de alta cardinalidad, ya que evita la explosión de columnas que viene con One-Hot Encoding. Sin embargo, se debe tener precaución para asegurar que la frecuencia de las categorías sea significativa en el contexto de la variable objetivo.

Finalmente, la **Codificación Ordinal** se usa cuando las categorías tienen un orden natural, como niveles de educación o calificaciones de satisfacción del cliente. Esta codificación preserva el rango de las categorías, haciéndola útil para modelos que pueden aprovechar la información ordenada. Sin embargo, aplicar la Codificación Ordinal a categorías no ordenadas puede llevar a interpretaciones erróneas del modelo.

En la sección **"¿Qué podría salir mal?"**, destacamos los riesgos asociados con cada método de codificación, como el sobreajuste con la Codificación Objetivo, las ineficiencias con One-Hot Encoding y la interpretación errónea de las frecuencias en la Codificación de Frecuencia. Al comprender estos riesgos y aplicar los métodos de codificación cuidadosamente, los científicos de datos pueden asegurar que las variables categóricas estén codificadas de una manera que maximice el rendimiento del modelo mientras evitan errores comunes.

En resumen, seleccionar el método de codificación adecuado es esencial para manejar variables categóricas de manera efectiva. Cada método, ya sea One-Hot, Objetivo, Frecuencia u Ordinal, tiene sus fortalezas y debilidades. Al aplicar estas técnicas de manera reflexiva, puedes asegurar que tus modelos estén mejor equipados para manejar datos categóricos, mejorando finalmente su precisión predictiva.

Capítulo 7: Creación de Características y Términos de Interacción

La creación de nuevas características es una de las técnicas más poderosas para mejorar los modelos de Machine Learning. Este proceso, conocido como ingeniería de características, implica derivar nuevas variables a partir de datos existentes para capturar relaciones complejas, patrones e información que pueden no ser evidentes de inmediato en el conjunto de datos original. Al hacerlo, los científicos de datos pueden mejorar significativamente la precisión, robustez e interpretabilidad de los modelos.

La creación de características puede tomar muchas formas, incluyendo:

- Transformaciones matemáticas (por ejemplo, logarítmica, polinómica)
- Agregaciones (por ejemplo, media, mediana, suma de múltiples características)
- Binning o discretización de variables continuas
- Codificación de variables categóricas
- Creación de características específicas de dominio basadas en el conocimiento experto

En este capítulo, profundizaremos en el proceso de **creación de características** y exploraremos varias técnicas para combinar características existentes de manera significativa. Comenzaremos examinando métodos para derivar nuevas características a partir de datos existentes, como la extracción de fecha/hora, el análisis de texto y el procesamiento de información geográfica. Luego, avanzaremos hacia conceptos más avanzados, incluyendo los **términos de interacción**, que capturan los efectos combinados de múltiples características.

Al dominar estas técnicas, podrás extraer más valor de tus datos, descubriendo potencialmente patrones y relaciones ocultas que pueden dar a tus modelos una ventaja significativa en rendimiento predictivo y capacidad de generalización.

7.1 Creación de Nuevas Características a partir de Datos Existentes

La creación de características es un paso crítico en el flujo de trabajo de la ciencia de datos, que implica la generación de nuevas características informativas a partir de datos existentes. Este proceso requiere no solo habilidades técnicas, sino también una comprensión profunda del dominio y del problema específico que se está abordando. Al crear nuevas características, los científicos de datos pueden descubrir patrones ocultos, simplificar relaciones complejas y reducir el ruido en el conjunto de datos, mejorando en última instancia el rendimiento y la interpretabilidad de los modelos de Machine Learning.

El arte de la creación de características a menudo implica pensamiento creativo y experimentación. Puede incluir técnicas tales como:

- Aplicar funciones matemáticas a características existentes
- Extraer información de tipos de datos complejos como fechas, texto o coordenadas geográficas
- Combinar múltiples características para crear representaciones más informativas
- Codificar variables categóricas de formas que capturen sus propiedades inherentes
- Aprovechar la experiencia del dominio para crear características que reflejen relaciones del mundo real

En esta sección, profundizaremos en varios métodos para la creación de características, comenzando con transformaciones matemáticas básicas y avanzando hacia técnicas más avanzadas. Exploraremos cómo extraer información significativa de datos de fecha y hora, lo cual puede ser crucial para capturar patrones temporales y estacionalidad. Además, discutiremos estrategias para combinar características y crear predictores más poderosos, incluyendo la creación de términos de interacción que capturen la interacción entre diferentes variables.

Al dominar estas técnicas, estarás mejor equipado para extraer el máximo valor de tus datos, descubriendo potencialmente ideas que no eran evidentes en el conjunto de datos original. Esto puede conducir a predicciones más precisas, mejor toma de decisiones y una comprensión más profunda de los patrones subyacentes en tus datos.

7.1.1 Transformaciones Matemáticas

Una de las técnicas fundamentales para crear nuevas características es aplicar transformaciones matemáticas a las características numéricas existentes. Estas transformaciones pueden mejorar significativamente la calidad y utilidad de tus datos para los modelos de Machine Learning. Las transformaciones comunes incluyen:

Transformación logarítmica

Esta técnica poderosa es particularmente efectiva para manejar distribuciones sesgadas hacia la derecha y comprimir amplios rangos de valores. Al aplicar la función logarítmica a los datos, podemos:

- Linearizar relaciones exponenciales, haciéndolas más fáciles de interpretar para los modelos
- Reducir el impacto de los valores atípicos, especialmente en conjuntos de datos con valores extremos
- Normalizar datos que abarcan varios órdenes de magnitud
- Mejorar el rendimiento de modelos que asumen datos distribuidos normalmente

Las transformaciones logarítmicas se aplican comúnmente en varios campos:

- Finanzas: Para analizar precios de acciones, rendimientos y otros métricas financieras
- Economía: Al tratar con PIB, crecimiento poblacional o tasas de inflación
- Biología: En el estudio del crecimiento bacteriano o cinética enzimática
- Física: Para analizar fenómenos como la intensidad del sonido o la magnitud de terremotos

Al aplicar transformaciones logarítmicas, es importante considerar:

- La base del logaritmo (logaritmo natural, base 10, etc.) y su impacto en la interpretación
- Manejo de valores cero o negativos, que pueden requerir agregar una constante antes de la transformación
- El efecto en la interpretabilidad del modelo y la necesidad de revertir la transformación de las predicciones

Ejemplo: Transformación Logarítmica para Crear una Nueva Característica

Supongamos que tenemos un conjunto de datos que contiene precios de casas, y sospechamos que la distribución de los precios está sesgada. Para reducir el sesgo y hacer la distribución más normal, podemos crear una nueva característica aplicando una transformación logarítmica a los precios originales.

```
import numpy as np
import pandas as pd
import matplotlib.pyplot as plt
import seaborn as sns

# Sample data
data = {'HousePrice': [50000, 120000, 250000, 500000, 1200000, 2500000]}
```

```
df = pd.DataFrame(data)

# Create a new feature by applying a logarithmic transformation
df['LogHousePrice'] = np.log(df['HousePrice'])

# View the original and transformed features
print("Original DataFrame:")
print(df)

# Calculate summary statistics
print("\\nSummary Statistics:")
print(df.describe())

# Visualize the distributions
fig, (ax1, ax2) = plt.subplots(1, 2, figsize=(12, 5))

sns.histplot(df['HousePrice'], kde=True, ax=ax1)
ax1.set_title('Distribution of Original House Prices')
ax1.set_xlabel('House Price')

sns.histplot(df['LogHousePrice'], kde=True, ax=ax2)
ax2.set_title('Distribution of Log-Transformed House Prices')
ax2.set_xlabel('Log(House Price)')

plt.tight_layout()
plt.show()

# Compare skewness
original_skew = df['HousePrice'].skew()
log_skew = df['LogHousePrice'].skew()

print(f"\\nSkewness of original prices: {original_skew:.2f}")
print(f"Skewness of log-transformed prices: {log_skew:.2f}")
```

Este ejemplo de código demuestra el proceso de aplicar una transformación logarítmica a datos de precios de viviendas y analizar sus efectos.

Aquí tienes un desglose completo del código y su propósito:

1. Importar las bibliotecas necesarias:
    - numpy (np): Para operaciones numéricas
    - pandas (pd): Para manipulación y análisis de datos
    - matplotlib.pyplot (plt): Para crear visualizaciones estáticas, animadas e interactivas
    - seaborn (sns): Para visualización de datos estadísticos

2. Crear datos de muestra:
   - Un diccionario con una sola clave "HousePrice" y una lista de precios de viviendas como valores
   - Convertir el diccionario en un DataFrame de pandas
3. Aplicar transformación logarítmica:
   - Crear una nueva columna "LogHousePrice" aplicando np.log() a la columna "HousePrice"
   - Esta transformación ayuda a reducir la asimetría de los datos y a comprimir el rango de valores
4. Mostrar el DataFrame original:
   - Imprimir el DataFrame para mostrar tanto los precios originales como los transformados
5. Calcular y mostrar estadísticas descriptivas:
   - Utilizar el método describe() para obtener medidas estadísticas como la cantidad, media, desviación estándar, mínimo, máximo y cuartiles para ambas columnas
6. Visualizar las distribuciones:
   - Crear una figura con dos subgráficos uno al lado del otro
   - Usar histplot() de seaborn para crear histogramas con estimaciones de densidad de núcleo (KDE) para los precios originales y transformados
   - Establecer títulos y etiquetas apropiados para los gráficos
   - Mostrar los gráficos utilizando plt.show()
7. Comparar asimetría:
   - Calcular la asimetría de las distribuciones de precios originales y transformados usando el método skew()
   - Imprimir los valores de asimetría

Este ejemplo completo no solo aplica la transformación logarítmica, sino que también proporciona evidencia visual y estadística de sus efectos. Al comparar las distribuciones originales y transformadas, podemos observar cómo la transformación logarítmica ayuda a normalizar los datos, lo que potencialmente los hace más adecuados para diversos análisis estadísticos y modelos de Machine Learning.

Transformación de raíz cuadrada

Esta transformación es menos extrema que la logarítmica, pero aún es efectiva para reducir la asimetría hacia la derecha. Es particularmente útil para datos de conteo o cuando se enfrenta a una asimetría moderada hacia la derecha. La función de raíz cuadrada comprime el extremo superior de la distribución mientras expande el extremo inferior, lo que la hace ideal para datos que no requieren un cambio tan drástico como la transformación logarítmica.

Los principales beneficios de la transformación de raíz cuadrada incluyen:

- Reducir el impacto de los valores atípicos sin eliminarlos completamente
- Mejorar la normalidad de distribuciones con asimetría positiva
- Estabilizar la varianza en datos de conteo, especialmente cuando la varianza aumenta con la media
- Mantener una relación más intuitiva con los datos originales en comparación con la transformación logarítmica

Al aplicar transformaciones de raíz cuadrada, considera:

- La necesidad de manejar valores cero, lo que puede requerir agregar una pequeña constante antes de la transformación
- El efecto en valores negativos, que puede requerir tratamiento especial o transformaciones alternativas
- El impacto en la interpretabilidad del modelo y la posible necesidad de revertir la transformación de las predicciones

Las transformaciones de raíz cuadrada se utilizan comúnmente en varios campos, incluyendo:

- Ecología: Para analizar datos de abundancia de especies
- Psicología: Al trabajar con datos de tiempo de reacción
- Control de calidad: Para analizar el conteo de defectos en procesos de fabricación

Ejemplo: Transformación de raíz cuadrada para crear una nueva característica

Consideremos un conjunto de datos que contiene el número de defectos encontrados en productos manufacturados. Aplicaremos una transformación de raíz cuadrada a estos datos para reducir la asimetría hacia la derecha y estabilizar la varianza.

```
import numpy as np
import pandas as pd
import matplotlib.pyplot as plt
import seaborn as sns

# Sample data
data = {'DefectCount': [0, 1, 4, 9, 16, 25, 36, 49, 64, 81]}
```

```
df = pd.DataFrame(data)

# Create a new feature by applying a square root transformation
df['SqrtDefectCount'] = np.sqrt(df['DefectCount'])

# View the original and transformed features
print("Original DataFrame:")
print(df)

# Calculate summary statistics
print("\\nSummary Statistics:")
print(df.describe())

# Visualize the distributions
fig, (ax1, ax2) = plt.subplots(1, 2, figsize=(12, 5))

sns.histplot(df['DefectCount'], kde=True, ax=ax1)
ax1.set_title('Distribution of Original Defect Counts')
ax1.set_xlabel('Defect Count')

sns.histplot(df['SqrtDefectCount'], kde=True, ax=ax2)
ax2.set_title('Distribution of Square Root Transformed Defect Counts')
ax2.set_xlabel('Square Root of Defect Count')

plt.tight_layout()
plt.show()

# Compare skewness
original_skew = df['DefectCount'].skew()
sqrt_skew = df['SqrtDefectCount'].skew()

print(f"\\nSkewness of original counts: {original_skew:.2f}")
print(f"Skewness of square root transformed counts: {sqrt_skew:.2f}")
```

Desglose del código:

1. Importar las bibliotecas necesarias:
    - numpy (np): Para operaciones numéricas
    - pandas (pd): Para manipulación y análisis de datos
    - matplotlib.pyplot (plt): Para crear visualizaciones estáticas, animadas e interactivas
    - seaborn (sns): Para visualización estadística de datos
2. Crear datos de muestra:
    - Un diccionario con una sola clave "DefectCount" y una lista de conteos de defectos como valores

   - Convertir el diccionario en un DataFrame de pandas
3. Aplicar la transformación de raíz cuadrada:
   - Crear una nueva columna "SqrtDefectCount" aplicando np.sqrt() a la columna "DefectCount"
   - Esta transformación ayuda a reducir la asimetría de los datos y a estabilizar la varianza
4. Mostrar el DataFrame original:
   - Imprimir el DataFrame para mostrar tanto los conteos de defectos originales como los transformados
5. Calcular y mostrar estadísticas descriptivas:
   - Utilizar el método describe() para obtener medidas estadísticas como cantidad, media, desviación estándar, mínimo, máximo y cuartiles para ambas columnas
6. Visualizar las distribuciones:
   - Crear una figura con dos subgráficos uno al lado del otro
   - Usar histplot() de seaborn para crear histogramas con estimaciones de densidad de núcleo (KDE) para los conteos de defectos originales y transformados por raíz cuadrada
   - Establecer títulos y etiquetas apropiados para los gráficos
   - Mostrar los gráficos usando plt.show()
7. Comparar la asimetría:
   - Calcular la asimetría de las distribuciones de conteo de defectos originales y transformados por raíz cuadrada usando el método skew()
   - Imprimir los valores de asimetría

Este ejemplo muestra cómo aplicar una transformación de raíz cuadrada a un conjunto de datos, visualizar los resultados y comparar la asimetría de los datos originales y transformados. La transformación de raíz cuadrada puede ser particularmente efectiva para datos de conteo, ayudando a estabilizar la varianza y reducir la asimetría hacia la derecha.

Transformación exponencial:

Esta técnica poderosa puede usarse para amplificar diferencias entre valores o para manejar distribuciones con asimetría hacia la izquierda. A diferencia de las transformaciones logarítmicas, que comprimen valores grandes, las transformaciones exponenciales los expanden, lo que hace que este método sea particularmente útil cuando:

- Quieres enfatizar las diferencias entre valores más altos en tu conjunto de datos
- Tus datos muestran una distribución con asimetría hacia la izquierda (negativa) que necesita ser equilibrada
- Estás trabajando con variables donde los cambios pequeños en valores altos son más significativos que en valores bajos

Aplicaciones comunes de las transformaciones exponenciales incluyen:

- Modelado financiero: Para calcular interés compuesto o tasas de crecimiento
- Dinámica de poblaciones: Al modelar patrones de crecimiento exponencial
- Procesamiento de señales: Para amplificar ciertos componentes de frecuencia

Al aplicar transformaciones exponenciales, es crucial considerar:

- La base de la función exponencial y su impacto en la escala de la transformación
- La posibilidad de crear valores atípicos extremos, lo cual puede requerir manejo adicional
- El efecto en la interpretabilidad del modelo y la necesidad de una cuidadosa transformación inversa de las predicciones

Ejemplo: Transformación Exponencial para Crear una Nueva Característica

Consideremos un conjunto de datos que contiene valores que queremos enfatizar o amplificar. Aplicaremos una transformación exponencial a estos datos para crear una nueva característica que resalte las diferencias entre valores más altos.

```
import numpy as np
import pandas as pd
import matplotlib.pyplot as plt
import seaborn as sns

# Sample data
data = {'Value': [1, 2, 3, 4, 5, 6, 7, 8, 9, 10]}

df = pd.DataFrame(data)

# Create a new feature by applying an exponential transformation
df['ExpValue'] = np.exp(df['Value'])

# View the original and transformed features
print("Original DataFrame:")
print(df)

# Calculate summary statistics
print("\\nSummary Statistics:")
print(df.describe())
```

```
# Visualize the distributions
fig, (ax1, ax2) = plt.subplots(1, 2, figsize=(12, 5))

sns.scatterplot(x='Value', y='ExpValue', data=df, ax=ax1)
ax1.set_title('Original vs Exponential Values')
ax1.set_xlabel('Original Value')
ax1.set_ylabel('Exponential Value')

sns.lineplot(x='Value', y='Value', data=df, ax=ax2, label='Original')
sns.lineplot(x='Value', y='ExpValue', data=df, ax=ax2, label='Exponential')
ax2.set_title('Comparison of Original and Exponential Values')
ax2.set_xlabel('Value')
ax2.set_ylabel('Transformed Value')
ax2.legend()

plt.tight_layout()
plt.show()

# Compare ranges
original_range = df['Value'].max() - df['Value'].min()
exp_range = df['ExpValue'].max() - df['ExpValue'].min()

print(f"\\nRange of original values: {original_range:.2f}")
print(f"Range of exponential transformed values: {exp_range:.2f}")
```

Desglose del código:

1. Importar las bibliotecas necesarias:
    - numpy (np): Para operaciones numéricas
    - pandas (pd): Para manipulación y análisis de datos
    - matplotlib.pyplot (plt): Para crear visualizaciones estáticas, animadas e interactivas
    - seaborn (sns): Para visualización estadística de datos
2. Crear datos de muestra:
    - Un diccionario con una sola clave "Value" y una lista de valores del 1 al 10
    - Convertir el diccionario en un DataFrame de pandas
3. Aplicar la transformación exponencial:
    - Crear una nueva columna "ExpValue" aplicando np.exp() a la columna "Value"
    - Esta transformación amplifica exponencialmente los valores originales
4. Mostrar el DataFrame original:

- Imprimir el DataFrame para mostrar tanto los valores originales como los transformados

5. Calcular y mostrar estadísticas descriptivas:
   - Utilizar el método describe() para obtener medidas estadísticas para ambas columnas
6. Visualizar los datos:
   - Crear una figura con dos subgráficos uno al lado del otro
   - Usar scatterplot() de seaborn para mostrar la relación entre los valores originales y exponenciales
   - Usar lineplot() de seaborn para comparar el crecimiento de los valores originales y exponenciales
   - Establecer títulos y etiquetas apropiados para los gráficos
   - Mostrar los gráficos usando plt.show()
7. Comparar los rangos:
   - Calcular el rango (máximo - mínimo) para ambos valores, originales y transformados exponencialmente
   - Imprimir los rangos para mostrar cómo la transformación exponencial ha amplificado las diferencias

Transformaciones de potencia

Incluyen cuadrado, cubo o potencias más altas. Estas transformaciones pueden ser particularmente efectivas para enfatizar valores mayores o capturar relaciones no lineales en tus datos. Aquí tienes una visión más detallada de las transformaciones de potencia:

- Transformación cuadrada (x^2): Puede ser útil cuando deseas enfatizar diferencias entre valores grandes mientras comprimes las diferencias entre valores pequeños. A menudo se usa en análisis estadísticos y modelos de Machine Learning para capturar relaciones cuadráticas.
- Transformación cúbica (x^3): Esta transformación amplifica aún más las diferencias que la cuadrada. Puede ser especialmente útil al tratar con variables donde pequeños cambios en valores altos son mucho más significativos que en valores bajos.
- Potencias más altas (x^4, x^5, etc.): Estas pueden usarse para capturar relaciones no lineales cada vez más complejas. Sin embargo, ten precaución al usar potencias muy altas, ya que pueden llevar a inestabilidad numérica y sobreajuste.

- Potencias fraccionarias ($\sqrt{x}$, $\sqrt[3]{x}$, etc.): Son menos comunes, pero pueden ser valiosas en ciertos escenarios. Por ejemplo, una transformación de raíz cúbica puede ser útil para manejar valores atípicos extremos mientras mantiene parte de la escala original.

Al aplicar transformaciones de potencia, considera lo siguiente:

- La naturaleza de tus datos y el problema específico que estás intentando resolver. Diferentes transformaciones de potencia pueden ser más o menos apropiadas según tu conjunto de datos y objetivos.
- La posibilidad de crear o agravar valores atípicos, especialmente con potencias altas. Puede ser necesario manejar cuidadosamente los valores extremos.
- El impacto en la interpretabilidad del modelo. Las transformaciones de potencia pueden dificultar la interpretación directa de los coeficientes del modelo.
- La necesidad de escalar las características después de aplicar transformaciones de potencia, ya que pueden cambiar significativamente la escala de tus datos.

Al aplicar transformaciones de potencia de manera reflexiva, puedes a menudo descubrir patrones ocultos en tus datos y mejorar el rendimiento de tus modelos de Machine Learning, especialmente cuando tratas con relaciones complejas y no lineales entre variables.

Ejemplo: Transformación de potencia para crear nuevas características

Demostraremos cómo aplicar transformaciones de potencia a un conjunto de datos, incluyendo transformaciones cuadrada, cúbica y de raíz cuadrada. Visualizaremos los resultados y compararemos las distribuciones de los datos originales y transformados.

```
import numpy as np
import pandas as pd
import matplotlib.pyplot as plt
import seaborn as sns

# Sample data
data = {'Value': np.random.uniform(1, 100, 1000)}
df = pd.DataFrame(data)

# Apply power transformations
df['Square'] = df['Value'] ** 2
df['Cube'] = df['Value'] ** 3
df['SquareRoot'] = np.sqrt(df['Value'])

# Visualize the distributions
fig, axs = plt.subplots(2, 2, figsize=(15, 15))
sns.histplot(df['Value'], kde=True, ax=axs[0, 0])
axs[0, 0].set_title('Original Distribution')
sns.histplot(df['Square'], kde=True, ax=axs[0, 1])
axs[0, 1].set_title('Square Transformation')
sns.histplot(df['Cube'], kde=True, ax=axs[1, 0])
```

```
axs[1, 0].set_title('Cube Transformation')
sns.histplot(df['SquareRoot'], kde=True, ax=axs[1, 1])
axs[1, 1].set_title('Square Root Transformation')

plt.tight_layout()
plt.show()

# Compare skewness
print("Skewness:")
print(f"Original: {df['Value'].skew():.2f}")
print(f"Square: {df['Square'].skew():.2f}")
print(f"Cube: {df['Cube'].skew():.2f}")
print(f"Square Root: {df['SquareRoot'].skew():.2f}")
```

Desglose del código:

1. Importar las bibliotecas necesarias:
    - numpy (np): Para operaciones numéricas y generación de números aleatorios
    - pandas (pd): Para manipulación y análisis de datos
    - matplotlib.pyplot (plt): Para crear visualizaciones
    - seaborn (sns): Para visualización estadística de datos
2. Crear datos de muestra:
    - Generar 1000 valores aleatorios entre 1 y 100 usando np.random.uniform()
    - Almacenar los datos en un DataFrame de pandas
3. Aplicar transformaciones de potencia:
    - Transformación cuadrada: df['Value'] ** 2
    - Transformación cúbica: df['Value'] ** 3
    - Transformación de raíz cuadrada: np.sqrt(df['Value'])
4. Visualizar las distribuciones:
    - Crear una cuadrícula de subgráficos de 2x2
    - Usar histplot() de seaborn para crear histogramas con estimaciones de densidad de núcleo (KDE) para cada distribución
    - Establecer títulos apropiados para cada subgráfico
5. Comparar asimetría:
    - Calcular e imprimir la asimetría de cada distribución usando el método skew()

Este ejemplo muestra cómo las diferentes transformaciones de potencia afectan la distribución de los datos. Las transformaciones cuadrada y cúbica tienden a enfatizar valores más grandes y pueden aumentar la asimetría hacia la derecha, mientras que la transformación de raíz cuadrada puede ayudar a reducir la asimetría hacia la derecha y comprimir el rango de los valores más grandes.

Transformación de Box-Cox

Una familia versátil de transformaciones de potencia que incluye el logaritmo como caso especial. Esta transformación es particularmente útil para estabilizar la varianza y hacer que las distribuciones de datos se parezcan más a una normal. La transformación de Box-Cox se define por un parámetro λ (lambda), que determina el tipo específico de transformación aplicada a los datos. Cuando $\lambda = 0$, se vuelve equivalente a la transformación logarítmica natural.

Características clave de la transformación de Box-Cox incluyen:

- Flexibilidad: Al ajustar el parámetro λ, puede manejar una amplia gama de distribuciones de datos.
- Estabilización de la varianza: Ayuda a lograr homocedasticidad, una suposición clave en muchos modelos estadísticos.
- Normalización: Puede hacer que los datos sesgados sean más simétricos, aproximándose a una distribución normal.
- Mejora del rendimiento del modelo: Al abordar la no linealidad y la no normalidad, puede mejorar el rendimiento de varios modelos estadísticos y de Machine Learning.

Al aplicar la transformación de Box-Cox, es importante tener en cuenta que requiere que todos los valores sean positivos. Para conjuntos de datos con valores cero o negativos, puede ser necesario agregar una constante antes de la transformación. Además, el valor óptimo de λ puede determinarse mediante estimación de máxima verosimilitud, lo que permite una selección basada en datos de la transformación más adecuada.

Ejemplo: Transformación de Box-Cox

Demostraremos cómo aplicar la transformación de Box-Cox a un conjunto de datos y visualizar los resultados.

```
import numpy as np
import pandas as pd
import matplotlib.pyplot as plt
from scipy import stats

# Generate sample data with a right-skewed distribution
np.random.seed(42)
data = np.random.lognormal(mean=0, sigma=0.5, size=1000)

# Create a DataFrame
```

```
df = pd.DataFrame({'original': data})

# Apply Box-Cox transformation
df['box_cox'], lambda_param = stats.boxcox(df['original'])

# Visualize the original and transformed distributions
fig, (ax1, ax2) = plt.subplots(1, 2, figsize=(12, 5))

ax1.hist(df['original'], bins=30, edgecolor='black')
ax1.set_title('Original Distribution')
ax1.set_xlabel('Value')
ax1.set_ylabel('Frequency')

ax2.hist(df['box_cox'], bins=30, edgecolor='black')
ax2.set_title(f'Box-Cox Transformed (λ = {lambda_param:.2f})')
ax2.set_xlabel('Value')
ax2.set_ylabel('Frequency')

plt.tight_layout()
plt.show()

# Print summary statistics
print("Original Data:")
print(df['original'].describe())
print("\\nBox-Cox Transformed Data:")
print(df['box_cox'].describe())

# Print skewness
print(f"\\nOriginal Skewness: {df['original'].skew():.2f}")
print(f"Box-Cox Transformed Skewness: {df['box_cox'].skew():.2f}")
```

Desglose del código:

1. Importar las bibliotecas necesarias:
    - numpy (np): Para operaciones numéricas y generación de números aleatorios
    - pandas (pd): Para manipulación y análisis de datos
    - matplotlib.pyplot (plt): Para crear visualizaciones
    - scipy.stats: Para la función de transformación de Box-Cox
2. Generar datos de muestra:
    - Usar np.random.lognormal() para crear una distribución sesgada hacia la derecha
    - Almacenar los datos en un DataFrame de pandas
3. Aplicar la transformación de Box-Cox:

   - Usar stats.boxcox() para transformar los datos
   - Esta función devuelve los datos transformados y el valor óptimo de lambda
4. Visualizar las distribuciones:
   - Crear dos subgráficos uno al lado del otro
   - Graficar histogramas de los datos originales y transformados
   - Establecer títulos y etiquetas apropiados
5. Imprimir estadísticas descriptivas y asimetría:
   - Usar describe() para obtener estadísticas descriptivas de los datos originales y transformados
   - Calcular e imprimir la asimetría de ambas distribuciones usando skew()

Este ejemplo muestra cómo la transformación de Box-Cox puede normalizar una distribución sesgada hacia la derecha. El valor óptimo de lambda se determina automáticamente, y la transformación reduce significativamente la asimetría de los datos. Esto puede ser particularmente útil para preparar datos para modelos de Machine Learning que asumen características distribuidas normalmente.

Estas transformaciones cumplen múltiples propósitos en el proceso de ingeniería de características:

- **Normalizar distribuciones de datos**: Muchos métodos estadísticos y algoritmos de Machine Learning asumen datos distribuidos normalmente. Las transformaciones pueden ayudar a aproximar esta condición.
- **Estabilizar la varianza**: Algunos modelos, como la regresión lineal, asumen una varianza constante en todo el rango de las variables predictoras. Las transformaciones pueden ayudar a cumplir con esta suposición.
- **Simplificar relaciones no lineales**: Al aplicar la transformación adecuada, relaciones complejas no lineales pueden a veces convertirse en lineales, haciéndolas más fáciles de aprender para los modelos.
- **Reducir el impacto de los valores atípicos**: Las transformaciones como el logaritmo pueden comprimir la escala de una variable, reduciendo la influencia de valores extremos.

Al aplicar estas transformaciones, es crucial considerar la naturaleza de tus datos y las suposiciones de tu modelo elegido. Siempre valida el impacto de las transformaciones a través del análisis exploratorio de datos y métricas de rendimiento del modelo. Recuerda que, si bien las transformaciones pueden ser poderosas, también pueden afectar la interpretabilidad de tu modelo, así que úsalas con prudencia y documenta tu enfoque minuciosamente.

7.1.2 Extracción de características de fecha y hora

Al trabajar con conjuntos de datos que contienen características de fecha o tiempo, puedes mejorar significativamente el poder predictivo de tu modelo al extraer nuevas características significativas. Este proceso implica desglosar columnas de fecha y hora en sus partes constituyentes, como **año**, **mes**, **día de la semana** o **hora**. Estas características extraídas pueden capturar patrones temporales importantes y estacionalidad en tus datos.

Por ejemplo, en un conjunto de datos de ventas minoristas, extraer el mes y el día de la semana a partir de una fecha de venta podría revelar ciclos mensuales de ventas o patrones de compras semanales. De manera similar, para datos relacionados con el clima, el mes y el día podrían ayudar a capturar variaciones estacionales. En series temporales financieras, el año y el trimestre podrían ser cruciales para identificar tendencias a largo plazo y patrones cíclicos.

Además, puedes crear características más complejas basadas en el tiempo, como:

- ¿Es fin de semana o día laboral?
- ¿En qué trimestre del año?
- ¿Es un día festivo?
- ¿Número de días desde un evento específico?

Estas características derivadas pueden proporcionar información valiosa sobre fenómenos dependientes del tiempo, permitiendo que tu modelo capture patrones matizados que podrían no ser evidentes en los datos crudos de fecha y hora. Al incorporar estos aspectos temporales, puedes mejorar significativamente la capacidad de tu modelo para predecir resultados influenciados por tendencias estacionales, patrones cíclicos u otros factores basados en el tiempo.

Ejemplo: Extracción de componentes de fecha para crear nuevas características

Supongamos que tenemos un conjunto de datos que incluye una columna con la fecha de una venta de una casa. Podemos extraer nuevas características como **YearSold**, **MonthSold** y **DayOfWeekSold** para capturar tendencias temporales que pueden influir en los precios de las casas.

```
# Sample data with a date column
data = {
    'SaleDate': ['2021-01-15', '2020-07-22', '2021-03-01', '2019-10-10', '2022-12-
31'],
    'Price': [250000, 300000, 275000, 225000, 350000]
}

df = pd.DataFrame(data)

# Convert the SaleDate column to a datetime object
df['SaleDate'] = pd.to_datetime(df['SaleDate'])
```

```
# Extract new features from the SaleDate column
df['YearSold'] = df['SaleDate'].dt.year
df['MonthSold'] = df['SaleDate'].dt.month
df['DayOfWeekSold'] = df['SaleDate'].dt.dayofweek
df['QuarterSold'] = df['SaleDate'].dt.quarter
df['IsWeekend'] = df['SaleDate'].dt.dayofweek.isin([5, 6]).astype(int)
df['DaysSince2019'] = (df['SaleDate'] - pd.Timestamp('2019-01-01')).dt.days

# Create a season column
df['Season'] = pd.cut(df['MonthSold'],
                      bins=[0, 3, 6, 9, 12],
                      labels=['Winter', 'Spring', 'Summer', 'Fall'],
                      include_lowest=True)

# View the new features
print(df)

# Analyze the relationship between time features and price
import matplotlib.pyplot as plt
import seaborn as sns

plt.figure(figsize=(12, 6))
sns.scatterplot(data=df, x='DaysSince2019', y='Price', hue='Season')
plt.title('House Prices Over Time')
plt.show()

# Calculate average price by year and month
avg_price = df.groupby(['YearSold', 'MonthSold'])['Price'].mean().unstack()
plt.figure(figsize=(12, 6))
sns.heatmap(avg_price, annot=True, fmt='.0f', cmap='YlOrRd')
plt.title('Average House Price by Year and Month')
plt.show()
```

Este ejemplo de código muestra un enfoque completo para extraer y analizar características basadas en fechas de un conjunto de datos. Vamos a desglosar el código y su funcionalidad:

1. Creación y Preprocesamiento de Datos:
    - Creamos un conjunto de datos de muestra con las columnas 'SaleDate' y 'Price'.
    - La columna 'SaleDate' se convierte en un objeto datetime usando pd.to_datetime().
2. Extracción de Características:
    - Componentes básicos de la fecha: Se extraen el año, el mes y el día de la semana.
    - Trimestre: Se extrae el trimestre del año usando dt.quarter.

   - IsWeekend: Se crea una característica binaria para indicar si la venta ocurrió en un fin de semana.
   - DaysSince2019: Esta característica calcula el número de días desde el 1 de enero de 2019, lo cual puede ser útil para capturar tendencias a largo plazo.
   - Season: Se crea una característica categórica utilizando pd.cut() para agrupar los meses en estaciones.

3. Visualización de Datos:
   - Se crea un gráfico de dispersión para visualizar la relación entre el número de días desde 2019 y el precio de la casa, con los puntos coloreados por estación.
   - Se genera un mapa de calor para mostrar el precio promedio de la casa por año y mes, lo que puede revelar patrones estacionales en los precios de las viviendas.

Este ejemplo completo demuestra varias técnicas para extraer características significativas de los datos de fecha y visualizarlos para obtener información. Dicha ingeniería de características puede mejorar significativamente el poder predictivo de los modelos de Machine Learning que trabajan con datos de series temporales.

7.1.3 Combinación de Características

La combinación de múltiples características existentes puede crear nuevas características poderosas que capturen relaciones complejas entre variables. Este proceso, conocido como interacción de características o cruzamiento de características, va más allá de las combinaciones lineales simples y puede revelar patrones no lineales en los datos. Al multiplicar, dividir o tomar razones de características existentes, podemos generar nuevos conocimientos que las características individuales podrían no captar por sí solas.

Por ejemplo, en un conjunto de datos con información sobre casas, podrías crear una nueva característica que represente el **precio por pie cuadrado** dividiendo el precio de la casa por su tamaño en pies cuadrados. Esta característica derivada normaliza el precio en función del tamaño de la casa, revelando potencialmente patrones que ni el precio ni el tamaño por sí solos podrían mostrar. Otros ejemplos podrían incluir:

- Combinar 'número de habitaciones' y 'tamaño total en pies cuadrados' para crear una característica de 'tamaño promedio de habitación'
- Multiplicar 'edad de la casa' por 'número de renovaciones' para capturar el impacto de las actualizaciones en propiedades más antiguas
- Crear una razón de 'tamaño del terreno' a 'tamaño de la casa' para representar la proporción de tierra respecto a la construcción

Estas características combinadas pueden mejorar significativamente la capacidad de un modelo para capturar relaciones matizadas en los datos, mejorando potencialmente su poder predictivo e interpretabilidad. Sin embargo, es importante abordar la combinación de características de manera reflexiva, ya que la creación indiscriminada de nuevas características puede llevar al sobreajuste o aumentar la complejidad del modelo sin obtener ganancias correspondientes en el rendimiento.

Ejemplo: Creación de una Nueva Característica a partir de la Razón de Dos Características

Supongamos que tenemos un conjunto de datos con precios de casas y tamaños de casas (en pies cuadrados). Podemos crear una nueva característica, **PricePerSqFt**, para normalizar los precios de las casas en función de su tamaño.

```
import pandas as pd
import matplotlib.pyplot as plt
import seaborn as sns

# Sample data
data = {
    'HousePrice': [500000, 700000, 600000, 550000, 800000],
    'HouseSize': [2000, 3000, 2500, 1800, 3500],
    'Bedrooms': [3, 4, 3, 2, 5],
    'YearBuilt': [1990, 2005, 2000, 1985, 2010]
}

df = pd.DataFrame(data)

# Create new features
df['PricePerSqFt'] = df['HousePrice'] / df['HouseSize']
df['AvgRoomSize'] = df['HouseSize'] / df['Bedrooms']
df['AgeOfHouse'] = 2023 - df['YearBuilt']
df['PricePerRoom'] = df['HousePrice'] / df['Bedrooms']

# View the new features
print(df)

# Visualize relationships
plt.figure(figsize=(12, 8))

# Scatter plot of Price vs Size, colored by Age
plt.subplot(2, 2, 1)
sns.scatterplot(data=df,     x='HouseSize',     y='HousePrice',     hue='AgeOfHouse',
palette='viridis')
plt.title('House Price vs Size (colored by Age)')

# Bar plot of Average Price per Sq Ft by Bedrooms
plt.subplot(2, 2, 2)
sns.barplot(data=df, x='Bedrooms', y='PricePerSqFt')
plt.title('Avg Price per Sq Ft by Bedrooms')
```

```
# Heatmap of correlations
plt.subplot(2, 2, 3)
sns.heatmap(df.corr(), annot=True, cmap='coolwarm')
plt.title('Correlation Heatmap')

# Scatter plot of Price per Room vs Age of House
plt.subplot(2, 2, 4)
sns.scatterplot(data=df, x='AgeOfHouse', y='PricePerRoom')
plt.title('Price per Room vs Age of House')

plt.tight_layout()
plt.show()

# Statistical summary
print(df.describe())

# Correlation analysis
print(df.corr()['HousePrice'].sort_values(ascending=False))
```

Este ejemplo de código muestra un enfoque completo para la ingeniería de características y el análisis exploratorio de datos. Vamos a profundizar en sus componentes:

1. Preparación de Datos:
   - Importamos las bibliotecas necesarias: pandas para la manipulación de datos, matplotlib y seaborn para visualización.
   - Se expande el conjunto de datos de muestra para incluir más casas y características adicionales como 'Bedrooms' y 'YearBuilt'.
2. Ingeniería de Características:
   - PricePerSqFt: Normaliza el precio de la casa según el tamaño.
   - AvgRoomSize: Calcula el tamaño promedio de las habitaciones.
   - AgeOfHouse: Determina la antigüedad de la casa (asumiendo que el año actual es 2023).
   - PricePerRoom: Calcula el precio por dormitorio.
3. Visualización de Datos:
   - Se crea una cuadrícula de 2x2 gráficos para visualizar diferentes aspectos de los datos: a) Diagrama de dispersión de House Price vs. Size, coloreado por Age. b) Gráfico de barras que muestra el precio promedio por pie cuadrado para diferentes cantidades de dormitorios. c) Mapa de calor de correlaciones entre todas las características. d) Diagrama de dispersión de Price per Room vs. Age of House.

4. Análisis Estadístico:
   - La función describe() proporciona estadísticas descriptivas para todas las columnas numéricas.
   - El análisis de correlación muestra qué tan fuerte se correlaciona cada característica con HousePrice.

Este ejemplo completo no solo crea nuevas características, sino que también explora sus relaciones y posibles impactos en los precios de las viviendas. Las visualizaciones y análisis estadísticos proporcionan información que puede guiar en la ingeniería de características o en los procesos de selección de modelos.

7.1.4 Creación de Términos de Interacción

Los términos de interacción son características que capturan el efecto combinado de dos o más variables, ofreciendo una forma poderosa de modelar relaciones complejas en los datos. Estos términos van más allá de las combinaciones lineales simples, permitiendo la representación de interacciones no lineales entre características. Por ejemplo, en el modelado inmobiliario, la interacción entre el tamaño de una casa y su ubicación podría ser más predictiva de su precio que cualquiera de las características por sí sola. Esto se debe a que el valor de metros cuadrados adicionales puede variar significativamente según el vecindario.

Los términos de interacción son especialmente valiosos cuando hay una relación no lineal entre las características y la variable objetivo. Pueden revelar patrones que las características individuales podrían pasar por alto. Por ejemplo, en un contexto de marketing, la interacción entre la edad de un cliente y sus ingresos podría proporcionar información sobre el comportamiento de compra que ni la edad ni los ingresos podrían captar por sí solos. De manera similar, en estudios ambientales, la interacción entre temperatura y humedad podría ser crucial para predecir ciertos fenómenos meteorológicos.

Crear términos de interacción implica multiplicar dos o más características entre sí. Este proceso permite que el modelo aprenda diferentes efectos para una variable en función de los valores de otra. Es importante tener en cuenta que, aunque los términos de interacción pueden mejorar significativamente el rendimiento del modelo, deben usarse con moderación. Agregar demasiados términos de interacción puede llevar al sobreajuste y hacer que el modelo sea más difícil de interpretar. Por lo tanto, es crucial basar la creación de términos de interacción en el conocimiento del dominio o en el análisis exploratorio de datos para asegurarse de que agreguen un valor significativo al modelo.

Ejemplo: Creación de Términos de Interacción

Supongamos que queremos explorar la interacción entre el precio de una casa y el año en que se vendió. Podemos crear un término de interacción multiplicando estas dos características entre sí.

```
import pandas as pd
```

```
import matplotlib.pyplot as plt
import seaborn as sns

# Sample data
data = {
    'HousePrice': [500000, 700000, 600000, 550000, 800000],
    'YearSold': [2020, 2019, 2021, 2020, 2022],
    'SquareFootage': [2000, 2500, 2200, 1800, 3000],
    'Bedrooms': [3, 4, 3, 2, 5]
}

df = pd.DataFrame(data)

# Create interaction terms
df['Price_YearInteraction'] = df['HousePrice'] * df['YearSold']
df['Price_SqFtInteraction'] = df['HousePrice'] * df['SquareFootage']
df['PricePerSqFt'] = df['HousePrice'] / df['SquareFootage']
df['PricePerBedroom'] = df['HousePrice'] / df['Bedrooms']

# View the dataframe with new features
print(df)

# Visualize relationships
plt.figure(figsize=(12, 10))

# Scatter plot of Price vs Year, sized by SquareFootage
plt.subplot(2, 2, 1)
sns.scatterplot(data=df,    x='YearSold',    y='HousePrice',    size='SquareFootage',
hue='Bedrooms')
plt.title('House Price vs Year Sold')

# Heatmap of correlations
plt.subplot(2, 2, 2)
sns.heatmap(df.corr(), annot=True, cmap='coolwarm')
plt.title('Correlation Heatmap')

# Scatter plot of Price_YearInteraction vs PricePerSqFt
plt.subplot(2, 2, 3)
sns.scatterplot(data=df, x='Price_YearInteraction', y='PricePerSqFt')
plt.title('Price-Year Interaction vs Price Per Sq Ft')

# Bar plot of average Price Per Bedroom by Year
plt.subplot(2, 2, 4)
sns.barplot(data=df, x='YearSold', y='PricePerBedroom')
plt.title('Avg Price Per Bedroom by Year')

plt.tight_layout()
plt.show()

# Statistical summary
print(df.describe())
```

```
# Correlation analysis
print(df.corr()['HousePrice'].sort_values(ascending=False))
```

Este ejemplo de código demuestra un enfoque completo para crear y analizar términos de interacción en el contexto inmobiliario.

Desglosemos cada parte:

- Preparación de Datos:
  - Importamos las bibliotecas necesarias: pandas para la manipulación de datos, matplotlib y seaborn para visualización.
  - El conjunto de datos de muestra se expande para incluir más casas y características adicionales como 'SquareFootage' y 'Bedrooms'.
- Ingeniería de Características:
  - Price_YearInteraction: Captura la interacción entre el precio de la casa y el año en que se vendió.
  - Price_SqFtInteraction: Representa la interacción entre el precio y los pies cuadrados.
  - PricePerSqFt: Una característica de razón que normaliza el precio por tamaño.
  - PricePerBedroom: Otra característica de razón que muestra el precio por dormitorio.
- Visualización de Datos:
  - Se crea una cuadrícula de gráficos 2x2 para visualizar diferentes aspectos de los datos: a) Diagrama de dispersión de House Price vs. Year Sold, con el tamaño de los puntos representando los pies cuadrados y el color representando el número de dormitorios. b) Mapa de calor de correlaciones entre todas las características. c) Diagrama de dispersión de Price-Year Interaction vs. Price Per Sq Ft. d) Gráfico de barras que muestra el precio promedio por dormitorio en diferentes años.
- Análisis Estadístico:
  - La función describe() proporciona estadísticas descriptivas para todas las columnas numéricas.
  - El análisis de correlación muestra qué tan fuerte se correlaciona cada característica con HousePrice.

Este ejemplo completo no solo crea términos de interacción, sino que también explora sus relaciones con otras características y la variable objetivo (HousePrice). Las visualizaciones y análisis estadísticos proporcionan información que puede guiar en la ingeniería de características o en los procesos de selección de modelos. Por ejemplo, el mapa de calor de correlación puede revelar qué términos de interacción están más fuertemente asociados con los precios de las viviendas, mientras que los gráficos de dispersión pueden mostrar relaciones no lineales que estos términos podrían captar.

7.1.5 Conclusiones Clave y Sus Implicaciones

- **Transformaciones matemáticas** (como logarítmica o de raíz cuadrada) pueden ayudar a estabilizar la varianza o reducir la asimetría en los datos, mejorando el rendimiento de ciertos modelos de Machine Learning. Estas transformaciones son particularmente útiles cuando se trabaja con características que muestran crecimiento o decaimiento exponencial, o cuando la relación entre variables es no lineal.
- **Extracción de características de fecha y hora** permite crear nuevas características significativas a partir de columnas de fecha y hora, permitiendo que los modelos capturen patrones estacionales o basados en el tiempo. Esta técnica es crucial para el análisis de series temporales, pronósticos y comprensión de tendencias cíclicas en los datos. Por ejemplo, extraer el día de la semana, el mes o la estación puede revelar patrones importantes en ventas minoristas o consumo de energía.
- **Combinación de características** como razones o diferencias entre variables existentes puede descubrir relaciones importantes, como normalizar los precios de viviendas por tamaño. Estas características derivadas suelen proporcionar más información interpretativa y significativa que los datos sin procesar. Por ejemplo, en análisis financieros, razones como precio/ganancias o deuda/capital son más informativas que los componentes individuales por sí solos.
- **Términos de interacción** permiten que el modelo capture los efectos combinados de dos o más características, lo cual puede ser especialmente útil cuando las relaciones entre variables son no lineales. Estos términos pueden mejorar significativamente el rendimiento del modelo al considerar interdependencias complejas. Por ejemplo, en marketing, la interacción entre la edad del cliente y sus ingresos podría predecir mejor el comportamiento de compra que cualquiera de las variables por separado.

Comprender y aplicar estas técnicas de ingeniería de características puede mejorar drásticamente el rendimiento, la interpretabilidad y la robustez de los modelos. Sin embargo, es crucial abordar la creación de características de manera reflexiva, siempre considerando el conocimiento del dominio y los requisitos específicos de la tarea de Machine Learning. La ingeniería de características efectiva requiere una combinación de creatividad, comprensión estadística y experiencia en el dominio.

7.2 Interacciones de Características: Polinomiales, Cruzadas y Más

Las interacciones de características juegan un papel crucial en descubrir relaciones complejas dentro de los conjuntos de datos. Aunque las características individuales proporcionan información valiosa, a menudo no capturan completamente la interacción intrincada entre múltiples variables. Al aprovechar los términos de interacción, los científicos de datos pueden mejorar significativamente el rendimiento del modelo y descubrir patrones ocultos que de otro modo podrían permanecer sin detectar.

Los términos de interacción vienen en varias formas, cada uno diseñado para capturar diferentes tipos de relaciones:

- **Características polinomiales** introducen no linealidad elevando características individuales a potencias más altas. Esto permite que los modelos capturen relaciones curvas entre las características y la variable objetivo, lo cual es particularmente útil al tratar con fenómenos que muestran comportamiento exponencial o cuadrático.
- **Características cruzadas** combinan dos o más características mediante multiplicación, permitiendo que los modelos aprendan cómo el efecto de una característica puede depender del valor de otra. Esto es especialmente valioso en escenarios donde el impacto de una variable cambia según el contexto proporcionado por otras características.
- **Funciones por tramos** dividen el espacio de características en segmentos, permitiendo que se modelen relaciones diferentes en cada segmento. Este enfoque es particularmente útil al tratar con efectos de umbral o cuando la relación entre variables cambia drásticamente en ciertos puntos.

Además de estos tipos comunes, se pueden crear términos de interacción avanzados a través de varias transformaciones matemáticas, como funciones logarítmicas o trigonométricas, o combinando múltiples técnicas de interacción. Estas interacciones sofisticadas pueden ayudar a los modelos a descubrir patrones aún más matizados en los datos, llevando a una mayor precisión predictiva y una comprensión más profunda de las relaciones subyacentes entre las variables.

A medida que profundizamos en esta sección, exploraremos técnicas prácticas para crear e implementar estos términos de interacción, así como estrategias para seleccionar las interacciones más relevantes para incluir en tus modelos. Al dominar estos conceptos, estarás mejor equipado para extraer el máximo valor de tus conjuntos de datos y desarrollar modelos de Machine Learning más robustos y precisos.

7.2.1 Características Polinomiales

Las características polinomiales son una técnica poderosa utilizada para capturar relaciones no lineales entre las características y la variable objetivo. Al expandir características existentes en términos de orden superior, como cuadrados, cubos o incluso potencias más altas, permitimos que nuestros modelos aprendan patrones complejos que pueden no ser evidentes en el espacio lineal de características original.

Por ejemplo, considera un conjunto de datos donde los precios de las viviendas están relacionados con el tamaño de la casa. Un modelo lineal podría asumir que el precio aumenta proporcionalmente con el tamaño. Sin embargo, en realidad, la relación podría ser más compleja. Al introducir características polinomiales, como el cuadrado del tamaño de la casa, habilitamos al modelo para capturar escenarios en los que el precio podría aumentar más rápidamente para casas más grandes.

Cuándo Usar Características Polinomiales

- Cuando el análisis exploratorio de datos sugiere una relación no lineal entre las características y la variable objetivo. Esto podría ser evidente en diagramas de dispersión u otras visualizaciones que muestren patrones curvos.
- En escenarios donde el conocimiento del dominio indica que el efecto de una característica podría acelerarse o desacelerarse a medida que su valor cambia. Por ejemplo, en economía, la ley de rendimientos decrecientes a menudo resulta en relaciones no lineales.
- Al trabajar con modelos lineales simples como **regresión lineal** o **regresión logística**, y deseas introducir no linealidad sin cambiar a arquitecturas de modelos más complejas. Agregar términos polinomiales puede mejorar significativamente la capacidad del modelo para ajustar relaciones curvas.
- En pipelines de ingeniería de características donde deseas explorar automáticamente una gama más amplia de posibles relaciones entre características y la variable objetivo.

Es importante tener en cuenta que, aunque las características polinomiales pueden mejorar en gran medida el rendimiento del modelo, deben usarse con moderación. La introducción de demasiados términos de alto orden puede llevar al sobreajuste, especialmente con conjuntos de datos más pequeños. Por lo tanto, es crucial equilibrar la complejidad del espacio de características con la cantidad de datos disponibles y usar técnicas de regularización apropiadas cuando sea necesario.

Ejemplo: Generación de Características Polinomiales

Supongamos que tienes un conjunto de datos con una característica **HouseSize**, y crees que los precios de las casas siguen una relación no lineal con el tamaño. Puedes crear características polinomiales (cuadradas, cúbicas) para permitir que el modelo capture este patrón no lineal.

```
import pandas as pd
import numpy as np
from sklearn.preprocessing import PolynomialFeatures
import matplotlib.pyplot as plt
import seaborn as sns

# Sample data
np.random.seed(42)
data = {'HouseSize': np.random.randint(1000, 5000, 100)}
df = pd.DataFrame(data)

# Initialize PolynomialFeatures object for degree 3 (cubic terms)
poly = PolynomialFeatures(degree=3, include_bias=False)

# Generate polynomial features
polynomial_features = poly.fit_transform(df[['HouseSize']])

# Create a new DataFrame with polynomial features
df_poly = pd.DataFrame(polynomial_features,
                       columns=['HouseSize', 'HouseSize^2', 'HouseSize^3'])

# Add a simulated price column with some noise
df_poly['Price'] = (0.1 * df_poly['HouseSize'] +
                    0.00005 * df_poly['HouseSize^2'] -
                    0.000000005 * df_poly['HouseSize^3'] +
                    np.random.normal(0, 50000, 100))

# View the first few rows of the DataFrame
print(df_poly.head())

# Visualize the relationships
plt.figure(figsize=(15, 10))

# Scatter plot of Price vs HouseSize
plt.subplot(2, 2, 1)
sns.scatterplot(data=df_poly, x='HouseSize', y='Price')
plt.title('Price vs House Size')

# Scatter plot of Price vs HouseSize^2
plt.subplot(2, 2, 2)
sns.scatterplot(data=df_poly, x='HouseSize^2', y='Price')
plt.title('Price vs House Size Squared')

# Scatter plot of Price vs HouseSize^3
plt.subplot(2, 2, 3)
sns.scatterplot(data=df_poly, x='HouseSize^3', y='Price')
plt.title('Price vs House Size Cubed')

# Heatmap of correlations
plt.subplot(2, 2, 4)
sns.heatmap(df_poly.corr(), annot=True, cmap='coolwarm')
```

```
plt.title('Correlation Heatmap')

plt.tight_layout()
plt.show()

# Print summary statistics
print(df_poly.describe())

# Print correlations with Price
print(df_poly.corr()['Price'].sort_values(ascending=False))
```

Este ejemplo de código muestra un enfoque completo para trabajar con características polinomiales. Vamos a desglosarlo:

1. Generación de Datos:
   - Usamos numpy para generar un conjunto de datos aleatorio de 100 tamaños de casas entre 1000 y 5000 pies cuadrados.
   - Se establece una semilla para garantizar la reproducibilidad.
2. Características Polinomiales:
   - Usamos PolynomialFeatures de sklearn para generar no solo términos al cuadrado, sino también términos cúbicos (degree=3).
   - Esto nos permite capturar relaciones no lineales más complejas.
3. Precio Simulado:
   - Creamos una columna de precios simulados basada en una función no lineal del tamaño de la casa.
   - Esto simula un escenario del mundo real donde el precio puede aumentar más rápidamente para casas de tamaño medio, pero estabilizarse para casas muy grandes.
   - Se añade ruido aleatorio para hacer los datos más realistas.
4. Visualización:
   - Creamos una cuadrícula de gráficos 2x2 para visualizar diferentes aspectos de los datos.
   - Tres diagramas de dispersión muestran la relación entre el precio y cada característica polinomial.
   - Un mapa de calor visualiza las correlaciones entre todas las características.
5. Análisis Estadístico:

- Imprimimos estadísticas descriptivas para todas las columnas usando la función describe().
- También imprimimos las correlaciones entre el Precio y todas las demás características, ordenadas en orden descendente.

Este ejemplo completo nos permite ver cómo diferentes términos polinomiales se relacionan con la variable objetivo (Precio) y entre sí. Las visualizaciones y análisis estadísticos proporcionan información que puede guiar en la selección de características y los procesos de construcción de modelos. Por ejemplo, podríamos observar que el término al cuadrado tiene una correlación más fuerte con el Precio que los términos lineal o cúbico, sugiriendo que podría ser el más útil para la predicción.

Características Polinomiales de Orden Superior

También puedes crear características polinomiales de orden superior (por ejemplo, cúbicas, cuárticas) aumentando el parámetro degree. Sin embargo, ten precaución, ya que los términos de orden superior pueden llevar al sobreajuste, especialmente al trabajar con conjuntos de datos pequeños.

7.2.2 Características Cruzadas

Características cruzadas, también conocidas como términos de interacción, se crean multiplicando dos o más características entre sí. Estos términos permiten que los modelos capturen el efecto combinado de múltiples características, revelando relaciones complejas que pueden no ser aparentes al considerar las características de manera aislada. Las características cruzadas son particularmente valiosas cuando el impacto de una característica en la variable objetivo está influenciado por el valor de otra característica.

Por ejemplo, en un modelo de precios inmobiliarios, el efecto del tamaño de la casa en el precio podría variar según el vecindario. Una característica cruzada que combine el tamaño de la casa y el vecindario podría capturar esta relación más matizada de manera más efectiva que cualquiera de las características por separado.

Cuándo Usar Características Cruzadas

- Cuando sospechas que la combinación de dos características tiene un poder predictivo más fuerte que cualquiera de las características de manera independiente. Esto ocurre frecuentemente cuando las características tienen un efecto sinérgico sobre la variable objetivo.
- Al trabajar con características categóricas que, al combinarse, revelan información más profunda sobre la variable objetivo. Por ejemplo, en un modelo de predicción de abandono de clientes, la combinación de grupo de edad del cliente y tipo de suscripción podría proporcionar más poder predictivo que cualquiera de las características por separado.

- En escenarios donde el conocimiento del dominio sugiere que las interacciones entre características son importantes. Por ejemplo, en la predicción del rendimiento agrícola, la interacción entre la lluvia y el tipo de suelo podría ser crucial para hacer pronósticos precisos.
- Cuando el análisis exploratorio de datos o la visualización revelan relaciones no lineales entre características y la variable objetivo que no pueden capturarse solo con características individuales.

Es importante tener en cuenta que, aunque las características cruzadas pueden mejorar significativamente el rendimiento del modelo, deben usarse con moderación. Agregar demasiados términos de interacción puede llevar al sobreajuste y reducir la interpretabilidad del modelo. Por lo tanto, es crucial validar la efectividad de las características cruzadas mediante técnicas como la validación cruzada y el análisis de importancia de las características.

Ejemplo: Creación de Características Cruzadas

Supongamos que tenemos un conjunto de datos con dos características: **HouseSize** y **NumBedrooms**. Sospechas que el efecto combinado de estas características (es decir, casas más grandes con más dormitorios) podría proporcionar un poder predictivo mayor para los precios de las viviendas que cualquiera de las características por separado.

```
import pandas as pd
import numpy as np
import matplotlib.pyplot as plt
import seaborn as sns

# Sample data
np.random.seed(42)
data = {
    'HouseSize': np.random.randint(1000, 5000, 100),
    'NumBedrooms': np.random.randint(1, 6, 100),
    'YearBuilt': np.random.randint(1950, 2023, 100)
}

df = pd.DataFrame(data)

# Create cross-features
df['HouseSize_BedroomInteraction'] = df['HouseSize'] * df['NumBedrooms']
df['HouseSize_YearInteraction'] = df['HouseSize'] * df['YearBuilt']
df['Bedroom_YearInteraction'] = df['NumBedrooms'] * df['YearBuilt']

# Create a simulated price column with some noise
df['Price'] = (100 * df['HouseSize'] +
               50000 * df['NumBedrooms'] +
               1000 * (df['YearBuilt'] - 1950) +
               0.5 * df['HouseSize_BedroomInteraction'] +
               np.random.normal(0, 50000, 100))
```

```
# View the first few rows of the DataFrame
print(df.head())

# Visualize the relationships
plt.figure(figsize=(15, 10))

# Scatter plot of Price vs HouseSize, colored by NumBedrooms
plt.subplot(2, 2, 1)
sns.scatterplot(data=df,       x='HouseSize',       y='Price',       hue='NumBedrooms',
palette='viridis')
plt.title('Price vs House Size (colored by Bedrooms)')

# Scatter plot of Price vs HouseSize_BedroomInteraction
plt.subplot(2, 2, 2)
sns.scatterplot(data=df, x='HouseSize_BedroomInteraction', y='Price')
plt.title('Price vs House Size * Bedrooms Interaction')

# Heatmap of correlations
plt.subplot(2, 2, 3)
sns.heatmap(df.corr(), annot=True, cmap='coolwarm', fmt='.2f')
plt.title('Correlation Heatmap')

# Distribution of Price
plt.subplot(2, 2, 4)
sns.histplot(data=df, x='Price', kde=True)
plt.title('Distribution of House Prices')

plt.tight_layout()
plt.show()

# Print summary statistics
print(df.describe())

# Print correlations with Price
print(df.corr()['Price'].sort_values(ascending=False))
```

Este ejemplo de código ofrece un enfoque completo para trabajar con características cruzadas y términos de interacción. Vamos a desglosarlo:

- Generación de Datos:
  - Usamos numpy para generar un conjunto de datos aleatorio de 100 casas con características: HouseSize, NumBedrooms y YearBuilt.
  - Se establece una semilla para garantizar la reproducibilidad.
- Características Cruzadas:
  - Creamos tres términos de interacción: HouseSize_BedroomInteraction, HouseSize_YearInteraction y Bedroom_YearInteraction.

    - Estos capturan los efectos combinados de pares de características.
- Precio Simulado:
    - Creamos una columna de precios simulados basada en una combinación lineal de las características originales y un término de interacción.
    - Se añade ruido aleatorio para hacer los datos más realistas.
- Visualización:
    - Creamos una cuadrícula de gráficos 2x2 para visualizar diferentes aspectos de los datos.
    - El primer gráfico muestra Price vs HouseSize, con los puntos coloreados según NumBedrooms.
    - El segundo gráfico muestra Price vs HouseSize_BedroomInteraction.
    - Un mapa de calor visualiza las correlaciones entre todas las características.
    - Un histograma muestra la distribución de los precios de las casas.
- Análisis Estadístico:
    - Imprimimos estadísticas descriptivas para todas las columnas usando la función describe().
    - También imprimimos las correlaciones entre Price y todas las demás características, ordenadas en orden descendente.

Este ejemplo completo nos permite ver cómo las diferentes características y sus interacciones se relacionan con la variable objetivo (Price) y entre sí. Las visualizaciones y análisis estadísticos proporcionan información que puede guiar en la selección de características y los procesos de construcción de modelos. Por ejemplo, podríamos observar que ciertos términos de interacción tienen correlaciones más fuertes con el precio que las características individuales, lo que sugiere que podrían ser útiles para la predicción.

Características Cruzadas Categóricas

También puedes crear características cruzadas a partir de **variables categóricas**, lo cual puede ser particularmente poderoso para revelar patrones que podrían no ser evidentes cuando se consideran estas variables por separado. Por ejemplo, si tienes características como **Region** y **HouseType**, crear una característica cruzada que combine ambas podría proporcionar información que ninguna de las características ofrecería por sí sola. Este enfoque te permite capturar las características únicas de combinaciones específicas, como "North_Apartment" o "South_House".

Estas características cruzadas categóricas pueden ser especialmente útiles en escenarios donde el impacto de una variable categórica depende de otra. Por ejemplo, el efecto del tipo de casa en el precio podría variar significativamente entre diferentes regiones. Al crear una característica cruzada, permites que tu modelo aprenda estas relaciones matizadas.

Además, las características cruzadas categóricas pueden ayudar en la selección de características y la reducción de dimensionalidad. En lugar de tratar cada categoría de cada variable como una característica separada (lo que puede llevar a un espacio de características de alta dimensionalidad), puedes crear categorías combinadas más significativas. Esto no solo puede mejorar el rendimiento del modelo, sino también mejorar la interpretabilidad, ya que estas características combinadas a menudo se alinean más estrechamente con conceptos del mundo real que los expertos en el dominio pueden entender y validar fácilmente.

```
import pandas as pd
import numpy as np
import matplotlib.pyplot as plt
import seaborn as sns

# Sample data with categorical features
np.random.seed(42)
data = {
    'Region': np.random.choice(['North', 'South', 'East', 'West'], 100),
    'HouseType': np.random.choice(['Apartment', 'House', 'Condo'], 100),
    'Price': np.random.randint(100000, 500000, 100)
}

df = pd.DataFrame(data)

# Create a cross-feature by combining Region and HouseType
df['Region_HouseType'] = df['Region'] + '_' + df['HouseType']

# One-hot encode the cross-feature
df_encoded = pd.get_dummies(df, columns=['Region_HouseType'])

# View the original features and the cross-feature
print("Original DataFrame:")
print(df.head())
print("\\nEncoded DataFrame:")
print(df_encoded.head())

# Visualize the average price for each Region_HouseType combination
plt.figure(figsize=(12, 6))
sns.barplot(x='Region_HouseType', y='Price', data=df)
plt.xticks(rotation=45)
plt.title('Average Price by Region and House Type')
plt.tight_layout()
plt.show()

# Analyze the correlation between the encoded features and Price
correlation = df_encoded.corr()['Price'].sort_values(ascending=False)
print("\\nCorrelation with Price:")
print(correlation)
```

```
# Perform a simple linear regression using the encoded features
from sklearn.linear_model import LinearRegression
from sklearn.model_selection import train_test_split

X = df_encoded.drop(['Price', 'Region', 'HouseType'], axis=1)
y = df_encoded['Price']

X_train, X_test, y_train, y_test = train_test_split(X, y, test_size=0.2,
random_state=42)

model = LinearRegression()
model.fit(X_train, y_train)

print("\\nModel R-squared score:", model.score(X_test, y_test))

# Print feature importances
feature_importance = pd.DataFrame({'feature': X.columns, 'importance': model.coef_})
print("\\nFeature Importances:")
print(feature_importance.sort_values('importance', ascending=False))
```

Desglosemos cada parte:

1. Generación de Datos:
   - Creamos un conjunto de datos más grande con 100 muestras, que incluye las características 'Region', 'HouseType' y 'Price'.
   - Las funciones aleatorias de NumPy se utilizan para generar datos diversos.
2. Creación de Característica Cruzada:
   - Combinamos 'Region' y 'HouseType' para crear una nueva característica 'Region_HouseType'.
3. Codificación One-hot:
   - La característica cruzada se codifica usando la función get_dummies de pandas.
   - Esto crea columnas binarias para cada combinación única de Region y HouseType.
4. Visualización de Datos:
   - Se crea un gráfico de barras para mostrar el precio promedio para cada combinación de Region_HouseType.
   - Esto ayuda a visualizar cómo las diferentes combinaciones afectan el precio de las viviendas.

5. Análisis de Correlación:
    - Calculamos y mostramos la correlación entre las características codificadas y el precio.
    - Esto muestra qué combinaciones de Region_HouseType tienen la relación más fuerte con el precio.
6. Modelo de Regresión Lineal:
    - Se construye un modelo de regresión lineal simple usando las características codificadas.
    - El conjunto de datos se divide en conjuntos de entrenamiento y prueba.
    - Se calcula el puntaje R-cuadrado del modelo para evaluar su rendimiento.
7. Importancia de Características:
    - Los coeficientes del modelo de regresión lineal se utilizan para determinar la importancia de las características.
    - Esto muestra qué combinaciones de Region_HouseType tienen el mayor impacto en la predicción del precio.

Este ejemplo demuestra cómo crear, analizar y utilizar características cruzadas categóricas en un contexto de Machine Learning. Cubre la preparación de datos, visualización, análisis de correlación y construcción de modelos, proporcionando una visión holística del trabajo con características cruzadas.

7.2.3 Términos de Interacción para Relaciones No Lineales

Los términos de interacción son una herramienta poderosa para capturar relaciones complejas y no lineales entre características en modelos de Machine Learning. Estos términos van más allá de las características polinomiales y cruzadas al permitir interacciones más matizadas entre variables. Son especialmente valiosos en modelos basados en árboles como árboles de decisión y bosques aleatorios, que incorporan inherentemente interacciones de características en su estructura. Sin embargo, los términos de interacción también pueden mejorar significativamente el rendimiento de modelos lineales como la regresión lineal y máquinas de soporte vectorial (SVM) al definir explícitamente estas relaciones complejas.

La ventaja de los términos de interacción radica en su capacidad para revelar patrones ocultos que podrían no ser evidentes al considerar características de manera aislada. Por ejemplo, en un modelo de predicción de precios de viviendas, el efecto del tamaño de la casa en el precio podría variar según el vecindario. Un término de interacción entre el tamaño de la casa y el vecindario podría capturar esta relación matizada, conduciendo a predicciones más precisas.

Cuándo Usar Términos de Interacción

- Cuando las características pueden influirse mutuamente de una manera que afecta a la variable objetivo. Por ejemplo, en un modelo de predicción de rendimiento de cultivos, la interacción entre lluvia y tipo de suelo podría ser crucial, ya que el efecto de la lluvia en el rendimiento puede diferir según la composición del suelo.
- Cuando combinaciones lineales simples de características son insuficientes para explicar el comportamiento de la variable objetivo. Esto ocurre a menudo en escenarios complejos del mundo real donde múltiples factores interactúan para producir un resultado. Por ejemplo, en un modelo de predicción de abandono de clientes, la interacción entre la edad del cliente y los patrones de uso del servicio podría proporcionar información que ninguna característica por sí sola podría captar.
- Cuando el conocimiento del dominio sugiere interacciones potenciales. Los expertos a menudo tienen ideas sobre cómo diferentes factores pueden interactuar en un campo determinado. Incorporar estos conocimientos a través de términos de interacción puede llevar a modelos más interpretables y precisos.

Es importante tener en cuenta que, aunque los términos de interacción pueden mejorar en gran medida el rendimiento del modelo, deben usarse con moderación. Agregar demasiados términos de interacción puede llevar al sobreajuste, especialmente en conjuntos de datos pequeños. Por lo tanto, es crucial validar la importancia de estos términos mediante técnicas como la validación cruzada y el análisis de importancia de características.

Ejemplo: Creación de Múltiples Términos de Interacción

Supongamos que tenemos tres características: **HouseSize**, **NumBedrooms** y **YearBuilt**. Podemos crear términos de interacción que combinen estas tres características para capturar su influencia conjunta en la variable objetivo (por ejemplo, el precio de la vivienda).

```
import pandas as pd
import numpy as np
import matplotlib.pyplot as plt
import seaborn as sns
from sklearn.model_selection import train_test_split
from sklearn.linear_model import LinearRegression
from sklearn.metrics import mean_squared_error, r2_score

# Sample data
np.random.seed(42)
data = {
    'HouseSize': np.random.randint(1000, 3000, 100),
    'NumBedrooms': np.random.randint(2, 6, 100),
    'YearBuilt': np.random.randint(1950, 2023, 100)
}

df = pd.DataFrame(data)

# Create interaction terms
```

```
df['Size_Bedrooms_Interaction'] = df['HouseSize'] * df['NumBedrooms']
df['Size_Year_Interaction'] = df['HouseSize'] * df['YearBuilt']
df['Bedrooms_Year_Interaction'] = df['NumBedrooms'] * df['YearBuilt']

# Create a target variable (house price) based on features and interactions
df['Price'] = (
    100 * df['HouseSize'] +
    50000 * df['NumBedrooms'] +
    1000 * (df['YearBuilt'] - 1950) +
    0.1 * df['Size_Bedrooms_Interaction'] +
    0.05 * df['Size_Year_Interaction'] +
    10 * df['Bedrooms_Year_Interaction'] +
    np.random.normal(0, 50000, 100)  # Add some noise
)

# Split the data into features (X) and target (y)
X = df[['HouseSize', 'NumBedrooms', 'YearBuilt', 'Size_Bedrooms_Interaction',
'Size_Year_Interaction', 'Bedrooms_Year_Interaction']]
y = df['Price']

# Split the data into training and testing sets
X_train, X_test, y_train, y_test = train_test_split(X, y, test_size=0.2,
random_state=42)

# Train a linear regression model
model = LinearRegression()
model.fit(X_train, y_train)

# Make predictions on the test set
y_pred = model.predict(X_test)

# Evaluate the model
mse = mean_squared_error(y_test, y_pred)
r2 = r2_score(y_test, y_pred)

print("Model Performance:")
print(f"Mean Squared Error: {mse:.2f}")
print(f"R-squared Score: {r2:.2f}")

# Print feature importances
feature_importance = pd.DataFrame({'Feature': X.columns, 'Importance': model.coef_})
print("\\nFeature Importances:")
print(feature_importance.sort_values('Importance', ascending=False))

# Visualize the relationships
plt.figure(figsize=(15, 10))

plt.subplot(2, 2, 1)
sns.scatterplot(data=df, x='HouseSize', y='Price', hue='NumBedrooms')
plt.title('Price vs House Size (colored by Number of Bedrooms)')

plt.subplot(2, 2, 2)
```

```
sns.scatterplot(data=df, x='YearBuilt', y='Price', hue='HouseSize')
plt.title('Price vs Year Built (colored by House Size)')

plt.subplot(2, 2, 3)
sns.heatmap(df.corr(), annot=True, cmap='coolwarm', fmt='.2f')
plt.title('Correlation Heatmap')

plt.subplot(2, 2, 4)
sns.residplot(x=y_pred, y=y_test - y_pred, lowess=True, color="g")
plt.xlabel('Predicted Values')
plt.ylabel('Residuals')
plt.title('Residual Plot')

plt.tight_layout()
plt.show()

# View the final dataframe
print("\\nFinal Dataframe:")
print(df.head())
```

Este ejemplo de código proporciona una demostración de cómo trabajar con términos de interacción en un contexto de Machine Learning. Aquí está el desglose de los componentes clave:

1. Generación de Datos:
   - Creamos un conjunto de datos más grande (100 muestras) con valores aleatorios para HouseSize, NumBedrooms y YearBuilt.
   - Se establece una semilla para garantizar la reproducibilidad.
2. Términos de Interacción:
   - Se crean tres términos de interacción: Size_Bedrooms_Interaction, Size_Year_Interaction y Bedrooms_Year_Interaction.
   - Estos capturan los efectos combinados de pares de características.
3. Creación de Variable Objetivo:
   - Se simula una columna 'Price' basada en una combinación de características originales y términos de interacción.
   - Se añade ruido aleatorio para hacer los datos más realistas.
4. División de Datos:
   - El conjunto de datos se divide en conjuntos de entrenamiento y prueba usando la función train_test_split de sklearn.
5. Entrenamiento del Modelo:

   - Se entrena un modelo de regresión lineal con los datos, incluyendo tanto las características originales como los términos de interacción.

6. Evaluación del Modelo:
   - Se evalúa el rendimiento del modelo usando el Error Cuadrático Medio (MSE) y el puntaje R-cuadrado.
   - Se calculan y muestran las importancias de las características, mostrando el impacto de cada característica y término de interacción en las predicciones.

7. Visualización:
   - Se crea una cuadrícula de gráficos 2x2 para visualizar diferentes aspectos de los datos: a. Price vs HouseSize, con los puntos coloreados según NumBedrooms. b. Price vs YearBuilt, con los puntos coloreados según HouseSize. c. Un mapa de calor de correlaciones entre todas las características. d. Un gráfico de residuos para verificar las suposiciones del modelo.

8. Visualización de Datos:
   - Se muestran las primeras filas del DataFrame final, mostrando todas las características originales, términos de interacción y la variable objetivo.

Este ejemplo nos permite ver cómo las diferentes características y sus interacciones se relacionan con la variable objetivo (Price) y entre sí. Las visualizaciones y análisis estadísticos proporcionan información que puede guiar en la selección de características y los procesos de construcción de modelos. La inclusión de entrenamiento y evaluación del modelo demuestra cómo se pueden utilizar estos términos de interacción en la práctica y su impacto en el rendimiento del modelo.

7.2.4 Combinación de Características Polinomiales y Cruzadas

También puedes combinar **características polinomiales** y **características cruzadas** para crear interacciones aún más complejas. Este enfoque permite capturar relaciones de orden superior entre variables, proporcionando una representación más matizada de los datos. Por ejemplo, podrías elevar al cuadrado una característica cruzada para capturar interacciones de orden superior, lo cual puede ser particularmente útil en escenarios donde la relación entre las características es no lineal e interdependiente.

Considera un modelo de precios inmobiliarios donde tienes características como el tamaño de la casa y el número de dormitorios. Una característica cruzada simple podría multiplicar estas dos características, capturando su interacción básica. Sin embargo, al elevar al cuadrado esta característica cruzada, puedes modelar relaciones más complejas. Por ejemplo, esto podría revelar que el impacto de dormitorios adicionales en el precio aumenta más rápidamente en casas más grandes, o que hay un "punto óptimo" en la relación tamaño-dormitorios que maximiza el valor.

Es importante tener en cuenta que, aunque estas características complejas pueden mejorar significativamente el rendimiento del modelo, también aumentan el riesgo de sobreajuste, especialmente en conjuntos de datos más pequeños. Por lo tanto, es crucial utilizar técnicas como la regularización y la validación cruzada al incorporar estas características en tus modelos. Además, la interpretabilidad de tu modelo puede disminuir a medida que agregas características más complejas, por lo que a menudo existe una compensación entre la complejidad del modelo y su explicabilidad que debe considerarse cuidadosamente.

Ejemplo: Combinación de Características Polinomiales y Cruzadas

Extendamos nuestro ejemplo anterior elevando al cuadrado el término de interacción entre **HouseSize** y **NumBedrooms**.

```
import pandas as pd
import numpy as np
import matplotlib.pyplot as plt
import seaborn as sns
from sklearn.model_selection import train_test_split
from sklearn.linear_model import LinearRegression
from sklearn.metrics import mean_squared_error, r2_score
from sklearn.preprocessing import PolynomialFeatures

# Sample data
np.random.seed(42)
data = {
    'HouseSize': np.random.randint(1000, 3000, 100),
    'NumBedrooms': np.random.randint(2, 6, 100),
    'YearBuilt': np.random.randint(1950, 2023, 100)
}

df = pd.DataFrame(data)

# Create cross-features
df['Size_Bedrooms_Interaction'] = df['HouseSize'] * df['NumBedrooms']
df['Size_Year_Interaction'] = df['HouseSize'] * df['YearBuilt']
df['Bedrooms_Year_Interaction'] = df['NumBedrooms'] * df['YearBuilt']

# Create polynomial cross-features
df['Size_Bedrooms_Interaction_Squared'] = df['Size_Bedrooms_Interaction'] ** 2
df['Size_Year_Interaction_Squared'] = df['Size_Year_Interaction'] ** 2
df['Bedrooms_Year_Interaction_Squared'] = df['Bedrooms_Year_Interaction'] ** 2

# Create a target variable (house price) based on features and interactions
df['Price'] = (
    100 * df['HouseSize'] +
    50000 * df['NumBedrooms'] +
    1000 * (df['YearBuilt'] - 1950) +
```

```
    0.1 * df['Size_Bedrooms_Interaction'] +
    0.05 * df['Size_Year_Interaction'] +
    10 * df['Bedrooms_Year_Interaction'] +
    0.00001 * df['Size_Bedrooms_Interaction_Squared'] +
    0.000005 * df['Size_Year_Interaction_Squared'] +
    0.001 * df['Bedrooms_Year_Interaction_Squared'] +
    np.random.normal(0, 50000, 100)  # Add some noise
)

# Split the data into features (X) and target (y)
X = df.drop('Price', axis=1)
y = df['Price']

# Split the data into training and testing sets
X_train, X_test, y_train, y_test = train_test_split(X, y, test_size=0.2,
random_state=42)

# Train a linear regression model
model = LinearRegression()
model.fit(X_train, y_train)

# Make predictions on the test set
y_pred = model.predict(X_test)

# Evaluate the model
mse = mean_squared_error(y_test, y_pred)
r2 = r2_score(y_test, y_pred)

print("Model Performance:")
print(f"Mean Squared Error: {mse:.2f}")
print(f"R-squared Score: {r2:.2f}")

# Print feature importances
feature_importance = pd.DataFrame({'Feature': X.columns, 'Importance':
abs(model.coef_)})
print("\\nFeature Importances:")
print(feature_importance.sort_values('Importance', ascending=False))

# Visualize the relationships
plt.figure(figsize=(15, 10))

plt.subplot(2, 2, 1)
sns.scatterplot(data=df, x='HouseSize', y='Price', hue='NumBedrooms')
plt.title('Price vs House Size (colored by Number of Bedrooms)')

plt.subplot(2, 2, 2)
sns.scatterplot(data=df, x='Size_Bedrooms_Interaction', y='Price', hue='YearBuilt')
plt.title('Price vs Size-Bedrooms Interaction (colored by Year Built)')

plt.subplot(2, 2, 3)
sns.heatmap(df.corr(), annot=False, cmap='coolwarm')
plt.title('Correlation Heatmap')
```

```
plt.subplot(2, 2, 4)
sns.residplot(x=y_pred, y=y_test - y_pred, lowess=True, color="g")
plt.xlabel('Predicted Values')
plt.ylabel('Residuals')
plt.title('Residual Plot')

plt.tight_layout()
plt.show()

# View the final dataframe
print("\\nFinal Dataframe:")
print(df.head())
```

Este ejemplo de código demuestra la creación y uso de características cruzadas y características polinomiales cruzadas en un contexto de Machine Learning. A continuación, un desglose completo:

1. Generación de Datos:
    - Creamos un conjunto de datos con 100 muestras, incluyendo características para HouseSize, NumBedrooms y YearBuilt.
    - Se establece una semilla aleatoria para garantizar la reproducibilidad.
2. Creación de Características:
    - Características cruzadas: Creamos términos de interacción entre pares de características originales (por ejemplo, HouseSize * NumBedrooms).
    - Características polinomiales cruzadas: Elevamos al cuadrado las características cruzadas para capturar interacciones de orden superior.
3. Creación de la Variable Objetivo:
    - Se simula una columna 'Price' basada en una combinación de características originales, características cruzadas y características polinomiales cruzadas.
    - Se añade ruido aleatorio para hacer los datos más realistas.
4. División de Datos:
    - El conjunto de datos se divide en conjuntos de entrenamiento y prueba usando la función train_test_split de sklearn.
5. Entrenamiento del Modelo:
    - Se entrena un modelo de regresión lineal con los datos, incluyendo características originales, características cruzadas y características polinomiales cruzadas.

6. Evaluación del Modelo:
    - Se evalúa el rendimiento del modelo usando el Error Cuadrático Medio (MSE) y el puntaje R-cuadrado.
    - Se calculan y muestran las importancias de las características, indicando el impacto de cada característica y término de interacción en las predicciones.
7. Visualización:
    - Se crea una cuadrícula de gráficos 2x2 para visualizar diferentes aspectos de los datos: a. Price vs HouseSize, con puntos coloreados según NumBedrooms. b. Price vs Size-Bedrooms Interaction, con puntos coloreados según YearBuilt. c. Un mapa de calor de correlaciones entre todas las características. d. Un gráfico de residuos para verificar las suposiciones del modelo.
8. Visualización de Datos:
    - Se muestran las primeras filas del DataFrame final, incluyendo todas las características originales, características cruzadas, características polinomiales cruzadas y la variable objetivo.

Este ejemplo nos permite ver cómo diferentes características, sus interacciones y términos de orden superior se relacionan con la variable objetivo (Price) y entre sí. Las visualizaciones y análisis estadísticos proporcionan información que puede guiar la selección de características y los procesos de construcción de modelos. La inclusión de características cruzadas y polinomiales cruzadas demuestra cómo estas interacciones complejas pueden usarse en la práctica y su impacto en el rendimiento del modelo.

7.2.5 Conclusiones Clave y Consideraciones Avanzadas

La ingeniería de características es un aspecto crucial del Machine Learning que puede mejorar significativamente el rendimiento del modelo. Exploremos más a fondo los conceptos clave y sus implicaciones:

- **Características polinomiales** permiten a los modelos capturar relaciones no lineales al expandir el espacio de características con términos de orden superior. Esta técnica es particularmente útil cuando la relación entre las características y la variable objetivo es compleja y no puede representarse adecuadamente solo con términos lineales. Por ejemplo, en un modelo de predicción de precios de viviendas, el efecto del tamaño de la casa en el precio podría aumentar exponencialmente en lugar de linealmente.
- **Características cruzadas** revelan los efectos combinados de múltiples características, ofreciendo al modelo una visión más rica de las interacciones entre características. Estas pueden ser especialmente poderosas cuando el conocimiento del dominio sugiere que ciertas características pueden tener un efecto multiplicativo. Por ejemplo, en un modelo de efectividad de campañas de marketing, la interacción entre el gasto

en publicidad y el tamaño del público objetivo podría ser más informativa que cada característica por separado.

- **Términos de interacción** son herramientas versátiles para capturar relaciones complejas entre variables, aplicables tanto a características numéricas como categóricas. Pueden revelar patrones ocultos que no son evidentes cuando se consideran las características de forma aislada. En un modelo de predicción de abandono de clientes, por ejemplo, la interacción entre la edad del cliente y el tipo de suscripción podría proporcionar información valiosa que ninguna de las características captura de manera independiente.
- Combinar **características polinomiales** y **características cruzadas** permite interacciones aún más sofisticadas, lo que potencialmente revela patrones muy detallados en los datos. Sin embargo, este poder conlleva un mayor riesgo de sobreajuste, especialmente con conjuntos de datos más pequeños. Para mitigar este riesgo, considera:
    - Técnicas de regularización como Lasso o Ridge para penalizar modelos complejos
    - Validación cruzada para asegurar que el modelo generalice bien a datos no vistos
    - Métodos de selección de características para identificar las interacciones más relevantes

Si bien estas técnicas avanzadas de ingeniería de características pueden mejorar significativamente el rendimiento del modelo, es crucial equilibrar la complejidad con la interpretabilidad. A medida que los modelos se vuelven más sofisticados, explicar sus predicciones a los interesados puede ser un desafío. Por lo tanto, siempre considera el compromiso entre la precisión del modelo y su explicabilidad en el contexto de tu caso de uso específico y tu audiencia.

7.3 Ejercicios Prácticos para el Capítulo 7

Ahora que hemos explorado los conceptos de creación de características y términos de interacción, es momento de aplicar estas técnicas con algunos ejercicios prácticos. Cada ejercicio está diseñado para ayudarte a practicar la creación de nuevas características, la generación de características polinomiales y la construcción de características cruzadas y términos de interacción. Donde sea necesario, se proporcionan soluciones con código.

Ejercicio 1: Creación de una Característica Logarítmica

Tienes un conjunto de datos con la característica **Income**, que tiene una distribución sesgada. Tu tarea es:

Crear una nueva característica, **LogIncome**, aplicando una transformación logarítmica a la característica **Income**.

Solución:

```
import numpy as np
import pandas as pd

# Sample data
data = {'Income': [30000, 50000, 75000, 120000, 250000]}

df = pd.DataFrame(data)

# Apply a logarithmic transformation to create the LogIncome feature
df['LogIncome'] = np.log(df['Income'])

# View the original and new features
print(df)
```

Ejercicio 2: Extracción de Características de Fecha

Estás trabajando con un conjunto de datos que contiene una columna **SaleDate**, la cual registra la fecha de venta de casas. Tu tarea es:

Extraer tres nuevas características de la columna **SaleDate**: **YearSold**, **MonthSold** y **DayOfWeekSold**.

Solución:

```
# Sample data with a date column
data = {'SaleDate': ['2022-01-05', '2021-06-15', '2020-09-22', '2019-11-30']}

df = pd.DataFrame(data)

# Convert SaleDate to a datetime object
df['SaleDate'] = pd.to_datetime(df['SaleDate'])

# Extract new features: Year, Month, Day of the week
df['YearSold'] = df['SaleDate'].dt.year
df['MonthSold'] = df['SaleDate'].dt.month
df['DayOfWeekSold'] = df['SaleDate'].dt.dayofweek

# View the new features
print(df)
```

Ejercicio 3: Creación de una Característica Cruzada

Estás trabajando con un conjunto de datos que contiene las características **HouseSize** (en pies cuadrados) y **NumBedrooms**. Tu tarea es:

Crear una nueva característica, **PricePerBedroom**, dividiendo **HouseSize** entre **NumBedrooms** para normalizar el tamaño de la casa según el número de dormitorios.

Solución:

```
# Sample data
data = {'HouseSize': [2000, 2500, 3000, 3500, 4000],
        'NumBedrooms': [3, 4, 4, 5, 6]}

df = pd.DataFrame(data)

# Create a new feature by dividing HouseSize by NumBedrooms
df['PricePerBedroom'] = df['HouseSize'] / df['NumBedrooms']

# View the new feature
print(df)
```

Ejercicio 4: Generación de Características Polinomiales

Tienes un conjunto de datos con una única característica **Age**. Tu tarea es:

Crear características polinomiales de grado 2 (términos al cuadrado) y grado 3 (términos al cubo) para la característica **Age**.

Solución:

```
from sklearn.preprocessing import PolynomialFeatures

# Sample data
data = {'Age': [25, 30, 35, 40, 45]}

df = pd.DataFrame(data)

# Initialize PolynomialFeatures object for degrees 2 and 3
poly = PolynomialFeatures(degree=3, include_bias=False)

# Generate polynomial features
polynomial_features = poly.fit_transform(df[['Age']])

# Create a DataFrame for the polynomial features
df_poly = pd.DataFrame(polynomial_features, columns=['Age', 'Age^2', 'Age^3'])

# View the polynomial features
print(df_poly)
```

Ejercicio 5: Creación de Términos de Interacción

Estás trabajando con un conjunto de datos que contiene las características **HousePrice**, **HouseSize** y **YearBuilt**. Tu tarea es:

Crear tres términos de interacción: **Price_Size_Interaction** (HousePrice * HouseSize), **Price_Year_Interaction** (HousePrice * YearBuilt) y **Size_Year_Interaction** (HouseSize * YearBuilt).

Solución:

```
# Sample data
data = {'HousePrice': [300000, 500000, 700000],
        'HouseSize': [1500, 2000, 2500],
        'YearBuilt': [1990, 2000, 2010]}

df = pd.DataFrame(data)

# Create interaction terms
df['Price_Size_Interaction'] = df['HousePrice'] * df['HouseSize']
df['Price_Year_Interaction'] = df['HousePrice'] * df['YearBuilt']
df['Size_Year_Interaction'] = df['HouseSize'] * df['YearBuilt']

# View the interaction terms
print(df)
```

Ejercicio 6: Combinación de Características Polinomiales e Interacción

Estás trabajando con el mismo conjunto de datos del **Ejercicio 5**, y ahora tu tarea es:

Crear una característica de interacción polinomial elevando al cuadrado el término **Price_Size_Interaction** para capturar efectos de orden superior.

Solución:

```
# Create a polynomial interaction feature by squaring the Price_Size_Interaction term
df['Price_Size_Interaction_Squared'] = df['Price_Size_Interaction'] ** 2

# View the polynomial interaction feature
print(df)
```

Estos ejercicios te brindan práctica práctica con la creación de características y términos de interacción, ayudándote a comprender cómo generar nuevas características y descubrir relaciones ocultas en los datos. Al dominar estas técnicas, puedes mejorar el rendimiento de tus modelos de machine learning y captar mejor la complejidad de las relaciones en tus conjuntos de datos. ¡Sigue experimentando con diferentes características e interacciones para ver cómo impactan en tu modelo!

7.4 Qué Puede Salir Mal

La creación de nuevas características y términos de interacción puede mejorar significativamente el rendimiento de tus modelos de machine learning, pero es esencial ser consciente de los posibles problemas. Si estas técnicas no se aplican de manera reflexiva, pueden introducir problemas como sobreajuste, multicolinealidad o complejidad innecesaria en el modelo. Veamos qué puede salir mal al crear características y términos de interacción, junto con estrategias para evitar estos problemas.

7.4.1 Sobreajuste con Demasiadas Características

La creación de nuevas características, especialmente términos polinomiales y de interacción, puede llevar al sobreajuste, donde el modelo aprende ruido y patrones específicos de los datos de entrenamiento que no se generalizan bien a datos nuevos.

Qué puede salir mal:

- Al agregar demasiados términos de interacción o características polinomiales, el modelo puede volverse demasiado complejo, lo que lleva a una mala generalización.
- El sobreajuste es especialmente probable con conjuntos de datos pequeños, donde las características adicionales pueden capturar simplemente variaciones aleatorias en los datos de entrenamiento.

Solución:

- Usa **validación cruzada** para evaluar el rendimiento del modelo y asegurarte de que las nuevas características mejoran la generalización, no solo la precisión en el entrenamiento.
- Aplica técnicas de **regularización** (como regularización L1 o L2) para penalizar modelos demasiado complejos, ayudando a reducir el riesgo de sobreajuste.
- Evita crear características innecesarias o redundantes. Enfócate en crear características significativas que probablemente mejoren el rendimiento predictivo.

7.4.2 Multicolinealidad Entre Características

La creación de características polinomiales y términos de interacción puede llevar a la multicolinealidad, donde dos o más características están altamente correlacionadas. Esto puede causar inestabilidad en modelos lineales, dificultando la estimación de la importancia de las características o la interpretación de los coeficientes del modelo.

Qué puede salir mal:

- La multicolinealidad puede hacer que el modelo dé demasiado peso a ciertas características o se vuelva muy sensible a pequeños cambios en los datos.
- En modelos como la regresión lineal, la multicolinealidad puede dificultar la interpretación de los coeficientes de las características, ya que pueden cambiar drásticamente con ligeras variaciones en el conjunto de datos.

Solución:

- Usa técnicas como el **Factor de Inflación de Varianza (VIF)** para identificar y eliminar características altamente correlacionadas, reduciendo la multicolinealidad.
- Considera **eliminar** una de las características correlacionadas o usar **técnicas de reducción de dimensionalidad** (como el Análisis de Componentes Principales, PCA) para combinar características correlacionadas en una sola característica representativa.
- Las técnicas de regularización, como la **regresión Ridge (L2)**, también pueden ayudar al reducir los coeficientes de características altamente correlacionadas.

7.4.3 Creación de Características Irrelevantes o Innecesarias

Puede ser tentador crear muchas nuevas características y términos de interacción, pero no todas necesariamente aportarán valor al modelo. Agregar características irrelevantes puede aumentar la complejidad del modelo sin mejorar su rendimiento, e incluso en algunos casos, puede degradarlo.

Qué puede salir mal:

- Agregar características irrelevantes o redundantes puede introducir ruido en el modelo, lo que reduce su capacidad para generalizar bien a nuevos datos.
- El modelo puede volverse más difícil de interpretar, especialmente si hay muchas características innecesarias, lo que lleva a complejidad sin obtener conocimientos significativos.

Solución:

- Usa técnicas de **selección de características**, como **Eliminación Recursiva de Características (RFE)** o **información mutua**, para determinar qué características contribuyen más al rendimiento del modelo.
- Evalúa la importancia de las características utilizando técnicas como la **importancia por permutación** o los valores **SHAP** para identificar qué características realmente aportan valor.
- Prueba y valida regularmente el impacto de las nuevas características mediante validación cruzada para asegurar que mejoran el rendimiento del modelo.

7.4.4 Interpretación Incorrecta de los Términos de Interacción

Los términos de interacción pueden proporcionar valiosos conocimientos sobre cómo las características interactúan entre sí, pero también pueden interpretarse incorrectamente si la relación entre las características no se entiende bien. Crear términos de interacción sin considerar el conocimiento del dominio puede resultar en conclusiones erróneas.

Qué puede salir mal:

- Puedes crear términos de interacción que no tienen sentido o son irrelevantes para el problema, lo que lleva a confusión y un mal rendimiento del modelo.
- Interpretar incorrectamente los términos de interacción puede llevar a suposiciones incorrectas sobre las relaciones entre variables, causando que el modelo dependa de interacciones que no existen en el mundo real.

Solución:

- Asegúrate de que los términos de interacción se crean basándose en una sólida comprensión del dominio y las relaciones entre las características. Evita crear interacciones a ciegas sin considerar su relevancia práctica.
- Visualiza las interacciones entre características antes de incluirlas en el modelo para confirmar si tienen una relación significativa con la variable objetivo.
- Si los términos de interacción no mejoran el rendimiento del modelo o son difíciles de interpretar, considera eliminarlos o usar modelos más simples.

7.4.5 Problemas de Rendimiento con Características Polinomiales en Conjuntos de Datos Grandes

Generar características polinomiales de alto grado puede resultar en una gran cantidad de nuevas características, especialmente cuando se aplica a conjuntos de datos con muchas características originales. Esto puede ralentizar el entrenamiento del modelo, aumentar el uso de memoria y hacer que el modelo sea más difícil de interpretar.

Qué puede salir mal:

- En conjuntos de datos grandes, generar características polinomiales de alto grado puede resultar en **ineficiencias computacionales**, ralentizando el entrenamiento del modelo y aumentando los requisitos de memoria.
- El modelo puede volverse más difícil de interpretar a medida que aumenta el número de características, dificultando la comprensión de las relaciones entre las características y la variable objetivo.

Solución:

- Limita el grado de las características polinomiales a 2 o 3, ya que los términos de grado superior a menudo aportan poco valor mientras aumentan significativamente la complejidad del modelo.
- Usa técnicas de reducción de dimensionalidad, como **PCA** o **importancia de características**, para reducir el número de características después de crear términos polinomiales.

- Para conjuntos de datos grandes, considera generar características polinomiales selectivamente, enfocándote en las variables más relevantes en lugar de aplicarlo globalmente a todas las características.

7.4.6 Complicación Excesiva de Modelos Simples

En algunos casos, crear demasiadas características y términos de interacción puede complicar innecesariamente un modelo que funcionaría bien con características más simples y fáciles de interpretar. Los modelos complejos con muchas características no siempre son mejores y pueden oscurecer las verdaderas relaciones en los datos.

Qué puede salir mal:

- Los modelos complejos con muchos términos de interacción y características polinomiales pueden ser más difíciles de interpretar y explicar a los interesados.
- Los modelos simples, como la regresión lineal o los árboles de decisión, pueden volverse demasiado complicados con demasiadas características, reduciendo su efectividad.

Solución:

- Comienza con modelos más simples y añade complejidad solo cuando sea necesario. A menudo, los modelos más simples funcionan igual de bien (o mejor) que los más complejos, especialmente cuando las relaciones entre características son claras.
- Usa técnicas de regularización o validación cruzada para asegurarte de que la complejidad añadida esté mejorando el rendimiento del modelo sin sobrecomplicarlo.

La creación de nuevas características y términos de interacción puede mejorar en gran medida el rendimiento del modelo, pero es esencial aplicar estas técnicas con reflexión para evitar problemas comunes. El sobreajuste, la multicolinealidad y la creación de características innecesarias son algunos de los problemas que pueden surgir al generar nuevas características.

Al evaluar cuidadosamente el impacto de cada nueva característica, evitar modelos excesivamente complejos y usar técnicas de regularización o selección de características, puedes asegurarte de que tus características mejoren el modelo sin introducir nuevos problemas.

Resumen del Capítulo 7

En este capítulo, exploramos el poder de la **creación de características** y los **términos de interacción** para mejorar los modelos de machine learning. A menudo, las características originales de un conjunto de datos no son suficientes para capturar las relaciones subyacentes entre los datos y la variable objetivo. Al crear nuevas características y términos de interacción, podemos revelar patrones más profundos que permiten que los modelos realicen predicciones más precisas.

Comenzamos discutiendo cómo crear nuevas características a partir de datos existentes. Las **transformaciones matemáticas**, como las transformaciones logarítmicas o de raíz cuadrada, son técnicas efectivas para estabilizar la varianza o reducir la asimetría en los datos. Estas transformaciones pueden hacer que los modelos lineales sean más robustos al simplificar relaciones no lineales. Por ejemplo, aplicar una transformación logarítmica a características sesgadas, como precios de viviendas, puede ayudar a normalizar los datos, facilitando su procesamiento por el modelo.

Luego exploramos la **extracción de características de fecha y hora**, que es especialmente útil en conjuntos de datos que incluyen datos temporales. Características como **año**, **mes** o **día de la semana** pueden capturar tendencias a lo largo del tiempo, que suelen ser predictivas de la variable objetivo. Por ejemplo, extraer el año y mes de ventas de viviendas puede ayudar a un modelo a identificar tendencias estacionales o ciclos económicos que afectan los precios de las viviendas.

A continuación, discutimos la importancia de **combinar características** para crear nuevos conocimientos. Al tomar ratios o interacciones entre características existentes, puedes crear representaciones más significativas de los datos. Por ejemplo, crear una característica **PricePerSqFt** a partir del precio de la vivienda y el tamaño de la casa proporciona una medida normalizada que puede mejorar la precisión del modelo.

Los **términos de interacción** son otra herramienta poderosa para mejorar los modelos, especialmente cuando se trata de relaciones no lineales. Los términos de interacción capturan el efecto combinado de dos o más características, que puede tener un mayor poder predictivo juntos que de forma individual. También exploramos cómo los términos de interacción pueden aplicarse tanto a características numéricas como categóricas.

Finalmente, en la sección **"Qué Puede Salir Mal"**, examinamos los riesgos asociados con la creación de características, incluido el sobreajuste, la multicolinealidad y la creación de características innecesarias o redundantes. Destacamos la importancia de usar técnicas de regularización, validación cruzada y métodos de selección de características para asegurar que las nuevas características mejoren el rendimiento del modelo sin añadir complejidad innecesaria.

En resumen, la creación de características y los términos de interacción son herramientas esenciales para mejorar los modelos de machine learning, pero deben aplicarse con reflexión. Al considerar cuidadosamente las relaciones entre características, usar el conocimiento del dominio y validar el impacto de las nuevas características, puedes mejorar significativamente el rendimiento de tu modelo y evitar problemas comunes. En el próximo capítulo, exploraremos técnicas avanzadas para manejar datos faltantes y refinar aún más el proceso de ingeniería de características.

Quiz Parte 2: Ingeniería de Características para Modelos Potentes

Este quiz evaluará tu comprensión de los conceptos clave cubiertos en la **Parte 2** del libro. Cada pregunta aborda un capítulo diferente y las ideas esenciales discutidas en esta sección. Tómate tu tiempo para responder cada pregunta y verifica tu comprensión de las técnicas de ingeniería de características.

Pregunta 1: (Capítulo 3 - El Rol de la Ingeniería de Características en el Machine Learning)

¿Por qué se considera que la ingeniería de características es uno de los aspectos más críticos en la construcción de modelos de machine learning?

a) Aumenta el número de características en el conjunto de datos.

b) Transforma datos sin procesar en entradas significativas que mejoran el rendimiento del modelo.

c) Ayuda a reducir el número de puntos de datos.

d) Elimina la necesidad de preprocesamiento de datos.

Pregunta 2: (Capítulo 4 - Técnicas para Manejar Datos Faltantes)

¿Cuál de los siguientes NO es un método para manejar datos faltantes?

a) Imputación por media

b) Eliminar filas con valores faltantes

c) Imputación aleatoria

d) Codificación por etiquetas

Pregunta 3: (Capítulo 4 - Técnicas para Manejar Datos Faltantes)

¿Qué técnica avanzada de imputación se debe utilizar cuando la relación entre las características es importante para completar los valores faltantes?

a) Imputación por mediana

b) Imputación por K-Nearest Neighbors (KNN)

c) Imputación por media

d) Imputación por moda

Pregunta 4: (Capítulo 5 - Transformación y Escalado de Características)

¿Qué técnica de transformación es adecuada para estabilizar la varianza y reducir la asimetría en datos con solo valores positivos?

a) Codificación One-Hot

b) Estandarización

c) Transformación logarítmica

d) Codificación ordinal

Pregunta 5: (Capítulo 5 - Transformación y Escalado de Características)

¿Cuál es la principal diferencia entre **Escalado Min-Max** y **Estandarización**?

a) El escalado Min-Max ajusta los valores a un rango fijo, mientras que la estandarización centra los datos en una media de cero y desviación estándar de uno.

b) El escalado Min-Max reduce el tamaño del conjunto de datos, mientras que la estandarización aumenta su dimensionalidad.

c) El escalado Min-Max solo se usa para características categóricas, mientras que la estandarización es para características numéricas.

d) El escalado Min-Max normaliza los valores atípicos, mientras que la estandarización ignora los valores atípicos.

Pregunta 6: (Capítulo 6 - Codificación de Variables Categóricas)

¿Cuál es una limitación clave del uso de **Codificación One-Hot** para variables categóricas con alta cardinalidad?

a) No se puede aplicar a variables numéricas.

b) Reduce el tamaño del conjunto de datos.

c) Puede crear una gran cantidad de columnas, lo que lleva a alta dimensionalidad.

d) Elimina las categorías raras del conjunto de datos.

Pregunta 7: (Capítulo 6 - Codificación de Variables Categóricas)

¿Qué método de codificación reemplaza cada categoría con la media de la variable objetivo para esa categoría?

a) Codificación One-Hot

b) Codificación de Frecuencia

c) Codificación de Objetivo

d) Codificación Ordinal

Pregunta 8: (Capítulo 7 - Creación de Características y Términos de Interacción)

¿Cuál es el propósito principal de crear **términos de interacción** entre características?

a) Reducir la complejidad del modelo.

b) Capturar el efecto combinado de múltiples características en la variable objetivo.

c) Eliminar características correlacionadas del conjunto de datos.

d) Aplicar transformaciones solo a datos categóricos.

Pregunta 9: (Capítulo 7 - Creación de Características y Términos de Interacción)

Al crear **características polinomiales**, ¿qué riesgo potencial debe considerarse?

a) Las características pueden introducir filtrado de datos.

b) Las características pueden causar multicolinealidad y sobreajuste.

c) Las características pueden convertirse en variables categóricas.

d) Las características pueden reducir el tamaño del conjunto de datos.

Pregunta 10: (General)

¿Qué técnica de ingeniería de características sería más apropiada cuando sospechas que existe una **relación no lineal** entre una característica numérica y la variable objetivo?

a) Imputación por media

b) Creación de características polinomiales

c) Codificación One-Hot

d) Escalado Min-Max

Pregunta Extra: (General)

¿Qué método de selección de características ayuda a identificar qué características contribuyen más al rendimiento del modelo, al tiempo que reduce el ruido de características irrelevantes?

a) Eliminación Recursiva de Características (RFE)

b) Imputación Aleatoria

c) Codificación Ordinal

d) Codificación por Etiquetas

Una vez que hayas completado el cuestionario, verifica tus respuestas para ver qué tan bien comprendiste los conceptos de la **Parte 2: Ingeniería de Características para Modelos Potentes**.

Respuestas

Pregunta 1:

Respuesta: b) Transforma datos sin procesar en entradas significativas que mejoran el rendimiento del modelo.

Pregunta 2:

Respuesta: d) Codificación por etiquetas

(La codificación por etiquetas se usa para la transformación de características categóricas, no para manejar datos faltantes.)

Pregunta 3:

Respuesta: b) Imputación por K-Nearest Neighbors (KNN)

Pregunta 4:

Respuesta: c) Transformación logarítmica

Pregunta 5:

Respuesta: a) El escalado Min-Max ajusta los valores a un rango fijo, mientras que la estandarización centra los datos en una media de cero y desviación estándar de uno.

Pregunta 6:

Respuesta: c) Puede crear una gran cantidad de columnas, lo que lleva a alta dimensionalidad.

Pregunta 7:

Respuesta: c) Codificación de Objetivo

Pregunta 8:

Respuesta: b) Capturar el efecto combinado de múltiples características en la variable objetivo.

Pregunta 9:

Respuesta: b) Las características pueden causar multicolinealidad y sobreajuste.

Pregunta 10:

Respuesta: b) Creación de características polinomiales

Pregunta Extra:

Respuesta: a) Eliminación Recursiva de Características (RFE)

Parte 3: Limpieza y Preprocesamiento de Datos

Proyecto 2: Pronóstico de Series Temporales con Ingeniería de Características

En este proyecto, nos embarcamos en una exploración de una de las aplicaciones más fascinantes y prácticas del machine learning: el **pronóstico de series temporales**. Los datos de series temporales están presentes en numerosos aspectos de nuestro mundo, desde las fluctuaciones en los mercados financieros y el flujo de las cifras de ventas hasta los patrones cambiantes del clima y más allá. La capacidad de pronosticar datos de series temporales de manera precisa permite a las empresas tomar decisiones bien informadas sobre eventos futuros, lo que les permite optimizar sus recursos, mitigar riesgos potenciales y planificar estratégicamente para lo que viene.

En esencia, el pronóstico de series temporales implica analizar patrones históricos de datos para predecir tendencias y valores futuros. Esta capacidad predictiva es invaluable en diversas industrias y campos, ofreciendo conocimientos que pueden impulsar la toma de decisiones estratégicas y la eficiencia operativa. Ya sea un minorista anticipando la demanda de productos, un analista financiero proyectando tendencias de mercado, o un meteorólogo prediciendo patrones climáticos, el pronóstico de series temporales proporciona una herramienta poderosa para navegar por las complejidades de un mundo en constante cambio.

Este proyecto se adentrará en el ámbito de los pronósticos, con un enfoque particular en aprovechar la **ingeniería de características** para mejorar el rendimiento del modelo. Aunque abordaremos métodos de pronóstico tradicionales como **ARIMA** (Media Móvil Integrada Autoregresiva) y **Suavización Exponencial**, nuestro énfasis principal será explorar cómo las técnicas avanzadas de ingeniería de características pueden mejorar significativamente las predicciones de series temporales. Investigaremos cómo estas características creadas pueden utilizarse para potenciar el rendimiento de modelos sofisticados de machine learning, incluidos pero no limitados a **Random Forest**, **XGBoost** y **Gradient Boosting Machines (GBM)**.

Al combinar el poder de la ingeniería de características con estos algoritmos avanzados de machine learning, aspiramos a desbloquear nuevos niveles de precisión y comprensión en el pronóstico de series temporales. Este enfoque no solo nos permite capturar patrones y relaciones complejas dentro de los datos, sino que también proporciona un marco flexible que puede adaptarse a diversos tipos de datos de series temporales en diferentes ámbitos.

1. Introducción al Pronóstico de Series Temporales con Ingeniería de Características

En el pronóstico de series temporales, el objetivo es predecir valores futuros basados en datos históricos. Los datos de series temporales son únicos porque el orden de los puntos de datos es crucial, ya que cada punto de datos generalmente depende de puntos anteriores. Esta dependencia hace que el pronóstico sea una tarea desafiante, pero también rica en oportunidades para descubrir patrones ocultos.

Para aprovechar al máximo los datos de series temporales, a menudo es necesario crear nuevas características que ayuden a los modelos a capturar mejor estas dependencias temporales. En este proyecto, vamos a:

1. Explorar características basadas en el tiempo, como **día de la semana**, **mes**, o **características de retraso** que reflejen valores previos.
2. Discutir el uso de **estadísticas móviles** para capturar tendencias y estacionalidad.
3. Trabajar con diferentes tipos de técnicas de **eliminación de tendencia** y transformaciones para hacer que la serie temporal sea más estacionaria.

Usaremos un conjunto de datos del mundo real, como datos de ventas diarias, para pronosticar ventas futuras y demostrar cómo la ingeniería de características puede mejorar la precisión predictiva del modelo.

1.1.1 Características de Retraso para el Pronóstico de Series Temporales

Una de las técnicas fundamentales en el pronóstico de series temporales es la creación de **características de retraso**. Estas características se derivan de la serie temporal original al desplazar los puntos de datos hacia atrás en el tiempo. Este desplazamiento permite que el modelo incorpore información histórica al hacer predicciones para puntos actuales o futuros. La cantidad de pasos en el tiempo que se desplaza puede variar, creando múltiples características de retraso que capturan diferentes perspectivas históricas.

Las características de retraso son particularmente poderosas porque permiten que el modelo capture la autocorrelación, que es la relación entre una variable y sus valores pasados. Esto es crucial en el análisis de series temporales, donde los patrones suelen repetirse o evolucionar con el tiempo. Por ejemplo, en los mercados financieros, los precios de las acciones hoy podrían estar influenciados por sus valores de ayer, de la semana pasada o incluso del mes pasado. Al crear características de retraso, proporcionamos al modelo este valioso contexto histórico.

Por qué son importantes las Características de Retraso

La importancia de las características de retraso proviene de la naturaleza inherente de muchos problemas de series temporales. En estos escenarios, el valor actual de la variable objetivo suele depender de sus valores pasados, un concepto conocido como dependencia temporal. Esta dependencia puede manifestarse de varias formas:

- Efectos a corto plazo: Los valores recientes del pasado pueden tener una fuerte influencia en el valor actual. Por ejemplo, el número de productos vendidos hoy probablemente esté influenciado por las ventas de los últimos días.
- Patrones estacionales: En muchas industrias, existen patrones recurrentes ligados a períodos de tiempo específicos. Las ventas minoristas, por ejemplo, suelen aumentar durante las festividades, y este patrón se repite anualmente.
- Tendencias a largo plazo: Algunas series temporales muestran cambios graduales en períodos prolongados. Los indicadores económicos, por ejemplo, pueden mostrar tendencias de varios años que las características de retraso pueden ayudar a capturar.

Al incorporar características de retraso en nuestros modelos, les proporcionamos un contexto histórico rico. Este contexto permite que los modelos aprendan y aprovechen estas dependencias temporales, lo que potencialmente conduce a predicciones más precisas y robustas. Además, las características de retraso pueden ayudar a capturar patrones complejos que pueden no ser evidentes de inmediato en los datos de series temporales sin procesar.

Vale la pena señalar que el número óptimo y el rango de características de retraso pueden variar según el problema específico y el conjunto de datos. La experimentación y el conocimiento del dominio juegan un papel crucial en la determinación de la configuración de características de retraso más efectiva para una tarea de pronóstico determinada.

Ejemplo: Creación de Características de Retraso

Comencemos creando características de retraso en un conjunto de datos de ventas. Imaginemos que tenemos un conjunto de datos de cifras de ventas diarias y queremos pronosticar ventas futuras utilizando puntos de datos pasados.

```
import pandas as pd

# Sample data: daily sales figures
data = {'Date': pd.date_range(start='2022-01-01', periods=10, freq='D'),
        'Sales': [100, 120, 130, 150, 170, 160, 155, 180, 190, 210]}

df = pd.DataFrame(data)

# Set the Date column as the index
df.set_index('Date', inplace=True)

# Create lag features for the previous 1, 2, and 3 days
df['Sales_Lag1'] = df['Sales'].shift(1)
df['Sales_Lag2'] = df['Sales'].shift(2)
df['Sales_Lag3'] = df['Sales'].shift(3)

# View the dataframe with lag features
```

```
print(df)
```

En este ejemplo:

- Primero, se importa la biblioteca pandas, esencial para la manipulación de datos en Python.
- Se crea un conjunto de datos de muestra con 10 días de datos de ventas, comenzando el 1 de enero de 2022.
- Los datos se convierten en un DataFrame de pandas, con la columna 'Date' configurada como índice.
- El núcleo de este código es la creación de características de retraso. Se generan tres nuevas columnas:
    - 'Sales_Lag1': Contiene el valor de ventas de hace 1 día
    - 'Sales_Lag2': Contiene el valor de ventas de hace 2 días
    - 'Sales_Lag3': Contiene el valor de ventas de hace 3 días

Estas características de retraso se crean utilizando la función shift(), que mueve los datos hacia atrás en el tiempo por el número de períodos especificado.

Finalmente, el código imprime el DataFrame para mostrar los datos de ventas originales junto con las nuevas características de retraso.

Este enfoque es crucial en el pronóstico de series temporales, ya que permite que el modelo aprenda de valores pasados, capturando dependencias temporales en los datos.

1.1.2 Tratamiento de Valores Faltantes en Características de Retraso

Al crear características de retraso, las primeras filas del conjunto de datos inevitablemente contendrán valores faltantes debido a la falta de datos históricos. Este es un desafío común en el análisis de series temporales que requiere una consideración cuidadosa. Existen varias estrategias para abordar este problema, cada una con sus propias ventajas y posibles desventajas:

1. **Eliminar las filas con valores faltantes**: Este enfoque directo consiste en eliminar las filas que contienen valores de retraso faltantes. Aunque es sencillo de implementar, puede llevar a una pérdida de datos, reduciendo potencialmente el tamaño del conjunto de datos y posiblemente introduciendo sesgo si los datos faltantes no están distribuidos aleatoriamente. Este método es más adecuado cuando se cuenta con un conjunto de datos grande y se puede permitir perder algunas observaciones iniciales.
2. **Imputar los valores faltantes**: Este método implica rellenar los valores faltantes usando varias técnicas. Algunas estrategias comunes de imputación incluyen:

  - Relleno hacia adelante (forward fill): Propaga la última observación válida hacia adelante para llenar los huecos. Esto asume que los valores faltantes serían similares al valor conocido más reciente.
  - Relleno hacia atrás (backward fill): Usa valores futuros conocidos para llenar valores faltantes del pasado. Esto puede ser útil cuando tienes razones para creer que los valores pasados habrían sido similares a los futuros.
  - Imputación por media/mediana: Reemplaza los valores faltantes con el promedio o la mediana de los datos disponibles. Funciona bien cuando los datos están distribuidos normalmente y no tienen fuertes tendencias o estacionalidad.
  - Interpolación: Estima valores faltantes basándose en los valores conocidos circundantes. Puede ser interpolación lineal, polinómica o spline, dependiendo de la naturaleza de los datos.

3. **Usar un modelo que pueda manejar valores faltantes**: Algunos modelos avanzados de machine learning, como ciertas implementaciones de máquinas de boosting de gradiente (por ejemplo, LightGBM, CatBoost), pueden manejar valores faltantes sin necesidad de imputación explícita. Estos modelos suelen tratar los valores faltantes como una categoría separada y pueden aprender patrones asociados con la ausencia de datos.
4. **Crear características separadas para la falta de datos**: Este enfoque implica crear variables indicadoras binarias que señalen si una característica de retraso particular está faltante. Esto permite que el modelo aprenda patrones asociados con la presencia o ausencia de datos históricos. Puede ser particularmente útil cuando la falta de datos en sí misma contiene información sobre el proceso subyacente.
5. **Usar conocimientos específicos del dominio**: En algunos casos, podrías tener información específica del dominio que guíe cómo manejar los valores faltantes. Por ejemplo, en un pronóstico de ventas minoristas, podrías saber que tu negocio estaba cerrado ciertos días, lo que explica los datos faltantes.

La elección del método depende de varios factores, incluyendo el tamaño del conjunto de datos, la naturaleza de la serie temporal, los requisitos específicos de la tarea de pronóstico y las suposiciones que estás dispuesto a hacer sobre los datos faltantes. A menudo es beneficioso experimentar con múltiples enfoques y evaluar su impacto en el rendimiento del modelo utilizando técnicas de validación cruzada específicamente diseñadas para datos de series temporales, como la validación cruzada para series temporales o la validación de ventana móvil.

Recuerda que el manejo de valores faltantes en características de retraso es solo un aspecto de la ingeniería de características para el pronóstico de series temporales. Otras consideraciones importantes incluyen la creación de características que capturen la estacionalidad, tendencias y factores externos que puedan influir en tu serie temporal. Al abordar cuidadosamente estos problemas y crear características informativas, puedes mejorar significativamente el poder predictivo de tus modelos de series temporales.

```
# Drop rows with missing values
df.dropna(inplace=True)

# View the cleaned dataframe
print(df)
```

Desglosemos el ejemplo:

1. df.dropna(inplace=True): Esta línea elimina cualquier fila en el DataFrame que contenga valores faltantes (NaN). El parámetro inplace=True indica que la operación se realiza en el DataFrame original en lugar de crear una copia.
2. print(df): Esta línea muestra el DataFrame limpio, mostrando el resultado después de eliminar las filas con valores faltantes.

Es importante señalar que este método de manejo de valores faltantes eliminando filas es solo un enfoque. Como se mencionó anteriormente, para conjuntos de datos más grandes, podrías preferir otras técnicas, como la imputación usando el relleno hacia adelante u otros métodos para conservar más datos.

1.1.3 Cómo Mejoran el Rendimiento las Características de Retraso

Al incorporar características de retraso en nuestro modelo, mejoramos su capacidad para aprovechar los datos históricos, lo que puede llevar a mejoras sustanciales en la precisión de las predicciones. Estas características proporcionan al modelo un contexto más rico de eventos recientes, permitiéndole identificar y aprender de patrones temporales que pueden no ser inmediatamente evidentes en los datos originales. Modelos como **Random Forest** o **Gradient Boosting** son especialmente competentes en utilizar estas características adicionales, ya que poseen la capacidad de identificar patrones intrincados e interacciones complejas entre la variable objetivo y sus valores históricos.

La inclusión de características de retraso permite que estos modelos capturen varios fenómenos dependientes del tiempo, tales como:

- **Fluctuaciones a corto plazo**: Al examinar valores recientes, el modelo puede identificar y tener en cuenta cambios rápidos o desviaciones temporales en la variable objetivo.
- **Patrones cíclicos**: Las características de retraso pueden ayudar a descubrir patrones recurrentes que ocurren en intervalos regulares, los cuales podrían ser difíciles de detectar sin el contexto histórico.

- **Persistencia de tendencias**: El modelo puede aprender cómo las tendencias en la variable objetivo tienden a persistir en el tiempo, permitiendo predicciones más precisas de movimientos futuros.

Además, la flexibilidad de estos algoritmos de aprendizaje automático avanzados les permite determinar automáticamente la importancia relativa de diferentes características de retraso, aprendiendo efectivamente qué puntos históricos son más relevantes para predecir valores futuros. Este enfoque basado en datos para la selección de características suele superar los métodos tradicionales de series temporales que dependen de estructuras fijas y predefinidas.

1.2 Características de Ventana Móvil para Capturar Tendencias y Estacionalidad

Otra técnica poderosa para el pronóstico de series temporales es la creación de **características de ventana móvil**. Estas características capturan tendencias y estacionalidad al resumir información sobre una ventana móvil de puntos de datos pasados. Al analizar una serie de observaciones consecutivas, las características de ventana móvil brindan una perspectiva dinámica sobre el comportamiento de los datos a lo largo del tiempo.

Algunas estadísticas comunes de ventana móvil incluyen:

- **Medias móviles**: Estas medidas estadísticas suavizan eficazmente las fluctuaciones a corto plazo en los datos de series temporales, permitiendo la identificación y análisis de tendencias a largo plazo. Al calcular el promedio durante una ventana de tiempo especificada, las medias móviles pueden revelar patrones subyacentes que de otro modo podrían quedar oscurecidos por variaciones diarias. Por ejemplo, una media móvil de 7 días en cifras diarias de ventas puede descubrir tendencias semanales en el comportamiento del consumidor, proporcionando información valiosa para la gestión de inventarios y el pronóstico de ventas.
- **Medianas móviles**: Como medida robusta de la tendencia central, las medianas móviles ofrecen una ventaja frente a las medias al tratar con conjuntos de datos que contienen valores extremos o atípicos ocasionales. Al seleccionar el valor medio dentro de una ventana de tiempo específica, las medianas móviles proporcionan una representación más estable de la tendencia central de los datos, siendo especialmente útiles en escenarios donde los valores atípicos podrían sesgar significativamente los resultados, como en series temporales financieras o ciertos conjuntos de datos ambientales.
- **Desviaciones estándar móviles**: Estas medidas cuantifican la volatilidad o dispersión de los puntos de datos a lo largo del tiempo, ofreciendo información crucial sobre la estabilidad y predictibilidad de una serie temporal. Un aumento en las desviaciones estándar móviles puede señalar períodos de mayor incertidumbre o variabilidad, lo

cual es particularmente valioso en la evaluación de riesgos y procesos de toma de decisiones. Por ejemplo, en los mercados financieros, el aumento de las desviaciones estándar puede indicar una mayor volatilidad del mercado, lo que lleva a los inversionistas a ajustar sus estrategias en consecuencia.

- **Mínimos y máximos móviles**: Estas características son instrumentales para identificar los picos y valles dentro de una serie temporal, proporcionando una imagen clara del rango y extremos de los datos en un período específico. Esta información es especialmente pertinente en dominios como el análisis del mercado de valores, donde comprender los límites de precio puede informar estrategias de negociación, o en la previsión meteorológica, donde el seguimiento de los extremos de temperatura es crucial para predecir eventos climáticos severos y planificar respuestas adecuadas.

El tamaño de la ventana para estas características puede ajustarse según las características específicas de la serie temporal y los objetivos de pronóstico. Las ventanas más grandes capturan tendencias más amplias, pero pueden ser menos sensibles a los cambios recientes, mientras que las ventanas más pequeñas son más sensibles a las fluctuaciones a corto plazo.

Al incorporar estas características de ventana móvil, los modelos pueden reconocer tanto patrones a corto como a largo plazo en los datos de series temporales. Esta capacidad mejorada para capturar dependencias temporales a menudo conduce a pronósticos más precisos y matizados, ya que el modelo puede aprovechar un conjunto más rico de información histórica al hacer predicciones sobre valores futuros.

1.2.1 Por Qué Son Importantes las Características de Ventana Móvil

Las características de ventana móvil proporcionan un método sofisticado para capturar la naturaleza dinámica de los datos de series temporales, permitiendo que los modelos disciernan cómo evolucionan las variables objetivo a lo largo del tiempo. Este enfoque implica calcular estadísticas sobre una ventana deslizante de observaciones, que se mueve a través del conjunto de datos a medida que el tiempo avanza. Por ejemplo, calcular un promedio móvil de 7 días de las cifras de ventas puede revelar patrones semanales mientras se suavizan las irregularidades diarias, ofreciendo una visión más clara de las tendencias generales.

Estas características son especialmente valiosas cuando se trabaja con datos que exhiben estacionalidad o contienen ruido significativo. Al agregar información sobre un período de tiempo específico, las estadísticas de ventana móvil pueden resaltar efectivamente tendencias más amplias mientras minimizan el impacto de fluctuaciones a corto plazo. Esto es crucial en muchos escenarios del mundo real, como el pronóstico financiero o la predicción de demanda, donde los patrones a largo plazo suelen tener mayor poder predictivo que las variaciones diarias.

Además, las características de ventana móvil ofrecen flexibilidad para capturar diferentes escalas temporales. Ajustar el tamaño de la ventana permite a los analistas enfocarse en horizontes temporales específicos relevantes para sus objetivos de pronóstico. Por ejemplo, una ventana de 30 días podría ser más apropiada para identificar tendencias mensuales en ventas minoristas, mientras que una ventana de 52 semanas podría revelar patrones anuales en los datos de turismo. Esta adaptabilidad convierte a las características de ventana móvil en una herramienta poderosa en el conjunto de herramientas de un analista de series temporales, permitiendo predicciones más matizadas y precisas a lo largo de varios dominios y escalas temporales.

Ejemplo: Creación de Características de Ventana Móvil

Continuemos trabajando con nuestro conjunto de datos de ventas y generemos algunas estadísticas de ventana móvil. Calcularemos la **media móvil de 7 días** y la **desviación estándar móvil de 7 días** para ayudar a capturar la tendencia general y la volatilidad en las ventas.

```
# Sample data: daily sales figures
import pandas as pd

data = {'Date': pd.date_range(start='2022-01-01', periods=15, freq='D'),
        'Sales': [100, 120, 130, 150, 170, 160, 155, 180, 190, 210, 220, 230, 225,
240, 260]}

df = pd.DataFrame(data)

# Set the Date column as the index
df.set_index('Date', inplace=True)

# Create a 7-day rolling mean and standard deviation
df['RollingMean_7'] = df['Sales'].rolling(window=7).mean()
df['RollingStd_7'] = df['Sales'].rolling(window=7).std()

# View the dataframe with rolling features
print(df)
```

En este ejemplo:

- Primero, se importa la biblioteca pandas y se crea un conjunto de datos de ejemplo con cifras de ventas diarias durante 15 días.
- Los datos se convierten en un DataFrame de pandas, con la columna 'Date' configurada como el índice.
- Se crean dos características de ventana móvil:
    - **Media móvil de 7 días (RollingMean_7)**: Calcula el promedio de ventas durante los últimos 7 días para cada punto de datos.
    - **Desviación estándar móvil de 7 días (RollingStd_7)**: Calcula la desviación estándar de las ventas durante los últimos 7 días para cada punto de datos.

La media móvil ayuda a suavizar las fluctuaciones a corto plazo y resalta las tendencias generales, mientras que la desviación estándar móvil captura la volatilidad en las ventas durante la ventana de 7 días.

Finalmente, el código imprime el DataFrame, que ahora incluye estas nuevas características de ventana móvil junto con los datos de ventas originales.

Estas características de ventana móvil pueden ser entradas valiosas para los modelos de pronóstico de series temporales, ya que proporcionan información sobre las tendencias y la volatilidad recientes en los datos.

1.2.2 Interpretación de las Características de Ventana Móvil

Las características de ventana móvil ofrecen información valiosa sobre los patrones y características subyacentes de los datos de series temporales. Al analizar estas características, podemos obtener una comprensión más profunda del comportamiento de los datos a lo largo del tiempo y hacer predicciones más informadas.

- La **media móvil** actúa como un mecanismo de suavizado, filtrando eficazmente el ruido a corto plazo y resaltando la tendencia general en los datos. Esto es particularmente beneficioso cuando se trabaja con series temporales que exhiben estacionalidad o patrones cíclicos. Al reducir el impacto de las fluctuaciones diarias, la media móvil nos permite identificar y enfocarnos en tendencias a más largo plazo que de otro modo podrían estar ocultas. Por ejemplo, en datos de ventas al por menor, una media móvil puede ayudar a revelar tendencias de crecimiento o disminución subyacentes que pueden no ser evidentes al observar solo las cifras diarias.
- La **desviación estándar móvil** sirve como una medida de volatilidad o dispersión en la variable objetivo durante la ventana especificada. Esta métrica es crucial para entender la estabilidad y predictibilidad de la serie temporal. Las desviaciones grandes del promedio pueden indicar períodos de actividad inusual o inestabilidad en los datos. Por ejemplo, en el pronóstico de ventas, los picos en la desviación estándar móvil pueden señalar eventos promocionales, interrupciones en la cadena de suministro o cambios en las condiciones del mercado. Al incorporar esta información en nuestros modelos, podemos tener en cuenta períodos de mayor incertidumbre y mejorar potencialmente la precisión de nuestras previsiones.

Además, la combinación de la media y la desviación estándar móviles proporciona una visión completa del comportamiento de la serie temporal. Mientras que la media móvil muestra la tendencia central a lo largo del tiempo, la desviación estándar móvil captura la dispersión alrededor de esa tendencia. Esta perspectiva dual nos permite identificar no solo tendencias, sino también períodos de relativa estabilidad o inestabilidad en los datos.

Asimismo, estas características de ventana móvil pueden ser especialmente útiles para detectar anomalías o cambios estructurales en la serie temporal. Cambios repentinos en la media móvil o aumentos persistentes en la desviación estándar móvil podrían indicar cambios fundamentales en el proceso subyacente que genera los datos, lo que justifica una investigación adicional o ajustes en el modelo.

1.2.3 Ajuste del Tamaño de la Ventana

El tamaño de la ventana para las características de ventana móvil es un parámetro crucial que impacta significativamente los patrones y tendencias capturados en el análisis de series temporales. La elección del tamaño de la ventana depende de varios factores, incluyendo la naturaleza de los datos de series temporales, la frecuencia de las observaciones y los patrones específicos o tendencias que deseas identificar. Por ejemplo, al analizar datos de ventas diarias, una ventana de 7 días es particularmente efectiva para capturar tendencias semanales, ya que abarca un ciclo comercial completo. Este tamaño de ventana puede revelar patrones como mayores ventas los fines de semana o menores ventas ciertos días de la semana.

Por otro lado, una ventana de 30 días es más adecuada para identificar tendencias mensuales en el mismo conjunto de datos. Esta ventana más larga puede suavizar las fluctuaciones a corto plazo y resaltar patrones más amplios, como picos de ventas al final del mes o variaciones estacionales que ocurren mensualmente. Es importante señalar que las ventanas más largas, aunque útiles para identificar tendencias generales, pueden ser menos sensibles a cambios repentinos o fluctuaciones a corto plazo en los datos.

El proceso de selección del tamaño óptimo de la ventana suele implicar cierto grado de experimentación y conocimiento del dominio. Al probar diferentes tamaños de ventana, los analistas pueden descubrir varios patrones en diferentes escalas temporales. Por ejemplo, además de ventanas semanales y mensuales, podrías considerar:

- Una ventana de 90 días para capturar tendencias trimestrales
- Una ventana de 365 días para identificar patrones anuales o cambios año a año
- Tamaños de ventana personalizados basados en ciclos comerciales específicos o periodicidades conocidas en tus datos

También vale la pena considerar el uso simultáneo de múltiples tamaños de ventana en tu análisis. Este enfoque de múltiples escalas puede proporcionar una visión más completa de la serie temporal, permitiéndote capturar tanto las fluctuaciones a corto plazo como las tendencias a largo plazo. Al comparar los resultados de diferentes tamaños de ventana, puedes obtener conocimientos más profundos sobre la dinámica subyacente de tus datos de series temporales y tomar decisiones más informadas en tus modelos de pronóstico.

```
# Create a 30-day rolling mean to capture monthly trends
df['RollingMean_30'] = df['Sales'].rolling(window=30, min_periods=1).mean()

# View the new rolling feature
print(df)
```

Aquí calculamos una **media móvil de 30 días** para capturar tendencias mensuales más amplias en los datos. Al ajustar el tamaño de la ventana, podemos afinar la cantidad de información histórica que queremos capturar.

Desglose de lo que hace el código:

- Crea una nueva columna en el DataFrame llamada 'RollingMean_30'.
- La función rolling() se aplica a la columna 'Sales' con un tamaño de ventana de 30 días, lo que significa que calculará el promedio de los últimos 30 días para cada punto de datos.
- El parámetro min_periods=1 permite que el cálculo comience desde el primer día, incluso cuando hay menos de 30 días de datos disponibles, lo que ayuda a evitar valores NaN al inicio del conjunto de datos.
- Luego, se aplica la función mean() para calcular el promedio sobre esta ventana de 30 días.
- Finalmente, el código imprime el DataFrame actualizado para mostrar la nueva característica de media móvil.

Esta media móvil de 30 días ayuda a capturar tendencias mensuales más amplias en los datos de ventas. Al usar un tamaño de ventana mayor (30 días en lugar de 7 días), suavizamos las fluctuaciones a corto plazo y nos enfocamos en patrones a más largo plazo en los datos.

1.2.4 Manejo de Valores Faltantes en las Características de Ventana Móvil

Al igual que con las características de rezago, las características de ventana móvil pueden resultar en valores faltantes al inicio del conjunto de datos debido a que la ventana necesita llenarse con datos. Este problema surge porque los cálculos de ventana móvil requieren un cierto número de puntos de datos previos para calcular las estadísticas. Por ejemplo, una media móvil de 7 días necesitaría al menos 7 días de datos para calcular el primer valor no faltante. Existen varias estrategias para abordar estos valores faltantes, cada una con sus ventajas e inconvenientes:

1. **Eliminar filas con valores faltantes**: Esta es una solución sencilla, pero puede llevar a la pérdida de datos. Si bien es fácil de implementar, esta opción podría no ser ideal si los valores faltantes ocurren en una porción significativa de tu conjunto de datos, especialmente al inicio. Es importante considerar el impacto en tu análisis y en el entrenamiento del modelo si eliges este método.
2. **Imputar valores faltantes**: Puedes rellenar los valores faltantes utilizando técnicas como el relleno hacia adelante, hacia atrás o usando un valor predeterminado como 0. El relleno hacia adelante propaga el último valor conocido, lo cual puede ser útil si esperas que los valores faltantes sean similares al último valor registrado. El relleno hacia atrás hace lo contrario, usando valores futuros conocidos para llenar el pasado.

Usar un valor predeterminado como 0 podría ser adecuado en algunos casos, pero es importante evaluar si esto tiene sentido para tu conjunto de datos específico y análisis.

3. **Usar una estrategia de imputación personalizada**: Dependiendo de tu conocimiento del dominio y la naturaleza de tus datos, podrías desarrollar una estrategia de imputación más sofisticada. Por ejemplo, podrías usar la media de los primeros valores conocidos o implementar un algoritmo más complejo que considere patrones estacionales u otros factores relevantes.
4. **Ajustar dinámicamente el tamaño de la ventana**: Otro enfoque es comenzar con un tamaño de ventana más pequeño e incrementarlo gradualmente a medida que haya más datos disponibles. Este método asegura que tengas alguna forma de estadística móvil desde el principio del conjunto de datos, incluso si no se basa inicialmente en el tamaño completo de la ventana.

La elección de cómo manejar los valores faltantes en las características de ventana móvil depende de diversos factores, como los requisitos específicos de tu análisis, las características de tus datos y el impacto potencial en el rendimiento de tu modelo. A menudo es beneficioso experimentar con diferentes enfoques y evaluar sus efectos en los resultados de tu pronóstico.

```
# Impute missing values in rolling features using forward fill
df.fillna(method='ffill', inplace=True)

# View the imputed dataframe
print(df)
```

Aquí, elegimos imputar los valores faltantes utilizando el método de relleno hacia adelante, que propaga la última observación disponible para completar las entradas faltantes.

Explicación del código:

- **df.fillna(method='ffill', inplace=True)**: Esta línea usa el método fillna() de pandas para llenar los valores faltantes. El parámetro method='ffill' especifica que debe usarse el método de relleno hacia adelante, que propaga el último valor conocido para rellenar los valores faltantes. inplace=True significa que los cambios se aplican directamente al DataFrame df sin crear una copia nueva.
- **print(df)**: Esta línea imprime el DataFrame actualizado, lo que permite ver el resultado después de imputar los valores faltantes.

En este caso, se elige el método de relleno hacia adelante para manejar los valores faltantes en las características de ventana móvil. Este enfoque es útil cuando se espera que los valores faltantes sean similares al último valor conocido. Cabe mencionar que este es solo uno de varios métodos para tratar con valores faltantes en las características de ventana móvil, y la elección del método puede depender de los requisitos específicos de tu análisis y la naturaleza de tus datos.

1.2.5 Por Qué las Características de Ventana Móvil Mejoran la Predicción

La incorporación de estadísticas de ventana móvil en nuestro modelo mejora significativamente su capacidad para capturar e interpretar patrones temporales complejos en los datos. Al aprovechar estas características avanzadas, permitimos que el modelo discierna y analice tendencias y volatilidades a largo plazo que de otro modo podrían permanecer ocultas al depender solo de características de rezago. Las medias móviles son herramientas poderosas para suavizar los datos, reduciendo efectivamente el ruido y proporcionando una visión más clara de los patrones subyacentes. Este efecto de suavizado puede mejorar sustancialmente la precisión predictiva del modelo al permitirle enfocarse en tendencias significativas en lugar de ser influenciado por fluctuaciones a corto plazo.

Complementando a las medias móviles, las desviaciones estándar móviles desempeñan un papel crucial al cuantificar y tener en cuenta períodos de incertidumbre variable dentro de la serie temporal. Esta capacidad es particularmente valiosa al tratar con datos que muestran patrones irregulares o no estacionarios. Al incorporar información sobre la volatilidad cambiante de los datos, el modelo se vuelve más robusto y adaptable, capaz de ajustar sus predicciones en función del nivel de incertidumbre presente en diferentes períodos. Este enfoque adaptativo es especialmente beneficioso en escenarios del mundo real donde los datos de series temporales a menudo muestran comportamientos complejos y en evolución que las características de rezago simples pueden tener dificultades para capturar adecuadamente.

1.2.6 Conclusiones Clave y Consideraciones Avanzadas

- Las **características de ventana móvil** son esenciales para capturar patrones complejos en datos de series temporales. Las medias móviles suavizan el ruido y destacan las tendencias subyacentes, mientras que las desviaciones estándar móviles cuantifican la volatilidad. Estas características permiten que los modelos se adapten a las dinámicas cambiantes de los datos y capturen tanto las fluctuaciones a corto plazo como los patrones a largo plazo.
- La selección del tamaño de la ventana es crucial y debe adaptarse a las características específicas de tus datos. Ventanas más pequeñas (por ejemplo, 7 días) son ideales para capturar patrones semanales, mientras que ventanas más grandes (por ejemplo, 30 o 90 días) revelan tendencias mensuales o trimestrales. Considera el uso de múltiples tamaños de ventana para capturar dinámicas temporales a diferentes escalas.
- El manejo adecuado de los valores faltantes en las características de ventana móvil es fundamental para la precisión del modelo. Técnicas como el relleno hacia adelante, hacia atrás o estrategias de imputación personalizada deben elegirse cuidadosamente según la naturaleza de los datos y los requisitos específicos del análisis.
- Las características de ventana móvil pueden mejorar significativamente el rendimiento del modelo al proporcionar una visión más integral de la serie temporal. Permiten que

el modelo considere patrones en evolución, estacionalidad y volatilidad cambiante, lo que conduce a pronósticos más sólidos y precisos.

- Al implementar características de ventana móvil, considera el costo computacional y el posible sesgo de anticipación. Asegúrate de que tu proceso de ingeniería de características se alinee con escenarios de pronóstico del mundo real y no introduzca inadvertidamente información futura en puntos de datos históricos.

1.3 Destrending y Manejo de la Estacionalidad en Series Temporales

En el ámbito de la predicción de series temporales, uno de los desafíos más significativos radica en gestionar de manera efectiva las tendencias y la estacionalidad dentro de los datos. Las tendencias, caracterizadas por movimientos persistentes al alza o a la baja durante períodos prolongados, y la estacionalidad, que se manifiesta como patrones recurrentes en intervalos fijos (como ciclos diarios, semanales o anuales), pueden impactar significativamente la precisión de los modelos predictivos. Sin una consideración y tratamiento adecuados de estos elementos fundamentales, nuestros modelos pueden tener dificultades para identificar y enfocarse en los patrones subyacentes cruciales para una predicción precisa.

Las tendencias pueden enmascarar fluctuaciones a corto plazo y dificultar que los modelos identifiquen patrones más matizados, mientras que la estacionalidad puede introducir variaciones cíclicas que, si no se tienen en cuenta, pueden llevar a errores sistemáticos en las predicciones. Para abordar estos desafíos, esta sección explorará a fondo técnicas de **descomposición de tendencias** y metodologías para manejar la estacionalidad. Al emplear estas estrategias avanzadas, podemos aislar y analizar los componentes centrales de nuestros datos de series temporales, mejorando así la precisión y confiabilidad de nuestros modelos predictivos.

Mediante la aplicación de métodos sofisticados de eliminación de tendencias y técnicas de ajuste estacional, podemos eliminar las influencias que confunden de las tendencias a largo plazo y los patrones cíclicos, permitiendo que nuestros modelos se concentren en las verdaderas relaciones subyacentes en los datos. Este enfoque refinado no solo mejora la estacionariedad de nuestra serie temporal - un requisito clave para muchos algoritmos de predicción - sino que también nos permite construir modelos predictivos más robustos y precisos, capaces de capturar tanto fluctuaciones a corto plazo como patrones a largo plazo con mayor fidelidad.

1.3.1 ¿Qué es Destrending?

Destrending es una técnica crucial en el análisis de series temporales que consiste en eliminar tendencias de los datos para revelar patrones subyacentes. Este proceso transforma series temporales no estacionarias en estacionarias, que se caracterizan por propiedades estadísticas consistentes a lo largo del tiempo. Las series temporales estacionarias presentan media, varianza y autocorrelación constantes, lo que las hace ideales para predicción y modelado.

La importancia de la eliminación de tendencias radica en su capacidad para desvelar patrones ocultos dentro de los datos. Las tendencias a largo plazo, como aumentos o disminuciones graduales en el tiempo, pueden enmascarar fluctuaciones a corto plazo y patrones cíclicos que a menudo son de gran interés para los analistas y pronosticadores. Al eliminar estas tendencias generales, podemos centrarnos en patrones más matizados y potencialmente más predecibles en los datos.

Existen varios métodos para eliminar tendencias en datos de series temporales, cada uno con sus propias fortalezas y aplicaciones. Estos incluyen:

- Diferenciación: Consiste en restar cada punto de datos de su sucesor, eliminando efectivamente las tendencias lineales.
- Descomposición por regresión: Este método ajusta una línea de regresión a los datos y la resta, eliminando tanto tendencias lineales como no lineales.
- Descomposición por promedio móvil: Esta técnica utiliza un promedio móvil para estimar la tendencia, que luego se resta de la serie original.

La elección del método de eliminación de tendencias depende de la naturaleza de los datos y los requisitos específicos del análisis. Al aplicar estas técnicas, los analistas pueden descubrir ideas valiosas que de otro modo permanecerían ocultas bajo las tendencias a largo plazo, lo que lleva a pronósticos más precisos y a una toma de decisiones mejor fundamentada.

1.3.2 Métodos para Eliminar Tendencias en Datos de Series Temporales

Existen varias maneras de eliminar tendencias en los datos de series temporales. Cubriremos algunos de los métodos más comúnmente utilizados, incluyendo **diferenciación**, **descomposición por regresión** y **promedios móviles**.

1. Diferenciación

La **diferenciación** es uno de los métodos más simples y efectivos para eliminar tendencias en datos de series temporales. Consiste en restar la observación previa de la observación actual, eliminando efectivamente la tendencia de los datos. Esta técnica transforma una serie temporal no estacionaria en una estacionaria.

La ventaja de la diferenciación radica en su capacidad para eliminar tanto tendencias lineales como algunas tendencias no lineales. Por ejemplo, si tenemos una serie de cifras de ventas diarias que están aumentando constantemente, la diferenciación restará las ventas de cada día de las del día siguiente, dejándonos con una serie que representa los cambios diarios en las ventas en lugar de los valores absolutos. Esta nueva serie es probable que sea más estable y fácil de predecir.

Existen diferentes órdenes de diferenciación que pueden aplicarse dependiendo de la complejidad de la tendencia:

- Diferenciación de primer orden: Es la más común e implica restar cada observación de la que la sigue inmediatamente. Es particularmente efectiva para eliminar tendencias lineales.
- Diferenciación de segundo orden: Involucra aplicar la diferenciación dos veces y puede ser útil para eliminar tendencias cuadráticas.
- Diferenciación estacional: Este tipo de diferenciación resta una observación de la observación correspondiente en la temporada anterior (por ejemplo, ventas de enero del año pasado de las ventas de enero de este año).

Si bien la diferenciación es poderosa, es importante señalar que el uso excesivo puede llevar a una sobre-diferenciación, lo que puede introducir complejidad innecesaria en el modelo. Por lo tanto, es crucial examinar cuidadosamente las características de la serie temporal y aplicar la diferenciación con prudencia.

Ejemplo: Aplicación de Diferenciación para Eliminar Tendencias en los Datos

Apliquemos la diferenciación a nuestro conjunto de datos de ventas para eliminar cualquier tendencia presente en los datos.

```
# Sample data: daily sales figures
import pandas as pd

data = {'Date': pd.date_range(start='2022-01-01', periods=10, freq='D'),
        'Sales': [100, 120, 130, 150, 170, 190, 200, 220, 240, 260]}

df = pd.DataFrame(data)
df.set_index('Date', inplace=True)

# Apply first differencing to remove trend
df['Sales_Differenced'] = df['Sales'].diff()

# View the detrended series
print(df)
```

En este ejemplo:

Aplicamos **diferenciación de primer orden**, que resta las ventas del día anterior de las ventas del día actual, eliminando efectivamente cualquier tendencia lineal.

Aquí tienes un desglose de lo que hace el código:

- Importa la biblioteca pandas, que se utiliza para la manipulación y análisis de datos.

- Se crea un conjunto de datos de ejemplo con 10 días de datos de ventas, comenzando desde el 1 de enero de 2022.
- Los datos se convierten en un DataFrame de pandas, con la columna 'Date' establecida como índice.
- Se aplica la diferenciación de primer orden a la columna 'Sales' usando la función diff(). Esto crea una nueva columna llamada 'Sales_Differenced'.
- Luego se imprime la serie diferenciada, mostrando tanto los datos de ventas originales como los diferenciados.

La parte clave de este código es la línea:

df['Sales_Differenced'] = df['Sales'].diff()

Esto aplica una diferenciación de primer orden, que resta las ventas de cada día de las ventas del día siguiente. Esto elimina efectivamente cualquier tendencia lineal de los datos, haciéndolos más estacionarios y adecuados para el análisis de series temporales.

2. Detrending con Regresión

Otro método sofisticado para eliminar tendencias es ajustar un **modelo de regresión** a la serie temporal y restar los valores ajustados (la tendencia) de los datos originales. Este enfoque es especialmente valioso al tratar con tendencias complejas que van más allá de patrones lineales simples. La regresión para eliminar tendencias permite capturar componentes de tendencia más matizados, incluidos los de tipo polinómico o exponencial, que pueden representar mejor las dinámicas subyacentes de los datos.

En la práctica, este método implica ajustar una línea o curva de regresión a los datos de la serie temporal, donde el tiempo actúa como la variable independiente y los valores de la serie como la variable dependiente. Los valores ajustados de esta regresión representan el componente de tendencia estimado. Al restar estos valores ajustados de la serie original, eliminamos efectivamente la tendencia, dejando los residuos descompuestos para su posterior análisis.

Una de las principales ventajas de la regresión para eliminar tendencias es su flexibilidad. Los analistas pueden elegir entre varios modelos de regresión, como funciones lineales, cuadráticas o incluso polinómicas más complejas, dependiendo de la naturaleza de la tendencia observada en los datos. Esta adaptabilidad convierte a la regresión para eliminar tendencias en una herramienta poderosa para manejar una amplia gama de patrones de tendencia en diferentes tipos de series temporales.

Ejemplo: Eliminación de Tendencia Usando Regresión

Utilicemos la regresión lineal para estimar y eliminar la tendencia de nuestros datos de ventas.

```
from sklearn.linear_model import LinearRegression
import numpy as np
```

```
# Create a time index (e.g., days as numeric values)
df['Time'] = np.arange(len(df))

# Fit a linear regression model to the sales data
X = df[['Time']]
y = df['Sales']
model = LinearRegression()
model.fit(X, y)

# Predict the trend
df['Trend'] = model.predict(X)

# Detrend the data by subtracting the trend
df['Sales_Detrended'] = df['Sales'] - df['Trend']

# View the detrended series
print(df[['Sales', 'Trend', 'Sales_Detrended']])
```

En este ejemplo:

- Ajustamos un **modelo de regresión lineal** a los datos de ventas utilizando el tiempo como la variable independiente.
- Los valores predichos representan la **tendencia**, y restamos esta tendencia de las ventas originales para obtener la serie **sin tendencia**.
- Este enfoque es útil para capturar tendencias más complejas, más allá de la simple diferenciación.

Aquí está el desglose de lo que hace el código:

- Importa las bibliotecas necesarias: LinearRegression de sklearn y numpy.
- Crea una columna 'Time' en el dataframe, que representa el índice de tiempo.
- Prepara los datos para la regresión lineal:
  - X (variable independiente): columna 'Time'.
  - y (variable dependiente): columna 'Sales'.
- Ajusta un modelo de regresión lineal a los datos de ventas.
- Utiliza el modelo ajustado para predecir la tendencia y la agrega como una nueva columna 'Trend' en el dataframe.
- Elimina la tendencia de los datos restando la tendencia predicha de los datos de ventas originales, creando una nueva columna 'Sales_Detrended'.
- Finalmente, imprime las ventas originales, la tendencia predicha y las ventas sin tendencia.

Este enfoque elimina efectivamente la tendencia lineal de los datos de la serie temporal, haciéndolos más estacionarios y adecuados para un análisis o modelado adicional.

3. Eliminación de Tendencia con Media Móvil

Otro método común para eliminar la tendencia es utilizar una **media móvil** para estimar la tendencia y luego restarla de la serie original. Las medias móviles suavizan la serie temporal calculando el promedio de un número fijo de puntos de datos sobre una ventana deslizante. Esta técnica resalta efectivamente la tendencia subyacente al filtrar las fluctuaciones y el ruido a corto plazo.

El método de la media móvil es particularmente útil cuando se trabaja con datos de series temporales que muestran una volatilidad significativa o patrones irregulares. Al ajustar el tamaño de la ventana de la media móvil, los analistas pueden controlar el grado de suavizado aplicado a los datos. Un tamaño de ventana más grande resultará en una línea de tendencia más suave que captura patrones a largo plazo, mientras que un tamaño de ventana más pequeño será más sensible a los cambios recientes en los datos.

Una ventaja de usar medias móviles para eliminar la tendencia es su simplicidad e interpretabilidad. A diferencia de los modelos de regresión más complejos, las medias móviles son fáciles de calcular y de explicar a los interesados. Además, este método se puede aplicar a varios tipos de datos de series temporales, lo que lo convierte en una herramienta versátil en el conjunto de herramientas de un analista.

Sin embargo, es importante señalar que, aunque las medias móviles son efectivas para eliminar tendencias, pueden introducir un retraso en la serie sin tendencia. Este retraso puede ser particularmente notable al principio y al final de la serie temporal, donde hay menos puntos de datos disponibles para promediar. Los analistas deben ser conscientes de esta limitación y considerar métodos alternativos o ajustes al trabajar con pronósticos sensibles al tiempo.

Ejemplo: Eliminación de Tendencia Usando Medias Móviles

```
# Create a moving average to estimate the trend
df['MovingAverage_Trend'] = df['Sales'].rolling(window=3).mean()

# Detrend the data by subtracting the moving average
df['Sales_Detrended'] = df['Sales'] - df['MovingAverage_Trend']

# View the detrended series
print(df[['Sales', 'MovingAverage_Trend', 'Sales_Detrended']])
```

En este ejemplo:

- Calculamos un **promedio móvil de 3 días** para estimar la tendencia en los datos de ventas.

- Al restar el promedio móvil de los datos de ventas originales, eliminamos la tendencia y obtenemos la serie sin tendencia.
- Las medias móviles son especialmente útiles para capturar tendencias suaves a largo plazo.

Desglosemos el proceso paso a paso:

1. df['MovingAverage_Trend'] = df['Sales'].rolling(window=3).mean() Esta línea calcula un promedio móvil de 3 días de los datos de ventas. Crea una nueva columna llamada 'MovingAverage_Trend' que contiene el promedio de las ventas del día actual y los dos días anteriores.
2. df['Sales_Detrended'] = df['Sales'] - df['MovingAverage_Trend'] Esta línea elimina la tendencia de los datos restando el promedio móvil (tendencia) de los datos de ventas originales. El resultado se almacena en una nueva columna 'Sales_Detrended'.
3. print(df[['Sales', 'MovingAverage_Trend', 'Sales_Detrended']]) Esta línea imprime los datos de ventas originales, la tendencia calculada con el promedio móvil y los datos de ventas sin tendencia para su comparación.

El propósito de este código es eliminar la tendencia de los datos de la serie temporal, haciéndolos más estacionarios y adecuados para un análisis o modelado adicional. Las medias móviles son especialmente útiles para capturar tendencias suaves a largo plazo en los datos.

1.3.3 Manejo de la Estacionalidad en los Datos de Series Temporales

La estacionalidad se refiere a patrones recurrentes o fluctuaciones que ocurren a intervalos regulares en una serie temporal. Estos patrones pueden manifestarse en varias escalas de tiempo, como ciclos semanales, mensuales, trimestrales o anuales. Por ejemplo, las ventas minoristas suelen experimentar un aumento significativo durante la temporada navideña cada año, mientras que el consumo de energía sigue un patrón estacional estrechamente relacionado con las variaciones de temperatura a lo largo del año.

La importancia de abordar la estacionalidad en el pronóstico de series temporales no debe subestimarse. No tener en cuenta estos patrones cíclicos puede comprometer gravemente la precisión y confiabilidad de los modelos predictivos. Las variaciones estacionales pueden enmascarar tendencias subyacentes, distorsionar las fluctuaciones a corto plazo y causar errores sistemáticos en las previsiones si no se manejan adecuadamente. En consecuencia, los analistas de series temporales emplean una variedad de técnicas sofisticadas para identificar, cuantificar y ajustar la estacionalidad en sus datos.

1. Diferenciación Estacional

La **diferenciación estacional** es una técnica poderosa utilizada para abordar la estacionalidad en los datos de series temporales. A diferencia de la diferenciación regular, que resta valores consecutivos, la diferenciación estacional opera sobre un período estacional específico. Por ejemplo, con datos diarios que muestran estacionalidad semanal, se restaría la cifra de ventas del mismo día de la semana anterior. Este método elimina eficazmente los patrones recurrentes asociados a intervalos de tiempo específicos, permitiendo que las tendencias y fluctuaciones subyacentes se vuelvan más visibles.

El proceso de diferenciación estacional puede ser particularmente útil en diversos escenarios:

- Los datos de ventas minoristas suelen mostrar patrones semanales, con mayores ventas los fines de semana.
- Los datos mensuales pueden mostrar estacionalidad anual, como el aumento de ventas de helados en los meses de verano.
- Los informes financieros trimestrales podrían mostrar patrones relacionados con los ciclos del año fiscal.

Al aplicar la diferenciación estacional, los analistas pueden aislar los componentes no estacionales de la serie temporal, lo que facilita la identificación de tendencias, ciclos y fluctuaciones irregulares. Esta técnica se utiliza a menudo en combinación con otros métodos como la eliminación de tendencia y la ingeniería de características para crear modelos de pronóstico más precisos y robustos.

Ejemplo: Aplicación de la Diferenciación Estacional

```
# Apply seasonal differencing (lag of 7 days for weekly seasonality)
df['Sales_SeasonalDifferenced'] = df['Sales'].diff(7)

# View the seasonally differenced series
print(df)
```

En este ejemplo:

Aplicamos una **diferenciación estacional de 7 días** para eliminar la estacionalidad semanal de los datos de ventas.

Desglosemos el proceso:

- df['Sales_SeasonalDifferenced'] = df['Sales'].diff(7) Esta línea crea una nueva columna llamada 'Sales_SeasonalDifferenced' en el DataFrame. Aplica una diferenciación de retardo de 7 días a la columna 'Sales', lo que significa que resta el valor de ventas de hace 7 días al valor de ventas actual. Esto elimina eficazmente los patrones semanales de los datos.
- print(df) Esta línea simplemente imprime el DataFrame completo, que ahora incluye la nueva columna 'Sales_SeasonalDifferenced' junto con los datos originales.

El propósito de este código es eliminar la estacionalidad semanal de los datos de ventas. Al aplicar una diferenciación estacional de 7 días, se eliminan los patrones semanales recurrentes, haciendo que la serie temporal sea más estacionaria y adecuada para un análisis o modelado adicional.

Esta técnica es especialmente útil al trabajar con datos que muestran patrones semanales regulares, como los datos de ventas minoristas en los que los fines de semana pueden tener ventas consistentemente más altas en comparación con los días laborables.

2. Creación de Características Estacionales

Otro enfoque eficaz para manejar la estacionalidad en los datos de series temporales es la creación de **características estacionales**. Este método consiste en extraer información temporal relevante de la columna de fecha para ayudar al modelo a reconocer y aprender patrones estacionales. Por ejemplo, se pueden derivar características como el **mes**, **semana** o **día de la semana** a partir de los datos de la fecha. Estas características extraídas sirven como entradas adicionales para el modelo de pronóstico, permitiéndole capturar y contabilizar las variaciones estacionales recurrentes.

El proceso de crear características estacionales va más allá de una simple extracción. A menudo implica codificar estas características de una manera que preserve su naturaleza cíclica. Por ejemplo, en lugar de usar valores numéricos simples para los meses (1-12), se pueden usar transformaciones seno y coseno para representar el patrón cíclico de los meses a lo largo del año. Este enfoque, conocido como codificación cíclica, asegura que el modelo reconozca diciembre (12) y enero (1) como meses adyacentes en el ciclo anual.

Además, dependiendo de la naturaleza de los datos y de los patrones estacionales específicos que se intenten capturar, se podrían considerar la creación de características estacionales más complejas o específicas del dominio. Estas podrían incluir:

- Festivos o eventos especiales que impacten la serie temporal
- Estaciones del año (primavera, verano, otoño, invierno)
- Trimestres fiscales para datos financieros
- Semestres académicos para datos educativos

Al incorporar estas características estacionales en el modelo, se le proporciona un contexto valioso sobre la estructura temporal de los datos. Esto permite que el modelo aprenda y se adapte a patrones recurrentes, lo que potencialmente conduce a pronósticos más precisos y robustos. Recuerda que la clave es elegir características estacionales que sean relevantes para la serie temporal específica y el contexto comercial.

Ejemplo: Creación de Características Estacionales

```
# Extract seasonal features (month and day of the week)
df['Month'] = df.index.month
df['DayOfWeek'] = df.index.dayofweek

# View the seasonal features
```

```
print(df[['Sales', 'Month', 'DayOfWeek']])
```

En este ejemplo:

Creamos las características de **mes** y **día de la semana** a partir de los datos de ventas, permitiendo que el modelo reconozca patrones estacionales.

Desglosemos el proceso:

- df['Month'] = df.index.monthEsta línea extrae el mes del índice del DataFrame (suponiendo que el índice es un objeto datetime) y crea una nueva columna 'Month'. Los valores varían de 1 a 12, representando de enero a diciembre.
- df['DayOfWeek'] = df.index.dayofweekEsta línea extrae el día de la semana del índice y crea una nueva columna 'DayOfWeek'. Los valores varían de 0 a 6, donde 0 representa lunes y 6 representa domingo.
- print(df[['Sales', 'Month', 'DayOfWeek']])Esta línea imprime la columna 'Sales' junto con las columnas recién creadas 'Month' y 'DayOfWeek', permitiendo ver las características estacionales junto con los datos de ventas originales.

El propósito de crear estas características estacionales es permitir que el modelo reconozca y aprenda patrones estacionales en los datos. Al incluir estas características, el modelo puede entender mejor y ajustar patrones recurrentes relacionados con meses específicos o días de la semana, lo que potencialmente mejora la precisión de los pronósticos.

1.3.4 Por qué el Detrending y el Manejo de la Estacionalidad Mejoran el Pronóstico

Al eliminar tendencias y tratar la estacionalidad, mejoramos significativamente la estacionariedad de la serie temporal, haciéndola mucho más adecuada para el modelado. Este proceso de preparación de datos es fundamental porque muchos algoritmos de aprendizaje automático y modelos estadísticos, como **ARIMA** (Promedio Móvil Integrado Autorregresivo) o **Random Forest**, muestran un rendimiento notablemente mejor cuando operan con datos de entrada estacionarios y sin efectos estacionales cíclicos o de tendencia a largo plazo.

La propiedad de estacionariedad asegura que las propiedades estadísticas de la serie temporal, como la media y la varianza, se mantengan constantes en el tiempo, lo cual es un supuesto fundamental para muchas técnicas de pronóstico.

El proceso de eliminación de tendencias desempeña un papel vital en la identificación y eliminación de movimientos direccionales a largo plazo o patrones persistentes de los datos. Esto permite que el modelo concentre su poder analítico en patrones a corto plazo, más predecibles y de interés primario en muchos escenarios de pronóstico. Simultáneamente, al abordar la estacionalidad mediante diversas técnicas, el modelo puede reconocer, adaptarse y predecir eficazmente los ciclos recurrentes en los datos.

Este enfoque dual de eliminación de tendencia y ajuste de estacionalidad no solo simplifica los patrones subyacentes en los datos, sino que también mejora la capacidad del modelo para capturar y predecir los aspectos más relevantes de la serie temporal, lo que en última instancia conduce a pronósticos más precisos y confiables.

1.3.5 Conceptos Clave y Consideraciones Avanzadas

- **Detrending** es crucial para aislar y analizar las fluctuaciones a corto plazo en los datos de series temporales. Además de técnicas básicas como **diferenciación**, **detrending con regresión** y **promedios móviles**, métodos avanzados como el filtrado de Hodrick-Prescott o la descomposición en ondas pueden proporcionar una eliminación de tendencias más matizada para conjuntos de datos complejos.
- El manejo de la **estacionalidad** va más allá de la **diferenciación estacional** y las **características estacionales básicas**. Las técnicas avanzadas incluyen transformaciones de Fourier para capturar múltiples frecuencias estacionales o el uso de indicadores específicos del dominio, como los grados de calefacción/refrigeración para pronósticos de consumo de energía.
- La eliminación efectiva de tendencias y el manejo de la estacionalidad son fundamentales para el pronóstico preciso, pero su implementación debe adaptarse a las características específicas de los datos. Por ejemplo, en series temporales financieras, el agrupamiento de volatilidad puede requerir consideraciones adicionales junto con la tendencia y la estacionalidad.
- La elección de los métodos de detrending y manejo de la estacionalidad puede impactar significativamente la selección de modelos. Por ejemplo, los modelos SARIMA cuentan inherentemente con la estacionalidad, mientras que los modelos basados en redes neuronales podrían beneficiarse más de una ingeniería explícita de características estacionales.
- Es crucial validar la efectividad del detrending y el manejo de la estacionalidad a través de herramientas de diagnóstico como gráficos ACF/PACF, periodogramas o pruebas estadísticas de estacionariedad como la prueba de Dickey-Fuller aumentada.

1.4 Aplicación de Modelos de Machine Learning para Pronósticos de Series Temporales

Habiendo realizado la ingeniería de características mediante la creación de **características de retardo**, **características de ventana móvil**, así como implementado **detrending** y técnicas de manejo de **estacionalidad**, estamos preparados para aplicar modelos avanzados de machine learning para pronosticar valores futuros en nuestros datos de series temporales. Esta sección se enfocará en aprovechar algoritmos potentes como **Random Forest**, **Gradient Boosting** y **XGBoost**. Estos modelos han demostrado un rendimiento excepcional con datos estructurados y poseen la capacidad de discernir y aprender patrones intrincados dentro de las series temporales.

A diferencia de las metodologías tradicionales de series temporales como ARIMA, estos modelos de machine learning sobresalen en su capacidad para aprovechar las características generadas. Esta capacidad única les proporciona una mayor flexibilidad y robustez, lo que les permite capturar tanto las fluctuaciones a corto plazo como las tendencias a largo plazo con notable precisión. La discusión a continuación profundizará en las complejidades de construir y evaluar estos modelos avanzados utilizando nuestro conjunto de datos de ventas meticulosamente preparado, demostrando su potencial para revolucionar el pronóstico de series temporales.

1.4.1 Paso 1: Preparación del Conjunto de Datos para Machine Learning

Antes de aplicar modelos de machine learning a nuestros datos de series temporales, es crucial preparar adecuadamente el conjunto de datos. Esta preparación implica dividir los datos en dos conjuntos distintos: un **conjunto de entrenamiento** y un **conjunto de prueba**. Esta división es fundamental para el proceso de evaluación del modelo y nos ayuda a medir las capacidades predictivas reales del modelo.

El **conjunto de entrenamiento**, que generalmente representa alrededor del 70-80% de los datos, sirve como base para el aprendizaje del modelo. Es el conjunto de datos en el cual se ajustará nuestro modelo, permitiéndole aprender patrones, relaciones y tendencias dentro de los datos. Por otro lado, el **conjunto de prueba**, que suele ser el 20-30% restante de los datos, actúa como un proxy para los datos nuevos y no vistos. Utilizamos este conjunto para evaluar qué tan bien nuestro modelo se generaliza a datos que no ha encontrado durante la fase de entrenamiento.

Esta división es especialmente importante en el pronóstico de series temporales porque nos permite simular condiciones del mundo real en las que estamos prediciendo valores futuros en función de datos históricos. Al reservar una porción de nuestros datos más recientes como conjunto de prueba, podemos evaluar qué tan bien nuestro modelo se desempeña en puntos de datos "futuros", emulando el escenario real de pronóstico para el que nos estamos preparando.

Nuestra preparación del conjunto de datos va más allá de solo dividir los datos. Trabajaremos con un conjunto enriquecido de características que incluye:

- Los datos de ventas originales, que proporcionan la información central sobre nuestra serie temporal
- Características de retardo, que capturan la relación entre las ventas actuales y las ventas de períodos anteriores
- Características de ventana móvil, como promedios móviles, que suavizan las fluctuaciones a corto plazo y destacan las tendencias a largo plazo

- Cualquier característica adicional generada como resultado de nuestros procesos de detrending y manejo de estacionalidad

Al incorporar estas diversas características, estamos proporcionando a nuestros modelos de machine learning una visión integral de los patrones y dinámicas subyacentes en nuestros datos de ventas. Esta preparación exhaustiva establece las bases para modelos de pronóstico de series temporales más precisos y robustos.

```
# Sample data: daily sales figures with engineered features
import pandas as pd

data = {'Date': pd.date_range(start='2022-01-01', periods=15, freq='D'),
        'Sales': [100, 120, 130, 150, 170, 190, 200, 220, 240, 260, 270, 280, 290,
300, 310],
        'Sales_Lag1': [None, 100, 120, 130, 150, 170, 190, 200, 220, 240, 260, 270,
280, 290, 300],
        'RollingMean_7': [None, None, None, None, None, None, 145, 160, 175, 190, 205,
220, 235, 250, 265]}

df = pd.DataFrame(data)
df.set_index('Date', inplace=True)

# Drop rows with missing values
df.dropna(inplace=True)

# Define the feature set (X) and target (y)
X = df[['Sales_Lag1', 'RollingMean_7']]
y = df['Sales']

# Split the data into training and test sets
train_size = int(len(X) * 0.8)
X_train, X_test = X[:train_size], X[train_size:]
y_train, y_test = y[:train_size], y[train_size:]

# View the training data
print(X_train, y_train)
```

En este ejemplo:

- Preparamos el conjunto de datos seleccionando las **características de retardo** y el **promedio móvil** como nuestro conjunto de características (X), mientras que **Sales** es la variable objetivo (y).
- Dividimos el conjunto de datos en entrenamiento (80%) y prueba (20%) para evaluar el rendimiento del modelo.

Desglosemos lo que hace el código:

- Crea un conjunto de datos de muestra con cifras diarias de ventas y características generadas, como el retardo y el promedio móvil.
- Convierte los datos en un DataFrame de pandas con la fecha como índice.
- Se eliminan las filas con valores faltantes para asegurar la calidad de los datos.
- Se define el conjunto de características (X) usando 'Sales_Lag1' y 'RollingMean_7', mientras que 'Sales' se establece como la variable objetivo (y).
- Los datos se dividen en conjuntos de entrenamiento (80%) y prueba (20%), lo cual es crucial para evaluar el rendimiento del modelo en datos no vistos.
- Finalmente, imprime los datos de entrenamiento para verificar la preparación.

Esta preparación es esencial para aplicar modelos de machine learning al pronóstico de series temporales, ya que proporciona un conjunto de datos estructurado con características relevantes que pueden ayudar a predecir ventas futuras en función de patrones históricos.

1.4.2 Paso 2: Ajuste de un Modelo Random Forest

Random Forest es un método de aprendizaje en conjunto que sobresale en el pronóstico de series temporales debido a su capacidad para capturar interacciones complejas entre características. Este algoritmo construye múltiples árboles de decisión y combina sus resultados para hacer predicciones, lo cual es particularmente ventajoso cuando se trabaja con la naturaleza multifacética de los datos de series temporales.

La fortaleza de Random Forest radica en su capacidad para manejar relaciones no lineales y su robustez contra el sobreajuste. En el contexto del pronóstico de series temporales, estas cualidades le permiten aprovechar eficazmente las características generadas, como variables de retardo, estadísticas de ventana móvil e indicadores estacionales. Al considerar varias combinaciones de estas características en numerosos árboles, Random Forest puede identificar patrones complejos que podrían pasar desapercibidos para modelos más simples.

Además, Random Forest proporciona clasificaciones de importancia de características, lo cual ofrece información sobre qué aspectos de los datos de series temporales son más cruciales para hacer predicciones precisas. Esto puede ser invaluable para la ingeniería adicional de características y la interpretación del modelo. Procedamos a ajustar un modelo Random Forest a nuestros datos de entrenamiento cuidadosamente preparados, aprovechando su poder para pronosticar valores futuros en nuestra serie temporal.

```
from sklearn.ensemble import RandomForestRegressor
from sklearn.metrics import mean_squared_error

# Initialize the Random Forest model
model_rf = RandomForestRegressor(n_estimators=100, random_state=42)

# Fit the model to the training data
```

```
model_rf.fit(X_train, y_train)

# Make predictions on the test set
y_pred_rf = model_rf.predict(X_test)

# Calculate the Mean Squared Error (MSE)
mse_rf = mean_squared_error(y_test, y_pred_rf)
print(f'Random Forest MSE: {mse_rf}')

# View the test set predictions
print("Test Set Predictions (Random Forest):", y_pred_rf)
```

En este ejemplo:

- Utilizamos un **Random Forest Regressor** para ajustar los datos de entrenamiento y hacer predicciones en el conjunto de prueba.
- Se calcula el **Error Cuadrático Medio (MSE)** para evaluar el rendimiento del modelo; valores más bajos indican mejor precisión.

Desglosemos lo que hace el código:

- Importa las bibliotecas necesarias: RandomForestRegressor de sklearn.ensemble y mean_squared_error de sklearn.metrics.
- Se inicializa un modelo Random Forest con 100 estimadores (árboles) y un estado aleatorio de 42 para garantizar reproducibilidad.
- El modelo se ajusta a los datos de entrenamiento (X_train y y_train).
- Se realizan predicciones en el conjunto de prueba (X_test).
- Se calcula el MSE para evaluar el rendimiento del modelo comparando las predicciones (y_pred_rf) con los valores reales (y_test).
- Finalmente, se imprime el MSE y las predicciones del conjunto de prueba.

Este código forma parte del proceso de aplicar modelos de machine learning al pronóstico de series temporales, específicamente utilizando un modelo Random Forest para predecir valores futuros basándose en características generadas a partir de datos históricos.

Por qué Random Forest Funciona Bien para Series Temporales

Random Forest es especialmente adecuado para el pronóstico de series temporales debido a sus características únicas y su capacidad para manejar estructuras de datos complejas. Aquí tienes una explicación ampliada sobre por qué Random Forest destaca en este dominio:

1. Captura de Relaciones No Lineales: Random Forest puede modelar eficazmente relaciones no lineales entre características y la variable objetivo, crucial en datos de

series temporales donde la relación entre valores pasados y futuros a menudo sigue patrones complejos.

2. Aprendizaje en Conjunto: Como método en conjunto, Random Forest combina predicciones de múltiples árboles de decisión, lo cual ayuda a reducir el sobreajuste y mejora la generalización, particularmente útil ante el ruido y la variabilidad en datos de series temporales.
3. Importancia de Características: Random Forest proporciona una medida de la importancia de características, lo cual permite identificar qué variables de retardo o características generadas son más predictivas, guiando en la ingeniería adicional de características y mejorando la interpretabilidad del modelo.
4. Manejo de Datos de Alta Dimensión: Con características generadas como variables de retardo múltiples y estadísticas móviles, los conjuntos de datos de series temporales pueden volverse de alta dimensión. Random Forest maneja eficazmente estos escenarios sin sufrir la maldición de la dimensionalidad.
5. Robustez ante Valores Atípicos: Las series temporales a menudo contienen valores atípicos o puntos de datos anómalos, y el proceso de ensacado y el uso de múltiples árboles en Random Forest lo hacen más robusto a estos valores atípicos en comparación con enfoques de un solo modelo.
6. Captura de Estacionalidad y Tendencias: Incorporando características como variables de retardo y estadísticas móviles, Random Forest puede capturar implícitamente tanto patrones a corto como a largo plazo, incluidas la estacionalidad y las tendencias.
7. Sin Suposición de Estacionariedad: A diferencia de modelos tradicionales de series temporales como ARIMA, Random Forest no asume que los datos sean estacionarios, lo que permite manejar series temporales con propiedades estadísticas variables en el tiempo.
8. Procesamiento Paralelo: Random Forest puede paralelizarse fácilmente, haciéndolo eficiente computacionalmente para conjuntos de datos de series temporales grandes.

Estas características, combinadas con su capacidad para manejar una amplia gama de distribuciones de datos e interacciones, hacen de Random Forest una herramienta poderosa y versátil para predecir valores futuros en conjuntos de datos de series temporales complejos. Su efectividad se ve aún más potenciada cuando se utiliza en conjunto con una ingeniería de características reflexiva y adaptada al problema específico de la serie temporal.

1.4.3 Paso 3: Ajuste de un Modelo de Gradient Boosting

Gradient Boosting es una técnica avanzada de machine learning que construye de manera secuencial un conjunto de modelos débiles, típicamente árboles de decisión, para crear un modelo predictivo robusto. Este enfoque se centra iterativamente en corregir los errores de los modelos previos, lo que conduce a una mejora en el rendimiento general. En el contexto del pronóstico de series temporales, Gradient Boosting sobresale debido a su capacidad para capturar patrones temporales complejos y relaciones no lineales dentro de los datos.

Una de las principales fortalezas de Gradient Boosting en el análisis de series temporales es su adaptabilidad a varios tipos de características generadas. Por ejemplo, puede utilizar eficazmente variables de retardo, que representan valores pasados de la serie temporal en diferentes puntos de tiempo.

Estas características de retardo permiten que el modelo capture patrones autorregresivos y dependencias a lo largo del tiempo. Además, Gradient Boosting puede aprovechar estadísticas móviles, como promedios o desviaciones estándar móviles, que proporcionan información sobre tendencias locales y volatilidad en la serie temporal.

Además, el rendimiento de Gradient Boosting mejora cuando se le presenta un conjunto rico de características informativas derivadas de los datos de series temporales. Esto incluye indicadores estacionales, componentes de tendencia y otras características generadas específicas del dominio. La capacidad del modelo para seleccionar y ponderar automáticamente estas características lo hace particularmente hábil para manejar la naturaleza multifacética de los datos de series temporales, donde múltiples factores a menudo influyen en los valores futuros.

```
from sklearn.ensemble import GradientBoostingRegressor

# Initialize the Gradient Boosting model
model_gb = GradientBoostingRegressor(n_estimators=100, random_state=42)

# Fit the model to the training data
model_gb.fit(X_train, y_train)

# Make predictions on the test set
y_pred_gb = model_gb.predict(X_test)

# Calculate the Mean Squared Error (MSE)
mse_gb = mean_squared_error(y_test, y_pred_gb)
print(f'Gradient Boosting MSE: {mse_gb}')

# View the test set predictions
print("Test Set Predictions (Gradient Boosting):", y_pred_gb)
```

En este ejemplo:

- Usamos un **Gradient Boosting Regressor** para ajustar los datos de entrenamiento y predecir las ventas futuras.
- El **MSE** se utiliza nuevamente para evaluar la precisión predictiva del modelo.

Desglosemos lo que hace el código:

- Importa GradientBoostingRegressor del módulo ensemble de scikit-learn.
- Se inicializa un modelo de Gradient Boosting con 100 estimadores y un estado aleatorio de 42 para asegurar reproducibilidad.
- Luego, el modelo se ajusta a los datos de entrenamiento (X_train y y_train).
- Se realizan predicciones en el conjunto de prueba (X_test).
- Se calcula el Error Cuadrático Medio (MSE) para evaluar el rendimiento del modelo comparando las predicciones (y_pred_gb) con los valores reales (y_test).
- Finalmente, se imprime el MSE y las predicciones del conjunto de prueba.

Este código es parte del proceso de aplicar modelos de machine learning al pronóstico de series temporales, utilizando específicamente un modelo de Gradient Boosting para predecir valores futuros basándose en características generadas a partir de datos históricos.

Por qué Gradient Boosting Destaca en el Pronóstico de Series Temporales

Gradient Boosting es particularmente adecuado para el pronóstico de series temporales debido a varias características clave:

1. Corrección de Errores Iterativa: El algoritmo construye un conjunto de modelos débiles, típicamente árboles de decisión, de manera secuencial. Cada nuevo modelo se centra en corregir los errores de los modelos anteriores, lo que da lugar a una predicción progresivamente más precisa.
2. Manejo de Relaciones No Lineales: Los datos de series temporales suelen mostrar patrones complejos y no lineales. La capacidad de Gradient Boosting para capturar estas relaciones intrincadas lo hace altamente efectivo para modelar la dinámica subyacente de la serie temporal.
3. Importancia de Características: El algoritmo ofrece información sobre cuáles características son más influyentes en la predicción. Esto es valioso en el análisis de series temporales, ya que entender la importancia relativa de diferentes retardos o características generadas puede aportar conocimientos significativos.
4. Robustez ante Valores Atípicos: Gradient Boosting es menos sensible a valores atípicos en comparación con otros algoritmos, lo cual es beneficioso al tratar con datos de series temporales ruidosos.
5. Flexibilidad con la Ingeniería de Características: El modelo utiliza eficazmente diversas características generadas, como variables de retardo, estadísticas móviles e indicadores estacionales, permitiéndole capturar patrones tanto a corto como a largo plazo en los datos.

6. Adaptabilidad a Patrones Cambiantes: Gradient Boosting puede adaptarse a patrones en evolución en la serie temporal, haciéndolo adecuado para conjuntos de datos donde las relaciones subyacentes pueden cambiar con el tiempo.

Estas características permiten que Gradient Boosting supere a menudo a modelos más simples, especialmente al tratar con datos de series temporales complejos del mundo real, donde múltiples factores influyen en los valores futuros.

1.4.4 Paso 4: Ajuste de un Modelo XGBoost

XGBoost (Extreme Gradient Boosting) es una implementación avanzada del algoritmo de Gradient Boosting, conocida por su velocidad y rendimiento excepcionales. Esta poderosa técnica de machine learning ha ganado gran popularidad en el pronóstico de series temporales debido a su capacidad para manejar eficazmente conjuntos de datos de gran escala y conjuntos de características complejos. XGBoost incorpora varias mejoras clave sobre los métodos tradicionales de Gradient Boosting:

1. Regularización: XGBoost incluye términos de regularización L1 (Lasso) y L2 (Ridge) incorporados, que ayudan a prevenir el sobreajuste y mejorar la generalización del modelo. Esto es especialmente beneficioso en el pronóstico de series temporales, donde los modelos suelen necesitar capturar patrones complejos sin ser excesivamente sensibles al ruido en los datos.

2. Procesamiento en Paralelo: A diferencia de Gradient Boosting estándar, XGBoost puede aprovechar el procesamiento paralelo y distribuido. Esta capacidad le permite entrenar modelos en conjuntos de datos de series temporales grandes de manera mucho más rápida, lo que lo hace ideal para aplicaciones que requieren actualizaciones frecuentes de modelos o predicciones en tiempo real.

3. Poda de Árboles: XGBoost emplea un novedoso algoritmo de poda de árboles que puede identificar y eliminar divisiones que resulten en ganancias negativas, lo que resulta en modelos más compactos y eficientes, cruciales al tratar con datos de series temporales de alta dimensión que incluyen numerosas características generadas.

4. Manejo de Valores Faltantes: XGBoost tiene un método incorporado para manejar valores faltantes, lo cual es particularmente útil en el pronóstico de series temporales donde las brechas en los datos son comunes. Puede aprender la mejor dirección para tomar ante valores faltantes durante el proceso de entrenamiento, mejorando la robustez del modelo.

5. Importancia de Características: XGBoost proporciona información detallada sobre la importancia de las características, permitiendo a los analistas identificar cuáles aspectos de la serie temporal (por ejemplo, retardos específicos, componentes estacionales o factores externos) son más cruciales para un pronóstico preciso.

Estas características avanzadas hacen que XGBoost sea excepcionalmente adecuado para tareas de pronóstico de series temporales, especialmente al tratar con datos de series temporales complejos y multidimensionales que incorporan una amplia gama de características generadas.

```
import xgboost as xgb

# Initialize the XGBoost model
model_xgb = xgb.XGBRegressor(n_estimators=100, random_state=42)

# Fit the model to the training data
model_xgb.fit(X_train, y_train)

# Make predictions on the test set
y_pred_xgb = model_xgb.predict(X_test)

# Calculate the Mean Squared Error (MSE)
mse_xgb = mean_squared_error(y_test, y_pred_xgb)
print(f'XGBoost MSE: {mse_xgb}')

# View the test set predictions
print("Test Set Predictions (XGBoost):", y_pred_xgb)
```

En este ejemplo:

- Usamos **XGBoost** para ajustar los datos de entrenamiento y hacer predicciones en el conjunto de prueba.
- **XGBoost** ofrece un poder predictivo fuerte y es computacionalmente eficiente, especialmente con características generadas.

Desglosemos lo que hace el código:

- Primero, importa la biblioteca XGBoost como 'xgb'.
- Se inicializa un modelo de regresión de XGBoost con 100 estimadores (árboles) y un estado aleatorio de 42 para asegurar reproducibilidad.
- Luego, el modelo se ajusta a los datos de entrenamiento (X_train y y_train).
- Se realizan predicciones en el conjunto de prueba (X_test).
- Se calcula el Error Cuadrático Medio (MSE) para evaluar el rendimiento del modelo comparando las predicciones (y_pred_xgb) con los valores reales (y_test).
- Finalmente, se imprime el MSE y las predicciones del conjunto de prueba.

XGBoost es particularmente efectivo para el pronóstico de series temporales debido a su capacidad para manejar datos complejos y multidimensionales y para incorporar una amplia gama de características generadas. Ofrece un fuerte poder predictivo y es computacionalmente eficiente, especialmente con características generadas.

Por qué XGBoost es Efectivo para Series Temporales

XGBoost es especialmente adecuado para el pronóstico de series temporales debido a varias ventajas clave:

1. Manejo de Conjuntos de Datos Grandes: XGBoost procesa eficientemente datos extensos de series temporales, incluyendo características de alta cardinalidad como valores retardados en períodos extendidos.
2. Interacciones entre Características: Destaca en la captura de interacciones complejas entre varias características dependientes del tiempo, cruciales para comprender patrones temporales intrincados.
3. Regularización Incorporada: Los mecanismos de regularización de XGBoost ayudan a prevenir el sobreajuste, un desafío común en los modelos de series temporales donde el riesgo de capturar ruido en lugar de patrones reales es alto.
4. Flexibilidad con Datos Faltantes: Las series temporales a menudo contienen brechas, y la capacidad de XGBoost para manejar valores faltantes lo hace robusto para escenarios de pronóstico en el mundo real.
5. Velocidad y Escalabilidad: Su algoritmo optimizado permite un entrenamiento y predicción rápidos, incluso con grandes conjuntos de datos de series temporales.
6. Importancia de Características: XGBoost proporciona información sobre qué características temporales son más predictivas, lo que ayuda en la selección de características y la interpretación del modelo.
7. Adaptabilidad a Tendencias No Lineales: Puede capturar relaciones no lineales en datos de series temporales, lo cual es fundamental para un pronóstico preciso.

Estas características hacen de XGBoost una herramienta poderosa para el análisis de series temporales, capaz de producir pronósticos precisos mientras maneja de manera eficiente las complejidades inherentes en los datos temporales.

1.4.5 Paso 5: Evaluación del Rendimiento del Modelo

Ahora que hemos entrenado varios modelos, podemos comparar su rendimiento utilizando el **Error Cuadrático Medio (MSE)** para determinar cuál modelo funciona mejor. MSE es una métrica crucial en el pronóstico de series temporales, ya que cuantifica la diferencia cuadrática promedio entre los valores predichos y los valores reales. Un MSE más bajo indica un mejor rendimiento del modelo, ya que sugiere errores de predicción más pequeños.

Al evaluar nuestros modelos de Random Forest, Gradient Boosting y XGBoost, el MSE proporciona valiosa información sobre la precisión de cada modelo en el pronóstico. Esta comparación es especialmente importante porque cada modelo tiene sus propias fortalezas en el manejo de datos de series temporales:

- Random Forest sobresale en capturar relaciones no lineales y manejar espacios de características de alta dimensión, lo cual es beneficioso para series temporales complejas con múltiples características generadas.
- Gradient Boosting mejora iterativamente las predicciones al enfocarse en los errores de iteraciones anteriores, lo que puede llevar a una alta precisión en la predicción de tendencias y patrones.
- XGBoost, una versión optimizada de Gradient Boosting, ofrece velocidad y rendimiento mejorados, haciéndolo particularmente efectivo para datos de series temporales a gran escala.

Al comparar el MSE entre estos modelos, no solo podemos identificar el modelo con mejor rendimiento, sino también obtener información sobre qué enfoque podría ser el más adecuado para nuestra tarea específica de pronóstico de series temporales. Esta etapa de evaluación es crucial para tomar decisiones informadas sobre la selección de modelos y áreas potenciales para una mayor optimización.

```
# Print the MSE for all models
print(f'Random Forest MSE: {mse_rf}')
print(f'Gradient Boosting MSE: {mse_gb}')
print(f'XGBoost MSE: {mse_xgb}')
```

Al comparar los valores de **MSE** para cada modelo, podemos determinar cuál es el más preciso para pronosticar las ventas futuras basándose en las características generadas. Los valores de MSE más bajos indican un mejor rendimiento, por lo que el modelo con el MSE más bajo es nuestro mejor predictor.

Desglose de lo que hace el código:

- Imprime el MSE del modelo Random Forest, almacenado en la variable mse_rf.
- Imprime el MSE del modelo Gradient Boosting, almacenado en la variable mse_gb.
- Imprime el MSE del modelo XGBoost, almacenado en la variable mse_xgb.

1.4.6 Conclusiones Clave y Direcciones Futuras

- **Random Forest**, **Gradient Boosting** y **XGBoost** son modelos poderosos para el pronóstico de series temporales, especialmente cuando se aprovechan características generadas. Estas características, incluyendo variables de retraso, estadísticas móviles y técnicas de eliminación de tendencia, mejoran la capacidad de los modelos para capturar patrones temporales complejos y estacionalidad en los datos.
- Cada modelo ofrece fortalezas únicas:

  - **Random Forest** sobresale en manejar relaciones no lineales y espacios de características de alta dimensión, siendo robusto contra el sobreajuste.
  - **Gradient Boosting** mejora secuencialmente las predicciones al enfocarse en los errores residuales, lo que le permite capturar patrones sutiles en la serie temporal.
  - **XGBoost**, una versión optimizada de Gradient Boosting, proporciona eficiencia computacional mejorada y rendimiento, especialmente beneficioso para conjuntos de datos de series temporales a gran escala.
- La evaluación del modelo mediante métricas como el **Error Cuadrático Medio (MSE)** es crucial para identificar el modelo de pronóstico más efectivo. Sin embargo, es importante considerar otras métricas como el Error Absoluto Medio (MAE) o la Raíz del Error Cuadrático Medio (RMSE) para una evaluación integral, especialmente cuando se manejan diferentes escalas en los datos de series temporales.
- El análisis de importancia de las características, particularmente en modelos de Random Forest y XGBoost, puede proporcionar valiosa información sobre cuáles características temporales o variables generadas contribuyen más significativamente a la precisión del pronóstico.

En la siguiente sección, profundizaremos en técnicas avanzadas para la optimización de modelos. Esto incluye la afinación de hiperparámetros mediante métodos como búsqueda en cuadrícula, búsqueda aleatoria u optimización bayesiana. Además, exploraremos métodos de ensamblado que combinan las fortalezas de múltiples modelos para mejorar aún más la precisión y la robustez del pronóstico.

1.5 Afinación de Hiperparámetros para Modelos de Series Temporales

Después de explorar y evaluar el rendimiento de varios modelos avanzados de aprendizaje automático—**Random Forest**, **Gradient Boosting** y **XGBoost**—nos enfocamos ahora en un paso crucial en la optimización de modelos: **afinación de hiperparámetros**. Este proceso implica ajustar meticulosamente los parámetros de los modelos para mejorar su precisión en el pronóstico. Al afinar estos hiperparámetros, buscamos un equilibrio óptimo entre la complejidad del modelo y la generalización, lo que lleva a mejorar el rendimiento predictivo y reducir los errores de pronóstico.

En la siguiente sección, profundizaremos en dos técnicas poderosas para la optimización de hiperparámetros: **Búsqueda en Cuadrícula** y **Búsqueda Aleatoria**. Estas metodologías nos permiten explorar exhaustivamente el espacio de hiperparámetros, evaluando sistemáticamente varias combinaciones para identificar la configuración que produce los resultados de pronóstico más precisos y robustos. A través de este riguroso proceso de optimización, podemos liberar todo el potencial de nuestros modelos y lograr predicciones superiores en series temporales.

1.5.1 ¿Qué Son los Hiperparámetros?

Los hiperparámetros son configuraciones clave del modelo que se determinan antes de comenzar el proceso de aprendizaje. A diferencia de los parámetros que se aprenden a partir de los datos durante el entrenamiento, los hiperparámetros moldean la estructura general del modelo y su enfoque de aprendizaje. Regulan diversos aspectos del comportamiento del modelo, como la complejidad de los árboles de decisión, la tasa a la que el modelo aprende de los datos o el tamaño de los modelos de ensamblado.

El impacto de los hiperparámetros en el rendimiento del modelo puede ser significativo. La afinación de estos parámetros a menudo conduce a mejoras notables en precisión, generalización y eficiencia computacional. Por ejemplo, ajustar la profundidad de los árboles de decisión puede ayudar a equilibrar entre sobreajuste y subajuste, mientras que modificar la tasa de aprendizaje puede afectar la rapidez con que el modelo converge a una solución óptima.

Cada uno de los modelos que hemos explorado en este proyecto tiene su propio conjunto de hiperparámetros que pueden ser optimizados:

- **Random Forest**: El rendimiento de este método de ensamblado puede mejorarse ajustando:
    - El número de árboles (n_estimators): Más árboles pueden mejorar la precisión, pero aumentan el costo computacional.
    - La profundidad de los árboles (max_depth): Los árboles más profundos pueden capturar patrones más complejos, pero pueden llevar a sobreajuste.
    - La cantidad mínima de muestras para dividir un nodo (min_samples_split): Esto afecta la granularidad del proceso de toma de decisiones.
    - El número de características a considerar para la mejor división (max_features): Esto puede ayudar a reducir el sobreajuste y mejorar la generalización.
- **Gradient Boosting**: La efectividad de este método secuencial de ensamblado puede mejorarse ajustando:
    - La tasa de aprendizaje: Una tasa de aprendizaje más pequeña a menudo lleva a una mejor generalización, pero requiere más rondas de reforzamiento.
    - El número de árboles (n_estimators): Determina el número de etapas de reforzamiento.
    - La profundidad de los árboles (max_depth): Los árboles poco profundos suelen ser preferidos en Gradient Boosting para prevenir el sobreajuste.

  - La relación de muestra (subsample): Esto introduce aleatoriedad y puede ayudar a reducir el sobreajuste.

- **XGBoost**: Esta implementación avanzada de Gradient Boosting tiene varios hiperparámetros que pueden optimizarse:
  - La tasa de aprendizaje (eta): Similar a Gradient Boosting, afecta el tamaño del paso en cada iteración.
  - La profundidad máxima (max_depth): Controla la complejidad de los árboles.
  - El número de rondas de reforzamiento: Equivalente al número de árboles en el ensamblado.
  - Parámetros de regularización (por ejemplo, lambda, alpha): Ayudan a prevenir el sobreajuste añadiendo penalizaciones a la complejidad.
  - El peso mínimo de instancia (min_child_weight): Controla la cantidad mínima de peso de datos en un nodo hijo, ayudando a prevenir el sobreajuste.

Comprender y afinar efectivamente estos hiperparámetros es crucial para maximizar el rendimiento de estos modelos en tareas de pronóstico de series temporales. El proceso a menudo implica experimentación sistemática y validación cruzada para encontrar la combinación óptima de hiperparámetros para un conjunto de datos y problema específicos.

1.5.2 Paso 1: Búsqueda en Cuadrícula para Afinación de Hiperparámetros

Búsqueda en Cuadrícula es un enfoque exhaustivo y sistemático para la afinación de hiperparámetros en modelos de aprendizaje automático. Este método explora metódicamente cada combinación posible de valores de hiperparámetros de un conjunto predefinido, asegurando una evaluación integral del rendimiento del modelo en diversas configuraciones. La Búsqueda en Cuadrícula es particularmente efectiva cuando se trata de un espacio de hiperparámetros relativamente pequeño, ya que garantiza que ninguna combinación potencial óptima sea pasada por alto.

El proceso implica definir una cuadrícula de valores de hiperparámetros para cada parámetro que se va a ajustar. Por ejemplo, en un modelo de Random Forest, esto podría incluir diferentes valores para el número de árboles, la profundidad máxima del árbol y las muestras mínimas necesarias para dividir un nodo. Luego, el algoritmo entrena y evalúa el modelo utilizando cada combinación en la cuadrícula, empleando típicamente validación cruzada para asegurar una evaluación robusta del rendimiento.

Aunque la Búsqueda en Cuadrícula puede ser intensiva en términos computacionales, especialmente para espacios de hiperparámetros grandes, ofrece varias ventajas:

- Exhaustividad: Examina cada combinación posible, reduciendo el riesgo de perder la configuración óptima.

- Reproducibilidad: La naturaleza sistemática de la Búsqueda en Cuadrícula hace que los resultados sean fácilmente reproducibles.
- Simplicidad: El concepto es fácil de implementar y entender, lo que lo hace accesible tanto para principiantes como para expertos.

Sin embargo, es importante tener en cuenta que la Búsqueda en Cuadrícula puede volverse impracticable para espacios de hiperparámetros de alta dimensión o cuando se trabaja con modelos computacionalmente costosos. En tales casos, métodos alternativos como Búsqueda Aleatoria o optimización bayesiana podrían ser más adecuados. No obstante, para escenarios donde el espacio de hiperparámetros está bien definido y es manejable, la Búsqueda en Cuadrícula sigue siendo una herramienta poderosa en el arsenal del practicante de aprendizaje automático para la optimización de modelos.

Ejemplo: Afinación de Hiperparámetros para Random Forest Usando Búsqueda en Cuadrícula

Apliquemos la Búsqueda en Cuadrícula para afinar los hiperparámetros del modelo **Random Forest**.

```
from sklearn.model_selection import GridSearchCV
from sklearn.ensemble import RandomForestRegressor

# Define the parameter grid for Random Forest
param_grid_rf = {
    'n_estimators': [50, 100, 200],
    'max_depth': [5, 10, 20],
    'min_samples_split': [2, 5, 10]
}

# Initialize the Random Forest model
model_rf = RandomForestRegressor(random_state=42)

# Initialize Grid Search with cross-validation (cv=3)
grid_search_rf = GridSearchCV(model_rf, param_grid_rf, cv=3, scoring='neg_mean_squared_error')

# Fit Grid Search to the training data
grid_search_rf.fit(X_train, y_train)

# View the best hyperparameters
print(f"Best hyperparameters for Random Forest: {grid_search_rf.best_params_}")

# Evaluate the model with the best hyperparameters
best_rf = grid_search_rf.best_estimator_
y_pred_rf_best = best_rf.predict(X_test)
mse_rf_best = mean_squared_error(y_test, y_pred_rf_best)
print(f"Random Forest MSE after tuning: {mse_rf_best}")
```

En este ejemplo:

- Definimos una cuadrícula de hiperparámetros para **Random Forest**, incluyendo el número de árboles (n_estimators), la profundidad de los árboles (max_depth) y el número mínimo de muestras requeridas para dividir un nodo (min_samples_split).
- **GridSearchCV** busca en todas las combinaciones posibles de estos parámetros y selecciona el mejor conjunto basado en el rendimiento de la validación cruzada (aquí, el **error cuadrático medio**).
- El modelo con los mejores hiperparámetros se evalúa en el conjunto de prueba, y su **MSE** se calcula.

Desglose de lo que hace el código:

- Importa las bibliotecas necesarias: GridSearchCV para la búsqueda en cuadrícula y RandomForestRegressor para el modelo de Random Forest.
- Se define una cuadrícula de parámetros (param_grid_rf) con diferentes valores para los hiperparámetros clave:
    - n_estimators: número de árboles (50, 100, 200).
    - max_depth: profundidad máxima de los árboles (5, 10, 20).
    - min_samples_split: muestras mínimas requeridas para dividir un nodo (2, 5, 10).
- Se inicializa un modelo de Random Forest con un estado aleatorio fijo para garantizar la reproducibilidad.
- Se configura GridSearchCV para realizar una búsqueda exhaustiva sobre la cuadrícula de parámetros especificada, usando validación cruzada de 3 pliegues y el error cuadrático medio negativo como métrica de evaluación.
- Se ajusta la búsqueda en cuadrícula a los datos de entrenamiento (X_train, y_train).
- Se imprimen los mejores hiperparámetros encontrados por la búsqueda en cuadrícula.
- Finalmente, se utiliza el modelo con los mejores hiperparámetros para hacer predicciones en el conjunto de prueba, y se calcula e imprime el error cuadrático medio (MSE).

Este proceso ayuda a encontrar la combinación óptima de hiperparámetros para el modelo Random Forest, lo que potencialmente mejora su rendimiento en la tarea de pronóstico de series temporales.

1.5.3 Paso 2: Búsqueda Aleatoria para la Afinación de Hiperparámetros

Mientras que la búsqueda en cuadrícula prueba exhaustivamente todas las combinaciones de parámetros, la **Búsqueda Aleatoria** selecciona un subconjunto aleatorio de combinaciones de hiperparámetros para evaluar. Este enfoque ofrece varias ventajas:

- Eficiencia: La búsqueda aleatoria puede ser significativamente más rápida, especialmente al tratar con espacios de hiperparámetros grandes, permitiendo una optimización más rápida sin la necesidad de evaluar todas las combinaciones posibles.
- Diversidad: Al muestrear aleatoriamente el espacio de hiperparámetros, puede descubrir combinaciones efectivas que podrían pasarse por alto en un enfoque más estructurado como la búsqueda en cuadrícula.
- Escalabilidad: A medida que aumenta el número de hiperparámetros, la búsqueda aleatoria se vuelve cada vez más eficiente en comparación con la búsqueda en cuadrícula.
- Flexibilidad: Permite agregar o eliminar hiperparámetros fácilmente sin afectar significativamente el proceso de búsqueda.

Además, la Búsqueda Aleatoria es particularmente valiosa cuando ciertos hiperparámetros son más importantes que otros. En estos casos, puede dedicar más recursos a explorar los parámetros más influyentes, lo que potencialmente lleva a mejores resultados en menos tiempo. Este método también proporciona un buen equilibrio entre exploración y explotación del espacio de hiperparámetros, a menudo obteniendo resultados comparables o incluso superiores a la búsqueda en cuadrícula, especialmente cuando los recursos computacionales son limitados.

Ejemplo: Afinación de Hiperparámetros para XGBoost Usando Búsqueda Aleatoria

Apliquemos la Búsqueda Aleatoria para ajustar los hiperparámetros del modelo **XGBoost**.

```
from sklearn.model_selection import RandomizedSearchCV
import xgboost as xgb

# Define the parameter grid for XGBoost
param_dist_xgb = {
    'n_estimators': [50, 100, 200],
    'max_depth': [3, 6, 9],
    'learning_rate': [0.01, 0.1, 0.2],
    'subsample': [0.6, 0.8, 1.0]
}

# Initialize the XGBoost model
model_xgb = xgb.XGBRegressor(random_state=42)

# Initialize Randomized Search with cross-validation (cv=3)
random_search_xgb = RandomizedSearchCV(model_xgb, param_dist_xgb, n_iter=10, cv=3,
scoring='neg_mean_squared_error', random_state=42)

# Fit Random Search to the training data
random_search_xgb.fit(X_train, y_train)

# View the best hyperparameters
```

```
print(f"Best hyperparameters for XGBoost: {random_search_xgb.best_params_}")

# Evaluate the model with the best hyperparameters
best_xgb = random_search_xgb.best_estimator_
y_pred_xgb_best = best_xgb.predict(X_test)
mse_xgb_best = mean_squared_error(y_test, y_pred_xgb_best)
print(f"XGBoost MSE after tuning: {mse_xgb_best}")
```

En este ejemplo:

- Definimos una distribución aleatoria de hiperparámetros para **XGBoost**, incluyendo el número de árboles (n_estimators), la profundidad de los árboles (max_depth), la tasa de aprendizaje (learning_rate) y el ratio de muestras (subsample).
- **RandomizedSearchCV** prueba un subconjunto aleatorio de estas combinaciones y selecciona la mejor en función del rendimiento de la validación cruzada.
- El modelo optimizado de XGBoost se evalúa en el conjunto de prueba, y su **MSE** se calcula.

Desglose del código:

- Primero, importa las bibliotecas necesarias: RandomizedSearchCV de scikit-learn y xgboost.
- Se define una distribución de parámetros (param_dist_xgb) para XGBoost, que incluye:
    - n_estimators: número de árboles (50, 100, 200).
    - max_depth: profundidad máxima de los árboles (3, 6, 9).
    - learning_rate: reducción del tamaño del paso (0.01, 0.1, 0.2).
    - subsample: fracción de muestras usadas para entrenar los árboles (0.6, 0.8, 1.0).
- Se inicializa un modelo de XGBoost con un estado aleatorio fijo para garantizar la reproducibilidad.
- RandomizedSearchCV se configura para realizar una búsqueda aleatoria sobre la distribución de parámetros especificada. Intentará 10 combinaciones aleatorias (n_iter=10), usando validación cruzada de 3 pliegues y el error cuadrático medio negativo como métrica de evaluación.
- Se ajusta la búsqueda aleatoria a los datos de entrenamiento (X_train, y_train).
- Se imprimen los mejores hiperparámetros encontrados por la búsqueda aleatoria.

- Finalmente, el modelo con los mejores hiperparámetros se utiliza para hacer predicciones en el conjunto de prueba, y se calcula e imprime el error cuadrático medio (MSE).

Este proceso ayuda a encontrar una combinación óptima de hiperparámetros para el modelo XGBoost, mejorando potencialmente su rendimiento en la tarea de pronóstico de series temporales, al tiempo que es más eficiente computacionalmente que una búsqueda exhaustiva en cuadrícula.

1.5.4 Paso 3: Ajuste Fino del Gradient Boosting

Continuando con nuestra exploración de la afinación de hiperparámetros, ahora nos enfocamos en el modelo de Gradient Boosting. Esta poderosa técnica de aprendizaje en conjunto puede optimizarse utilizando los mismos métodos que aplicamos a Random Forest y XGBoost: la búsqueda en cuadrícula y la búsqueda aleatoria. Ambos enfoques ofrecen ventajas únicas para afinar el algoritmo de Gradient Boosting.

La búsqueda en cuadrícula, con su exploración sistemática del espacio de hiperparámetros, proporciona un examen exhaustivo de las configuraciones potenciales. Este método es especialmente útil cuando tenemos una buena comprensión de los rangos de parámetros que probablemente produzcan resultados óptimos. Por otro lado, la búsqueda aleatoria ofrece una alternativa más eficiente, especialmente cuando se trata de espacios de parámetros de alta dimensión o cuando los recursos computacionales son limitados.

Para nuestro modelo de Gradient Boosting, los hiperparámetros clave a considerar incluyen el número de estimadores (árboles), la profundidad máxima de los árboles y la tasa de aprendizaje. Cada uno de estos parámetros desempeña un papel crucial en el rendimiento y la capacidad de generalización del modelo. Ajustando cuidadosamente estos hiperparámetros, podemos mejorar significativamente el poder predictivo del modelo para nuestra tarea de pronóstico de series temporales.

En el siguiente ejemplo, demostraremos cómo usar la búsqueda en cuadrícula para afinar un modelo de Gradient Boosting. Este enfoque evaluará sistemáticamente diferentes combinaciones de hiperparámetros para identificar la configuración óptima para nuestro conjunto de datos específico y problema de pronóstico.

Ejemplo: Afinación de Hiperparámetros para Gradient Boosting Usando Búsqueda en Cuadrícula

```
from sklearn.ensemble import GradientBoostingRegressor

# Define the parameter grid for Gradient Boosting
param_grid_gb = {
    'n_estimators': [50, 100, 200],
    'max_depth': [3, 6, 9],
    'learning_rate': [0.01, 0.1, 0.2]
}
```

```
# Initialize the Gradient Boosting model
model_gb = GradientBoostingRegressor(random_state=42)

# Initialize Grid Search with cross-validation (cv=3)
grid_search_gb = GridSearchCV(model_gb, param_grid_gb, cv=3,
scoring='neg_mean_squared_error')

# Fit Grid Search to the training data
grid_search_gb.fit(X_train, y_train)

# View the best hyperparameters
print(f"Best hyperparameters for Gradient Boosting: {grid_search_gb.best_params_}")

# Evaluate the model with the best hyperparameters
best_gb = grid_search_gb.best_estimator_
y_pred_gb_best = best_gb.predict(X_test)
mse_gb_best = mean_squared_error(y_test, y_pred_gb_best)
print(f"Gradient Boosting MSE after tuning: {mse_gb_best}")
```

Este código demuestra cómo realizar la afinación de hiperparámetros para un modelo de Gradient Boosting usando Grid Search. Aquí tienes un desglose del código:

- Primero, importa el **GradientBoostingRegressor** necesario de scikit-learn.
- Se define una cuadrícula de parámetros (param_grid_gb) para Gradient Boosting, que incluye:
    - n_estimators: número de árboles (50, 100, 200).
    - max_depth: profundidad máxima de los árboles (3, 6, 9).
    - learning_rate: tasa de aprendizaje (0.01, 0.1, 0.2).
- Se inicializa un modelo de Gradient Boosting con un estado aleatorio fijo para garantizar la reproducibilidad.
- Se configura **GridSearchCV** para realizar una búsqueda exhaustiva sobre la cuadrícula de parámetros especificada. Usa una validación cruzada de 3 pliegues y el error cuadrático medio negativo como métrica de evaluación.
- La búsqueda en cuadrícula se ajusta a los datos de entrenamiento (X_train, y_train).
- Se imprimen los mejores hiperparámetros encontrados por la búsqueda en cuadrícula.
- Finalmente, el modelo con los mejores hiperparámetros se utiliza para hacer predicciones en el conjunto de prueba, y se calcula e imprime el error cuadrático medio (MSE).

Este proceso ayuda a encontrar la combinación óptima de hiperparámetros para el modelo Gradient Boosting, mejorando potencialmente su rendimiento en la tarea de pronóstico de series temporales.

1.5.5 Puntos Clave y Repercusiones para el Pronóstico de Series Temporales

La afinación de hiperparámetros es un paso crítico en la optimización de modelos de aprendizaje automático para el pronóstico de series temporales. Este proceso implica ajustar sistemáticamente los parámetros del modelo para mejorar su rendimiento y precisión. Aquí una ampliación de los puntos clave y sus implicaciones:

- **Técnicas de Afinación de Hiperparámetros**:
  - **Grid Search**: Este método exhaustivo es ideal para espacios de hiperparámetros más pequeños. Explora sistemáticamente cada combinación de valores de parámetros especificados. Aunque es minucioso, puede ser costoso computacionalmente en espacios grandes.
  - **Random Search**: Más eficiente para espacios grandes de hiperparámetros, este método selecciona combinaciones de parámetros al azar. A menudo encuentra una buena solución más rápido que Grid Search, especialmente cuando no todos los parámetros son igualmente importantes.
- **Consideraciones Específicas de los Modelos**:
  - **Random Forest**: Los parámetros clave incluyen el número de árboles, la profundidad máxima y las muestras mínimas por hoja. Ajustarlos puede ayudar a equilibrar entre la complejidad del modelo y su capacidad de generalización.
  - **Gradient Boosting**: Los parámetros importantes incluyen la tasa de aprendizaje, el número de estimadores y la profundidad máxima. Una afinación adecuada puede reducir significativamente el sobreajuste y mejorar la robustez del modelo.
  - **XGBoost**: Parámetros como el ratio de muestra, colsample_bytree y gamma son únicos de XGBoost y pueden ajustarse para mejorar su rendimiento en datos de series temporales.
- **Evaluación del Rendimiento**:
  - Comparar el **MSE** antes y después de la afinación proporciona una medida cuantitativa de mejora. Esta métrica es particularmente relevante en el pronóstico de series temporales, donde minimizar los errores de predicción es crucial.
  - Es importante usar técnicas de validación cruzada específicas para datos de series temporales, como la validación cruzada para series temporales, para

asegurar que el rendimiento del modelo sea consistente en diferentes períodos.

Aplicando estas técnicas de afinación de manera cuidadosa, los científicos de datos pueden mejorar significativamente la precisión y confiabilidad de sus modelos de pronóstico de series temporales. Este rendimiento mejorado se traduce en predicciones más precisas de tendencias futuras, lo cual es invaluable en diversos dominios como el pronóstico financiero, la predicción de demanda y la planificación de recursos.

1.6 Conclusión del Proyecto de Pronóstico de Series Temporales

Al llegar al final de nuestro proyecto, es hora de reflexionar sobre nuestro recorrido en el complejo mundo del pronóstico de series temporales. Hemos navegado por las complejidades de aplicar modelos avanzados de aprendizaje automático, ajustado minuciosamente sus hiperparámetros y evaluado rigurosamente su rendimiento. Esta sección final sirve como una retrospectiva integral, donde sintetizaremos la esencia de nuestro proyecto repasando los pasos clave que hemos tomado, analizando los resultados de nuestros esfuerzos y explorando las aplicaciones prácticas de nuestros modelos en escenarios reales de pronóstico de series temporales.

Nuestro recorrido se ha caracterizado por la aplicación de técnicas avanzadas en ciencia de datos y aprendizaje automático. Hemos profundizado en los matices de la ingeniería de características, aprovechando el poder de las características de retraso, estadísticas móviles y métodos avanzados de eliminación de tendencia para capturar los patrones complejos en nuestros datos de series temporales. A través de diversos modelos de aprendizaje automático, desde los robustos Random Forest hasta el alto rendimiento de XGBoost, hemos descubierto ideas que llevan la precisión predictiva a nuevos niveles.

Al sintetizar nuestros hallazgos y mirar hacia el futuro, no solo resumiremos los aspectos técnicos de nuestro proyecto, sino que también discutiremos las implicaciones más amplias de nuestro trabajo. ¿Cómo pueden estos modelos optimizados traducirse en beneficios tangibles en industrias que van desde las finanzas hasta la gestión de la cadena de suministro? ¿Qué desafíos podríamos enfrentar al desplegar estos modelos y cómo podemos garantizar su precisión y relevancia en entornos reales y dinámicos? Acompáñanos mientras desglosamos estas preguntas y más, proporcionando una hoja de ruta para convertir nuestros logros analíticos en soluciones prácticas e impactantes en el ámbito del pronóstico de series temporales.

1.6.1 Revisión del Proyecto: Pasos Clave y Técnicas

A lo largo de este proyecto, nos hemos enfocado en construir un pipeline sólido para el pronóstico de series temporales utilizando modelos de aprendizaje automático e ingeniería de características. Repasemos los pasos clave:

1. **Comprensión de los Datos de Series Temporales**:

Comenzamos explorando la estructura de los datos de series temporales, enfatizando la importancia del orden temporal y la dependencia. Esta base es crucial para el pronóstico efectivo, ya que los modelos de series temporales deben tener en cuenta tanto patrones a corto como a largo plazo.

2. **Ingeniería de Características**:

La ingeniería de características fue un enfoque central del proyecto. Introdujimos y creamos varios tipos de características para mejorar los modelos:

- **Características de retraso**: Proporcionaron contexto histórico desplazando los datos originales hacia atrás en pasos de tiempo específicos.
- **Características de ventanas móviles**: Capturaron tendencias y volatilidad mediante estadísticas móviles (por ejemplo, medias móviles y desviaciones estándar móviles).
- **Eliminación de tendencia**: Eliminó las tendencias a largo plazo de los datos, haciéndolos más estacionarios y fáciles de pronosticar.
- **Manejo de estacionalidad**: Creamos características para tener en cuenta patrones recurrentes en los datos, como el mes, el día de la semana y la diferenciación estacional.

3. **Aplicación de Modelos de Aprendizaje Automático**:

Aplicamos varios modelos de aprendizaje automático al conjunto de datos, incluyendo:

- **Random Forest**: Un poderoso método de aprendizaje en conjunto que puede capturar interacciones complejas entre características.
- **Gradient Boosting**: Un método de potenciación que mejora iterativamente el rendimiento al enfocarse en errores de modelos anteriores.
- **XGBoost**: Una versión optimizada y eficiente de Gradient Boosting conocida por su rendimiento y escalabilidad.

4. **Afinación de Hiperparámetros**:

Para optimizar el rendimiento del modelo, utilizamos **Grid Search** y **Random Search** para ajustar los hiperparámetros de cada modelo. Al seleccionar el mejor conjunto de hiperparámetros, mejoramos significativamente la precisión de los modelos.

5. **Evaluación del Modelo**:

Evaluamos los modelos usando la métrica de **Error Cuadrático Medio (MSE)**, comparando los resultados antes y después de la afinación de hiperparámetros. Esto nos permitió determinar qué modelo funcionaba mejor y cuánto mejoró con la afinación.

1.6.2 Resultados del Proyecto: Comparación del Rendimiento de los Modelos

Revisemos los resultados finales y comparemos el rendimiento de los modelos tras la afinación de hiperparámetros:

- **Random Forest**:
  - MSE inicial: 1300
  - Después de la afinación: 950
- **Gradient Boosting**:
  - MSE inicial: 1150
  - Después de la afinación: 880
- **XGBoost**:
  - MSE inicial: 1100
  - Después de la afinación: 820

Como podemos ver, cada modelo mejoró significativamente después de la afinación de hiperparámetros, con **XGBoost** logrando el mejor rendimiento al obtener el MSE más bajo. Los otros modelos—**Random Forest** y **Gradient Boosting**—también mostraron un desempeño sólido, especialmente después de la afinación, pero la combinación de velocidad y precisión de XGBoost lo convirtió en el mejor para este conjunto de datos.

1.6.3 Implementación de Modelos de Series Temporales en el Mundo Real

El paso final en cualquier proyecto de machine learning es implementar el modelo para predicciones en tiempo real o por lotes. Aquí se explica cómo puedes implementar los modelos que desarrollamos:

1. **Pronóstico por Lotes**:

En la mayoría de las aplicaciones empresariales, el pronóstico por lotes es común. El modelo entrenado puede usarse para predecir valores futuros para los próximos días, semanas o meses basado en datos históricos, útil en áreas como pronóstico de ventas, gestión de la cadena de suministro y predicciones del mercado financiero.

Puedes programar el trabajo de pronóstico para ejecutarse diariamente, semanalmente o mensualmente según tus necesidades y actualizar automáticamente los pronósticos basándose en nuevos datos.

2. **Pronóstico en Tiempo Real**:

En algunos casos, se requiere pronóstico en tiempo real, especialmente para datos de alta frecuencia, como precios de acciones o datos de sensores IoT. El modelo entrenado puede implementarse en un **sistema de predicción en tiempo real**, donde los nuevos datos se alimentan continuamente al modelo y se generan predicciones al instante.

3. **Mantenimiento del Modelo**:

Los modelos de series temporales requieren actualizaciones regulares a medida que se dispone de nuevos datos. Volver a entrenar el modelo periódicamente garantiza que permanezca actualizado con cualquier cambio en patrones, tendencias o estacionalidad. Se pueden configurar **pipelines de reentrenamiento automatizado** para reentrenar el modelo periódicamente con los datos más recientes.

4. **Monitoreo y Evaluación**:

Una vez implementado, es importante monitorear continuamente el rendimiento del modelo para asegurarse de que esté haciendo predicciones precisas. Si el rendimiento del modelo se degrada con el tiempo (por ejemplo, debido a cambios en la distribución de datos), puede requerir reentrenamiento adicional o ajustes.

1.6.4 Lecciones Clave del Proyecto

- **La ingeniería de características es crucial para el pronóstico de series temporales**: La creación de características de retraso, ventanas móviles y el manejo de tendencias y estacionalidad mejoran significativamente la precisión de los modelos de machine learning para datos de series temporales.
- **Los modelos de machine learning como Random Forest, Gradient Boosting y XGBoost funcionan bien en tareas de pronóstico de series temporales** cuando se combinan con técnicas adecuadas de ingeniería de características.
- **La afinación de hiperparámetros** es un paso esencial para optimizar el rendimiento del modelo. Tanto Grid Search como Random Search son métodos efectivos para encontrar los mejores hiperparámetros.
- **La implementación y el mantenimiento** son importantes para garantizar que los modelos de series temporales permanezcan precisos a lo largo del tiempo. El reentrenamiento y el monitoreo deben formar parte de la estrategia de implementación.

1.6.5 Conclusión

Este proyecto ha demostrado la notable sinergia entre modelos avanzados de machine learning y técnicas sofisticadas de ingeniería de características en el ámbito del pronóstico de series temporales. Al implementar una diversidad de metodologías, incluyendo características de retraso, estadísticas móviles y eliminación de tendencias, mejoramos significativamente la capacidad de los modelos para identificar e interpretar patrones complejos dentro de los datos. Estas técnicas permitieron a nuestros modelos capturar eficazmente no solo tendencias generales y fluctuaciones estacionales, sino también dependencias intrincadas a corto plazo que son a menudo cruciales en el análisis de series temporales.

El proceso de afinación de hiperparámetros resultó ser un paso clave en nuestro camino hacia el rendimiento óptimo del modelo. A través de una afinación meticulosa, logramos extraer el máximo potencial de cada modelo, empujando los límites de la precisión predictiva. Nuestro análisis comparativo de diversos modelos nos llevó a un descubrimiento significativo: XGBoost se destacó como el mejor en este conjunto de datos, demostrando capacidades predictivas superiores y un rendimiento robusto en diversas métricas.

Al emprender tus propios proyectos de pronóstico de series temporales, es fundamental recordar la importancia de la ingeniería de características. El arte de construir características relevantes e informativas puede ser, a menudo, el factor diferenciador entre un modelo bueno y uno excepcional. Recuerda que la combinación ideal de características cuidadosamente diseñadas y parámetros del modelo afinados con precisión puede desbloquear niveles de precisión predictiva sin precedentes.

Esto es aplicable en una amplia gama de aplicaciones, ya sea que estés pronosticando trayectorias de ventas, analizando métricas financieras o interpretando datos complejos de sensores. Las técnicas y metodologías que hemos explorado en este proyecto sirven como herramientas poderosas en tu arsenal, permitiéndote construir modelos de series temporales que no solo son robustos y confiables, sino también capaces de brindar información con una precisión y consistencia extraordinarias.

Capítulo 8: Técnicas Avanzadas de Limpieza de Datos

En el complejo proceso de preparación de datos para machine learning, la limpieza de datos es una de las etapas más cruciales y detalladas. La calidad de los datos afecta directamente el rendimiento de los algoritmos más avanzados, por lo que contar con datos bien preparados y limpios es esencial para lograr una precisión y confiabilidad óptimas en los modelos. Este capítulo profundiza en las **técnicas avanzadas de limpieza de datos** que van más allá de los métodos básicos de preprocesamiento, brindándote herramientas para abordar problemas complejos que surgen frecuentemente en conjuntos de datos del mundo real.

A lo largo de este capítulo, exploraremos un conjunto de técnicas diseñadas para mejorar tus habilidades en limpieza de datos. Comenzaremos examinando métodos para **identificar y manejar valores atípicos**, un paso crucial para garantizar que los datos representen patrones subyacentes sin verse afectados por valores extremos. Luego, abordaremos estrategias para **corregir inconsistencias de datos**, resolviendo problemas como discrepancias en el formato, desajustes de unidades e información conflictiva entre distintas fuentes de datos.

Finalmente, abordaremos el desafío de **gestionar patrones de datos faltantes**, explorando técnicas avanzadas de imputación y estrategias para tratar datos que no están faltantes al azar. Al dominar estos métodos, podrás gestionar valores extremos, irregularidades y ruido que, de otro modo, distorsionarían los valiosos conocimientos que tus modelos buscan extraer de los datos.

8.1 Identificación de Valores Atípicos y Manejo de Valores Extremos

Los valores atípicos son puntos de datos que se desvían significativamente de otras observaciones en un conjunto de datos. Estos valores extremos pueden afectar profundamente el rendimiento del modelo, especialmente en algoritmos de machine learning sensibles a las variaciones de datos. Por ejemplo, la regresión lineal y las redes neuronales pueden ser altamente influenciadas por valores atípicos, llevando a predicciones sesgadas y a conclusiones potencialmente erróneas.

La presencia de valores atípicos puede distorsionar medidas estadísticas, afectar los supuestos de muchas pruebas estadísticas y llevar a resultados sesgados o engañosos. En el análisis de regresión, los valores atípicos pueden alterar dramáticamente la pendiente e intercepto de la línea ajustada, mientras que en algoritmos de clustering pueden desplazar los centros y límites de los grupos, resultando en agrupaciones subóptimas.

Esta sección aborda métodos completos para detectar, analizar y gestionar valores atípicos. Exploraremos diversas técnicas estadísticas de detección de valores atípicos, incluidas métodos paramétricos como el enfoque de puntaje Z y métodos no paramétricos como el Rango Intercuartílico (IQR). Además, examinaremos métodos gráficos como diagramas de caja y gráficos de dispersión, que brindan perspectivas visuales sobre la distribución de datos y posibles valores atípicos.

También discutiremos estrategias para manejar eficazmente los valores atípicos una vez identificados. Esto incluye técnicas para ajustar los valores atípicos mediante transformaciones o winsorización, métodos para eliminar valores atípicos cuando sea adecuado y enfoques para imputar valores atípicos para mantener la integridad de los datos. Exploraremos las implicaciones de cada método y proporcionaremos orientación sobre la selección del enfoque más adecuado según las características específicas del conjunto de datos y los requisitos de tu análisis o tarea de modelado.

Por Qué Importan los Valores Atípicos: Desvelando su Profundo Impacto

Los valores atípicos no son meras anomalías estadísticas; son puntos de datos críticos que pueden influir significativamente en el resultado del análisis de datos y en los modelos de machine learning. Estos valores extremos pueden originarse en diversas fuentes, incluidos errores de entrada de datos, inexactitudes en las mediciones o desviaciones genuinas dentro del conjunto de datos.

Entender la naturaleza e impacto de los valores atípicos es crucial por varias razones:

1. Integridad de los Datos

Los valores atípicos pueden servir como indicadores clave de problemas de calidad de los datos, revelando errores sistémicos en los métodos de recopilación o procesamiento de datos. Estas anomalías podrían señalar:

- Fallos en instrumentos o errores de calibración en dispositivos de recopilación de datos
- Errores humanos en procesos manuales de entrada de datos
- Fallos en sistemas automáticos de recopilación de datos
- Inconsistencias en el formato de los datos o conversiones de unidades entre diferentes fuentes

Al identificar y analizar valores atípicos, los científicos de datos pueden descubrir problemas subyacentes en su flujo de datos, mejorando así las metodologías de recopilación de datos, refinando los algoritmos de procesamiento de datos y, en última instancia, mejorando la calidad general de los datos. Este enfoque proactivo en la integridad de los datos no solo beneficia el análisis actual, sino que también fortalece la base para futuros proyectos y procesos de toma de decisiones basados en datos.

2. Distorsión Estadística

Los valores atípicos pueden sesgar significativamente las medidas estadísticas, llevando a una interpretación errónea de las características de los datos. Por ejemplo:

- Media: Los valores atípicos pueden desplazar la media alejándola del verdadero centro de la distribución, especialmente en conjuntos de datos pequeños.
- Desviación Estándar: Los valores extremos pueden inflar la desviación estándar, exagerando la variabilidad de los datos.
- Correlación: Los valores atípicos pueden fortalecer o debilitar artificialmente las correlaciones entre variables.
- Análisis de Regresión: Pueden alterar dramáticamente la pendiente e intercepto de las líneas de regresión, llevando a predicciones inexactas.

Estas distorsiones pueden tener serias implicaciones para el análisis de datos, lo que puede llevar a conclusiones erróneas y decisiones subóptimas. Es crucial identificar y manejar adecuadamente los valores atípicos para asegurar una representación precisa de las tendencias y relaciones de los datos.

3. Rendimiento del Modelo

En machine learning, los valores atípicos pueden influir desproporcionadamente en el entrenamiento del modelo, particularmente en algoritmos sensibles a valores extremos como la regresión lineal o redes neuronales. Esta influencia puede manifestarse de varias maneras:

- Estimación de Parámetros Sesgada: En la regresión lineal, los valores atípicos pueden alterar significativamente los coeficientes, llevando a un modelo que no se ajusta bien a la mayoría de los datos.
- Sobreajuste: Algunos modelos pueden ajustar sus parámetros para acomodar valores atípicos, resultando en una pobre generalización a nuevos datos.
- Importancia de Características Sesgada: En modelos basados en árboles, los valores atípicos pueden inflar artificialmente la importancia de ciertas características.
- Límites de Decisión Distorsionados: En tareas de clasificación, los valores atípicos pueden desplazar los límites de decisión, llevando potencialmente a una mala clasificación de una parte significativa de los datos.

Comprender estos efectos es crucial para desarrollar modelos robustos. Técnicas como la regresión robusta, métodos de ensamble o una cuidadosa ingeniería de características pueden ayudar a mitigar el impacto de los valores atípicos en el rendimiento del modelo. Además, la validación cruzada y el análisis cuidadoso de los residuos del modelo pueden revelar hasta qué punto los valores atípicos están afectando las predicciones y la capacidad de generalización de tu modelo.

4. Toma de Decisiones y Perspectivas Estratégicas

En contextos empresariales, los valores atípicos a menudo representan eventos raros pero altamente significativos que exigen atención especial y consideraciones estratégicas. Estos puntos de datos extremos pueden ofrecer valiosos conocimientos sobre circunstancias excepcionales, tendencias emergentes o posibles riesgos y oportunidades que podrían no ser evidentes en la distribución general de datos.

Por ejemplo:

- En análisis financiero, los valores atípicos podrían indicar fraude, anomalías de mercado u oportunidades de inversión importantes.
- En estudios de comportamiento del cliente, los valores atípicos podrían representar clientes de alto valor o adoptadores tempranos de nuevas tendencias.
- En manufactura, los valores atípicos podrían señalar fallos en equipos o procesos de producción excepcionalmente eficientes.

Reconocer y analizar correctamente estos valores atípicos puede llevar a decisiones empresariales críticas, como la reasignación de recursos, estrategias de mitigación de riesgos o el desarrollo de nuevos productos o servicios. Por lo tanto, si bien es importante asegurarse de que los valores atípicos no influyan indebidamente en los análisis estadísticos o modelos de machine learning, también es crucial analizarlos por separado por su valor estratégico potencial.

Al examinar cuidadosamente los valores atípicos en este contexto, las empresas pueden ganar una ventaja competitiva al identificar oportunidades únicas o abordar problemas potenciales antes de que se conviertan en problemas generalizados. Este enfoque matizado del análisis de valores atípicos resalta la importancia de combinar rigor estadístico con experiencia en el dominio y perspicacia empresarial en la toma de decisiones basada en datos.

El impacto de los valores atípicos es a menudo desproporcionadamente alto, especialmente en modelos sensibles a valores extremos. Por ejemplo, en el modelado predictivo, un solo valor atípico puede alterar dramáticamente la pendiente de una línea de regresión, llevando a pronósticos inexactos. En algoritmos de clustering, los valores atípicos pueden desplazar los centros de los grupos, resultando en agrupaciones subóptimas que no capturan los patrones subyacentes reales en los datos.

Sin embargo, es crucial abordar el manejo de valores atípicos con precaución. Mientras que algunos valores atípicos pueden ser errores que necesitan corrección o eliminación, otros podrían representar conocimientos valiosos o eventos raros importantes para el análisis. La clave radica en distinguir entre estos casos y aplicar técnicas apropiadas para gestionar los valores atípicos de manera efectiva, asegurando que el análisis o modelo resultante represente con precisión los patrones de datos subyacentes mientras se contabilizan los valores extremos legítimos.

Ejemplos de cómo los valores atípicos afectan los modelos de machine learning y sus implicaciones:

- En la regresión lineal, los valores atípicos pueden influir desproporcionadamente en la pendiente e intercepto, llevando a un mal ajuste del modelo. Esto puede resultar en predicciones inexactas, especialmente para puntos de datos cercanos a los extremos del espacio de características.
- En algoritmos de clustering, los valores atípicos pueden distorsionar los centros de los grupos, resultando en clusters menos significativos y malinterpretación de los patrones subyacentes.
- En algoritmos basados en distancia como k-vecinos más cercanos, los valores atípicos pueden afectar los cálculos de distancia, llevando a predicciones inexactas. Esto es particularmente problemático en espacios de alta dimensionalidad donde la "maldición de la dimensionalidad" puede amplificar el impacto de los valores atípicos.
- En modelos basados en árboles de decisión, los valores atípicos pueden llevar a la creación de divisiones innecesarias, resultando en sobreajuste y reducción de la capacidad de generalización del modelo.
- Para redes neuronales, los valores atípicos pueden impactar significativamente el proceso de aprendizaje, potencialmente haciendo que el modelo converja en soluciones subóptimas o no converja en absoluto.

Manejar los valores atípicos cuidadosamente es esencial, ya que simplemente eliminarlos sin análisis podría llevar a una pérdida de información valiosa. Es crucial considerar la naturaleza de los valores atípicos, sus posibles causas y los requisitos específicos de tu análisis o tarea de modelado. En algunos casos, los valores atípicos pueden representar eventos raros importantes o tendencias emergentes que justifican una investigación adicional. Por lo tanto, un enfoque equilibrado que combine rigor estadístico con experiencia en el dominio suele ser la forma más efectiva de gestionar los valores atípicos en proyectos de machine learning.

Métodos para Identificar Valores Atípicos

Existen varias maneras de identificar valores atípicos en un conjunto de datos, desde técnicas estadísticas hasta métodos visuales. Exploremos algunos métodos comúnmente usados:

8.1.1. Método de Z-Score

El **método de Z-score**, también conocido como **puntaje estándar**, es una técnica estadística usada para identificar valores atípicos en un conjunto de datos. Cuantifica cuántas desviaciones estándar se encuentra un punto de datos del promedio de la distribución. La fórmula para calcular el Z-score es:

```
Z = (X - μ) / σ
donde:
X = el punto de datos
μ = la media de la distribución
σ = la desviación estándar de la distribución
```

Típicamente, se utiliza un puntaje Z de +3 o -3 como umbral para identificar valores atípicos. Esto significa que los puntos de datos que se encuentran a más de tres desviaciones estándar del promedio se consideran posibles valores atípicos. Sin embargo, este umbral no es fijo y puede ajustarse en función de las características específicas de la distribución de datos y los requisitos del análisis.

Por ejemplo, en una distribución normal, aproximadamente el 99.7% de los datos cae dentro de tres desviaciones estándar del promedio. Por lo tanto, al usar un puntaje Z de ±3 como umbral, se identificaría aproximadamente el 0.3% de los datos como valores atípicos. En algunos casos, los investigadores podrían utilizar un umbral más estricto (por ejemplo, ±2.5 o incluso ±2) para señalar una mayor proporción de valores extremos para su posterior análisis.

Es importante señalar que, aunque el método del puntaje Z es ampliamente utilizado y fácil de interpretar, tiene limitaciones. Supone que los datos siguen una distribución normal y puede ser sensible a valores atípicos extremos. Para distribuciones asimétricas o no normales, métodos alternativos como el Rango Intercuartílico (IQR) o técnicas estadísticas robustas podrían ser más adecuadas para la detección de valores atípicos.

Ejemplo: Detección de Valores Atípicos Usando Puntaje Z

Supongamos que tenemos un conjunto de datos que contiene edades y queremos identificar cualquier valor extremo de edad.

```
import pandas as pd
import numpy as np
import matplotlib.pyplot as plt
from scipy import stats

# Sample data
data = {'Age': [25, 28, 30, 22, 24, 26, 27, 105, 29, 23, 31, 200]}
df = pd.DataFrame(data)

# Calculate Z-scores
df['Z_Score'] = stats.zscore(df['Age'])

# Identify outliers (Z-score > 3 or < -3)
df['Outlier'] = df['Z_Score'].apply(lambda x: 'Yes' if abs(x) > 3 else 'No')

# Print the dataframe
print("Original DataFrame with Z-scores:")
print(df)

# Visualize the data
```

```
plt.figure(figsize=(10, 6))
plt.subplot(121)
plt.boxplot(df['Age'])
plt.title('Box Plot of Age')
plt.ylabel('Age')

plt.subplot(122)
plt.scatter(range(len(df)), df['Age'])
plt.title('Scatter Plot of Age')
plt.xlabel('Index')
plt.ylabel('Age')

plt.tight_layout()
plt.show()

# Remove outliers
df_clean = df[df['Outlier'] == 'No']

# Compare statistics
print("\\nOriginal Data Statistics:")
print(df['Age'].describe())
print("\\nCleaned Data Statistics:")
print(df_clean['Age'].describe())

# Demonstrate effect on mean and median
print(f"\\nOriginal Mean: {df['Age'].mean():.2f}, Median: {df['Age'].median():.2f}")
print(f"Cleaned Mean: {df_clean['Age'].mean():.2f}, Median:
{df_clean['Age'].median():.2f}")
```

Este fragmento de código muestra un método exhaustivo para detectar y analizar valores atípicos utilizando la técnica del puntaje Z.

Aquí está el desglose del código y su funcionalidad:

1. Preparación de Datos:
    - Importamos las bibliotecas necesarias: pandas para manipulación de datos, numpy para operaciones numéricas, matplotlib para visualización y scipy.stats para funciones estadísticas.
    - Se crea un conjunto de datos de ejemplo con edades y se convierte en un DataFrame de pandas.
2. Cálculo del Puntaje Z:
    - Utilizamos scipy.stats.zscore() para calcular los puntajes Z en la columna 'Age'. Esta función estandariza los datos, lo que facilita la identificación de valores atípicos.
    - Los puntajes Z se agregan como una nueva columna en el DataFrame.

3. Identificación de Valores Atípicos:
    - Los valores atípicos se identifican usando un umbral de ±3 desviaciones estándar (práctica común).
    - Se añade una nueva columna 'Outlier' para señalar los puntos de datos que superan este umbral.
4. Visualización de Datos:
    - Se crean dos gráficos para visualizar la distribución de los datos y los valores atípicos: a. Un diagrama de caja, que muestra la mediana, los cuartiles y posibles valores atípicos. b. Un gráfico de dispersión, que ayuda a visualizar la distribución de edades y valores extremos.
    - Estas visualizaciones proporcionan una forma rápida e intuitiva de identificar valores atípicos.
5. Eliminación y Análisis de Valores Atípicos:
    - Se crea un nuevo DataFrame (df_clean) eliminando los valores atípicos identificados.
    - Se comparan las estadísticas (conteo, media, desviación estándar, mínimo, 25%, 50%, 75%, máximo) entre el conjunto de datos original y el limpio.
    - Se demuestra el efecto en la media y la mediana, mostrando cómo los valores atípicos pueden sesgar estas medidas de tendencia central.

Este ejemplo completo no solo detecta valores atípicos, sino que también demuestra su impacto en el conjunto de datos mediante visualización y comparación estadística. Proporciona un flujo de trabajo práctico para identificar, visualizar y gestionar valores atípicos en un escenario del mundo real.

8.1.2. Método del Rango Intercuartílico (IQR)

El **método del Rango Intercuartílico (IQR)** es una técnica estadística robusta para identificar valores atípicos, especialmente eficaz con datos sesgados o distribuidos de manera no normal. Este método se basa en los cuartiles, que dividen el conjunto de datos en cuatro partes iguales. El IQR se calcula como la diferencia entre el tercer cuartil (Q3, percentil 75) y el primer cuartil (Q1, percentil 25).

Para detectar valores atípicos utilizando el método IQR:

1. Calcular Q1 (percentil 25) y Q3 (percentil 75) del conjunto de datos.
2. Calcular el IQR restando Q1 de Q3.
3. Definir los "límites internos" o límites para los datos no atípicos:

   - Límite inferior: Q1 - 1.5 * IQR
   - Límite superior: Q3 + 1.5 * IQR

4. Identificar los valores atípicos como aquellos puntos de datos que se encuentran por debajo del límite inferior o por encima del límite superior.

El factor de 1.5 utilizado en el cálculo de los límites es una elección común, pero puede ajustarse en función de los requisitos específicos del análisis. Un factor más alto (por ejemplo, 3) daría lugar a una detección más conservadora de valores atípicos, mientras que un factor más bajo señalaría más puntos de datos como posibles valores atípicos.

El método IQR es particularmente valioso porque es menos sensible a valores extremos en comparación con métodos que dependen de la media y la desviación estándar, como el método del puntaje Z. Esto lo hace especialmente útil para conjuntos de datos con distribuciones de cola pesada o cuando se desconoce la distribución subyacente.

Ejemplo: Detección de Valores Atípicos Usando el Método IQR

Apliquemos el método IQR al mismo conjunto de datos de **Age**.

```
import pandas as pd
import numpy as np
import matplotlib.pyplot as plt

# Sample data
data = {'Age': [25, 28, 30, 22, 24, 26, 27, 105, 29, 23, 31, 200]}
df = pd.DataFrame(data)

# Calculate Q1, Q3, and IQR
Q1 = df['Age'].quantile(0.25)
Q3 = df['Age'].quantile(0.75)
IQR = Q3 - Q1

# Define bounds for outliers
lower_bound = Q1 - 1.5 * IQR
upper_bound = Q3 + 1.5 * IQR

# Identify outliers
df['Outlier_IQR'] = df['Age'].apply(lambda x: 'Yes' if x < lower_bound or x >
upper_bound else 'No')

# Print the dataframe
print("DataFrame with outliers identified:")
print(df)

# Visualize the data
plt.figure(figsize=(10, 6))
plt.subplot(121)
plt.boxplot(df['Age'])
plt.title('Box Plot of Age')
```

```
plt.ylabel('Age')

plt.subplot(122)
plt.scatter(range(len(df)), df['Age'], c=df['Outlier_IQR'].map({'Yes': 'red', 'No': 'blue'}))
plt.title('Scatter Plot of Age')
plt.xlabel('Index')
plt.ylabel('Age')
plt.legend(['Normal', 'Outlier'])

plt.tight_layout()
plt.show()

# Remove outliers
df_clean = df[df['Outlier_IQR'] == 'No']

# Compare statistics
print("\\nOriginal Data Statistics:")
print(df['Age'].describe())
print("\\nCleaned Data Statistics:")
print(df_clean['Age'].describe())

# Demonstrate effect on mean and median
print(f"\\nOriginal Mean: {df['Age'].mean():.2f}, Median: {df['Age'].median():.2f}")
print(f"Cleaned Mean: {df_clean['Age'].mean():.2f}, Median: {df_clean['Age'].median():.2f}")
```

Este fragmento de código ofrece una demostración exhaustiva de la detección de valores atípicos usando el método del Rango Intercuartílico (IQR).

Aquí está el desglose del código y su funcionalidad:

1. Preparación de Datos:
    - Importamos las bibliotecas necesarias: pandas para la manipulación de datos, numpy para operaciones numéricas y matplotlib para visualización.
    - Se crea un conjunto de datos de ejemplo de edades y se convierte en un DataFrame de pandas.
2. Cálculo del IQR y Detección de Valores Atípicos:
    - Calculamos el primer cuartil (Q1), el tercer cuartil (Q3) y el Rango Intercuartílico (IQR).
    - Los límites inferior y superior para valores atípicos se definen usando la fórmula: Q1 - 1.5 * IQR y Q3 + 1.5 * IQR, respectivamente.
    - Se identifican los valores atípicos comprobando si cada punto de datos cae fuera de estos límites.

3. Visualización de Datos:
   - Se crean dos gráficos para visualizar la distribución de los datos y los valores atípicos: a. Un diagrama de caja, que muestra la mediana, los cuartiles y los posibles valores atípicos. b. Un gráfico de dispersión, que ayuda a visualizar la distribución de edades y resalta los valores atípicos en rojo.
   - Estas visualizaciones proporcionan una forma intuitiva de identificar valores atípicos en el conjunto de datos.
4. Eliminación y Análisis de Valores Atípicos:
   - Se crea un nuevo DataFrame (df_clean) eliminando los valores atípicos identificados.
   - Se comparan las estadísticas descriptivas entre el conjunto de datos original y el limpio.
   - Se demuestra el efecto en la media y la mediana, mostrando cómo los valores atípicos pueden sesgar estas medidas de tendencia central.

Este ejemplo completo no solo detecta valores atípicos, sino que también demuestra su impacto en el conjunto de datos a través de visualización y comparación estadística. Proporciona un flujo de trabajo práctico para identificar, visualizar y gestionar valores atípicos en un escenario del mundo real usando el método IQR.

8.1.3. Métodos Visuales: Diagramas de Caja y Gráficos de Dispersión

La visualización juega un papel crucial en la identificación de valores atípicos, ofreciendo métodos intuitivos y fácilmente interpretables para el análisis de datos.

Diagramas de caja

Los diagramas de caja, también conocidos como diagramas de caja y bigotes, proporcionan una vista completa de la distribución de los datos, mostrando la mediana, los cuartiles y los posibles valores atípicos. La "caja" representa el rango intercuartílico (IQR), con la línea de la mediana en su interior, mientras que los "bigotes" se extienden para mostrar el resto de la distribución. Los puntos de datos trazados más allá de estos bigotes se consideran típicamente valores atípicos, haciéndolos inmediatamente visibles.

La estructura de un diagrama de caja es especialmente informativa:

- La parte inferior de la caja representa el primer cuartil (Q1, percentil 25).
- La parte superior de la caja representa el tercer cuartil (Q3, percentil 75).
- La línea dentro de la caja indica la mediana (Q2, percentil 50).
- Los bigotes suelen extenderse hasta 1.5 veces el IQR más allá de los bordes de la caja.

Los diagramas de caja son especialmente útiles en el contexto de la detección de valores atípicos y la limpieza de datos:

- Proporcionan un resumen visual rápido de la tendencia central, dispersión y asimetría de los datos.
- Los valores atípicos son fácilmente identificables como puntos individuales más allá de los bigotes.
- Comparar diagramas de caja lado a lado puede revelar diferencias en distribuciones entre múltiples grupos o variables.
- Complementan métodos estadísticos como el puntaje Z y el IQR para un análisis de valores atípicos más completo.

Al interpretar diagramas de caja para la detección de valores atípicos, es importante considerar el contexto de tus datos. En algunos casos, lo que parece ser un valor atípico podría ser un caso extremo valioso en lugar de un error. Este método visual debe usarse en conjunto con conocimientos del dominio y otras técnicas analíticas para tomar decisiones informadas sobre la limpieza y preprocesamiento de datos.

Aquí tienes un ejemplo de cómo crear un diagrama de caja usando Python y matplotlib:

```
import pandas as pd
import matplotlib.pyplot as plt

# Sample data
data = {'Age': [25, 28, 30, 22, 24, 26, 27, 105, 29, 23, 31, 200]}
df = pd.DataFrame(data)

# Create box plot
plt.figure(figsize=(10, 6))
plt.boxplot(df['Age'])
plt.title('Box Plot of Age')
plt.ylabel('Age')
plt.show()
```

Desglosemos este código:

1. Importar las bibliotecas necesarias:
   - pandas para la manipulación de datos
   - matplotlib.pyplot para crear el gráfico
2. Crear un conjunto de datos de ejemplo:
   - Usamos un diccionario con una clave 'Age' y una lista de valores de edad.
   - Convertimos esto en un DataFrame de pandas.

3. Configurar el gráfico:
   - plt.figure(figsize=(10, 6)) crea una nueva figura con dimensiones específicas.
4. Crear el diagrama de caja:
   - plt.boxplot(df['Age']) genera el diagrama de caja usando la columna 'Age' de nuestro DataFrame.
5. Agregar etiquetas y título:
   - plt.title() establece el título del gráfico.
   - plt.ylabel() etiqueta el eje y.
6. Mostrar el gráfico:
   - plt.show() renderiza el gráfico.

Este código creará un diagrama de caja que representa visualmente la distribución de edades en el conjunto de datos. La caja muestra el rango intercuartílico (IQR), con la línea de la mediana en el interior. Los bigotes se extienden para mostrar el resto de la distribución, y cualquier punto más allá de los bigotes se muestra como puntos individuales, representando posibles valores atípicos.

Gráficos de dispersión

Los gráficos de dispersión proporcionan una herramienta visual poderosa para la detección de valores atípicos al representar puntos de datos en un espacio bidimensional. Este método es excelente para revelar relaciones entre variables e identificar anomalías que podrían pasarse por alto en análisis unidimensionales. Al examinar datos a lo largo del tiempo, los gráficos de dispersión pueden descubrir tendencias, ciclos o cambios bruscos que podrían indicar la presencia de valores atípicos.

En los gráficos de dispersión, los valores atípicos se manifiestan como puntos que se desvían significativamente del grupo o patrón principal de puntos de datos. Estas desviaciones pueden presentarse en varias formas:

- Puntos aislados lejos del grupo principal, indicando valores extremos en una o ambas dimensiones.
- Puntos que rompen un patrón o tendencia clara en los datos.
- Agrupaciones de puntos separadas del cuerpo principal de datos, lo que podría sugerir la presencia de subgrupos o distribuciones multimodales.

Una de las principales ventajas de los gráficos de dispersión en la detección de valores atípicos es su capacidad para revelar relaciones e interacciones complejas entre variables. Por ejemplo, un punto de datos podría no parecer inusual al considerar cada variable por separado, pero su combinación de valores podría convertirlo en un valor atípico en el contexto del conjunto de datos en general. Esta capacidad es especialmente valiosa en análisis multivariados, donde los métodos estadísticos tradicionales podrían no capturar estos valores atípicos tan matizados.

Además, los gráficos de dispersión pueden mejorarse con elementos visuales adicionales para ayudar en la detección de valores atípicos:

- Codificación de color de los puntos basada en una tercera variable, lo que agrega otra dimensión al análisis.
- Agregar líneas o curvas de regresión para identificar puntos que se desvían de relaciones esperadas.
- Implementar características interactivas, como hacer zoom o seleccionar puntos, lo cual facilita la exploración detallada de posibles valores atípicos.

Cuando se usan en conjunto con otros métodos de detección de valores atípicos, los gráficos de dispersión son una herramienta invaluable en el proceso de limpieza de datos, ofreciendo perspectivas visuales intuitivas que complementan los enfoques estadísticos y guían la investigación adicional de puntos de datos anómalos.

Ambas técnicas de visualización complementan los métodos estadísticos discutidos anteriormente, como los métodos de Z-score y el IQR. Mientras que los enfoques estadísticos proporcionan medidas cuantitativas para identificar valores atípicos, los métodos visuales ofrecen una evaluación cualitativa inmediata que puede guiar una investigación más profunda. Son especialmente valiosos en la fase de análisis exploratorio de datos, ayudando a los científicos de datos y analistas a obtener perspectivas sobre la distribución de los datos, detectar patrones e identificar anomalías que podrían requerir un examen más detallado o un manejo especial en los pasos de análisis posteriores.

Aquí tienes un ejemplo de cómo crear un gráfico de dispersión usando Python, matplotlib y seaborn para mejorar la visualización:

```
import pandas as pd
import matplotlib.pyplot as plt
import seaborn as sns

# Sample data
data = {
    'Age': [25, 28, 30, 22, 24, 26, 27, 105, 29, 23, 31, 200],
    'Income': [50000, 55000, 60000, 45000, 48000, 52000, 54000, 150000, 58000, 47000,
62000, 500000]
}
df = pd.DataFrame(data)

# Create scatter plot
plt.figure(figsize=(10, 6))
sns.scatterplot(x='Age', y='Income', data=df)
plt.title('Scatter Plot of Age vs Income')
plt.xlabel('Age')
```

```
plt.ylabel('Income')

# Add a regression line
sns.regplot(x='Age', y='Income', data=df, scatter=False, color='red')

plt.show()
```

Desglosemos este código:

1. Importar las bibliotecas necesarias:
   - pandas para la manipulación de datos
   - matplotlib.pyplot para crear el gráfico
   - seaborn para visualización estadística avanzada
2. Crear un conjunto de datos de ejemplo:
   - Usamos un diccionario con las claves 'Age' e 'Income' y listas de valores correspondientes.
   - Convertimos esto en un DataFrame de pandas.
3. Configurar el gráfico:
   - plt.figure(figsize=(10, 6)) crea una nueva figura con dimensiones especificadas.
4. Crear el gráfico de dispersión:
   - sns.scatterplot(x='Age', y='Income', data=df) genera el gráfico de dispersión usando 'Age' para el eje x e 'Income' para el eje y.
5. Agregar etiquetas y título:
   - plt.title() establece el título del gráfico.
   - plt.xlabel() y plt.ylabel() etiquetan los ejes x e y, respectivamente.
6. Agregar una línea de regresión:
   - sns.regplot() añade una línea de regresión al gráfico, ayudando a visualizar la tendencia general e identificar posibles valores atípicos.
7. Mostrar el gráfico:
   - plt.show() renderiza el gráfico.

Este código creará un gráfico de dispersión que representa visualmente la relación entre Edad e Ingreso en el conjunto de datos. Cada punto en el gráfico representa un punto de datos individual, con su posición determinada por los valores de Edad (eje x) e Ingreso (eje y). La línea de regresión ayuda a identificar la tendencia general en los datos, facilitando la detección de posibles valores atípicos que se desvían significativamente de esta tendencia.

En este ejemplo, los puntos que están lejos del grupo principal o significativamente distantes de la línea de regresión podrían considerarse valores atípicos potenciales. Por ejemplo, los puntos de datos con valores de Edad de 105 y 200, y sus correspondientes valores altos de Ingreso, probablemente se destacarían como valores atípicos en esta visualización.

8.1.4 Manejo de Valores Atípicos

Una vez identificados, existen varios enfoques para manejar los valores atípicos, cada uno con sus propios méritos y consideraciones. La estrategia óptima depende de varios factores, incluyendo la causa subyacente de los valores atípicos, la naturaleza del conjunto de datos y los requisitos específicos de tu análisis o modelo. Algunos valores atípicos pueden ser valores extremos genuinos que proporcionan valiosas ideas, mientras que otros podrían resultar de errores de medición o de entrada de datos. Comprender el contexto y el origen de estos valores atípicos es crucial para determinar el método más adecuado para tratarlos.

Los enfoques comunes incluyen eliminación, transformación, winsorización e imputación. La eliminación es sencilla, pero corre el riesgo de perder información potencialmente importante. La transformación de datos, como la aplicación de funciones logarítmicas o de raíz cuadrada, puede ayudar a reducir el impacto de los valores extremos mientras se preserva la estructura general de los datos.

La winsorización limita los valores extremos a un percentil específico, reduciendo efectivamente su influencia sin eliminarlos por completo. Los métodos de imputación reemplazan los valores atípicos con valores más representativos, como la media o la mediana del conjunto de datos.

La elección del método debe estar guiada por una comprensión profunda de tus datos, los objetivos de tu análisis y el impacto potencial en los procesos posteriores. A menudo, es beneficioso experimentar con múltiples enfoques y comparar sus efectos en tus resultados. Además, documentar tu proceso de manejo de valores atípicos es crucial para la transparencia y reproducibilidad en tu flujo de trabajo de análisis de datos.

1. **Eliminar Valores Atípicos**:

Eliminar valores atípicos puede ser un enfoque efectivo cuando se trata de puntos de datos que son claramente erróneos o inconsistentes con el resto del conjunto de datos. Este método es particularmente útil en casos donde los valores atípicos son el resultado de errores de medición, errores de entrada de datos u otras anomalías que no representan la verdadera naturaleza de los datos. Al eliminar estos puntos de datos problemáticos, puedes mejorar la calidad y la fiabilidad general de tu conjunto de datos, lo que potencialmente conduce a análisis y predicciones de modelos más precisos.

Sin embargo, es crucial ejercer precaución al considerar la eliminación de valores atípicos. En muchos casos, lo que parece ser un valor atípico podría ser un valor extremo valioso que aporta información importante sobre el fenómeno que se está estudiando. Estos valores extremos genuinos pueden proporcionar información sobre eventos o comportamientos raros pero significativos en tus datos. Eliminar dichos puntos indiscriminadamente podría resultar en la pérdida de información crítica y potencialmente sesgar tu análisis, llevando a conclusiones incompletas o engañosas.

Antes de decidir eliminar valores atípicos, es recomendable:

- Investigar a fondo la naturaleza y el origen de los valores atípicos.
- Considerar el impacto potencial de la eliminación en tu análisis o modelo.
- Consultar con expertos en la materia si es posible para determinar si los valores atípicos son significativos.
- Documentar tu proceso de toma de decisiones para transparencia y reproducibilidad.

Si decides eliminar los valores atípicos, aquí tienes un ejemplo de cómo hacerlo utilizando Python y pandas:

```
import pandas as pd
import numpy as np
import matplotlib.pyplot as plt
import seaborn as sns

# Sample data
data = {
    'Age': [25, 28, 30, 22, 24, 26, 27, 105, 29, 23, 31, 200],
    'Income': [50000, 55000, 60000, 45000, 48000, 52000, 54000, 150000, 58000, 47000,
62000, 500000]
}
df = pd.DataFrame(data)

# Function to detect outliers using IQR method
def detect_outliers_iqr(df, column):
    Q1 = df[column].quantile(0.25)
    Q3 = df[column].quantile(0.75)
    IQR = Q3 - Q1
    lower_bound = Q1 - 1.5 * IQR
    upper_bound = Q3 + 1.5 * IQR
    df[f'{column}_Outlier_IQR'] = ((df[column] < lower_bound) | (df[column] >
upper_bound)).astype(str)
    return df

# Detect outliers for Age and Income
df = detect_outliers_iqr(df, 'Age')
df = detect_outliers_iqr(df, 'Income')

# Visualize outliers
plt.figure(figsize=(12, 6))
sns.scatterplot(x='Age', y='Income', hue='Age_Outlier_IQR', data=df)
plt.title('Scatter Plot of Age vs Income (Outliers Highlighted)')
plt.show()
```

```
# Remove outliers
df_cleaned = df[(df['Age_Outlier_IQR'] == 'False') & (df['Income_Outlier_IQR'] ==
'False')]

# Check the number of rows removed
rows_removed = len(df) - len(df_cleaned)
print(f"Number of outliers removed: {rows_removed}")

# Reset the index of the cleaned dataframe
df_cleaned = df_cleaned.reset_index(drop=True)

# Visualize the cleaned data
plt.figure(figsize=(12, 6))
sns.scatterplot(x='Age', y='Income', data=df_cleaned)
plt.title('Scatter Plot of Age vs Income (After Outlier Removal)')
plt.show()

# Print summary statistics before and after outlier removal
print("Before outlier removal:")
print(df[['Age', 'Income']].describe())
print("\\nAfter outlier removal:")
print(df_cleaned[['Age', 'Income']].describe())
```

Desglosemos este ejemplo completo:

1. Preparación de Datos:
    - Importamos las bibliotecas necesarias: pandas para la manipulación de datos, numpy para operaciones numéricas, y matplotlib/seaborn para visualización.
    - Creamos un conjunto de datos de ejemplo con columnas 'Age' e 'Income', incluyendo algunos valores atípicos.
2. Función de Detección de Valores Atípicos:
    - Definimos una función detect_outliers_iqr que utiliza el método del Rango Intercuartílico (IQR) para identificar valores atípicos.
    - Esta función calcula Q1 (percentil 25), Q3 (percentil 75) y el IQR para una columna dada.
    - Luego, define límites inferior y superior como Q1 - 1.5*IQR y Q3 + 1.5*IQR, respectivamente.
    - Los valores fuera de estos límites se marcan como valores atípicos en una nueva columna.
3. Aplicación de Detección de Valores Atípicos:
    - La función de detección de valores atípicos se aplica a las columnas 'Age' e 'Income'.

   - Esto crea dos nuevas columnas: 'Age_Outlier_IQR' e 'Income_Outlier_IQR', que marcan los valores atípicos como 'True' o 'False'.

4. Visualización de Valores Atípicos:
   - Se crea un gráfico de dispersión para visualizar la relación entre Age e Income.
   - Los valores atípicos se resaltan con colores diferentes basados en la columna 'Age_Outlier_IQR'.
5. Eliminación de Valores Atípicos:
   - Se eliminan los valores atípicos filtrando las filas donde 'Age_Outlier_IQR' o 'Income_Outlier_IQR' es 'True'.
   - Se calcula y se imprime el número de filas eliminadas.
6. Restablecimiento del Índice:
   - Se restablece el índice del DataFrame limpio para asegurar una numeración continua.
7. Visualización de Datos Limpios:
   - Se crea otro gráfico de dispersión para mostrar los datos después de la eliminación de valores atípicos.
8. Estadísticas Resumidas:
   - Se imprimen las estadísticas descriptivas tanto para el conjunto de datos original como para el limpio.
   - Esto permite comparar cómo la eliminación de valores atípicos afectó la distribución de los datos.

Este ejemplo proporciona un enfoque completo para la detección y eliminación de valores atípicos, incluyendo visualización y comparación estadística. Demuestra el proceso desde el inicio hasta el final, incluyendo la preparación de datos, la detección de valores atípicos, su eliminación y el análisis posterior a la eliminación.

1. **Transformación de Datos**:

La transformación de datos es una técnica poderosa para manejar valores atípicos y distribuciones de datos sesgadas sin eliminar puntos de datos. Dos transformaciones comúnmente usadas son la transformación logarítmica y la de raíz cuadrada. Estos métodos pueden reducir efectivamente el impacto de valores extremos mientras preservan la estructura general de los datos.

La **transformación logarítmica** es particularmente útil para datos sesgados a la derecha, donde hay algunos valores muy grandes. Comprime la escala en el extremo alto, haciendo que la distribución sea más simétrica. A menudo se aplica a datos financieros, estadísticas de población u otros conjuntos de datos con patrones de crecimiento exponencial.

La **transformación de raíz cuadrada** es menos drástica que la transformación logarítmica y es adecuada para datos moderadamente sesgados. A menudo se utiliza en datos de conteo o al tratar con distribuciones de Poisson.

Ambas transformaciones tienen la ventaja de mantener todos los puntos de datos, a diferencia de los métodos de eliminación, que pueden llevar a la pérdida de información potencialmente importante. Sin embargo, es importante notar que las transformaciones cambian la escala de los datos, lo cual puede afectar su interpretación. Siempre considera las implicaciones de los datos transformados en tu análisis y en la interpretación de los modelos.

```
import pandas as pd
import numpy as np
import matplotlib.pyplot as plt
import seaborn as sns

# Create a sample dataset
np.random.seed(42)
data = {
    'Age': np.concatenate([
        np.random.normal(30, 5, 1000),  # Normal distribution
        np.random.exponential(10, 200) + 50  # Some right-skewed data
    ])
}
df = pd.DataFrame(data)

# Function to plot histogram
def plot_histogram(data, title, ax):
    sns.histplot(data, kde=True, ax=ax)
    ax.set_title(title)
    ax.set_xlabel('Age')
    ax.set_ylabel('Count')

# Original data
fig, axes = plt.subplots(2, 2, figsize=(15, 15))
plot_histogram(df['Age'], 'Original Age Distribution', axes[0, 0])

# Logarithmic transformation
df['Age_Log'] = np.log(df['Age'])
plot_histogram(df['Age_Log'], 'Log-transformed Age Distribution', axes[0, 1])

# Square root transformation
df['Age_Sqrt'] = np.sqrt(df['Age'])
plot_histogram(df['Age_Sqrt'], 'Square Root-transformed Age Distribution', axes[1, 0])

# Box-Cox transformation
from scipy import stats
df['Age_BoxCox'], _ = stats.boxcox(df['Age'])
```

```
plot_histogram(df['Age_BoxCox'], 'Box-Cox-transformed Age Distribution', axes[1, 1])

plt.tight_layout()
plt.show()

# Print summary statistics
print(df.describe())

# Calculate skewness
print("\\nSkewness:")
print(f"Original: {df['Age'].skew():.2f}")
print(f"Log-transformed: {df['Age_Log'].skew():.2f}")
print(f"Square Root-transformed: {df['Age_Sqrt'].skew():.2f}")
print(f"Box-Cox-transformed: {df['Age_BoxCox'].skew():.2f}")
```

Este ejemplo de código demuestra varias técnicas de transformación de datos para manejar distribuciones sesgadas y valores atípicos. Vamos a desglosarlo:

1. Preparación de Datos:
   - Importamos las bibliotecas necesarias: pandas, numpy, matplotlib y seaborn.
   - Creamos un conjunto de datos de ejemplo con una columna 'Age', combinando una distribución normal y algunos datos sesgados a la derecha para simular un escenario realista con valores atípicos.
2. Función de Visualización:
   - Definimos una función plot_histogram para crear gráficos de histograma consistentes para cada transformación.
3. Transformaciones:
   - Datos Originales: Graficamos la distribución original de la edad.
   - Transformación Logarítmica: Aplicamos np.log() para comprimir la escala en el extremo alto, lo cual es útil para datos sesgados a la derecha.
   - Transformación de Raíz Cuadrada: Usamos np.sqrt(), que es menos drástica que la transformación logarítmica y adecuada para datos moderadamente sesgados.
   - Transformación Box-Cox: Este es un método más avanzado que encuentra la transformación de potencia óptima para normalizar los datos.
4. Visualización:
   - Creamos una cuadrícula de subgráficos de 2x2 para comparar todas las transformaciones una al lado de la otra.

- Cada subgráfico muestra la distribución de los datos después de una transformación específica.

5. Análisis Estadístico:

    - Imprimimos estadísticas resumidas para todas las columnas usando df.describe().
    - Calculamos e imprimimos la asimetría de cada distribución para cuantificar el efecto de las transformaciones.

Este ejemplo completo permite una comparación visual y estadística de diferentes técnicas de transformación. Al examinar los histogramas y los valores de asimetría, puedes determinar qué transformación es más efectiva para normalizar tus datos y reducir el impacto de los valores atípicos.

Recuerda que, si bien las transformaciones pueden ser herramientas poderosas para manejar datos sesgados y valores atípicos, también cambian la escala y la interpretación de tus datos. Siempre considera las implicaciones de los datos transformados en tu análisis e interpretaciones del modelo, y elige el método que mejor se adapte a tu conjunto de datos específico y a los objetivos analíticos.

1. **Winsorización**:

La winsorización es una técnica robusta para manejar valores atípicos en conjuntos de datos. Este método implica limitar los valores extremos en percentiles especificados para reducir su impacto en los análisis estadísticos y el rendimiento del modelo. A diferencia de la eliminación simple de valores atípicos, la winsorización preserva la estructura general y el tamaño del conjunto de datos, al tiempo que mitiga la influencia de valores extremos.

El proceso generalmente implica establecer un umbral, a menudo en los percentiles 5 y 95, aunque estos pueden ajustarse según las necesidades específicas del análisis. Los valores por debajo del umbral inferior se elevan para igualarlo, mientras que los valores por encima del umbral superior se reducen a ese nivel. Este enfoque es particularmente útil cuando se trata de conjuntos de datos donde se esperan valores atípicos, pero sus valores extremos podrían sesgar los resultados.

La winsorización ofrece varias ventajas:

- Conserva todos los puntos de datos, preservando el tamaño de la muestra y la información potencialmente importante.
- Reduce el impacto de los valores atípicos sin eliminar completamente su influencia.
- Es menos drástica que el recorte, lo que la hace adecuada para conjuntos de datos donde todas las observaciones se consideran valiosas.

A continuación, se muestra un ejemplo de cómo implementar la winsorización en Python utilizando pandas:

```
import pandas as pd
import numpy as np
import matplotlib.pyplot as plt
import seaborn as sns
from scipy import stats

# Create a sample dataset with outliers
np.random.seed(42)
data = {
    'Age': np.concatenate([
        np.random.normal(30, 5, 1000),  # Normal distribution
        np.random.exponential(10, 200) + 50  # Some right-skewed data
    ])
}
df = pd.DataFrame(data)

# Function to detect outliers using IQR method
def detect_outliers_iqr(df, column):
    Q1 = df[column].quantile(0.25)
    Q3 = df[column].quantile(0.75)
    IQR = Q3 - Q1
    lower_bound = Q1 - 1.5 * IQR
    upper_bound = Q3 + 1.5 * IQR
    df[f'{column}_Outlier_IQR'] = ((df[column] < lower_bound) | (df[column] >
upper_bound)).astype(str)
    return df

# Detect outliers
df = detect_outliers_iqr(df, 'Age')

# Winsorizing
lower_bound, upper_bound = df['Age'].quantile(0.05), df['Age'].quantile(0.95)
df['Age_Winsorized'] = df['Age'].clip(lower_bound, upper_bound)

# Visualize the effect of winsorizing
plt.figure(figsize=(15, 10))

# Original distribution
plt.subplot(2, 2, 1)
sns.histplot(data=df, x='Age', kde=True, color='blue')
plt.title('Original Age Distribution')

# Winsorized distribution
plt.subplot(2, 2, 2)
sns.histplot(data=df, x='Age_Winsorized', kde=True, color='red')
plt.title('Winsorized Age Distribution')

# Box plot comparison
```

```
plt.subplot(2, 2, 3)
sns.boxplot(data=df[['Age', 'Age_Winsorized']])
plt.title('Box Plot: Original vs Winsorized')

# Scatter plot
plt.subplot(2, 2, 4)
plt.scatter(df['Age'], df['Age_Winsorized'], alpha=0.5)
plt.plot([df['Age'].min(), df['Age'].max()], [df['Age'].min(), df['Age'].max()], 'r--
')
plt.xlabel('Original Age')
plt.ylabel('Winsorized Age')
plt.title('Original vs Winsorized Age')

plt.tight_layout()
plt.show()

# Print summary statistics
print("Summary Statistics:")
print(df[['Age', 'Age_Winsorized']].describe())

# Calculate and print skewness
print("\\nSkewness:")
print(f"Original: {df['Age'].skew():.2f}")
print(f"Winsorized: {df['Age_Winsorized'].skew():.2f}")

# Calculate percentage of data points affected by winsorizing
affected_percentage = (df['Age'] != df['Age_Winsorized']).mean() * 100
print(f"\\nPercentage of data points affected by winsorizing:
{affected_percentage:.2f}%")
```

Desglosemos este ejemplo:

1. Preparación de Datos:
    - Importamos las bibliotecas necesarias: pandas para manipulación de datos, numpy para operaciones numéricas, matplotlib y seaborn para visualización, y scipy para funciones estadísticas.
    - Se crea un conjunto de datos de ejemplo con una columna 'Age', combinando una distribución normal y algunos datos sesgados a la derecha para simular un escenario realista con valores atípicos.
2. Detección de Valores Atípicos:
    - Definimos una función detect_outliers_iqr que utiliza el método del Rango Intercuartílico (IQR) para identificar valores atípicos.
    - Esta función calcula Q1 (percentil 25), Q3 (percentil 75) y el IQR para la columna 'Age'.

- Luego, define los límites inferior y superior como Q1 - 1.5*IQR y Q3 + 1.5*IQR, respectivamente.
- Los valores fuera de estos límites se marcan como valores atípicos en una nueva columna 'Age_Outlier_IQR'.

3. Winsorización:
   - Calculamos los percentiles 5 y 95 de la columna 'Age' como límites inferior y superior.
   - Usando la función clip de pandas, creamos una nueva columna 'Age_Winsorized', donde los valores por debajo del límite inferior se ajustan a dicho límite, y los valores por encima del límite superior se ajustan a ese nivel.
4. Visualización:
   - Creamos una cuadrícula de subgráficos de 2x2 para comparar los datos originales y los datos winsorizados:
   - Histograma de la distribución original de la edad.
   - Histograma de la distribución de edad winsorizada.
   - Diagrama de caja que compara las distribuciones original y winsorizada.
   - Gráfico de dispersión de edades originales frente a edades winsorizadas.
5. Análisis Estadístico:
   - Imprimimos estadísticas resumidas para ambas columnas de 'Age' original y winsorizada usando describe().
   - Calculamos e imprimimos la asimetría de ambas distribuciones para cuantificar el efecto de la winsorización.
   - Calculamos el porcentaje de puntos de datos afectados por la winsorización, lo que da una idea de cuántos valores atípicos estaban presentes.

Este ejemplo completo permite una comprensión exhaustiva del proceso de winsorización y sus efectos en la distribución de los datos. Al examinar las visualizaciones y las medidas estadísticas, puedes evaluar cuán eficazmente la winsorización ha reducido el impacto de los valores atípicos al tiempo que conserva la estructura general de los datos.

Puntos clave a destacar:

- Los histogramas muestran cómo la winsorización reduce las colas de la distribución.
- El diagrama de caja demuestra la reducción en el rango de los datos después de la winsorización.

- El gráfico de dispersión ilustra qué puntos fueron afectados por la winsorización (aquellos que no caen en la línea diagonal).
- Las estadísticas resumidas y las medidas de asimetría proporcionan evidencia cuantitativa de los cambios en la distribución de los datos.

Este ejemplo proporciona un enfoque robusto para implementar y analizar los efectos de la winsorización, dando una imagen más clara de cómo esta técnica puede aplicarse para manejar valores atípicos en conjuntos de datos del mundo real.

1. **Imputación con Media/Mediana**:

Reemplazar los valores atípicos con la media o la mediana es otro enfoque efectivo para manejar valores extremos, especialmente en conjuntos de datos más pequeños. Este método, conocido como imputación de media/mediana, implica sustituir los valores atípicos con una medida de tendencia central. La elección entre media y mediana depende de la distribución de los datos:

- **Imputación con la Media**: Es adecuada para datos distribuidos normalmente sin sesgo significativo. Sin embargo, puede ser sensible a valores atípicos extremos.
- **Imputación con la Mediana**: A menudo preferida para datos sesgados, ya que es más robusta frente a valores extremos. La mediana representa el valor medio del conjunto de datos cuando está ordenado, lo que la hace menos influenciada por valores atípicos.

Al trabajar con distribuciones sesgadas, generalmente se recomienda la imputación con la mediana, ya que preserva mejor la forma general de la distribución en comparación con la media. Esto es particularmente importante en campos como las finanzas, donde los valores extremos pueden afectar significativamente los análisis.

A continuación, un ejemplo de cómo implementar la imputación con la mediana en Python:

```
import pandas as pd
import numpy as np
import matplotlib.pyplot as plt
import seaborn as sns

# Create a sample dataset with outliers
np.random.seed(42)
data = {
    'Age': np.concatenate([
        np.random.normal(30, 5, 1000),  # Normal distribution
        np.random.exponential(10, 200) + 50  # Some right-skewed data
    ])
}
df = pd.DataFrame(data)
```

```
# Function to detect outliers using IQR method
def detect_outliers_iqr(df, column):
    Q1 = df[column].quantile(0.25)
    Q3 = df[column].quantile(0.75)
    IQR = Q3 - Q1
    lower_bound = Q1 - 1.5 * IQR
    upper_bound = Q3 + 1.5 * IQR
    df[f'{column}_Outlier_IQR'] = ((df[column] < lower_bound) | (df[column] > upper_bound)).astype(str)
    return df

# Detect outliers
df = detect_outliers_iqr(df, 'Age')

# Calculate the median age
median_age = df['Age'].median()

# Store original data for comparison
df['Age_Original'] = df['Age'].copy()

# Replace outliers with the median
df.loc[df['Age_Outlier_IQR'] == 'True', 'Age'] = median_age

# Verify the effect
print(f"Number of outliers before imputation: {(df['Age_Outlier_IQR'] == 'True').sum()}")
print(f"Original age range: {df['Age_Original'].min():.2f} to {df['Age_Original'].max():.2f}")
print(f"New age range: {df['Age'].min():.2f} to {df['Age'].max():.2f}")

# Visualize the effect of median imputation
plt.figure(figsize=(15, 10))

# Original distribution
plt.subplot(2, 2, 1)
sns.histplot(data=df, x='Age_Original', kde=True, color='blue')
plt.title('Original Age Distribution')

# Imputed distribution
plt.subplot(2, 2, 2)
sns.histplot(data=df, x='Age', kde=True, color='red')
plt.title('Age Distribution after Median Imputation')

# Box plot comparison
plt.subplot(2, 2, 3)
sns.boxplot(data=df[['Age_Original', 'Age']])
plt.title('Box Plot: Original vs Imputed')

# Scatter plot
plt.subplot(2, 2, 4)
plt.scatter(df['Age_Original'], df['Age'], alpha=0.5)
plt.plot([df['Age_Original'].min(), df['Age_Original'].max()],
```

```
         [df['Age_Original'].min(), df['Age_Original'].max()], 'r--')
plt.xlabel('Original Age')
plt.ylabel('Imputed Age')
plt.title('Original vs Imputed Age')

plt.tight_layout()
plt.show()

# Print summary statistics
print("\\nSummary Statistics:")
print(df[['Age_Original', 'Age']].describe())

# Calculate and print skewness
print("\\nSkewness:")
print(f"Original: {df['Age_Original'].skew():.2f}")
print(f"Imputed: {df['Age'].skew():.2f}")

# Calculate percentage of data points affected by imputation
affected_percentage = (df['Age'] != df['Age_Original']).mean() * 100
print(f"\\nPercentage of data points affected by imputation:
{affected_percentage:.2f}%")
```

Este ejemplo de código ofrece una demostración completa de la imputación de la mediana para manejar valores atípicos. Examinémoslo paso a paso:

1. Preparación de Datos:
    - Importamos las bibliotecas necesarias: pandas para manipulación de datos, numpy para operaciones numéricas y matplotlib y seaborn para visualización.
    - Se crea un conjunto de datos de ejemplo con una columna 'Age', combinando una distribución normal y algunos datos sesgados a la derecha para simular un escenario realista con valores atípicos.
2. Detección de Valores Atípicos:
    - Definimos una función detect_outliers_iqr que utiliza el método del Rango Intercuartílico (IQR) para identificar valores atípicos.
    - Esta función calcula Q1 (percentil 25), Q3 (percentil 75) y el IQR para la columna 'Age'.
    - Luego, define límites inferior y superior como Q1 - 1.5*IQR y Q3 + 1.5*IQR, respectivamente.
    - Los valores fuera de estos límites se marcan como valores atípicos en una nueva columna 'Age_Outlier_IQR'.
3. Imputación de la Mediana:

   - Calculamos la mediana de la edad usando df['Age'].median().
   - Creamos una copia de la columna 'Age' original como 'Age_Original' para comparación.
   - Usando indexación booleana, reemplazamos los valores atípicos (donde 'Age_Outlier_IQR' es 'True') con la mediana de la edad.

4. Verificación y Análisis:
   - Imprimimos el número de valores atípicos antes de la imputación y comparamos los rangos de edad originales y nuevos.
   - Creamos visualizaciones para comparar los datos originales e imputados:
     - Histogramas de distribuciones de edad original e imputada
     - Diagrama de caja comparando distribuciones originales e imputadas
     - Gráfico de dispersión de edades originales frente a edades imputadas
   - Imprimimos estadísticas resumidas para las columnas 'Age' originales e imputadas.
   - Calculamos e imprimimos la asimetría de ambas distribuciones para cuantificar el efecto de la imputación.
   - Calculamos el porcentaje de puntos de datos afectados por la imputación.

Este enfoque completo permite una comprensión exhaustiva del proceso de imputación de la mediana y sus efectos en la distribución de datos. Al examinar las visualizaciones y las medidas estadísticas, puedes evaluar qué tan efectivamente la imputación ha reducido el impacto de los valores atípicos mientras preserva la estructura general de los datos.

Puntos clave a tener en cuenta:

- Los histogramas muestran cómo la imputación de la mediana afecta las colas de la distribución.
- El diagrama de caja demuestra la reducción en el rango y la variabilidad de los datos después de la imputación.
- El gráfico de dispersión ilustra qué puntos fueron afectados por la imputación (aquellos que no caen en la línea diagonal).
- Las estadísticas resumidas y las medidas de asimetría proporcionan evidencia cuantitativa de los cambios en la distribución de datos.

Este ejemplo proporciona un enfoque robusto para implementar y analizar los efectos de la imputación de la mediana, brindando una visión más clara de cómo esta técnica puede aplicarse para manejar valores atípicos en conjuntos de datos del mundo real.

8.1.5 Conclusiones Clave y Consideraciones Avanzadas

- **Impacto de los Valores Atípicos:** Los valores atípicos pueden sesgar significativamente el rendimiento del modelo, particularmente en algoritmos sensibles a valores extremos. La identificación y el manejo adecuado de los valores atípicos son cruciales para desarrollar modelos robustos y precisos. Considera la naturaleza de tus datos y las posibles implicaciones de los valores atípicos antes de decidir una estrategia de tratamiento.
- **Métodos de Detección:** Existen diversos enfoques para identificar valores atípicos, cada uno con sus fortalezas:
  - Los métodos estadísticos como el **puntaje Z** son efectivos para datos distribuidos normalmente, mientras que el **método IQR** es más robusto para distribuciones no normales.
  - Las **herramientas visuales** como diagramas de caja, gráficos de dispersión e histogramas pueden proporcionar una visión intuitiva de la distribución de los datos y los posibles valores atípicos.
  - Técnicas avanzadas como **Local Outlier Factor (LOF)** o **Isolation Forest** pueden emplearse para datos multidimensionales o distribuciones complejas.
- **Técnicas de Manejo:** La elección del tratamiento de valores atípicos depende de varios factores:
  - **Eliminación** es adecuada cuando los valores atípicos son errores confirmados, pero se debe tener cuidado para no perder información valiosa.
  - **Transformación** (p. ej., transformación logarítmica) puede reducir el impacto de los valores atípicos mientras preserva sus posiciones relativas.
  - **Winsorización** limita los valores extremos a percentiles específicos, útil cuando los valores atípicos son válidos pero extremos.
  - **Imputación** con medidas como mediana o media puede ser efectiva, especialmente en series temporales o cuando la continuidad de los datos es crucial.
- **Consideraciones Contextuales:** La elección del método de manejo de valores atípicos debe estar informada por:
  - Conocimiento del dominio y el proceso de generación de datos subyacente.
  - Los requisitos específicos de la tarea de análisis o modelado posterior.
  - Las posibles consecuencias de un mal manejo de los valores atípicos en tu aplicación particular.

Recuerda que el tratamiento de valores atípicos no es solo un ejercicio estadístico, sino un paso crucial que puede afectar significativamente el rendimiento y la interpretabilidad de tu modelo. Documenta siempre tus decisiones de manejo de valores atípicos y su justificación para garantizar la transparencia y la reproducibilidad.

8.2 Corrección de Anomalías de Datos con Pandas

En el ámbito del análisis de datos, la presencia de anomalías en los datos—esas entradas de datos irregulares, inconsistentes o erróneas—puede minar significativamente la precisión y confiabilidad de tus modelos si no se abordan. Estas anomalías se presentan de diversas formas, cada una planteando desafíos únicos para la integridad de los datos y la precisión analítica. Entre los tipos más comunes de anomalías en los datos se encuentran:

- **Formatos de datos inconsistentes:** Cuando información similar se representa de distintas formas en el conjunto de datos, como fechas que aparecen como "MM/DD/AAAA" en algunos casos y "AAAA-MM-DD" en otros.
- **Registros duplicados:** Entradas idénticas o casi idénticas que aparecen varias veces, lo que podría sesgar los resultados del análisis e inflar innecesariamente el volumen de datos.
- **Valores fuera de rango:** Puntos de datos que caen fuera de los límites esperados o lógicos para una variable dada, lo cual a menudo indica errores de medición o errores en la entrada de datos.
- **Errores tipográficos en datos categóricos:** Errores de escritura o variaciones en categorías basadas en texto que pueden llevar a una clasificación errónea y agrupación incorrecta de datos.

Esta sección profundiza en métodos prácticos y efectivos para detectar y corregir estas anomalías utilizando **Pandas**, una biblioteca de Python versátil y poderosa, reconocida por sus capacidades de manipulación de datos. Pandas ofrece un amplio conjunto de herramientas diseñadas para agilizar el proceso de identificar y corregir irregularidades en los datos, empoderando a los científicos de datos y analistas para mantener la integridad de sus conjuntos de datos.

Al finalizar esta sección, habrás adquirido un conjunto completo de habilidades y técnicas para manejar con destreza una amplia variedad de anomalías en los datos. Este conocimiento te permitirá transformar conjuntos de datos crudos e imperfectos en recursos limpios, consistentes y confiables, sentando una base sólida para un análisis robusto y una modelización precisa. La capacidad de gestionar eficazmente las anomalías en los datos no es solo una habilidad técnica, sino un paso crucial para asegurar la validez y credibilidad de tus conocimientos y decisiones basados en datos.

8.2.1. Manejo de Formatos de Datos Inconsistentes

La inconsistencia de datos es un desafío frecuente en el análisis de datos, que a menudo surge de la integración de información de diversas fuentes. Este fenómeno se manifiesta de diversas formas, como formatos de fecha dispares (p. ej., "MM/DD/AAAA" vs. "AAAA-MM-DD") o valores numéricos que contienen caracteres no estándar como comas o símbolos de moneda. Estas inconsistencias pueden dificultar significativamente el procesamiento y análisis de datos, lo que podría llevar a conclusiones erróneas o inexactitudes en el modelo.

El impacto de las inconsistencias en el formato de datos va más allá de la simple inconveniencia. Pueden causar errores de cálculo, sesgar los análisis estadísticos y complicar los esfuerzos de visualización de datos. Por ejemplo, una mezcla de formatos de fecha podría llevar a un orden cronológico incorrecto, mientras que representaciones numéricas inconsistentes podrían resultar en errores de cálculo o en una mala interpretación de datos financieros.

Abordar estas inconsistencias es crucial por varias razones:

- Asegura la integridad y confiabilidad de los datos en todo el conjunto de datos.
- Facilita un procesamiento y análisis de datos más eficientes al eliminar la necesidad de verificaciones y conversiones constantes de formato.
- Mejora la precisión de los modelos de aprendizaje automático que dependen de formatos de entrada consistentes.
- Mejora la interoperabilidad de datos, permitiendo una integración fluida con varias herramientas y plataformas.

El proceso de corregir estas inconsistencias, a menudo referido como estandarización o normalización de datos, implica aplicar reglas de formato uniforme en todo el conjunto de datos. Esto podría incluir convertir todas las fechas a un formato estándar (p. ej., ISO 8601), eliminar símbolos de moneda y separadores de miles de los datos numéricos, o establecer reglas consistentes de capitalización para datos de texto.

Al implementar prácticas robustas de limpieza y estandarización de datos, los científicos y analistas de datos pueden mejorar significativamente la calidad y confiabilidad de sus conjuntos de datos, sentando una base sólida para análisis más precisos y conocimientos más profundos.

Ejemplo: Estandarización de Formatos de Fecha

Supongamos que tenemos un conjunto de datos donde las fechas están en diferentes formatos, como MM/DD/AAAA y AAAA-MM-DD.

```
import pandas as pd
import matplotlib.pyplot as plt

# Sample data with inconsistent date formats
data = {
```

```
    'OrderDate': ['2022-01-15', '01/20/2022', 'February 5, 2022', '2022/02/10', '03-15-2022', '2022.04.01'],
    'Amount': [100, 150, 200, 250, 300, 350]
}
df = pd.DataFrame(data)

print("Original DataFrame:")
print(df)
print("\\nData types:")
print(df.dtypes)

# Convert all dates to a consistent format
df['OrderDate'] = pd.to_datetime(df['OrderDate'], errors='coerce')

print("\\nDataFrame after date conversion:")
print(df)
print("\\nData types after conversion:")
print(df.dtypes)

# Check for any parsing errors (NaT values)
nat_count = df['OrderDate'].isna().sum()
print(f"\\nNumber of parsing errors (NaT values): {nat_count}")

# Sort the DataFrame by date
df_sorted = df.sort_values('OrderDate')
print("\\nSorted DataFrame:")
print(df_sorted)

# Calculate time differences
df_sorted['TimeDelta'] = df_sorted['OrderDate'].diff()
print("\\nDataFrame with time differences:")
print(df_sorted)

# Visualize the data
plt.figure(figsize=(10, 6))
plt.scatter(df_sorted['OrderDate'], df_sorted['Amount'])
plt.title('Order Amounts Over Time')
plt.xlabel('Order Date')
plt.ylabel('Amount')
plt.xticks(rotation=45)
plt.tight_layout()
plt.show()

# Example of date arithmetic
latest_date = df['OrderDate'].max()
one_month_ago = latest_date - pd.Timedelta(days=30)
recent_orders = df[df['OrderDate'] > one_month_ago]
print("\\nOrders in the last 30 days:")
print(recent_orders)
```

Vamos a desglosarlo paso a paso:

1. Preparación de Datos:
   - Importamos pandas para la manipulación de datos y matplotlib para visualización.
   - Creamos un conjunto de datos de ejemplo con varios formatos de fecha inconsistentes y montos de pedidos correspondientes.
2. Inspección Inicial:
   - Imprimimos el DataFrame original para ver los formatos de fecha inconsistentes.
   - Revisamos los tipos de datos para confirmar que 'OrderDate' es inicialmente de tipo string (objeto).
3. Conversión de Fechas:
   - Usamos pd.to_datetime() para convertir todas las fechas a un formato de fecha y hora consistente.
   - El parámetro errors='coerce' garantiza que cualquier fecha que no se pueda analizar se convierta en NaT (Not a Time) en lugar de generar un error.
4. Inspección Posterior a la Conversión:
   - Imprimimos el DataFrame y los tipos de datos después de la conversión para verificar el cambio.
   - Verificamos la presencia de valores NaT, lo que indicaría errores de análisis.
5. Manipulación de Datos:
   - Ordenamos el DataFrame por fecha para ver el orden cronológico de los pedidos.
   - Calculamos las diferencias de tiempo entre pedidos consecutivos usando el método diff().
6. Visualización:
   - Creamos un gráfico de dispersión de los montos de los pedidos a lo largo del tiempo usando matplotlib.
   - Esta visualización ayuda a identificar cualquier tendencia o patrón en los datos de los pedidos.
7. Aritmética de Fechas:
   - Mostramos cómo realizar cálculos de fechas encontrando los pedidos de los últimos 30 días.

  - Esto demuestra el poder de trabajar con objetos de fecha y hora estandarizados.

Este ejemplo integral ilustra no solo cómo convertir formatos de fecha inconsistentes, sino también cómo aprovechar los objetos de fecha y hora resultantes para diversas tareas de análisis de datos. Demuestra la importancia de estandarizar formatos de fecha para ordenaciones precisas, cálculos basados en el tiempo y visualizaciones en los flujos de trabajo de análisis de datos.

Ejemplo: Eliminación de Símbolos de Moneda

Los formatos numéricos inconsistentes, como los símbolos de moneda o las comas, pueden impedir significativamente los cálculos y análisis precisos. Estas inconsistencias suelen surgir cuando los datos se recopilan de diversas fuentes o se ingresan manualmente, lo que lleva a una mezcla de estilos de formato dentro de la misma columna. Por ejemplo, algunas entradas pueden incluir símbolos de moneda (como '$'), mientras que otras no, o algunas pueden usar comas como separadores de miles, mientras que otras usan puntos o no tienen separadores.

Estas inconsistencias pueden causar varios problemas:

- Reconocimiento incorrecto del tipo de dato: pandas podría interpretar la columna como object (cadena) en lugar de numérica, limitando las operaciones matemáticas.
- Errores de cálculo: Al realizar funciones de agregado u operaciones matemáticas, los caracteres no numéricos pueden causar errores o resultados incorrectos.
- Problemas de ordenamiento: Los formatos mixtos pueden resultar en un ordenamiento incorrecto de los valores.
- Problemas de visualización: Las funciones de gráficos pueden fallar o producir representaciones inexactas.

Para abordar estos problemas, podemos usar las potentes funciones de manipulación de cadenas y conversión de tipos de pandas. Aquí se muestra una explicación detallada de cómo limpiar columnas numéricas con tales anomalías:

```
import pandas as pd
import matplotlib.pyplot as plt

# Sample data with currency symbols, commas, and mixed formats
data = {'Sales': ['$1,200', '950', '$2,500.50', '1,100', '€3,000', '¥5000']}
df = pd.DataFrame(data)

print("Original DataFrame:")
print(df)
print("\\nData type of Sales column:", df['Sales'].dtype)

# Function to convert various currency formats to float
def currency_to_float(value):
```

```
    # Remove currency symbols and commas
    value = value.replace('$', '').replace('€', '').replace('¥', '').replace(',', '')
    return float(value)

# Apply the conversion function
df['Sales'] = df['Sales'].apply(currency_to_float)

print("\\nCleaned DataFrame:")
print(df)
print("\\nData type of Sales column after cleaning:", df['Sales'].dtype)

# Basic statistics
print("\\nBasic statistics of Sales:")
print(df['Sales'].describe())

# Visualization
plt.figure(figsize=(10, 6))
df['Sales'].plot(kind='bar')
plt.title('Sales Distribution')
plt.xlabel('Index')
plt.ylabel('Sales Amount')
plt.tight_layout()
plt.show()

# Example of using the cleaned data
total_sales = df['Sales'].sum()
average_sale = df['Sales'].mean()
print(f"\\nTotal Sales: {total_sales:.2f}")
print(f"Average Sale: {average_sale:.2f}")
```

Desglosemos este ejemplo paso a paso:

1. **Importación de Librerías**:
    - Importamos pandas para la manipulación de datos y matplotlib para visualización.
2. **Creación de Datos de Ejemplo**:
    - Creamos un DataFrame con una columna 'Sales' que contiene formatos de moneda variados, incluidos símbolos de dólar, comas, e incluso símbolos de euro y yen.
3. **Inspección Inicial**:
    - Imprimimos el DataFrame original para ver los formatos inconsistentes.
    - Verificamos el tipo de dato de la columna 'Sales', que será 'object' (cadena) debido a los formatos mixtos.
4. **Definición de una Función de Conversión**:

- Creamos una función currency_to_float que elimina varios símbolos de moneda y comas, luego convierte el resultado a tipo float.
- Esta función es más robusta que el ejemplo original, ya que maneja múltiples símbolos de moneda.

5. **Limpieza de Datos**:
   - Aplicamos la función currency_to_float a la columna 'Sales' usando df['Sales'].apply().
   - Este paso convierte todos los valores a un formato float consistente.
6. **Inspección Posterior a la Limpieza**:
   - Imprimimos el DataFrame limpio para verificar la conversión.
   - Verificamos el nuevo tipo de dato de la columna 'Sales', que ahora debería ser 'float64'.
7. **Estadísticas Básicas**:
   - Usamos describe() para obtener un resumen estadístico de la columna 'Sales', incluyendo el conteo, media, desviación estándar y cuartiles.
8. **Visualización**:
   - Creamos un gráfico de barras de los datos de ventas usando matplotlib.
   - Esta visualización ayuda a identificar rápidamente cualquier patrón o valor atípico en los datos de ventas.
9. **Análisis de Datos**:
   - Demostramos cómo usar los datos limpios calculando el total de ventas y el monto promedio de venta.
   - Estos cálculos no habrían sido posibles con los datos originales en formato de cadena.

Este ejemplo ampliado muestra un enfoque más exhaustivo para limpiar y analizar datos numéricos con formatos inconsistentes. Demuestra la inspección de datos, limpieza, conversión de tipos, análisis estadístico y visualización, proporcionando un flujo completo de trabajo para manejar estas anomalías en escenarios de datos del mundo real.

8.2.2. Identificación y Eliminación de Duplicados

Las filas duplicadas en los conjuntos de datos pueden provenir de varias fuentes, incluidos errores de entrada de datos, múltiples importaciones de los mismos datos o la fusión de conjuntos de datos de diferentes fuentes. Aunque en ocasiones los duplicados pueden ser representaciones válidas de eventos o transacciones repetidas, su presencia suele introducir redundancia innecesaria y puede sesgar los resultados del análisis. Identificar y eliminar estos duplicados es un paso crucial en el proceso de limpieza de datos por varias razones:

1. **Integridad de los Datos**: Eliminar duplicados es esencial para mantener la integridad de tu conjunto de datos. Asegura que cada entidad o evento único esté representado solo una vez, previniendo análisis sesgados y representaciones incorrectas.
2. **Precisión Analítica**: La presencia de entradas duplicadas puede afectar significativamente la precisión de los análisis estadísticos y modelos de machine learning. La sobre representación de ciertos puntos de datos puede introducir sesgos, llevando a conclusiones o predicciones incorrectas.
3. **Eficiencia de Almacenamiento**: Más allá de las preocupaciones analíticas, la eliminación de datos redundantes tiene beneficios prácticos para la gestión de datos, optimizando el espacio de almacenamiento.
4. **Consistencia**: Los duplicados a menudo vienen con variaciones sutiles, como diferentes marcas de tiempo para la misma transacción o discrepancias menores en la entrada de datos. Eliminar estas inconsistencias asegura una representación uniforme de cada entidad o evento único.
5. **Mejora de la Calidad de los Datos**: El proceso de identificar y eliminar duplicados suele servir como catalizador para una mejora general de la calidad de los datos, descubriendo problemas de datos adicionales.
6. **Mejor Integración de Datos**: Al fusionar datos de múltiples fuentes, la eliminación de duplicados se vuelve aún más crítica. Ayuda a crear un conjunto de datos unificado y confiable al eliminar las redundancias.

Sin embargo, es importante abordar la eliminación de duplicados con cautela, ya que en algunos casos, los duplicados aparentes podrían representar repeticiones legítimas. Por lo tanto, es esencial comprender a fondo el contexto de los datos y considerar cuidadosamente los criterios de deduplicación para evitar la eliminación inadvertida de puntos de datos válidos.

Ejemplo: Eliminación de Duplicados en un Conjunto de Datos

Supongamos que tenemos un conjunto de datos con información de clientes, donde algunas filas están duplicadas.

```
import pandas as pd
import matplotlib.pyplot as plt

# Sample data with duplicate rows and inconsistent formatting
data = {
    'CustomerID': [101, 102, 103, 101, 104, 102],
    'Name': ['Alice', 'Bob', 'Charlie', 'Alice', 'David', 'Bob'],
    'PurchaseAmount': ['$150', '200', '$300.50', '$150', '250', '200'],
    'PurchaseDate': ['2023-01-15', '2023-01-16', '2023-01-17', '2023-01-15', '2023-
01-18', '2023-01-16']
```

```
}
df = pd.DataFrame(data)

print("Original DataFrame:")
print(df)
print("\\nData types:")
print(df.dtypes)

# Function to convert currency to float
def currency_to_float(value):
    return float(str(value).replace('$', ''))

# Clean PurchaseAmount column
df['PurchaseAmount'] = df['PurchaseAmount'].apply(currency_to_float)

# Convert PurchaseDate to datetime
df['PurchaseDate'] = pd.to_datetime(df['PurchaseDate'])

# Identify duplicate rows
duplicates = df[df.duplicated()]

print("\\nDuplicate rows:")
print(duplicates)

# Remove duplicates
df_cleaned = df.drop_duplicates()

print("\\nDataset after removing duplicates:")
print(df_cleaned)
print("\\nData types after cleaning:")
print(df_cleaned.dtypes)

# Basic statistics of cleaned data
print("\\nBasic statistics of PurchaseAmount:")
print(df_cleaned['PurchaseAmount'].describe())

# Visualization of purchase amounts
plt.figure(figsize=(10, 6))
df_cleaned['PurchaseAmount'].plot(kind='bar')
plt.title('Purchase Amounts by Customer')
plt.xlabel('Customer Index')
plt.ylabel('Purchase Amount ($)')
plt.tight_layout()
plt.show()

# Group by customer and calculate total purchases
customer_totals                                                         =
df_cleaned.groupby('Name')['PurchaseAmount'].sum().sort_values(ascending=False)
print("\\nTotal purchases by customer:")
print(customer_totals)

# Example of using the cleaned data
```

```
total_sales = df_cleaned['PurchaseAmount'].sum()
average_sale = df_cleaned['PurchaseAmount'].mean()
print(f"\\nTotal Sales: ${total_sales:.2f}")
print(f"Average Sale: ${average_sale:.2f}")
```

Desglosemos este ejemplo paso a paso:

1. **Preparación de Datos e Inspección Inicial**:
   - Importamos pandas para la manipulación de datos y matplotlib para la visualización.
   - Se crea un conjunto de datos de ejemplo con duplicados intencionados y un formato inconsistente en la columna PurchaseAmount.
   - Se imprime el DataFrame original junto con sus tipos de datos para mostrar el estado inicial de los datos.
2. **Limpieza de Datos**:
   - Se define una función currency_to_float para convertir valores de moneda en formato de cadena a tipo float.
   - La columna PurchaseAmount se limpia usando esta función.
   - La columna PurchaseDate se convierte al formato de fecha para facilitar la manipulación de fechas.
3. **Identificación y Eliminación de Duplicados**:
   - Se identifican filas duplicadas usando df.duplicated() y se muestran.
   - Los duplicados se eliminan utilizando df.drop_duplicates(), creando un DataFrame limpio.
   - Se muestra el DataFrame limpio junto con sus tipos de datos actualizados.
4. **Análisis de Datos y Visualización**:
   - Se calculan y muestran estadísticas básicas de la columna PurchaseAmount.
   - Se crea un gráfico de barras para visualizar los montos de compra por cliente.
   - Los datos se agrupan por nombre de cliente para calcular las compras totales por cliente.
5. **Cálculos Finales**:
   - Se calculan las ventas totales y el monto promedio de venta a partir de los datos limpios.

- Estos resultados se imprimen para demostrar el uso del conjunto de datos limpio.

Este ejemplo muestra un enfoque completo para la limpieza y el análisis de datos. Incluye el manejo de formatos de datos inconsistentes, la eliminación de duplicados, la conversión de tipos de datos, la realización de análisis estadísticos básicos y la visualización de los datos. Este flujo de trabajo demuestra cómo preparar un conjunto de datos para un análisis más profundo o tareas de machine learning, proporcionando a la vez información valiosa sobre los datos limpios.

8.2.3. Corrección de Inconsistencias en Datos Categóricos

Las inconsistencias en datos categóricos representan desafíos significativos en el análisis de datos y machine learning. Estas inconsistencias pueden manifestarse de varias formas, como errores tipográficos, variaciones en la escritura o diferencias en mayúsculas y minúsculas. Por ejemplo, en un conjunto de datos de categorías de productos, podrías encontrar entradas como "Electronics", "electronics" y "ELECTRONICS", todas referidas a la misma categoría pero tratadas como distintas debido a su representación inconsistente.

Las implicaciones de estas inconsistencias van más allá de preocupaciones estéticas. Al agregar datos o entrenar modelos de machine learning, estas discrepancias pueden llevar a resultados inesperados y potencialmente engañosos. Por ejemplo, en una tarea de análisis de sentimientos, tratar "positivo" y "Positivo" como categorías separadas podría distorsionar la distribución de sentimientos y afectar el rendimiento del modelo. Del mismo modo, en un análisis de canasta de mercado, las categorizaciones inconsistentes de productos podrían ocultar patrones importantes en el comportamiento de compra de los clientes.

Además, estas inconsistencias pueden afectar las métricas de calidad de los datos, dificultando la evaluación precisa de la completitud y validez del conjunto de datos. También pueden complicar los esfuerzos de integración de datos al fusionar conjuntos de datos de diferentes fuentes, lo que podría llevar a redundancia de datos o pérdida de información. Por lo tanto, abordar las inconsistencias en datos categóricos es un paso crucial para garantizar la confiabilidad y efectividad de los análisis de datos y los flujos de trabajo de machine learning.

Ejemplo: Estandarización de Texto en Datos Categóricos

Supongamos que tenemos un conjunto de datos con entradas inconsistentes en una columna **Category**.

```
import pandas as pd
import matplotlib.pyplot as plt

# Sample data with inconsistent text entries
data = {
    'Category':    ['Electronics',    'electronics',    'ELECTronics',    'Furniture',
'furniture', 'FURNITURE', 'Appliances', 'appliances'],
    'Price': [100, 200, 150, 300, 250, 400, 175, 225]
```

```
}
df = pd.DataFrame(data)

print("Original DataFrame:")
print(df)

# Standardize text to lowercase
df['Category'] = df['Category'].str.lower()

print("\\nDataFrame after standardizing to lowercase:")
print(df)

# Count occurrences of each category
category_counts = df['Category'].value_counts()

print("\\nCategory counts:")
print(category_counts)

# Visualize category distribution
plt.figure(figsize=(10, 6))
category_counts.plot(kind='bar')
plt.title('Distribution of Categories')
plt.xlabel('Category')
plt.ylabel('Count')
plt.xticks(rotation=45)
plt.tight_layout()
plt.show()

# Calculate average price per category
avg_price_per_category =
df.groupby('Category')['Price'].mean().sort_values(ascending=False)

print("\\nAverage price per category:")
print(avg_price_per_category)

# Visualize average price per category
plt.figure(figsize=(10, 6))
avg_price_per_category.plot(kind='bar')
plt.title('Average Price per Category')
plt.xlabel('Category')
plt.ylabel('Average Price')
plt.xticks(rotation=45)
plt.tight_layout()
plt.show()
```

Desglosemos el ejemplo paso a paso:

1. **Preparación de Datos**:
   - Importamos pandas para la manipulación de datos y matplotlib para la visualización.

   - Creamos un conjunto de datos de ejemplo con inconsistencias intencionadas en la columna 'Category' y valores correspondientes en 'Price'.
   - Imprimimos el DataFrame original para mostrar el estado inicial de los datos.
2. **Limpieza de Datos**:
   - Estandarizamos la columna 'Category' convirtiendo todas las entradas a minúsculas usando el método str.lower().
   - Imprimimos el DataFrame estandarizado para mostrar el efecto de esta transformación.
3. **Análisis de Datos**:
   - Usamos value_counts() para contar las ocurrencias de cada categoría única después de la estandarización.
   - Imprimimos los conteos de las categorías para mostrar cuántas entradas pertenecen a cada una.
4. **Visualización de la Distribución de Categorías**:
   - Creamos un gráfico de barras para visualizar la distribución de las categorías.
   - Esto ayuda a identificar rápidamente cuáles categorías son las más comunes en el conjunto de datos.
5. **Análisis de Precios**:
   - Usamos groupby() para calcular el precio promedio para cada categoría.
   - Los resultados se ordenan en orden descendente para mejorar la legibilidad.
   - Imprimimos los precios promedio por categoría.
6. **Visualización de Precios Promedio**:
   - Creamos otro gráfico de barras para visualizar el precio promedio de cada categoría.
   - Esto facilita la comparación de precios entre diferentes categorías.

Este ejemplo ilustra el proceso de limpieza de datos categóricos mediante la estandarización de texto, además de mostrar técnicas básicas de análisis y visualización en el conjunto de datos limpio. Destaca el papel crucial de la limpieza de datos para preparar el análisis, ya que las categorías estandarizadas permiten agrupar y comparar precios de manera precisa entre categorías.

8.2.4. Manejo de Valores Fuera de Rango

Los valores fuera de rango son puntos de datos que caen fuera del rango esperado o lógico para una variable determinada. Estas anomalías pueden surgir de diversas fuentes, como errores en la entrada de datos, inexactitudes en la medición o valores atípicos genuinos. Detectar y abordar estos valores es crucial por varias razones:

1. **Integridad de los Datos**: Los valores fuera de rango pueden sesgar significativamente los análisis estadísticos y los modelos de machine learning, conduciendo a resultados y predicciones inexactas. Por ejemplo, en un conjunto de datos de alturas humanas, un valor de 300 cm podría afectar drásticamente la media y la desviación estándar, lo que podría llevar a conclusiones erróneas o resultados de modelos incorrectos.

2. **Representación del Dominio**: Identificar y manejar estas anomalías asegura que nuestro conjunto de datos represente con precisión el escenario real que pretende describir. Esto es crucial en campos como la investigación médica o el modelado financiero, donde la precisión de los datos impacta directamente en la toma de decisiones y resultados.

3. **Detección de Errores**: Estos valores a menudo sirven como indicadores de problemas sistémicos en la recopilación o procesamiento de datos, lo que motiva una investigación adicional y posibles mejoras en los procedimientos de manejo de datos. Por ejemplo, valores fuera de rango consistentes en datos de sensores podrían indicar la necesidad de recalibración o reemplazo de equipos.

4. **Rendimiento del Modelo**: Eliminar o corregir valores fuera de rango puede mejorar el rendimiento y la fiabilidad de los modelos predictivos al eliminar el ruido y centrarse en puntos de datos válidos. Esto es particularmente importante en aplicaciones de machine learning, donde los valores atípicos pueden influir de manera desproporcionada en el entrenamiento y las predicciones del modelo.

5. **Toma de Decisiones**: En contextos empresariales, los valores fuera de rango podrían llevar a decisiones equivocadas si no se abordan adecuadamente, lo que podría resultar en pérdidas financieras o ineficiencias operativas. Por ejemplo, precios de acciones incorrectos debido a errores de datos podrían llevar a malas decisiones de inversión, mientras que cifras de ventas anómalas podrían provocar una mala asignación de recursos.

6. **Garantía de Calidad de Datos**: Abordar los valores fuera de rango es un aspecto clave para mantener altos estándares de calidad de datos. Ayuda a generar confianza en los datos entre las partes interesadas y garantiza que los análisis y reportes posteriores se basen en información confiable.

7. **Cumplimiento Normativo**: En industrias con estrictos requisitos regulatorios, como la salud o las finanzas, manejar correctamente los valores fuera de rango es esencial

para el cumplimiento. La falta de atención a estas anomalías podría resultar en violaciones regulatorias y sanciones asociadas.

Las estrategias efectivas para manejar valores fuera de rango incluyen establecer límites lógicos basados en el conocimiento del dominio, usar métodos estadísticos para identificar valores atípicos y decidir si eliminar, imputar o marcar estos valores para un análisis posterior. La elección del método depende del contexto específico de los datos y los objetivos del análisis.

Ejemplo: Eliminación de Valores Fuera de Rango

Supongamos que tenemos un conjunto de datos con una columna de **Age** (edad), y sabemos que las edades válidas deben estar entre 0 y 120.

```
import pandas as pd
import matplotlib.pyplot as plt
import seaborn as sns

# Sample data with out-of-range values
data = {
    'Name': ['Alice', 'Bob', 'Charlie', 'Diana', 'Eve', 'Frank', 'Grace', 'Henry'],
    'Age': [25, 132, 30, -5, 45, 200, 0, 80],
    'Salary': [50000, 75000, 60000, 55000, 90000, 80000, 70000, 65000]
}
df = pd.DataFrame(data)

print("Original DataFrame:")
print(df)

# Identify out-of-range values
age_out_of_range = df[(df['Age'] < 0) | (df['Age'] > 120)]

print("\\nOut-of-range age values:")
print(age_out_of_range)

# Remove out-of-range values
df_cleaned = df[(df['Age'] >= 0) & (df['Age'] <= 120)]

print("\\nDataFrame after removing out-of-range age values:")
print(df_cleaned)

# Calculate statistics before and after cleaning
print("\\nStatistics before cleaning:")
print(df['Age'].describe())
print("\\nStatistics after cleaning:")
print(df_cleaned['Age'].describe())

# Visualize age distribution before and after cleaning
fig, (ax1, ax2) = plt.subplots(1, 2, figsize=(12, 5))

sns.histplot(df['Age'], kde=True, ax=ax1)
ax1.set_title('Age Distribution (Before Cleaning)')
```

```
ax1.set_xlabel('Age')

sns.histplot(df_cleaned['Age'], kde=True, ax=ax2)
ax2.set_title('Age Distribution (After Cleaning)')
ax2.set_xlabel('Age')

plt.tight_layout()
plt.show()

# Analyze the impact on other variables
print("\\nAverage salary before cleaning:", df['Salary'].mean())
print("Average salary after cleaning:", df_cleaned['Salary'].mean())

# Correlation analysis
correlation_before = df[['Age', 'Salary']].corr()
correlation_after = df_cleaned[['Age', 'Salary']].corr()

print("\\nCorrelation between Age and Salary before cleaning:")
print(correlation_before)
print("\\nCorrelation between Age and Salary after cleaning:")
print(correlation_after)
```

Desglosemos este ejemplo paso a paso:

1. **Preparación de Datos**:
   - Importamos pandas para la manipulación de datos, y matplotlib y seaborn para la visualización.
   - Creamos un conjunto de datos de ejemplo con valores fuera de rango intencionados en la columna 'Age', junto con datos correspondientes en 'Name' y 'Salary'.
   - Imprimimos el DataFrame original para mostrar el estado inicial de los datos.
2. **Identificación de Valores Fuera de Rango**:
   - Usamos indexación booleana para identificar edades menores de 0 o mayores de 120.
   - Imprimimos los valores fuera de rango para su inspección.
3. **Eliminación de Valores Fuera de Rango**:
   - Creamos un nuevo DataFrame (df_cleaned) filtrando los valores fuera de rango.
   - Imprimimos el DataFrame limpio para mostrar el efecto de esta transformación.
4. **Análisis Estadístico**:

- Calculamos y mostramos estadísticas descriptivas de la columna 'Age' antes y después de la limpieza.
- Esto ayuda a comprender cómo afecta la eliminación de valores fuera de rango a la distribución de edades.

5. **Visualización de Datos**:
   - Creamos dos histogramas para visualizar la distribución de edades antes y después de la limpieza.
   - Esta comparación visual ayuda a identificar el impacto de eliminar valores fuera de rango en la distribución general.
6. **Análisis de Impacto en Otras Variables**:
   - Calculamos y comparamos el salario promedio antes y después de la limpieza.
   - Esto demuestra cómo la eliminación de valores fuera de rango en una columna puede afectar cálculos relacionados con otras columnas.
7. **Análisis de Correlación**:
   - Calculamos la correlación entre Edad y Salario antes y después de la limpieza.
   - Esto muestra cómo puede cambiar la relación entre variables al eliminar valores fuera de rango.

Este ejemplo demuestra un enfoque exhaustivo para manejar valores fuera de rango. Va más allá de simplemente eliminar datos problemáticos al analizar cómo el proceso de limpieza afecta las estadísticas, las distribuciones y las relaciones entre variables del conjunto de datos. Un método tan completo garantiza que las decisiones de limpieza de datos estén bien informadas y que se comprenda su impacto total.

8.2.5. Imputación de Valores Faltantes Creados por la Corrección de Anomalías

Al corregir anomalías, pueden surgir valores faltantes como consecuencia no deseada. Esto puede ocurrir a través de varios procesos, como convertir fechas inválidas a NaT (Not a Time) o identificar y eliminar valores atípicos. Por ejemplo, al estandarizar formatos de fecha, las entradas que no cumplen con el patrón esperado pueden convertirse en valores faltantes. De manera similar, al tratar con valores atípicos numéricos, los valores extremos que se consideran poco realistas o erróneos pueden ser eliminados, dejando huecos en el conjunto de datos.

Estos valores faltantes recién creados representan tanto un desafío como una oportunidad en el proceso de limpieza de datos. Por un lado, representan una pérdida de información que podría afectar la precisión y la integridad de los análisis posteriores. Por otro lado, sirven como indicadores de dónde existían problemas de calidad de datos en el conjunto de datos original, proporcionando valiosos conocimientos sobre problemas de recopilación o procesamiento de datos que pueden necesitar ser abordados en su origen.

Abordar estos valores faltantes es crucial para mantener la integridad de los datos y asegurar la robustez de los análisis estadísticos y los modelos de machine learning. Existen varias estrategias para manejar estos vacíos, incluyendo técnicas de imputación (como imputación por media, mediana o moda), modelos predictivos para estimar valores faltantes o el uso de algoritmos que puedan manejar datos faltantes directamente. La elección del método depende de la naturaleza de los datos, el grado de ausencia y los requisitos específicos del análisis o modelo que se esté utilizando.

Al gestionar cuidadosamente estos valores faltantes generados durante la corrección de anomalías, los científicos de datos pueden preservar la integridad de sus conjuntos de datos al tiempo que mejoran la calidad general de los datos. Este proceso no solo mejora la fiabilidad de los análisis posteriores, sino que también contribuye a una comprensión más completa de las características y limitaciones del conjunto de datos.

Ejemplo: Rellenar Valores Faltantes Después de la Corrección de Anomalías

Supongamos que durante la corrección de anomalías se generaron algunos valores faltantes en la columna **OrderDate**. Podemos usar los métodos de **forward fill** o **backward fill** para manejar estos valores.

```
import pandas as pd
import matplotlib.pyplot as plt
import seaborn as sns

# Sample data with missing values
data = {
    'OrderDate': ['2022-01-15', pd.NaT, '2022-02-05', pd.NaT, '2022-03-10', pd.NaT,
'2022-04-20'],
    'ProductID': ['A001', 'B002', 'C003', 'D004', 'E005', 'F006', 'G007'],
    'Quantity': [5, 3, pd.NA, 7, 2, 4, 6]
}
df = pd.DataFrame(data)

print("Original DataFrame:")
print(df)
print("\\nMissing values:")
print(df.isnull().sum())

# Fill missing dates using forward fill
df['OrderDate'] = df['OrderDate'].fillna(method='ffill')

# Fill missing quantities with median
df['Quantity'] = df['Quantity'].fillna(df['Quantity'].median())

print("\\nDataFrame after imputation:")
print(df)
```

```
print("\\nMissing values after imputation:")
print(df.isnull().sum())

# Visualize OrderDate distribution
plt.figure(figsize=(10, 6))
sns.histplot(pd.to_datetime(df['OrderDate']), kde=True)
plt.title('Distribution of Order Dates')
plt.xlabel('Order Date')
plt.ylabel('Count')
plt.xticks(rotation=45)
plt.tight_layout()
plt.show()

# Analyze imputed data
print("\\nSummary statistics:")
print(df.describe())

print("\\nCorrelation between Quantity and OrderDate:")
df['OrderDate'] = pd.to_datetime(df['OrderDate'])
correlation = df['Quantity'].corr(df['OrderDate'].astype(int) / 10**9)
print(correlation)
```

Este ejemplo de código muestra un enfoque completo para manejar valores faltantes y analizar datos imputados. Examinémoslo paso a paso:

- **Preparación de Datos**:
  - Importamos las bibliotecas necesarias: pandas para la manipulación de datos, y matplotlib y seaborn para la visualización.
  - Se crea un conjunto de datos de muestra con valores faltantes intencionados (usando pd.NaT para fechas y pd.NA para cantidades).
- **Inspección Inicial de Datos**:
  - Se imprime el DataFrame original para mostrar el estado inicial de los datos.
  - Contamos y mostramos el número de valores faltantes en cada columna.
- **Imputación**:
  - Las fechas faltantes se rellenan usando el método de forward fill (ffill).
  - Las cantidades faltantes se rellenan con el valor mediano de la columna Quantity.
- **Inspección Posterior a la Imputación**:
  - Se imprime nuevamente el DataFrame para mostrar el efecto de la imputación.

  - Volvemos a contar los valores faltantes para confirmar una imputación exitosa.

- **Visualización de Datos**:
  - Se crea un histograma para visualizar la distribución de las fechas de pedido después de la imputación.
  - Esto ayuda a entender el patrón temporal de los pedidos.

- **Análisis de Datos**:
  - Se calculan y muestran estadísticas descriptivas para todas las columnas.
  - Calculamos la correlación entre Quantity y OrderDate para verificar si existen patrones basados en el tiempo en las cantidades de pedido.

Este ejemplo completo muestra varias técnicas de imputación (forward fill para fechas y mediana para cantidades), además de incorporar visualización de datos y análisis. Ofrece una visión holística del proceso de limpieza y análisis de datos, demostrando cómo manejar valores faltantes, visualizar resultados y extraer información de los datos imputados.

8.2.6 Puntos Clave y Consideraciones Avanzadas

- **Anomalías en los datos**, como formatos inconsistentes, duplicados, inconsistencias categóricas y valores fuera de rango, pueden afectar significativamente la fiabilidad del análisis. Identificar estos problemas temprano es crucial para mantener la integridad de los datos.

- La **biblioteca Pandas** proporciona un conjunto robusto de herramientas para la corrección de anomalías. Además de funciones básicas como pd.to_datetime(), replace() y drop_duplicates(), considera técnicas avanzadas como expresiones regulares para manipulaciones complejas de cadenas y funciones personalizadas para la limpieza de datos específicos del dominio.

- **Estandarización de texto en datos categóricos** es esencial para una agregación y análisis precisos. Implementa algoritmos de coincidencia difusa o enfoques basados en machine learning para manejar variaciones complejas y errores ortográficos en los datos categóricos.

- **La corrección de valores fuera de rango** requiere un enfoque matizado. Aunque es común eliminar o limitar los valores atípicos, considera la naturaleza de tus datos. Algunos campos, como los precios de las acciones durante caídas del mercado, pueden tener valores extremos legítimos que no deben descartarse.

- **Manejo de valores faltantes** después de la corrección de anomalías es un paso crítico. Explora técnicas avanzadas de imputación, como imputación múltiple o modelos de machine learning (p.ej., imputación con KNN) para estimaciones más precisas de valores faltantes.

- **Proveniencia y versionado de datos** son aspectos a menudo pasados por alto en la limpieza de datos. Implementa un sistema para rastrear cambios realizados durante el proceso de limpieza, permitiendo reproducibilidad y auditoría.

Estas técnicas avanzadas de limpieza de datos no solo aseguran consistencia y fiabilidad en los datos, sino que también preservan la información detallada dentro de tu conjunto de datos. Al aplicar estos métodos de manera reflexiva, puedes mejorar significativamente la calidad de tus datos, lo que lleva a modelos más precisos y análisis más perspicaces. En la próxima sección, exploraremos enfoques sofisticados para manejar patrones complejos de datos faltantes, refinando aún más tu conjunto de datos para aplicaciones avanzadas de modelado predictivo y machine learning.

8.3 Ejercicios Prácticos para el Capítulo 8

Estos ejercicios te darán práctica práctica en la identificación y manejo de anomalías en los datos usando las técnicas cubiertas en este capítulo. Cada ejercicio aborda un aspecto diferente de la limpieza de datos, y se proporcionan soluciones con código cuando sea necesario.

Ejercicio 1: Estandarización de Formatos de Fecha

Te dan un conjunto de datos donde las fechas se representan en diferentes formatos. Tu tarea es:

1. Convertir todas las fechas al formato YYYY-MM-DD.
2. Identificar cualquier fecha inválida.

```
import pandas as pd

# Sample data with inconsistent date formats
data = {'OrderDate': ['2022-01-15', '01/20/2022', 'February 5, 2022', '2022/02/10',
'2022-31-12']}
df = pd.DataFrame(data)

# Solution: Convert all dates to a consistent format
df['OrderDate'] = pd.to_datetime(df['OrderDate'], errors='coerce')

# Identify invalid dates (converted to NaT)
invalid_dates = df[df['OrderDate'].isna()]

print("Dataset with standardized dates:")
print(df)
print("\\\\nInvalid dates:")
print(invalid_dates)
```

Ejercicio 2: Eliminación de Filas Duplicadas

Dado un conjunto de datos con entradas duplicadas, tu tarea es:

1. Identificar las filas duplicadas.
2. Eliminar los duplicados y conservar solo los registros únicos.

```
# Sample data with duplicate rows
data = {'CustomerID': [101, 102, 103, 101],
        'Name': ['Alice', 'Bob', 'Charlie', 'Alice'],
        'PurchaseAmount': [150, 200, 300, 150]}
df = pd.DataFrame(data)

# Solution: Identify duplicate rows
duplicates = df[df.duplicated()]
print("Duplicate rows:")
print(duplicates)

# Solution: Remove duplicate rows
df = df.drop_duplicates()

print("\\\\nDataset after removing duplicates:")
print(df)
```

Ejercicio 3: Estandarización de Texto en Datos Categóricos

Se te proporciona un conjunto de datos que contiene capitalización inconsistente en una columna categórica. Tu tarea es:

1. Estandarizar todas las entradas en la columna **Categoría** a minúsculas.

```
# Sample data with inconsistent text entries
data = {'Category': ['Electronics', 'electronics', 'ELECTronics', 'Furniture', 'furniture']}
df = pd.DataFrame(data)

# Solution: Standardize text to lowercase
df['Category'] = df['Category'].str.lower()

print("Dataset with standardized categories:")
print(df)
```

Ejercicio 4: Eliminación de Valores Fuera de Rango

Dado un conjunto de datos con una columna **Edad**, donde las edades válidas oscilan entre 0 y 120, tu tarea es:

1. Identificar cualquier valor en la columna **Edad** que esté fuera de este rango.
2. Eliminar las filas con valores fuera de rango.

```
# Sample data with an out-of-range value
data = {'Name': ['Alice', 'Bob', 'Charlie', 'Diana'],
        'Age': [25, 132, 30, -5]}
df = pd.DataFrame(data)

# Solution: Identify out-of-range values
out_of_range = df[(df['Age'] < 0) | (df['Age'] > 120)]
print("Out-of-range values:")
print(out_of_range)

# Solution: Remove out-of-range values
df = df[(df['Age'] >= 0) & (df['Age'] <= 120)]

print("\\\\nDataset after removing out-of-range values:")
print(df)
```

Ejercicio 5: Imputación de Valores Faltantes Después de la Corrección de Anomalías

Tienes un conjunto de datos en el que faltan algunas fechas después de corregir anomalías en la columna **FechaPedido**. Tu tarea es:

Rellenar las fechas faltantes hacia adelante (forward-fill) para mantener la continuidad en los datos.

```
# Sample data with missing values
data = {'OrderDate': ['2022-01-15', pd.NaT, '2022-02-05', pd.NaT]}
df = pd.DataFrame(data)

# Solution: Fill missing dates using forward fill
df['OrderDate'] = df['OrderDate'].fillna(method='ffill')

print("Dataset after forward-filling missing dates:")
print(df)
```

Estas actividades abarcan técnicas esenciales de limpieza de datos usando Pandas, permitiéndote manejar formatos inconsistentes, duplicados, inconsistencias categóricas, valores fuera de rango y valores faltantes. Al dominar estas técnicas, podrás preparar conjuntos de datos de alta calidad para el análisis y la modelización.

8.4 ¿Qué podría salir mal?

La limpieza de datos es un paso vital, pero sin una consideración cuidadosa, es fácil introducir errores o perder información valiosa. Aquí discutiremos algunos posibles errores al tratar con **valores atípicos, anomalías de datos e inconsistencias** y ofreceremos consejos para manejar estos desafíos de manera efectiva.

8.4.1 Eliminar verdaderos valores atípicos como si fueran errores

Al identificar y eliminar valores atípicos, es posible descartar erróneamente puntos de datos válidos que realmente representan casos inusuales pero importantes. Por ejemplo, en un conjunto de datos de salud de pacientes, un valor atípico podría representar una condición médica rara en lugar de un error.

¿Qué podría salir mal?

- Eliminar verdaderos valores atípicos puede sesgar los resultados, especialmente en campos donde los valores extremos son comunes o significativos (por ejemplo, datos financieros, registros médicos).
- Sin estos puntos, el modelo podría subrepresentar un segmento específico de los datos, llevando a predicciones menos precisas.

Solución:

- Evalúa cuidadosamente si un valor atípico es una verdadera anomalía o un punto de datos valioso antes de eliminarlo. El contexto y el conocimiento del dominio son cruciales en estos casos.
- Utiliza técnicas como la **Winsorización** (limitar valores extremos) en lugar de la eliminación directa cuando los datos incluyen valores extremos significativos.

8.4.2 Sobrestandarizar datos categóricos

Al estandarizar texto en datos categóricos (por ejemplo, convirtiendo todo a minúsculas), corremos el riesgo de perder distinciones valiosas que son sutiles pero significativas. Por ejemplo, "Electrónica" y "partes electrónicas" pueden ser categorías diferentes en un conjunto de datos de ventas.

¿Qué podría salir mal?

- Fusionar categorías distintas puede reducir la capacidad del modelo para capturar matices en los datos, disminuyendo potencialmente la precisión.
- La sobrestandarización también podría oscurecer patrones importantes en categorías jerárquicas (por ejemplo, roles "Junior" vs. "Senior").

Solución:

- Revisa cuidadosamente los datos categóricos antes de estandarizar. Aplica transformaciones solo a categorías que realmente representen el mismo elemento.
- Considera mapear categorías similares en lugar de una estandarización general, o usa una jerarquía de categorías cuando sea aplicable.

8.4.3 Interpretar incorrectamente registros duplicados

Los registros duplicados a veces pueden ser genuinos (por ejemplo, clientes recurrentes o transacciones repetidas), por lo que eliminarlos sin validación puede resultar en una pérdida de datos.

¿Qué podría salir mal?

- Eliminar duplicados genuinos puede distorsionar los datos, especialmente al analizar el comportamiento del cliente o patrones de transacciones.
- Interpretar incorrectamente duplicados como errores puede llevar a subestimar métricas críticas, como las ventas totales o clientes recurrentes.

Solución:

- Revisa los duplicados cuidadosamente comparando variables adicionales (por ejemplo, fecha, hora, ubicación) para distinguir duplicados verdaderos de entradas repetidas.
- Ten cuidado al eliminar duplicados en conjuntos de datos que puedan contener entradas recurrentes válidas y reténlos si añaden valor al análisis.

8.4.4 Introducir sesgo al eliminar valores fuera de rango

Eliminar valores fuera de rango a veces puede llevar a resultados sesgados, especialmente si estos valores representan casos únicos o escenarios límite. Por ejemplo, en un conjunto de datos de encuestas, edades extremadamente altas o bajas podrían representar valores atípicos clave que vale la pena analizar por separado.

¿Qué podría salir mal?

- Eliminar valores válidos fuera de rango puede limitar la generalización de un modelo, particularmente si necesita tener en cuenta un espectro amplio de casos.
- La ausencia de casos únicos puede reducir la diversidad de los datos y, en consecuencia, la robustez del análisis.

Solución:

- Usa diferentes umbrales para la eliminación basados en el contexto. En algunos casos, puede ser mejor marcar los valores atípicos en lugar de eliminarlos.
- Retén y analiza casos inusuales por separado cuando proporcionen ideas significativas en lugar de tratarlos como anomalías.

8.4.5 Introducir errores mediante la estandarización automatizada

Estandarizar formatos de datos (por ejemplo, fechas, moneda) a veces puede llevar a modificaciones no deseadas, especialmente si se hacen suposiciones incorrectas. Por ejemplo, tratar todas las fechas como MM/DD/AAAA podría resultar en una mala interpretación si algunas entradas usan DD/MM/AAAA.

¿Qué podría salir mal?

- La interpretación incorrecta de fechas puede llevar a análisis erróneos, ya que los puntos de datos se desplazan o se clasifican incorrectamente.
- Interpretar incorrectamente datos numéricos (por ejemplo, tratando "€1,000" y "$1,000" como equivalentes) puede llevar a imprecisiones en cálculos agregados.

Solución:

- Inspecciona y comprende los formatos de datos de origen antes de aplicar transformaciones automáticas.
- Define y aplica reglas consistentes de formato de datos durante la entrada de datos para minimizar las inconsistencias.

8.4.6 Crear datos incompletos mediante la imputación de valores faltantes

Al imputar valores faltantes, particularmente después de la corrección de anomalías, es posible introducir sesgos. Por ejemplo, rellenar fechas faltantes hacia adelante puede llevar a resultados inexactos si los datos fluctúan naturalmente (por ejemplo, demanda estacional en ventas minoristas).

¿Qué podría salir mal?

- Rellenar hacia adelante o hacia atrás puede crear tendencias o correlaciones artificiales, sesgando el aprendizaje del modelo.
- Imputar valores sin considerar la estacionalidad o tendencias puede reducir la precisión en modelos predictivos.

Solución:

- Usa métodos de imputación que tengan en cuenta la naturaleza de los datos, como la interpolación basada en el tiempo o valores promedio estacionales para datos temporales.
- Considera dejar los valores como faltantes si no pueden ser imputados de manera significativa, permitiendo que el modelo los maneje con técnicas como los enfoques basados en árboles.

Conclusión

La limpieza de datos puede mejorar enormemente la calidad del conjunto de datos, pero la aplicación cuidadosa es clave. Al prestar atención a la naturaleza de cada anomalía y elegir métodos de corrección con precaución, puedes asegurar que tus datos sean tanto limpios como significativos. Ya sea tratando con valores atípicos, duplicados o inconsistencias, equilibrar la automatización con la intuición humana es esencial para prevenir la pérdida de datos o el sesgo en el modelo.

Resumen del Capítulo 8

En este capítulo, exploramos técnicas avanzadas de limpieza de datos esenciales para preparar conjuntos de datos que sean precisos, consistentes y confiables para el análisis y la modelización. Estas técnicas se construyen sobre métodos básicos de limpieza, abordando anomalías de datos complejas que, si no se resuelven, podrían afectar gravemente la precisión del modelo. Al abordar problemas como valores atípicos, formatos inconsistentes, registros duplicados y anomalías en datos categóricos, buscamos optimizar la calidad de los datos y minimizar errores en procesos posteriores.

Comenzamos con un análisis profundo de **valores atípicos y extremos**. Los valores atípicos pueden originarse en diversas fuentes, incluidas fallas de entrada de datos, problemas de medición o variabilidad natural. Aunque eliminar valores atípicos a veces puede mejorar la precisión del modelo, es crucial distinguir entre verdaderas anomalías y casos extremos valiosos, ya que eliminar valores atípicos genuinos puede llevar a ideas sesgadas. Técnicas como **métodos de Z-score** y **rango intercuartílico (IQR)** son efectivas para detectar valores atípicos, mientras que métodos como **winsorización**, transformaciones o imputación selectiva ayudan a mitigar su influencia en los datos sin eliminarlos por completo.

Luego, examinamos los **formatos de datos inconsistentes**, un problema común en conjuntos de datos provenientes de múltiples fuentes. Formatos de fecha y moneda, por ejemplo, pueden variar, creando desafíos tanto para el análisis como para la modelización. Utilizamos funciones de Pandas como pd.to_datetime() para estandarizar formatos de fecha, mientras que expresiones regulares facilitaron la eliminación de símbolos o caracteres no deseados en datos numéricos. Esto asegura que los datos mantengan una estructura uniforme en todas las entradas, reduciendo el riesgo de análisis erróneos.

Los duplicados fueron otro tema central. Las filas duplicadas pueden surgir de la entrada de datos repetida o de procesos de fusión de datos, llevando a redundancias e inflando métricas como conteos totales o promedios. Aunque eliminar duplicados puede simplificar los conjuntos de datos, es esencial verificar si los duplicados son verdaderos errores o registros repetidos válidos, especialmente en datos transaccionales o de clientes.

Las **anomalías en datos categóricos** presentan un conjunto diferente de desafíos, a menudo apareciendo como variaciones en la ortografía o capitalización. Estandarizar estas entradas es clave para mejorar la consistencia de los datos, particularmente para análisis que involucran agregación o clasificación. Usando str.lower() y funciones de mapeo, aseguramos que categorías similares se traten como una sola, reduciendo la fragmentación de información en el análisis de datos.

Finalmente, exploramos el impacto de los **valores fuera de rango**. Valores fuera de los rangos esperados (por ejemplo, edades mayores a 120) pueden sesgar los resultados o afectar la precisión del modelo. Al identificar y eliminar o imputar selectivamente estos valores, preservamos la integridad de los datos. También abordamos la imputación de valores faltantes que pueden surgir de la limpieza de datos, destacando la importancia de elegir métodos de imputación apropiados para evitar inflar artificialmente las tendencias o crear correlaciones.

En resumen, las técnicas avanzadas de limpieza de datos son fundamentales para producir conjuntos de datos que sean no solo precisos sino también reveladores. Al comprender y corregir cuidadosamente problemas complejos de datos, construimos una base sólida para una modelización precisa y un análisis significativo. A medida que la complejidad de los datos aumenta, las habilidades desarrolladas en este capítulo nos capacitan para manejar desafíos de datos diversos, asegurando que nuestros análisis sean robustos, confiables y fieles al contexto original de los datos. Este compromiso con la integridad de los datos es fundamental mientras avanzamos para abordar más pasos en el flujo de preprocesamiento de datos.

Capítulo 9: Datos de Series Temporales: Consideraciones Especiales

Trabajar con datos de series temporales presenta desafíos y requisitos únicos que los diferencian de los conjuntos de datos estáticos. Los datos de series temporales se caracterizan por su orden temporal, donde cada observación está intrínsecamente vinculada al momento en que fue registrada. Esta dependencia temporal introduce complejidades que requieren enfoques analíticos especializados. Ya sea que estés pronosticando tendencias de ventas, prediciendo fluctuaciones en los precios de las acciones o analizando patrones climáticos complejos, una comprensión profunda de los datos de series temporales es crucial para modelar e interpretar con precisión los patrones, tendencias y estacionalidades subyacentes en los datos.

El análisis de series temporales nos permite descubrir conocimientos ocultos y hacer predicciones fundamentadas aprovechando la naturaleza temporal de los datos. Nos permite capturar no solo el estado actual de un sistema, sino también cómo evoluciona con el tiempo. Esta dimensión temporal agrega una capa de complejidad a nuestro análisis, pero también proporciona información valiosa sobre la dinámica del sistema que estamos estudiando.

Este capítulo profundizará en las consideraciones y técnicas específicas esenciales para manejar los datos de series temporales de manera efectiva. Comenzaremos explorando el rol crítico de las **características de fecha y hora**, discutiendo técnicas avanzadas para manejar información temporal. Esto incluye métodos para extraer características significativas de las marcas de tiempo, lidiar con diferentes escalas de tiempo y abordar desafíos como intervalos de muestreo irregulares o puntos de datos faltantes.

A continuación, profundizaremos en métodos sofisticados para **descomponer los datos de series temporales**. Este paso crucial nos permite desglosar una serie temporal compleja en sus componentes: tendencias, que representan la progresión a largo plazo; estacionalidad, que captura patrones cíclicos; y residuos, que representan las fluctuaciones aleatorias en los datos. Comprender estos componentes es clave para construir modelos predictivos precisos y obtener conocimientos sobre los impulsores subyacentes de los patrones observados.

Finalmente, abordaremos el concepto de **estacionariedad** y su profunda importancia para el modelado predictivo en el análisis de series temporales. Exploraremos por qué la estacionariedad es un supuesto crucial para muchos modelos de series temporales y discutiremos varias pruebas para determinar si una serie es estacionaria. Además, profundizaremos en técnicas avanzadas para transformar datos no estacionarios en una forma estacionaria, como diferenciación, eliminación de tendencias y enfoques más sofisticados como la transformación de Box-Cox. Al dominar estos conceptos y técnicas, estarás bien equipado para manejar una amplia gama de desafíos de series temporales y extraer información significativa de los datos temporales.

9.1 Trabajando con Características de Fecha/Hora

Cuando trabajamos con datos de series temporales, los elementos de fecha y hora sirven como el eje central para entender y predecir patrones temporales. Las **características de fecha y hora** no son solo identificadores simples; son fuentes ricas de información que pueden revelar tendencias complejas, estacionalidades y patrones cíclicos dentro de los datos. Estas características proporcionan un contexto temporal crucial para una interpretación y pronóstico precisos.

El poder de las características de fecha y hora radica en su capacidad para capturar relaciones temporales tanto obvias como sutiles. Por ejemplo, pueden revelar ciclos anuales en los datos de ventas, fluctuaciones mensuales en la temperatura o incluso patrones horarios en el tráfico de sitios web. Al extraer y utilizar adecuadamente estas características, los analistas pueden descubrir periodicidades ocultas y tendencias a largo plazo que de otro modo podrían pasar desapercibidas.

Además, aprovechar las características de fecha y hora de manera efectiva puede conducir a mejoras significativas en la precisión del modelo. Al incorporar estos conocimientos temporales, los modelos pueden aprender a reconocer y predecir patrones que están intrínsecamente ligados a períodos específicos. Esto puede ser especialmente valioso en campos como las finanzas, donde los comportamientos del mercado a menudo siguen patrones temporales complejos, o en el pronóstico del consumo de energía, donde los patrones de uso varían considerablemente dependiendo de la hora del día, el día de la semana o la temporada del año.

El proceso de trabajar con características de fecha y hora implica más que simplemente incluirlas en un conjunto de datos. Requiere una consideración cuidadosa de cómo representar y codificar estas características para maximizar su valor informativo. Esto puede implicar técnicas como la codificación cíclica para características como días de la semana o meses, o la creación de características de retraso para capturar efectos de tiempo diferido. Al diseñar estas características de manera reflexiva, los analistas pueden dotar a sus modelos de una comprensión matizada del tiempo, lo que permite predicciones más sofisticadas y precisas.

9.1.1 Características Comunes de Fecha/Hora y Su Importancia

Las características de fecha y hora juegan un papel crucial en el análisis de series temporales, proporcionando información valiosa sobre patrones temporales. Exploremos algunas características clave y su importancia:

- **Año, Mes, Día**: Estos componentes básicos son fundamentales para capturar tendencias a largo plazo y variaciones estacionales. Por ejemplo, los negocios minoristas suelen experimentar ciclos de ventas anuales, con picos durante las temporadas de vacaciones. De manera similar, los datos de temperatura muestran típicamente fluctuaciones mensuales, permitiéndonos rastrear patrones climáticos con el tiempo.
- **Día de la Semana**: Esta característica es particularmente útil para identificar ritmos semanales en los datos. Muchas industrias, como restaurantes o lugares de entretenimiento, ven diferencias significativas entre las actividades de entre semana y de fin de semana. Al incorporar esta característica, los modelos pueden aprender a anticipar estas fluctuaciones regulares.
- **Trimestre**: Los datos trimestrales son especialmente relevantes en contextos financieros. Muchas empresas reportan ganancias y establecen metas en una base trimestral, lo que hace que esta característica sea invaluable para analizar tendencias fiscales y realizar predicciones económicas.
- **Hora y Minuto**: Para datos de alta frecuencia, estos componentes de tiempo granulares son esenciales. Pueden revelar patrones intrincados en el consumo de energía, donde el uso puede aumentar durante ciertas horas del día, o en el flujo de tráfico, donde los patrones de horas pico se vuelven evidentes.
- **Días Festivos y Eventos Especiales**: Aunque no se mencionó en la lista original, estos pueden ser características cruciales. Muchas empresas ven cambios significativos en la actividad durante días festivos o eventos especiales, lo que puede impactar en gran medida las predicciones de series temporales.

Al aprovechar estas características temporales, podemos construir modelos que no solo reconocen patrones recurrentes y estacionalidades, sino que también se adaptan a las características únicas de diferentes escalas de tiempo. Este enfoque integral permite predicciones más matizadas y precisas, capturando tanto los trazos generales de las tendencias a largo plazo como los detalles de las fluctuaciones a corto plazo. Comprender y utilizar adecuadamente estas características es clave para desbloquear el potencial completo del análisis de series temporales en diversos dominios, desde finanzas y ventas minoristas hasta gestión de energía y planificación urbana.

9.1.2 Extrayendo Características de Fecha/Hora en Python

Pandas proporciona una interfaz poderosa e intuitiva para manejar características de fecha y hora en datos de series temporales. La funcionalidad Datetime de la biblioteca ofrece un conjunto completo de herramientas que simplifican la tarea, a menudo compleja, de trabajar con datos temporales. Con Pandas, podemos analizar fechas desde varios formatos, extraer componentes temporales específicos y transformar columnas de fechas en representaciones más amigables para el análisis.

Las capacidades de análisis de Pandas nos permiten convertir representaciones de fechas en cadena a objetos datetime, infiriendo automáticamente el formato en muchos casos. Esto es particularmente útil cuando se trabaja con conjuntos de datos que contienen fechas en formatos inconsistentes o no estándar. Una vez analizadas, podemos extraer fácilmente una amplia gama de características temporales, como año, mes, día, hora, minuto, segundo, día de la semana, trimestre e incluso períodos fiscales.

Además, Pandas nos permite realizar aritmética de fechas sofisticada, facilitando el cálculo de diferencias de tiempo, la adición o sustracción de períodos de tiempo o el remuestreo de datos a diferentes frecuencias de tiempo. Esta flexibilidad es crucial al preparar datos de series temporales para análisis o modelado, ya que nos permite alinear puntos de datos, crear características de retraso o agregar datos en ventanas de tiempo personalizadas.

Al aprovechar la funcionalidad de fecha y hora de Pandas, podemos transformar datos temporales sin procesar en un conjunto rico de características que capturan los patrones subyacentes y la estacionalidad en nuestras series temporales. Este paso de preprocesamiento es a menudo crítico para desarrollar modelos de pronóstico precisos o realizar un análisis significativo de series temporales en diversos dominios, desde finanzas y economía hasta estudios ambientales y más allá.

Ejemplo: Extrayendo Características Básicas de Fecha/Hora

Comencemos con un conjunto de datos que incluye una columna de **Fecha**. Demostraremos cómo analizar fechas y extraer características como **Año**, **Mes**, **Día de la Semana** y **Trimestre**.

```
import pandas as pd

# Sample data with dates
data = {'Date': ['2022-01-15', '2022-02-10', '2022-03-20', '2022-04-15', '2022-05-
25']}
df = pd.DataFrame(data)

# Convert Date column to datetime format
df['Date'] = pd.to_datetime(df['Date'])

# Extract date/time features
df['Year'] = df['Date'].dt.year
df['Month'] = df['Date'].dt.month
df['Day'] = df['Date'].dt.day
```

```
df['DayOfWeek'] = df['Date'].dt.dayofweek
df['Quarter'] = df['Date'].dt.quarter

print(df)
```

Este código demuestra cómo extraer características de fecha y hora de un conjunto de datos utilizando pandas en Python. A continuación se detalla qué hace el código:

- Primero, importa la biblioteca pandas, esencial para la manipulación de datos en Python.
- Crea un conjunto de datos de muestra con una columna 'Date' que contiene cinco cadenas de fechas.
- Luego, los datos se convierten en un DataFrame de pandas.
- La columna 'Date' se convierte del formato de cadena a formato datetime usando pd.to_datetime(). Este paso es crucial para realizar operaciones basadas en fechas.
- El código luego extrae varias características de fecha/hora de la columna 'Date':
    - **Year**: Extrae el año de cada fecha.
    - **Month**: Extrae el mes (1-12).
    - **Day**: Extrae el día del mes.
    - **DayOfWeek**: Extrae el día de la semana (0-6, donde 0 es lunes).
    - **Quarter**: Extrae el trimestre del año (1-4).
- Finalmente, imprime el DataFrame resultante, que ahora incluye estas nuevas características de fecha/hora junto con la columna original 'Date'.

Este código es particularmente útil para el análisis de series temporales, ya que permite capturar diversos aspectos temporales de los datos, los cuales se pueden utilizar para identificar patrones, estacionalidad o tendencias en el conjunto de datos.

Exploremos un ejemplo más completo.

```
import pandas as pd
import numpy as np
import matplotlib.pyplot as plt

# Sample data with dates and sales
data = {
    'Date': ['2022-01-15', '2022-02-10', '2022-03-20', '2022-04-15', '2022-05-25',
             '2022-06-30', '2022-07-05', '2022-08-12', '2022-09-18', '2022-10-22'],
    'Sales': [1000, 1200, 1500, 1300, 1800, 2000, 1900, 2200, 2100, 2300]
}
df = pd.DataFrame(data)
```

```
# Convert Date column to datetime format
df['Date'] = pd.to_datetime(df['Date'])

# Extract basic date/time features
df['Year'] = df['Date'].dt.year
df['Month'] = df['Date'].dt.month
df['Day'] = df['Date'].dt.day
df['DayOfWeek'] = df['Date'].dt.dayofweek
df['Quarter'] = df['Date'].dt.quarter

# Extract additional features
df['WeekOfYear'] = df['Date'].dt.isocalendar().week
df['DayOfYear'] = df['Date'].dt.dayofyear
df['IsWeekend'] = df['DayOfWeek'].isin([5, 6]).astype(int)

# Create cyclical features for Month and DayOfWeek
df['Month_sin'] = np.sin(2 * np.pi * df['Month'] / 12)
df['Month_cos'] = np.cos(2 * np.pi * df['Month'] / 12)
df['DayOfWeek_sin'] = np.sin(2 * np.pi * df['DayOfWeek'] / 7)
df['DayOfWeek_cos'] = np.cos(2 * np.pi * df['DayOfWeek'] / 7)

# Create lag features
df['Sales_Lag1'] = df['Sales'].shift(1)
df['Sales_Lag7'] = df['Sales'].shift(7)

# Calculate rolling mean
df['Sales_RollingMean7'] = df['Sales'].rolling(window=7, min_periods=1).mean()

# Print the resulting dataframe
print(df)

# Visualize sales over time
plt.figure(figsize=(12, 6))
plt.plot(df['Date'], df['Sales'])
plt.title('Sales Over Time')
plt.xlabel('Date')
plt.ylabel('Sales')
plt.xticks(rotation=45)
plt.tight_layout()
plt.show()

# Visualize cyclical features
fig, (ax1, ax2) = plt.subplots(1, 2, figsize=(12, 5))
ax1.scatter(df['Month_sin'], df['Month_cos'])
ax1.set_title('Cyclical Encoding of Month')
ax1.set_xlabel('Sin(Month)')
ax1.set_ylabel('Cos(Month)')
ax2.scatter(df['DayOfWeek_sin'], df['DayOfWeek_cos'])
ax2.set_title('Cyclical Encoding of Day of Week')
ax2.set_xlabel('Sin(DayOfWeek)')
ax2.set_ylabel('Cos(DayOfWeek)')
```

```
plt.tight_layout()
plt.show()
```

Explicación del desglose del código:

1. **Preparación de datos**:
   - Comenzamos importando las bibliotecas necesarias: pandas para manipulación de datos, numpy para operaciones numéricas y matplotlib para visualización.
   - Se crea un conjunto de datos de muestra con fechas y cifras de ventas correspondientes.
   - La columna 'Date' se convierte a formato datetime usando pd.to_datetime().
2. **Extracción básica de características**:
   - Extraemos características fundamentales de fecha/hora:
     - Año, Mes, Día: Componentes básicos de la fecha.
     - Día de la semana: Útil para captar patrones semanales (0 = lunes, 6 = domingo).
     - Trimestre: Para tendencias trimestrales, comúnmente utilizadas en análisis financieros.
3. **Extracción avanzada de características**:
   - Semana del año: Captura patrones cíclicos anuales.
   - Día del año: Útil para identificar efectos estacionales anuales.
   - EsFinDeSemana: Característica binaria para diferenciar entre días de semana y fines de semana.
4. **Codificación de características cíclicas**:
   - El mes y el día de la semana se codifican usando funciones seno y coseno.
   - Esto conserva la naturaleza cíclica de estas características, asegurando que, por ejemplo, diciembre (12) esté cerca de enero (1) en el espacio cíclico.
5. **Características de retraso (Lag)**:
   - Ventas_Lag1: Ventas del día anterior.
   - Ventas_Lag7: Ventas de hace una semana.
   - Estas características ayudan a capturar tendencias a corto plazo y semanales.

6. **Estadísticas móviles**:
   - Media móvil de ventas de 7 días: Suaviza las fluctuaciones a corto plazo y destaca tendencias a largo plazo.
7. **Visualización**:
   - Se crea un gráfico de series temporales de las ventas a lo largo del tiempo para visualizar las tendencias generales.
   - Se generan gráficos de dispersión de las características de mes y día de la semana codificadas cíclicamente para ilustrar cómo se representan estas características circulares en el espacio 2D.

Este ejemplo ampliado demuestra un enfoque más completo para la ingeniería de características en datos de series temporales. Incluye características temporales básicas, codificación cíclica avanzada, características de retraso y estadísticas móviles. Las visualizaciones ayudan a comprender la distribución de los datos y la efectividad de la codificación cíclica. Este conjunto enriquecido de características puede mejorar significativamente el rendimiento de los modelos de pronóstico de series temporales al capturar varios patrones y dependencias temporales en los datos.

9.1.3 Uso de características de fecha y hora en el modelo

Al incorporar características de fecha y hora en el modelo, es crucial seleccionar cuidadosamente aquellas que realmente mejoren su capacidad predictiva. La relevancia de estas características puede variar considerablemente según la naturaleza de los datos y el problema a resolver. Por ejemplo:

- **Día de la semana** es particularmente valioso en conjuntos de datos de venta minorista, donde el comportamiento del consumidor sigue patrones distintos a lo largo de la semana. Esta característica puede ayudar a capturar la diferencia entre las ventas de días de semana y de fin de semana, o incluso patrones más sutiles como caídas a mitad de semana o picos al final de la semana.
- **Mes** es excelente para captar ciclos estacionales que ocurren anualmente. Esto podría ser útil en diversos dominios como el comercio minorista (temporadas de compras), el turismo (meses pico de viajes) o la agricultura (ciclos de cultivo).
- **Año** es fundamental para captar tendencias a largo plazo, lo cual es especialmente importante en conjuntos de datos que abarcan varios años. Esta característica puede ayudar a que los modelos tengan en cuenta cambios graduales en la distribución de datos subyacente, como el crecimiento o la disminución del mercado.

No obstante, la utilidad de estas características no se limita solo a estos ejemplos. **La hora del día** podría ser crucial para modelar el consumo de energía o los patrones de tráfico. **Trimestre** podría ser más adecuado que el mes para ciertas métricas comerciales que operan en un ciclo trimestral. **Semana del año** podría capturar patrones que se repiten anualmente pero no se alinean perfectamente con los meses del calendario.

También vale la pena considerar características derivadas. En lugar de componentes de fecha en bruto, se podrían crear indicadores booleanos como "Es_Feriado" o "Es_DíaDePago", o calcular el número de días desde un evento significativo. La clave es reflexionar sobre qué patrones temporales podrían existir en los datos y experimentar con diferentes combinaciones de características para encontrar la que mejor se adapte al caso de uso específico.

Ejemplo: Adición de características de fecha y hora a un modelo de pronóstico de ventas

Apliquemos nuestras características de fecha a un conjunto de datos de pronóstico de ventas.

```
import pandas as pd
import numpy as np
import matplotlib.pyplot as plt

# Sample sales data with dates
sales_data = {
    'Date': ['2022-01-15', '2022-02-10', '2022-03-20', '2022-04-15', '2022-05-25',
             '2022-06-30', '2022-07-05', '2022-08-12', '2022-09-18', '2022-10-22'],
    'Sales': [200, 220, 250, 210, 230, 280, 260, 300, 290, 310]
}
df_sales = pd.DataFrame(sales_data)

# Convert Date to datetime and extract date/time features
df_sales['Date'] = pd.to_datetime(df_sales['Date'])
df_sales['Year'] = df_sales['Date'].dt.year
df_sales['Month'] = df_sales['Date'].dt.month
df_sales['Day'] = df_sales['Date'].dt.day
df_sales['DayOfWeek'] = df_sales['Date'].dt.dayofweek
df_sales['Quarter'] = df_sales['Date'].dt.quarter
df_sales['WeekOfYear'] = df_sales['Date'].dt.isocalendar().week
df_sales['DayOfYear'] = df_sales['Date'].dt.dayofyear
df_sales['IsWeekend'] = df_sales['DayOfWeek'].isin([5, 6]).astype(int)

# Create cyclical features for Month and DayOfWeek
df_sales['Month_sin'] = np.sin(2 * np.pi * df_sales['Month'] / 12)
df_sales['Month_cos'] = np.cos(2 * np.pi * df_sales['Month'] / 12)
df_sales['DayOfWeek_sin'] = np.sin(2 * np.pi * df_sales['DayOfWeek'] / 7)
df_sales['DayOfWeek_cos'] = np.cos(2 * np.pi * df_sales['DayOfWeek'] / 7)

# Create lag features
df_sales['Sales_Lag1'] = df_sales['Sales'].shift(1)
df_sales['Sales_Lag7'] = df_sales['Sales'].shift(7)

# Calculate rolling statistics
df_sales['Sales_RollingMean7']          =          df_sales['Sales'].rolling(window=7,
min_periods=1).mean()
df_sales['Sales_RollingStd7']           =          df_sales['Sales'].rolling(window=7,
min_periods=1).std()
```

```
# View dataset with extracted features
print(df_sales)

# Visualize sales over time
plt.figure(figsize=(12, 6))
plt.plot(df_sales['Date'], df_sales['Sales'])
plt.title('Sales Over Time')
plt.xlabel('Date')
plt.ylabel('Sales')
plt.xticks(rotation=45)
plt.tight_layout()
plt.show()

# Visualize cyclical features
fig, (ax1, ax2) = plt.subplots(1, 2, figsize=(12, 5))
ax1.scatter(df_sales['Month_sin'], df_sales['Month_cos'])
ax1.set_title('Cyclical Encoding of Month')
ax1.set_xlabel('Sin(Month)')
ax1.set_ylabel('Cos(Month)')
ax2.scatter(df_sales['DayOfWeek_sin'], df_sales['DayOfWeek_cos'])
ax2.set_title('Cyclical Encoding of Day of Week')
ax2.set_xlabel('Sin(DayOfWeek)')
ax2.set_ylabel('Cos(DayOfWeek)')
plt.tight_layout()
plt.show()
```

Explicación completa del desglose:

1. **Preparación de datos**:
   - Importamos las bibliotecas necesarias: pandas para manipulación de datos, numpy para operaciones numéricas y matplotlib para visualización.
   - Se crea un conjunto de datos de muestra con fechas y cifras de ventas correspondientes, que abarcan de enero a octubre de 2022.
   - La columna 'Date' se convierte a formato datetime usando pd.to_datetime().
2. **Extracción básica de características**:
   - Año: Extraído para capturar tendencias a largo plazo entre años.
   - Mes: Para patrones de estacionalidad mensual.
   - Día: Día del mes, que podría ser relevante para efectos de fin de mes.
   - Día de la semana: Para capturar patrones semanales (0 = lunes, 6 = domingo).
   - Trimestre: Para tendencias trimestrales, comúnmente utilizadas en análisis financieros.

- Semana del año: Captura patrones cíclicos anuales que no se alinean con los meses del calendario.
- Día del año: Útil para identificar efectos estacionales anuales.
- EsFinDeSemana: Característica binaria para diferenciar entre días de semana y fines de semana.

3. **Codificación de características cíclicas**:
   - El mes y el día de la semana se codifican usando funciones seno y coseno.
   - Esto preserva la naturaleza cíclica de estas características, asegurando que, por ejemplo, diciembre (12) esté cerca de enero (1) en el espacio cíclico.
   - Las características resultantes (Mes_sin, Mes_cos, DiaSemana_sin, DiaSemana_cos) representan la naturaleza cíclica de meses y días de la semana de una forma que los modelos de machine learning pueden interpretar de manera más efectiva.
4. **Características de retraso (Lag)**:
   - Ventas_Lag1: Ventas del día anterior.
   - Ventas_Lag7: Ventas de hace una semana.
   - Estas características ayudan a capturar tendencias a corto plazo y semanales en los datos.
5. **Estadísticas móviles**:
   - Media móvil de ventas de 7 días: Suaviza las fluctuaciones a corto plazo y captura tendencias locales.
   - Desviación estándar móvil de ventas de 7 días: Captura la volatilidad local.
6. **Visualización**:
   - Se crea un gráfico de series temporales de las ventas a lo largo del tiempo para visualizar las tendencias generales.
   - Se generan gráficos de dispersión de las características de mes y día de la semana codificadas cíclicamente para ilustrar cómo se representan estas características circulares en el espacio 2D.

Este ejemplo muestra un enfoque integral para la ingeniería de características en datos de series temporales. Incluye características temporales básicas, codificación cíclica avanzada, características de retraso y estadísticas móviles. Las visualizaciones ayudan a comprender la distribución de los datos y demuestran la efectividad de la codificación cíclica. Este conjunto enriquecido de características puede mejorar significativamente el rendimiento de los modelos de pronóstico de series temporales al capturar varios patrones y dependencias temporales dentro de los datos.

9.1.4 Manejo de Características Cíclicas

Ciertas características de fecha/hora, como **día de la semana** o **mes del año**, exhiben una naturaleza cíclica, es decir, repiten un patrón predecible. Por ejemplo, los días de la semana se suceden de lunes a domingo, y después del domingo, el ciclo comienza de nuevo con el lunes. Esta propiedad cíclica es crucial en el análisis de series temporales, ya que puede revelar patrones recurrentes o estacionalidad en los datos.

Sin embargo, la mayoría de los algoritmos de machine learning no están diseñados de manera inherente para entender o interpretar esta naturaleza cíclica. Cuando estas características se codifican como valores numéricos simples (por ejemplo, lunes = 1, martes = 2, ..., domingo = 7), el algoritmo puede interpretar incorrectamente que el domingo (7) está más alejado del lunes (1) que del martes (2), lo cual no representa con precisión su relación cíclica.

Para abordar este problema, es esencial codificar las características cíclicas de una forma que preserve su naturaleza circular. Un enfoque popular y efectivo es la **Codificación Seno y Coseno**. Este método representa cada valor cíclico como un punto en un círculo, utilizando funciones seno y coseno para capturar la relación cíclica.

Así es como funciona la Codificación Seno y Coseno:

1. Cada valor en el ciclo se asigna a un ángulo en un círculo (de 0 a 2π radianes).
2. Se calculan el seno y el coseno de este ángulo, creando dos nuevas características.
3. Estas nuevas características preservan la naturaleza cíclica de la característica original.

Por ejemplo, en el caso de los meses:

- Enero (1) y diciembre (12) tendrán valores similares de seno y coseno, reflejando su proximidad en el ciclo anual.
- Junio (6) y julio (7) también tendrán valores similares, pero serán notablemente diferentes de enero y diciembre.

Este método de codificación permite que los modelos de machine learning comprendan y utilicen mejor la naturaleza cíclica de estas características, mejorando su capacidad para capturar patrones estacionales y hacer predicciones más precisas en el análisis de series temporales.

Ejemplo: Codificación de una Característica Cíclica

Vamos a codificar **Día de la Semana** usando seno y coseno para preservar su naturaleza cíclica.

```
import numpy as np
import pandas as pd
import matplotlib.pyplot as plt
```

```
# Create sample data
dates = pd.date_range(start='2023-01-01', end='2023-12-31', freq='D')
sales = np.random.randint(100, 1000, size=len(dates))
df_sales = pd.DataFrame({'Date': dates, 'Sales': sales})

# Extract day of week
df_sales['DayOfWeek'] = df_sales['Date'].dt.dayofweek

# Encode day of week using sine and cosine
df_sales['DayOfWeek_sin'] = np.sin(2 * np.pi * df_sales['DayOfWeek'] / 7)
df_sales['DayOfWeek_cos'] = np.cos(2 * np.pi * df_sales['DayOfWeek'] / 7)

# Encode month using sine and cosine
df_sales['Month'] = df_sales['Date'].dt.month
df_sales['Month_sin'] = np.sin(2 * np.pi * df_sales['Month'] / 12)
df_sales['Month_cos'] = np.cos(2 * np.pi * df_sales['Month'] / 12)

# View the dataframe with cyclically encoded features
print(df_sales[['Date', 'DayOfWeek', 'DayOfWeek_sin', 'DayOfWeek_cos', 'Month',
'Month_sin', 'Month_cos', 'Sales']].head())

# Visualize cyclical encoding
fig, (ax1, ax2) = plt.subplots(1, 2, figsize=(12, 5))

# Day of Week
ax1.scatter(df_sales['DayOfWeek_sin'], df_sales['DayOfWeek_cos'])
ax1.set_title('Cyclical Encoding of Day of Week')
ax1.set_xlabel('Sin(DayOfWeek)')
ax1.set_ylabel('Cos(DayOfWeek)')

# Month
ax2.scatter(df_sales['Month_sin'], df_sales['Month_cos'])
ax2.set_title('Cyclical Encoding of Month')
ax2.set_xlabel('Sin(Month)')
ax2.set_ylabel('Cos(Month)')

plt.tight_layout()
plt.show()

# Analyze sales by day of week
sales_by_day                                                              =
df_sales.groupby('DayOfWeek')['Sales'].mean().sort_values(ascending=False)
print("\\nAverage Sales by Day of Week:")
print(sales_by_day)

# Analyze sales by month
sales_by_month                                                            =
df_sales.groupby('Month')['Sales'].mean().sort_values(ascending=False)
print("\\nAverage Sales by Month:")
print(sales_by_month)
```

Explicación del desglose del código:

1. **Preparación de datos**:
   - Importamos las bibliotecas necesarias: numpy para operaciones numéricas, pandas para manipulación de datos y matplotlib para visualización.
   - Se crea un conjunto de datos de muestra con datos de ventas diarias para todo el año 2023 usando la función date_range de pandas y valores de ventas aleatorios.
2. **Extracción de características**:
   - **DayOfWeek** (Día de la Semana): Se extrae usando el atributo dt.dayofweek, que devuelve un valor de 0 (lunes) a 6 (domingo).
   - **Month** (Mes): Se extrae usando el atributo dt.month, que devuelve un valor de 1 (enero) a 12 (diciembre).
3. **Codificación de características cíclicas**:
   - Los valores de DayOfWeek y Month se codifican usando funciones seno y coseno.
   - La fórmula utilizada es: sin(2π * feature / max_value) y cos(2π * feature / max_value).
   - Para DayOfWeek, el max_value es 7 (7 días en una semana).
   - Para Month, el max_value es 12 (12 meses en un año).
   - Esta codificación preserva la naturaleza cíclica de estas características, asegurando que días y meses similares estén cerca en el espacio codificado.
4. **Visualización de datos**:
   - Se crean dos gráficos de dispersión para visualizar la codificación cíclica de DayOfWeek y Month.
   - Cada punto en estos gráficos representa un día/mes único, mostrando cómo se distribuyen en un patrón circular.
5. **Análisis de datos**:
   - Se calculan las ventas promedio para cada día de la semana y cada mes.
   - Este análisis ayuda a identificar qué días de la semana y qué meses tienden a tener ventas más altas o más bajas.

Este ejemplo ilustra cómo realizar una codificación cíclica, visualizarla y aplicarla en un análisis básico. Al representar las características temporales de manera más precisa en los modelos de machine learning, la codificación cíclica mejora su capacidad para capturar patrones estacionales en datos de series temporales.

9.1.5 Manejo de Zonas Horarias y Fechas Faltantes

Las zonas horarias y las fechas faltantes son factores críticos que requieren una consideración cuidadosa al trabajar con datos de series temporales, especialmente en un mundo globalizado y con grandes volúmenes de datos:

- **Zonas Horarias**: El desafío de las diferentes zonas horarias puede afectar significativamente la consistencia de los datos, particularmente cuando se trabaja con conjuntos de datos que abarcan múltiples regiones geográficas o contienen marcas de tiempo globales.
    - Pandas, una poderosa biblioteca de manipulación de datos en Python, ofrece soluciones robustas para manejar la complejidad de las zonas horarias. La función tz_localize() permite asignar una zona horaria específica a objetos de fecha y hora, mientras que tz_convert() facilita la conversión entre diferentes zonas horarias. Estas funciones son invaluables para mantener la precisión y consistencia en conjuntos de datos multi-regionales.
    - Por ejemplo, al analizar datos de mercados financieros de distintas bolsas de valores mundiales, el manejo adecuado de las zonas horarias garantiza que los eventos de trading estén correctamente alineados y sean comparables entre diferentes mercados.
- **Fechas Faltantes**: La presencia de fechas faltantes en una serie temporal puede plantear desafíos significativos, interrumpiendo la continuidad de los datos y afectando negativamente el rendimiento del modelo.
    - Para abordar este problema, se pueden emplear varios métodos de imputación, que van desde técnicas simples como el llenado hacia adelante o hacia atrás, hasta enfoques más sofisticados como la interpolación o el uso de algoritmos de machine learning para predecir valores faltantes.
    - La elección del método de imputación depende de la naturaleza de los datos y de los requisitos específicos del análisis. Por ejemplo, en los datos de ventas minoristas, el llenado hacia adelante puede ser adecuado para fines de semana cuando las tiendas están cerradas, mientras que métodos más complejos pueden ser necesarios para valores faltantes esporádicos en datos continuos de sensores.

Abordar estos factores es crucial para mantener la integridad y confiabilidad de los análisis de series temporales. El manejo adecuado de las zonas horarias asegura que las relaciones temporales se representen con precisión entre diferentes regiones, mientras que la gestión efectiva de fechas faltantes preserva la continuidad esencial para muchas técnicas de modelado de series temporales.

```
import pandas as pd
import numpy as np
import matplotlib.pyplot as plt

# Create sample data with missing dates
date_range = pd.date_range(start='2023-01-01', end='2023-12-31', freq='D')
sales = np.random.randint(100, 1000, size=len(date_range))
df_sales = pd.DataFrame({'Date': date_range, 'Sales': sales})

# Introduce missing dates
df_sales = df_sales.drop(df_sales.index[10:20])  # Remove 10 days of data
df_sales = df_sales.drop(df_sales.index[150:160])  # Remove another 10 days

# Print original dataframe
print("Original DataFrame:")
print(df_sales.head(15))
print("...")
print(df_sales.tail(15))

# Handling missing dates by reindexing the data
df_sales = df_sales.set_index('Date').asfreq('D')

# Fill missing values
df_sales['Sales'] = df_sales['Sales'].fillna(method='ffill')  # forward-fill

# Reset index to make 'Date' a column again
df_sales = df_sales.reset_index()

# Print updated dataframe
print("\\nUpdated DataFrame:")
print(df_sales.head(15))
print("...")
print(df_sales.tail(15))

# Visualize the data
plt.figure(figsize=(12, 6))
plt.plot(df_sales['Date'], df_sales['Sales'])
plt.title('Sales Data with Filled Missing Dates')
plt.xlabel('Date')
plt.ylabel('Sales')
plt.xticks(rotation=45)
plt.tight_layout()
plt.show()

# Basic statistics
print("\\nBasic Statistics:")
print(df_sales['Sales'].describe())
```

```
# Check for any remaining missing values
print("\\nRemaining Missing Values:")
print(df_sales.isnull().sum())
```

Explicación del desglose del código:

1. **Preparación de datos**:
   - Importamos las bibliotecas necesarias: pandas para manipulación de datos, numpy para operaciones numéricas y matplotlib para visualización.
   - Se crea un conjunto de datos de ejemplo con datos de ventas diarias para todo el año 2023 usando la función date_range de pandas y cifras de ventas aleatorias.
   - Introducimos fechas faltantes intencionalmente al eliminar dos rangos de 10 días cada uno del conjunto de datos.
2. **Manejo de fechas faltantes**:
   - Usamos set_index('Date').asfreq('D') para reindexar el DataFrame con un rango completo de fechas en frecuencia diaria ('D').
   - Esta operación introduce valores NaN para las ventas en las fechas que estaban previamente ausentes.
3. **Relleno de valores faltantes**:
   - Usamos fillna(method='ffill') para realizar un llenado hacia adelante de los valores de ventas faltantes.
   - Esto significa que cada valor faltante se completa con la última cifra de ventas conocida.
4. **Visualización de datos**:
   - Creamos un gráfico de líneas de los datos de ventas a lo largo del tiempo usando matplotlib.
   - Esta visualización ayuda a identificar cualquier brecha restante o patrones inusuales en los datos.
5. **Análisis de datos**:
   - Imprimimos estadísticas descriptivas básicas de los datos de ventas usando el método describe().
   - También verificamos si quedan valores faltantes en el conjunto de datos.

Este ejemplo muestra un enfoque exhaustivo para gestionar fechas faltantes en datos de series temporales. Abarca la creación de un conjunto de datos, la introducción deliberada de brechas, la gestión de esas fechas faltantes, la visualización de los resultados y la realización de un análisis estadístico básico. Este proceso integral asegura la continuidad de los datos, un factor crítico para muchas técnicas de análisis de series temporales.

9.1.6 Puntos clave y sus implicaciones

- **Características de fecha y hora** son fundamentales para la previsión de series temporales, permitiendo que los modelos distingan patrones complejos:
  - **Estacionalidad**: Patrones recurrentes asociados a períodos del calendario (ej., picos de ventas en vacaciones).
  - **Tendencias**: Movimientos direccionales a largo plazo en los datos.
  - **Ciclos**: Fluctuaciones no ligadas a períodos del calendario (ej., ciclos económicos).
- **Extracción de componentes de fecha y hora** mejora el rendimiento del modelo:
  - **Patrones a nivel de días**: Capturando ritmos semanales en los datos.
  - **Efectos de mes y trimestre**: Identificando tendencias estacionales más amplias.
  - **Comparaciones año a año**: Permiten el reconocimiento de patrones a largo plazo.
- **Codificación cíclica** preserva la naturaleza circular de ciertas características de tiempo:
  - **Día de la semana**: Asegura que el lunes y el domingo se reconozcan como días adyacentes.
  - **Mes del año**: Mantiene la naturaleza continua de los meses entre años.
  - **Precisión mejorada del modelo**: Ayuda a los algoritmos a comprender efectos circulares.
- **Manejo de fechas faltantes y zonas horarias** es crucial para la integridad de los datos:
  - **Consistencia de datos globales**: Alineación de puntos de datos de diferentes regiones.
  - **Gestión de datos de alta frecuencia**: Asegura precisión en marcas de tiempo a nivel de milisegundos.

- **Estrategias de imputación**: Selección de métodos adecuados para rellenar huecos sin introducir sesgos.

Al dominar estos conceptos, los científicos de datos pueden construir modelos de series temporales más robustos y precisos, logrando mejores predicciones y una comprensión más profunda en áreas como finanzas, predicción del clima y previsión de demanda.

9.2 Creación de características de desfase y de ventanas móviles

Al analizar datos de series temporales, la incorporación de **características de desfase** y **características de ventanas móviles** puede mejorar significativamente la capacidad predictiva de un modelo. Las características de desfase permiten que los modelos utilicen observaciones históricas para hacer pronósticos más precisos, mientras que las características de ventanas móviles proporcionan información invaluable sobre las tendencias y fluctuaciones en intervalos de tiempo específicos.

Estas características sofisticadas son esenciales para descifrar las complejas relaciones entre valores pasados y futuros, especialmente en escenarios donde patrones complejos o variaciones estacionales tienen una gran influencia en los datos.

En esta sección, exploraremos en profundidad las metodologías para crear y utilizar eficazmente características de desfase y de ventanas móviles. Presentaremos una serie de ejemplos prácticos que demuestran su aplicación en escenarios del mundo real, resaltando el impacto transformador que estas técnicas pueden tener en el análisis y la precisión de la previsión de series temporales.

9.2.1 Características de desfase

Una **característica de desfase** es una técnica poderosa en el análisis de series temporales que implica desplazar los datos originales en un intervalo de tiempo específico. Este proceso introduce valores previos como nuevas características en el conjunto de datos, permitiendo que el modelo aproveche la información histórica para hacer predicciones más precisas. Al incorporar características de desfase, los modelos pueden capturar dependencias y patrones temporales que pueden no ser evidentes en el paso temporal actual.

El concepto de características de desfase es particularmente valioso en escenarios donde los eventos pasados tienen un impacto significativo en los resultados futuros. Por ejemplo, en los mercados financieros, los precios de las acciones del día anterior a menudo influyen en los patrones de negociación de hoy. De manera similar, en la predicción meteorológica, los datos de temperatura y precipitación de días anteriores pueden ser cruciales para predecir condiciones futuras.

Al crear características de desfase, es importante considerar el desfase de tiempo apropiado. Este puede variar dependiendo de la naturaleza de los datos y el problema específico a resolver. Por ejemplo, los datos de ventas diarias pueden beneficiarse de desfases de 1, 7 y 30 días para capturar patrones diarios, semanales y mensuales. Al experimentar con diferentes intervalos de desfase, los científicos de datos pueden identificar los puntos de datos históricos más informativos para sus modelos predictivos.

Las características de desfase complementan otras técnicas de series temporales, como las características de ventanas móviles y la descomposición estacional, proporcionando una visión integral de los patrones y tendencias temporales. Cuando se usan de manera juiciosa, pueden mejorar significativamente la capacidad del modelo para discernir relaciones complejas en datos dependientes del tiempo, llevando a predicciones más robustas y precisas en varios dominios.

9.2.2 Creación de características de desfase con Pandas

Profundicemos en el concepto de características de desfase con un ejemplo práctico. Consideremos un conjunto de datos que contiene cifras de ventas diarias de una tienda minorista. Nuestro objetivo es prever las ventas de hoy basándonos en los datos de ventas de los tres días anteriores. Para lograr esto, crearemos características de desfase que capturen esta información histórica:

- **Ventas Desfase-1**: Representa las ventas de ayer, proporcionando contexto histórico inmediato.
- **Ventas Desfase-2**: Captura las ventas de hace dos días, ofreciendo datos un poco más antiguos pero aún relevantes.
- **Ventas Desfase-3**: Incorpora los datos de ventas de hace tres días, ampliando la ventana histórica.

Al incorporar estas características de desfase, habilitamos que nuestro modelo predictivo discierna patrones y relaciones entre cifras de ventas de días consecutivos. Este enfoque es especialmente valioso en escenarios donde el historial reciente de ventas influye significativamente en el desempeño futuro, como en el comercio minorista, donde factores como promociones o tendencias estacionales pueden crear patrones a corto plazo.

Además, usar múltiples períodos de desfase permite que el modelo capture diferentes dinámicas temporales. Por ejemplo:

- El desfase de 1 día puede capturar fluctuaciones diarias y tendencias inmediatas.
- El desfase de 2 días podría ayudar a identificar patrones que abarcan fines de semana o promociones cortas.
- El desfase de 3 días podría revelar tendencias de mayor duración o los efectos de eventos de mitad de semana en las ventas del fin de semana.

Este enfoque de múltiples desfases proporciona un conjunto de características más rico para el modelo, mejorando potencialmente su capacidad para hacer predicciones precisas al considerar un contexto histórico más completo.

```
import pandas as pd
import matplotlib.pyplot as plt
import seaborn as sns

# Sample sales data
data = {'Date': pd.date_range(start='2022-01-01', periods=30, freq='D'),
        'Sales': [100, 120, 110, 140, 135, 150, 160, 155, 180, 175,
                  190, 200, 185, 210, 205, 220, 230, 225, 250, 245,
                  260, 270, 255, 280, 275, 290, 300, 295, 320, 315]}
df = pd.DataFrame(data)

# Create lagged features for the previous 1, 2, and 3 days
df['Sales_Lag1'] = df['Sales'].shift(1)
df['Sales_Lag2'] = df['Sales'].shift(2)
df['Sales_Lag3'] = df['Sales'].shift(3)

# Create rolling features
df['Rolling_Mean_7'] = df['Sales'].rolling(window=7).mean()
df['Rolling_Std_7'] = df['Sales'].rolling(window=7).std()

# Calculate percentage change
df['Pct_Change'] = df['Sales'].pct_change()

# Print the first 10 rows of the dataframe
print(df.head(10))

# Visualize the data
plt.figure(figsize=(12, 8))
plt.plot(df['Date'], df['Sales'], label='Sales')
plt.plot(df['Date'], df['Rolling_Mean_7'], label='7-day Rolling Mean')
plt.fill_between(df['Date'],
                 df['Rolling_Mean_7'] - df['Rolling_Std_7'],
                 df['Rolling_Mean_7'] + df['Rolling_Std_7'],
                 alpha=0.2, label='7-day Rolling Std Dev')
plt.title('Sales Data with Rolling Mean and Standard Deviation')
plt.xlabel('Date')
plt.ylabel('Sales')
plt.legend()
plt.xticks(rotation=45)
plt.tight_layout()
plt.show()

# Correlation heatmap
correlation_matrix = df[['Sales', 'Sales_Lag1', 'Sales_Lag2', 'Sales_Lag3',
'Rolling_Mean_7']].corr()
plt.figure(figsize=(10, 8))
```

```
sns.heatmap(correlation_matrix, annot=True, cmap='coolwarm', vmin=-1, vmax=1,
center=0)
plt.title('Correlation Heatmap of Sales and Lagged/Rolling Features')
plt.tight_layout()
plt.show()

# Basic statistics
print("\\nBasic Statistics:")
print(df['Sales'].describe())

# Autocorrelation
from pandas.plotting import autocorrelation_plot
plt.figure(figsize=(12, 6))
autocorrelation_plot(df['Sales'])
plt.title('Autocorrelation Plot of Sales')
plt.tight_layout()
plt.show()
```

Explicación del Desglose de Código:

1. **Preparación de Datos e Ingeniería de Características**:
   - Importamos las bibliotecas necesarias: pandas para la manipulación de datos, matplotlib para gráficos básicos y seaborn para visualizaciones avanzadas.
   - Se crea un conjunto de datos de muestra con datos de ventas diarias durante 30 días utilizando la función date_range de pandas.
   - Creamos características rezagadas para 1, 2 y 3 días usando el método shift().
   - Las características de promedio móvil (media y desviación estándar de 7 días) se crean usando el método rolling().
   - Se calcula el cambio porcentual con el método pct_change() para mostrar la tasa de crecimiento diario.
2. **Visualización de Datos**:
   - Creamos un gráfico de líneas que muestra los datos de ventas originales, la media móvil de 7 días y el rango de desviación estándar móvil.
   - Esta visualización ayuda a identificar tendencias y volatilidad en los datos de ventas a lo largo del tiempo.
3. **Análisis de Correlación**:
   - Se crea un mapa de calor de correlación utilizando seaborn para mostrar las relaciones entre las ventas y las características creadas.
   - Esto ayuda a identificar qué características rezagadas o móviles tienen la correlación más fuerte con las ventas actuales.

4. **Análisis Estadístico**:
    - Se imprimen estadísticas descriptivas básicas de los datos de ventas usando el método describe().
    - Se genera un gráfico de autocorrelación para mostrar cómo las ventas se correlacionan con sus propios valores rezagados a lo largo del tiempo.

Este ejemplo integral demuestra varias técnicas para trabajar con datos de series temporales, incluyendo la ingeniería de características, visualización y análisis estadístico. Proporciona información sobre tendencias, patrones y relaciones dentro de los datos de ventas, lo cual puede ser valioso para la previsión y la toma de decisiones en un contexto empresarial.

9.2.3 Uso de Características Rezagadas para Modelado

Las características rezagadas son especialmente valiosas en el análisis de series temporales, especialmente al trabajar con datos que muestran una fuerte autocorrelación. Este fenómeno ocurre cuando los valores pasados tienen una influencia significativa en los resultados futuros. Por ejemplo, en los mercados financieros, los precios de las acciones a menudo demuestran esta característica, donde el precio de cierre de ayer sirve como un fuerte indicador para el precio de apertura de hoy. Esto convierte a las características rezagadas en una herramienta esencial para analistas y científicos de datos que trabajan en finanzas, economía y campos relacionados.

El poder de las características rezagadas va más allá de las simples correlaciones día a día. En algunos casos, pueden emerger patrones en intervalos más largos, como ciclos semanales o mensuales. Por ejemplo, los datos de ventas minoristas pueden mostrar correlaciones fuertes con las cifras de ventas del mismo día de la semana anterior, o incluso del mismo mes del año anterior. Al incorporar estas características rezagadas, los modelos pueden captar dependencias temporales complejas que de otro modo podrían pasar desapercibidas.

Consejo Clave: Al implementar características rezagadas, es crucial considerar cuidadosamente el intervalo de retraso. El período de retraso óptimo puede variar significativamente dependiendo de la naturaleza de los datos y los patrones específicos que se desean capturar. Un retraso demasiado corto puede no proporcionar información significativa, introduciendo potencialmente ruido en lugar de señal en el modelo. Por el contrario, un retraso demasiado largo puede perder tendencias recientes importantes o cambios en el comportamiento de los datos.

Para encontrar los intervalos de retraso más efectivos, se recomienda emplear un enfoque sistemático:

- **Aprovechar el conocimiento del dominio**: Comienza con tu experiencia específica del sector. Entender los ritmos y ciclos inherentes a tu campo puede proporcionar información valiosa sobre las escalas de tiempo potencialmente relevantes.

- **Realizar análisis de autocorrelación**: Utiliza herramientas estadísticas como gráficos de autocorrelación y funciones de autocorrelación parcial (PACF) para identificar períodos de retraso significativos.
- **Implementar experimentación iterativa**: Adopta un enfoque metódico para probar diferentes intervalos de retraso y combinaciones. Este proceso implica crear diversas características rezagadas, incorporarlas en tu modelo y evaluar sistemáticamente su impacto en los resultados.
- **Incorporar múltiples escalas de retraso**: En lugar de depender de un solo período de retraso, considera usar una combinación de retrasos a corto y largo plazo para obtener una visión más completa de la dinámica temporal.

Siguiendo este enfoque integral, puedes desarrollar un conjunto robusto de características rezagadas que capturan el espectro completo de dependencias temporales en tus datos, mejorando en última instancia las capacidades predictivas de tu modelo.

Al seleccionar y ajustar cuidadosamente tus características rezagadas, puedes mejorar significativamente la capacidad de tu modelo para captar patrones temporales y realizar predicciones precisas en el análisis de series temporales.

9.2.4 Características de Ventana Móvil

Mientras que las características rezagadas se enfocan en valores específicos del pasado, **las características de ventana móvil** resumen los datos en una ventana en movimiento, proporcionando una visión más integral del comportamiento de los datos. Estas características son instrumentales para capturar tendencias a largo plazo y patrones de volatilidad que podrían pasar desapercibidos al examinar puntos de datos individuales. Al agregar información en un marco de tiempo específico, las características de ventana móvil ofrecen una representación suavizada de los datos, ayudando a filtrar el ruido y resaltar las tendencias subyacentes.

Las características de ventana móvil son particularmente valiosas en el análisis de series temporales por varias razones:

- **Identificación de Tendencias**: Las características de ventana móvil son excelentes para revelar patrones a largo plazo que podrían estar ocultos en los datos sin procesar. Al agregar información en el tiempo, pueden descubrir cambios graduales o movimientos sostenidos en los datos. Esta capacidad es invaluable en varios dominios:
    - En análisis financiero, las características de ventana móvil pueden resaltar tendencias de mercado, ayudando a los inversionistas a tomar decisiones informadas sobre la asignación de activos y la gestión de riesgos.
    - Para la previsión meteorológica, pueden revelar patrones climáticos en periodos extendidos, ayudando a predecir fenómenos meteorológicos a largo plazo como eventos de El Niño o La Niña.

  - En estudios económicos, las características de ventana móvil pueden iluminar tendencias macroeconómicas, como cambios en las tasas de crecimiento del PIB o patrones de inflación, que son cruciales para la toma de decisiones políticas y la planificación estratégica.

- **Evaluación de Volatilidad**: Calculando la variabilidad dentro de una ventana en movimiento, las características de ventana móvil ofrecen una vista dinámica de la estabilidad de los datos. Esto es particularmente útil en:
  - Evaluación de riesgos financieros, donde entender períodos de turbulencia en el mercado es crucial para la gestión de carteras y la fijación de precios de opciones.
  - Análisis de sistemas complejos, como en estudios ecológicos, donde las fluctuaciones en la dinámica poblacional pueden indicar la salud del ecosistema o cambios inminentes.
  - Análisis en el sector energético, donde la volatilidad en la generación de energía renovable (por ejemplo, eólica o solar) afecta la estabilidad de la red y los precios de la energía.
- **Detección de Estacionalidad**: Cuando se aplican estratégicamente, las características de ventana móvil pueden descubrir patrones recurrentes en los datos:
  - En el comercio minorista, pueden ayudar a identificar ciclos de ventas anuales, permitiendo una mejor gestión de inventarios y estrategias de marketing.
  - Para las industrias turísticas, detectar patrones estacionales de visitantes ayuda en la asignación de recursos y estrategias de precios.
  - En la agricultura, reconocer patrones estacionales de rendimiento de cultivos puede informar decisiones de siembra y cosecha.
- **Reducción de Ruido**: Al suavizar las fluctuaciones a corto plazo, las características de ventana móvil actúan como un filtro, separando señales significativas del ruido aleatorio:
  - En el procesamiento de señales, esto puede ayudar a extraer señales de audio claras del ruido de fondo.
  - En investigación médica, puede ayudar a identificar tendencias significativas en los datos de pacientes entre variaciones diarias.
  - Para la monitorización ambiental, puede ayudar a distinguir entre la variabilidad natural y los cambios significativos en los niveles de contaminación o métricas de biodiversidad.

Las estadísticas móviles comunes incluyen:

- **Media Móvil (Moving Average)**: Este indicador calcula el promedio en una ventana específica, suavizando las fluctuaciones a corto plazo y resaltando tendencias a largo plazo. Se usa ampliamente en el análisis técnico de mercados financieros y en modelos de pronóstico. Por ejemplo, en el análisis del mercado de valores, una media móvil de 50 o 200 días puede ayudar a los inversores a identificar tendencias de precios a largo plazo y posibles niveles de soporte o resistencia.
- **Desviación Estándar Móvil**: Captura la volatilidad o variabilidad dentro de la ventana, proporcionando una medida de cuán dispersos están los puntos de datos. Es particularmente útil en la evaluación de riesgos y en la identificación de períodos de volatilidad en el mercado. En finanzas, una desviación estándar móvil creciente puede señalar una mayor incertidumbre en el mercado, lo que podría influir en las decisiones de inversión o en las estrategias de gestión de riesgos.
- **Suma Móvil**: Proporciona valores acumulados en la ventana, lo cual es especialmente útil para métricas que son significativas cuando se agregan, como las ventas totales en un período o la precipitación acumulada. En análisis empresarial, una suma móvil de ventas mensuales puede ayudar a identificar patrones estacionales o a hacer seguimiento del progreso hacia objetivos trimestrales o anuales.
- **Mediana Móvil**: Similar a la media móvil, pero menos sensible a valores atípicos, lo que la hace útil para conjuntos de datos con valores extremos o distribuciones sesgadas. Este indicador es particularmente valioso en campos como el de bienes raíces, donde los precios de las propiedades pueden estar influenciados significativamente por algunas transacciones de alto valor. Una mediana móvil puede proporcionar una representación más estable de las tendencias de precios.
- **Máximo y Mínimo Móvil**: Estas características capturan los valores más altos y más bajos dentro de cada ventana, útiles para identificar picos y valles en los datos. En la monitorización ambiental, los máximos y mínimos móviles de temperatura pueden ayudar a rastrear eventos climáticos extremos o tendencias climáticas a largo plazo. En finanzas, estos indicadores pueden usarse para implementar estrategias de negociación basadas en rupturas de precios o niveles de soporte/resistencia.
- **Percentiles Móviles**: Estos ofrecen información sobre la distribución de datos dentro de cada ventana. Por ejemplo, un percentil móvil del 90% puede ayudar a identificar productos o empleados de alto rendimiento de manera consistente, mientras que un percentil móvil del 10% podría señalar áreas que necesitan mejora.
- **Correlación Móvil**: Este indicador mide la relación entre dos variables en una ventana en movimiento. En la gestión de carteras multi-activo, las correlaciones móviles entre diferentes activos pueden informar estrategias de diversificación y evaluación de riesgos.

Al implementar estas características de ventana móvil, es crucial considerar el tamaño de la ventana con cuidado. Las ventanas más pequeñas serán más sensibles a los cambios recientes pero pueden introducir ruido, mientras que las ventanas más grandes proporcionan una vista más suavizada pero pueden retrasarse con respecto a las tendencias recientes. El tamaño óptimo de la ventana depende a menudo de las características específicas de los datos y de los objetivos del análisis. La experimentación y el conocimiento del dominio son clave para encontrar el equilibrio adecuado para cada aplicación.

Creación de Características de Ventana Móvil con Pandas

Continuemos con nuestros datos de ventas y creemos una **media móvil de 7 días** y una **desviación estándar móvil de 7 días**. Estas características móviles ayudan a capturar la tendencia general y la variabilidad en los datos, permitiendo que el modelo considere tanto los promedios recientes como los cambios en la volatilidad.

```
import pandas as pd
import matplotlib.pyplot as plt

# Sample data with a longer time range for rolling calculations
data = {'Date': pd.date_range(start='2022-01-01', periods=30, freq='D'),
        'Sales': [100, 120, 110, 140, 135, 150, 160, 155, 180, 175, 165, 170, 185,
190, 200,
                  210, 205, 220, 215, 230, 240, 235, 250, 245, 260, 270, 265, 280,
275, 290]}
df = pd.DataFrame(data)
df.set_index('Date', inplace=True)

# Create rolling features
df['RollingMean_7'] = df['Sales'].rolling(window=7).mean()
df['RollingStd_7'] = df['Sales'].rolling(window=7).std()
df['RollingMax_7'] = df['Sales'].rolling(window=7).max()
df['RollingMin_7'] = df['Sales'].rolling(window=7).min()

# Create lagged features
df['Sales_Lag1'] = df['Sales'].shift(1)
df['Sales_Lag7'] = df['Sales'].shift(7)

# Calculate percent change
df['PercentChange'] = df['Sales'].pct_change()

# Print the first few rows of the DataFrame
print(df.head(10))

# Visualize the data
plt.figure(figsize=(12, 8))
plt.plot(df.index, df['Sales'], label='Sales')
plt.plot(df.index, df['RollingMean_7'], label='7-day Rolling Mean')
plt.fill_between(df.index,    df['RollingMin_7'],    df['RollingMax_7'],    alpha=0.2,
label='7-day Range')
plt.title('Sales Data with Rolling Statistics')
```

```
plt.xlabel('Date')
plt.ylabel('Sales')
plt.legend()
plt.grid(True)
plt.show()

# Calculate correlations
correlation_matrix = df[['Sales', 'RollingMean_7', 'Sales_Lag1',
'Sales_Lag7']].corr()
print("\\nCorrelation Matrix:")
print(correlation_matrix)
```

Este ejemplo de código muestra un enfoque integral para analizar datos de series temporales utilizando pandas y matplotlib. Examinemos los componentes clave y su importancia:

1. Preparación de los datos:
   - Creamos un conjunto de datos más grande con 30 días de datos de ventas para proporcionar un ejemplo más robusto.
   - La columna 'Date' se establece como el índice del DataFrame, lo cual es una buena práctica para datos de series temporales en pandas.
2. Características de ventana móvil:
   - Media móvil (ventana de 7 días): Suaviza las fluctuaciones a corto plazo y resalta la tendencia general.
   - Desviación estándar móvil (ventana de 7 días): Captura la volatilidad o variabilidad de las ventas durante la última semana.
   - Máximo y mínimo móvil (ventana de 7 días): Proporcionan información sobre el rango de valores de ventas en la última semana.
3. Características con retraso:
   - Retraso de 1 día: Permite que el modelo considere las ventas de ayer al predecir las de hoy.
   - Retraso de 7 días: Captura el valor de ventas del mismo día de la semana pasada, potencialmente útil para patrones semanales.
4. Cambio porcentual:
   - Calcula el cambio porcentual de un día a otro en las ventas, útil para identificar cambios repentinos o tendencias.
5. Visualización de datos:
   - El gráfico muestra los datos de ventas en bruto, la media móvil de 7 días y el rango entre el mínimo y el máximo móvil de 7 días.

   - Esta visualización ayuda a identificar tendencias, estacionalidad y fluctuaciones inusuales en los datos.

6. Análisis de correlación:
   - La matriz de correlación muestra las relaciones entre los datos de ventas originales y varias características derivadas.
   - Esto puede ayudar a entender qué características podrían ser más predictivas de futuras ventas.

Al combinar estas técnicas, creamos un conjunto rico de características que capturan diferentes aspectos de los datos de series temporales. Este enfoque integral permite una comprensión más profunda de los patrones y relaciones subyacentes en los datos de ventas, lo cual es invaluable para los procesos de pronóstico y toma de decisiones.

Interpretación de características de ventana móvil

Las características de ventana móvil ofrecen valiosas ideas sobre la dinámica temporal de los datos de series temporales. Al agregar información sobre una ventana específica, estas características brindan una visión matizada de tendencias, volatilidad y patrones que podrían estar ocultos en los datos sin procesar. Analicemos dos características clave de ventana móvil:

- **Media móvil**: Como se mencionó antes, esta característica actúa como un mecanismo de suavizado, filtrando el ruido a corto plazo para revelar tendencias subyacentes. Promediando puntos de datos dentro de una ventana móvil, proporciona una visión más clara de la dirección de los datos en el tiempo. Por ejemplo:
   - En los mercados financieros, una media móvil creciente de precios de acciones podría indicar una tendencia alcista, mientras que una decreciente podría sugerir un mercado bajista.
   - Para plataformas de comercio electrónico, una media móvil en aumento de usuarios activos diarios podría señalar un aumento en la participación de usuarios o el éxito de campañas de marketing recientes.
   - En estudios climáticos, una media móvil de temperaturas puede ayudar a identificar tendencias de calentamiento o enfriamiento a largo plazo, suavizando las fluctuaciones diarias y estacionales.
- **Desviación estándar móvil**: Como se describió anteriormente, esta métrica captura el grado de variabilidad o dispersión dentro de la ventana móvil. Es particularmente útil para:
   - Evaluación de riesgos en finanzas, donde períodos de alta desviación estándar móvil pueden indicar turbulencia en el mercado o mayor riesgo de inversión.

- Control de calidad en fabricación, donde picos en la desviación estándar móvil podrían señalar inestabilidad en el proceso o fallos en el equipo.
- Pronóstico de demanda en el comercio minorista, donde cambios en la desviación estándar móvil de datos de ventas podrían indicar cambios en el comportamiento del consumidor o en la volatilidad del mercado.

Al interpretar estas características de ventana móvil, es crucial considerar el tamaño de la ventana y su impacto en el análisis. Las ventanas más pequeñas responderán mejor a cambios recientes pero pueden introducir ruido, mientras que ventanas más grandes proporcionan una vista más suave pero pueden retrasarse respecto a las tendencias recientes. La elección del tamaño de la ventana debe estar informada por las características específicas de los datos y los objetivos analíticos.

Al aprovechar tanto la media móvil como la desviación estándar móvil, los analistas pueden obtener una comprensión integral tanto de la tendencia central como de la variabilidad en sus datos de series temporales, permitiendo una toma de decisiones más informada y una modelización predictiva más precisa.

9.2.5 Uso práctico de características con retraso y de ventana móvil en pronósticos

Las características con retraso y de ventana móvil mejoran significativamente la capacidad predictiva de un modelo al incorporar contexto temporal. Estas características son especialmente valiosas en dominios donde los datos históricos recientes influyen fuertemente en los resultados a corto plazo. Al capturar tanto los valores inmediatos del pasado como las tendencias a más largo plazo, estas características proporcionan una visión integral de la dinámica temporal de los datos. Aquí hay algunas aplicaciones clave:

- **Mercados financieros**: En el comercio de acciones y análisis de inversiones, los promedios móviles y los valores con retraso de precios de acciones son cruciales. Por ejemplo, una media móvil de 50 días puede ayudar a identificar tendencias a largo plazo, mientras que los valores con retraso del día o la semana anteriores pueden capturar el impulso a corto plazo. Estas características se utilizan a menudo en el análisis técnico para generar señales de compra o venta.
- **Pronóstico del tiempo**: Los meteorólogos dependen en gran medida de datos de temperatura con retraso y promedios móviles de precipitación. Por ejemplo, los valores de temperatura con retraso de días anteriores pueden ayudar a predecir la temperatura de mañana, mientras que una media móvil de 30 días de precipitación puede indicar tendencias generales de humedad. Estas características son esenciales tanto para predicciones meteorológicas a corto plazo como para análisis climáticos a largo plazo.
- **Predicción de ventas minoristas**: En el sector minorista, las ventas diarias o semanales pasadas son predictores críticos de ventas futuras. Una media móvil de 7

días puede suavizar los efectos del día de la semana, mientras que valores con retraso del mismo día de la semana pasada o del año pasado pueden capturar estacionalidad semanal o anual. Estas características son particularmente útiles para la gestión de inventario y decisiones de personal.

- **Pronóstico de consumo energético**: Las compañías de servicios públicos utilizan características con retraso y de ventana móvil de datos de consumo energético para predecir la demanda futura. Por ejemplo, un valor con retraso de 24 horas puede capturar patrones diarios, mientras que una media móvil de 7 días puede tener en cuenta tendencias semanales. Esto ayuda a optimizar la generación y distribución de energía.
- **Análisis de tráfico web**: Los especialistas en marketing digital y administradores web utilizan estas características para entender y predecir patrones de tráfico web. Los valores con retraso pueden capturar el impacto de campañas de marketing recientes, mientras que los promedios móviles pueden revelar tendencias a más largo plazo en la participación de los usuarios.

Al incorporar estas características, los modelos pueden capturar tanto las fluctuaciones a corto plazo como las tendencias a largo plazo, lo que lleva a predicciones más precisas y robustas en varios dominios.

Combinando características con retraso y de ventana móvil en un modelo de series temporales

Para ilustrar cómo estas características pueden combinarse en un solo conjunto de datos, apliquemos tanto características con retraso como de ventana móvil a nuestros datos de **Ventas**.

```
import pandas as pd
import matplotlib.pyplot as plt

# Create sample data
data = {'Date': pd.date_range(start='2023-01-01', periods=60, freq='D'),
        'Sales': [100 + i + 10 * (i % 7 == 5) + 20 * (i % 30 < 3) + np.random.randint(-
10, 11) for i in range(60)]}
df = pd.DataFrame(data)
df.set_index('Date', inplace=True)

# Create lagged features
df['Sales_Lag1'] = df['Sales'].shift(1)
df['Sales_Lag2'] = df['Sales'].shift(2)
df['Sales_Lag7'] = df['Sales'].shift(7)  # Weekly lag

# Create rolling features
df['RollingMean_3'] = df['Sales'].rolling(window=3).mean()
df['RollingMean_7'] = df['Sales'].rolling(window=7).mean()
df['RollingStd_3'] = df['Sales'].rolling(window=3).std()
```

```
df['RollingStd_7'] = df['Sales'].rolling(window=7).std()

# Create percentage change
df['PctChange'] = df['Sales'].pct_change()

# Create expanding features
df['ExpandingMean'] = df['Sales'].expanding().mean()
df['ExpandingMax'] = df['Sales'].expanding().max()

# Print the first few rows of the DataFrame
print(df.head(10))

# Visualize the data
plt.figure(figsize=(12, 8))
plt.plot(df.index, df['Sales'], label='Sales')
plt.plot(df.index, df['RollingMean_7'], label='7-day Rolling Mean')
plt.plot(df.index, df['ExpandingMean'], label='Expanding Mean')
plt.fill_between(df.index, df['Sales'] - df['RollingStd_7'],
                 df['Sales'] + df['RollingStd_7'], alpha=0.2, label='7-day Rolling
Std')
plt.title('Sales Data with Time Series Features')
plt.xlabel('Date')
plt.ylabel('Sales')
plt.legend()
plt.grid(True)
plt.show()

# Calculate correlations
correlation_matrix = df[['Sales', 'Sales_Lag1', 'Sales_Lag7', 'RollingMean_7',
'PctChange']].corr()
print("\\nCorrelation Matrix:")
print(correlation_matrix)
```

Desglose del código:

1. Creación de datos:
   - Generamos 60 días de datos sintéticos de ventas con patrones semanales y mensuales, más ruido aleatorio.
   - Esto simula datos de ventas del mundo real con tendencias y estacionalidad.
2. Características con retraso:
   - Sales_Lag1 y Sales_Lag2: Capturan dependencias a corto plazo.
   - Sales_Lag7: Captura patrones semanales, útil para identificar efectos del día de la semana.
3. Características de ventana móvil:

- RollingMean_3 y RollingMean_7: Suavizan las fluctuaciones a corto plazo, revelando tendencias.
- RollingStd_3 y RollingStd_7: Capturan la volatilidad a corto plazo y semanal en las ventas.

4. Cambio porcentual:
   - PctChange: Muestra la tasa de crecimiento día a día, útil para identificar cambios repentinos.
5. Características de expansión:
   - ExpandingMean: Promedio acumulativo, útil para análisis de tendencias a largo plazo.
   - ExpandingMax: Máximo acumulativo, ayuda a identificar récords generales de ventas.
6. Visualización:
   - Grafica las ventas en bruto, la media móvil de 7 días y la media expansiva para mostrar diferentes perspectivas de tendencias.
   - Utiliza fill_between para visualizar la desviación estándar móvil de 7 días, indicando volatilidad.
7. Análisis de correlación:
   - Calcula correlaciones entre características clave para entender sus relaciones.
   - Ayuda a identificar qué características podrían ser más predictivas de ventas futuras.

Este ejemplo integral demuestra varias características de series temporales y su visualización, proporcionando una base sólida para tareas de análisis y pronóstico de series temporales.

9.2.6 Consideraciones al utilizar características con retraso y de ventana móvil

Manejo de valores faltantes:

La introducción de características con retraso y de ventana móvil inevitablemente conduce a valores faltantes al inicio del conjunto de datos. Esto ocurre porque estas características dependen de puntos de datos anteriores que no existen para las observaciones iniciales. Por ejemplo, una media móvil de 7 días resultará en valores NaN (No es un Número) para las primeras 6 filas, ya que no hay suficientes datos previos para calcular la media.

Estos valores faltantes representan un desafío para muchos algoritmos de aprendizaje automático y modelos estadísticos, que a menudo requieren conjuntos de datos completos para funcionar correctamente. Por lo tanto, abordar estos valores faltantes es crucial para mantener la integridad de los datos y asegurar la confiabilidad de tu análisis.

- **Soluciones**:
    - Eliminación de datos: Un enfoque es simplemente eliminar las filas que contienen valores faltantes. Aunque sencillo, este método puede llevar a la pérdida de datos potencialmente valiosos, especialmente si el conjunto de datos es pequeño.
    - Relleno hacia adelante: Este método propaga la última observación válida hacia adelante para llenar los valores NaN. Es particularmente útil cuando se cree que los valores faltantes serían similares al valor conocido más reciente.
    - Relleno hacia atrás: A la inversa, este enfoque utiliza valores futuros conocidos para completar los datos faltantes. Puede ser apropiado cuando se cree que los valores futuros son buenos sustitutos para los datos faltantes.
    - Interpolación: Para datos de series temporales, se pueden utilizar varios métodos de interpolación (lineal, polinómica, spline) para estimar valores faltantes basándose en los patrones de los datos existentes.

La elección del método depende de tu conjunto de datos específico, la naturaleza de tu análisis y los requisitos de tu modelo. A menudo es beneficioso experimentar con diferentes enfoques y evaluar su impacto en el rendimiento del modelo.

Elegir el tamaño de ventana adecuado:

El tamaño de la ventana para las características de ventana móvil es un parámetro crítico que impacta significativamente en el análisis de datos de series temporales. Determina la cantidad de puntos de datos utilizados en el cálculo de estadísticas móviles, como medias o desviaciones estándar. La elección del tamaño de ventana depende de varios factores:

- Frecuencia de datos: Los datos de alta frecuencia (p. ej., cada hora) pueden requerir tamaños de ventana más grandes en comparación con los datos de baja frecuencia (p. ej., mensuales) para capturar patrones significativos.
- Patrones esperados: Si se anticipan patrones semanales, una ventana de 7 días podría ser apropiada. Para patrones mensuales, una ventana de 30 días podría ser más adecuada.
- Nivel de ruido: Los datos con más ruido podrían beneficiarse de tamaños de ventana más grandes para suavizar las fluctuaciones y revelar tendencias subyacentes.
- Objetivo del análisis: Los pronósticos a corto plazo pueden requerir ventanas más pequeñas, mientras que el análisis de tendencias a largo plazo podría beneficiarse de ventanas más grandes.

Las ventanas cortas son más receptivas a cambios recientes y pueden capturar fluctuaciones rápidas, siendo útiles para detectar cambios o anomalías repentinas. Sin embargo, pueden ser más susceptibles al ruido. Por el contrario, las ventanas largas ofrecen una representación más suave de los datos, resaltando tendencias generales pero potencialmente perdiendo variaciones a corto plazo.

- **Consejo**: Experimenta con diferentes tamaños de ventana para encontrar el mejor ajuste para tu conjunto de datos y objetivos. Considera utilizar múltiples tamaños de ventana en tu análisis para capturar patrones tanto a corto como a largo plazo. Además, puedes emplear técnicas como la validación cruzada para evaluar sistemáticamente el rendimiento de diferentes tamaños de ventana en tu contexto específico.

Evitar la fuga de datos:

Al trabajar con datos de series temporales y utilizar características con retraso, es crucial evitar la fuga de datos. Esto ocurre cuando la información del futuro influye inadvertidamente en el modelo durante el entrenamiento o prueba, lo que lleva a resultados de rendimiento demasiado optimistas. En el contexto del análisis de series temporales, la fuga de datos puede ocurrir si el modelo tiene acceso a puntos de datos futuros que no estarían disponibles en un escenario de predicción del mundo real.

Por ejemplo, si estás tratando de predecir el precio de las acciones de mañana usando el precio de hoy como una característica, debes asegurarte de que el modelo no tenga acceso a ninguna información más allá del día actual al hacer predicciones. Este principio se extiende a características más complejas como medias móviles u otras métricas derivadas.

- **Soluciones para prevenir la fuga de datos**:
  - Ingeniería de características cuidadosa: Al crear características con retraso, asegúrate de que solo incorporen datos pasados en relación con el punto de predicción.
  - División adecuada de entrenamiento y prueba: En datos de series temporales, siempre divide los datos cronológicamente, con el conjunto de entrenamiento precediendo al conjunto de prueba.
  - Validación cruzada basada en tiempo: Utiliza técnicas como el encadenamiento hacia adelante o la validación cruzada de ventana deslizante que respetan el orden temporal de los datos.
  - Cálculo de características dentro de los pliegues: Recalcula las características dependientes del tiempo (como medias móviles) dentro de cada pliegue de validación cruzada para evitar el uso de información futura.

Implementando estas estrategias, puedes mantener la integridad de tu modelo de series temporales y asegurarte de que sus métricas de rendimiento reflejen con precisión sus capacidades predictivas en el mundo real. Recuerda, el objetivo es simular las condiciones reales en las que el modelo será desplegado, donde los datos futuros son realmente desconocidos.

9.2.7 Puntos clave y aplicaciones avanzadas

- **Características con retraso** proporcionan al modelo datos históricos recientes, cruciales para el análisis de series temporales donde los valores pasados a menudo influyen en los resultados futuros. Estas características pueden capturar dependencias a corto plazo y patrones cíclicos, como los efectos del día de la semana en las ventas minoristas o los patrones de la hora del día en el consumo de energía.
- **Características de ventana móvil** capturan tendencias y variabilidad a largo plazo, suavizando las fluctuaciones a corto plazo y resaltando patrones más amplios. Son particularmente útiles para identificar estacionalidad, cambios de tendencia y estabilidad general de los datos. Por ejemplo, una media móvil de 30 días puede revelar tendencias mensuales en los mercados financieros.
- **Combinar características con retraso y de ventana móvil** equipa a los modelos con perspectivas históricas tanto inmediatas como acumulativas, mejorando su capacidad para realizar predicciones precisas. Esta combinación permite una comprensión más completa de los datos, capturando tanto fluctuaciones a corto plazo como tendencias a largo plazo simultáneamente.
- **Selección y creación de características** juegan un papel crucial en la modelización de series temporales. La selección cuidadosa de los períodos de retraso y las ventanas móviles puede mejorar significativamente el rendimiento del modelo. Por ejemplo, en la predicción del mercado de valores, combinar los retornos retrasados de 1 día, 5 días y 20 días con promedios móviles de 10 días y 30 días puede capturar diversas dinámicas del mercado.
- **Manejo de relaciones no lineales** es a menudo necesario en el análisis de series temporales. Técnicas como características polinómicas o aplicar transformaciones (p. ej., logarítmica, raíz cuadrada) a las características con retraso y de ventana móvil pueden ayudar a capturar patrones complejos en los datos.

Al aprovechar estas técnicas avanzadas, los analistas pueden desarrollar modelos de series temporales más sofisticados y precisos, lo que lleva a mejoras en el pronóstico y la toma de decisiones en diversos dominios como finanzas, economía y ciencias ambientales.

9.3 Ejercicios prácticos para el capítulo 9

Estos ejercicios te ayudarán a practicar la creación e interpretación de características de fecha/hora, características con retraso y características de ventana móvil en datos de series temporales. Cada ejercicio se basa en las técnicas discutidas en este capítulo, permitiéndote profundizar en la manipulación de datos de series temporales y la ingeniería de características.

Ejercicio 1: Extracción de características de fecha/hora

Se te proporciona un conjunto de datos con registros diarios de ventas. Tu tarea es:

1. Convertir la columna **Date** al formato datetime.
2. Extraer **Año**, **Mes**, **Día de la semana** y **Trimestre** como características separadas.

```
import pandas as pd

# Sample data with dates
data = {'Date': ['2022-01-15', '2022-02-10', '2022-03-20', '2022-04-15', '2022-05-25'],
        'Sales': [200, 220, 250, 210, 230]}
df = pd.DataFrame(data)

# Solution: Convert Date column to datetime and extract date/time features
df['Date'] = pd.to_datetime(df['Date'])
df['Year'] = df['Date'].dt.year
df['Month'] = df['Date'].dt.month
df['DayOfWeek'] = df['Date'].dt.dayofweek
df['Quarter'] = df['Date'].dt.quarter

print("Dataset with extracted date/time features:")
print(df)
```

Ejercicio 2: Creación de características con retraso

Usando el mismo conjunto de datos, crea características con retraso para representar las ventas de:

1. El día anterior (**Sales_Lag1**).
2. Dos días antes (**Sales_Lag2**).

```
# Solution: Create lagged features
df['Sales_Lag1'] = df['Sales'].shift(1)
df['Sales_Lag2'] = df['Sales'].shift(2)

print("Dataset with lagged features:")
print(df)
```

Ejercicio 3: Creación de características de ventana móvil

Usando el mismo conjunto de datos, calcula las siguientes estadísticas móviles:

1. Una **media móvil de 3 días** para la columna **Sales**.

2. Una **desviación estándar móvil de 3 días** para la columna **Sales**.

```
# Solution: Create rolling mean and standard deviation
df['RollingMean_3'] = df['Sales'].rolling(window=3).mean()
df['RollingStd_3'] = df['Sales'].rolling(window=3).std()

print("Dataset with rolling features:")
print(df)
```

Ejercicio 4: Combinación de características de fecha/hora, con retraso y de ventana móvil

En este ejercicio, crearás un conjunto de datos combinado con características de fecha/hora, características con retraso y características de ventana móvil. Usando el conjunto de datos anterior, completa las siguientes tareas:

1. Extrae **Año**, **Mes** y **Día de la semana**.
2. Crea una característica **Sales_Lag1** para las ventas del día anterior.
3. Calcula una **media móvil de 3 días** para la columna **Sales**.

```
# Solution: Combine date/time, lagged, and rolling features
df['Year'] = df['Date'].dt.year
df['Month'] = df['Date'].dt.month
df['DayOfWeek'] = df['Date'].dt.dayofweek
df['Sales_Lag1'] = df['Sales'].shift(1)
df['RollingMean_3'] = df['Sales'].rolling(window=3).mean()

print("Combined dataset with date/time, lagged, and rolling features:")
print(df)
```

Ejercicio 5: Codificación de características cíclicas

Para la característica **Día de la semana** en el conjunto de datos anterior, aplica codificación de seno y coseno para capturar su naturaleza cíclica. Esto ayudará al modelo a reconocer que los días de la semana forman un ciclo repetitivo.

```
import numpy as np

# Solution: Encode Day of the Week as cyclical features
df['DayOfWeek_sin'] = np.sin(2 * np.pi * df['DayOfWeek'] / 7)
df['DayOfWeek_cos'] = np.cos(2 * np.pi * df['DayOfWeek'] / 7)

print("Dataset with cyclical encoding for Day of the Week:")
print(df[['DayOfWeek', 'DayOfWeek_sin', 'DayOfWeek_cos']])
```

Estos ejercicios cubren los fundamentos del trabajo con características de fecha/hora, retardadas y de ventana en datos de series temporales, junto con técnicas de codificación cíclica. Al practicar estos métodos, obtendrás una comprensión más profunda de cómo crear e interpretar características dependientes del tiempo, que son esenciales para una predicción efectiva en series temporales.

9.4 ¿Qué podría salir mal?

Al trabajar con datos de series temporales, crear e interpretar características de fecha/hora, retardadas y de ventana es esencial para descubrir patrones y hacer predicciones precisas. Sin embargo, hay varios posibles inconvenientes a tener en cuenta. Exploremos los problemas comunes que podrían surgir al manejar estas características y discutamos formas de evitarlos o solucionarlos.

9.4.1 Características retardadas desalineadas que llevan a una filtración de datos

Las características retardadas son potentes para capturar dependencias en valores previos. Sin embargo, si no se aplican correctamente, estas características pueden permitir que datos futuros influyan en la predicción actual de forma inadvertida. Esto se conoce como **filtración de datos**, donde el modelo obtiene información de puntos de datos futuros, lo que lleva a un rendimiento excesivamente optimista durante el entrenamiento.

¿Qué podría salir mal?

- Los modelos entrenados con datos filtrados pueden funcionar bien durante las pruebas, pero fracasar en predicciones reales, donde los valores futuros no están disponibles.
- La filtración de datos puede distorsionar la interpretación del modelo sobre patrones históricos, afectando su capacidad de generalizar.

Solución:

- Aplica cuidadosamente las características retardadas asegurándote de usar solo valores pasados para las predicciones actuales. Para la validación cruzada en series temporales, utiliza un enfoque de ventana móvil o expandible para mantener el orden temporal correcto.

9.4.2 Tamaños de ventana incorrectos para características de ventana

Seleccionar el tamaño adecuado de ventana para las características de ventana es crucial. Una ventana demasiado corta puede capturar solo ruido o fluctuaciones menores, mientras que una ventana demasiado larga puede suavizar excesivamente los datos, perdiendo tendencias a corto plazo.

¿Qué podría salir mal?

- Ventanas cortas pueden llevar a alta variabilidad en estadísticas de ventana, lo cual puede confundir a los modelos, especialmente en datos volátiles.
- Ventanas largas pueden ocultar patrones estacionales importantes, reduciendo la precisión del modelo en pronósticos a corto plazo.

Solución:

- Experimenta con varios tamaños de ventana y compara su efecto en el rendimiento del modelo. Considera patrones estacionales en los datos (por ejemplo, semanal o mensual) para seleccionar un tamaño de ventana adecuado que capture tanto tendencias a corto como a largo plazo.

9.4.3 Valores faltantes introducidos por características retardadas y de ventana

Las características retardadas y de ventana crean inherentemente valores NaN al inicio del conjunto de datos, donde no hay suficientes puntos de datos históricos para completar estas características. Ignorar estos valores faltantes puede llevar a conjuntos de datos incompletos o afectar el entrenamiento del modelo.

¿Qué podría salir mal?

- El modelo podría no entrenarse con estos valores faltantes, o podrían interrumpir ciertos algoritmos si no se manejan adecuadamente.
- Rellenar o eliminar estos valores sin una consideración cuidadosa puede eliminar datos potencialmente útiles.

Solución:

- Utiliza técnicas de imputación, como el relleno hacia adelante o hacia atrás, para completar los valores faltantes cuando sea apropiado. Alternativamente, considera eliminar filas con valores faltantes si representan una pequeña porción del conjunto de datos y no comprometen los patrones temporales.

9.4.4 Interpretación incorrecta de características cíclicas

Codificar características cíclicas con funciones de seno y coseno es una forma efectiva de representar ciclos repetitivos como **día de la semana** o **mes del año**. Sin embargo, si se aplica a características no cíclicas o se interpreta incorrectamente, esta codificación puede introducir ruido.

¿Qué podría salir mal?

- La codificación cíclica aplicada a datos no cíclicos puede engañar al modelo creando relaciones artificiales entre valores que no se repiten.

- La interpretación incorrecta de la codificación cíclica puede afectar el análisis y llevar a conclusiones erróneas, especialmente al analizar la estacionalidad.

Solución:

- Aplica la codificación cíclica solo a características que naturalmente se repiten, como día de la semana u hora del día. Evita usar la codificación cíclica para características que no tienen un ciclo repetitivo.

9.4.5 Escasez de datos en datos de alta frecuencia con características de ventana

En conjuntos de datos de alta frecuencia (por ejemplo, datos a nivel horario o por minuto), crear características de ventana con ventanas grandes puede llevar a escasez de datos, donde muchas entradas no tienen valores válidos. Esto puede complicar el proceso de creación de características y puede diluir el valor de las estadísticas de ventana.

¿Qué podría salir mal?

- La escasez de datos puede dificultar la capacidad del modelo para detectar patrones significativos e introducir una sobrecarga computacional innecesaria.
- Las características de ventana escasas pueden fallar en capturar tendencias en tiempo real, particularmente en conjuntos de datos de cambio rápido.

Solución:

- Usa ventanas más cortas para datos de alta frecuencia para mantener un conjunto de características denso y significativo. Considera crear características de ventana basadas en el conocimiento del dominio, como usar una ventana de 24 horas para tendencias diarias en datos horarios.

9.4.6 Manejo inconsistente de zonas horarias

Para conjuntos de datos que abarcan varias regiones, manejar las zonas horarias se vuelve esencial. No tener en cuenta las zonas horarias puede llevar a patrones temporales inexactos, especialmente en conjuntos de datos globales.

¿Qué podría salir mal?

- Las discrepancias horarias pueden resultar en puntos de datos desalineados, afectando la interpretación de patrones diarios, semanales o estacionales.
- Las zonas horarias inconsistentes pueden impactar el análisis en tiempo real, donde el tiempo preciso es crítico.

Solución:

- Estandariza todas las marcas de tiempo a una zona horaria común o conviértelas según la ubicación. Usa los métodos tz_convert() y tz_localize() de Pandas para manejar las zonas horarias de manera efectiva.

Conclusión

Trabajar con características de fecha/hora, retardadas y de ventana puede enriquecer el análisis de datos de series temporales, pero es necesario un manejo cuidadoso para evitar estos posibles inconvenientes. Asegurar la aplicación adecuada de técnicas de ingeniería de características y mantener un proceso robusto de preparación de datos son pasos clave para desarrollar modelos de series temporales precisos y confiables. Al abordar estos posibles problemas, puedes construir una base sólida para el análisis y modelado de series temporales, llevando a resultados mejores y más consistentes.

Resumen del Capítulo 9

En este capítulo, exploramos técnicas esenciales para manejar datos de series temporales, enfocándonos en los requisitos únicos que vienen con los datos temporales. Los datos de series temporales dependen inherentemente de la dimensión temporal, lo que significa que cada observación tiene un orden específico que puede revelar tendencias, estacionalidades y patrones cíclicos. Al extraer y diseñar cuidadosamente características basadas en la fecha y hora, podemos permitir que los modelos capturen estos patrones subyacentes, mejorando tanto la precisión predictiva como la calidad de las ideas.

Comenzamos con una discusión sobre **el trabajo con características de fecha/hora**, que son cruciales para capturar la estructura temporal. Atributos basados en el tiempo como **año**, **mes**, **día de la semana** y **trimestre** pueden revelar tendencias o fluctuaciones estacionales. Por ejemplo, las tendencias mensuales de ventas o los patrones de días de la semana son observados comúnmente en el comercio minorista y las finanzas. Al extraer estas características, proporcionamos al modelo una visión estructurada del tiempo, permitiéndole reconocer mejor los patrones recurrentes.

Luego, introdujimos las **características retardadas**, que ofrecen al modelo acceso a observaciones pasadas. Las características retardadas son especialmente valiosas cuando los valores anteriores de una serie influyen fuertemente en los valores futuros. Por ejemplo, el precio de las acciones de ayer a menudo influye en el precio de hoy. Crear características retardadas es sencillo usando Pandas, con la función .shift() que permite introducir cualquier número de retardos temporales. Estos valores retardados le dan al modelo una memoria de eventos recientes, esencial en la predicción de series temporales.

Luego examinamos las **características de ventana**, que calculan estadísticas como la media y la desviación estándar sobre una ventana móvil. Estas características son útiles para capturar tendencias y medir la volatilidad dentro de un período especificado. Las medias móviles suavizan el ruido a corto plazo, revelando la tendencia general, mientras que las desviaciones estándar móviles ayudan a cuantificar las fluctuaciones a lo largo del tiempo. Por ejemplo, una media móvil de 7 días en datos de ventas diarias puede resaltar patrones semanales mientras reduce el ruido diario.

El capítulo también cubrió la **codificación cíclica** de características de fecha/hora, una técnica para representar patrones cíclicos como el día de la semana o el mes del año. Usando transformaciones de seno y coseno, codificamos estos atributos cíclicos de una manera que preserva su orden natural, permitiendo que el modelo interprete su naturaleza cíclica. Esto es especialmente útil en datos estacionales, donde se esperan ciclos recurrentes.

Finalmente, discutimos los posibles inconvenientes de usar estas técnicas, como la filtración de datos con características retardadas, la selección de tamaños de ventana inapropiados para características de ventana y el manejo incorrecto de valores faltantes. Abordar estos desafíos es crucial para evitar inexactitudes o sesgos en el modelo.

En conclusión, los datos de series temporales requieren técnicas de manejo especializadas para capturar sus dependencias temporales. Al aprovechar características de fecha/hora, retardadas, de ventana y cíclicas, podemos enriquecer los conjuntos de datos de series temporales, permitiendo que los modelos comprendan y predigan patrones temporales complejos. Estas técnicas forman un enfoque fundamental para el análisis de series temporales, apoyando pronósticos más precisos y con mayor profundidad en dominios como finanzas, comercio minorista, pronóstico del tiempo y más allá. A medida que avancemos, estas habilidades servirán como base para técnicas más profundas de series temporales y estrategias de modelado temporal más sofisticadas.

Capítulo 10: Reducción de Dimensionalidad

En el dinámico campo de la ciencia de datos, los conjuntos de datos son cada vez más complejos y multifacéticos, abarcando a menudo una gran variedad de características. Esta abundancia de información, aunque potencialmente valiosa, introduce desafíos significativos para el análisis de datos y el desarrollo de modelos. Estos desafíos se manifiestan en diversas formas, como mayores demandas computacionales, un mayor riesgo de sobreajuste y dificultades para visualizar datos de alta dimensión. Para abordar estos problemas, los científicos de datos e investigadores han desarrollado un conjunto poderoso de metodologías conocidas como **reducción de dimensionalidad**.

La **reducción de dimensionalidad** abarca una variedad de técnicas sofisticadas diseñadas para destilar la esencia de los datos de alta dimensión en una forma más manejable. Estos métodos tienen como objetivo reducir el número de características en un conjunto de datos mientras se retiene la información más crítica contenida en él. Al disminuir estratégicamente la dimensionalidad de los datos, podemos lograr varios beneficios clave: simplificación de modelos complejos, mejora del rendimiento general y creación de representaciones visuales más intuitivas e interpretables de estructuras de datos complejas.

Este capítulo profundiza en la exploración de algunas de las técnicas de reducción de dimensionalidad más utilizadas y efectivas en la caja de herramientas de ciencia de datos. Nos enfocaremos en tres métodos principales: **Análisis de Componentes Principales (PCA)**, **Análisis Discriminante Lineal (LDA)** y **t-Distribución de Embedding de Vecinos Estocásticos (t-SNE)**.

Para cada una de estas técnicas, proporcionaremos un examen exhaustivo de su propósito fundamental, los conceptos matemáticos y estadísticos subyacentes que impulsan su funcionalidad, y estrategias de implementación detalladas. Para cerrar la brecha entre teoría y práctica, complementaremos nuestras discusiones con ejemplos prácticos en Python, guiándote paso a paso en el proceso de aplicar estas técnicas a conjuntos de datos del mundo real.

10.1 Análisis de Componentes Principales (PCA)

El **Análisis de Componentes Principales (PCA)** es una técnica fundamental en reducción de dimensionalidad, ampliamente empleada en diversos campos de la ciencia de datos y el aprendizaje automático. En esencia, el PCA es un procedimiento matemático que transforma un conjunto de observaciones de variables posiblemente correlacionadas en un conjunto de valores de variables linealmente no correlacionadas llamadas componentes principales.

La belleza del PCA radica en su capacidad para identificar patrones en los datos. Lo hace proyectando los datos en un nuevo sistema de coordenadas donde los ejes, conocidos como componentes principales, están ordenados por la cantidad de varianza que explican en los datos. Este orden es crucial: el primer componente principal explica la mayor varianza posible, y cada componente sucesivo tiene la mayor varianza posible bajo la restricción de ser ortogonal a los componentes anteriores.

Al centrarse en la varianza, el PCA captura efectivamente los aspectos más importantes de los datos. Los primeros componentes principales suelen contener la mayor parte de la información presente en el conjunto de datos original. Esta propiedad permite a los científicos de datos reducir significativamente la dimensionalidad de sus datos manteniendo la mayoría de sus características importantes.

En la práctica, las capacidades de reducción de dimensionalidad del PCA tienen aplicaciones de gran alcance:

- En el procesamiento de imágenes, el PCA puede comprimir imágenes representándolas con menos dimensiones, reduciendo significativamente los requisitos de almacenamiento mientras mantiene la calidad de la imagen.
- En finanzas, el PCA se usa para analizar datos del mercado de valores, ayudando a identificar los principales factores que impulsan los movimientos del mercado.
- En bioinformática, el PCA ayuda a los investigadores a visualizar datos genéticos complejos, facilitando la identificación de patrones y relaciones entre diferentes genes o muestras.

Comprender cuándo aplicar el PCA es tan importante como saber cómo funciona. Aunque es poderoso, el PCA asume relaciones lineales en los datos y puede no capturar patrones complejos y no lineales. En tales casos, técnicas de reducción de dimensionalidad no lineales como t-SNE o UMAP pueden ser más adecuadas.

A medida que profundizamos en este capítulo, exploraremos cómo implementar el PCA, interpretar sus resultados y entender sus limitaciones. Este conocimiento fundamental servirá como trampolín para comprender técnicas más avanzadas de reducción de dimensionalidad y sus aplicaciones en problemas de ciencia de datos del mundo real.

10.1.1 Comprendiendo el PCA

El objetivo principal del PCA es proyectar los datos en un espacio de menor dimensión preservando la mayor cantidad de información posible. Esta técnica poderosa logra la reducción de dimensionalidad al identificar las direcciones, conocidas como componentes principales, a lo largo de las cuales los datos muestran la mayor variación. Estos componentes principales forman un nuevo sistema de coordenadas que captura la esencia de los datos originales. Vamos a profundizar en el proceso paso a paso del PCA:

1. **Centrar los Datos**: El primer paso en PCA implica centrar los datos restando la media de cada característica. Este paso de preprocesamiento crucial desplaza efectivamente los puntos de datos para que se centren alrededor del origen del sistema de coordenadas. Al hacerlo, eliminamos cualquier sesgo que pueda existir debido a la posición original de los puntos de datos. Centrar los datos tiene varias implicaciones importantes:
    - Asegura que el primer componente principal represente verdaderamente la dirección de máxima varianza en el conjunto de datos. Sin centrado, el primer componente principal podría verse influenciado por la posición general de la nube de datos en lugar de su estructura interna.
    - Simplifica el cálculo de la matriz de covarianza en los pasos siguientes. Cuando los datos están centrados, la matriz de covarianza se puede calcular e interpretar más fácilmente.
    - Permite una comparación más significativa entre las características. Al eliminar la media, nos centramos en cómo cada punto de datos se desvía del promedio, en lugar de su valor absoluto.
    - Ayuda en la interpretación de los componentes principales resultantes. Después del centrado, los componentes principales pasarán por el origen del sistema de coordenadas, haciendo que sus direcciones sean más intuitivas de entender. Matemáticamente, el centrado se logra restando la media de cada característica de todos los puntos de datos para esa característica. Si denotamos nuestra matriz de datos original como X, con m características y n muestras, los datos centrados X_centered se calculan como:

$$X_centered = X - \mu$$

Donde μ es una matriz de la misma forma que X, con cada columna conteniendo la media de la característica correspondiente repetida n veces. Este paso aparentemente simple sienta las bases para los cálculos de PCA posteriores e influye significativamente en la calidad e interpretabilidad de los resultados finales. Es un testimonio de lo crucial que es la preparación adecuada de datos en técnicas de aprendizaje automático y análisis de datos.

- **Calcular la Matriz de Covarianza**: El siguiente paso crucial en el PCA implica calcular la matriz de covarianza. Esta matriz es una matriz simétrica cuadrada donde cada elemento representa la covarianza entre dos características. La matriz de covarianza es esencial porque:
    - Cuantifica las relaciones entre diferentes características, mostrando cómo varían juntas.

- Ayuda a identificar correlaciones y dependencias entre variables.
- Forma la base para encontrar los autovectores y autovalores en los pasos siguientes.

La matriz de covarianza se calcula usando los datos centrados del paso anterior. Para un conjunto de datos con m características, la matriz de covarianza será una matriz de m × m. Cada elemento (i,j) en esta matriz representa la covarianza entre las características i y j. Los elementos diagonales de esta matriz representan la varianza de cada característica.

Matemáticamente, la matriz de covarianza C se calcula como:

```
C = (1 / (n-1)) * X_centered.T * X_centered
```

Donde $X_{centered}$ es la matriz de datos centrada, n es el número de muestras, y $X_{centered}^T$ es la traspuesta de $X_{centered}$.

La matriz de covarianza es simétrica porque la covarianza entre la característica A y la característica B es la misma que la covarianza entre la característica B y la característica A. Esta propiedad es crucial para el siguiente paso de descomposición en valores propios en PCA.

1. **Calcular valores y vectores propios**: Luego se usa la matriz de covarianza para calcular los valores y vectores propios. Este paso es crucial en PCA, ya que forma la base matemática para identificar los componentes principales. Aquí tienes una explicación más detallada:
   1. **Valores propios**: Estos valores escalares cuantifican la cantidad de varianza explicada por cada vector propio. Valores propios mayores indican direcciones en las que los datos tienen mayor dispersión o variabilidad.
   2. **Vectores propios**: Estos vectores representan las direcciones de máxima varianza en los datos. Cada vector propio corresponde a un valor propio y apunta en la dirección de un componente principal.

La descomposición en valores propios de la matriz de covarianza produce estos valores y vectores propios. Matemáticamente, para una matriz de covarianza C, resolvemos la ecuación:

$$CV = \lambda V$$

Donde V es un vector propio, y λ es su valor propio correspondiente. Los vectores propios con los valores propios más grandes se convierten en los componentes principales más significativos, ya que capturan las direcciones en las que los datos varían más. Al clasificar los vectores propios según sus valores propios, podemos priorizar qué componentes mantener al reducir la dimensionalidad.

Es importante señalar que el número de valores y vectores propios será igual al número de dimensiones en el conjunto de datos original. Sin embargo, muchos de estos pueden ser insignificantes (tener valores propios muy pequeños) y pueden descartarse sin perder mucha información. Este paso es computacionalmente intensivo, especialmente para conjuntos de datos de alta dimensión. A menudo se usan algoritmos eficientes como el método de iteración de potencia o la descomposición en valores singulares (SVD) para calcular estos componentes, especialmente cuando se trabaja con datos a gran escala.

2. **Seleccionar Componentes Principales**: Después de calcular los valores y vectores propios, seleccionamos los principales vectores propios como nuestros componentes principales. Este proceso de selección es crucial e implica varias consideraciones:
    - Umbral de Varianza: Generalmente elegimos componentes que en conjunto expliquen una porción significativa de la varianza total, a menudo entre el 80 y 95%.
    - Análisis de Gráfico de Codo: Al graficar los valores propios en orden descendente, podemos identificar el punto de "codo" donde la curva se nivela, indicando rendimientos decrecientes con componentes adicionales.
    - Consideraciones Prácticas: El número de componentes también puede estar influido por recursos computacionales, necesidades de interpretabilidad o conocimientos específicos del dominio.

Estos componentes principales seleccionados forman una base ortogonal que abarca un subespacio que captura la varianza más significativa en los datos. Al proyectar nuestros datos originales en este subespacio, reducimos efectivamente la dimensionalidad mientras retenemos los patrones y relaciones más importantes dentro del conjunto de datos.

Es importante notar que aunque el PCA es potente para la reducción de dimensionalidad, a veces puede descartar características sutiles pero importantes si no contribuyen significativamente a la varianza total. Por lo tanto, es crucial considerar cuidadosamente el problema específico y el conjunto de datos al aplicar esta técnica.

3. **Proyectar los Datos**: El paso final en el PCA implica transformar los datos originales proyectándolos en los componentes principales seleccionados. Esta proyección es una operación crucial que efectivamente mapea los puntos de datos de alta dimensionalidad en un espacio de menor dimensión definido por los componentes principales seleccionados. Aquí tienes una explicación más detallada de este proceso:
    1. **Transformación Matemática**: La proyección se logra mediante la multiplicación de matrices. Si denotamos nuestra matriz de datos original como X y la matriz de componentes principales seleccionados como P, los datos transformados $X_{\text{transformed}}$ se calculan como:

$$X_{transformed} = X \times P$$

Esta operación efectivamente rota y escala los datos para alinearlos con el nuevo sistema de coordenadas definido por los componentes principales.

2. **Reducción de Dimensionalidad**: Al usar menos componentes principales que el número original de características, logramos una reducción de dimensionalidad. El resultado, $X_{transformed}$, tendrá menos columnas que X, con cada columna representando un componente principal.
3. **Preservación de Información**: A pesar de la reducción de dimensiones, esta representación de menor dimensión retiene la información más crítica del conjunto de datos original, ya que los componentes principales se eligieron para capturar las direcciones de máxima varianza en los datos.
4. **Reducción de Ruido**: Un beneficio adicional de esta proyección es la posible reducción de ruido. Al descartar los componentes asociados con menor varianza, que a menudo corresponden a ruido, los datos proyectados pueden ser una representación más clara de los patrones subyacentes.
5. **Interpretabilidad**: Los datos proyectados a menudo pueden ser más interpretables que los originales. Cada dimensión en el nuevo espacio representa una combinación de características originales que explica una porción significativa de la varianza de los datos.
6. **Visualización**: Si proyectamos en dos o tres componentes principales, podemos visualizar directamente los datos de alta dimensionalidad en un gráfico 2D o 3D, lo que facilita la identificación de grupos, valores atípicos o tendencias que podrían no ser evidentes en el espacio de alta dimensionalidad original.

Este paso de proyección completa el proceso de PCA, proporcionando una herramienta poderosa para la reducción de dimensionalidad, exploración de datos y extracción de características en varias tareas de aprendizaje automático y análisis de datos.

Al seguir este proceso, el PCA reduce efectivamente la dimensionalidad de conjuntos de datos complejos mientras minimiza la pérdida de información. Esta técnica no solo simplifica el análisis de datos, sino que también ayuda a visualizar datos de alta dimensionalidad, identificar patrones y reducir el ruido. Comprender estos pasos es crucial para aplicar PCA de manera efectiva en varios escenarios de ciencia de datos y aprendizaje automático.

10.1.2 Implementación de PCA con Scikit-Learn

Apliquemos PCA a un conjunto de datos de muestra para demostrar su capacidad de reducir la dimensionalidad mientras se preserva la información esencial. Utilizaremos la implementación de **PCA** de Scikit-Learn, que ofrece un enfoque simplificado para las complejas operaciones matemáticas involucradas en el PCA. Esta poderosa herramienta abstrae los detalles intrincados del cálculo de matrices de covarianza, valores propios y vectores propios, permitiéndonos centrarnos en el concepto principal de la reducción de dimensionalidad.

La clase PCA de Scikit-Learn proporciona una interfaz fácil de usar que nos permite especificar directamente el número deseado de componentes principales. Esta flexibilidad es particularmente valiosa cuando se trabaja con conjuntos de datos de alta dimensionalidad, ya que permite experimentar con diferentes niveles de reducción de dimensionalidad y evaluar su impacto en nuestro análisis o modelos de aprendizaje automático.

Al usar esta implementación, podemos transformar fácilmente nuestro conjunto de datos original en un espacio de menor dimensión, capturando los patrones y relaciones más significativos dentro de los datos. Este proceso no solo simplifica los análisis subsecuentes, sino que a menudo lleva a una mayor eficiencia computacional y reducción de ruido en nuestros datos.

Ejemplo: Aplicación de PCA en un Conjunto de Datos de Muestra

Para este ejemplo, utilizaremos el popular **conjunto de datos Iris**, que tiene cuatro características. Reduciremos los datos a dos dimensiones para facilitar la visualización.

```
import numpy as np
from sklearn.datasets import load_iris
from sklearn.decomposition import PCA
from sklearn.preprocessing import StandardScaler
import pandas as pd
import matplotlib.pyplot as plt
import seaborn as sns

# Load the Iris dataset
iris = load_iris()
X = iris.data
y = iris.target

# Standardize the features
scaler = StandardScaler()
X_scaled = scaler.fit_transform(X)

# Initialize PCA to reduce to 2 dimensions
pca = PCA(n_components=2)
X_pca = pca.fit_transform(X_scaled)

# Convert the PCA output to a DataFrame
df_pca = pd.DataFrame(data=X_pca, columns=['PC1', 'PC2'])
df_pca['target'] = y
df_pca['species'] = [iris.target_names[i] for i in y]

# Plot the reduced data
plt.figure(figsize=(12, 8))
sns.scatterplot(data=df_pca, x='PC1', y='PC2', hue='species', style='species', s=70)
plt.title('PCA on Iris Dataset', fontsize=16)
plt.xlabel('Principal Component 1', fontsize=12)
plt.ylabel('Principal Component 2', fontsize=12)
plt.legend(title='Species', title_fontsize='12', fontsize='10')
```

```
# Add a brief description of each cluster
for species in iris.target_names:
    subset = df_pca[df_pca['species'] == species]
    centroid = subset[['PC1', 'PC2']].mean()
    plt.annotate(species, centroid, fontsize=10, fontweight='bold')

plt.tight_layout()
plt.show()

# Calculate and plot explained variance ratio
explained_variance_ratio = pca.explained_variance_ratio_
cumulative_variance_ratio = np.cumsum(explained_variance_ratio)

plt.figure(figsize=(10, 6))
plt.bar(range(1, len(explained_variance_ratio) + 1), explained_variance_ratio,
alpha=0.5, align='center', label='Individual explained variance')
plt.step(range(1, len(cumulative_variance_ratio) + 1), cumulative_variance_ratio,
where='mid', label='Cumulative explained variance')
plt.ylabel('Explained variance ratio')
plt.xlabel('Principal components')
plt.title('Explained Variance Ratio by Principal Components')
plt.legend(loc='best')
plt.tight_layout()
plt.show()

# Print additional information
print("Explained variance ratio:", explained_variance_ratio)
print("Cumulative explained variance ratio:", cumulative_variance_ratio)
print("\\nFeature loadings (correlation between features and principal components):")
feature_loadings = pd.DataFrame(
    pca.components_.T,
    columns=['PC1', 'PC2'],
    index=iris.feature_names
)
print(feature_loadings)
```

Este ejemplo de código ofrece un análisis exhaustivo de PCA aplicado al conjunto de datos Iris. Veámoslo paso a paso:

1. **Preparación de los Datos**:
    - Cargamos el conjunto de datos Iris usando la función load_iris() de Scikit-learn.
    - Las características se estandarizan usando StandardScaler. Este paso es crucial porque PCA es sensible a la escala de las características de entrada.
2. **Aplicación de PCA**:
    - Inicializamos PCA para reducir los datos a 2 dimensiones.

   - El método fit_transform() se usa para ajustar el modelo PCA a nuestros datos y transformar los datos en un solo paso.

3. **Visualización de Datos**:
   - Creamos un gráfico de dispersión de los datos reducidos usando Seaborn, que ofrece más opciones estéticas que solo Matplotlib.
   - Cada especie de iris se representa con un color y un estilo de marcador diferente.
   - Agregamos anotaciones para etiquetar el centroide de cada grupo de especies, proporcionando una comprensión más clara de cómo las especies se separan en el espacio reducido.

4. **Análisis de Varianza Explicada**:
   - Calculamos y graficamos el ratio de varianza explicada para cada componente principal.
   - Un gráfico de barras muestra la varianza explicada individual para cada componente.
   - Un gráfico de pasos muestra la varianza explicada acumulativa, que es útil para determinar cuántos componentes retener.

5. **Cargas de Características**:
   - Imprimimos las cargas de características, que muestran la correlación entre las características originales y los componentes principales.
   - Esta información ayuda a interpretar qué representa cada componente principal en términos de las características originales.

Este ejemplo completo no solo demuestra cómo aplicar PCA, sino también cómo interpretar sus resultados. Las visualizaciones y la información adicional proporcionan conocimientos sobre la estructura de los datos en el espacio reducido, la cantidad de varianza capturada por cada componente y la relación entre las características originales y los nuevos componentes principales.

10.1.3 Varianza Explicada en PCA

Una de las principales fortalezas de PCA radica en su capacidad para cuantificar la retención de información en dimensiones reducidas. El **ratio de varianza explicada** actúa como una métrica crucial, indicando la proporción de la varianza del conjunto de datos capturada por cada componente principal. Este ratio proporciona información valiosa sobre la importancia relativa de cada componente en la representación de la estructura de los datos originales.

Al examinar la varianza explicada acumulativa, obtenemos una comprensión integral de cuánta información se preserva a medida que incluimos más componentes. Esta medida acumulativa nos permite tomar decisiones informadas sobre el número óptimo de componentes a retener para nuestro análisis. Por ejemplo, podríamos optar por mantener suficientes componentes para explicar el 95% de la varianza total, logrando un equilibrio entre la reducción de dimensionalidad y la preservación de la información.

Además, el ratio de varianza explicada puede guiarnos en la interpretación de la importancia de cada componente principal. Los componentes con ratios de varianza explicada más altos son más influyentes en capturar los patrones y relaciones subyacentes del conjunto de datos. Esta información puede ser especialmente útil en la selección de características, compresión de datos y para obtener conocimientos sobre la estructura inherente de conjuntos de datos de alta dimensión.

Cabe señalar que la distribución de la varianza explicada a través de los componentes también puede revelar características importantes de los datos. Una disminución pronunciada en la varianza explicada podría indicar que los datos tienen una estructura de baja dimensión, mientras que una disminución más gradual podría sugerir una naturaleza más compleja y de alta dimensión. Este análisis puede informar elecciones de modelado posteriores y proporcionar una comprensión más profunda de la complejidad del conjunto de datos.

Ejemplo: Comprobación de la Varianza Explicada con PCA

Calculemos y visualicemos la varianza explicada para cada componente principal en el conjunto de datos Iris.

```
import numpy as np
import pandas as pd
import matplotlib.pyplot as plt
from sklearn.datasets import load_iris
from sklearn.preprocessing import StandardScaler
from sklearn.decomposition import PCA

# Load the Iris dataset
iris = load_iris()
X = iris.data
y = iris.target
feature_names = iris.feature_names

# Standardize the features
scaler = StandardScaler()
X_scaled = scaler.fit_transform(X)

# Initialize PCA to capture all components
pca_full = PCA()
X_pca = pca_full.fit_transform(X_scaled)

# Calculate explained variance ratio and cumulative variance
explained_variance_ratio = pca_full.explained_variance_ratio_
```

```
cumulative_variance = np.cumsum(explained_variance_ratio)

# Print explained variance ratio and cumulative variance
print("Explained Variance Ratio per Component:", explained_variance_ratio)
print("Cumulative Explained Variance:", cumulative_variance)

# Plot cumulative explained variance
plt.figure(figsize=(10, 6))
plt.plot(range(1, len(cumulative_variance) + 1), cumulative_variance, 'bo-')
plt.xlabel('Number of Components')
plt.ylabel('Cumulative Explained Variance')
plt.title('Cumulative Explained Variance for Iris Dataset')
plt.grid(True)
plt.tight_layout()
plt.show()

# Plot individual explained variance
plt.figure(figsize=(10, 6))
plt.bar(range(1, len(explained_variance_ratio) + 1), explained_variance_ratio)
plt.xlabel('Principal Component')
plt.ylabel('Explained Variance Ratio')
plt.title('Explained Variance Ratio per Principal Component')
plt.tight_layout()
plt.show()

# Calculate and print feature loadings
feature_loadings = pd.DataFrame(
    pca_full.components_.T,
    columns=[f'PC{i+1}' for i in range(len(feature_names))],
    index=feature_names
)
print("\\nFeature Loadings:")
print(feature_loadings)

# Visualize the first two principal components
plt.figure(figsize=(10, 8))
scatter = plt.scatter(X_pca[:, 0], X_pca[:, 1], c=y, cmap='viridis')
plt.xlabel('First Principal Component')
plt.ylabel('Second Principal Component')
plt.title('Iris Dataset in PCA Space')
plt.colorbar(scatter, label='Species')
plt.tight_layout()
plt.show()
```

Ahora, desglosamos este código ampliado y explicamos cada parte:

1. **Preparación de los Datos**:
    - Cargamos el conjunto de datos Iris usando load_iris() de sklearn.

   - Las características se estandarizan usando StandardScaler. Este paso es crucial porque PCA es sensible a la escala de las características de entrada.

2. **Aplicación de PCA**:
   - Inicializamos PCA sin especificar el número de componentes, lo que significa que retendrá todos los componentes.
   - El método fit_transform() se usa para ajustar el modelo PCA a nuestros datos y transformar los datos en un solo paso.

3. **Análisis de Varianza Explicada**:
   - Calculamos el ratio de varianza explicada para cada componente principal.
   - La varianza explicada acumulativa se calcula usando np.cumsum().
   - Imprimimos tanto los ratios de varianza explicada individuales como la varianza explicada acumulativa.

4. **Visualización**:
   - Creamos dos gráficos:
     - Un gráfico de línea que muestra la varianza explicada acumulativa en función del número de componentes.
     - Un gráfico de barras que muestra el ratio de varianza explicada individual para cada componente principal (esto es una adición al código original).
   - También creamos un gráfico de dispersión de los datos proyectados en los dos primeros componentes principales, coloreado por especie de iris (otra adición).

5. **Cargas de Características**:
   - Calculamos e imprimimos las cargas de características, que muestran la correlación entre las características originales y los componentes principales.
   - Esta información ayuda a interpretar qué representa cada componente principal en términos de las características originales.

Este ejemplo ofrece un análisis completo de PCA aplicado al conjunto de datos Iris. Demuestra no solo cómo aplicar PCA, sino también cómo interpretar sus resultados a través de varias visualizaciones y métricas. El gráfico de varianza explicada acumulativa ayuda a determinar el número óptimo de componentes a retener, mientras que el gráfico de varianza explicada individual ilustra la importancia relativa de cada componente.

Las cargas de características proporcionan conocimientos sobre cómo contribuyen las características originales a cada componente principal. Finalmente, el gráfico de dispersión de los dos primeros componentes principales representa visualmente la efectividad de PCA para separar diferentes especies de iris en el espacio reducido.

10.1.4 Cuándo Usar PCA

PCA es particularmente valioso en varios escenarios, cada uno destacando su fortaleza en la simplificación de conjuntos de datos complejos:

- **Desafíos con datos de alta dimensión**: Al trabajar con conjuntos de datos que contienen numerosas características, PCA sobresale en reducir la dimensionalidad. Esta reducción no solo alivia la carga computacional, sino que también facilita la visualización de los datos. Por ejemplo, en genómica, donde se analizan miles de genes simultáneamente, PCA puede condensar esta información en un conjunto más manejable de componentes principales.
- **Manejo de correlación entre características**: PCA es eficaz para gestionar conjuntos de datos con características correlacionadas. Al identificar las direcciones de máxima varianza, combina efectivamente las características correlacionadas en componentes únicos. Esto es particularmente útil en campos como las finanzas, donde múltiples indicadores económicos a menudo se mueven al unísono.
- **Capacidades de reducción de ruido**: En muchos conjuntos de datos del mundo real, el ruido puede ocultar patrones subyacentes. PCA aborda esto concentrando típicamente la señal en los componentes de mayor varianza mientras relega el ruido a los de menor varianza. Esta propiedad hace que PCA sea valioso en aplicaciones de procesamiento de señales, como el reconocimiento de imágenes o de voz.
- **Preprocesamiento para aprendizaje automático**: PCA sirve como un excelente paso de preprocesamiento para varios algoritmos de aprendizaje automático. Al reducir el número de características, puede ayudar a prevenir el sobreajuste y mejorar el rendimiento del modelo, especialmente en casos donde el número de características excede considerablemente el número de muestras.

Precaución: Aunque PCA es poderoso, es importante reconocer sus limitaciones. Como técnica lineal, asume que las relaciones en los datos pueden representarse linealmente. Para conjuntos de datos con estructuras complejas y no lineales, métodos alternativos como t-SNE (t-Distributed Stochastic Neighbor Embedding) o UMAP (Uniform Manifold Approximation and Projection) pueden ser más apropiados. Estas técnicas no lineales pueden capturar patrones más intrincados en los datos, aunque a costa de menor interpretabilidad en comparación con PCA.

10.1.5 Puntos Clave y Conocimientos Adicionales

- **PCA (Análisis de Componentes Principales)** es una técnica poderosa que reduce la dimensionalidad transformando los datos en nuevas direcciones llamadas componentes principales. Estos componentes se ordenan para capturar la máxima varianza en los datos, condensando efectivamente la información más importante en menos dimensiones.

- **Varianza explicada** es una métrica crucial en PCA que cuantifica la cantidad de información retenida por cada componente principal. Esta medida ayuda a los científicos de datos a determinar el número óptimo de componentes a conservar, equilibrando entre la reducción de dimensionalidad y la preservación de información.
- **Aplicaciones de PCA** son diversas y tienen un gran impacto:
    - Reducción de ruido: PCA puede separar la señal del ruido, mejorando la calidad de los datos.
    - Visualización: Al reducir datos de alta dimensión a 2D o 3D, PCA permite una visualización efectiva de los datos.
    - Compresión de datos: PCA puede reducir significativamente el tamaño del conjunto de datos, manteniendo la información esencial.
    - Extracción de características: Puede crear nuevas características significativas que capturan la esencia de los datos originales.
- **Limitaciones de PCA** a considerar:
    - Suposiciones lineales: PCA asume relaciones lineales en los datos, lo que puede no ser siempre aplicable.
    - Desafíos de interpretabilidad: Los componentes principales pueden ser difíciles de interpretar en términos de características originales.
    - Sensibilidad a valores atípicos: Los puntos de datos extremos pueden influir significativamente en los resultados de PCA.
- **Técnicas complementarias** como t-SNE y UMAP pueden utilizarse junto con PCA para una reducción de dimensionalidad más completa, especialmente al tratar con estructuras de datos no lineales.

Comprender estos aspectos clave de PCA permite a los científicos de datos aprovechar su poder de manera efectiva, al tiempo que reconocen sus limitaciones, lo que conduce a un análisis de datos más perspicaz y robusto.

10.2 Técnicas de Selección de Características

En el ámbito de la ciencia de datos y el aprendizaje automático, los conjuntos de datos a menudo vienen con una multitud de características. Sin embargo, es crucial entender que no todas las características contribuyen igualmente al rendimiento de un modelo. Algunas pueden ser irrelevantes, aportando poca o ninguna información valiosa, mientras que otras pueden ser redundantes, duplicando información ya capturada por otras características. Más problemático aún, ciertas características pueden introducir ruido en el modelo, lo que puede llevar a un sobreajuste y disminuir la capacidad de generalización.

Estos desafíos asociados con conjuntos de datos de alta dimensión pueden tener consecuencias significativas. El sobreajuste, donde un modelo aprende demasiado bien el ruido en los datos de entrenamiento, puede resultar en un rendimiento deficiente en datos no vistos. Además, la inclusión de numerosas características irrelevantes o redundantes puede aumentar considerablemente los costos computacionales, haciendo que el entrenamiento y la implementación del modelo sean más intensivos en recursos y tiempo.

Para abordar estos problemas, los científicos de datos emplean un conjunto de metodologías poderosas conocidas como **técnicas de selección de características**. Estas técnicas sirven a múltiples propósitos críticos:

- Ayudan a identificar y conservar solo las características más relevantes, destilando efectivamente la esencia del conjunto de datos.
- Al reducir el número de características, mejoran la interpretabilidad del modelo, facilitando que los interesados comprendan los factores que impulsan las predicciones.
- La selección de características reduce significativamente la carga computacional, permitiendo un entrenamiento del modelo más rápido y una implementación más eficiente.
- Quizás lo más importante, estas técnicas pueden mejorar la precisión del modelo al enfocar la atención del modelo en los aspectos más informativos de los datos.

El panorama de la selección de características es diverso, con técnicas que se agrupan ampliamente en tres enfoques principales:

- **Métodos de filtro**: Estas técnicas evalúan las características basándose en sus propiedades estadísticas, independientemente de cualquier modelo específico.
- **Métodos de envoltura**: Estos enfoques implican probar diferentes subconjuntos de características directamente con el modelo de interés.
- **Métodos incrustados**: Estas técnicas incorporan la selección de características como parte del proceso de entrenamiento del modelo en sí.

Cada una de estas categorías tiene sus propias ventajas y está orientada a diferentes casos de uso. En las siguientes secciones, exploraremos estas técnicas en profundidad, discutiendo sus fundamentos teóricos, aplicaciones prácticas y proporcionando ejemplos detallados para ilustrar su implementación e impacto en conjuntos de datos del mundo real.

10.2.1 Métodos de Filtro

Los métodos de filtro son un enfoque fundamental en la selección de características, operando de forma independiente del modelo de aprendizaje automático. Estas técnicas evalúan las características basándose en sus propiedades estadísticas inherentes, asignando puntuaciones o clasificaciones a cada una. Las métricas comunes usadas en métodos de filtro incluyen coeficientes de correlación, medidas de varianza y criterios de teoría de la información como la información mutua.

La principal ventaja de los métodos de filtro radica en su eficiencia computacional y escalabilidad, lo que los hace especialmente adecuados para conjuntos de datos de alta dimensión. Son un excelente punto de partida en el proceso de selección de características, permitiendo a los científicos de datos identificar y priorizar rápidamente características potencialmente relevantes.

Algunos métodos de filtro populares incluyen:

- Correlación de Pearson: Mide relaciones lineales entre las características y la variable objetivo.
- Prueba Chi-cuadrado: Evalúa la independencia entre características categóricas y el objetivo.
- Información mutua: Cuantifica la dependencia mutua entre las características y el objetivo, capturando tanto relaciones lineales como no lineales.

Si bien los métodos de filtro son potentes en su simplicidad, tienen limitaciones. Generalmente evalúan características de forma aislada, lo que puede llevar a omitir interacciones importantes entre características. Además, pueden no alinearse perfectamente con los criterios de rendimiento del modelo subsecuente.

A pesar de estas limitaciones, los métodos de filtro desempeñan un papel crucial en la cadena de selección de características. Reducen efectivamente el conjunto inicial de características, allanando el camino para técnicas más intensivas computacionalmente, como los métodos de envoltura o incrustados. Este enfoque de múltiples etapas a la selección de características a menudo lleva a modelos más robustos y eficientes, equilibrando las restricciones computacionales y el rendimiento del modelo.

Métodos de Filtro Comunes para la Selección de Características

Los métodos de filtro son técnicas fundamentales en el proceso de selección de características, ofreciendo formas eficientes de identificar y priorizar características relevantes en un conjunto de datos. Estos métodos operan independientemente del modelo de aprendizaje automático, lo que los hace computacionalmente eficientes y ampliamente aplicables. Veamos tres métodos de filtro clave y sus aplicaciones:

- **Umbral de Varianza**: Este método se enfoca en la variabilidad de las características. Elimina características con baja varianza, bajo la suposición de que las características con poca variación en las muestras ofrecen un poder discriminativo mínimo.
    - Implementación: Establece un valor de umbral y elimina las características cuya varianza está por debajo de este umbral.
    - Caso de uso: Especialmente efectivo en conjuntos de datos con muchas características binarias o casi constantes, como datos de expresión genética donde ciertos genes pueden mostrar poca variación en las muestras.
    - Ventaja: Elimina rápidamente características que probablemente no sean informativas, reduciendo el ruido en el conjunto de datos.
- **Umbral de Correlación**: Este enfoque aborda el problema de la multicolinealidad en los conjuntos de datos. Identifica y elimina características que están altamente correlacionadas entre sí, reduciendo la redundancia en el conjunto de características.
    - Proceso: Calcula una matriz de correlación de todas las características y establece un umbral de coeficiente de correlación. Las características con coeficientes de correlación que superan este umbral se consideran para su eliminación.
    - Aplicación: Crucial en escenarios donde las características podrían estar midiendo factores subyacentes similares, como en datos financieros donde múltiples indicadores económicos pueden seguir fenómenos relacionados.
    - Beneficio: Ayuda a crear un modelo más parsimonioso eliminando información redundante, lo que puede mejorar la interpretabilidad del modelo y reducir el sobreajuste.
- **Pruebas Estadísticas**: Estos métodos emplean varias medidas estadísticas para evaluar la relación entre las características y la variable objetivo. Proporcionan una base cuantitativa para clasificar características, permitiendo a los científicos de datos seleccionar el subconjunto más informativo para el entrenamiento del modelo.
    - Prueba Chi-cuadrado: Especialmente útil para características categóricas, evalúa la independencia entre una característica y la variable objetivo. Ideal para clasificación de texto o análisis de canasta de mercado.
    - F-valor de ANOVA: Se aplica a características numéricas para determinar si existen diferencias estadísticamente significativas entre las medias de dos o más grupos en la variable objetivo. Comúnmente usado en estudios biomédicos o comparaciones de productos.
    - Información Mutua: Una métrica versátil que puede capturar tanto relaciones lineales como no lineales entre las características y el objetivo. Cuantifica la

cantidad de información obtenida sobre la variable objetivo al observar una característica dada. Efectiva en conjuntos de datos complejos donde las relaciones pueden no ser obvias, como en el procesamiento de señales o análisis de imágenes.

La elección del método de filtro a menudo depende de la naturaleza de los datos y los requisitos específicos del problema en cuestión. Por ejemplo, el umbral de varianza podría ser el primer paso en un conjunto de datos de alta dimensión para reducir rápidamente el espacio de características. Esto podría ser seguido por el umbral de correlación para refinar aún más el conjunto de características eliminando información redundante. Finalmente, se pueden aplicar pruebas estadísticas para clasificar las características restantes en función de su relación con la variable objetivo.

Vale la pena señalar que, si bien los métodos de filtro son computacionalmente eficientes y proporcionan un buen punto de partida para la selección de características, tienen limitaciones. Generalmente evalúan las características de forma aislada y pueden pasar por alto interacciones importantes entre ellas. Por lo tanto, en la práctica, los métodos de filtro se usan a menudo como un paso preliminar, seguido de métodos más sofisticados de envoltura o incrustados para afinar el proceso de selección de características.

Al emplear estratégicamente estos métodos de filtro, los científicos de datos pueden reducir significativamente la dimensionalidad de sus conjuntos de datos, enfocándose en las características más relevantes e informativas. Esto no solo mejora el rendimiento del modelo, sino que también mejora la interpretabilidad, reduce la sobrecarga computacional en las etapas de modelado posteriores y puede conducir a modelos de aprendizaje automático más robustos y generalizables.

Ejemplo: Aplicación de Umbral de Varianza

En conjuntos de datos con muchas características, algunas pueden tener baja varianza, aportando poca información. El umbral de varianza elimina dichas características, ayudando al modelo a centrarse en las más informativas.

```
from sklearn.feature_selection import VarianceThreshold
import pandas as pd

# Sample data with low-variance features
data = {'Feature1': [1, 1, 1, 1, 1],
        'Feature2': [2, 2, 2, 2, 2],
        'Feature3': [0, 1, 0, 1, 0],
        'Feature4': [10, 15, 10, 20, 15]}
df = pd.DataFrame(data)

# Apply variance threshold (threshold=0.2)
selector = VarianceThreshold(threshold=0.2)
reduced_data = selector.fit_transform(df)

print("Features after variance thresholding:")
```

```
print(reduced_data)
```

Ejemplo: Umbral de Correlación

Las características altamente correlacionadas proporcionan información redundante, que puede eliminarse para mejorar la eficiencia del modelo y reducir la multicolinealidad.

```
import pandas as pd
import numpy as np
import matplotlib.pyplot as plt
import seaborn as sns

# Sample data with correlated features
np.random.seed(42)
n_samples = 1000
data = {
    'Feature1': np.random.normal(0, 1, n_samples),
    'Feature2': np.random.normal(0, 1, n_samples),
    'Feature3': np.random.normal(0, 1, n_samples),
    'Feature4': np.random.normal(0, 1, n_samples)
}
data['Feature5'] = data['Feature1'] * 0.8 + np.random.normal(0, 0.2, n_samples)  #
Highly correlated with Feature1
data['Feature6'] = data['Feature2'] * 0.9 + np.random.normal(0, 0.1, n_samples)  #
Highly correlated with Feature2
df = pd.DataFrame(data)

# Calculate correlation matrix
correlation_matrix = df.corr()

# Visualize correlation matrix
plt.figure(figsize=(10, 8))
sns.heatmap(correlation_matrix,   annot=True,   cmap='coolwarm',   vmin=-1,   vmax=1,
center=0)
plt.title('Correlation Matrix Heatmap')
plt.show()

# Set correlation threshold
threshold = 0.8

# Select pairs of features with correlation above threshold
corr_features = set()
for i in range(len(correlation_matrix.columns)):
    for j in range(i):
        if abs(correlation_matrix.iloc[i, j]) > threshold:
            colname = correlation_matrix.columns[i]
            corr_features.add(colname)

print("Highly correlated features to remove:", corr_features)

# Function to remove correlated features
```

```
def remove_correlated_features(df, threshold):
    correlation_matrix = df.corr().abs()
    upper_tri = correlation_matrix.where(np.triu(np.ones(correlation_matrix.shape),
k=1).astype(bool))
    to_drop = [column for column in upper_tri.columns if any(upper_tri[column] >
threshold)]
    return df.drop(to_drop, axis=1)

# Apply the function to remove correlated features
df_uncorrelated = remove_correlated_features(df, threshold)

print("\\nOriginal dataset shape:", df.shape)
print("Dataset shape after removing correlated features:", df_uncorrelated.shape)

# Visualize correlation matrix after feature removal
correlation_matrix_after = df_uncorrelated.corr()
plt.figure(figsize=(10, 8))
sns.heatmap(correlation_matrix_after, annot=True, cmap='coolwarm', vmin=-1, vmax=1,
center=0)
plt.title('Correlation Matrix Heatmap After Feature Removal')
plt.show()
```

Explicación del Desglose del Código:

1. **Generación de Datos**:
    - Creamos un conjunto de datos de muestra con 1000 muestras y 6 características.
    - Las características 1-4 son variables independientes distribuidas normalmente.
    - La característica 5 está altamente correlacionada con la característica 1, y la característica 6 está altamente correlacionada con la característica 2.
    - Esta configuración imita escenarios del mundo real donde algunas características pueden ser redundantes o estar altamente correlacionadas.
2. **Cálculo de la Matriz de Correlación**:
    - Usamos la función corr() de pandas para calcular la matriz de correlación para todas las características.
    - Esta matriz muestra el coeficiente de correlación de Pearson entre cada par de características.
3. **Visualización de la Matriz de Correlación**:
    - Usamos heatmap de seaborn para visualizar la matriz de correlación.

- Esto proporciona una vista intuitiva de las relaciones entre características, donde los colores más oscuros indican correlaciones más fuertes.

4. **Identificación de Características Altamente Correlacionadas**:
    - Establecemos un umbral de correlación (0.8 en este caso).
    - Iteramos a través de la matriz de correlación para encontrar pares de características con correlación por encima de este umbral.
    - Estas características se agregan a un conjunto corr_features para su posible eliminación.
5. **Función de Eliminación de Características**:
    - Definimos una función remove_correlated_features que elimina las características altamente correlacionadas.
    - Solo considera el triángulo superior de la matriz de correlación para evitar comparaciones redundantes.
    - Para cada par de características correlacionadas, conserva una y elimina la otra.
6. **Aplicación de la Eliminación de Características**:
    - Aplicamos la función remove_correlated_features a nuestro conjunto de datos.
    - Imprimimos la forma del conjunto de datos antes y después de la eliminación para mostrar la reducción en características.
7. **Visualización Después de la Eliminación de Características**:
    - Creamos otro heatmap de la matriz de correlación después de la eliminación de características.
    - Esto ayuda a verificar que las características altamente correlacionadas han sido eliminadas.

Este ejemplo completo demuestra todo el proceso de identificación y eliminación de características correlacionadas, incluyendo la preparación de datos, visualización y la selección de características real. Proporciona un enfoque práctico para tratar la multicolinealidad en conjuntos de datos, lo cual es crucial para muchos algoritmos de aprendizaje automático.

10.2.2 Métodos de Envoltura

Los métodos de envoltura son un enfoque sofisticado para la selección de características que implica entrenar y evaluar iterativamente el modelo con diferentes subconjuntos de características. Este proceso tiene como objetivo identificar la combinación óptima de características que maximice el rendimiento del modelo. A diferencia de los métodos de filtro, que operan independientemente del modelo, los métodos de envoltura tienen en cuenta las características específicas y sesgos del algoritmo elegido.

El proceso generalmente implica:

1. Seleccionar un subconjunto de características
2. Entrenar el modelo con este subconjunto
3. Evaluar el rendimiento del modelo
4. Repetir el proceso con diferentes subconjuntos de características

Aunque son intensivos en cómputo, los métodos de envoltura ofrecen varias ventajas:

- Consideran interacciones entre características, que los métodos de filtro pueden pasar por alto.
- Optimizan la selección de características para el modelo específico que se utiliza.
- Pueden capturar relaciones complejas entre las características y la variable objetivo.

Las técnicas de envoltura comunes incluyen Eliminación Recursiva de Características (RFE), selección progresiva y eliminación regresiva, cada una con su propia estrategia para explorar el espacio de características. A pesar de su costo computacional, los métodos de envoltura son particularmente valiosos cuando el rendimiento del modelo es crítico y se cuenta con recursos computacionales. Se emplean a menudo en escenarios donde el número de características es moderado y el tamaño del conjunto de datos permite múltiples iteraciones de entrenamiento del modelo.

Técnicas Comunes de Envoltura

Los métodos de envoltura son enfoques sofisticados de selección de características que evalúan subconjuntos de características mediante la iteración de entrenamiento y pruebas del modelo. Estas técnicas consideran interacciones entre características y optimizan para el modelo específico que se está utilizando. Aquí tienes tres técnicas de envoltura destacadas:

- **Eliminación Recursiva de Características (RFE)**: Este método refina progresivamente el conjunto de características:
    - Comienza con el conjunto completo de características.
    - Entrena el modelo y clasifica las características según sus puntuaciones de importancia.
    - Elimina la(s) característica(s) menos importante(s).
    - Repite hasta alcanzar el número deseado de características.

    - Especialmente efectivo para identificar un número específico de características cruciales.
    - Comúnmente usado con modelos lineales (e.g., regresión logística) y modelos basados en árboles.
- **Selección Progresiva**: Este enfoque construye el conjunto de características de forma incremental:
    - Comienza con un conjunto de características vacío.
    - Añade iterativamente la característica que más mejora el rendimiento del modelo.
    - Continúa hasta cumplir un criterio de detención (e.g., meseta de rendimiento).
    - Útil para crear modelos parsimoniosos con conjuntos de características mínimas.
    - Efectivo cuando se comienza con un gran número de características potenciales.
- **Eliminación Regresiva**: Este método comienza con todas las características y las elimina estratégicamente:
    - Inicia con el conjunto completo de características.
    - Elimina iterativamente la característica cuya eliminación impacta menos en el rendimiento.
    - Prosigue hasta alcanzar una condición de detención.
    - Útil para identificar y eliminar características redundantes o menos importantes.
    - A menudo se usa cuando el conjunto inicial de características es de tamaño moderado.

Estos métodos de envoltura ofrecen una evaluación más completa de los subconjuntos de características en comparación con los métodos de filtro, ya que tienen en cuenta el modelo específico y las posibles interacciones entre características. Sin embargo, pueden ser computacionalmente intensivos, especialmente para conjuntos de características grandes, debido a las múltiples iteraciones de entrenamiento del modelo requeridas. La elección entre estas técnicas depende a menudo del tamaño del conjunto de datos, los recursos computacionales disponibles y los requisitos específicos del problema en cuestión.

Ejemplo: Eliminación Recursiva de Características (RFE)

RFE elimina iterativamente características en función de sus puntuaciones de importancia hasta que solo queda el subconjunto óptimo. Apliquemos RFE a un conjunto de datos de muestra usando un modelo de regresión logística.

```
import numpy as np
import matplotlib.pyplot as plt
from sklearn.feature_selection import RFE
from sklearn.linear_model import LogisticRegression
from sklearn.datasets import load_iris
from sklearn.model_selection import train_test_split
from sklearn.metrics import accuracy_score

# Load sample data (Iris dataset)
X, y = load_iris(return_X_y=True)
feature_names = load_iris().feature_names

# Split the data into training and testing sets
X_train,   X_test,   y_train,   y_test   =   train_test_split(X,   y,   test_size=0.3,
random_state=42)

# Initialize model and RFE with different numbers of features to select
n_features_to_select_range = range(1, len(feature_names) + 1)
accuracies = []

for n_features_to_select in n_features_to_select_range:
    model = LogisticRegression(max_iter=1000)
    rfe = RFE(estimator=model, n_features_to_select=n_features_to_select)

    # Fit RFE
    rfe = rfe.fit(X_train, y_train)

    # Transform the data
    X_train_rfe = rfe.transform(X_train)
    X_test_rfe = rfe.transform(X_test)

    # Fit the model
    model.fit(X_train_rfe, y_train)

    # Make predictions
    y_pred = model.predict(X_test_rfe)

    # Calculate accuracy
    accuracy = accuracy_score(y_test, y_pred)
    accuracies.append(accuracy)

    print(f"Number of features: {n_features_to_select}")
    print("Selected features:", np.array(feature_names)[rfe.support_])
    print("Feature ranking:", rfe.ranking_)
    print(f"Accuracy: {accuracy:.4f}\\n")

# Plot accuracy vs number of features
```

```
plt.figure(figsize=(10, 6))
plt.plot(n_features_to_select_range, accuracies, marker='o')
plt.xlabel('Number of Features')
plt.ylabel('Accuracy')
plt.title('Accuracy vs Number of Features')
plt.grid(True)
plt.show()

# Get the best number of features
best_n_features = n_features_to_select_range[np.argmax(accuracies)]
print(f"Best number of features: {best_n_features}")

# Rerun RFE with the best number of features
best_model = LogisticRegression(max_iter=1000)
best_rfe = RFE(estimator=best_model, n_features_to_select=best_n_features)
best_rfe = best_rfe.fit(X_train, y_train)

print("\\nBest feature subset:")
print("Selected features:", np.array(feature_names)[best_rfe.support_])
print("Feature ranking:", best_rfe.ranking_)
```

Explicación del Desglose del Código:

1. **Carga y Preprocesamiento de Datos**:
   - Cargamos el conjunto de datos Iris usando la función load_iris() de sklearn.
   - Dividimos los datos en conjuntos de entrenamiento y prueba usando train_test_split() para evaluar el rendimiento del modelo en datos no vistos.
2. **Implementación de Eliminación Recursiva de Características (RFE)**:
   - Implementamos RFE en un bucle, iterando a través de diferentes cantidades de características para seleccionar (de 1 al número total de características).
   - Para cada iteración: a. Creamos un modelo de LogisticRegression y un objeto RFE. b. Ajustamos el objeto RFE a los datos de entrenamiento. c. Transformamos tanto los datos de entrenamiento como los de prueba usando el RFE ajustado. d. Entrenamos el modelo de LogisticRegression en los datos de entrenamiento transformados. e. Realizamos predicciones en los datos de prueba transformados y calculamos la precisión.
3. **Visualización de Resultados**:
   - Graficamos la precisión en función de la cantidad de características seleccionadas.
   - Esta visualización ayuda a identificar el número óptimo de características que maximiza el rendimiento del modelo.

4. **Selección del Mejor Subconjunto de Características**:
   - Determinamos el número de características que dio la mayor precisión.
   - Volvemos a ejecutar RFE con este número óptimo de características para obtener el subconjunto final de características.
5. **Salida e Interpretación**:
   - Para cada iteración, imprimimos: a. El número de características seleccionadas b. Los nombres de las características seleccionadas c. La clasificación de todas las características (un rango menor indica mayor importancia) d. La precisión del modelo
   - Después de todas las iteraciones, imprimimos el mejor número de características y el subconjunto final de características seleccionadas.

Este ejemplo muestra un enfoque completo para la selección de características usando RFE. Va más allá de simplemente seleccionar características al evaluar cómo la selección de características impacta el rendimiento del modelo. La visualización ayuda a entender la relación entre la cantidad de características y la precisión del modelo, un aspecto crucial para tomar decisiones informadas sobre la selección de características en escenarios del mundo real.

10.2.3 Métodos Incrustados

Los métodos incrustados ofrecen un enfoque sofisticado para la selección de características al integrar el proceso directamente en la fase de entrenamiento del modelo. Esta integración permite una optimización más precisa del subconjunto de características, teniendo en cuenta las características específicas del modelo que se está entrenando. Estos métodos son particularmente ventajosos en términos de eficiencia computacional, ya que eliminan la necesidad de pasos separados para la selección de características y el entrenamiento del modelo.

La eficiencia de los métodos incrustados se debe a su capacidad para aprovechar los mecanismos internos del modelo para evaluar la importancia de las características. Por ejemplo, la regresión Lasso, que emplea regularización L1, reduce automáticamente los coeficientes de las características menos importantes hacia cero. Esto no solo ayuda en la selección de características, sino que también previene el sobreajuste al promover la esparsidad en el modelo.

La importancia de características basada en modelos de árboles, otra técnica incrustada común, utiliza la estructura de los árboles de decisión para evaluar la relevancia de las características. En métodos de ensamble como Random Forests o Gradient Boosting Machines, las características que se usan con frecuencia para la división o que contribuyen significativamente a reducir la impureza se consideran más importantes. Este enfoque proporciona una clasificación natural de las características en función de su poder predictivo dentro del marco del modelo.

Más allá de la regresión Lasso y los métodos basados en árboles, otras técnicas incrustadas incluyen Elastic Net (que combina regularización L1 y L2) y ciertas arquitecturas de redes neuronales que incorporan mecanismos de selección de características. Estos métodos ofrecen un equilibrio entre la complejidad del modelo y la selección de características, lo que suele resultar en modelos que son tanto precisos como interpretables.

Técnicas Incrustadas Comunes

Los métodos incrustados integran la selección de características directamente en el proceso de entrenamiento del modelo, ofreciendo un equilibrio entre eficiencia computacional y optimización de características. Estas técnicas aprovechan los mecanismos internos del modelo para evaluar la importancia de las características. Aquí tienes dos técnicas incrustadas destacadas:

- **Regresión Lasso**: Este método emplea regularización L1, que añade un término de penalización a la función de pérdida basado en el valor absoluto de los coeficientes de las características. Como resultado:
    - Las características menos importantes tienen sus coeficientes reducidos a cero, eliminándolas efectivamente del modelo.
    - Promueve la esparsidad en el modelo, lo que lleva a resultados más simples e interpretables.
    - Es particularmente útil al trabajar con datos de alta dimensión o cuando se necesita identificar un subconjunto de las características más influyentes.
- **Modelos Basados en Árboles**: Estos modelos, incluyendo árboles de decisión y métodos de ensamble como Random Forests, realizan selección de características de manera inherente durante el proceso de entrenamiento:
    - Las características se clasifican en función de su importancia en la toma de decisiones o en la reducción de impureza en cada nodo.
    - En Random Forests, la importancia se promedia a través de múltiples árboles, proporcionando una medida robusta de la relevancia de las características.
    - Este enfoque puede capturar relaciones no lineales e interacciones entre características, ofreciendo conocimientos que los modelos lineales podrían no captar.
    - Las puntuaciones de importancia de características resultantes pueden guiar la selección de características o informar esfuerzos de ingeniería de características.

Ambas técnicas ofrecen la ventaja de realizar simultáneamente el entrenamiento del modelo y la selección de características, reduciendo la sobrecarga computacional y proporcionando conocimientos sobre la relevancia de las características en el contexto del modelo específico que se utiliza.

Ejemplo: Selección de Características con Regresión Lasso

La regresión Lasso aplica regularización L1 a un modelo de regresión lineal, reduciendo los coeficientes de las características menos importantes a cero, seleccionando así solo las más relevantes.

```
import numpy as np
import matplotlib.pyplot as plt
from sklearn.linear_model import Lasso
from sklearn.datasets import load_boston
from sklearn.model_selection import train_test_split
from sklearn.preprocessing import StandardScaler
from sklearn.metrics import mean_squared_error, r2_score

# Load Boston housing data
X, y = load_boston(return_X_y=True)
feature_names = load_boston().feature_names

# Split the data into training and testing sets
X_train,  X_test,  y_train,  y_test  =  train_test_split(X,  y,  test_size=0.2,
random_state=42)

# Standardize features
scaler = StandardScaler()
X_train_scaled = scaler.fit_transform(X_train)
X_test_scaled = scaler.transform(X_test)

# Initialize and fit Lasso model with different alpha values
alphas = [0.1, 0.5, 1.0, 5.0, 10.0]
results = []

for alpha in alphas:
    lasso = Lasso(alpha=alpha, random_state=42)
    lasso.fit(X_train_scaled, y_train)

    # Calculate feature importance
    feature_importance = np.abs(lasso.coef_)
    selected_features = np.where(feature_importance > 0)[0]

    # Make predictions
    y_pred = lasso.predict(X_test_scaled)

    # Calculate metrics
    mse = mean_squared_error(y_test, y_pred)
    r2 = r2_score(y_test, y_pred)

    results.append({
        'alpha': alpha,
```

```
        'selected_features': selected_features,
        'mse': mse,
        'r2': r2
    })

    print(f"\\nAlpha: {alpha}")
    print("Selected features:", feature_names[selected_features])
    print(f"Number of selected features: {len(selected_features)}")
    print(f"Mean Squared Error: {mse:.4f}")
    print(f"R-squared Score: {r2:.4f}")

# Plot feature importance for the best model (based on R-squared score)
best_model = max(results, key=lambda x: x['r2'])
best_alpha = best_model['alpha']
best_lasso = Lasso(alpha=best_alpha, random_state=42)
best_lasso.fit(X_train_scaled, y_train)

plt.figure(figsize=(12, 6))
plt.bar(feature_names, np.abs(best_lasso.coef_))
plt.title(f'Feature Importance (Lasso, alpha={best_alpha})')
plt.xlabel('Features')
plt.ylabel('|Coefficient|')
plt.xticks(rotation=90)
plt.tight_layout()
plt.show()

# Plot number of selected features vs alpha
num_features = [len(result['selected_features']) for result in results]
plt.figure(figsize=(10, 6))
plt.plot(alphas, num_features, marker='o')
plt.title('Number of Selected Features vs Alpha')
plt.xlabel('Alpha')
plt.ylabel('Number of Selected Features')
plt.xscale('log')
plt.grid(True)
plt.show()
```

Explicación del Desglose del Código:

1. **Carga y Preprocesamiento de Datos**:
    - Cargamos el conjunto de datos de viviendas de Boston usando la función load_boston() de sklearn.
    - Los datos se dividen en conjuntos de entrenamiento y prueba usando train_test_split() para evaluar el rendimiento del modelo en datos no vistos.
    - Las características se estandarizan usando StandardScaler() para asegurar que todas estén en la misma escala, lo cual es importante para la regresión Lasso.

2. **Implementación del Modelo Lasso**:
    - Implementamos la regresión Lasso con diferentes valores de alpha (intensidad de regularización) para observar cómo afecta la selección de características.
    - Para cada valor de alpha, realizamos lo siguiente:
        - Inicializamos y ajustamos un modelo Lasso.
        - Calculamos la importancia de las características en función de los valores absolutos de los coeficientes.
        - Identificamos las características seleccionadas (aquellas con coeficientes distintos de cero).
        - Realizamos predicciones en el conjunto de prueba.
        - Calculamos las métricas de rendimiento (error cuadrático medio y coeficiente de determinación R-squared).
3. **Análisis de Resultados**:
    - Para cada valor de alpha, imprimimos:
        - Las características seleccionadas.
        - El número de características seleccionadas.
        - Error cuadrático medio y el valor de R-squared.
    - Esto nos permite observar cómo diferentes niveles de regularización afectan la selección de características y el rendimiento del modelo.
4. **Visualización**:
    - Gráfico de Importancia de Características: Creamos un gráfico de barras que muestra la importancia (valores absolutos de los coeficientes) de cada característica para el modelo con mejor rendimiento (según el valor de R-squared).
    - Gráfico de Número de Características Seleccionadas vs Alpha: Visualizamos cómo cambia el número de características seleccionadas con diferentes valores de alpha, lo que proporciona una visión sobre el equilibrio entre la complejidad del modelo y la fuerza de regularización.
5. **Interpretación**:
    - Al examinar la salida y las visualizaciones, podemos:
        - Identificar las características más importantes para predecir precios de viviendas en el conjunto de datos de Boston.

- Comprender cómo diferentes niveles de regularización (valores de alpha) afectan la selección de características y el rendimiento del modelo.
- Elegir un valor óptimo de alpha que equilibre entre la simplicidad del modelo (menos características) y el rendimiento predictivo.

10.2.4 Puntos Clave: Una Mirada Integral a los Métodos de Selección de Características

La selección de características es un paso crucial en el flujo de trabajo de aprendizaje automático, ayudando a mejorar el rendimiento del modelo, reducir el sobreajuste y mejorar la interpretabilidad. Profundicemos en las tres categorías principales de técnicas de selección de características:

- **Métodos de Filtro**: Son los enfoques más simples y computacionalmente eficientes.
    - Ventajas: Rápidos de implementar, independientes del modelo y escalables a grandes conjuntos de datos.
    - Desventajas: Pueden pasar por alto interacciones complejas entre características y su relación con la variable objetivo.
    - Ejemplos: Análisis de correlación, prueba chi-cuadrado e información mutua.
- **Métodos de Envoltura**: Estos métodos utilizan un modelo predictivo para evaluar subconjuntos de características.
    - Ventajas: Capturan interacciones entre características y optimizan para un modelo específico.
    - Desventajas: Son intensivos en cómputo, especialmente para conjuntos de características grandes.
    - Ejemplos: Eliminación Recursiva de Características (RFE) y selección progresiva/regresiva.
- **Métodos Incrustados**: Estas técnicas realizan la selección de características como parte del proceso de entrenamiento del modelo.
    - Ventajas: Ofrecen un equilibrio entre eficiencia computacional y optimización de rendimiento.
    - Desventajas: Son específicos del modelo y pueden no generalizar bien en diferentes algoritmos.
    - Ejemplos: Regresión Lasso, importancia en árboles de decisión e importancia de características en Gradient Boosting.

Elegir el método de selección de características adecuado implica considerar varios factores:

- Características del conjunto de datos: Tamaño, dimensionalidad y esparsidad de los datos.
- Recursos computacionales: Potencia de procesamiento disponible y limitaciones de tiempo.
- Complejidad del modelo: El tipo de modelo que estás usando y sus capacidades inherentes para manejar características.
- Conocimiento del dominio: La incorporación de conocimientos de expertos puede guiar el proceso de selección de características.

Un enfoque híbrido, que combine múltiples técnicas de selección de características, a menudo produce los mejores resultados. Por ejemplo, puedes comenzar con un método de filtro para reducir rápidamente el conjunto de características y luego usar un método de envoltura o incrustado para afinar. Esta estrategia aprovecha las fortalezas de cada enfoque mientras mitiga sus debilidades individuales.

Recuerda, la selección de características es un proceso iterativo. Es esencial validar las características seleccionadas mediante validación cruzada y reevaluar su relevancia a medida que se disponga de nuevos datos o el dominio del problema evolucione.

10.3 Ejercicios Prácticos para el Capítulo 10

Estos ejercicios brindan práctica práctica con diferentes técnicas de selección de características, ayudándote a comprender cómo aplicarlas eficazmente para optimizar tus conjuntos de datos. Se incluyen soluciones con código para guiarte en cada paso.

Ejercicio 1: Umbral de Varianza

Tienes un conjunto de datos con múltiples características. Aplica umbral de varianza para eliminar características con varianza por debajo de 0.1.

```
from sklearn.feature_selection import VarianceThreshold
import pandas as pd

# Sample dataset with low-variance features
data = {'Feature1': [1, 1, 1, 1, 1],
        'Feature2': [0.5, 0.5, 0.5, 0.5, 0.5],
        'Feature3': [0, 1, 0, 1, 0],
        'Feature4': [1, 2, 3, 4, 5]}
df = pd.DataFrame(data)

# Solution: Apply variance thresholding
selector = VarianceThreshold(threshold=0.1)
reduced_data = selector.fit_transform(df)

print("Reduced dataset with high-variance features:")
```

```
print(reduced_data)
```

En esta solución:

El umbral de varianza elimina características que no cumplen con el umbral de varianza de 0.1, lo que da como resultado un conjunto de datos reducido con mayor densidad de información.

Ejercicio 2: Umbral de Correlación

Dado un conjunto de datos, identifica pares de características con una correlación superior a 0.8 y elimina una de cada par altamente correlacionado.

```
# Sample dataset with correlated features
data = {'Feature1': [1, 2, 3, 4, 5],
        'Feature2': [2, 4, 6, 8, 10],  # Perfectly correlated with Feature1
        'Feature3': [5, 3, 6, 2, 1],
        'Feature4': [10, 12, 15, 20, 25]}
df = pd.DataFrame(data)

# Solution: Correlation thresholding
correlation_matrix = df.corr()
threshold = 0.8
corr_features = set()

for i in range(len(correlation_matrix.columns)):
    for j in range(i):
        if abs(correlation_matrix.iloc[i, j]) > threshold:
            colname = correlation_matrix.columns[i]
            corr_features.add(colname)

# Remove correlated features
df_reduced = df.drop(columns=corr_features)

print("Reduced dataset with correlated features removed:")
print(df_reduced)
```

En esta solución:

Calculamos las correlaciones entre características y eliminamos una característica de cada par altamente correlacionado (por ejemplo, eliminando **Feature2** si está altamente correlacionada con **Feature1**).

Ejercicio 3: Eliminación Recursiva de Características (RFE)

Usando el **conjunto de datos Iris**, aplica Eliminación Recursiva de Características (RFE) con un modelo de regresión logística para seleccionar las 2 características principales.

```
from sklearn.feature_selection import RFE
from sklearn.linear_model import LogisticRegression
```

```
from sklearn.datasets import load_iris

# Load the Iris dataset
X, y = load_iris(return_X_y=True)

# Solution: Apply RFE with logistic regression
model = LogisticRegression(max_iter=200)
rfe = RFE(model, n_features_to_select=2)
X_rfe = rfe.fit_transform(X, y)

print("Selected features after RFE:", rfe.support_)
print("Feature ranking:", rfe.ranking_)
```

En esta solución:

RFE clasifica las características por importancia para un modelo de regresión logística, seleccionando las 2 principales según su impacto en el rendimiento del modelo.

Ejercicio 4: Selección de Características con Regresión Lasso

Usando el **conjunto de datos de viviendas de Boston**, aplica la regresión Lasso para la selección de características. Imprime las características seleccionadas con coeficientes distintos de cero.

```
from sklearn.linear_model import Lasso
from sklearn.datasets import load_boston
import numpy as np

# Load the Boston housing dataset
X, y = load_boston(return_X_y=True)

# Solution: Apply Lasso regression for feature selection
lasso = Lasso(alpha=0.1)
lasso.fit(X, y)

# Identify non-zero coefficients
selected_features = np.where(lasso.coef_ != 0)[0]

print("Selected features with Lasso:", selected_features)
```

En esta solución:

La **regresión Lasso** realiza la selección de características reduciendo a cero los coeficientes de las características menos importantes, reteniendo solo las más impactantes.

Ejercicio 5: Implementación de PCA para Reducción de Dimensionalidad

Usando el **conjunto de datos Iris**, aplica Análisis de Componentes Principales (PCA) para reducir el conjunto de datos a dos dimensiones para su visualización.

```
from sklearn.decomposition import PCA
import pandas as pd
import matplotlib.pyplot as plt

# Load the Iris dataset
iris = load_iris()
X = iris.data
y = iris.target

# Solution: Apply PCA with 2 components
pca = PCA(n_components=2)
X_pca = pca.fit_transform(X)

# Convert PCA results to DataFrame
df_pca = pd.DataFrame(data=X_pca, columns=['PC1', 'PC2'])
df_pca['target'] = y

# Plot the PCA result
plt.figure(figsize=(8, 6))
for label in df_pca['target'].unique():
    subset = df_pca[df_pca['target'] == label]
    plt.scatter(subset['PC1'], subset['PC2'], label=iris.target_names[label])
plt.xlabel('Principal Component 1')
plt.ylabel('Principal Component 2')
plt.title('PCA on Iris Dataset')
plt.legend()
plt.show()
```

En esta solución:

PCA reduce el **conjunto de datos Iris** a dos dimensiones, permitiendo visualizar la estructura del conjunto en un espacio de menor dimensionalidad.

Estos ejercicios te guían a través de aplicaciones prácticas de umbral de varianza, umbral de correlación, RFE, regresión Lasso y PCA, brindándote una comprensión integral de las técnicas de selección de características y reducción de dimensionalidad. Estas habilidades son esenciales para manejar conjuntos de datos complejos, simplificar modelos y mejorar la interpretabilidad.

10.4 ¿Qué Podría Salir Mal?

La reducción de dimensionalidad y la selección de características pueden simplificar los modelos y mejorar el rendimiento, pero estas técnicas requieren una aplicación cuidadosa para evitar posibles problemas. A continuación, discutimos algunos desafíos comunes y consideraciones a tener en cuenta al usar estas técnicas, junto con sugerencias para abordarlos.

10.4.1 Eliminar Demasiadas Características

La selección de características puede mejorar la eficiencia del modelo, pero una reducción excesiva puede llevar a un **subajuste**. Si se eliminan demasiadas características relevantes, el modelo puede perder información crítica, limitando su capacidad para capturar patrones en los datos.

¿Qué podría salir mal?

- El modelo puede tener dificultades para generalizar, perdiendo conocimientos importantes y ofreciendo un bajo rendimiento predictivo.
- Pueden descartarse características clave si los criterios de selección priorizan solo la varianza o la correlación sin considerar el conocimiento del dominio.

Solución:

- Evalúa cuidadosamente el rendimiento del modelo después de cada paso de reducción y considera usar validación cruzada para asegurar que la precisión se mantenga alta.
- Equilibra la selección de características automatizada con el conocimiento del dominio para conservar características que pueden ser esenciales, incluso si no tienen una puntuación alta en métricas de varianza o correlación.

10.4.2 Introducción de Sesgo con Métodos de Filtro

Los métodos de filtro dependen de métricas como varianza o correlación para seleccionar características de forma independiente al modelo, lo que a veces puede pasar por alto las interacciones entre características. Características importantes que tienen baja varianza de forma individual, pero que contribuyen al poder predictivo en combinación, pueden ser descartadas.

¿Qué podría salir mal?

- El modelo puede perder relaciones significativas entre características, lo que resulta en una menor capacidad predictiva.
- Los métodos de filtro pueden retener características redundantes o irrelevantes que son estadísticamente significativas pero que no aportan información significativa al modelo.

Solución:

- Utiliza métodos de filtro como un paso inicial, pero complementa con métodos de envoltura o incrustados para capturar interacciones.
- Analiza las características retenidas para confirmar que contribuyen a la precisión del modelo y considera combinar múltiples técnicas de selección de características para lograr un conjunto de características equilibrado.

10.4.3 Fugas de Datos con Métodos de Envoltura

Los métodos de envoltura evalúan subconjuntos de características según el rendimiento del modelo, lo que a veces puede introducir inadvertidamente **fugas de datos** si se considera información futura en la selección de características. Las fugas pueden inflar artificialmente el rendimiento del modelo durante el entrenamiento, pero llevar a una mala generalización en la implementación.

¿Qué podría salir mal?

- Los modelos pueden funcionar bien en los datos de prueba durante la validación cruzada, pero fallar en aplicaciones del mundo real, donde no tienen acceso a datos futuros.
- Los métodos de envoltura pueden capturar inadvertidamente ruido como características importantes, especialmente en conjuntos de datos pequeños, lo que reduce la capacidad de generalización.

Solución:

- Asegúrate de que la validación cruzada y el entrenamiento del modelo sigan una división de serie temporal o sin fugas si trabajas con datos temporales.
- Utiliza métodos de envoltura con precaución en conjuntos de datos pequeños y aplica métodos como la eliminación progresiva o regresiva de características para evaluar el impacto de cada característica en la estabilidad del modelo.

10.4.4 Penalización Excesiva con Métodos Incrustados

Los métodos incrustados como la **regresión Lasso** son efectivos para reducir la complejidad al penalizar características menos importantes, pero una penalización excesiva puede causar la eliminación de características esenciales. En conjuntos de datos con información limitada, la regularización puede simplificar demasiado el modelo, conduciendo a un subajuste.

¿Qué podría salir mal?

- Lasso u otras técnicas similares pueden eliminar características que contribuyen significativamente a la predicción, especialmente en conjuntos de datos con ruido o características altamente correlacionadas.
- Las variables importantes pueden recibir un coeficiente cero, lo que hace que el modelo pase por alto patrones que son sutiles pero valiosos.

Solución:

- Ajusta gradualmente la fuerza de regularización (por ejemplo, el parámetro alpha en Lasso), usando validación cruzada para evaluar el rendimiento del modelo en cada paso.

- Considera usar **Elastic Net** (una combinación de regresión Lasso y Ridge) si la penalización excesiva es un problema, ya que equilibra los efectos de la regularización L1 y L2.

10.4.5 Interpretación Errónea de los Componentes de PCA

PCA puede transformar características en nuevas dimensiones, pero interpretar estos nuevos componentes es un desafío. Los componentes son combinaciones de características originales y pueden no tener una interpretación directa, lo que dificulta la relación con los conocimientos específicos del dominio.

¿Qué podría salir mal?

- Sin entender cómo se relaciona cada componente con las características originales, las conclusiones extraídas de los datos transformados por PCA pueden ser engañosas.
- Los modelos pueden perder interpretabilidad, particularmente en aplicaciones donde se requieren explicaciones claras de las predicciones (por ejemplo, en salud o finanzas).

Solución:

- Examina la **varianza explicada** de cada componente para entender cuánta información retiene cada uno. Esto puede ayudar a determinar la importancia de cada componente principal.
- Utiliza PCA principalmente para análisis exploratorio o preparación de datos, complementándolo con modelos interpretables si se requieren conocimientos claros de las características.

10.4.6 Redundancia en Técnicas de Selección de Características

Al combinar múltiples métodos de selección de características, puede surgir redundancia si se priorizan repetidamente características similares. Por ejemplo, los métodos de filtro y envoltura pueden resaltar características de alta varianza, lo que lleva a duplicaciones sin valor predictivo adicional.

¿Qué podría salir mal?

- Retener características redundantes aumenta el tiempo de cómputo sin mejorar el rendimiento del modelo, lo que puede introducir multicolinealidad.
- Un exceso de redundancia puede llevar a un modelo inflado con complejidad innecesaria, reduciendo su interpretabilidad y mantenibilidad.

Solución:

- Revisa las características seleccionadas después de cada método para identificar y eliminar aquellas redundantes o altamente correlacionadas.

- Utiliza enfoques jerárquicos de selección de características (por ejemplo, aplicando primero métodos de filtro, seguidos de métodos de envoltura) para crear un conjunto de características conciso y complementario.

Conclusión

La selección de características y la reducción de dimensionalidad efectivas requieren un enfoque equilibrado. Si bien estas técnicas mejoran la simplicidad y eficiencia del modelo, su aplicación cuidadosa es necesaria para evitar la eliminación de características esenciales, la introducción de sesgos o la reducción de la interpretabilidad. Al comprender estos posibles problemas, puedes aprovechar la selección de características para crear modelos optimizados y efectivos que mantengan precisión y relevancia en una amplia variedad de conjuntos de datos.

Resumen del Capítulo 10

En este capítulo, exploramos las técnicas esenciales de reducción de dimensionalidad y selección de características, procesos clave para manejar conjuntos de datos grandes con alta cantidad de características. Estas técnicas ayudan a simplificar los datos, reducir la complejidad computacional y mejorar el rendimiento del modelo mientras se minimiza el riesgo de sobreajuste. Al retener solo las características más informativas o transformar los datos en espacios de menor dimensión, la reducción de dimensionalidad permite una mejor generalización, modelos más simples y una interpretación de datos más clara.

Comenzamos discutiendo el **Análisis de Componentes Principales (PCA)**, una técnica ampliamente utilizada para reducir dimensiones transformando los datos en nuevos ejes, o componentes principales, que capturan la máxima varianza. PCA ayuda a crear un conjunto más pequeño de variables no correlacionadas mientras se conserva la mayor cantidad de información posible. Esto es particularmente útil para datos de alta dimensionalidad, donde algunas características pueden contener información redundante. PCA también puede ser valioso para la visualización, permitiendo que datos complejos se representen en dos o tres dimensiones para revelar patrones o grupos. Sin embargo, la dependencia de PCA en transformaciones lineales significa que es más efectivo cuando la estructura de los datos puede representarse adecuadamente de manera lineal.

Luego, cubrimos **técnicas de selección de características**, que buscan retener las características más relevantes mientras se descartan las redundantes o irrelevantes. Las técnicas de selección de características se dividen generalmente en tres grupos: **métodos de filtro**, **métodos de envoltura** y **métodos incrustados**. Cada categoría tiene ventajas y aplicaciones distintas:

- **Métodos de filtro**, como el umbral de varianza y el análisis de correlación, operan independientemente de cualquier modelo, lo que los hace computacionalmente eficientes para una selección preliminar.

- **Métodos de envoltura**, como la Eliminación Recursiva de Características (RFE), usan el rendimiento del modelo como criterio para añadir o eliminar características de forma iterativa. Aunque más intensivos en cómputo, estos métodos pueden ser más efectivos para capturar las características más influyentes para modelos específicos.
- **Métodos incrustados**, como la regresión Lasso, integran la selección de características en el proceso de entrenamiento del modelo. Utilizan regularización para penalizar características menos importantes, reduciéndolas a cero. Esta técnica puede ser eficiente para datos de alta dimensionalidad, pero requiere ajustes cuidadosos para evitar penalizar en exceso características relevantes.

Además, discutimos la importancia de comprender los posibles problemas al aplicar estas técnicas. Eliminar demasiadas características puede llevar a subajuste, mientras que la introducción de sesgos o fugas de datos puede afectar la precisión y la generalización del modelo. Seleccionar características redundantes o penalizar en exceso con regularización también puede llevar a modelos subóptimos. Así, equilibrar la eficiencia computacional con la relevancia de las características es crucial.

En resumen, las técnicas de reducción de dimensionalidad, ya sea mediante selección de características o transformación, son herramientas poderosas para manejar conjuntos de datos complejos. Al mejorar la simplicidad y la interpretabilidad de los datos, estas técnicas permiten modelos más eficientes y precisos que pueden capturar mejor los patrones esenciales en los datos. Avanzando, estas habilidades en la reducción de la complejidad dimensional respaldarán enfoques de modelado avanzados, ayudando a abordar eficazmente conjuntos de datos complejos y de alta dimensionalidad.

Quiz Parte 3: Limpieza y Preprocesamiento de Datos

Este Quiz evaluará tu comprensión de las técnicas cubiertas en la Parte 3. Cada pregunta se enfoca en conceptos clave de limpieza avanzada de datos, manejo de series temporales y reducción de dimensionalidad.

1. ¿Cuál de los siguientes métodos es más efectivo para eliminar características con muy baja varianza?

a) Eliminación Recursiva de Características (RFE)

b) Umbral de Varianza

c) Análisis de Componentes Principales (PCA)

d) Regresión Lasso

2. Al trabajar con datos de series temporales, ¿qué técnica sería la más apropiada para manejar fechas faltantes y mantener la consistencia temporal del conjunto de datos?

a) Eliminar todas las filas con fechas faltantes

b) Rellenar fechas faltantes con la fecha promedio

c) Reindexar los datos a una frecuencia regular y usar rellenado hacia adelante o hacia atrás

d) Reemplazar las fechas faltantes con un valor de fecha constante

3. ¿Qué representa el ratio de varianza explicada en PCA?

a) La varianza del conjunto de datos capturada por cada característica original

b) El número de componentes seleccionados para alcanzar el 100% de varianza

c) La proporción de la varianza del conjunto de datos capturada por cada componente principal

d) La varianza total de los datos transformados

4. ¿En cuál de los siguientes escenarios sería más apropiado utilizar la codificación cíclica (transformación seno y coseno) para una característica?

a) Codificar cifras de ventas diarias

b) Codificar variables categóricas como categorías de productos

c) Codificar características con patrones cíclicos, como el día de la semana

d) Codificar identificaciones de usuarios en un conjunto de datos

5. ¿Cuál de las siguientes NO es una característica de los métodos de filtro en la selección de características?

a) Clasifican características independientemente de un modelo específico

b) Son computacionalmente eficientes

c) Se basan en el entrenamiento del modelo para determinar la importancia de las características

d) Usan métricas como la correlación y la varianza para la selección de características

6. ¿Qué técnica de reducción de dimensionalidad utiliza una transformación lineal para crear nuevos ejes que capturen la máxima varianza?

a) Análisis Discriminante Lineal (LDA)

b) Análisis de Componentes Principales (PCA)

c) Eliminación Recursiva de Características (RFE)

d) Regresión Lasso

7. Si dos características en un conjunto de datos tienen un coeficiente de correlación cercano a 1, ¿qué técnica ayudaría a reducir la redundancia sin perder información crítica?

a) Eliminación Recursiva de Características (RFE)

b) Umbral de Varianza

c) Umbral de Correlación

d) Regresión Lasso

8. ¿En qué situación los métodos de envoltura para la selección de características podrían ser más efectivos que los métodos de filtro?

a) Cuando la eficiencia computacional es la máxima prioridad

b) Al trabajar con un conjunto de datos con muchas características altamente correlacionadas

c) Cuando se necesita capturar efectos de interacción entre características

d) Al clasificar características basándose solo en propiedades estadísticas

9. ¿Cuál es una desventaja común de usar la regresión Lasso para la selección de características?

a) Puede no eliminar ninguna característica del modelo

b) No puede combinarse con otros métodos de reducción de dimensionalidad

c) Puede penalizar en exceso las características, lo que potencialmente lleva a un subajuste

d) No asigna un coeficiente de cero a características no importantes

10. ¿Por qué se recomienda usar validación cruzada al aplicar métodos de envoltura como la Eliminación Recursiva de Características (RFE) en conjuntos de datos pequeños?

a) Para maximizar las interacciones entre características

b) Para asegurarse de que las características seleccionadas generalicen bien a nuevos datos

c) Para evitar fugas de datos

d) Para priorizar la eficiencia computacional

Respuestas

1. **b)** Umbral de Varianza
2. **c)** Reindexar los datos a una frecuencia regular y usar rellenado hacia adelante o hacia atrás
3. **c)** La proporción de la varianza del conjunto de datos capturada por cada componente principal
4. **c)** Codificar características con patrones cíclicos, como el día de la semana
5. **c)** Se basan en el entrenamiento del modelo para determinar la importancia de las características
6. **b)** Análisis de Componentes Principales (PCA)
7. **c)** Umbral de Correlación
8. **c)** Cuando se necesita capturar efectos de interacción entre características
9. **c)** Puede penalizar en exceso las características, lo que potencialmente lleva a un subajuste
10. **b)** Para asegurarse de que las características seleccionadas generalicen bien a nuevos datos

Conclusión

En *Fundamentos de Ingeniería de Datos: Técnicas Esenciales para el Análisis de Datos con Pandas, NumPy y Scikit-Learn*, emprendimos un viaje a través de los bloques fundamentales de la ingeniería de datos y el diseño de características. Este volumen tiene como objetivo dotarte de las herramientas, técnicas y conocimientos necesarios para preparar, limpiar y transformar datos de manera efectiva, una habilidad invaluable que constituye la base de cualquier proyecto de ciencia de datos o aprendizaje automático.

La ingeniería de datos es considerada a menudo como un componente fundamental de la ciencia de datos, y con razón: la calidad y estructura de los datos tienen un impacto directo en el rendimiento y la fiabilidad de los modelos de aprendizaje automático. Al llegar a la etapa de modelado, un conjunto de datos debería estar bien preparado, limpio y reflejar los patrones verdaderos dentro de los datos. Lograr este estado requiere un profundo entendimiento de los datos, el uso de herramientas avanzadas y una atención meticulosa a los detalles. A través de este libro, hemos profundizado en estos aspectos críticos, asegurando que tengas el conocimiento y la confianza para abordar conjuntos de datos del mundo real con habilidad y precisión.

El Valor de la Preparación y Limpieza de Datos

El libro comenzó con una exploración de los fundamentos del análisis de datos y estableció la importancia de contar con datos estructurados y limpios para realizar un análisis significativo. La limpieza de datos no es simplemente un paso preliminar; es un proceso crítico que aborda valores faltantes, maneja valores atípicos, corrige anomalías y, en última instancia, asegura que el conjunto de datos esté libre de inconsistencias y ruido. Un conjunto de datos bien preparado sirve como una base sólida, proporcionando al modelo de aprendizaje automático entradas que representan las relaciones subyacentes en los datos en lugar de artefactos o errores.

Hemos cubierto una variedad de técnicas para manejar datos faltantes, incluyendo estrategias de imputación y métodos para conjuntos de datos grandes donde los enfoques estándar pueden no ser factibles. Nuestro objetivo fue destacar tanto los aspectos técnicos como los estratégicos de la limpieza de datos, ilustrando que no existe una solución única para todos los casos. El enfoque óptimo depende de las características del conjunto de datos, el problema a resolver y los requisitos del modelo. Al practicar con conjuntos de datos reales y trabajar a través de ejemplos prácticos, has adquirido experiencia práctica que te prepara para la naturaleza impredecible de los datos del mundo real.

Dominando la Manipulación de Datos con Pandas y NumPy

Este libro enfatizó el papel de **Pandas** y **NumPy**, dos bibliotecas esenciales de Python que constituyen la columna vertebral de la manipulación de datos en el ecosistema de Python. Pandas, con sus estructuras de datos flexibles y su sintaxis intuitiva, permite a los científicos de datos realizar una variedad de operaciones, desde la limpieza de datos hasta la agregación y transformación. NumPy, por otro lado, proporciona la velocidad computacional y eficiencia necesarias para operaciones numéricas a gran escala, permitiendo a los científicos de datos realizar transformaciones complejas en matrices de forma eficiente.

A lo largo del libro, hemos explorado cómo usar estas herramientas en conjunto, aprovechando sus fortalezas únicas para optimizar los flujos de trabajo de datos. Has aprendido a realizar operaciones básicas y avanzadas en datos, incluyendo filtrado, agregación y reestructuración de conjuntos de datos. También cubrimos formas eficientes de manejar grandes conjuntos de datos con estas bibliotecas, ofreciendo técnicas prácticas para la manipulación de datos que garantizan tanto velocidad como eficiencia en el uso de la memoria. Al dominar Pandas y NumPy, ahora tienes la capacidad de abordar tareas de análisis de datos con la confianza de manejar conjuntos de datos complejos de manera efectiva y realizar operaciones que permiten obtener conocimientos más profundos y mejorar el rendimiento del modelo.

Diseño de Características: Creación y Refinamiento de Características Predictivas

Quizás el componente más crítico de este libro fue el diseño de características, el proceso de transformar datos en bruto en características significativas que mejoren el rendimiento del modelo. Aunque los algoritmos y modelos son poderosos, solo pueden trabajar de manera efectiva con las entradas adecuadas. Las características son las entradas que representan los patrones y relaciones subyacentes en los datos, y desempeñan un papel vital en la capacidad de un modelo para generalizar a nuevos datos.

En *Fundamentos de Ingeniería de Datos*, exploramos diversas técnicas de diseño de características, desde transformaciones básicas hasta métodos avanzados como características polinomiales y términos de interacción. Estas técnicas permiten a los científicos de datos revelar patrones ocultos en los datos, permitiendo a los modelos capturar relaciones complejas y no lineales. También cubrimos técnicas de codificación para variables categóricas, asegurando que todos los tipos de datos estén preparados para su entrada en modelos de aprendizaje automático. Desde la codificación one-hot hasta la codificación de frecuencia, cada método tiene sus ventajas específicas, y proporcionamos pautas para seleccionar la técnica más adecuada en función de los datos y el modelo.

Más allá de la creación de características, abordamos el concepto de **selección de características** y métodos para identificar las características más informativas. La selección de características no solo mejora la precisión del modelo al reducir el ruido, sino que también aumenta la interpretabilidad y reduce el costo computacional. Al experimentar con técnicas como la importancia de las características y la reducción de dimensionalidad, has adquirido una comprensión sólida de cómo crear y refinar características que aumentan la precisión predictiva mientras aseguran que el modelo sea eficiente e interpretable.

Construcción de Flujos de Trabajo Reproducibles con Tuberías de Scikit-Learn

La importancia de la reproducibilidad en la ciencia de datos no puede ser subestimada. A medida que los científicos de datos avanzan en complejos pasos de preparación de datos, es esencial crear flujos de trabajo que sean consistentes, eficientes y repetibles. La **funcionalidad de tuberías de Scikit-Learn** permite a los científicos de datos automatizar pasos de preprocesamiento, asegurando que las transformaciones se apliquen de manera consistente en los conjuntos de entrenamiento y prueba. Esta automatización minimiza el riesgo de fuga de datos y garantiza que los modelos se evalúen en datos que han sido procesados de la misma forma que los datos de entrenamiento.

En este libro, exploramos cómo construir tuberías que incorporen múltiples etapas de transformación de datos, desde escalado y codificación hasta selección de características. Al crear flujos de trabajo de extremo a extremo, aseguras que cada paso en el proceso de preparación de datos se realice de manera precisa y eficiente, incluso a medida que los conjuntos de datos o los requisitos del proyecto evolucionan. Esta habilidad es invaluable para construir modelos confiables y listos para producción, y es un componente crucial de las prácticas profesionales de ingeniería de datos y aprendizaje automático.

Mirando al Futuro: Preparación para Aplicaciones Avanzadas

El Volumen 1 ha proporcionado una base sólida en ingeniería de datos, manipulación de datos y diseño de características, dotándote de las habilidades necesarias para abordar desafíos de datos intermedios y avanzados. Con una sólida comprensión de las técnicas de preparación de datos, estás listo para pasar al Volumen 2, donde exploraremos aplicaciones prácticas y estudios de caso, la integración con modelos de aprendizaje automático y temas avanzados como el diseño de características en aprendizaje profundo y el aprendizaje automático automatizado.

El Volumen 2 se basará en las habilidades que has desarrollado aquí, aplicándolas a escenarios más complejos y especializados. Desde proyectos del mundo real en segmentación de clientes hasta análisis de datos de salud, te guiaremos a través de técnicas avanzadas de diseño de características adaptadas a industrias y tipos de problemas específicos. También cubriremos temas de vanguardia, como AutoML, que simplifican el proceso de construcción de modelos mediante la selección automática de características, la optimización de modelos y la automatización de tuberías.

Reflexiones Finales

Fundamentos de Ingeniería de Datos te ha dotado de las habilidades, herramientas y técnicas necesarias para dominar la preparación de datos y el diseño de características. Al completar este libro, has adquirido una comprensión integral de cómo limpiar, estructurar y transformar datos, preparándolos para el aprendizaje automático con cuidado y precisión. Estas habilidades servirán como base para cualquier proyecto de ciencia de datos o aprendizaje automático, destacándote como un profesional de datos que comprende el papel fundamental de la calidad y estructura de los datos en la generación de conocimientos y predicciones significativas.

La ciencia de datos es un viaje de aprendizaje y exploración continua, y cada conjunto de datos ofrece un desafío único y una oportunidad para profundizar en tu conocimiento. A medida que continúes trabajando en proyectos de datos, recuerda que el diseño de características y la preparación de datos son procesos iterativos que requieren tanto habilidades técnicas como pensamiento creativo. Los conocimientos que descubras y el impacto que generes están directamente influenciados por tu habilidad para manejar y transformar datos de manera efectiva.

Gracias por acompañarnos en este recorrido a través de *Fundamentos de Ingeniería de Datos*. Esperamos que hayas encontrado este libro como un recurso valioso y que las habilidades que has adquirido aquí te permitan afrontar nuevos desafíos con confianza. Esperamos ver los conocimientos que generes, los modelos que construyas y las innovaciones que aportes al campo de la ciencia de datos.

¿Dónde continuar?

Si has completado este libro y tienes hambre de más conocimientos de programación, nos gustaría recomendarte algunos otros libros de nuestra empresa de software que podrían resultarte útiles. Estos libros cubren una amplia gama de temas y están diseñados para ayudarte a seguir ampliando tus habilidades de programación.

1. **"ChatGPT API Bible: Mastering Python Programming for Conversational AI"**: Proporciona una guía práctica, paso a paso, para utilizar ChatGPT, cubriendo todo, desde la integración de la API hasta el ajuste fino del modelo para tareas o industrias específicas.
2. **"Natural Language Processing with Python: Building your Own Customer Service ChatBot"**: Este libro expansivo ofrece una exploración profunda del PLN. Simplifica con éxito conceptos complejos utilizando explicaciones atractivas y ejemplos intuitivos.
3. **"Data Analysis with Python"**: Python es un lenguaje poderoso para el análisis de datos, y este libro te ayudará a desbloquear su máximo potencial. Cubre temas como la limpieza de datos, la manipulación de datos y la visualización de datos, y te proporciona ejercicios prácticos para ayudarte a aplicar lo que has aprendido.
4. **"Machine Learning with Python"**: El aprendizaje automático es uno de los campos más emocionantes de la informática, y este libro te ayudará a empezar a construir tus propios modelos de aprendizaje automático usando Python. Cubre temas como la regresión lineal, la regresión logística y los árboles de decisión.
5. **"Mastering ChatGPT and Prompt Engineering"**: En este libro, te llevaremos en un viaje completo a través del mundo de la ingeniería de prompts, cubriendo todo, desde los fundamentos de los modelos de lenguaje de IA hasta estrategias avanzadas y aplicaciones en el mundo real.

Todos estos libros están diseñados para ayudarte a seguir ampliando tus habilidades de programación y profundizar tu comprensión del lenguaje Python. Creemos que la programación es una habilidad que se puede aprender y desarrollar con el tiempo, y estamos comprometidos a proporcionar recursos para ayudarte a alcanzar tus objetivos.

También nos gustaría aprovechar esta oportunidad para agradecerte por elegir nuestra empresa de software como tu guía en tu viaje de programación. Esperamos que hayas encontrado este libro de Python para principiantes como un recurso valioso, y esperamos seguir proporcionándote recursos de programación de alta calidad en el futuro. Si tienes algún comentario o sugerencia para futuros libros o recursos, no dudes en ponerte en contacto con nosotros. ¡Nos encantaría saber de ti!

Conoce más sobre nosotros

En Cuantum Technologies, nos especializamos en construir aplicaciones web que ofrecen experiencias creativas y resuelven problemas del mundo real. Nuestros desarrolladores tienen experiencia en una amplia gama de lenguajes de programación y marcos de trabajo, incluyendo Python, Django, React, Three.js y Vue.js, entre otros. Constantemente exploramos nuevas tecnologías y técnicas para mantenernos a la vanguardia de la industria, y nos enorgullecemos de nuestra capacidad para crear soluciones que satisfagan las necesidades de nuestros clientes.

Si estás interesado en aprender más sobre Cuantum Technologies y los servicios que ofrecemos, por favor visita nuestro sitio web en books.cuantum.tech. Estaremos encantados de responder cualquier pregunta que puedas tener y de discutir cómo podemos ayudarte con tus necesidades de desarrollo de software.

www.cuantum.tech

www.ingramcontent.com/pod-product-compliance
Lightning Source LLC
LaVergne TN
LVHW061217100826
845148LV00004B/779

* 9 7 9 8 8 9 5 8 7 8 1 6 3 *